$15.95

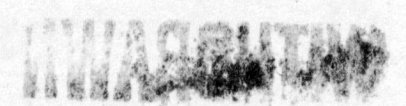

BESTSELLER

Claudia Furiati (Río de Janeiro, 1954), periodista, historiadora, directora y productora cinematográfica colabora habitualmente con varios diarios brasileños y revistas culturales latinoamericanas. Es también autora de *ZR Rifle* (una investigación sobre el asesinato de Kennedy), para cuya elaboración tuvo acceso a los archivos de los servicios secretos cubanos. Alumna aventajada de Gabriel García Márquez, de la escuela internacional de cine y televisión de Cuba, permaneció en la isla en la década de los noventa llevando a cabo una extensa investigación para la realización de esta biografía consentida del líder de la revolución cubana, y con acceso a los archivos secretos y también personales de Castro.

CLAUDIA FURIATI

Fidel Castro

La Historia me absolverá

DeBOLSILLO

Título original: *Fidel Castro: Una biografía consentida*

Cubierta: Departamento de diseño de
Random House Mondadori
Directora de arte: Marta Borrell
Diseño: Ferran López
Fotografía: Retrato de Fidel Castro, La Habana, 1964
© Elliot Erwitt / Mágnum Photos /Contacto

Primera edición en España, 2003
Primera edición en México, 2006

© 2001, Claudia Furiati
© 2003, Random House Mondadori, S.A.
   Travessera de Gràcia, 47-49. 08021 Barcelona
© 2003, Rosa S. Corgatelli, por la traducción

D. R. 2006, Random House Mondadori, S. A. de C. V.
      Av. Homero No. 544, Col. Chapultepec Morales,
      Del. Miguel Hidalgo, C. P. 11570, México, D. F.

www.randomhousemondadori.com.mx

Comentarios sobre la edición y contenido de este libro a:
literaria@randomhousemondadori.com.mx

ISBN: 968-5965-42-0

Fotocomposición: Lozano Faisano, S. L. (L'Hospitalet)

Impreso en México / *Printed in Mexico*

Esta no será una biografía autorizada, mucho menos oficial. Se trata de una biografía consentida. Solamente la leeré después de su publicación. Me reservo el derecho de disentir de ella, si así lo hallara conveniente.

Declaración del comandante Jesús Montané
a la autora, en nombre de Fidel Castro

La Habana, septiembre de 1997

In memoriam

*A Jesús Montané Oropesa y Manuel Piñeiro Losada,
hombres clave en la realización de esta obra,
que no pudieron verla concluida*

ÍNDICE

AGRADECIMIENTOS 15
PREFACIO: El destino del hombre es transformar el mundo. . 17
PRÓLOGO 29

PRIMERA PARTE
DIENTES AFILADOS

1. Don Ángel, un gallego criollo 37
2. Bajo las riendas de Lina 44
3. Titín es Fidel 48
4. Niño travieso de cuellecito bordado 60

SEGUNDA PARTE
BALONCESTO Y TRAMPOLÍN

5. Las primeras conquistas 69
6. Mensaje a mister Roosevelt 78
7. El rey de la curva 84
8. Del podio a la tribuna 89

TERCERA PARTE
PISTOLAS Y COMPLOTS

9. El don Quijote cubano 101
10. En las aguas de un tiburón 110

11. Convulsión en Bogotá 121
12. ¿Cara o cruz? 133
13. Doctor en leyes, padre de familia y candidato 140
14. El golpe del sun-sun 150

15. Poco dinero y muchos secretos 163
16. Efecto sorpresa 171
17. La providencia de los tenientes 184
18. Cárcel, cartas y lecturas 197
19. Amnistía para un duelo 210
20. México, Texas y Nueva York 220
21. Mejor solo que mal acompañado 233
22. Juegos de ajedrez 244
23. Maratón para un naufragio 257
24. Debut de la guerrilla 271
25. Dos comandantes valen más que cuatro 291
26. La unidad de los americanos 306
27. Espejismos del llano 312
28. Operación FF (Fin de Fidel) 324
29. Demasiado tarde para cazar el oso 333
30. Militares, ¿para qué? 343

31. Como Robespierre, Danton y Marat 355
32. ¿Qué revolución es esta? 368
33. Se rompe el acuerdo de Yalta 378
34. La mirada de Simone 389
35. La invasión fallida 403
36. La estabilidad imposible 415
37. Víctima de un hechizo 429
38. Catarsis y fisuras 442
39. El fénix y el cóndor 456

SEXTA PARTE
MI CHALECO ES MORAL

40. La conquista del león marino   471
41. Los vuelos ciegos del comandante   481
42. La cara oculta: Nicaragua   495
43. Un ciudadano del mundo   505
44. Exilio y bloqueo: los marielitos   515
45. En busca de fondos   524

SÉPTIMA PARTE
COMENZARÍA TODO OTRA VEZ

46. El día en que el capitalismo desaparezca   531
47. Atracción fatal: narcodólares   542
48. La URSS, el padre fracasado   555
49. El péndulo de Fidel   564
50. Patria o muerte: los balseros   576
51. Moriré con las botas puestas   587
52. Lobos, renos y corderos   597
53. ¿Un líder insustituible?   606

APÉNDICE I. Frentes de guerra   611
APÉNDICE II. Cronología de la guerrilla   615
NOTAS   633
BIBLIOGRAFÍA Y FUENTES   671
ÍNDICE ONOMÁSTICO   689

AGRADECIMIENTOS

Guardo en mí todos los gestos y el rostro de los que me acompañaron en Cuba, Estados Unidos, Brasil y otros lugares de ese extenso viaje, haciendo votos por su éxito. Muy especialmente:

Nei Sroulevich, amor y cómplice en la producción de este libro, desde el inicio hasta el fin;

Helena y Daniel, mis hijos, que con su generosidad e inteligencia me guiaron en las horas difíciles y comprendieron que el silencio o la distancia eran un modo de tenerme cerca;

Marilia, mi madre, mi hermano Luis y el ocasional recuerdo de mi padre, Ilmar, en días y noches de concentración y trabajo;

Otros personajes de mi vida cotidiana: Ilka, Théa, Maria y Antônio, el verdadero dueño de la casa, e Iupi, cariñosa cocker spaniel que estableció su puesto al lado del ordenador;

Luis Henrique Araújo, mi entusiasta ayudante de investigaciones en Cuba;

Paulo Nazareth, abogado y hombre de letras, que leyó los originales de la biografía con profundidad de sabio;

Beatriz Damasceno, lectora diligente y certera. Adriana Mendonça, mi tranquilo socorro en los accidentes de la informática. Aninha y Marcos, la sencilla tropa de la oficina;

Oscar Niemeyer, Roberto Amaral, Alcione Araújo, Eric Nepomuceno, Marcello Cerqueira y Milton Coelho da Graça, mentes que diseccionaron con sinceridad y brillantez mi manuscrito;

Frederico Duque Estrada Meyer, perfecto diplomático convertido en hermano durante su gestión en la embajada brasileña en La Habana. José Aparecido de Oliveira y José Nogueira, embajadores de la cultura;

Ignacio Domínguez Chambombiant, el Chino, leal «escudero» durante mis años de residencia en Cuba;

Emilio Aragonés y Tona, Manuel Rodríguez, Mercy Esperón, Lázaro Mora, María Elena Mora, Marta Harnecker, Camila Piñeiro, Arnol Rodríguez y Antonio (Tony) Martínez, dulces compañeros de mi vida extranjera;

Luis Báez, Benigno Iglesias, José Tabares del Real y Jorge Risquet, firmes aliados y consejeros en la tormenta de la investigación;

Pedro Álvarez Tabío, funcionario de la Oficina de Asuntos Históricos del Consejo de Estado de la República de Cuba y su supervisora, inolvidable amiga, Elza Montero Maldonado, los guardianes de la historia de Fidel;

Hilda y Gemma, las competentes cubanas que mecanografiaron millares de páginas con enorme cariño y me condujeron por caminos de Miami que enriquecieron esta biografía;

Ramón Sánchez Parodi y Jorge Lezcano Pérez, incansables embajadores del proyecto. José Arbesú, Armando Campos, Sergio Cervantes, Nora Quintana y Jorge Ferrera, del Departamento América del CC del PCC;

Adhemar Reis, el entusiasta mayor de ese equipo;

Lúcia Riff, la animosa agente encargada de conducir esta obra por otros mares;

Fernando Pimenta, el mago de las líneas y las figuras;

Renato Guimarães, mi querido y eterno editor;

Alfredo Guevara, Faure Chomón, Alfredo (Chino) Esquivel, Felipe Pérez Roque, Carlos Valenciaga, Rogelio Polanco, Tania Fraga Castro, Vilma Espín, Raúl, Ramón y Fidel Castro, todos los testigos y personajes de esta obra, a quienes espero haber correspondido con honestidad.

C. F.

PREFACIO

EL DESTINO DEL HOMBRE ES TRANSFORMAR EL MUNDO

> Los hombres hacen su propia historia, pero no la hacen como quieren; no la hacen en circunstancias de su elección sino en aquellas con que se enfrentan directamente, legadas y transmitidas por el pasado.
>
> KARL MARX,
> *El 18 brumario de Luis Bonaparte*

> No tengamos duda de que siempre existirá espacio para el ejercicio de la voluntad política, cuando esta se manifieste con el vigor adecuado.
>
> CELSO FURTADO,
> *El capitalismo global*

Por un lado, una personalidad extraordinaria, voluntarista; por otro, la necesidad histórica que exige transformaciones sociales. Por un lado, el ímpetu del líder; por otro, las condiciones objetivas, desfavorables. Por un lado, el hombre y sus circunstancias; por otro, su papel de agente indómito. Entre un condicionante y otro, el azar. Como resultado, el accidente histórico de una revolución imposible, que se tornó real donde no debía y cuando no podía. La supervivencia de un fenómeno político sin el apoyo de las leyes de la historia: he aquí la crónica de este libro extraordinario.

Difícilmente otra biografía expondría de forma tan clara y al mismo tiempo tan imperiosa la reflexión sobre el papel del individuo en la historia. Y muy raramente un líder habrá sido tan protagonista de la historia, artesano de los hechos, cincelador de las circunstancias. Es evidente que la acción humana se halla sujeta a condiciones objetivas presentes y heredadas del pasado; la revolución socialista no podría construirse sobre los escombros de la Bastilla; Bismarck, recuerda Plejanov, fuera cual fuese su papel en la historia, jamás lograría devolver Alemania a la economía natural. Pero el ser humano tiene libertad de acción: pudiendo optar, se hace en el mundo, cambiando el mundo, inventándose e inventando el mundo con su existencia.

Con estas líneas queremos subrayar el papel de las circunstancias en la construcción del individuo, en su capacidad de interferir en el curso de los hechos, así como en su papel de agente. En el caso del biografiado, sin embargo, se trata de una relación dialéctica: conociendo las circunstancias que modifican/condicionan su existencia, Fidel se esforzó siempre por cambiarlas, por aprovecharlas, y con ellas construir el proceso histórico. Rompió con todas las fronteras donde quisieron detenerle para convertirse en una leyenda, en un símbolo y por fin en un mito, el último de nuestro tiempo, desafiándolo todo, incluso la debacle del «socialismo real», la autodisolución de la Unión Soviética y el fin de la guerra fría con la estrepitosa victoria, victoria política, ideológica, económica y militar de Estados Unidos de América.

El libro que vamos a leer, más allá de la biografía de Fidel Castro, es la revelación de más de medio siglo de la historia de nuestro continente; más allá de la historia reciente de Cuba, es la historia de la lucha de los pueblos subdesarrollados, es la historia de los humillados y ofendidos de la Tierra en su lucha por la dignidad. Es la historia del Tercer Mundo. Es la historia no contada de la descolonización de África. Es la historia de la opresión y de la libertad. La historia de muchas equivocaciones personales y colectivas, de muchos aciertos y de muchas dudas, puesto que el pasado conocido no puede anunciar el futuro. Es la historia de un proyecto político —y de las biografías que lo

conducen— que va esbozándose contra los límites de las circunstancias.

No hay todavía distancia histórica para emitir una crítica cabal de Fidel Castro, ni es este el objetivo de Furiati, que, sumer-
giéndose en la historia del líder cubano, y a partir de ella, compone
con esmero, con cuidado, con atención, como quien esculpe, como
quien dibuja, como quien borda, la historia de casi un siglo de
América Latina. Los datos se ponen a la vista del lector, casi cru-
dos, limpios, libres de valoración. Corresponderá a cada uno dis-
ponerlos y ordenarlos para construir su propia interpretación de
la única revolución social conocida por nuestro continente.

En el recién concluido siglo xx, América Latina, una porción
de la tragedia occidental, conoció el hambre, la pobreza, el atra-
so, tuvo esperanza y soñó con riqueza e igualdad social, y pade-
ció bajo la opresión de la sociedad de clases. Aquí reinaron algunas de las peores dictaduras del siglo, todas ellas implantadas y
sustentadas por el gran hermano del norte. Los Trujillo en la
pequeña República Dominicana y, en la misma isla, en Haití,
la dictadura Duvalier. Los Somoza en Nicaragua. En toda América Central y el Caribe, las intervenciones de los *marines* y los
gobiernos títere de la United Fruit Company. La larga dictadura de Gómez en Venezuela. En Colombia, durante todo el siglo y
hasta hoy, una sucesión de dictaduras y gobiernos autoritarios
y conservadores, y la guerra civil permanente. Stroessner en Paraguay. El peronismo y las dictaduras militares en Argentina, la
dictadura militar en Chile, el varguismo y la dictadura militar en
Brasil, la dictadura militar en Uruguay. En común, la preeminen-
cia de los intereses estadounidenses, el estáncamiento económico, la sucesión de golpes de Estado —siempre al servicio de las
fuerzas conservadoras— y, repetición imposible de evitar, las intervenciones militares estadounidenses. Todo hacía creer que estábamos condenados a la desesperanza. Atrasados, dependientes,
sin autonomía histórica, sin soberanía, nuestro destino parecía ser
el de coadyuvantes, comparsas en una historia en cuyo argumento no nos cabía opinar.

Fue en este continente y en este tiempo cuando la aventura
voluntarista de unos pocos jóvenes, que actuaban en uno de los

países más pobres del mundo, de los menores del continente, en una isla de campesinos, sin industria, sin recursos naturales, comenzó a cambiar la historia, a apenas 150 kilómetros del más poderoso país capitalista del planeta, su enemigo luciferino.

Cuba, después de la ocupación directa estadounidense iniciada a finales del siglo XIX, comienza a ser administrada por gobiernos títere o sometidos a los intereses de Estados Unidos, todos conservadores y autoritarios. Destacan en la represión la dictadura de Gerardo Machado y la larga dictadura de Batista, de 1934 a 1944 y, por último, de 1952 hasta su caída, en 1958. ¿Y qué Cuba era esa que los jóvenes de la Sierra Maestra habrían de sublevar? Una cloaca. Pobre y prostituida, emporio de la mafia y del contrabando, balneario para reposo de gángsteres jubilados, exilio de dictadores latinoamericanos retirados, condominio de casinos para el blanqueo de dinero, zona libre donde la CIA y los servicios de inteligencia tenían amplio espacio para orquestar sus golpes contra las democracias sobrevivientes y los movimientos de liberación nacional.

Un país sin futuro, sin mañana, sin porvenir, sin derecho a querer, privado de su orgullo. Un pueblo sin esperanza.

En esa Cuba la expectativa de progreso de la mujer campesina, de la hija del trabajador, de la muchacha de clase media era la prostitución, el gran atractivo del balneario, respetada fuente de ingresos, en una economía dominada por el monocultivo de la caña de azúcar. Como socia en los beneficios, una pequeña élite —militares, grandes latifundistas, ejecutivos de las compañías estadounidenses, el gran comercio—, sustentada por una dictadura que jamás conoció los límites de la perversidad.

Sola en medio del mar Caribe —¿premonición del aislamiento?—, Cuba, con 114.524 kilómetros cuadrados, era una isla sin significación económica en 1958. Economía predominantemente agraria (azúcar, tabaco y frutas), ingresos dependientes de la exportación del azúcar, sin industria (salvo la manufactura de cigarros, sobre todo un artesanado, y unos pocos establecimientos textiles), sin proletariado organizado, pequeña burguesía alienada por los intereses foráneos, sin vida sindical importante, sin movimiento social organizado; allí la resistencia a la dictadura

—urbana— tenía como base (ya verá el lector) el movimiento estudiantil, la Universidad de La Habana, la compleja Federación de los Estudiantes Universitarios.

En el continente, la crisis social ya había estallado sucesivas veces en los países más avanzados e industrializados, en Brasil (1922, 1924-1925, 1930, 1935, 1937), en Argentina, en Venezuela y en Colombia. Superada la Segunda Guerra Mundial y establecido el nuevo Tratado de Tordesillas, al continente le correspondió la condición de protectorado estadounidense. Y aquí, sin el progreso, se instaló la paz. Mientras la crisis rondaba a Europa, Asia se veía convulsionada, Oriente Próximo estaba a punto de explotar y África conocía los primeros movimientos de liberación nacional y descolonización, América Latina era una calma chicha, la indolencia, la tranquilidad. Aquí no se conocían proyectos revolucionarios y las democracias consentidas convivían con las dictaduras autorizadas. En Brasil vivíamos los años dorados de Juscelino Kubitschek, la creencia en que la industrialización sería posible (y con ella la superación de todos nuestros problemas) y en que el subdesarrollo no era un determinismo. Aquí se pensaba entonces que la democracia podría gestar la reforma social.

Fue en esa época, en la víspera del año nuevo de 1959, cuando el mundo despertó con el anuncio de la caída de Batista. Sí, al principio era solo eso: una revolución democrático-burguesa. Un levantamiento popular, una guerrilla que había contado con la simpatía de los demócratas de todo el continente, incluso en Estados Unidos, acababa de derrocar una de las más abyectas dictaduras del mundo, sanguinaria y corrupta, obsecuente con todos los mandatarios y opresora del pueblo cubano, para instalar un nuevo régimen, comprometido con la celebración de elecciones generales en 18 meses, el reordenamiento constitucional y la reorganización de los partidos.

Al otro lado del mundo los vietnamitas —al comenzar lo que habría de ser la más dramática guerra de liberación nacional de todos los tiempos— resistían contra el dominio francés. Desde 1954 el pueblo argelino estaba en guerra contra la dominación francesa. Nasser, que ya había recuperado el canal de Suez del control inglés, estaba asociado a Nehru, Sukarno y Tito en el movimiento de los no alineados, en el intento de construir una alternativa al margen de las grandes potencias que comandaban la guerra fría. Los húngaros ya se habían levantado contra el régimen de Kadar y sido acallados por las tropas del Pacto de Varsovia.

En la narración de Furiati, la textura de la realidad, la construcción de los hechos, el orden de la historia, la objetivación del sueño, han de ser percibidos como el relato fidedigno de un testigo, porque tiene absoluto control de los acontecimientos que cuenta, expone, describe, documenta. Comienza muy temprano, al final del siglo XIX, cuando, en diciembre de 1899, el joven español Ángel Castro desembarca en La Habana y va a trabajar a las minas de Oriente, donde conoce a Lina, con quien se casa; de su unión nacieron Angelita, Ramón y Fidel, Raúl, Juana, Emma, Agustina. La historia se inicia en 1926 o 1927, con el nacimiento de Fidel Castro, cuya vida seguimos desde su infancia en una hacienda de Birán, en el interior de Cuba, y a lo largo de su evolución como joven rebelde en La Habana, prisionero político, conspirador en el exilio mexicano, líder guerrillero en la Sierra Maestra y estadista contestatario. Furiati describe, *vis-à-vis*, la construcción de la personalidad de un revolucionario ejemplarísimo y la arquitectura de una revolución imposible, paso a paso, pieza por pieza, en un artesanado histórico, en una recomposición de hechos y sucesos, en el armado y desarmado de rompecabezas que se transforman iluminando una historia que nos interesa a todos, pues habla de todos nosotros, latinoamericanos.

Aunque se trate de la biografía de Fidel Castro, el lector tendrá ante sus ojos la historia de Cuba, que, contextualizada, es la historia reciente de América Latina. Al contarla, Furiati cuenta nuestra historia, la historia reciente de nuestros pueblos y nuestros países, una larga historia de sumisión e insurrección, de pobreza y lucha por el progreso, de subordinación y lucha por la soberanía.

Con excepción de la revolución de 1917, ningún otro movimiento ha influido tanto en el mundo, y principalmente en nuestro continente, como la Revolución cubana, y ningún líder ha ejercido tanta fascinación sobre las multitudes de jóvenes esperanzados como Fidel. Ningún líder ha permanecido en el poder tanto tiempo, y no conozco otra identificación tan profunda, tan íntima, entre el líder y su gente, entre la historia del líder y la historia de su país.

Como se sabe, desde el punto de vista de la teoría marxista clásica era imposible una revolución socialista en Cuba. Y sin embargo sucedió. Desde el punto de vista de la política y la geopolítica, de la estrategia militar, de la correlación internacional de fuerzas, era imposible su supervivencia ante el bloqueo político, económico y militar impuesto por Estados Unidos y sus aliados; sin embargo, ha sobrevivido. ¡Ya han pasado 42 años! No existía la menor duda de que el régimen cubano caería, como un castillo de naipes o como piezas de dominó, en la sucesión de caídas de los regímenes del socialismo real del Este europeo, en la secuencia de la descomposición de la Unión Soviética. Y sin embargo, el régimen de Castro ha sobrevivido. Ya han pasado 12 años desde la caída del muro de Berlín.

Si bien el desarrollo de las fuerzas productivas materiales no es suficiente para desencadenar, por sí solo, la contradicción insoluble con las relaciones de producción vigentes, según evidencia la historia de las grandes naciones industrializadas, la Revolución cubana demostró la posibilidad de la irrupción social en formaciones políticas más atrasadas, en sociedades autoritarias, en regímenes de excepción con escasa densidad industrial. Fidel Castro parece haber comprendido, con su voluntarismo pero también con su obsesión revolucionaria, con su fidelidad a los objetivos trazados sin consideración a las leyes de la historia, que si el socialismo es una posibilidad, tal vez hasta favorecida por la historia, no es una consecuencia ineluctable. No es una dádiva, sino una mera posibilidad, una elección política, que era preciso buscar.

Corresponderá a la historia que ha de escribir la posteridad encontrar la explicación científica de la Revolución cubana y del papel desempeñado por su líder. Corresponderá a la historia explicar su supervivencia imposible. No es este el objetivo de Furiati. Pero sin este libro, a duras penas se alcanzará esa comprensión. La biografía consentida de Fidel Castro —y solo una

biografía así consentida y así informada, y así documentada, podría ser tan reveladora, reveladora del papel del hombre en el
desencadenamiento de los hechos, de las circunstancias en
el moldeamiento del héroe— es también la historia consentida
de la Cuba revolucionaria, en sus dramas, en sus victorias, en su
esfuerzo por superar la realidad objetiva que tantas veces la ha
condenado al fracaso. De estas páginas saldrán revelaciones más
notables. Es elogiable el coraje de las autoridades cubanas al fran-
quear a la autora el acceso a sus archivos; es elogiable el coraje
de la biógrafa, su persistencia, su tenacidad. Paralelamente a la
historia de Fidel, el lector conocerá la lucha de liberación nacional de todos los pueblos subdesarrollados a partir de 1960, así
como la participación directa de Cuba, en particular su ayuda a
los pueblos de Angola (en diez años pasaron por ese país más de
200.000 combatientes cubanos) y Argelia; conocerá también el
fracasado proyecto de exportar la revolución a la República
Dominicana, Laos, Venezuela, Congo, Tanzania y, finalmente,
Bolivia. El fracaso de la OLAS (Organización Latinoamericana de
Solidaridad) y sus implicaciones en la historia de la resistencia
armada a la dictadura brasileña. Conocerá el fracaso de la revolución tricontinental (Asia, África y América). Conocerá por
otros ojos la crisis de los misiles y cómo el pueblo cubano fue
utilizado por la Unión Soviética en un juego de trueque con
Estados Unidos.

Por estas páginas desfilarán, entre otros, Manuel Piñeiro, Raúl
Castro, Alfredo Guevara, Ñico López, Armando Hart, Camilo
Cienfuegos, Risquet y Ernesto Guevara, el Che, a quien Fidel
conoció en México, cuando se preparaba para la guerrilla.

Al contrario de Fidel —revolucionario nacionalista cubano,
que veía el mundo a partir de Cuba—, el Che no conocía limitaciones de fronteras ni de países ni de pueblos. Al contrario del
Che, Fidel era un patriota *strictu sensu*. Todos sus actos, todos sus
gestos, sus proyectos —casi diría su pensamiento también— están vueltos hacia Cuba y su destino. El Che era un internacionalista, su patria era el Tercer Mundo. Cuando decidió unirse al
grupo de revolucionarios cubanos exiliados, en los preparativos
para la futura odisea de Sierra Maestra, el Che exigió de Fidel,

según nos cuenta Furiati, que jamás le limitara y que futuras razones de Estado no le impidieran emprender rumbo a la lucha en cualquier país del mundo. En común tenían la visión casi romántica, visionaria, idealista y nada leninista de la revolución: una búsqueda obsesiva que no considera condiciones objetivas. Como si el *leitmotiv* fuera la aventura indómita, el placer de desafiar lo imposible, la necesidad de probarse, superarse, vencer. No pertenece al plano de la ciencia política la explicación de la salida del Che de Cuba, de sus proyectos insurreccionales en África y, por último, de su fracaso solitario y triste, doloroso, en Bolivia. De sus memorias, Furiati recupera este texto revelador: «... Veía muy dudosa la posibilidad de triunfo [de la Revolución cubana] al enrolarme con el comandante rebelde, al cual me ligaba, desde el principio, un lazo de romántica simpatía aventurera y la consideración de que valía la pena morir en una playa extranjera por un ideal tan puro...».

A lomos del Rocinante que las circunstancias le permitieron, al frente de un pequeño ejército de exaltados, vestido apenas con la armadura de una pasión desenfrenada por su Dulcinea, Fidel es un Quijote moderno, el caballero de la triste figura, que no derrotó molinos de viento sino dragones verdaderos que, sin embargo, una vez vencidos, renacen a la lucha. El líder cubano, lo mismo que el héroe cervantino, no conoce la paz, pero su Dulcinea permanece inviolada. No ha ahorrado sueños, dolores ni medios. Y el Che, su fiel escudero, aun sin su Rocinante, aun sin ejército, se aventuró en la hazaña loca y desesperada de liberar no una sino todas las Dulcineas, y murió vencido por el molino de la empresa solitaria, sin duelo, sin los honores que deben reservarse a todos los caballeros andantes. Puro, de una pureza casi ingenua, dejó nostalgias y salió de escena admirado por lo que no consiguió hacer. Su imagen es icono de amigos y adversarios, multiplicada por el sistema que no logró cambiar.

Si Claudia Furiati me lo permite, yo diría que este libro son cinco. En el primero cuenta la historia de la vida rural en Cuba, la historia del niño rebelde que todavía no sabe el destino que le ha reservado la historia, que corre libre, con la camisa abierta; el descubrimiento de la vida, la vida libre, el niño jinete, los campos vencidos por el potro Careto, jugador de baloncesto y béisbol, nadador, púgil, atleta; la recomposición de la vida familiar, las primeras letras, la primera salida de casa, hasta los estudios en el colegio de los jesuitas, en Santiago, donde «se condenaban la debilidad y las faltas al deber; se premiaban la iniciativa y el empeño». Como telón de fondo, la Gran Depresión, la dictadura de Machado, la revolución de los sargentos y la primera y larga dictadura de Batista. Ya entonces, todavía niño, establecer que algo era imposible constituía la mejor manera de estimularle en su búsqueda.

En septiembre de 1945, Fidel sube por primera vez por la escalera de la Universidad de La Habana y comienza su politización, que ha de desembocar, más tarde, en la lucha real y en las lecturas intensivas que le permite la prisión. Esto constituye el segundo libro. Comprende la construcción del líder estudiantil y más tarde del líder popular, la lucha legal contra la segunda dictadura de Batista, la tentativa de internarse en la República Dominicana para derribar a Trujillo, su participación en el Bogotazo, en 1948, la licenciatura en derecho, el primer matrimonio, la luna de miel en Estados Unidos y la compra de *El capital* en Nueva York, el pequeño bufete de abogado, el fracasado ataque al cuartel Moncada, la caída, la prisión, el juicio, la autodefensa y el famoso discurso *La historia me absolverá*, la vida en la cárcel, la insaciable hambre de lectura, los estudios de los clásicos marxistas, la amnistía, los breves días de libertad en La Habana y la partida a México. Ya entonces era un intelectual marxista.

En cuanto al tercer libro, yo lo titularía «México y la preparación del héroe». La dura vida del exilio y el cuidadoso, minucioso montaje de la revolución, los pequeños éxitos y los pequeños fracasos, los avances y los retrocesos, hasta el embarque, en una noche de lluvia, en el viejo *Granma*, yate fuera de servicio, estropeado tras un ciclón que lo había dejado sumergido. La misión casi imposible se había convertido en una cuestión de honor; era la pura fe en la vía armada, la creencia de que la acometida sería el motor que conduciría la lucha de masas a su grado más elaborado. El hecho objetivo de la resistencia armada haría

estallar en el campo y en las ciudades, en todo el país, el apoyo
popular. La noche del 25 de noviembre de 1956, en ese yate donde apenas si cabían 25 personas, embarcan 82 rebeldes, armas,
municiones y provisiones. Son solo 12 los que llegan a Sierra
Maestra para comenzar la historia.

El cuarto libro es esa historia, la historia de Sierra Maestra
hasta la caída de Batista y la toma del poder. Relato, memoria,
anales, diario, crónica, es la historia de dos años de lucha revolucionaria. Una revolución perdida desde el inicio que aun así
conoció la victoria. Sin perder la visión macro, las interrelacio-
nes del proceso social que fermentaba la revolución, las articulaciones internacionales, Furiati nos cuenta la historia de Sierra
Maestra paso a paso, operación por operación, revelando cómo
el acto aislado de los primeros rebeldes se transforma en un
proceso revolucionario que termina por contagiar a toda la sociedad cubana. El 24 de mayo de 1958 había 280 rebeldes en
lucha contra 10.000 soldados del ejército en 14 batallones de
infantería y siete compañías independientes, más las fuerzas aéreas y navales. Al concluir ese mismo año las tropas rebeldes
toman La Habana.

En ningún momento merece registro el papel del partido
político como organización revolucionaria. Porque no había
partidos revolucionarios en Cuba. Los partidos tradicionales, en
la oposición, liberales todos ellos, no se constituyen en instrumento de organización de la sociedad. Incluso el partido comunista
cubano (Partido Socialista Popular), que había llegado a apoyar
a Batista en 1940, es reacio a cualquier ruptura con la institucio-
nalidad. No hay partido, ni comunista ni socialista, no hay organización leninista que articule a los rebeldes ni en el exilio en
México ni en la acción revolucionaria a partir de Sierra Maestra. No es con los partidos como los rebeldes victoriosos han de
gobernar. Fidel, como primer ministro, ha de dialogar directamente con las masas, sin mediación. Los partidos políticos solo
aparecen en escena a partir de 1965, cuando Fidel adopta el
modelo soviético del partido único y organiza, para gobernar con
él, su Partido Comunista Cubano.

Por último, al quinto volumen yo le daría el título de «Poder». A partir de 1959 esta biografía se transforma en la historia de la Revolución cubana, no del acto de la toma del palacio presidencial y el establecimiento del gobierno provisional, sino de su siempre difícil y pesado ejercicio, su construcción, su preservación, su supervivencia. Se funden Fidel y Cuba, biografía e historia. Por cierto, se sorprenderá el lector al comprobar que a partir de ahí no consigue distinguir los dos destinos, tan imbricadas están la vida de Fidel y la historia de la isla. Muchas veces tropezará con la confusión entre Fidel y el poder, entre Fidel y las instituciones cubanas, entre Fidel y el Partido Comunista, como si todo fuera una sola y única cosa: el gran líder, omnipresente y omnipotente, ejerciendo un poder personal, más allá de los límites de las instituciones y el Estado. El líder que no solo dirigió sino —por encima de todo— construyó la revolución construirá el régimen, construirá el Estado, presidirá la historia de Cuba, de forma personal, personalísima, enseñando que el papel del individuo en la historia es mucho mayor de lo que podría suponer nuestra vana filosofía, pero sin lograr huir de aquello que parece ser el destino, la historia y la maldición de todas las revoluciones, Moloc insaciable: devorarse a sí misma, devorando sus entrañas y de ellas renaciendo cada día, crisis tras crisis. La revolución y sus circunstancias.

Al despedirse del joven estudiante que se marchaba a la universidad, en 1945, su orientador en el colegio de los jesuitas de Santiago, el padre Armando Llorente, le auguró una vida brillante: «Fidel tiene madera y no faltará el artista». No sabía, sin embargo, que Fidel sería su propio escultor.

Río de Janeiro, noviembre de 2001

ROBERTO AMARAL
Abogado, periodista, escritor y vicepresidente
del Partido Socialista Brasileño

PRÓLOGO

A pesar de los pronósticos, escribir sobre Fidel Castro no sería un mar en calma. Fue un huracán devastador, que no veía con nitidez cuando me dispuse a ir hasta el fin en aquella isla del Caribe.

Aventurarse en esta densa biografía sería, en primer lugar, el fruto de la profundización, durante muchos años, de mi relación con Cuba y Fidel, cuya secuencia de momentos cruciales paso a narrar, en el orden que me impone el recuerdo.

Noche de fiesta en los salones de Laguito, un pequeño pueblo de mansiones ocultas por jardines de árboles macizos en los alrededores de La Habana, donde también se encuentra la fábrica de cigarros Cohiba. En la entrada, la aglomeración que se formaba en la presentación de los invitados provocaba incomodidad, a pesar de los amplios espacios y el tímido rumor de voces. Me vi, como de costumbre, perdida, aunque me cruzara con algunas personas queridas y otras a las que apreciaba y conocía, a un lado y otro de las dos grandes mesas dispuestas de forma perpendicular que componían el bufet. No había tantos comensales que las asediaran, como en las recepciones de la década de los ochenta. La concurrencia era discreta; una selecta reunión de 1993. El país soportaba con semblante nublado la fatalidad de una crisis.

Fidel aún no había llegado. Tampoco se sabía si iría, según decían los encargados de protocolo del comandante. Pasó un rato y de pronto corrió la noticia de que acababa de entrar por una puerta lateral. De hecho vi, más hacia el fondo del salón, que se

formaba un corro, del cual la cabeza de Fidel, con su inseparable gorra, asomaba apenas por encima de las personas que le
pedían aquella especie de bendición protocolar. Me aproximé
despacio, dudando de si tendría la oportunidad de saludarle, y
poco después nos vimos.

El cerco de personas se aflojó. Fidel se dirigió con resolución
a mí, lo que me cogió por sorpresa.

—¿Cómo va su libro, Claudia?

Mostraba interés por oír hablar de *ZR, o rifle que matou a
Kennedy*, que yo había escrito hacía poco y en el cual narraba, con
informaciones provistas por el Servicio Secreto de Cuba, una
extraña trama: los autores y ejecutores del asesinato del presidente
Kennedy habían sido los mismos de los atentados contra la vida
de Fidel. Para investigarlo y escribirlo yo había permanecido en
Cuba todo el año anterior.

Además de la curiosidad política del comandante, siempre
atento a los detalles, el motivo de la pregunta en aquel momento me pareció un gesto que denotaba atención y caballerosidad.
Era como si Fidel adivinara la decepción que me corroía, a causa
de un hecho ocurrido en aquellos días.

—Muy bien, comandante, gracias —le respondí controlando
la emoción—. Después de las ediciones en portugués e inglés, ya
está encaminada la versión en español.

—Ah, ¿sí? ¿Con quién? —me preguntó.

Vacilé dos segundos, en perjuicio de su *timing*, mientras pensaba que era imposible responder a Fidel con medias verdades, de
modo que revelé:

—El original de la traducción estaba en la mesa de un coronel del Ministerio del Interior, pero desapareció y no hay copia.

—¿Desapareció? ¿Cómo? —quiso saber.

—No se sabe —respondí.

—¿Habrá sido la CIA? —ironizó, en un intento de mitigar la
incomodidad. Enseguida se volvió hacia su secretario y asistente—. Toma nota de eso, Felipe [Felipe Pérez Roque, ex dirigente
estudiantil, secretario ejecutivo del Consejo de Estado y hoy
ministro de Relaciones Exteriores]. ¿Cómo se llama el coronel?

—No lo sé —contesté.

Quienes se hallaban cerca y nos oían quedaron paralizados pensando que yo iba a revelar el nombre.

Rápidamente se consiguió una nueva traducción y salió la edición cubana en menos de 60 días. Hasta hoy, no sé si la desaparición del original se debió a mera negligencia, pero fue durante ese diálogo cuando sentí hasta qué punto mi libro, al versar sobre la seguridad de Fidel, constituía un fuerte vínculo entre nosotros, cuyo desarrollo aún estaba por descubrir.

El asunto volvió a surgir un año después, cuando Nei Sroulevich y yo, junto con un grupo de artistas brasileños, visitábamos el palacio de gobierno en un encuentro con Fidel. En medio de una conversación sobre novelas, medicina cubana y economía brasileña, me preguntó Fidel de repente:

—¿Le debo alguna cosa, Claudia? ¿Qué puedo hacer?

—Nada en absoluto, comandante. Soy yo quien está en deuda... —Interrumpí la frase, casi por instinto, sin saber por qué.

El hecho es que en aquella época ya me encontraba casi exclusivamente dedicada a estudiarle, a conocer todo lo posible sobre Fidel, reuniendo materiales con el propósito de escribir un ensayo biográfico. Su persona me cautivaba, aunque al mismo tiempo rechazaba la dominación mental, lo que me permitía conservar el sentido crítico.

Para ese segundo trabajo había consolidado ideas, una trama dramática, se podría decir: Fidel era un ser con una rara especie de inmunidad. A pesar de verse constantemente atraído hacia situaciones extremas, la muerte o la tragedia que le perseguían incesantes jamás habían logrado derribarle. Era con certeza un héroe, pero también, y por eso mismo, su reverso.

Como líder y estratega había alcanzado el límite al idear una política inclusiva y excluyente. Nada de santo, por consiguiente. Podría ser, tal vez, «Godot» o «un buen dictador», como había sugerido Gabo (Gabriel García Márquez) en una pausa de las clases del Taller de Guión en la Escuela de Cine de San Antonio de Los Baños (Cuba); frase que, claro, retuve para siempre como la impresión de un mito sobre otro.

Escribir la biografía de Fidel era el plan que yo no osaba explicitar, aunque ya fuera real. Al darme cuenta de que en 1996 él cumpliría setenta años, tomé la decisión de correr el riesgo y preparé un proyecto para presentarle. El esbozo dividía su trayectoria en siete partes, casi una década por cada una, siete vidas, como las del gato, en una referencia a su resistencia.

Se le notaba en las facciones. Fidel había envejecido y se abría, en su fuero interno, un baúl de recuerdos. Aquí y allá, entre conocidos o en actos formales, sin darse cuenta intercalaba en las conversaciones algunas evocaciones, hechos que no figuraban en los registros. Tal vez fuera el ambiente de fin de milenio que se aproximaba, o un mal común de la tercera edad, vivir del pasado. Ya temían ciertos asesores que cometiera indiscreciones, que el especialista en sorpresas decidiera revertir la historia, como el subversivo joven de otrora.

Momento adecuado para la propuesta. Observándole en una de esas ocasiones, le abordé.

—¿No ha llegado el momento de detenerse a hablar sobre su vida y obra, comandante?

Me miró con los ojos muy abiertos, adivinando la intención oculta, y no me respondió. Ni se negó. Y ese nuevo encuentro habría quedado en mi «atrevimiento», o en el silencio de él, de no haber sido exactamente este último lo que me impulsó a buscar el canal apropiado. Me puse en contacto con el comandante Jesús Montané, amigo y ayudante «histórico» de Fidel, cuyo despacho se hallaba al lado del de este, en la tercera planta del palacio de gobierno, y le entregué el proyecto que había redactado.

Al cabo de tres meses Montané me transmitió la respuesta: Fidel daba su aprobación, me abría todo su archivo secreto, confidencial y reservado, pero no quería ser biografiado. ¡Diablos! Era un contrasentido. ¿Y por qué? No deseaba interferir en el texto ni «autorizar» una biografía, aclaró. Para Fidel, biografiar a un político era un concepto discutible y miope para comprender la historia, además de que, por ideología, rechazaba cualquier indicio de «culto a la personalidad». Si solo se trataba de eso, consideré, jamás se me había ocurrido algo que pudiera asemejarse a una «historia oficial», sobre todo porque en Cuba hay suficientes historiadores y escritores para realizar la tarea. El objetivo del trabajo, sin embargo, sería el de una biografía, lo quisiera Fidel o no. Días después llegamos a una conclusión y adoptamos una definición *sui generis*, creada por Fidel, que dejaba explícita su aceptación: sería una «biografía consentida». Más aún: él solo la leería después de publicada y discreparía públicamente si así lo deseara.

Es preciso subrayar que esa conformidad no surgía de la nada. Formada como historiadora y periodista, yo mantenía relaciones habituales con personalidades políticas e intelectuales cubanos desde la década de los setenta. Mi libro, *ZR, o rifle*, me había permitido ganarme su confianza, por la precisión y la ética con que había tratado los datos que recabé. Destacados periodistas e historiadores extranjeros habían solicitado el consentimiento de Fidel para escribir su biografía, sin obtenerlo. En cuanto al único trabajo de importancia en esa dirección, del periodista estadounidense Tad Szulc, fallecido en mayo de 2001 —*Fidel: un retrato crítico*, realizado con su anuencia—, Fidel consideró flojo su resultado final. Otras tentativas de describirle se restringían a una sola etapa de su vida y obra, o bien son entrevistas, eficientes como tales; entre ellas destacan las del brasileño Frei Betto, el italiano Gianni Miná y el nicaragüense Tomás Borge. También se debe mencionar las colecciones de escritos sobre Fidel publicadas por el australiano David Deutschmann.

En el transcurso de los cinco años siguientes, durante gran parte de los cuales residí en Cuba, pude aclarar con Fidel, por breves minutos, ciertos aspectos y detalles de las informaciones que reunía. En una de esas oportunidades el comandante, en un impulso, cogió un papel y me escribió una dedicatoria.

Sobre el período recogido en las partes quinta a séptima de esta obra, que se inicia en 1959 con el triunfo del Ejército Rebelde y su llegada al poder, estábamos de acuerdo en que su historia se convertía también en la historia de la revolución en su totalidad y en sus relaciones, dos entes apenas disociables, lo cual de alguna manera terminaba por corresponder a la «oposición» de Fidel a las biografías de líderes políticos y hombres de Estado.

¿Dificultades? Todas. En ocasiones me resultó imposible persuadir a entrevistados y declarantes de que ofrecieran su libre testimonio sobre Fidel, ya fuera por la costumbre de desconfiar de los medios extranjeros o por el sólido hermetismo sobre la persona del jefe, aun después de llamadas telefónicas desde el despacho de Montané o la oficina del Consejo de Estado para dar fe de mis objetivos. También hubo intrigas, provocaciones y hasta amenazas de cubanos de dentro y fuera de Cuba, contrarios a la realización del libro por diversas razones; o la infinita demora de las respuestas sobre algún episodio o asunto privado de Fidel. Al menos, en medio de los obstáculos yo había ganado un nuevo aliado: el comandante Manuel Piñeiro (Barba Roja), jefe de inteligencia de Fidel durante más de dos décadas, incondicionalmente presente durante mi estancia en Cuba, que venía a casa casi todos los días, dispuesto a limar las aristas y esclarecer lo que fuera necesario en nombre de Fidel.

Sin tregua, en la agonía por concluirla, habrían de ser en total nueve años de una turbulenta travesía. Inmersa en la enormidad de datos y los centenares de archivos en el ordenador, aún necesitaba devanar la madeja y escribir. Un nacimiento, una hacienda y una isla. Principios de siglo. Distante comienzo que los invito a seguir.

Río de Janeiro, noviembre de 2001

C. F.

PRIMERA PARTE

DIENTES AFILADOS

Grupo de alumnos del colegio La Salle, 1936-1937

DON ÁNGEL, UN GALLEGO CRIOLLO

Era a finales del siglo XIX cuando en Láncara, Galicia, un joven de nombre Ángel Castro se alistó en un grupo de reclutas que iría a la guerra en Cuba. Con su imperio destrozado, la Corona española todavía abrigaba la esperanza de mantener la última colonia y había despachado emisarios a las aldeas con el fin de reclutar muchachos para las tropas. Tras una secuencia de derrotas frente a los «mambises»[1] del Ejército Libertador cubano, Madrid trataba de resistir al agotamiento. La Perla de las Antillas, como llamaban a la isla, había adquirido para los españoles, a lo largo de los siglos, un valor estratégico.

Ángel, que entonces contaba casi veinte años, era descendiente de labradores. Todavía pequeño, quedó huérfano y fue a vivir, con sus cuatro hermanos,[2] a casa de un tío, dueño de una pequeña fábrica de chorizos. Obligado a desempeñar un oficio para el cual no tenía interés ni habilidad, ingresar en el servicio militar significaba la posibilidad de cambiar de vida y además dejar un buen dinero a los parientes.[3] Ángel logró incorporarse al destacamento usando otra identidad, la de un joven hidalgo cuyos padres ofrecieron cientos de pesetas a quien aceptara sustituirle.

Llegado a Cuba, obtuvo el rango de cabo, pero no tuvo que entrar en combate, pues le informaron de que los adversarios habían declarado una tregua. Decidió entonces buscar a un pariente que le habían dicho residía en Camajuaní, en una provincia central del país. Con él acabó consiguiendo una ocupación y un salario en la fábrica de ladrillos del hombre.[4] Por cierto, se avecinaba el fin de la guerra. Como España permanecía impotente para revertir el fracaso, Estados Unidos advirtió: si no se alcanzaba la paz en breve, actuaría como mejor le conviniera. Ya habían destituido, en parte, a los españoles de su monopolio comercial en la región, al penetrar en la explotación del azúcar, las minas, el tabaco y también en otras actividades; solo les restaba concluir con el dominio político. No tardó el presidente McKinley, autorizado por el Congreso, en liquidar el conflicto; para ello solicitó la colaboración del embajador cubano en Nueva York, Tomás Estrada Palma, que accedió a que los generales cubanos y sus tropas se pusieran a las órdenes de las fuerzas estadounidenses. Tras un intenso bombardeo, en cuestión de horas la escuadra española se encontraba en el fondo del mar del Caribe, bajo la ocupación militar de Estados Unidos.

Terminada la guerra, en 1898, la mayoría de los soldados y reclutas españoles fueron obligados a regresar a su tierra natal. Con la vehemencia de Andalucía o las Canarias, muchos habían viajado con la expectativa de vencer y quedarse en el Nuevo Mundo, pero esto solo se permitía a los que habían formado una familia, como el capitán Capablanca, padre de un futuro campeón mundial de ajedrez.[5] Ángel Castro fue uno de los tantos repatriados contra su voluntad.

Poco después regresó por su cuenta, como un simple inmigrante. Sin un centavo en el bolsillo, desembarcó del vapor francés *Mavane* en el puerto de La Habana, el 3 de diciembre de 1899.[6] Ansiaba establecerse en Santiago, en la provincia de Oriente, pero en un año la región conocida había cambiado. Un grupo de empresarios estadounidenses, que habían viajado acompañando al general John R. Brooke, el primer interventor militar, logró adquirir vastas extensiones de tierras a precios irrisorios. La Cuba Company, la Gramerey Sugar Refinery, la McCann Sugar Refinery y la United Fruit Sugar Company montaron grandes ingenios de explotación de azúcar. La presencia estadounidense se confirmaría con la introducción en la Constitución de Cuba, en 1901, de la Enmienda Platt, que atribuía a Estados Unidos el derecho de intervención y determinaba la cesión de porciones de territorio cubano para la construcción de bases y estaciones.

Así se levantó la base naval de Guantánamo, que sigue existiendo en la actualidad, en el extremo sur de Cuba, percibido como un punto ideal de supervisión sobre las Américas. Theodore Roosevelt, el nuevo presidente, anunciaba la política del Big Stick, inspirándose en la Doctrina Monroe. En Cuba se iniciaba el largo período de una república alineada con esos intereses.

En la parte oriental los medios de supervivencia se restringieron. Ángel Castro solo consiguió establecerse como obrero en las minas, lejos de Santiago. Junto a otros inmigrantes, trabajó también en la construcción del ferrocarril. Era analfabeto pero habilidoso, y años después su tino para los negocios comenzó a despertar. En 1905 montó, en la ciudad de Guaro, una pensión-taberna, bautizada El Progreso, donde vendía platos populares. A continuación pasó a coordinar grupos de trabajadores para excavaciones ferroviarias y para el corte de leña, utilizada como combustible en los ingenios de la United Fruit Company. No tardó en acumular capital y pronto obtuvo la ciudadanía cubana, ya que había entrado en vigor una ley que la concedía a los españoles residentes.

De su matrimonio con la hija de un empleado de la United Fruit, María Luisa Argota Reyes, en marzo de 1911, nacieron cinco descendientes, pero solo dos, María Lidia y Pedro Emilio, crecieron sanos. La última hija vino al mundo cuando la pareja ya vivía separada y Ángel había conocido a quien habría de ser la madre de Fidel: Lina, una campesina emigrada de Guane, al otro lado de la isla, el extremo occidental. Sus familiares se habían visto obligados a abandonar la tierra cuando un huracán arrasó toda la región. Atrapados por un inmenso remolino, se aferraron a las ramas de unos arbustos de tabaco para no ser lanzados al aire por el ventarrón, según cuenta Alejandro, hermano de Lina, al recordar la condición migratoria de la familia. Don Pancho, el padre, modesto criador de ganado y dueño de carretas de carga, cuando veía que las cosas iban mal cambiaba de lugar de residencia, apostando por sus propios recursos. Vendió en aquella ocasión los pocos bienes que les quedaron y aceptó una oferta de empleo en Camagüey, donde los contratistas mandaban buscar a los que quisieran trabajar después de la catástrofe. Pancho y su familia hicieron en tren el viaje de casi 700 kilómetros y al fin se establecieron en la aldea de Hatuey.

Ángel Castro había ampliado sus actividades. En los meses de zafra, los clientes estadounidenses le llamaban para el corte y el transporte de la caña de azúcar. Se convirtió así en un contratista reconocido; de vez en cuando realizaba viajes con el objeto de proveer de brazos las plantaciones. En una ocasión en que pasó por Camagüey conoció a don Pancho. Este, ocupado en reparar la bocina de la carreta, cerca de un aserradero, advirtió que alguien se apeaba de repente del caballo. Al volverse vio a aquel hombre guapo, que llevaba chaquetón y revólver a la cintura. Le identificó por instinto: un gallego, inmigrante como él. Ángel se presentó y le mostró los documentos: «Soy un español contratista y quisiera saber si me dejarían dormir por aquí. También necesitaría a alguien que me guiara para encontrar un caballo».[7] Buscaba un caballo negro azulado con una estrella color plata en la frente, que le habían robado. Un conocido le dijo que lo había visto por aquella región.

Pancho le ofreció hospedaje, buscó a un campesino que conocía los alrededores y a la mañana siguiente el caballo apareció. Ángel quiso quedarse unos días más, pues le habían agradado los modales y el trato de doña Dominga, la esposa de Pancho. La veía durante el día, laboriosa, ocupada en la limpieza, dando brillo a las vasijas y las cazuelas, mientras el marido y los hijos lidiaban con aquella tierra seca y árida. Decidió ofrecerles trabajo argumentando que les proporcionaría buena comida y que en el oriente era mejor el pastoreo de ganado, con la abundante hierba que crecía a los costados de las vías del ferrocarril. Don Pancho poseía, además, ocho yuntas y otros tantos bueyes,[8] lo que Ángel necesitaba para reforzar la carga de las obras contratadas. Cerrado el trato, un telegrama sería la señal para preparar la mudanza.

Mientras oía tenso el estribillo de «Chambelona» que resonaba en las cercanías, Pancho esperaba que el capataz fuera a buscarle. Le acompañaban doña Dominga y los siete hijos de ambos: Panchita, Panchito, Lina, Antonia, Enrique, Alejandro, María Julia y Belita, todavía un bebé. La tonada que oía don

Pancho era la propaganda de los «liberales» que andaban en rebelión por el país en 1917, empuñando la antorcha incendiaria, como en los tiempos del Ejército Libertador, en protesta por los fraudes electorales. En contrapartida, los soldados amenazaban a los transeúntes y se valían de machetes para golpear a los revoltosos. Con la llegada de Nemesio, el capataz, la familia inició el viaje, afrontando riesgos, hasta llegar a Guaro. Don Ángel los recibió satisfecho y recomendó: «El americano no es ningún pobretón. Es hombre de dinero y yo soy su contratista. Debemos estar a su altura».

Época de prosperidad. La demanda y el precio del azúcar cubano no hacían más que subir. La especulación económica alcanzaba su punto culminante con el fin de la Primera Guerra Mundial, en beneficio de Cuba, dado que otros proveedores se veían incapacitados para abastecer el mercado. Los empresarios corrían a los bancos a pedir préstamos para aumentar la producción; era una verdadera «danza de los millones». Fue el comienzo de la «fiebre azucarera», denominada popularmente de las «vacas gordas». Con la cosecha, había días en que se colmaban decenas de carros y el producto se vendía con unos beneficios extraordinarios. En las ciudades surgieron bancos, financieras, mansiones y palacios.

Ángel se volvió rico. Además de lo que había acumulado, ganó dos veces a la lotería, la primera, casi 100.000 dólares. Se hicieron realidad sus planes de comprar tierras. En Birán adquirió hectáreas en medio de un perímetro ocupado por grandes empresas: la Altagracia Sugar Company al norte, una explotación de minas y el aserradero Bahamas Cuban Company al sur, la Miranda Sugar State al oeste, y la United Fruit al este. Más adelante hizo negocios con parcelas en la vecindad: las de Miguel Otorga y las de Carlos Hevia y Demetrio Castillo, antiguos generales de la Independencia, a quienes pagaba el equivalente al 5 por ciento de la ganancia del producto comercializado. Compró la propiedad de los Osorio, una colonia llamada Dumoi, muy cerca de Birán, y aproximadamente 200 hectáreas del estadounidense Thompson, además de acciones en las explotaciones de minas. Montó también una empresa para explotar madera en las

tierras que adquirió en Pinares de Mayarí, y en Guaro construyó inmuebles para alquilarlos.[9] Plantó caña de azúcar, cedro,
majagua,[10] naranjos, plátanos, coco, otras frutas y verduras, y
desarrolló la ganadería. En total llegó a poseer 1.800 hectáreas
(70 caballerías) a su nombre, en las que empleaba a 600 trabajadores, además de ser arrendatario y colono. Así se convirtió don
Ángel en un típico gallego criollo y adquirió un aprecio por la
tierra como el de los antiguos productores locales.

Todos los días, por la mañana temprano, ordenaba al ayudante
Balsa: «¡Ensilla el azulado!». Vestía un traje blanco, con la escopeta
atravesada sobre el pecho, y, atento a cada detalle, recorría la propiedad, donde a veces aparecían bandoleros que exigían dinero.[11]
Se ocupaba de desbrozar el monte, matar los insectos y supervisar el corte de la caña. Había desarrollado el instinto del campo;
con solo ver el cielo adivinaba cuándo estallaría una tormenta.
En época de sequía, ordenaba que regaran la tierra con cubos.

Si los trabajadores salían de los límites de la propiedad, don
Ángel aconsejaba: «¡Cuidado! No se dejen engañar con las cartas». Se refería a los grupos en conflicto. Estaban los leales al
gobierno y los de la «Chambelona», pero él prefería apoyar a
ambos, pues con eso imponía respeto.

El tiempo de las «vacas gordas» terminó con un *crack* verti-
ginoso. El de 1920 sería el año de las «vacas flacas»: comerciantes, hacendados, establecimientos bancarios y crediticios suspen-
dieron los pagos. Se salvaron solo las compañías más fuertes, las
de Estados Unidos, lo que favoreció una nueva concentración del
capital para todos los sectores. Las inversiones estadounidenses
llegarían a 1.360 millones de dólares, o sea, 6,3 veces más que al
inicio de la Primera Guerra Mundial. Los empresarios de Estados Unidos se convirtieron en dueños de 75 ingenios azucareros y del 40 por ciento de las mejores tierras del país, de modo
que controlaban el 68,5 por ciento de la producción nacional.
Castro dio gracias a Dios por desconfiar de los bancos. Guardaba el dinero en una caja de caudales, con lo cual pudo socorrer
a su amigo, Fidel Pino Santos, que, empujado a la bancarrota,
amenazaba con suicidarse. En una fase tan turbulenta, Castro se
alegraba de haber elegido Birán como lugar de residencia, un

valle tranquilo y recóndito, rodeado por una pequeña llanura, que solo habría de aparecer en algún mapa años después, con el nombre de Sabanilla de Castro.[12] La localidad contaba con una naturaleza abundante y privilegiada; a primera vista el paisaje recordaba la gallega Láncara, su tierra natal.

Sin embargo, aunque él adoraba ese valle, su esposa, María Argota, nunca mostraba la buena voluntad de siquiera visitarlo. Tratando de aparentar un origen noble, decía que la vida del interior la aburría, que el campo era para los pájaros.[13] Cuando llegaba de la ciudad para quedarse una semana, se encerraba en la casa y adoptaba una actitud altiva, lo que hizo que los empleados del marido la apodaran «María Rica». Un día, declaró que no regresaría a Birán y partió. Los conocidos de Castro comenzaron a comentar que estaba separado; otros le creían soltero. Abatido, iba convirtiéndose en un ermitaño en medio del monte. El matrimonio se había desmoronado, pero los dos hijos, Pedro Emilio y María Lidia, continuarían yendo a la hacienda siempre que les fuera posible.[14]

Montada en una yegüita blanca, la joven Lina se desplazaba con agilidad por la propiedad para cumplir con sus tareas. Cuando don Ángel la veía, se acercaba para cambiar algunas palabras, cuidadoso. Ya estaba enamorado, y un día decidió pedir su mano, a lo que don Pancho respondió: «Castro… No. Todavía eres un hombre casado. No quiero que mi hija sea una mujer ilegítima; he luchado mucho para criarla». Además, decía, Lina era mucho más joven que él; tenía dieciséis años, y Ángel, casi cuarenta y siete. «Aunque me cueste la hacienda, que vale un millón y pico, ¡yo me la llevo y me caso!», insistió con vehemencia el gallego. Don Pancho replicó: «Bien, pero yo no estoy de acuerdo». El otro se marchó medio apenado, pero tres días después, de hecho, la «robó».

Ángel recuperó los bríos. Volvió a montar su caballo moro, vestido con trajes impecables de lino y zapatos de la mejor calidad. Los domingos solía tomar unas copas con los amigos y, si se pasaba de la raya, pedía que la suegra fuera con urgencia a prepararle un remedio. Por las noches se acostaba tarde, después de leer o escuchar las noticias por la radio. Así transcurría la vida en la hacienda Manacas.[15]

2

BAJO LAS RIENDAS DE LINA

De aquí para allá, de un lado a otro, a pie o a caballo, con un revólver Colt a la cintura, calzando botas altas bajo los vestidos sueltos, así era Lina. Por la mañana temprano daba maíz a las gallinas de la granja, ordeñaba las vacas y cuidaba de los cebúes en el corral. Detrás de la casa de la hacienda había un gran naranjal que era su preferido. El propio don Ángel podaba las ramas y Lina cortaba las naranjas con tijera o sembraba las semillas,[1] alternándolas con cultivos de mandioca, batatas y plátanos, en una rotación instintiva que revigorizaba la tierra, al contrario del sistema predatorio aplicado en los cañaverales. Lo mismo que la madre, Dominga, era católica practicante. Acostumbraba rezar el tercio, hacer promesas y encender velas a las imágenes de los santos y la Virgen María pidiendo protección.

Manacas difería del patriarcado que imperaba en otras haciendas. Lina no vacilaba en dar su opinión sobre cualquier tema, cuando no lo decidía ella misma. Su carácter habría de marcar a los hijos de la pareja, en particular a Fidel, en cuya vida amorosa abundarían las mujeres fuertes que supieron imponerse, aun contrariando su personalidad. Aunque parientes y amistades íntimas eviten tocar el tema, es preciso decir que durante mucho tiempo Lina permaneció en la condición de esposa ilegítima de Castro, quien tardó en conseguir divorciarse de María Luisa. Considerando las normas de la época, contaba solo con sus dotes personales para ganarse el respeto de quienes la rodeaban.

Con frecuencia se la veía pasar con el manojo de llaves en las manos[2] inspeccionando las dependencias principales. Tenía genio y energía, pero se ponía de mal humor cuando la retenían las tareas de la cocina, un engorro que no volvió a sufrir tras la llegada de Josefa, una empleada que había tenido Castro en su residencia de Guaro. Poseía además una cualidad que ejercía con placer y por la cual se la requería a diario: era una enfermera autodidacta. Diagnosticaba, recetaba remedios y daba puntos; administraba los primeros auxilios y realizaba pequeñas operaciones quirúrgicas; hervía los instrumentos, aplicaba inyecciones y vacunaba a los animales. Mostraba destreza con las manos, a pesar de no contar con algunos dedos de la derecha, perdidos años antes, cuando se los cortó el cilindro mecánico de condensar la masa en la panadería de la hacienda.[3] Lina debió recibir varias aplicaciones de antiinflamatorios en el hospital del ingenio Preston, donde se familiarizó con la práctica de la medicina.

Don Ángel adquirió las características del «gran señor». Todos los días se mataba un buey en la finca y, si no se vendía, Castro mandaba salar la carne para repartirla entre los trabajadores. Andaba siempre con una bolsa de cachemir o de lino donde guardaba la cartera, por si tenía que facilitar alguna suma a los campesinos que llegaban a sus tierras sin destino, normalmente en «tiempo muerto». Había resuelto conservar, entre una zafra y otra, a aquellos empleados que fueran padres de familia, aunque liberaba a los demás para que buscaran trabajo en otra parte.

En la época de cosecha llegaba en la «sapa», camioneta de dos puertas como las que usaban los militares estadounidenses, llevando dulce de guayaba, latas de aceite, pan, queso, tabaco y ron. Al aproximarse la Navidad, los campesinos hacían cola ante el portón de su residencia. Una semana antes de las fiestas, él mismo iba hasta Santiago en busca de las provisiones para llenar las cestas: botellas de sidra y vino moscatel, golosinas, compotas, uvas y manzanas.

En caso de emergencia, movilizaba a algún grupo para llevar a una embarazada o un enfermo al hospital del ingenio Preston. Si se precisaba el ingreso del paciente, escribía una nota al doctor Silva para garantizarle el pago. Periódicamente inspeccionaba el atuendo de sus empleados y, si les veía la camisa rasgada o los zapatos estropeados, pedía a Lina que les entregara prendas nuevas de las existencias del almacén, que quedaba frente al correo-telégrafo, sobre el «camino real», como llamaban al sendero de tierra que conducía a Manacas. La que llevaba las riendas era ella; por estar dotada de un gran sentido de la previsión, fue en Lina en quien don Ángel pasó a confiar para ciertos asuntos administrativos. Consciente de su propia susceptibilidad ante las reclamaciones de los trabajadores, les mandaba hablar con Lina en el almacén, ya que ella, si sospechaba un abuso, no se mostraba desprendida, salvo con los viejos haitianos que vivían en un gran barracón no muy lejos de la hacienda.

Junto con los jamaiquinos, los haitianos habían llegado a Cuba al comienzo de la «fiebre azucarera», cuando el gobierno facilitó la inmigración de braceros para las colonias. En 10 años habían entrado en el país más de 250.000 haitianos y otros millares de jamaiquinos que, en general, vivían en condiciones infrahumanas.

Por aquel productivo latifundio, más las tierras que arrendaba o había colonizado, la United Fruit llegó a ofrecer a don Ángel 800.000 dólares, pero él se negó a vender. La hacienda de Birán era como una aldea, o un mundo aparte. Alejada de las otras construcciones, la residencia principal era una casa de dos plantas erigida sobre altos pilotes de madera, tipo chalet, como las viviendas del interior de Galicia, con el tejado rojo de cinc y grandes ventanas pintadas de blanco. En la parte de abajo, un espacio abierto, se hizo un corral donde al anochecer se guarecían las vacas después de volver de la pastura. Al lado se montó una pequeña lechería en la que se fabricaba queso. La sala, en la primera planta de la casa, estaba decorada con muebles de mimbre y caoba; había además tres dormitorios espaciosos con camas confortables y armarios con espejos, una despensa para provisiones, otra para medicamentos y los cuartos de baño. Al final del pasillo quedaba el comedor de diario, desde donde se bajaba a la cocina con fuego de carbón. En la segunda planta, junto a la habitación de matrimonio, un mirador en que corría la brisa. A un costado de la construcción, la escalera, a la que se accedía mediante una pequeña puerta de fuerte cerradura.

Por el «camino real» y a lo largo de la vía férrea se veían los *chuchos*, estaciones de corte y distribución de la caña de azúcar, donde se concentraban las viviendas y las parcelas de tierra de las centenas de trabajadores. Doña Dominga vivía en el *chucho* 31, a dos kilómetros de la casa principal.

Llegaron los primeros hijos de la pareja de Ángel y Lina. En 1923, Angelita, y en 1925, Ramón, ambos bien desarrollados. La hija nació con más de seis kilos de peso; Ramón casi llegaba a los seis. En el nacimiento de Angelita hizo falta llamar con urgencia al médico del hospital del ingenio Preston, un estadounidense, el doctor Strom. Según este, los fetos crecían demasiado porque Lina tomaba leche pura y fresca en cantidad, hábito que adquirirían, desde los primeros años, también sus hijos, que bebían la primera leche extraída de las vacas.

3

TITÍN ES FIDEL

Un 13 de agosto vino al mundo Fidel Castro, el tercer hijo de Lina y Ángel. El nombre fue previamente escogido en honor al amigo Fidel Pino Santos, que no solo había llegado a diputado con la ayuda de Ángel Castro, sino que era también su socio en un ventajoso contrato con la United Fruit. ¿Año de nacimiento? 1926 o 1927. ¿Hora? No hay certeza, pese a lo que digan los papeles.

Su primer documento de identidad fue la partida de bautismo, celebrado en la catedral de Santiago de Cuba, años después, el 19 de enero de 1935. Allí aparece con el nombre de Fidel Hipólito y el apellido materno, Ruz González. Posteriormente se harían tres partidas de nacimiento. En la primera, con fecha de 1938, fue registrado como Fidel Casiano Ruz González.[1] Como los padres todavía no estaban legalmente casados, se prohibió la inclusión del apellido paterno. Tampoco era costumbre en aquella época expedir partidas de nacimiento o de matrimonio, sobre todo en el interior del país, bien por la dificultad de desplazamiento a los principales centros o por otros impedimentos; de ahí el lapso de más de diez años hasta que se formalizó el nacimiento de Fidel.

El segundo certificado es de 1941, redactado con el objeto de dejar constancia de que Fidel tenía un año más. Una vez que Fidel completó la escuela elemental, el viejo Ángel dio 100 pesos al secretario del juez de la comarca para que cambiara los datos del documento anterior y asentara el año de 1926 como el del nacimiento del hijo, lo cual le permitiría matricularse en el nivel medio del colegio Belén. «Fue así como esa fecha se hizo oficial», explica la hermana Angelita. Nada fuera de lo común; eran procedimientos corrientes en la esfera del poder, por camaradería, dinero o intercambio de favores. En este certificado Fidel aparecía con el que pasó a ser su nombre actual —Fidel Alejandro Castro Ruz—,[2] dado que don Ángel ya había hecho efectivo el divorcio de la primera esposa. No obstante, meses después el juzgado le envió una notificación para avisar que el certificado presentaba inexactitudes y era preciso rehacerlo. En 1943, con Ángel y Lina recién casados,[3] se extendió uno nuevo, el definitivo.[4]

Así pues, oficialmente Fidel vino al mundo en 1926. Sin embargo, a los que sustentan esta versión Angelita ofrece sus contraargumentos basándose en relatos oídos de su madre: «Con partos bárbaros como aquellos, no veo posible que hubiera una diferencia de apenas 10 meses entre Ramón y Fidel. El parto de Ramón fue "seco";[5] tuvieron que buscar un médico de urgencia, a caballo, pues los caminos estaban intransitables. Después mi madre necesitó un largo reposo, y además amamantaba a los hijos hasta poco más del año».

El propio Ramón Castro declara tener «22 meses más» que el hermano,[6] lo que nos lleva a la conclusión de que Fidel nació el 13 de agosto de 1927. Sutilmente, en la conmemoración de su cincuenta aniversario, como si reconociera el equívoco después de que su hermano Raúl Castro hubiera afirmado que en realidad estaban celebrando sus cuarenta y nueve años, Fidel comentó: «Bien, tengo la edad que dicen los papeles. Si dicen cincuenta, tengo cincuenta». Fue una observación sensata, puesto que a esas alturas era ya demasiado tarde para hacer de lo consagrado una simple omisión. Para miles de cubanos, el número 26 se había convertido en un símbolo vinculado con la revolución, extrapolando la propia figura de Fidel. Además de ser el doble de 13 (día en que nació Fidel), el 26 fue el año en que un famoso ciclón asoló la isla. Por otra parte, el número abundaba en otros significados: revueltas, cambios, rebeliones, como la de aquel día 26 (de julio) en que un grupo dirigido por Fidel trató de tomar por asalto el cuartel Moncada, como reacción al golpe de Estado desatado por Fulgencio Batista en el cincuenta y dos (el doble de veintiséis). Claro está que estas coincidencias numerológicas solo adquieren sentido por la aparición de Fidel en el escenario político. En consecuencia, como naturalmente no es aconsejable romper la magia de esa historia, aceptamos dejar el veintisiete como un accidente fortuito, causado por investigadores.

Queda todavía la imprecisión de la hora del nacimiento, a veces difícil de establecer con exactitud, y aún más en este caso, ya que la memoria de Lina podía no estar tan fresca cuando se expidió la primera partida. En esta constaba que el nacimiento había ocurrido a las dos de la madrugada; en los documentos posteriores se fijaba a la medianoche. Sin embargo, según el consenso de los investigadores del Archivo Fidel Castro, la hora correcta es la primera. En cuanto a los varios complementos del nombre —Hipólito, Casiano y Alejandro— que constan en los diversos registros, también obligan a alguna explicación. Los católicos practicantes, como Lina, tenían la costumbre de dar a los hijos el nombre del santo del día, de acuerdo con el calendario cristiano. Sin embargo, como el 13 de agosto corresponde a los santos Hipólito y Ponciano, no le quedó más remedio que repartirlos. Se puso Hipólito en la partida de bautismo, y para el primer certificado se inventó un Casiano (es decir, una aproximación de buen gusto al verdadero nombre del santo). Por predilección callada y persistente, Lina volvió a introducir Casiano en el diploma de enseñanza media de Fidel, incluso después de establecido Alejandro como segundo nombre. Al mismo tiempo, evocaba con frecuencia la imagen de aquel que, según ella, era el verdadero protector del hijo, san Fidel de Sigmaringa (cuyo día se celebra el 24 de abril). En la trama de la identidad de Fidel, la última influencia se origina en uno de sus tíos, cuyo nombre completo es Alejandro Fidel. Nótese que Alejandro sería su alias preferido en su período de clandestinidad.

Lo mismo que los hermanos, Fidel nació corpulento, con 5,443 kilos. Otro parto difícil, con la llamada urgente al médico. Heredó la cuna de hierro —especie de patrimonio familiar que había venido en el equipaje de los Ruz González cuando partieron del oeste—, colocada en la habitación de los padres, en la planta alta.

Venía al mundo en medio de acontecimientos que lanzaban al escenario nacional las figuras que agitarían el país y su vida en particular, como Rubén Martínez Villena, Julio Antonio Mella, Eduardo Chibás y Antonio Guiteras. En la década de 1920, en plena inestabilidad económica, la rebeldía había irrumpido en las ciudades abarcando a intelectuales, estudiantes y obreros. En diciembre de 1922 se creó la Federación de Estudiantes Universitarios (FEU), que en su primer congreso condenó el aislamiento infligido a la Revolución rusa por la comunidad internacional y exigió la anulación de la Enmienda Platt, así como del Tratado Permanente entre Cuba y Estados Unidos. En La Habana, la Protesta de los 13, un manifiesto de jóvenes intelectuales difundido en marzo de 1923, denunciaba fraudes del Estado. Entre sus firmantes se contaban Martínez Villena y Juan Marinello, futuros dirigentes de izquierda, además de Nicolás Guillén y Alejo Carpentier, los escritores que desarrollarían con excelente calidad literaria la temática de la nación cubana.

Se creó la primera central sindical del país (Confederación Nacional Obrera de Cuba, CNOC) y, en 1925, se fundó el Partido Comunista de Cuba, como una sección de la Tercera Internacional Comunista. Su principal líder era Julio Antonio Mella, presidente de la FEU. Acusado de terrorismo por el general Machado, Mella fue detenido e incomunicado. Se declaró en huelga de hambre, un acto considerado pequeñoburgués por otros dirigentes del PC, que solicitaron su alejamiento del partido. Pasados varios días, Mella sufrió un colapso; gracias a la fuerte presión popular fue puesto en libertad, tras lo cual se marchó clandestinamente al exilio en México. Allí habría de convertirse en dirigente del Partido Comunista Mexicano, una solución que sacó de la chistera el Buró del Caribe[7] —una división de la Internacional Comunista coordinada por el partido comunista estadounidense— ante la petición de su expulsión. Mella, que se mantenía en contacto con sus aliados en Cuba, inició gestiones para una insurrección armada. Informado del plan, el presidente Machado mandó asesinarle. En la Universidad de La Habana el recién creado Directorio Estudiantil, con Antonio Guiteras y Eduardo R. Chibás, desató la lucha contra la prolongación del mandato del dictador Machado, conforme había aprobado el Congreso.

En esa coyuntura se esbozó el problema de la izquierda cubana en la República, que se originaba en divergencias entre las diversas organizaciones en el exterior. Algunas se inspiraban en el modelo soviético, subordinándose a los dictámenes del Komintern —como el PC cubano—; otras habían asumido un proyecto socialdemócrata o reformista, y otras aun se habían ahogado en las amargas herencias de la guerra.

En Birán, con casi dos años de edad, el cabello rubio y ondulado, Fidel, a quien llamaban Titín, impresionaba por su mirada inquisitiva y la postura erguida. A los cuatro ya asistía a la escuela pública de Birán, una casita de madera con tejado de cinc, pupitres y sillas de hierro forjado.[8] Como no había lugar para él, que no quería alejarse de los hermanos, la profesora Eufrasia Feliu (Eufrasita) le aceptó de forma provisional; pero el niño insistía tanto en quedarse que acabó convirtiéndose en un alumno más, a petición de Lina. La clase estaba compuesta por unos veinte estudiantes, incluyendo a los hermanos y los primos de Fidel y los campesinos de la hacienda, todos mayores. Allí Fidel aprendió a cantar el himno nacional y a identificar los símbolos patrios; observaba las clases y garabateaba en el cuaderno. «Me sentaba en un pequeño pupitre, en la primera fila; desde allí veía el encerado y escuchaba todo lo que decía la maestra», recuerda.

La primera foto de Fidel se tomó en 1930, frente a la casa de doña Dominga,[9] acompañado de Lina y las hermanas, todos recostados contra una camioneta. Año difícil. Dominga no entendía por qué Castro insistía en que todos estudiaran, en lugar de ayudar más en la labranza. Antiguos moradores de Birán recuerdan que no hubo zafra, que otros propietarios locales robaban la producción de los colonos y viceversa, en un círculo vicioso. Eran los efectos del Jueves Negro, el día de la caída de la bolsa de Nueva York. Más de un millón de personas quedaron desempleadas en Cuba. Rubén Martínez Villena, organizador de un gran movimiento huelguista, fue eliminado por orden del general Machado. Durante la Gran Depresión, varios ingenios detuvieron la molienda. El gobierno estadounidense trataba de mantener los precios del azúcar cubano, pero el mercado solo se reactivó al cabo de cuatro años.

Después de las clases, todos los días, Fidel iba al río Birán, a bañarse en el Charco Hondo o en el Charco del Jobo. Le acompañaban sus hermanos y los hijos de los campesinos, más cuatro perros —Huracán, Napoleón, Guarina y Escopeta—,[10] que con ellos corrían hasta el río armando alboroto. Fidel aprendió pronto a nadar, y lo hacía bien. Normalmente entraba en la laguna montado en Careto, un potro de buen trote, de color castaño con una gran mancha blanca en la frente. Su amigo Carlos Falcón y él eran inseparables, sobre todo cuando era preciso hacer frente a un adversario común.

Al final del día, a la hora de dormir, Fidel ya ocupaba, con su hermano Ramón, una de las habitaciones de la planta baja. Un nuevo hermano, Raúl, nació el 3 de junio de 1931.

De vez en cuando, al salir de la escuela los niños desaparecían por el campo, o iban al barracón de los haitianos y comían con ellos. Cuando no había clases, por la mañana temprano corrían al batey (las tierras de labor), donde se quedaban hasta tarde. En las casas de los campesinos compartían la comida de batatas o mazorcas de maíz asadas; estas últimas eran el plato preferido de Fidel.

A Castro no le preocupaban mucho las travesuras de los hijos. Según el caso, podía enfurecerse, pero enseguida se calmaba. Las reprimendas más severas venían de la madre. Lina, cuando lo consideraba necesario, imponía su autoridad con un cinto que tenía siempre a mano. Fidel sabía llevarla; cuando ella amenazaba con darle un azote, la miraba con firmeza, aceptando la advertencia y hasta llegaba a ofrecerle las nalgas, para desconcierto de Lina.

En el carácter, Fidel se parecía mucho a Lina. Cuando se lastimaba, aguantaba callado y se curaba solo. Operaba lagartijas y decía que sería cirujano, asimilando la habilidad de la madre. En los rasgos físicos, y en ciertos sentimientos, se asemejaba al padre. «Crecí en el seno de una familia de un gran propietario, con todas las comodidades y privilegios,[11] pero mi padre era realmente un hombre generoso. Observábamos su forma de ser y más tarde, en varias ocasiones, nos descubríamos resolviendo las cosas a su manera»,[12] recuerda Fidel.

Un día en que, todavía pequeño, se encontraba a la orilla del río, preguntó a un niño de unos seis años: «¿Por qué no vas a la escuela a aprender? Si no, mañana te engañarán y robarán».[13] El niño respondió que no tenía ropa ni calzado para ir al colegio. Entonces Fidel cogió su par de zapatos y la camisa que vestía, hizo un atado, lo puso sobre una piedra, se acercó al chico y le dijo en secreto: «Allí, bajo la cascada, te he dejado los zapatos y la camisa. Mañana te vistes y vas a la escuela conmigo». Al día siguiente, al pasar el niño por la tienda, Lina reparó en la vestimenta y se sintió intrigada. «Esos zapatos y esa camisa son de Titín», le dijo. El crío explicó que había encontrado la ropa en el río pero que, si ella quería, la devolvía. Lina lo pensó mejor, se encogió de hombros y decidió olvidar el asunto.

Durante la infancia, sin embargo, Fidel no era dado a pasar todo el tiempo al aire libre. Como ya sabía leer, con frecuencia se detenía en las páginas de algún libro. Le gustaban los relatos épicos y se entusiasmaba cuando su medio hermano, Pedro Emilio, al ir de visita, le hablaba de las batallas griegas y romanas que estudiaba. Se abstraía cuando don Ángel hablaba de los héroes de la Independencia de Cuba, de la guerra que él mismo había vivido. Se escapaba hasta la oficina de correos y se quedaba observando, desde la ventana, «cómo el telegrafista recibía los mensajes y la naturalidad con que los memorizaba; escuchando el sonido recurrente de las teclas de la máquina Underwood».[14]

Inquieto, afectivo, audaz, reflexivo y seguro de sí mismo. La personalidad de Fidel era fuera de lo común, múltiple, de grandes dotes e inteligencia. Su memoria era especialmente privilegiada, acaso herencia del abuelo don Pancho. Leía un poema y lo retenía de inmediato. «Ya en aquella época debíamos convivir con su memoria», declara Ramón con resignación.[15] Del abuelo heredó el temperamento impulsivo.

En el país, la dictadura de Machado agonizaba. Surgían varias organizaciones armadas clandestinas, a favor y en contra de la permanencia del presidente. Por orientación del presidente Franklin Delano Roosevelt, promotor de la «diplomacia de buena vecindad», en mayo de 1933 llegó a Cuba Benjamin Summer Welles, con la misión de convencer a Machado de que abandonara el gobierno. Al llegar, y con el fin de calmar las crecientes protestas, Welles fue a pedir el apoyo de un grupo de comunistas encarcelados,[16] que solicitaron la libertad para poder actuar. El Partido Comunista se veía ante un dilema: un sector proponía que toda decisión recayera en las masas; otro admitía un acuerdo con Machado, con el argumento de que esto era mejor que lidiar con una nueva intervención estadounidense.

En la crisis participó parte de las fuerzas armadas y la policía. Dos sargentos —uno de ellos, Fulgencio Batista— tramaron un golpe, en contacto con dirigentes estudiantiles y comunistas. Batista, otra figura que surgió en esa época, sería destituido del poder por Fidel veinticinco años después.

La Revolución de los Sargentos, iniciada en la madrugada del 4 de septiembre de 1933, estableció en el poder un «gobierno de cinco», bajo la presidencia de Ramón Grau San Martín. Pronto, sin embargo, habrían de enfrentarse dos tendencias: la de Batista, ascendido a coronel y a jefe del Estado Mayor del ejército, y la de Antonio Guiteras, secretario de Gobierno, Guerra y Marina, que implantó varias medidas progresistas. Tropas comandadas por Batista, que a escondidas se entendía con el embajador Summer Welles, reprimieron las manifestaciones de apoyo al régimen. Pero sería Guiteras el acusado por los comunistas de ser el responsable de la violencia en las calles, por su rango superior al de Batista en la jerarquía del poder. Condicionados por una visión sectaria, en el fondo rechazaban la política que había trazado Guiteras. Atacado por los dos extremos, derecha e izquierda, acabó por debilitarse junto con la tentativa de un proyecto nacional. En cuanto al presidente Grau San Martín, parecía no saber qué lado era mejor. En 1934 el coronel Batista se apoderó del gobierno, abriendo campo para mandatarios complacientes con Estados Unidos.

La maestra Eufrasita permanecía todo el período lectivo en Birán, donde residía en una casa cedida especialmente a ella por don Ángel; durante las vacaciones se marchaba a Santiago, donde vivían sus parientes. A mediados de 1933 comenzó a insistir ante Castro en la conveniencia de que los niños estudiaran en la ciudad, donde recibirían una mejor instrucción. Repetía que Fidel era aplicado y despierto, lo mismo que Angelita, aunque nunca mencionaba a Ramón, que no demostraba inclinación por los estudios. Argumentaba que ambos podrían quedar al cuidado de su familia, a la que Lina había conocido cuando viajó a Santiago y que le había causado una buena impresión.

La familia Feliu se componía de tres hermanas solteras y un padre viudo. Néstor, otrora un sastre de prestigio, estaba viejo y enfermo. La hermana mayor era médica; la del medio, pianista; la menor era Eufrasita. Todas se habían educado en Haití y dominaban el francés. Lina recordaba especialmente a la competente médica, por quien Angelita había sido muy bien atendida. Percibiendo que a Lina le complacía la idea, Castro se convenció y decidió entregar los hijos en confianza. Así pues, Fidel, de seis años, y Angelita, de diez, partieron en tren a Santiago.

De lo que no se informó ni a Lina ni a Castro era que el nivel de vida de los Feliu había declinado sensiblemente. La doctora, sostén de la familia, había fallecido el año anterior. Habían tenido que vender el inmueble que poseían para saldar las deudas, y ahora vivían en casa de unos parientes, donde también se alojaron Fidel y Angelita. Orosia, una prima, y su hija Cosita habían montado allí una pensión.

Días después de su llegada, fueron a hacerse un retrato en Foto Mexicana. Angelita, con un vestido blanco bordado, y Fidel, a su lado, con un traje estilo marinero,[17] regalos del padre, que tenía un gusto refinado para la ropa. En la primera Navidad que pasaron lejos de la hacienda, los dos sufrieron de melancolía. Fidel escribió una carta a un «vuestra majestad» de su imaginación para pedir una máquina de filmar. El día de los Reyes Magos recibió de las Feliu una corneta de cartón con punta de metal, que no le gustó nada.

La estancia allí sería breve, el tiempo necesario para que Eufrasita consiguiera alquilar una vivienda en el mismo barrio, llamado «Intendente» por los habitantes de Santiago (por el nombre de una de las laderas que lo formaban). Aquellas almas infantiles, asustadas en la extraña ciudad, nostálgicas del hogar, distorsionaban el sentido del tiempo y la distancia, y la mudanza a la casa del número 6, en la otra acera, les pareció un viaje al otro lado del mundo. Contaba con una salita y dos cuartos diminutos para albergar al viejo Néstor, la hermana pianista (Emerenciana, apodada Belén), Fidel, Angelita y Eufrasita. Un mes después, con la primera mensualidad que envió don Ángel —40 pesos por cada uno de los hijos—, Eufrasita resolvió alquilar una vivienda más grande.

Situada en la cumbre de la ladera Santa Rita, que formaba ángulo con la de Intendente, era parte de un conjunto de tres inmuebles propiedad del señor Gabriel Palau. Por su ubicación se inundaba cada vez que llovía, pero era agradable; contaba con una pérgola en el fondo, un pequeño balcón que invitaba a las reuniones familiares, desde donde Fidel admiraba, impresionado, la vista de la entrada de la bahía de Santiago[18] y la calle Virgen, que se extendía abajo. Una importante peculiaridad de Santiago se había grabado en la mente infantil de Fidel: la ondulación de las laderas, los altos y bajos, calles estrechas entrecruzadas en su diseño colonial. Entre esas imágenes retenidas en la memoria, una especial: «una escalera de piedra junto a la acera»,[19] que llevaba a la casa vecina.

En abril de 1934 llegó Ramón, mandado por el padre y acompañado por Esmérida, una campesina de Birán que la maestra había pedido para que sirviera de criada. A pesar del hermoso paisaje y las serenatas ocasionales, llegaron para completar el cuadro de una experiencia amarga. En aquella casa los niños, acostumbrados a la abundancia y la amplitud de la hacienda, conocieron privaciones.[20] En la comida y la cena, de forma invariable, las pequeñas raciones de arroz, judías, batatas, plátanos y carne picada se repartían entre seis personas. Fidel se quedaba mirando, insatisfecho, el último grano de arroz, lo que estimulaba más aún su apetito. «Puede decirse que conocí la pobreza y pasé hambre. Yo mismo tenía que coserme los zapatos cuando se agujereaban, arriesgándome a que me riñeran si se rompía la aguja. Al fin quedé prácticamente sin ellos, descalzo, muchos días. Estábamos muy flacos y melenudos, porque ni a la barbería nos llevaban. Pasamos una gran necesidad», rememora Fidel.

Aunque presente de forma apenas ocasional, era Eufrasita quien dictaba las órdenes e impregnaba la atmósfera con su personalidad. Belén pasaba las horas practicando escalas invariables en el piano o dedicada a las lecciones que daba a algunos pocos alumnos. Fidel recibía clases en casa con ella durante una parte del día, preparándose para la prueba de ingreso en una escuela local. Aprendió deprisa a hacer dictados y decir las tablas de memoria. Le gustaban los ejercicios de operaciones matemáticas y tenía facilidad para el cálculo, como don Ángel.

Con la carencia absoluta, aumentaban en los niños la nostalgia y la sensación de desamparo. Don Ángel los visitó cierto domingo y los notó más delgados, pero, a causa de la confianza depositada en Eufrasita y los relatos amenos de esta, no sospechó que los hijos pudieran estar sufriendo malos tratos.

No obstante, un día el tormento de Intendente acabó. Mientras, asomado al balcón de la casa, miraba distraído la calle de abajo, Fidel vio llegar un taxi. Desde lejos distinguió a una señora, acompañada de un niñito, que bajó y entró en el comercio de enfrente. Tuvo un presentimiento. Al salir de la tienda la señora se encaminó hacia la ladera; Fidel siguió con la mirada sus pasos por la cuesta, y cuando la mujer iba por la mitad tuvo la certeza de que eran nada menos que su madre y su hermano Raúl. Fue todo un alivio.

Lina llegó a la puerta y recibió el estrecho abrazo de Titín. Su presencia llenó el vacío. Llevaba consigo una bolsa repleta de dulces y mangos, que había comprado en el colmado de la calle de abajo. En un instante Fidel, Ramón, Angelita y Esmérida devoraron todo. Al observar tamaña voracidad, brotó una duda en la mente de Lina.

Aprovechando una oportunidad, la campesina Esmérida llevó a Lina hasta la acera y le contó que Fidel se desesperaba de hambre y que Angelita se quejaba de dolor de dientes desde hacía más de un mes, sin que la llevaran al dentista, además de otros pormenores. Concluyó implorándole que la llevara de regreso a la hacienda.

Al darse cuenta de la situación, Lina prometió resolverla. Controlando la indignación, pidió que los niños prepararan las maletas de inmediato. Ni siquiera se despidió del viejo Feliu. Con discreción, apenas anunció a Belén: «Me llevo a los niños».

NIÑO TRAVIESO DE CUELLECITO BORDADO

Fidel permanecía de pie en el vagón, hablando y gesticulando durante todo el viaje. Raúl, que contaba poco más de tres años, parecía una pulguita, como le llamaban los hermanos. Menudo y bullicioso, corría todo el tiempo, y lo hizo también en aquella estación del Ferrocarril del Ingenio. Lina y los niños acababan de llegar a Canapu, cercano al establecimiento de la Miranda Sugar State, en la ruta Santiago-Birán.

En cuanto frenó el tren, el maquinista avisó que no podrían proseguir. Era «tiempo muerto»; la vegetación había crecido hasta cubrir las vías y a pocos metros se veía un grupo de obreros que las reparaban. Ante el imprevisto, Lina buscó al jefe de estación, el gallego Joaquín Fernández, y le pidió que mandara llamar a Almeida —empleado de la compañía y antiguo cliente de Castro—, mientras ella y los hijos esperaban en el cobertizo de los mecánicos. Media hora después se presentó el compadre, con cuatro caballos, y les propuso guiarlos hasta la hacienda. Colgaron las maletas en los arreos de las sillas e iniciaron el trayecto entre barrancos.

Al aproximarse a Birán el rostro de Fidel recuperó la luz. El revoloteo de los pájaros, el ambiente de la hacienda, el rumor de las sillas mecedoras le recibían de vuelta como un bálsamo.

Después Lina puso al tanto a Castro de todo lo acontecido en Intendente. Al retornar la maestra a las clases, don Ángel la mandó llamar a su despacho. Conteniendo el impulso de echarla de Birán, le informó de que los niños ya no regresarían a su casa en Santiago. Cuando Eufrasita le preguntó el motivo, él respondió que los niños no habían recibido el trato debido.

Sin embargo, al cabo de poco tiempo el matrimonio de Castro y Lina reanudó la relación con Eufrasita. La maestra logró reconquistar la confianza de Lina, y don Ángel, como el señor protector de los miembros de la comunidad de Birán, a quien correspondían tanto el castigo como la magnanimidad del perdón, resolvió que no había habido mala intención de su parte. Hubiera o no la maestra cometido una deslealtad para resolver problemas familiares, el asunto no tuvo mayores consecuencias, aunque dejó marcas en Fidel. Tanto que hasta el día de hoy, y con frecuencia, recuerda algún detalle del episodio, tiñendo de humor el lado amargo y viéndolo como una preparación política y psicológica para reveses que aún habría de sufrir. Fidel afirma no guardar rencor a Eufrasita, aunque tiene la certeza de que ella, en su esfuerzo por convencer a los padres de que los niños la acompañaran a Santiago, solo tenía en cuenta su propio provecho.[1]

Ya de pequeño, la intuición llevaba a Fidel a concentrarse en un objetivo básico e importante: quería estudiar en Santiago, y así lo comunicó a sus padres. Terminada la temporada de verano, Lina avisó a Eufrasita que Fidel seguiría la preparación para entrar en un colegio de curas y que Angelita se matricularía en el Belén, la escuela de monjas cercana a la residencia de Intendente. Ya Ramón había declarado que «a ese infierno» no regresaba, en parte porque se apegaba irremediablemente al campo y en parte por lo mucho que allí había sufrido.[2]

En Santiago, Fidel encontró novedades. Conoció a un compañero de su edad con el que jugaba en el barrio de la ladera; se llamaba Gabrielito y era hijo del dueño de la casa, el señor Palau, que se había mudado a una de las tres viviendas del conjunto de su propiedad. Otro cambio fue el súbito fallecimiento del viejo Néstor meses antes. Fidel echó de menos su presencia, pero pronto comenzó a acostumbrarse a la convivencia con Belén, que ya en la primera semana estipuló el horario de orientación de sus estudios para mejorar la ortografía y practicar el cálculo; además daba clases de piano a Angelita, que estudiaba en régimen de externado.

En la familia Castro, una nueva hermana, Emma, vendría al mundo a principios de 1935, época también en que Belén se casó con el cónsul de Haití, Alcides Hilbert. En la Navidad de ese año, Belén regaló a Fidel otra corneta, ahora de verdad, acaso con el deseo de inspirarle algún gusto por la música; fue en vano, pues no demostraba ninguna inclinación.

Para reservar la matrícula de Fidel en el colegio Hermanos La Salle era imprescindible disponer de la partida de nacimiento o de bautismo del candidato, ninguna de las cuales poseía el niño. Ante lo que le pareció una emergencia, Fidel consiguió recibir el sacramento, para lo cual no eran necesarias ni la presencia ni la autorización de los padres. El bautismo se llevó a cabo el 19 de enero en la catedral de Santiago; Belén e Hilbert fueron los padrinos. Cuando le comunicaron la noticia, don Ángel se disgustó, ya que había prometido a Fidel Pino Santos nombrarle padrino del hijo.

Pino Santos, involuntariamente postergado, acaso no tuviera razones tan nobles para mantener su vinculación con Castro. «Mi padre me decía: "Mi buen amigo Pino Santos", pero yo respondía: "Tu buen explotador"»,[3] recuerda Angelita. Cuando Castro tuvo que hacer frente a una deuda, recurrió a Pino, a quien antaño había salvado de la bancarrota. El compadre le concedió un préstamo, pero a cambio de la hipoteca de la hacienda de Birán y cobrándole intereses de hasta el 20 por ciento anual. Años después, con la justificación de que Castro era buen pagador, resolvería reducir los intereses a un 8 por ciento, pero la hipoteca solo quedó saldada en 1951.[4] Con usura y especulación, Pino Santos se apoderó de los bienes de muchos. En cuanto a Castro, guiado por la buena suerte, el acuerdo no logró impedir que continuara enriqueciéndose.

El niño Fidel realizó el examen de ingreso para el colegio La Salle y aprobó. Comenzó las clases en medio del período lectivo, sin haber cumplido todavía los ocho años. Por la mañana salía de casa vestido de uniforme: traje y corbata, con el cuellecito de la camisa blanca bordado por la madrina. En las horas de ocio llamaba a su amigo Gabrielito e iban a jugar al balón en el terreno de enfrente, o, junto con Dieguito Barc, Panchito y Tito, iba hasta un barranco de la ladera para deslizarse a los charcos.

El 2 de junio Fidel hizo la primera comunión en la catedral.[5] Comenzaba a sentirse desilusionado del colegio, pues no aprendía nada nuevo. Iba adelantado con respecto a su clase, pero el reglamento escolar le había obligado a ingresar en los cursos de enseñanza primaria. En su casa se sentía insatisfecho con el comportamiento que querían imponerle: preceptos formales de la educación francesa de Belén, reavivada por la convivencia con el cónsul, como el de jamás levantar la voz ni lamentarse de nada, además de otras restricciones. Fidel no entendía esos frenos. Su indignación llegaría a actitudes y palabras violentas, lo que habría de provocar la ruptura con aquel escenario y sus personajes.

Le mandaron entonces al régimen de internado, al que se incorporó también su hermano Ramón, enviado por el padre desde Birán para proporcionarle compañía. En las horas ociosas Fidel comenzaba a aficionarse al deporte, que sería una pasión en su vida. En el béisbol, su placer era *pitchear*;[6] lanzaba la pelota dándole un efecto que la hacía describir una curva. También confiaba en su habilidad como nadador. En una excursión a la represa de Charco Mono, que estaba prohibido cruzar, Fidel desapareció de repente. Cuando le divisaron unos compañeros, ya se estaba arrojando con audacia al agua, desdeñando el peligro. Afirmar que algo era imposible constituía la mejor manera de estimularle a intentarlo. Esta sería siempre una de sus características.

Los jueves y los domingos el colegio La Salle organizaba paseos a un campamento situado en Renté, que alquilaba en la bahía de Santiago. Allí Fidel pescaba, corría y nadaba. Los alumnos llegaban a pie por la cuesta de una ladera y en el muelle de Alameda cogían la lancha para cruzar la bahía; desde allí Fidel observaba las maniobras y los giros de las barcazas de dos chimeneas. En el embarcadero, en esa época, grupos de haitianos todavía esperaban abordar los navíos que los conducirían de regreso a su país natal. Habían sido gradualmente expulsados de Cuba, según disposiciones de la ley de protección al empleo de los cubanos, incentivada por Guiteras. El cónsul Hilbert acabó desempleado y tuvo que regresar a Haití. Belén decidió separarse porque no quería dejar sola a su hermana.

Batista había apartado a diversas figuras del poder, pero estas no permanecieron inactivas. Ramón Grau San Martín había fundado, en 1934, el Partido Auténtico, con una plataforma nacionalista; Antonio Guiteras, asesinado en 1935, había creado la organización armada Joven Cuba. El Partido Comunista, en la clandestinidad, recibía una nueva orientación, tras el VII Congreso de la Tercera Internacional: constituir frentes amplios, alianzas con sectores nacionalistas burgueses, penetrar en los aparatos del gobierno, como estrategia para combatir el fascismo en ascenso, estrategia opuesta a la visión extremista que predominaba hasta entonces.[7] «Hitler adquiría poder y se armaba hasta los dientes… En el ámbito internacional, los frentes amplios serían la política incuestionablemente correcta, pues lo que permitió su ascenso a Alemania fue la división de la izquierda, la socialdemocracia y el Partido Comunista alemanes…»[8]

Blas Roca, el secretario general, procuró llegar a un acuerdo con Ramón Grau, que evitó el encuentro. Las gestiones del PC estadounidense para promover la aproximación no fructificaron. Eduardo Chibás, el joven líder auténtico en boga, repudió con vehemencia la posibilidad de un acuerdo. Lanzaba críticas públicas a la pequeña guerra que Stalin patrocinaba contra Finlandia. «En todo el mundo, los comunistas habían emprendido una especie de haraquiri para defender a la URSS. Es cierto que no podían abandonarla, a pesar de los errores que había cometido. Se veían forzados a defender puntos impopulares, como el pacto Molotov-Ribbentrop,[9] la ocupación de una parte del territorio polaco y la guerra contra Finlandia… la URSS seguía una política que dio margen a que se cometiera toda clase de abusos y crímenes… Prácticamente acabaron con el partido y con las fuerzas armadas… y contribuyeron a crear las condiciones más adversas cuando llegó el momento de la guerra, exceptuando el gran esfuerzo de la industrialización»,[10] reflexionó Fidel.

Consolidado en el cargo, Stalin lo usó para eliminar oposito-res, rivales, enemigos imaginarios y reales, como León Trotski, desterrado de la URSS, que había reafirmado el discurso de la «re-volución internacional», identificada con el rechazo a la «cerrazón» propuesta por Stalin. Se redefinían las vertientes de la división en el movimiento comunista: algunos sectores y organizaciones se veían estimulados a romper con el Komintern y reclamaban autonomía para actuar de acuerdo con sus contextos.

En el escenario internacional, la URSS confluía en dirección a Estados Unidos. La ideología fascista se expandía por el mun-do inspirando formas de gobierno y constituyéndose en amenaza a la preponderancia estadounidense. Roosevelt decidió promo-ver ajustes en su política para América Latina estimulando la celebración de elecciones y el debilitamiento de las dictaduras. Había dejado sin efecto la Enmienda Platt en Cuba, pero in-centivó la creación de institutos militares y la formación de una generación de oficiales cubanos en academias estadounidenses. En consonancia con las expectativas, Batista asumió una postura populista y tomó medidas como la de abrir una red de escuelas cívico-militares, con sargentos habilitados como maestros en las zonas rurales del país, una de ellas próxima a Birán.

Hacia finales de 1936 hubo una epidemia de tifus en Santiago y los alumnos internos no pudieron dejar los colegios durante la Navidad. Fidel tuvo que esperar al día festivo siguiente para ser liberado. Lo primero que hizo cuando llegó a Birán fue salir al campo con su potro Careto; después de una corta cabalgata se su-mergió, montado, en la cascada del río Nipe.

Cuando estaba en su casa, se acomodaba en un rincón de la planta baja para leer, saltando partes, alguno de los diez volúme-nes de la *Historia de la Revolución francesa*. A veces se dejaba llevar por el sonido de la música gallega o por la voz del cantante Caruso, en los discos que ponía don Ángel en el gramófono de madera. Si había juego de pelota (béisbol), algún partido entre los equi-pos de Almendares y Marianao, Fidel dejaba los libros de lado y oía la transmisión por la radio.

Los gallegos de Birán seguían atentamente el desarrollo de la guerra civil en España. El cocinero García, que componía el grupo de los inmigrantes que rechazaban a Franco, vivía pendiente de las noticias. De un modo general, los inmigrantes españoles en Cuba se dividían entre los que estaban en contra o a favor de Franco. En el comedor de diario, Fidel leía al cocinero los periódicos que llegaban de Santiago y a continuación se metía en el naranjal. Allí organizaba una guerra, toda suya, y llegaba a su casa empapado en zumo de naranjas podridas.

BALONCESTO Y TRAMPOLÍN

Miembro del equipo de atletismo del colegio Belén, 1943

5

LAS PRIMERAS CONQUISTAS

Mientras Fidel y Ramón se preparaban para regresar a la ciudad, Raúl se echó a llorar; no se resignaba a que le separaran de los hermanos. Castro, entonces, le llevó a matricularse también en el colegio La Salle. En la conversación con el director, el hermano Fernández, terminó comprometiéndose a contribuir económicamente con las obras del nuevo edificio del centro.

Raúl, el nuevo benjamín del internado, de apenas cinco años, se convirtió en la sensación de la escuela. Entre los compañeros se difundió el apodo que le habían dado los hermanos, Pulguita, que él aceptaba de buen grado (en los mensajes que enviaba a los padres firmaba: «Con todo el cariño de Pulguita»). Pedaleaba deprisa en su bicicleta por las dependencias, se arrojaba escaleras abajo o chocaba adrede con el piano de la sala de música. Alternándose con el enfermero, el hermano Enrique, era Ramón quien le cuidaba; le bañaba, vestía y vigilaba durante las excursiones de los jueves en lancha y también en el balneario, para que no se perdiera ni se zambullera en el mar. El chiquillo era travieso; los problemas que causaba, en especial con los muchachotes, acababan por hartar a papá Ramón, como llamaba Raúl a su hermano mayor.

Angelita, pupila en el colegio Belén de Santiago, recibía la visita de Fidel y Ramón los domingos, el día de descanso. En dos ocasiones Angelita fue con los hermanos de paseo a la playa de Renté, donde los religiosos habían alquilado una casa para llevarlos a bañarse en el mar y hacer picnics. Allí atravesaban la bahía de Santiago hasta la punta de alta mar. La fuerza de las olas, que estremecía la lancha, desesperaba a Angelita, aunque encantaba a Fidel, que se arrojaba al agua para nadar.

La familia de Cristóbal Boris, dueño de la Bahamas Cuban Company, a la cual don Ángel vendía madera, los acompañaba en los paseos. Boris tenía un hijo, Cristobita, compañero de los tres hermanos en uno de los dormitorios privados del internado, privilegio resultante de los favores que Castro hacía a La Salle. Por su ingenuidad, Cristobita acabó por convertirse en la víctima preferida de Raúl.

Sin embargo, había momentos de convivencia placentera. En Birán, Cristobita se reunía con los hermanos para subir por la montaña en dirección a la maderera, en Pinares de Mayarí. En el trayecto Fidel hablaba sin cesar, expresándose con gestos, mientras Raúl se ocupaba de mantener sujeto al cinto su revólver de juguete. El grupo había adquirido el gusto de cabalgar por aquellos parajes, donde las copiosas lluvias no formaban lodo y las aguas se escurrían naturalmente hacia el valle. El punto más alto, el Mayarí de Cima, se emparejaba con la Sierra Maestra, que se veía a algunos kilómetros al sur, hacia donde Fidel proponía también largas excursiones que le proporcionaban un detallado conocimiento de la región.

Por sus buenas notas escolares, en 1938 Fidel pasó de cuarto a quinto curso, pero sus relaciones con el centro La Salle pronto comenzaron a deteriorarse. Los hermanos del colegio no eran sacerdotes, sino que pertenecían a una orden no escolástica creada en la Francia del siglo XVII. Al igual que buena parte de la inmigración que se había establecido en la parte oriental de la isla, observaban una conducta austera de normas inclementes. Había miembros de la dirección, e incluso los inspectores, que se extralimitaban en sus atribuciones y acostumbraban castigar y zurrar a ciertos niños, con diferentes pretextos, al tiempo que protegían a otros por su origen social. El trato desigual provocaba la sublevación de los desfavorecidos.

Fidel habría de reconocer el provecho de la convivencia con el código disciplinario, pero también resaltaría, posteriormente, cuánto influyeron en él las injusticias que presenció.[1] El hermano

Bernardo, por ejemplo, se ensañaba con Ramón; a la hora del recreo siempre le mandaba al banco de castigo, impidiéndole jugar al béisbol. Ya había pegado a Fidel en dos ocasiones, por riñas inofensivas entre compañeros. La segunda de ellas, le gritó, mientras Fidel estaba *pitcheando*: «Eh, tú también… ¡Castigo!». Siguiendo el impulso de su temperamento, Fidel reaccionó con extrema vehemencia: se abalanzó sobre el religioso y le mordió el brazo derecho. El hermano Bernardo le devolvió la agresión golpeándole con la otra mano.

El hermano director, en general un hombre prudente, mandó llamar a don Ángel para pedirle que se llevara a los hijos del colegio. En el encuentro olvidó, tácticamente, la ayuda financiera provista por don Ángel a las obras del establecimiento. «No irás más a la escuela; te quedarás en Birán», indicó el padre a Fidel, con un dejo de disgusto que solo se despejó al recibir la visita de su hermano Gonzalo, llegado de Buenos Aires.

En Birán, Fidel comenzó a ayudar al padre en la contabilidad de la oficina durante la semana, o a la madre en la tienda, por donde transitaba gran cantidad de mendigos, muchos en estado de absoluta miseria. Pero en cuanto podía montaba a caballo e iba a explorar parajes distantes o a conversar con los campesinos. Los domingos por la mañana se recogía a leer, pues, al contrario de sus conterráneos, no apreciaba las peleas de gallos.

En cuanto a Raúl, se mostraba incontrolable. Maltrataba a las niñas, aunque con su hermana Juana, que tenía casi su misma edad, daba la impresión de que esa era una manera de mostrar afecto.

Superada la insatisfacción con el colegio, Fidel deseaba volver a los estudios. Al percibir que sus insinuaciones o peticiones ocasionales no surtían efecto, amenazó con prender fuego a la casa si no le enviaban de nuevo a Santiago. La intención era presionar a la madre para que intercediera por él ante don Ángel. Lina, que valoraba la formación que ella no había tenido, apoyó al hijo y al fin Castro cedió.

En el verano de 1938 Fidel ya estaba otra vez en Santiago, alojado en el apacible caserón de la familia Mazorra, a la espera de ingresar en un nuevo colegio. Castro, además de compatriota del señor Mazorra, era antiguo y cautivo cliente de su tienda de ropas masculinas, La Muñeca.

Riset, la hija del comerciante, era compañera de Angelita, que iba al caserón a recibir clases particulares con la prestigiosa profesora Emiliana Danger Armiñán. Con aguzada curiosidad, Fidel se acercaba para presenciar las clases y pronto asimiló las enseñanzas. Cuando la profesora Danger formulaba una pregunta, él respondía de forma espontánea, con presteza y cuidado; así nació una afinidad entre la profesora —negra de ascendencia haitiana— y el alumno informal. El entusiasmo recíproco la llevó a ofrecerse a prepararle para los exámenes del colegio Dolores.

En septiembre, en la primera semana de clases, Fidel sufrió un ataque de apendicitis y hubo que operarle. Permaneció convaleciente tres meses en la clínica de la Colonia Española, pues la cicatriz tardaba en cerrarse. Repitiendo el ciclo anterior, Ramón viajó desde la hacienda para hacerle compañía en el hospital.

Los estudios quedaron interrumpidos, pero la profesora Danger se mostraba segura de que, en cuanto le dieran el alta, con un plan especial de lecciones podría no solo recuperar el tiempo perdido, sino saltar el período que no había podido cursar. Fueron días de angustia para el adolescente Fidel. Restablecido, más delgado y alto, aunque se sentía motivado para el ingreso en el colegio, no se encontraba a gusto viviendo con los Mazorra. Le atormentaba el deseo de regresar a la hacienda, pero en su alma ya asomaba la triste certeza de que Birán se hallaba cada vez más distante.

Los exámenes para el Dolores tuvieron lugar en una institución pública, a mediados de 1939. En la prueba oral, el catedrático Douglas le propuso una pregunta de ciencias.

—Diga el nombre de un reptil...

—¡Un majá! —respondió él.

—Mencione otro reptil —insistió el profesor.

Tras una vacilación, Fidel dijo:

—¡Otro majá![2]

El tribunal examinador consideró acertada la respuesta —fuera o no un ardid—, pues evitaba la obviedad de los yacarés y cocodrilos. Aprobado con la calificación de notable, Fidel cumplía las previsiones de la profesora Danger.

El colegio, administrado por jesuitas, acogía sobre todo a los hijos de la clase alta de Santiago, dividida en dos categorías: la de los ricos comerciantes sin linaje y la de los representantes de las oligarquías residentes en el barrio de Vista Alegre. Estudiaban allí unos pocos pobres, pero de raza blanca. En todo el alumnado, según recuerda Fidel, había una sola semiexcepción a esa regla tácita, un muchacho mulato, a quien fue presentado por el padre Domínguez.[3]

En régimen de semiinternado, Fidel volvía con regularidad —para su disgusto— al caserón de los Mazorra. No se resignaba a que le dejaran sin un centavo, lo que le impedía tomar helados, ir al cine o comprar el tebeo semanal *El Gorrión*, que llegaba de Argentina los domingos. El argumento, o la disculpa, era que no había alcanzado todavía un rendimiento óptimo en todas las asignaturas escolares. Sus diversiones se limitaban a contemplar cómo rompían las olas o buscar cangrejos en la playa La Chivera.

En el instituto practicaba diversos deportes, además del béisbol, el baloncesto y el fútbol americano. Obtenía buenas notas, aunque solo estudiaba cuando se aproximaban los exámenes. Gracias a su gran memoria, tanto auditiva como visual, retenía con rapidez lecciones y asignaturas. «Me impresionó descubrir que cada región del mapa tenía un color. Recuerdo perfectamente que el rojo pertenecía a todas las colonias inglesas de África, Oriente Próximo, Asia y Oceanía. Veía un mapa casi todo rojo. Eso se mostraba a los alumnos como un fenómeno natural»,[4] relató Fidel en cuanto a su hallazgo de la geografía humana. Aprendió con rapidez a dividir, porque el padre Salgueiro, en lugar de los *mea culpa* copiados en hojas y hojas, imponía como castigo hacer cuentas, con seis cifras en el dividendo y tres en el divisor. En general eran unas veinte divisiones por vez.

Como método pedagógico, además de los dogmatismos, los jesuitas estimulaban los ejercicios para el desarrollo de la personalidad. Se condenaban la debilidad y el incumplimiento del deber; se premiaban la iniciativa y el empeño. Fidel descifraba, a su modo, la sutil orientación. Cierta vez le ordenaron memorizar unos versos que no le agradaban; se negó a aprenderlos y, cuando intentaron imponerle un castigo, se rebeló, derribó un pupitre y animó a los demás compañeros a seguirle en su retirada del aula.

Fidel entabló una buena relación de camaradería con el padre García, que en una breve vacación le acompañó a Birán. En Manacas, Castro patrocinaba la campaña de su hijo Pedro Emilio, candidato a diputado por el Partido Auténtico. Le regaló un automóvil para que se desplazara por Santiago y además colaboró, nuevamente, para la elección de Pino Santos. A pesar de los intereses que le pagaba puntualmente, el compadre Castro tenía la permanente sensación de deberle algo. «En mi casa siempre decían que era malo endeudarse. Crecí con la idea de que pedir un préstamo empeñando algo es un acto vergonzoso», comenta Fidel.

Don Ángel ayudaba también a otros políticos, pero no exigía nada a cambio. Controlaba los votos en las localidades donde ejercía una influencia directa, dado que, como un vestigio de la época colonial, el hombre de campo encaraba la relación de trabajo como un favor y votaba por el candidato que el patrón le indicaba. Gastó 70.000 pesos, 60.000 en pagos a los jefes electorales, allí denominados «sargentos políticos», que recorrían permanentemente a caballo la provincia de Oriente distribuyendo ropa y obsequios a los electores. En general eran hábiles vaqueros que ganaban una buena comisión por conseguir los votos. En períodos de elección, el sueño de los niños era invariablemente interrumpido a las cinco y media de la madrugada por el ruido metálico del abrir y cerrar de las cajas de las reservas de Castro, ya que esa era la hora a la que se le presentaban en busca de mercancías y dinero. Narra Fidel:

> En aquel momento había 42 candidatos en Oriente. Yo enseñaba a votar por Pedro Emilio. Recorría las chozas y las casas de Birán y les decía dónde debían poner la cruz. Mi hermano me prometió un caballo, si ganaba… El día de las elecciones llegó la Guardia Rural y no dejó votar a nadie. Los soldados formaron dos filas, con los electores a favor del gobierno a un lado y los que estaban en contra, al otro. Aquellos votaron y los otros

no. Golpearon a la gente. Así pude presenciar por primera vez una gran farsa política. Pedro Emilio quedó como suplente. Al fallecer un diputado, llegó a la Cámara y cumplió la promesa del caballo. Para quien vive en el campo, una promesa de ese tipo significa mucho...[5]

Desde el poder el general Batista proseguía en su acción popular y populista, tolerando las libertades y asumiendo la convocatoria de una asamblea constituyente. A principios de 1939 mantuvo un encuentro con dirigentes del Partido Comunista (PC), en el cual se comprometió a analizar las reivindicaciones, principalmente las de la Central de los Trabajadores de Cuba (CTC), controlada por ellos. El PC promovía «un proyecto democrático-burgués» para el país, aunque sin perder de vista «objetivos revolucionarios superiores», como en la URSS.[6] Juan Marinello, elegido secretario general, propuso la creación de «un partido único de fuerzas progresistas»[7] y la elaboración de una Constitución que no fuera fascista ni comunista, en un intento de neutralizar a los sectarios.[8] Chibás, por el Partido Auténtico en ascenso, también defendía una fórmula unitaria, desde la exclusión de los comunistas.[9] Pronto estos divulgaron la decisión de integrar la coalición en apoyo a la candidatura de Batista a la presidencia. Una maniobra por ambas partes: para consolidarse en el medio sindical Batista necesitaba de los comunistas, que, por su parte, apostaban por él como forma de hacer viables las orientaciones del exterior. Para una gran parte del pueblo, era un buen jefe. La coalición resultó victoriosa y ascendió al poder federal en 1940, aunque para la Asamblea Constituyente los auténticos obtuvieran la mayor cantidad de votos. La nueva Carta, bajo la influencia de los seis representantes comunistas —entre ellos el joven Carlos Rafael Rodríguez—, se consideró la más avanzada del continente en la época; destacaba el artículo 90, que proscribía el sistema de latifundio.

Marinello entraba en el gobierno con un cargo honorífico, como ministro de Guerra sin cartera. Batista facilitó al PC la fundación del periódico *Hoy* y la emisora de radio 1010. Sobre este período, Fidel habría de comentar: «El PC se vio obligado [...] a convertirse en aliado de ese gobierno. La contradicción

llevó lógicamente a que muchos jóvenes con inclinaciones revolucionarias y gente de izquierda dejaran de ver con simpatía
al partido marxista-leninista cubano».[10]

Oficializada la alianza entre Stalin y Roosevelt para combatir el nazi-fascismo, en la Conferencia de Teherán (mayo de 1943),
se disolvería la Internacional Comunista. Se consagraba la política de los frentes amplios, llamada «browderismo» en el Caribe,
en alusión a su mayor defensor, Earl Browder, secretario del PC
estadounidense.

Autorizado el divorcio por la Constitución, se formalizó la disolución del primer matrimonio de don Ángel, que aprovechó
la oportunidad y registró con su apellido a todos los hijos que
había tenido con Lina. Para celebrarlo, la familia Castro fue a
pasear a la bahía de Nipe.

Cerca del aserradero de La Casimba, en Pinares, Fidel y Ramón visitaban los domingos a sus novias, hijas de un alemán
naturalizado. Fidel, que había adquirido el gusto de usar una gorra
de marinero y se daba aires de fino conquistador, abordaba a la
muchacha con destreza para invitarla a pasear. Si bien no era tímido, tendía a la reserva y no se vanagloriaba de sus conquistas.[11]
Si le preguntaban, prefería negar. Tuvo una novia llamada Deisy,
de mirada bizca, que parecía gustarle.[12]

Después de cada zafra, la siembra de la caña llegaba hasta los
bosques de la región. Las tierras arrendadas por Castro ya se cal-
culaban en 10.000 hectáreas. Alrededor de Manacas, también la
United Fruit Company se había expandido, aumentando diez
veces su área, de forma proporcional a la extensión de la presencia
estadounidense en el país. Debido a una superposición de circunstancias, el vínculo de Cuba con el vecino del norte se nutría como un cordón umbilical, aunque a punto de romperse en
algunas fases.

El progreso, la alardeada contrapartida del papel de Estados
Unidos en la vida cubana, llegó también a la cocina de la casa de
Birán. Don Ángel se convenció al fin de que la energía de gas
estaba obsoleta y compró un generador eléctrico, que puso fin

a las amarguras del cocinero García con el frigorífico. Fidel pudo así disfrutar de la experiencia de fabricar helados, en especial los de guanábana y mango, sus preferidos, y aprendió a batir la nata con la espátula.

Por la radio llegaban a Birán los sucesos de la Segunda Guerra Mundial, cuando don Ángel, preocupado, se retiraba a escuchar las noticias.

a la izquierda del borde...

6

MENSAJE A MISTER ROOSEVELT

De pie frente al espejo, Fidel, Raúl y Emma comentaban cuánto se parecían. En verdad tenían rasgos similares, aunque en Fidel destacaban dos diferencias: la constitución longilínea —sus piernas eran siempre más largas que los pantalones, incluso después de que Lina les sacara el dobladillo— y el cabello algo más claro. Estaba en plena adolescencia. Participaba en toda clase de competiciones pueriles con los hermanos, como quién tomaba más leche o zumo, y también en otras más arriesgadas, como arrojar cuchillos a objetos situados a distancia.

Poco tiempo atrás había traído de la ciudad los elementos necesarios para formar un equipo de béisbol en Birán y disputar partidos con el equipo de Marcané. Se dedicó con ahínco a los entrenamientos y planeaba, con su hermano Ramón, realizar torneos por toda la región. Como le fascinaban los combates de boxeo, pidió a don Ángel que comprara varios pares de guantes y avisó a los muchachos de los alrededores que montaría un cuadrilátero en el terreno de las peleas de gallos. Tras demarcarlo con una cuerda, permanecía horas allí, inventando un pugilismo sin instructor ni técnica.

También le gustaba correr, lo cual hacía en la carretera a Marcané; pedía a alguien que le cronometrara el tiempo y se esforzaba por reducirlo en cada nueva práctica. Sus piernas largas contribuían a la excelencia del desempeño, a pesar de que tenía un leve defecto —volvía los pies hacia dentro—, heredado por su primer hijo,[1] que habría de usar zapatos ortopédicos.

Mantenía en secreto la intención de probar el Winchester 11, un rifle de la época de Buffalo Bill, y pronto tendría su oportunidad. Cuando bajaban de la montaña salteadores armados para tratar de invadir la hacienda, con los ojos puestos en la fortuna de don Ángel, la comunidad se movilizaba para repelerlos. Cerca de la propiedad no había ningún puesto de la policía o del ejército, de modo que, desde pequeño, Fidel tuvo que aprender a manejar bien las armas para ayudar a los capataces.[2] En cierta ocasión dos bandoleros que actuaban por la zona mandaron un mensaje de amenaza a la casa. Fidel levantó una barricada en la galería y se apostó de vigía, junto a los perros de guardia, con el portón semiabierto; pero, por azar o suerte, esa madrugada no se vio ni la sombra de los bandidos.

Otra noche, antes de la hora de la lectura, decidió empuñar el Winchester y apuntó a Ramón, en broma. Desvió el rifle hacia lo alto y escapó un disparo. La bala llegó a romper el suelo de madera de la habitación de arriba. Los padres bajaron por la escalera aterrados; al ver el arma en las manos de Fidel, la furia subió al rostro de Castro. Previendo lo que iba a suceder, Ramón se adelantó para ayudar al hermano.

—Ha sido un accidente, ¡la escopeta se atascó! —exclamó.

Pero el padre solo habría de calmarse la semana siguiente, cuando Fidel le sacó el tema de los guerreros de la Independencia. Desde la infancia, la relación de ambos se intensificaba en aquellos momentos de evocación de viejas aventuras.

Un equipo de estudiantes estadounidenses había llegado en barco a Santiago para una competición de baloncesto. El primer partido con el colegio Dolores sería en el campo de la Alameda. A petición de Fidel, que ya había reanudado las clases y había sido designado titular del equipo, la luz del patio de la escuela permanecía encendida por la noche, para los entrenamientos; no descansaba hasta acertar varias canastas seguidas. Inmerso en la atmósfera de la amistad con Estados Unidos, aunque todavía un principiante en el idioma inglés, resolvió escribir una carta al presidente Roosevelt:[3]

President of the United States... If you like, give me a ten dollars bill green american, in the letter because never I have not seen a ten dollars bill green american and I would like to have one of them. My address is: Sr. Fidel Castro, Colegio de Dolores, Santiago de Cuba, Oriente-Cuba... I don't know very English but I know very much Spanish and I suppose you don't know very Spanish but you know very English because you are American but I am not American.

(Presidente de Estados Unidos... Si usted quiere, deme un billete verde americano de diez dólares, en la carta porque nunca he visto un billete verde americano de diez dólares y me gustaría tener uno. Mi dirección es: Sr. Fidel Castro, Colegio de Dolores, Santiago de Cuba, Oriente-Cuba... No sé muy inglés pero sé mucho español y supongo que usted no sabe muy español pero sabe muy inglés porque usted es americano pero yo no soy americano.)

Fidel hizo un buen amigo, René; ambos participaban en excursiones campestres, junto con los compañeros del grupo. René testimonió que Fidel era un entusiasta del alpinismo y de las acampadas.

Raúl había pasado a una escuela de Playa Manteca,[4] para cuya dirección habían designado a su tutor, Castillo, de Villa Moro. Pero pronto llegó una orden gubernamental que prohibía la residencia de menores en el colegio, por lo que don Ángel le matriculó en el Dolores y ambos hermanos se reunieron una vez más.

Don Ángel, ya de edad avanzada, pasaba mucho tiempo en la sala de estar, como si fuera un recibidor. Acudían los amigos, gente de fuera o incluso los trabajadores, haitianos o cubanos, y se sentaban a conversar. El reumatismo le atacaba las rodillas y el bastón se convertía en una extensión de su cuerpo.

Fidel, pese a ser delgado, no solo comía bastante, sino que disfrutaba del ritual de la mesa. El padre juzgó que ya era hora de que conociera otros placeres: un cigarro, una copa. Lo primero, en ese momento, lo rechazó, pero apreció el vino. A partir de entonces don Ángel comenzó a servirle una copa en la cena.

Fidel entraba en una nueva fase de tedio, con ansias de explorar nuevos horizontes. Proyectaba ir a estudiar a la capital, La Habana; comenzó a presionar con habilidad a los padres para que le permitieran partir, hasta lograr su objetivo.

El colegio Belén, el mayor de la orden jesuita, exigía que el candidato a cursar estudios de secundaria contara quince años cumplidos; como la solicitud se formalizaba en junio y Fidel solo cumpliría esa edad en agosto, don Ángel resolvió alterar su certificado; de ahí proviene que se haya establecido su fecha de nacimiento en 1926. En la partida hacia la capital, Lina siguió al hijo por el arduo trayecto hasta la estación de Alto Cedro. Insistió una última vez en que Ramón le acompañara, pero este estaba decidido a dedicarse a la hacienda. Fidel abrazó con fuerza a su madre y a su hermano, cogió el equipaje y se dirigió al tren, solo y seguro.

Al bajar en la estación de La Habana, en septiembre de 1942, su principal preocupación era no perder su dinero; concentrado en esta responsabilidad, controló la ansiedad de descubrir la ciudad por la ventanilla. Cuando le señalaron el edificio del colegio, construido sobre un pequeño monte, entrecerró los ojos ante su aspecto imponente y atravesó la manzana detrás del puente sobre el río Almendares. Entró en el Belén aferrado al informe del director del colegio Dolores, que declaraba sus óptimas aptitudes.

La suntuosa construcción albergaba a más de mil alumnos. Casi doscientos eran internos; otros tantos, seminternos, que almorzaban en dos turnos en un espacioso refectorio. Había tres dormitorios: uno, el de los menores, en la segunda planta; el de los alumnos de segundo grado, donde se alojaría Fidel, quedaba una planta más arriba, y un tercero, aparte, se destinaba al grupo del último nivel. Las clases generales y las prácticas deportivas se realizaban por separado, según las edades. El centro contaba con varios campos, el gimnasio —para béisbol, fútbol, voleibol y baloncesto— y una pista de atletismo.

Fidel, que destacó muy pronto por su habilidad física, se incorporó a los diversos equipos que disputaban los campeonatos deportivos intercolegiales y estatales. Se lesionaba con frecuencia y siempre era atendido por Bebo, un muchacho ayudante de enfermero que se convirtió en uno de sus primeros amigos.[5] Bebo tenía tres hermanos, también empleados en el Belén: el sirviente Óscar, el cocinero Virginio y el ayudante de cocina Manuel.

En la escuela siempre se veía a Fidel conversando con los sirvientes. «Era franco y abierto, no como la mayoría de los pupilos, los hijos de ricos que tenían su círculo y evitaban el trato con el personal de servicio», relató Bebo. Solo Carlos Remedios, como era compañero de equipo de Fidel, le invitaba a ir a su mansión algún que otro fin de semana. Allí había un campo donde los dos, con Jorge, el hermano de Carlos, y Enrique Ovares, jugaban al baloncesto. Para los alumnos ricos, Fidel era un guajiro —campesino blanco—, y así le llamaban. No frecuentaba los clubes privados ni formaba parte de los altos círculos sociales de la capital. «Era alguien en quien no se pensaba para la lista de invitados.»[6]

Bebo le preguntó un día: «Si tú también eres rico, ¿por qué no sales a divertirte como todos los de tu edad?». Fidel respondió que le gustaba más «conversar con Pelón, el camarero gallego, con tu hermano Manuel o con Juan Ramos, tu cuñado», que ayudaba en el entrenamiento del equipo de béisbol.

A causa de su crianza diferente, mantenía cierta distancia respecto al mundo esnob, aunque sin retraerse. En la relación con los compañeros se atribuía una función: repartir los elementos deportivos, como balones, guantes y rodilleras. Seguía entrenándose mucho pero, poco afecto a las convenciones, casi siempre lo hacía fuera de horario.

Después pasaba por la enfermería, saludaba a Bebo y tomaba un vigorizante, la poción Jacout, un preparado a base de anís que todo el mundo llamaba «el rayo», que se bebía de un solo trago.[7] En una de esas ocasiones conoció al trabajador Medina, que estudiaba por la noche en la Electromecánica de Belén, un instituto técnico situado frente al colegio, dirigido por el padre Silvio. Fidel le pareció largo «como una palmera».

Al salir de la enfermería se daba un baño apresurado y llegaba al refectorio para cenar cuando los demás ya se retiraban. Así, con su aire distante, Fidel conservaba dentro de sí el mundo de Birán, con el que ya comenzaría a escasear el contacto real. Ni siquiera se enteró de que, en cuanto él partió hacia La Habana, el viejo cocinero García había caído enfermo y acabó confinado al lecho definitivamente. La niña Agustina rezaba a su lado todo el día pidiendo a la Virgen que muriera tranquilo.

La capital, que absorbía a Fidel, vivía el fin de la coyuntura bélica, con efectos visibles en el panorama urbano. El texto de la progresista Constitución había quedado sin aplicación; las leyes no fueron aprobadas. Además del descalabro económico, en el interior de los organismos del Estado se había infiltrado la corrupción y se dilapidaban los presupuestos.

Grupos del tipo «gatillo en mano», compuestos por ex machadistas, batistianos, auténticos y otros rebeldes, ocupaban las calles como verdaderas bandas e interferían en el proceso político. Muchos valentones, gradualmente ascendidos a jefes de esos grupos, ganaban notoriedad; entre ellos, el Colorado, Manzanillo, Jesús González Cartas, Emilio Tro y Mario Salabarría. Uno de los bandos, la Acción Revolucionaria Guiteras (ARG), tenía por objetivo ejecutar a miembros del orden público. Los comunistas contaban también con una tropa de choque, comandada por Rolando Masferrer. En tal ambiente de expansión de la violencia, Batista acabó fuera del gobierno, con la victoria electoral de Grau San Martín, el presidente del Partido Auténtico.

El programa, nacional-reformista, proponía una «revolución auténtica» y proclamaba al partido como el legítimo heredero del ideario de José Martí.[8] Prometía viviendas, escuelas, mejores salarios y medio ambiente sostenible, y rescataba varios puntos de la Constitución de 1940. Aportaba esperanzas, algo esencial, y pronto captó muchos seguidores.[9] A continuación, con la victoria de los Aliados en la Segunda Guerra Mundial, Estados Unidos, con actitud sobreprotectora, estrechaba en su abrazo a toda América Latina.

EL REY DE LA CURVA

El padre Barbei, coordinador de educación física del colegio Belén, exigía el estricto cumplimiento de los horarios. Absorto en alguna actividad, Fidel solía retrasarse de vez en cuando y llegaba deprisa al gimnasio o al patio, después de la llamada. Al principio Barbei le reprendía con severidad, pero al cabo de algunos meses dejó de preocuparse por sus tardanzas, al percibir que no se trataba de negligencia. Por el contrario, durante las clases Fidel demostraba una constante obsesión por superarse.

En diciembre participó en la Liga Intercolegial y Juvenil de Fútbol, como titular de la categoría de menores de dieciocho años, donde exhibió un potente puntapié. El equipo del instituto terminó en primer lugar, después de tres empates. El *Diario de La Marina* (05/05/1944), en su suplemento de deportes, destacó su nombre como delantero del equipo de Belén.

Fanático, Fidel esperaba ansioso durante toda la semana para tener la oportunidad de asistir a los partidos profesionales en el estadio de La Habana. Poco a poco pasó a dedicarse más al baloncesto. En una final, el entrenador le sacó del banquillo de suplentes y le integró al juego en un momento en que el equipo no conseguía avanzar más allá del empate. Tardó algunos minutos en calentarse y luego acertó tres canastas consecutivas, de larga distancia, con lo que su equipo alcanzó la victoria.

Al año siguiente, considerado un *all star*, no le incluyeron en el equipo, pero le nombraron entrenador. «Desde estas páginas, nuestro *coach* felicita al insustituible Fidel que, aunque se le haya impedido jugar por el miedo terrible que le tenían, supo llevar a la perfección su fama de entrenador...»[1]

En el béisbol se reveló como el mejor de los *pitchers* (lanzadores), por lo que le apodaron «el rey de la curva». Entre los felicitados como capitanes de equipo al final del campeonato se encontraba «Fidel, del equipo Iberia... La labor recayó en el oriental Castro, el rey de la curva, el destacado *pitcher* del equipo...».[2] En las *tracks* (carreras), el entrenador Capi Campuzano, al verle practicar para la prueba de 800 metros lisos, consideró que no tenía estilo, pero Fidel terminó conquistando el segundo lugar de la categoría en el Carnaval de Relevos de Atletismo (mayo de 1943). Llegó a batir el récord en las carreras de 200 y 300 metros libres; asimismo estableció la marca de un metro setenta y siete centímetros en salto de altura. Al final de la temporada 1943-1944 fue proclamado el mejor atleta del colegio.

«Me permitían todo a causa de las medallas deportivas», recuerda. Como estudiante, a veces se distraía durante las clases; su imaginación lo lanzaba a otras esferas. Algunos profesores notaban esa dispersión, pero no le censuraban porque, además de ser un deportista destacado, presentaba un buen rendimiento general.

Le asignaron la tarea de cuidar de la sala de la biblioteca. Se sentía bien allí, por la noche. Era el último en salir; cerraba la puerta y guardaba las llaves. Durante la quincena de los exámenes permanecía horas en esa sala, repasando las asignaturas; con esas lecturas conseguía compensar las dificultades. Tenía una excentricidad: si el libro le pertenecía, arrancaba las páginas después de leídas y las tiraba a la basura. «Un libro de 500 páginas acababa con 100. Fidel decía que ya no las necesitaba, pues se las había aprendido.»[3] Con su memoria asombrosa, podía repetir el texto exactamente como estaba escrito, con la misma puntuación y sintaxis.

Al concluir el primer período, sus promedios fueron: matemáticas, 82; español, 96; inglés, 97; psicología, 100; física, 65; geografía, 90; historia de Cuba, 92; educación física, 93, y educación cívica, 62.[4] Salía airoso en las disertaciones, pues tenía facilidad para exponer y argumentar.

Fernández Varela, uno de los pocos maestros laicos del Belén,

relata sus recuerdos: «Fidel y yo entablamos una buena relación…
Me di cuenta de su talento poco a poco, sobre todo porque demostraba personalidad ante diversas situaciones. Elegía las asignaturas a las que se dedicaría; las otras no le interesaban. Y se
preocupaba por no ser el primero de la clase».[5]

Los padres organizaban paseos a Zoroa y otros lugares agrada-
bles para divertir a los internos en las vacaciones escolares prolongadas, así como colonias en verano. Los muchachos escalaban
cerros, practicaban la caza y la pesca, se bañaban en el río y las cas-
cadas durante las excursiones al monte Monserrat y la cordillera
de los Órganos. Para muchos era un gran descubrimiento, pero
para Fidel era como sentirse en su casa, de vuelta en Birán. Entró
en el grupo de exploradores uniformados, bajo la dirección del
padre Llorente; los compañeros dormían tranquilos cuando era
Fidel quien atizaba la fogata por la noche, ya que el fuego nunca
se apagaba. En los archivos del Belén quedó constancia de la buena
actuación de Fidel por su «espíritu de vigilante».[6]

En los momentos de sosiego o cuando le correspondía montar guardia, se reunía con Virginio, el cocinero, que los religiosos llevaban en la excursión. Fidel conversaba mucho con él, y
en esas ocasiones aprendía sobre aspectos de la vida de los trabajadores en la ciudad y expresaba opiniones, fruto de un incipiente raciocinio político. Supo, por ejemplo, que del salario
mínimo mensual de 60 pesos que se pagaba a los empleados, la
administración del Belén descontaba 15 pesos por alimentación
y 12 por la vivienda. Llegó a la conclusión de que, aun siendo
ínfima la cantidad que quedaba, la situación presentaba ventajas
en relación con la gran mayoría de los obreros cubanos.

Muchos finales de semana se escapaba también para entablar
largas conversaciones en una taberna de la esquina; había acordado con el portero del colegio el modo de salir y entrar sin que
lo notaran. Trabó amistad con el viejo de la limpieza, que le pro-
tegía; cuando le interrogaban, decía que el chico Fidel estaba en
el dormitorio.

Otros dos grandes amigos de esa época, con quienes compartía prolongadas conversaciones, eran José Luis Tassende, a quien
conoció como adversario en un partido de béisbol con el equi-

po de los salesianos, y Gildo Fleitas, que trabajaba en la secretaría del Belén y daba clases de inglés. Este vivía con su madre y
su hermana en una aldea de funcionarios, en una casita que Fidel
comenzó a frecuentar en las horas de descanso. «Fleitas veía
por los ojos de Fidel, asumía su forma de pensar, todo lo que él
decía.»[7]

En el transcurso de la semana, a cualquier hora, Fidel iba a la
cocina para probar las especialidades de Virginio, como las cro-
quetas de pollo. Siempre tenía hambre. Se aproximaba a Manuel
en el fregadero, comentando con aire travieso que le había visto
entrar las bolsas de la compra en la camioneta, y aprovechaba para
coger un puñado de patatas fritas... a espaldas del padre administrador, para eludir la reprimenda. De los Gómez Reyes, Manuel era el que tenía bagaje político. Se había afiliado al grupo
ABC, contrario al régimen de Machado, y participado en una
acción armada. Llegó a presentarse como candidato a concejal,
pero después se decepcionó con la organización y, al surgir los
auténticos, apoyó a Ramón Grau. Virginio, por el contrario, solo
despertó a la política por la convivencia con Fidel. A propósito
del proyecto de instalar un almacén en la manzana del Belén por
la orden de los Caballeros Católicos, Virginio comentó a Bebo
que también ellos debían organizar una cooperativa y que les
serviría para la construcción de viviendas. Él dirigiría una propuesta a los padres para que les adelantaran algún capital, que les
devolverían en pequeñas cuotas. Al oír esto Bebo se espantó:
«Pero ¿qué idea era esa?». Virginio confesó que se trataba de una
propuesta de Fidel, a la que había dado vueltas en la cabeza,
después de una jornada en la montaña.

Obligarse al silencio era particularmente penoso para Fidel,
como le imponían en los retiros espirituales, cuando los padres
determinaban aquellas largas horas de recogimiento y quietud.
Entre las prácticas religiosas, se encontraba la cotidiana asistencia a misa, antes del desayuno, con las oraciones en latín. Mientras oía los relatos de la Historia Sagrada, las palabras del padre
profesor hacían desfilar en la mente de Fidel imágenes colosales,
como las de los cuadros de El Bosco expuestos en la sección
medieval del Louvre, el horror del infierno y las tinieblas eter-

nas para los pecadores sin penitencia. Le producían extrañeza los pueriles grabados de los libros religiosos con que estudiaban en la escuela.

Las creencias y los ritos le parecían mecánicos. Su convivencia con una mentalidad maniqueísta se prolongaba ya desde hacía algunos años. Sin embargo, junto al estímulo a la autodeterminación y la investigación científica, además del propio gusto de Fidel por la perfección y de los códigos morales propios de la doctrina cristiana y del arquetipo del caballero español —reflejado en la figura del padre—, los dogmas se neutralizaron en la construcción de su personalidad. En el Dolores y en el Belén se forjó el segundo paradigma de su carácter. Combinados con el impulso por la aventura, interiorizaba el perfil del jesuita y las virtudes que permiten concluir una misión encomendada: modestia, tenacidad, sacrificio y una casi predisposición al martirio. Susceptible a la tentación de los desafíos, de ponerse constantemente a prueba, de no someterse a límites, asimilaba también la razón, la diligencia y la mesura. Armonía entre idealismo y razón, el eje cardinal de la filosofía de santo Tomás de Aquino, asimilada por la corriente de jesuitas españoles emigrantes. Valiéndose de esa mezcla Fidel habría de enfrentar muchas situaciones en su vida, definiéndose como un preceptor de sí mismo.[8]

Hay un episodio bien emblemático para entender la personalidad de Fidel en aquella época. Corrió el rumor de que conocía el paradero de dos compañeros fugados del colegio. El padre rector le interrogó; él confirmó que sabía dónde se hallaban, pero que les había prometido no revelarlo. Presionado por los padres afligidos, Fidel se obstinaba. Al fin el rector perdió la paciencia y le amenazó con la expulsión si no contaba lo que sabía. Fidel fue derecho a comunicar al padre Llorente, su interlocutor de confianza, que abandonaría el Belén aquel mismo día; no cometería lo que consideraba una traición a los compañeros. Llorente le pidió que esperara al menos una semana, para ver si se producía alguna novedad. Él aceptó. Al día siguiente los dos muchachos fueron localizados. Habían intentado alistarse como últimos voluntarios para la guerra.

8

DEL PODIO A LA TRIBUNA

Debate parlamentario, 22 de marzo de 1945:

> Los alumnos preuniversitarios de Letras, que pronto saldrán
> a defender en la vida pública los principios y las doctrinas apren-
> didos en el colegio, han discutido un proyecto de ley, presenta-
> do a la consideración del honorable Senado de la República, que
> limita la libertad de expresión y en particular la libertad de en-
> señanza. [...] Fidel Castro inició la segunda parte del acto expli-
> cando agradablemente al público cómo la intervención del Es-
> tado en la enseñanza privada en los diversos países, como Estados
> Unidos, Francia, Inglaterra, va desde la más completa libertad y,
> a veces, apoyo, hasta la más absoluta centralización, como ocu-
> rre en Rusia y Alemania...[1]

A propósito del acto, el periódico *Hoy*, órgano oficial del
Partido Socialista Popular, el PSP (comunista), comentó en el
artículo titulado «Estupendo show» (23/03/1945):

> Los seudoparlamentarios fueron escogidos cuidadosamente
> entre elementos pobres profundamente infectados por la propa-
> ganda nazi-falangista... Usaron frases elegantes. El segundo
> papel de la divertida farsa estuvo a cargo de un aspirante a estrella,
> llamado Fidel Castro, el casto Fidel, fiel discípulo de sus mento-
> res totalitarios del colegio Belén... Fidel Castro se dio un «for-
> midable atracón de gofio seco» en torno de las relaciones entre
> la enseñanza oficial y la privada. Con esa disertación, en medio
> de grandes aplausos de la concurrencia, se concluyó la primera
> parte de la fiesta.

La expresión «atracón de gofio seco» era empleada por un personaje de una película en cartel en la ciudad para referirse a los charlatanes. Fidel se sintió insultado y quiso tomar satisfacción del periodista comunista, pero los compañeros le apaciguaron.

El acto se realizó en la Academia Literaria Avellaneda, del colegio Belén, para los alumnos de último curso con especialidad en letras. Allí, además de elaborar textos, practicaban oratoria y didáctica sirviéndose de los discursos de Mirabeau, Napoleón, Cicerón y Demóstenes. Como en aquella ocasión se discutía el proyecto de la Ley de Enseñanza, el profesor Fernández Varela decidió aprovechar el tema y eligió a algunos alumnos para celebrar un debate público, simulando un Parlamento. Se hallaban presentes entre los invitados autoridades políticas y pedagógicas implicadas en la polémica: las que defendían la autonomía de las escuelas privadas, en su mayoría religiosas, que tenían por vehículo el periódico *Diario de La Marina*, y las que estaban a favor de las intervenciones, como la de sustituir los libros adoptados en la enseñanza privada por obras que valoraran a los «libertadores» de Cuba.

En la década de los cuarenta la sociedad cubana vivió una prolongada lucha entre sectores de la Iglesia y parlamentarios comunistas, que defendían una «escuela cubana» (es decir, no dirigida por el alto clero católico español). Estos afirmaban que los colegios religiosos editaban y empleaban textos con puntos de vista falsos y antinacionales. Por su parte, los jesuitas del Belén, simpatizantes del franquismo, corroboraban el catolicismo de clase y el prejuicio racial, aunque se mostraran flexibles en materia didáctica.

«El día de la presentación, a mi derecha estaba Fidel, que hacía la defensa de la enseñanza privada; a mi izquierda, Valentín Arenas y José Ignacio Rasco, que argumentaban de acuerdo con el dirigente comunista Juan Marinello, que proponía la estatalización del sector», cuenta el profesor Varela. Desde la tribuna, el principiante orador Fidel explicó cómo la intervención del Estado en las áreas sociales podría resultar perjudicial. La repercusión de los debates llevó a la creación de la entidad Por Una Escuela Cubana en Una Cuba Libre, dirigida por los intelectuales

Fernando Ortiz y Emilio Roig, cuya actuación afectó el prestigio de la enseñanza privada, aunque no consiguiera el cambio de los textos. El proyecto de Marinello tampoco fue aprobado.

Fidel entró en contacto con los grandes clásicos de la literatura, fundamentalmente los españoles, que le atraían tanto como las obras de historia, ya fuera de Cuba o mundial. Hasta su última noche en el Belén mantuvo con placer su responsabilidad en la biblioteca, la sala central de estudios. Allí ordenaba los libros en los estantes, cerraba las ventanas, apagaba las luces y guardaba las llaves. Su último boletín presentó las siguientes calificaciones: francés, 75; español, 90; historia de América, 98; lógica, 100. El día de la graduación como bachiller en letras[2] recibió el premio de sociología. Lina, en el papel de madrina, se ruborizó de orgullo y timidez. El padre Llorente, el confidente de Fidel, le dedicó las palabras de despedida con un aire de prenuncio: «Fidel Castro Ruz se ha distinguido siempre en todas las materias relacionadas con las letras. Excelente y de espíritu abierto, ha sido un verdadero atleta, que defendió con valor y orgullo la bandera del colegio. Supo ganarse la admiración y el cariño de todos. Cursará la carrera de derecho y no dudamos que llenará de páginas brillantes el libro de su vida. Fidel tiene madera y no faltará el artista».[3]

De camino a la hacienda tras una larga ausencia contemplaba a los campesinos que con su típica calma llevaban el ganado por la carretera. El olor y los sonidos de Birán se adelantaban en acelerada rotación: el motor de la panadería, el ronquido de la grúa y la vaquería. Al pasar por la gran cerca Fidel observó una novedad: una sala de proyección de películas, El Cine de Juanita. Don Ángel acudió a recibirle, ansioso por darle el regalo de graduación: un hermoso reloj. Inmediatamente detrás, los hermanos.

Ramón, después de haber realizado un curso de comercio en Santiago, estrechaba relaciones con el ingenio Preston, donde, en las horas libres, ayudaba a soldar piezas y reparar tractores en el taller de la administración estadounidense. Raúl había pasado algunos meses interno, solo, en el Dolores, pero cierta vez, cuando Angelita fue a visitarle, le imploró: «Sácame de aquí… que el padre Lloviznita me amarga la vida». El padre, cuando hablaba, escupía para todos lados… Al final Raúl se declaró en huelga para que le expulsaran, y la maniobra dio resultado. A causa de ello el viejo Ángel le impuso un castigo que duró más de dos años, casi el tiempo que Fidel estudió en el Belén, obligándole a trabajar en el campo, sin paga.

De nuevo en el ambiente familiar, prevaleció el lado sosegado de Fidel, tal vez por la costumbre adquirida de dedicarse a la reflexión. Durante varios días recorrió sin prisa muchas páginas sobre el Siglo de las Luces, los enciclopedistas, la Revolución francesa y la Independencia de Cuba, un álbum sobre las guerras napoleónicas y otro sobre París, antes y después de las barricadas. Simpatizaba con los filósofos Rousseau y Diderot, intuyendo el paso del idealismo ético al materialismo, como si ensayara el camino que habría de seguir. Profundizaba en observaciones sobre el progreso, la ciencia y la democracia.

Su concentración solo se interrumpía cuando Ramón le proponía jugar en Marcané los domingos, contra el equipo de la fábrica. «Voy a *pitchear*», decía, ya en camino, acompañando a los hermanos. En el campo dominaba la curva hacia abajo, dentro y fuera, no dejaba lanzar a nadie, ni había quien pudiera sustituirle.

El 27 de septiembre de 1945 comenzaba una nueva etapa en la vida de Fidel. Alto, de casi 1,83 m, y esbelto, con 82 kilos de peso, el universitario novato Fidel Alejandro Castro Ruz subió con dignidad por la escalera (conocida como «la escalinata») de la Universidad de La Habana. Tenía varias gestiones que hacer. En primer lugar, completar el formulario de «aspirante al título de doctor en derecho y contable público». Se inscribió en nueve asignaturas:[4] teoría general del Estado, principios del derecho cívico, matemáticas financieras, contabilidad superior, así como en deportes y otras que le permitirían obtener más de un título en el futuro. Después alquiló una casita en un barrio del centro, el Vedado —calle 5, número 8, entre la 2 y la 4, La Sierra—, y fue a inscribirse en la Unión Atlética de Aficionados al Deporte[5] para participar en competiciones de béisbol, baloncesto y *track* en el Casino español y por el Club de la Universidad. Días después estaba en la terminal ferroviaria aguardando la llegada de sus hermanas Juanita y Emma, que estudiarían en la Mericy Academy, las ursulinas norteamericanas, junto con Angelita, la mayor. Solo Agustina, la menor, cursaba en una escuela protestante, en El Cristo, en el oriente. A partir de entonces Fidel pasaría todos los atardeceres por la Mericy, a ver a las hermanas y conversar con la madre superiora, Elizabeth Thérèse, sobre su adaptación.

Llevaba el cabello más corto y peinado hacia atrás, en lugar de con la raya a la izquierda, como de costumbre. El primer día de clases, Fidel aguardaba, entre los estudiantes de primer curso de derecho agolpados en el vestíbulo, que abrieran el edificio de la facultad. Uno de los novatos buscó refugio detrás de una pilastra con la ilusión de pasar inadvertido, pero fue en vano. «Apareció, justo frente a mí, un sujeto alto, impetuoso por la forma de aproximarse, y me dijo: "Me llamo Fidel Castro. ¿Y tú?". "Yo soy Alfredo Esquivel…" "¿Te interesa hacer política?", me preguntó… Le dije que sí, y así comenzó nuestra relación…»[6] El compañero, por su fisonomía y sus ojos rasgados, recibiría pronto un apodo puesto por Fidel: Chino. Sería para siempre el amigo Chino Esquivel.

Durante la primera semana el ambiente universitario bullía con la convocatoria a elecciones generales por la Federación de Estudiantes Universitarios (FEU), que habrían de celebrarse al cabo de tres meses. En cada asignatura, los alumnos debían elegir su delegado o representante. Se formaban grupos con el objeto de garantizar el control de cada nivel, de cada asociación de facultad y universidad. La función histórica adquirida por la FEU empujaba las cuestiones académicas hacia la macropolítica, y el grupo que entonces controlaba la organización apoyaba al gobierno auténtico.

Fidel se sintió irresistiblemente atraído por aquel revuelo. Tras haber obtenido el certificado de la Comisión Atlética Universitaria,[7] le declararon apto para participar en los torneos de la Unión de Cuba. Sin embargo, comenzó a faltarle tiempo para los entrenamientos, mientras su vocación política crecía. Tampoco lograba cumplir con la misión de cuidar de sus hermanas, y sus visitas comenzaron a escasear.

Ayudó a formar el grupo que se denominó Los Manicatos (Manos Duras), el mismo nombre del fundado por Julio Antonio Mella, el líder de la FEU, en la década de 1920. Estudiantes graduados les habían pasado la lista de matriculados, elaborada en la vicerrectoría de Asuntos Académicos. Fidel fue eligiendo los componentes, los que tenían posibilidades de influir en sectores del electorado, los convocó uno a uno y organizó reuniones para incorporarlos.

Ya conocía a Ordaz, Rasco y Arenas, antiguos alumnos del Belén y católicos profesos; se presentó a unos estudiantes de Camagüey, del Oriente —Arturo Gómez y Felipe Luaces—; a Walterio Carbonell, de tendencia socialista, y a Hortencia Ruiz del Viso, que habría de colaborar en el *Diario de las Américas*. Chino Esquivel y Augusto Alfonso Astudillo venían del Instituto Público del Vedado, en la capital. Chino sería candidato a delegado por derecho administrativo. La lista completa incluía a Mario Cabrales, Isidro Sosa, Rogelio Garayta, Elsa López, Haydée Darías y Arturo Don. A principios de 1946 se inició la campaña previamente ideada por Fidel.

Fidel había decidido presentarse como candidato en la asignatura de antropología jurídica. Como los inscritos en la materia poseían un carnet con foto para poder circular libremente y emprender investigaciones de campo, Fidel consultó la lista de matriculados y memorizó el retrato y el nombre de cada elector. En cuanto los veía, los llamaba por el nombre y se dirigía a ellos con familiaridad. Como propaganda se elaboró un panfleto donde aparecían, arriba, la expresión «Los Manicatos», y abajo un pensamiento de José Martí: «Más vale una trinchera de ideas que una trinchera de piedras». No bien terminaban las clases, descendían por la «escalinata» y caminaban hasta la esquina de Infanta y San Lázaro, a tres o cuatro manzanas de allí, donde comían ostras y tomaban refrescos, al tiempo que Fidel hacía proselitismo con los estudiantes. Además, enviaba cartas para animar a los compañeros a participar en las elecciones, en las que indicaba su nuevo domicilio: hotel Vedado (actualmente Victoria), entre las calles M y 19, Vedado.

La votación tuvo lugar el 18 de marzo[8] para las trece asociaciones de alumnos de las diversas facultades. Cuatro días después se confirmaba la elección de Fidel como delegado de antropología jurídica. El 23 de abril, los manicatos habían distribuido volantes con el perfil y las propuestas de Fidel, que, en el mismo mes, fue elegido tesorero de la Asociación de Estudiantes de Derecho. «Era un cargo honorífico; no había un solo centavo en la caja...»[9]

Una de las actividades de los manicatos fue la de promover una excursión al presidio de la isla de Pinos, situado del otro lado de la costa, para estudiar el régimen penal. Chino había propuesto a Fidel que pidieran fondos al ministro de Educación, José Alemán, para emprender el viaje. Con Alemán consiguieron 500 pesos para cubrir los costes. Además, Fidel conversó con un oficial de la marina, Casanova, estudiante de derecho, y solicitó la cesión de transporte.

En la prisión observaron el trato y la alimentación de los reclusos, los cuales, durante la visita, intentaron venderles piezas de artesanía que fabricaban. Los guardias intervinieron con brusquedad; Fidel se interpuso, en defensa de los presos. Ya en La Habana, redactó y envió al diario *Pueblo* una nota, firmada conjuntamente con Chino, en la que criticaba a Capote, el director del sistema penitenciario, por la mala situación del establecimiento. El periódico publicó lo que sería la primera declaración pública de Fidel como líder de los manicatos.

La corrupción se tornaba un mal crónico de la República. El poder del Estado evolucionaba en galopante disipación. El presidente Grau había establecido una dotación especial, en el Ministerio de Educación, para pagar de forma extraoficial a individuos y grupos que le sirvieran de apoyo. Llegó a distribuir comandos de divisiones de la policía entre algunos jefes de facciones rivales. Mario Salabarría, líder del Movimiento Socialista Revolucionario (MSR), fue designado jefe de la policía secreta; Fabio Ruiz, jefe de la policía de La Habana, y Emilio Tro, director de Asuntos Juveniles del Ministerio de Educación y después de la Academia Nacional de Policía; los dos últimos eran de la Unión Insurreccional Revolucionaria (UIR). A pesar de las denominaciones, poco contenían de ideología; eran bandos de acción. En retribución por los favores recibidos, como becas de estudios y diplomas, realizaban «trabajos sucios» —soborno, coerción psicológica y atentados— de interés del gobierno. Investidos de autoridad, contaban con tránsito libre en todas las áreas.

En la universidad, como un reflejo, se diseminaban extorsiones y sinecuras. «Había una enorme confusión; muchos de los altos funcionarios del gobierno habían pertenecido al directorio de la FEU… La universidad se convertía en un baluarte en las manos del gobierno, la Policía Nacional y el Buró de Investigaciones de Actividades Enemigas… Nosotros resolvimos asumir una postura de oposición», declaró Fidel.

Él visitaba con frecuencia el barrio de La Ceiba, que quedaba cerca del colegio Belén, y estrechaba relaciones con Gildo Fleitas, los hermanos Gómez Reyes y José Luis Tassende. Mantenía activo el lugar donde había despertado su sensibilidad política, que se expandía en un nuevo contexto. También se le veía en el barrio de Cayo Hueso, en el centro de la capital, donde se situaba la mayoría de las pensiones de los centenares de estudiantes llegados del interior del país. En el parque Aguirre se reunía con jóvenes trabajadores para distraerse o quejarse del robo del dinero público y de la falta de estabilidad en el empleo.[10] Por la mañana tomaba café con leche con pan y mantequilla en un bar situado junto a la pensión y por la noche iba a conversar en el bar El Faro, en la esquina de Infanta y San Rafael.

En ese ritmo plural e intenso Fidel pasó el primer año de la facultad. Sus «amigos del pueblo», los del parque Aguirre, le ridiculizaban porque se tomaba los estudios en serio, pero don Ángel, al enterarse, se sintió orgulloso y decía a todo el que aparecía en Birán: «Tengo un hijo que está estudiando derecho en La Habana, que pronto defenderá mis intereses».

En el verano, cabalgando en el campo, Fidel acostumbraba encontrarse con Baudilio (Bilito) Castellanos, hijo de un farmacéutico amigo de los Castro, que pensaba estudiar derecho. Ya se conocían de años anteriores.[11] Ambos habían estudiado en internados; Bilito había asistido durante nueve años a un instituto estadounidense de la Iglesia baptista, cerca de Santiago.

Jugando al billar en el club de la fábrica estadounidense donde estaba la farmacia, Fidel me preguntó: «¿Qué vas a estudiar?». Respondí: «Derecho». «¿Y te gustaría hacer política en la universidad?» «Claro. Tuve alguna experiencia en eso en el instituto de Santiago. Hicimos un paro de los alumnos de secundaria para exigir la reforma de las instalaciones.» Disparó enseguida el segundo ataque. «Entonces, adelante. Organicé una lista electoral y ya controlo el primer curso. Cuando llegues tú, te pongo en el primero y paso a controlar el segundo. Te cuento toda la técnica… y luego, de los cinco cursos de la facultad, tenemos que buscar otro aliado y ya tendremos la presidencia. Con ella podemos aspirar a la presidencia de la FEU…» Y fue así como decidimos unirnos.[12]

Bilito habría de ser compañero de Fidel durante toda la vida. Tanto que, ignorando la posibilidad de ser blanco de una represalia por parte de agentes del gobierno, años después asumiría la defensa del amigo y de los demás involucrados en el asalto al cuartel Moncada. Ambos poseían el talento de la oratoria, además de una educación similar —«vivir interno en un colegio religioso es vivir exiliado. Son muros que aíslan…»—,[13] lo que les dio una ética particular. Por otro lado, a diferencia de la formación de Fidel, rural en esencia, Bilito había crecido en un centro fabril azucarero estadounidense, el ingenio Preston, que desde la década de los treinta contaba con un núcleo sindical activo controlado por comunistas.

Septiembre de 1946. En La Habana, Fidel residía en una pensión de la calle L con la 21, a dos manzanas de la universidad, pero se hospedó de forma temporal en otro domicilio, calle 21, número 104, piso 7. Comenzó el segundo curso con la intención de estudiar 12 asignaturas, con vistas a obtener dos títulos universitarios: derecho civil y ciencias sociales. Al final del mes asistió a un acto en la «escalinata» para exigir el fin de los traficantes oficiales, el mercado negro y el hambre de los campesinos. En octubre participó en un partido de béisbol por la universidad, y en noviembre regresó a la tribuna: «Apertura de la exposición, 17 de noviembre, en los salones de la Asociación de Estudiantes de Derecho, palabras dirigidas por el delegado Fidel Castro en memoria de los estudiantes de Praga que se lanzaron a las calles contra la Gestapo y las SS de Hitler el 17 de noviembre de 1939...».[14] El 27 habló en el cementerio de Colón junto a la tumba de los estudiantes de medicina fusilados en 1871, en nombre de la facultad de derecho y como representante de la FEU, y en el discurso citó frases de Martí: «Vinimos ante los muertos porque la Patria los quiere... Con su sacrificio establecieron una conciencia nacional...». Atacó la política del ministro Alemán, a otras figuras del gobierno y «la tolerancia presidencial para que algunos ministros malversen los fondos públicos y los *bonches*[15] invadan las esferas gubernamentales... El doctor Grau mató las esperanzas del pueblo cubano...».[16] Este sería el primer discurso del dirigente universitario Fidel recogido por la prensa diaria nacional.[17]

Poco a poco Fidel ganaba proyección en el escenario político, gracias a su actuación en el medio estudiantil. Mientras tanto comprendía que, de forma proporcional al aumento de su prestigio, crecía también la atención que sobre él ponían los rivales, en particular el más fuerte, Manolo Castro, del MSR,[18] que, a pesar del apellido, no era pariente suyo.

TERCERA PARTE

PISTOLAS Y COMPLOTS

En medio de una gran concentración de universitarios

9

EL DON QUIJOTE CUBANO

Alfredo Guevara forma parte del restringido círculo de figuras que rodean a Fidel Castro. Se presenta invariablemente con un abrigo azul marino sobre los hombros y las mangas de la camisa enrolladas. Memoria poco habituada a retener fechas, traza interminables ángulos en una hoja de papel mientras desafía relatos sobre la serie de fotografías yuxtapuestas con rigor en la punta derecha de la mesa, que, salvo ese rincón, es un caos de papeles apilados y carpetas. No obstante, las fotos están en absoluto orden.

Los recuerdos evocan el clima de agitación preelectoral de principios de 1946. El joven Guevara ya había sido abordado varias veces por compañeros, y hasta por el hermano, que le pedían que prestara atención a cierto candidato de la facultad de derecho. Pronto se toparía con un joven alto, al que divisó, hablando y gesticulando vivamente, en medio de una asamblea. «Me puse a escucharle. Se expresaba bien y de forma coherente. Tenía un aspecto airoso, atlético, era enérgico y seguro de sí…»,[1] recuerda el antiguo compañero. Pensó en intercambiar algunas palabras, pero prefirió no hacerlo, ni siquiera quiso presentarse. Continuó estudiando a Fidel a distancia. Considerando todo lo que habría de suceder a partir de entonces, a pesar de declararse un escéptico, Alfredo Guevara admite que el incidente tuvo un sello de predestinación.

Procuró obtener mayor información sobre Fidel para «comprenderlo» mejor, sospechando que poseía objetivos semejantes a los suyos. Al principio solo consiguió descubrir que el muchacho provenía del colegio Belén; pronto su mente atisbó en él el espectro de un clero represor que sobrevolaba la universidad. La imagen se reforzó al reparar en un traje habitual de Fidel, un terno negro bien abotonado, con el cual «parecía un ángel negro».

Al avecinarse nuevas elecciones para la Federación de los Estudiantes Universitarios (FEU), la cuestión principal para los interesados era cómo situarse en la dinámica de alianzas, a favor o en contra del *statu quo*. Los candidatos que destacaban se convertían en blanco del bando de Manolo Castro, el presidente electo, cuyo grupo, el Movimiento Socialista Revolucionario (MSR), contaba con el truculento Rolando Masferrer en sus cuadros y cultivaba relaciones con Salabarría, el jefe de la policía secreta del gobierno. Controlaba la rectoría y la policía universitaria; anclado en el aparato del Estado, de ese modo mantenía a la FEU como su base política. Sin trabas y con el control de la situación, el grupo actuaba con violencia física y psíquica contra cualquiera que se resistiera a convertirse en su aliado.

El espacio de la universidad se transformaba en un microcosmos del poder, que se caracterizaba por la trinidad «policía, política y bandas». En la política estudiantil, la lucha entre los que apoyaban y los que se oponían al gobierno, así como cualquier otra disputa, se ganaba a balazos, con armas ocultas en las ropas siempre al alcance de la mano.

Al parecer Manolo Castro hizo circular rumores de que escogería a Fidel como su sucesor, siempre que abandonara la postura intransigente. Lo cierto es que, al ser Fidel un líder ascendente, corría peligro. En ininterrumpida campaña, convocaba a los compañeros a cualquier hora de la noche o la madrugada para visitar a estudiantes en las pensiones o en sus casas, a fin de conversar y convencerlos,[2] con lo cual llevaba ventaja a los competidores. A punto de cristalizar sus planes de conquistar el segundo curso (y Bilito Castellanos, el primero), se convirtió en especial objeto de atención, sobre todo porque la facultad de derecho era el centro formador de políticos, además del fiel de la balanza en la disputa de los grupos, o la manzana de la discordia, según una expresión del propio Fidel.

En enero de 1947, Fidel se volvió un activo defensor de la independencia de Puerto Rico[3] y presidente del Comité Pro Democracia Dominicana en la universidad. Se mudó de domicilio —ahora residía en la calle 21, número 104, altos, entre la L y la M, Vedado— y frecuentaba el programa de Eduardo Chibás en la emisora de la radio CMQ. En una rápida operación, junto con algunos compañeros, anunció la creación del Directorio Estudiantil contra la Prórroga de Poderes, la Reelección y la Imposición de Candidatos[4] cuando el presidente Grau no cumplió su compromiso de no presentarse como candidato.

En la época causó una gran polémica el hecho de que Fidel recomendara a los estudiantes apoyar a la Unión Insurreccional Revolucionaria (UIR), una banda o grupo político, según quién la definiera, pero a la cual él atribuía una actitud independiente.

El 7 de marzo de 1947 fue elegido delegado de segundo curso en la asignatura de derecho civil, con una holgada mayoría de votos, lo que dio fuerza a su candidatura a la presidencia de derecho. Tras un sondeo en que aparecía como favorito, se le vio pelear a puñetazos con el estudiante Lamar en el estadio. En otra ocasión tuvo que salir de la facultad escoltado por todo el grupo de antropología, que le rodeó en bloque para protegerle, «dejando notar las pistolas que llevaban a la cintura»,[5] todo el camino hasta su casa, ya que estaba desarmado y le buscaban unos elementos violentos. Por último, cuando se aproximaba la votación, llegó a pronunciarse a favor de la reelección de Aramís Taboada, pero el 24 de marzo un estudiante de cuarto curso, Federico Marín, salió vencedor y Fidel quedó como su segundo. Los manicatos, que formaban su grupo de apoyo, ya se disolvían a causa de opiniones divergentes.

Comenzaba la última vuelta de las presiones, amenazas o promesas de empleo público, dirigidas a los nuevos trece presidentes de facultades que deberían elegir al presidente de la FEU. Al conocerse el resultado de la votación, menos de un mes después, los delegados de derecho se vieron obligados a destituir a su presidente, Federico Marín, que había sido «elegido con el solemne compromiso de votar contra el candidato gubernamental y no cumplió».[6] Fidel asumió automáticamente el cargo.

A continuación los grupos que tenían el control de la situación, apoyándose en los estatutos, declararon la ilegalidad de la destitución y se estableció así una dualidad entre la situación de hecho —la voluntad de la mayoría— y la de derecho, puramente formal.[7]

El jefe de policía, Mario Salabarría, abordó a Fidel en las inmediaciones del edificio de la facultad para exigirle que renunciara o abandonara la universidad; de lo contrario, podía considerarse «desaparecido». Fidel se dirigió a una playa, angustiado. No pretendía aceptar el ultimátum, pero le dolía admitir que sería sumariamente ejecutado y que sus verdugos divulgarían la versión de los hechos que se les antojara. No le quedaban muchas opciones. Los grupos armados, al mando de la maquinaria política, se empeñarían en liquidarle. Si regresaba a la universidad armado y solo, en el caso de que no le mataran policías o miembros de las bandas, ofrecería un pretexto para que le encarcelaran, pues portar armas constituía un delito.

Resolvió dejarse guiar por su instintiva razón práctica y vislumbró la forma de volver al juego: aceptar la propuesta de Emilio Tro y apoyar a la UIR. Al evaluar su decisión, Fidel afirmaría: «No me encontraba preparado para comprender las raíces de la profunda crisis que afectaba el país; de ahí que mi resistencia se centrara en la idea del valor personal».[8]

Muchos miembros de las bandas, víctimas de una ilusión, se consideraban héroes. Se calificaban de revolucionarios, a veces con honestidad. Para muchos de ellos, hacer la revolución consistía en castigar a algún torturador de la época de Machado o de Batista. Un testigo de la época reflexionaba de este modo: «Desde cierta óptica, la UIR se situaba en una vertiente de acción izquierdista, pero, al igual que los demás bandos, servía a los intereses de los auténticos. Compelidos por las herencias del pasado, todos reproducían, en un régimen incapaz de actuar con honradez, las prácticas de la venganza, los odios y los resentimientos».[9] «Era un modo de lucha armada en condiciones peculiares»,[10] apostilló Fidel.

Fidel pidió a la UIR una Browning de 15 balas, que le fue dada, y un automóvil Buick usado, la marca de la organización, como prueba del pacto. Los compañeros de Tro se encargaron de acompañar a Fidel de vuelta a la universidad. El plan consistía en controlar primero el bar, por donde se subía al aparcamiento. Cuando llegó por sorpresa, bien acompañado, el bando rival no supo cómo reaccionar. La UIR ocupó el lugar y arrinconó a los adversarios, que se encontraban dispersos.

En los días siguientes la mayoría de los delegados destituidos por Marín volvieron a insistir en que Fidel asumiera el puesto de derecho. Sin embargo, cuando iba solo a la universidad, ya sin su escolta, le fustigaban de forma constante. Sus enemigos sabían que tenía malas pulgas e intentaban provocar un incidente para eliminarle. En una de esas ocasiones, después de haber dormido escasas horas, Fidel se levantó temprano y fue a la universidad. Al bajar del coche, vestido con un traje blanco, el teniente de la policía universitaria, de apellido Diablo, le abordó para advertirle de que no podría entrar armado y de inmediato comenzó a cachearle. Fidel le dijo: «No entregaré la pistola. Si la quiere, necesitará un cañón para quitármela». El teniente, enfadado, replicó: «Espéreme en el estadio. Voy a quitarme el uniforme».

Se formó un tumulto. Alertaron a Fidel que podía tratarse de una trampa, tal vez un atentado, pues se habían percibido movimientos sospechosos en el campus y se habían detectado elementos extraños circulando sin razón aparente para encontrarse allí. Apareció Chino y llevó a Fidel al aula donde debían realizar una prueba de derecho penal. Se sentaron pegados a la pared, medio ocultos, y concluyeron el examen. A la salida se pusieron en contacto con sus aliados, que intervinieron para aplacar los nervios. En este episodio hubo un detalle curioso. En el lado contrario se encontraba uno de los cubanos que, décadas más tarde, figuraría en los titulares estadounidenses a causa del escándalo de Watergate: Rolando Martínez el Musculito. Antes de ser contratado para la invasión de la sede de los demócratas en Washington, en 1972, ese mismo personaje participaría en operaciones contra Fidel Castro.

En los cuadros universitarios cundían la desorientación y la ansiedad. No solo Fidel o los más activos, sino la mayoría del alumnado buscaba un norte político o un rumbo de ideas. Entre las

tendencias, distorsionadas o segmentadas, los católicos, algunos de
ellos ex manicatos, habían creado la Agrupación Católica Universitaria (ACU), que mantenía cierto margen de independencia con
respecto a las directrices de la alta jerarquía eclesiástica. Fidel fue
invitado a integrarse en la ACU y se negó. Se dedicaba a preparar
un nuevo grupo, el Movimiento Estudiantil Acción Caribe, con
el lema «Vida ascendente y programa infinito».[11]

En el contexto político nacional surgía una alternativa por
mediación de Eduardo Chibás, que revelaba la intención de abandonar a los auténticos y formar un nuevo partido. Imprudente
e impetuoso, Chibás se erigía con rapidez como paladín contra
el gobierno, lo cual atraía a Fidel. Otros caminos posibles, el
Partido Comunista o su Juventud, fueron descartados, pues no le
parecían convenientes, entre otras razones por su obediencia a la
URSS y su antigua vinculación con el gobierno de Batista.

A Alfredo Guevara, el persistente observador, le intrigaba cada
vez más la figura de Fidel. Decidió «probar si podría conquistarlo
o si, por el contrario, representaba de hecho un obstáculo».[12]
Militantes secretos de la Juventud Socialista, Guevara y su compañero Lionel Soto anhelaban controlar la FEU, para lo cual
contaban con la experiencia en la dirección de la Asociación de
los Secundaristas de La Habana.[13] Como primer paso, Lionel
había asumido la secretaría del núcleo informal de los comunistas
de la universidad. Investigando la estrategia puesta en práctica por
Fidel y Bilito —el dúo que se alternaba en la representación de
los cursos de derecho, hasta garantizar un apoyo mayoritario en
las bases—, Guevara confirmó una sospecha: el objetivo de Fidel
era similar al suyo, alcanzar la presidencia de la FEU. Sin embargo,
mucho antes de lo previsto Guevara fue elegido presidente de la
facultad de filosofía, y Lionel, secretario.

Fidel se afirmaba como un elemento importante que conquistar, debido a una característica en especial: «En un acto o
asamblea, aunque no contara con un grupo formalmente organizado, su discurso era capaz de alterar un resultado dado por
seguro hasta entonces».[14]

Nombrado director del Instituto Nacional de Deportes del
Ministerio de Educación, Manolo Castro se alejó de la dirección

de la FEU. El cargo fue asumido por Ruiz Leiro, de odontología, con carácter interino; Fidel ocupaba la vicepresidencia. El 17 de mayo, Fidel compareció en la asamblea de la fundación del Partido del Pueblo Cubano (PPC-Ortodoxo), cristalización del proyecto de Chibás, y en la reunión convocada en el lugar donde funcionaba la ex sección Juvenil Auténtica. El PPC(O) defendía «el nacionalismo, la independencia económica, la eliminación del gangsterismo, la moralidad administrativa y el equilibrio de las clases sociales». Se compondría mayoritariamente, a partir de entonces, de sectores de la pequeña burguesía, corrientes de izquierda no comunista y elementos de la burguesía que rechazaban la degradación administrativa, buena parte de ellos salidos del autenticismo. Eduardo Chibás apostaba por conquistar en poco tiempo la mayoría nacional. Para una parte de la juventud, el partido llenaba el vacío de opciones políticas.

En junio, ante la crisis institucional de la FEU, el ala progresista de la representación estudiantil lanzó un movimiento para convocar una asamblea constituyente y reestructurar la entidad. Fidel Castro y Alfredo Guevara, candidatos a la secretaría de la institución, se encontraban entre los principales promotores del movimiento. Lógicamente, los pistoleros tratarían de manipular la asamblea. Manolo Castro ya no frecuentaba la universidad, pero Mario Salabarría y su secuaz, Eufemio Fernández, se mantenían en ronda constante por las inmediaciones.[15]

El 4 de julio, preocupado con las amenazas que pesaban sobre su hijo, don Ángel Castro resolvió solicitar que le expidieran el pasaporte. En cuanto a Emilio Tro, el jefe de la UIR, se convirtió en oficial de policía; Fidel asistió a la ceremonia.[16]

Dos días después tuvo lugar la sesión inaugural de la asamblea constituyente de la FEU, con la participación de 891 delegados. Fidel fue el cuarto en hablar, en representación de los estudiantes de derecho. Comenzó su intervención recordando a dos héroes del movimiento universitario del pasado, Julio Antonio Mella y Ramiro Valdés Daussa; propuso oxigenar el ambiente estudiantil y acabar con «la indiferencia motivada por el predominio de minorías que se basan en la razón de la fuerza... y no en la fuerza de la razón».

Asistieron también a la sesión los estudiantes dirigidos por Salabarría, que trataron de amedrentar a los delegados y generar divisiones. Para evitar un mal mayor, el grupo ligado a Ruiz Leiro y Fidel fue a conversar con Alfredo Guevara. Plantearon que, antes que ver la entidad nuevamente entregada a la «mafia», deberían hallar un nombre neutro, de gran consenso. Con ello, en la práctica, daban a entender que Fidel, que hasta entonces se había mantenido en silencio, no podría rehuir el encuentro con el presidente de la FEU.

Prevaleciendo las cuestiones tácticas, se cedió la presidencia. La representación comunista había decidido que Enrique Ovares, el presidente de arquitectura, era el nombre indicado, y le dio el voto decisivo.[17] Como referencia, Ovares había sido secretario general de la FEU en la gestión de Manolo Castro y jefe de la delegación de estudiantes cubanos en la primera reunión de la Unión Internacional de Estudiantes (UIE), celebrada en agosto de 1946 en Praga.

Las elecciones se llevaron a cabo el 19 de julio en los salones de la rectoría. Alfredo fue elegido secretario con 114 votos. Fidel obtuvo 19. La derrota de Ruiz Leiro para la presidencia provocó la retirada de sus partidarios. Se distribuyó un manifiesto, firmado también por Fidel, que acusaba de fraude y amiguismo a los componentes de la mesa ejecutiva.[18] De los 891 delegados, solo quedaron 182.[19]

El movimiento se estructuraba con una aparente voluntad conciliadora. Los bandos comenzaban a apaciguarse al ver la dirección en manos en apariencia inofensivas, las de Enrique Ovares y Alfredo Guevara. La transición encubierta había permitido la sustitución de la hegemonía del grupo de Manolo Castro y tal vez, en un plazo todavía incierto, de los bandos.

Alfredo se transformaría en una especie de Richelieu del organismo, dispuesto a imponer un verdadero programa de cambios. Aunque era miembro de la Juventud Comunista, se consideraba un militante autónomo (o rebelde). Despreciaba los contactos con los del núcleo, porque juzgaba que no sabían hacer política. Su premisa básica coincidía con la de Lionel: «Si las ideas no van acompañadas de acción en el momento adecuado, ocurre como en la fábula de la carabina de Ambrosio, que disparaba hacia atrás y mataba al tirador».[20] Guevara, además, volvía a poner los ojos en Fidel.

Según las impresiones de Carlos Rafael Rodríguez, una figura destacada del partido, Fidel era un ciclón. Si empuñaba con firmeza la bandera de la liberación, podría conseguirla, al frente de una generación que vivía la frustración de una «República mediatizada». Los progresistas en acción en la política cubana alimentaban el sueño, o la expectativa, del surgimiento de una figura catalizadora. Alguien que probablemente viniera de fuera de los partidos vigentes, donde no existía todavía una fuerza política capaz de excluir de manera definitiva a los que se escudaban en la FEU para garantizar sinecuras o viceversa.[21]

Ocurría que el ciclón Fidel actuaba por iniciativa propia, guiado por su naturaleza y su formación, que, sumadas a todo cuanto asimilaba en aquel medio, frenaban o aceleraban su desarrollo. Alfredo Guevara no tardó en darse cuenta de que no podría manejar ni controlar a Fidel, que se constituía en un tipo original de contestatario. A su modo, un Quijote.

10

EN LAS AGUAS DE UN TIBURÓN

Cerca de la avenida Prado, el vendedor de periódicos, al verle, se puso ceñudo. Fidel venía caminando desde La Gallega, en la esquina de la L y la 27, su nuevo domicilio, un albergue de los más conocidos, pues acogía a estudiantes del interior y era centro de reunión de muchos jóvenes que pasaban horas conversando en su terraza. La habitación costaba 100 dólares mensuales, que pagaba don Ángel.

Entre hoteles y habitaciones alquiladas, Fidel vivía con incomodidad y rara vez tenía un centavo en el bolsillo. Corría el rumor de que era miembro de una banda, por lo cual veía amenazada su supervivencia. A finales de julio, sin embargo, encontró una salida. Como presidente del Comité Pro Democracia Dominicana, consideró que era su deber alistarse en la expedición para derribar al presidente Rafael Leónidas Trujillo, organizada por dominicanos exiliados en Cuba que planeaban el final del dictador.

Cuba y la República Dominicana mantenían estrechos lazos históricos. La junta organizadora de la expedición estaba dirigida por el escritor Juan Bosch y el ex general Juan Rodríguez, ambos del Partido Revolucionario Dominicano (PRD), fundado en La Habana en enero de 1939.[1] El Bloque Alemán-Grau-Alcina (BAGA) —un engranaje político dirigido por Alemán, el ministro de Educación— había suministrado recursos financieros estimados en un millón de dólares;[2] algo más se había conseguido gracias a la aportación de venezolanos de izquierda. Los organizadores gestionaron, en Estados Unidos, la compra de aviones DC-3 y B-26, además de tres buques —*Aurora*, *Berta* y *Fantasma*— y armamento de Argentina.

Fidel y Chino Esquivel, informados del plan, visitaron al ex general Juan Rodríguez en el hotel San Luis, donde residía. Fidel quería incorporarse a la tropa, pero ante la negativa de sus adversarios, que dirigían la acción, solicitó el aval del jefe militar y del coordinador político, su amigo Juan Bosch.

Al fin consiguió los pasajes de tren, pero dijo a Chino: «Te espero allá. Yo voy en avión». El destino era la provincia de Oriente, donde se reunirían los expedicionarios.

Según los planes, la fuerza expedicionaria se concentraría en cayo Confites, donde concluiría el entrenamiento y aguardaría hasta una fecha todavía indefinida, aunque no distante. Consiguieron reunir 1.200 hombres, entre idealistas, aventureros, marginados y delincuentes enviados a la región. Fidel fue nombrado teniente ayudante del general Manuel Calderón y puesto al mando de un pelotón.

Hacia finales de agosto el general consideró que ya se hallaban en condiciones de partir,[3] lo que Fidel transmitió por carta a su amigo Enrique Cotrera.[4] Sin embargo, transcurrían las semanas y los expedicionarios continuaban en cayo Confites. El ambiente se tornaba más tenso cada día, sobre todo después de la noticia, en septiembre, de que los agentes del jefe de policía Salabarría habían asesinado a tiros al oficial Emilio Tro y a otros miembros de la UIR, en el barrio de Orfila, en Marianao, municipio próximo a La Habana. El caso habría de conocerse como la batalla o matanza de Orfila, con un saldo de seis muertos y numerosos heridos.

Un periodista consiguió filmar las principales escenas del episodio y así estalló el escándalo. El ejército detuvo a los policías agresores y en los días siguientes otros involucrados perdieron sus puestos. Salabarría fue acusado de haber «fabricado» una orden de detención contra Emilio Tro. La matanza de Orfila desencadenó la larga secuencia de venganzas entre los bandos e incluso el pretexto para que Genovevo Pérez, el comandante del ejército, liquidara la expedición acampada en Confites.

Mientras el ministro Alemán apadrinaba la expedición, el dictador Trujillo sobornaba al comandante del ejército cubano para que la abortaran. Por su intermedio se instigaba toda suerte de conflictos. Llegó a oídos del presidente Grau la información de que en realidad los expedicionarios conspiraban contra el régimen. El gobierno se dividió entre civiles y militares, a favor y en contra del proyecto, cuyos aspectos, supuestamente secretos, terminaron siendo de dominio público. Por último, Trujillo pidió una investigación internacional. El ex general Juan Rodríguez propuso renunciar a todo, pero gran parte de los involucrados, incluso hombres del propio PRD, se negaban a abandonar el islote. Los tres buques llegaron a zarpar, pero dos regresaron enseguida al muelle, ante las órdenes de Rolando Masferrer y la UIR, que les exigían regresar a La Habana.

Hasta entonces habían transcurrido tres meses de concentración y entrenamiento. En la confusión generalizada, que incluía tanto a desertores como a algunos kamikazes que se arrojaron al mar para alcanzar las costas dominicanas, cayo Confites se transformó en una especie de tierra de todos y de nadie. El presidente Grau vacilaba (como de costumbre) pero, ante la petición del presidente estadounidense Harry Truman, aceptó que los expedicionarios fueran detenidos. De Estados Unidos partió una escuadra con aviones de combate y más de tres toneladas de bombas y armas,[5] en dirección a las aguas territoriales de la República Dominicana.

Fidel era uno de los que deseaban seguir con la invasión. Consideraba que la liberación de la República Dominicana era una deuda de honor con el comandante de las guerras de la Independencia, el general Máximo Gómez, de nacionalidad dominicana. Embarcó en el buque *Aurora*; los planes de la ahora pequeña fuerza consistían en organizar una guerrilla en las montañas, pero la fragata de la marina de guerra interceptó el buque e intimó a los tripulantes a la rendición.

Por un largo rato Fidel permaneció inmóvil, solo, sentado en una escalera del combés. Entrada la noche, en el momento que juzgó propicio, cogió las armas que tenía a su alcance, se apoderó de una balsa y partió. Más adelante abandonó la embarcación, se arrojó al mar y nadó dos kilómetros hasta el litoral, en aguas frecuentadas por el famoso tiburón Pepe, como le llamaban los pescadores locales, al cual atribuían un enorme número de víctimas en muchas anécdotas pavorosas. No obstante, el temido devorador no apareció y Fidel concluyó su trayecto sano y salvo.

Saetía, el islote al que llegó, le era conocido desde la infancia. Desde la arena caminó a través del manglar y el bosque, con el uniforme pegado a la piel y empapado de agua salada, tratando de recordar el sendero que conducía a la vivienda de Lalo, el farero, conocido de don Ángel.

«Te necesito», le dijo tras llegar a la puerta, extenuado, asustando a Lalo y su mujer.[6] Les contó una parte de lo sucedido y les pidió ayuda para salir de la región del modo más seguro. Después de darle de comer, Lalo le llevó a descansar en una dependencia situada a pocos metros de la casa.

Al amanecer, Fidel se dispuso a emprender camino. Lalo le entregó una cantimplora, algunas balas de revólver, ropa para cambiarse y le acompañó. Cruzaron la vieja carretera entre Nipo y Levisa, punto de concentración de pescadores. Se podía percibir el movimiento de soldados del ejército y la marina en dirección a la sierra y por las cercanías, una zona rica en yacimientos minerales de níquel, hierro y cobalto, controlada por la Nicaro Nickel Company.

Lalo encontró un bote libre y los dos remaron hasta el otro extremo del canal. Allí el farero se despidió, tras recordarle que aguardara la camioneta que había alquilado según sus instrucciones. Fidel le pidió que no contara a nadie que se habían encontrado. Poco después apareció un chófer que se presentó con el nombre de Potaje y dijo que le habían enviado a recoger al «hijo de don Ángel, de Birán». Fidel se puso un sombrero grande de yarey, un pantalón azul y una camisa de cuadros, y subió al vehículo con destino a Mayarí. En cierto momento resolvió bajar y escondió las armas en un tubo ancho que vio al borde del camino.

Potaje le dejó en el hotel Mascota, pero antes Fidel le solicitó que entregara una nota a su hermana Angelita, que vivía en la ciudad, frente al cuartel. Pensaba ir a Birán, pero escribió a la hermana que, a causa de las lluvias, necesitaría un buen caballo para el trayecto.

Recostado en el sillón de la habitación del hotel, bebiendo una copa de coñac Felipe II, Fidel se enteró por la radio de que algunos expedicionarios de Confites ya se encontraban confinados en el cuartel central de Columbia. Por el momento no debería preocuparse por los guardias que recorrían las calles en busca de algún remanente de la invasión abortada. Se puso en contacto con Angelita, pero decidió modificar sus planes, pues consideraba que ya no era recomendable permanecer en la región. Se cambió el peinado, se puso unas gafas distintas y consiguió un medio de llegar a la capital. Solo se detuvo en el punto de la carretera donde había escondido las armas, pero habían desaparecido.

Era ya entrada la noche cuando Chino atendió una llamada telefónica: «Ven aquí. Estoy en casa de Mirta». Chino reconoció de inmediato la voz de Fidel. Mirta era la muchacha con quien este había iniciado una relación antes de sumarse a la expedición: Mirta Díaz-Balart, estudiante de filosofía, militante en la política universitaria y hermana de un compañero de él, Rafael, integrante de los manicatos.[7] Oriunda, al igual que Fidel, de la región oriental, era una bonita y dulce rubia de ojos claros por la que se mostró interesado —y ella por él— desde el día en que la conoció. Luego comenzó a verla en la universidad y la relación entre ambos evolucionó con naturalidad, sin precipitaciones, en parte debido a que Fidel era tímido en ese aspecto, discreto y reservado en las cuestiones sentimentales.

Chino fue a buscarle y le encontró escondido en el sótano del edificio donde los Díaz-Balart vivían con la abuela. Tras conversar con su amigo y analizar los acontecimientos, llegó a la conclusión de que su permanencia en la capital representaba un doble riesgo. Fidel era un blanco seguro de la venganza desatada en Orfila y, ciertamente, sería uno de los más perseguidos cuando la búsqueda de expedicionarios desaparecidos dejara de limitarse al Oriente. Se comentaba que Masferrer preguntaba por su paradero y hacía correr la voz de que Fidel era un desertor.

Como medida precautoria, Chino consiguió un pasaje de

tren, en coche-cama, que Fidel debería tomar en la provincia limítrofe de Matanzas. Así, sin mayores incidentes Fidel llegó a Birán, donde pasó algunos días. Durante ese lapso las autoridades declararon cerradas las investigaciones sobre el caso de Confites, convencidas de que los que no habían sido capturados habían perecido en las aguas o en las fauces del tiburón de Nipe.

Por fin de vuelta en la capital, «el muerto apareció en la escalera de la universidad».[8] Ni con los más allegados quería Fidel extenderse en explicaciones, pues le urgía resolver su situación académica. No se había presentado a los exámenes finales y, para evitar la pérdida de la condición de universitario, la única solución consistía en optar por la «matrícula libre, no oficial», que le permitía cursar asignaturas pero no le daba derecho a votar, postularse para ninguna función en la FEU ni desempeñarla. Consideró que al menos podría aprovechar la oportunidad para dedicarse a los estudios. Se inscribió en veinte materias, con la intención de obtener tres títulos en derecho —público, diplomático y administrativo— y uno en ciencias sociales. Además, alimentaba el interés suplementario por el de economía política. Como Fidel perdía el cargo de dirigente por no contar con una matrícula oficial, Bilito Castellanos mantuvo la presidencia de derecho durante tres años.

La aspiración de concentrarse en los estudios se vio frustrada por otras circunstancias. Fidel continuaba sufriendo la persecución de las bandas, pese a que experimentaban un lento declive. Y tampoco el renovado movimiento estudiantil iba a consentirle pausas prolongadas. El núcleo emergente de agitadores sociales avalados por la nueva dirección de la FEU, constituida por socialistas, independientes y ortodoxos, había tomado las riendas del movimiento estudiantil; entre ellos se contaba Fidel. Su actitud contestataria habría de madurar en esa fase, aunque no todavía su conciencia política, según un autoanálisis que haría oportunamente. Los representantes oficiales del orden iniciaron una acción, ahora sin intermediarios, contra los nuevos dirigentes.

En la práctica, la transición que tenía lugar en la universidad correspondía al momento que vivía la nación. El dinero público propiciaba el enriquecimiento personal de las autoridades, que hacían negocios con contrabandistas, especuladores y explotadores del juego y la prostitución. El ministro de Educación, José Manuel Alemán, atesoraba una fortuna que años después sería calculada en 100 millones de dólares.

A medida que el Partido Auténtico se debilitaba, el líder ortodoxo Eduardo Chibás se convertía en el mentor de la lucha contra la corrupción del Estado, difundida en sus programas radiofónicos. Chibás popularizó el lema «Vergüenza contra dinero» y animaba por la radio a combatir a los «pulpos norteamericanos», como denominaba a los *trusts* de la electricidad, la telefonía y otros. La campaña generaba un veloz crecimiento del partido, que se convertía en una extensión del propio Chibás. A finales de 1947 la ortodoxia tendría cerca de 165.000 afiliados en todo el país.

Mientras tanto la turbulencia continuaba caracterizando las disputas en la política estudiantil. En una campaña contra el BAGA, el estudiante Carlos Martínez Junco acabó muerto a tiros en medio de la multitud. Cuando trasladaban el cuerpo del hospital al cementerio, un automóvil salió al paso del coche fúnebre y obligó al conductor a dirigirse al instituto de enseñanza secundaria donde habían organizado el velatorio. Los estudiantes se pronunciaron en varios medios de comunicación y se proclamó una huelga del sector, de cuarenta y ocho horas. El 10 de octubre, el cortejo, bajo una tormenta, fue desviado a fin de que pasara frente al palacio presidencial, donde los estudiantes y parte del pueblo se detuvieron en silencio. El ataúd iba cubierto con la bandera cubana. Fidel se puso de pie sobre un muro del palacio para exigir a viva voz la destitución del «presidente asesino».

Los nuevos activistas tenían sus puntos de encuentro: el bar Biki, el Patio de los Laureles y la cafetería contigua al cine de San Lázaro e Infanta. Una mañana en que se hallaba en uno de esos lugares, Fidel abrió el periódico y leyó el siguiente titular: «Veteranos niegan la campana al gobierno de Grau». Pensó de inmediato, en voz alta: «Nosotros la traeremos y realizaremos un acto en la escalinata…».

Se trataba de la campana de Demajagua, la hacienda de Carlos Manuel de Céspedes, el criollo que el 10 de octubre de 1868, partiendo de su ingenio, había iniciado la primera guerra de Independencia de Cuba. Ya en la época el simbolismo de aquella campana, y de todo lo relativo a las guerras de la Independencia, fascinaba a Fidel, que al mismo tiempo comprendía cuánto significaba para el pueblo cubano, sobre todo en el período que atravesaban. Obtener aquel símbolo negado al gobierno le pareció un objetivo fundamental para fortalecer la oposición ante la opinión cubana.

Como primera medida buscó a Alfredo Guevara, al que encontró almorzando en el bar de la esquina de la calle L y con la 27.[9] Fidel le condujo a la acera y le expuso su idea: los estudiantes llevarían la campana[10] a la capital y la harían sonar en lo alto de la colina universitaria para instigar al pueblo a tomar el palacio. Estaba convencido de que triunfarían allí donde había fracasado el gobierno, que había recibido una perentoria negativa de la Cámara Municipal de Manzanillo al solicitarles que enviaran la campana a la capital para la conmemoración del 10 de octubre. Fidel argumentaba que la FEU obtendría tal éxito con el acto[11] que a Grau, considerado indigno de tutelar los ideales de la Independencia, solo le cabría dimitir.

Aprobada la idea, en compañía de Ovares y Justo Fuentes, vicepresidente de derecho, fueron a hablar con un rico señor resentido con Grau, Isidro Hernández, que proveía a los estudiantes de medicina de material didáctico y les daba clases particulares. Hernández se ofreció a correr con los gastos de la operación.

Fidel viajó con Lionel Soto para formalizar la solicitud. Dos días después, Chino recibía por teléfono la noticia de que la Cámara de Manzanillo entregaría la campana a los estudiantes. El 3 de noviembre, Fidel y Soto llegaron a la estación con la reliquia de la patria, una pieza de bronce de 50 kilos, acompañados por una delegación de veteranos de la guerra de la Independencia. La campana fue llevada por estudiantes y elementos populares a la universidad, al son del himno nacional. Allí la depositaron en las dependencias de la rectoría, lugar designado por la policía universitaria para su custodia.

Convocada una asamblea extraordinaria para decidir qué

hacer con ella, aparecieron los pistoleros de Masferrer y Salabarría, quienes todavía se encontraban presos a causa de la matanza de Orfila. Uno de los pistoleros lanzó la amenaza: los organizadores del acto resultarían heridos si se aprobaba la propuesta de utilizar la campana contra el presidente.

Como la campana debía permanecer veinticuatro horas en la rectoría, se encargó a Alfredo Guevara que obtuviera las armas necesarias para la custodia nocturna. Se organizó una pequeña guardia estudiantil, aunque Fidel defendió la necesidad de un contingente masivo, para mayor seguridad. Por la mañana, temprano, al abrirse las puertas del despacho del rector la campana había desaparecido. La noticia corrió como la pólvora y Fidel acudió de inmediato, furioso. Con los compañeros Sosa, Alfonso y Rafael del Pino, llegó a la conclusión obvia: el gobierno había ordenado el robo para sabotear la concentración popular que tendría lugar aquel día. De hecho, habría resultado imposible retirar la pieza de las dependencias sin contar con la connivencia de la policía universitaria.

El 12 de noviembre, el gobierno, que no había podido obtenerla prestada, se vio obligado a devolver la campana. Posteriormente se demostró que el autor del robo fue el pistolero Eufemio Fernández, en complicidad con la policía, que expulsó a la guardia estudiantil con la justificación de que no podía haber alumnos armados en el recinto. A continuación, tal como sospechaban Fidel y los demás dirigentes de la FEU, la campana fue depositada en el piso de Tony Santiago (un dirigente de la Juventud Auténtica, ligado a Salabarría), y de allí se trasladó al palacio.

El nombre de Fidel era cada vez más conocido fuera de la capital. Con el tiempo tanto su oratoria como su pensamiento político adquirían mayor solidez.

La persecución se acentuaba. En enero de 1948 la FEU firmó un manifiesto en que se condenaba el asesinato de dos líderes sindicales comunistas —Jesús Menéndez, de los azucareros, y Aracelio Iglesias, de los portuarios—, obra de pistoleros mandados por el gobierno. La protesta que organizaron contra la brutalidad policial terminó con la destrucción de un autobús.[12] Al día siguiente, Fidel apareció cargando una bandera cubana en una manifestación callejera.[13] Tres camiones y otros vehículos, con 60 policías, avanzaron sobre los manifestantes y varios sufrieron lesiones, entre ellos Fidel, que fue a parar a la comisaría número 9 con una herida en la cabeza.

En otro episodio, la «Radio Bemba», el sistema de comunicación boca a boca de La Habana, propagó la noticia de que Salabarría y Masferrer acusaban a Fidel del asesinato de Manolo Castro,[14] ex presidente de la FEU. El crimen ocurrió la tarde del 22 de febrero, a la puerta del cine Resumen, cuando Fidel se encontraba en el café El Dorado. Por la noche se dirigió al hotel Plaza, donde se hospedaba, y a la mañana siguiente vio en un periódico que su nombre figuraba en la lista de sospechosos, al igual que el del compañero Manolo Corrales, miembro del Partido Comunista, que de hecho había sido testigo del asesinato y conocía al verdadero culpable.[15] Dos días después, en compañía de Justo Fuentes y Pedro Mirassou, también mencionados como miembros de la UIR[16] y supuestamente implicados en el atentado, Fidel paró un coche patrulla y solicitó que le condujeran a la comisaría del tercer distrito policial. Allí los tres afirmaron no tener ninguna relación con el asesinato y presentaron sus respectivas coartadas.

Tras ser sometidos a la prueba de la parafina, se constató que no habían disparado armas de fuego en los últimos días. Por lo tanto, no había pruebas contra ellos.[17] El juez Gisper los liberó el día 26. Antes de abandonar el edificio, Fidel habló a los periodistas y dejó claro que tanto él como sus compañeros se habían presentado a la policía de forma voluntaria. Enseguida la prensa recibió la información de que la única persona realmente implicada era otro miembro de la UIR, cuya pistola olía a pólvora cuando le capturaron a pocas manzanas del lugar del crimen. Continuaba la venganza por el asesinato de Emilio Tro. Pronto matarían también a Eufemio Fernández.

En cuanto a Fidel, que actuaba de forma independiente a pesar de estar afiliado a la Juventud Ortodoxa, se había convertido —como él mismo supuso y luego demostraron los hechos—[18] en un blanco perfecto para los remanentes de las bandas. Y ya no contaba con la antigua alianza con la UIR y su prometida pero inepta protección. Consciente de su situación, concertó un encuentro con Alfredo Guevara en la casa de María Lidia (su medio hermana, que entonces residía en la capital) para tratar el asunto.

«No me interesa dar explicaciones a nadie. No son más que un puñado de bandidos, pero tú eres el único a quien quiero aclarar que no tengo nada que ver con eso»,[19] le dijo Fidel sobre los asesinatos. Alfredo repuso que no tenía dudas al respecto y que la propia FEU había hecho una declaración formal en su apoyo y de los otros dos acusados. Fidel le preguntó qué opinaba de la situación, a lo que Guevara respondió que lo mejor que podía hacer era salir de circulación. Con la ayuda económica y moral de Mario García Incháustegui hallaron un escondite. Fidel sabía que viviría en la semiclandestinidad por tiempo indeterminado. Fue así como se produjo el vínculo definitivo entre él y Alfredo Guevara, lo que también cerraba de manera definitiva toda vinculación con las bandas.

CONVULSIÓN EN BOGOTÁ

Nadie, salvo los más íntimos, tenía acceso a Fidel. Él aprovechó el aislamiento para profundizar en la economía política, que había comenzado a apreciar a partir de las clases del profesor Delio. Además, seleccionó como lectura algunas biografías de los militares de la independencia: Máximo Gómez, Céspedes, Agramonte y Maceo.

Poco tiempo atrás había comentado con el escritor Juan Bosch, uno de los organizadores de la expedición a la República Dominicana, su profundo deseo de conocer la situación de los países de América Latina.[1] Creía que determinados factores, como la corrupción, tenían en las demás naciones latinas una influencia semejante a la que se constataba en Cuba. Pensaba ir a Venezuela, Colombia, Ecuador y Perú, y había preguntado a Bosch si podía darle referencias de gente conocida en esos países. El escritor preparó dos cartas de recomendación para amigos de la Acción Democrática (AD) en Caracas. Mientras tanto, debido a las circunstancias en que se encontraba, Fidel se resistía a abandonar Cuba, para que no pareciera un acto de cobardía o una señal de culpa, a pesar del consejo en sentido contrario de sus amigos.

Además, la actuación política latinoamericana propiciaba la aparición de un socio especial para la Federación de Estudiantes Universitarios (FEU) de Cuba. Emisarios del general Juan Domingo Perón, el presidente de Argentina, desembarcaron en La Habana a mediados de marzo. Perón deseaba encontrar aliados para respaldar su reivindicación de la soberanía territorial sobre las islas Malvinas,[2] ocupadas por Inglaterra, que el gobierno argentino trataría de exponer en la IX Conferencia de Cancilleres de la Organización de los Estados Americanos (OEA), la cual se celebraría el 10 de abril en Bogotá. Por su parte la FEU, tras el último encuentro internacional de estudiantes, había asumido la tarea de convocar el Primer Congreso Estudiantil de América Latina,[3] cuyos principios armonizaban con la llamada tercera posición, defendida por Perón: antisoviética y antiestadounidense. Un representante de la FEU acababa de regresar de un viaje a América del Sur y la juventud peronista fue de las que más entusiasmo demostró a la hora de buscar los medios para llevar a cabo el congreso.

La comisión de Perón, recién llegada al hotel Nacional, estaba integrada por Iglesias Mónica y Antonio Caffiero. Informados de los propósitos de ambas partes, Fidel se puso en contacto con la delegación peronista y propuso organizar un encuentro estudiantil en Bogotá, de manera que coincidiera con la fecha de la conferencia de la OEA. Diego Molinary, el embajador argentino, pronto les confirmó la buena nueva: el general aceptaba pagar los gastos de la reunión.[4]

Sin embargo, los cubanos aún necesitaban coordinar las representaciones de los demás países latinoamericanos, para lo cual disponían de poco tiempo. Para Fidel, se presentaba un buen motivo para ausentarse del país hasta que se enfriara la persecución; viajaría a Venezuela y Panamá en misión de la FEU, con cobertura financiera y diplomática de Argentina.[5] Se aceptó incluso su solicitud de llevar al compañero Rafael del Pino, lo que le brindaría más seguridad. También se formaron otras comisiones: Chino Esquivel y Aramís Taboada irían a Guatemala, El Salvador y México; Pablo Acosta y Carlos Moreno, a Honduras, Nicaragua y Costa Rica; Enrique Ovares y Alfredo Guevara, los dirigentes máximos de la FEU, se dirigirían a Bogotá, donde se encontrarían con Fidel.

El 19 de marzo, día previsto para el embarque, Fidel fue detenido por agentes de la policía en el aeropuerto, acusado de ser un fugitivo de la justicia. Ante el instructor del sumario por la muerte de Manolo Castro, alegó que la FEU le había designado para participar en un congreso, por lo cual su viaje no incumplía las condiciones de su libertad provisional. Le soltaron pero retuvieron su pasaporte, recién expedido, y algunas pertenencias, todo lo cual se le devolvió al día siguiente, cuando al fin pudo embarcar.

Fidel pasó cinco días en Venezuela, donde, además de concertar la representación juvenil, participó en un encuentro de estudiantes con el recién elegido presidente de Venezuela, Rómulo Gallegos, en su residencia en Guaira. En Panamá permaneció del 27 al 30 de marzo y asistió a una concentración popular, cerca de la zona del canal, contra un tratado que materializaba su hipoteca en beneficio de Estados Unidos.[6] En compañía de Luis Carlos Noriega,[7] secretario de la Federación de Estudiantes de Panamá, visitó al estudiante Sebastián Tapias, que, víctima de la represión durante las protestas contra la ocupación del canal, ocurridas la semana anterior, había sufrido graves heridas que le dejaron inválido.

En una entrevista concedida a la revista *Mundo Gráfico* en que le preguntaron[8] sobre la pauta de discusiones del encuentro que se realizaría en Bogotá, Fidel respondió que debatirían «los casos de usurpación de territorios por gobiernos extranjeros, como Belice, Trinidad, la Guyana británica, la Antártida y las islas Malvinas, así como el problema de los países esclavizados por dictaduras bárbaras, como la de Trujillo en la República Dominicana». Afirmó además que tenía la intención de conversar sobre esas cuestiones con el secretario de Estado estadounidense, general George Marshall, y otros cancilleres. Agregó que en Bogotá planeaban formar la Federación de Estudiantes Latinoamericanos, «con carácter independiente».

Fidel desembarcó en Bogotá la fría mañana del 1 de abril de 1948. Al tercer día asistió a una recepción en el teatro Colón, con la presencia de delegaciones de la OEA, donde distribuyó panfletos que reivindicaban la devolución de la zona del canal a Panamá, de las islas Malvinas a Argentina, la independencia de Puerto Rico y la democratización de la República Dominicana. Casi de inmediato, junto con los demás estudiantes, Fidel fue detenido en el vestíbulo. Después de fichados e interrogados, los dejaron en libertad.

En una reunión con representantes sindicales, el dirigente estudiantil y también de la Unión Sindical Obrera colombiana, Felipe Poza Abisambra, que le acompañaba desde su llegada, pidió que se prestara una atención especial a las palabras del «visitante cubano Fidel Castro», designado presidente de la mesa. A continuación un asistente solicitó que el cubano presentara sus credenciales argumentando que el tono de su discurso, fuertemente izquierdista, se parecía al que solían emplear los provocadores. Fidel se sintió incómodo; a fin de cuentas, no contaba con el derecho de representación de la FEU, por no ser un estudiante oficial. Inició una respuesta de tono vacilante, pero enseguida recuperó la energía y declaró que su identidad era la de los «pueblos oprimidos, como Puerto Rico, Panamá y Cuba, obligada a aceptar la base de Guantánamo». Terminó ovacionado. El episodio hizo que fuera una de las figuras centrales del encuentro.

La Colombia de aquella época se había convertido en la tierra de Jorge Eliecer Gaitán, su figura política más popular, tenido como futuro presidente. Fidel deseaba conocer al excepcional tribuno que había asumido el liderazgo del Partido Liberal, despojando a la oligarquía y dejando que el pueblo le eligiera como su caudillo. Sabía de la influencia que ejercía sobre Eduardo Chibás, especialmente en el campo ético, aunque sus ideas, algo más adelantadas, bordearan la democracia socialista. También estaba al tanto de que a Gaitán le interesaba organizar una conferencia panamericana paralela a la de la OEA, que consideraba un cónclave inocuo, sometido a los intereses de Harry Truman, el presidente estadounidense.

A las diez de la mañana del 7 de abril, Fidel se encontró con Gaitán en el despacho de este, en el edificio Agustín Nieto, en la Carrera Séptima. Allí conoció su discurso «Oración por la paz», pronunciado dos meses antes en la plaza Bolívar, del cual muchos colombianos repetían fragmentos de memoria. Salió de allí con la promesa de verse otra vez, dos días después, momento para el cual Fidel pensaba reunir una comisión a fin de invitarle personalmente a pronunciar un discurso en el congreso estudiantil. Por la noche asistió al juicio de un teniente del ejército acusado de la muerte de una autoridad del gobierno conservador, en el cual Gaitán actuaba como defensor. Fidel quería ver cómo conduciría la argumentación, pues Gaitán tenía fama de ser el más brillante abogado de derecho penal del país.

La mañana del día 8, las noticias y los contactos diplomáticos previos a la apertura oficial de la conferencia indicaban que la Casa Blanca pretendía continentalizar la política macarthista en la OEA. En efecto, el secretario de Estado estadounidense, George Marshall, jefe de la delegación de su país, declaraba, a su llegada a la capital colombiana, que una conspiración internacional comunista amenazaba a América. Cuando le preguntaron sobre las posibilidades de ayuda económica a los países de América Latina, ofreció un préstamo de 500 millones de dólares por mediación del Export-Import Bank para todo el continente —lo que se consideraría una verdadera limosna—, y aconsejó que se invitara a capitales privados estadounidenses a realizar inversiones. El ministro colombiano lanzó acusaciones a estudiantes cubanos de paso por el país, en especial el joven Fidel Castro, vinculándolos con la penetración comunista.

En las primeras horas de la tarde del día 9, Fidel y Rafael del Pino se reunieron con Ovares y Guevara en un café para dirigirse al despacho de Gaitán. Vestido de blanco en medio del frío andino, lo que acentuaba su palidez, Fidel era un ser extraño en las calles del centro de Bogotá.

A mitad de camino, de repente estalló un griterío por todos lados: «¡Han matado a Gaitán! ¡Han matado a Gaitán!». La noticia se esparció por la ciudad en cuestión de segundos y la población tomó de inmediato las calles, desorientada; unos agitaban los brazos en el aire, otros se abrazaban o caían sobre el asfalto. Fidel, conmocionado con la noticia pero sin lograr confirmarla, se sentía aún más aturdido en medio del desconcierto general. Más adelante encontró a un conocido que le aseguró que, en efecto, Gaitán había muerto. Comenzó entonces a preocuparse, pensando dónde andarían los cuadros del Partido Liberal, pues no aparecía nadie para organizar el tumulto de las calles.

El crimen se había cometido a la puerta del edificio del des-

pacho de Gaitán, en la Carrera Séptima, cuando el líder político salía para almorzar. Era exactamente la una y cuarto de la tarde
cuando un desequilibrado (según lo que se averiguó después) le
abatió a tiros en la acera, por la espalda. Después decidieron trasladar el cadáver al palacio de gobierno. Allí la multitud se encontró con el edificio protegido por centenares de soldados armados; las autoridades habían convocado a las tropas para sofocar el
movimiento. Los soldados abrieron fuego. Ante la imposibilidad
de asaltar el palacio, la multitud se dirigió al Capitolio, donde
tenía lugar la conferencia de la OEA. Y comenzó el saqueo.

Fidel, envuelto en el tumulto, había llegado frente al edificio,
donde se hallaba el cordón de policías alineados. Desde el medio del parque se quedó observando las piedras que volaban, las
decenas o centenas de personas que avanzaban hacia las puertas,
forzando a los soldados a romper filas. Resolvió aproximarse más
y vio que las piezas y los muebles del Parlamento eran arrojados
por las ventanas a la calle.

Mientras tanto otros edificios públicos fueron invadidos y
saqueados por revoltosos que exclamaban: «¡Viva la guerra civil!
¡Viva el Partido Liberal!». Los desmanes se extendían por todo el
centro, lo mismo que los incendios. Bogotá se convirtió en un
campo de batalla.

De alguna manera Fidel y Del Pino lograron llegar al café
donde estaban Ovares y Guevara. No intercambiaron más que
media docena de palabras mientras presenciaban la enloquecida
carrera. Los cubanos decidieron que lo mejor era reunirse con los
estudiantes en la universidad. No se sabe cómo salieron de allí.
A las pocas manzanas Fidel dijo: «¡Voy al cuartel de policía y vuelvo
enseguida!». Se encontraban, de hecho, en las cercanías de un cuartel donde la policía entregaba armas a simpatizantes de Gaitán, de
modo que Fidel decidió incorporarse a las milicias espontáneas.

Inmerso en la confusión de personas, solo consiguió agarrar
una escopeta de gas lacrimógeno entre los pertrechos distribuidos a quien los cogiera primero. Bajó al patio, donde un oficial
intentaba organizar un escuadrón. Con él Fidel consiguió un fusil,
que logró conservar a duras penas, al tiempo que los grupos, la
mayoría formados por jóvenes, ya salían de allí en desorden.

El ejército en general parecía vivir al margen de los acontecimientos, aunque se supiera de grupos militares adeptos a Gaitán. Ya una buena parte de la policía, aprovechando la oportunidad, se rebelaba contra el gobierno. Transcurrida más de una hora
desde el atentado, Bogotá se hallaba en llamas, mientras el presidente se resistía a entregar el poder y el pueblo se lanzaba a las
calles.

Al ver aproximarse un autobús, Fidel y sus acompañantes
corrieron para subir a él y pidieron al conductor que los dejara
cerca de la Radio Difusora Nacional. En la avenida, tras apearse,
se encontraron con un descomunal tiroteo. Se salvaron por pura
suerte, porque se resguardaron con rapidez detrás de un muro;
luego aprovecharon la primera ocasión para retirarse rumbo a la
universidad. Allí encontraron un conflicto aún más intenso, agra-
vado por el hecho de no disponer de ningún recurso de defensa. Como a esas alturas Fidel era el único que poseía un fusil, los
estudiantes le designaron comandante del asalto que planeaban,
contra una división policial, para obtener armas.

Fidel evaluó que la acción representaría un verdadero suicidio, pero aceptó lo que consideró su designio y partió, seguido
por decenas de jóvenes. La suerte acabó favoreciéndoles, pues la
división policial era una de las que se habían rebelado. Fidel se
presentó al jefe como un estudiante cubano y se incorporó como
ayudante en una misión que se dirigía a la sede del Partido Liberal. Por fin —observó— había dado con alguien que podía y
sabía cómo actuar en medio del caos. Caía la noche. Ya circulaba la noticia de que se había constituido una junta, de orientación liberal, para hacerse cargo del gobierno con carácter provisional.

Al doblar una esquina el jeep del jefe de policía se averió.
Fidel bajó de su vehículo, que iba abarrotado de gente, le ofreció su lugar y decidió quedarse en la acera, junto con los otros
que se apearon del todoterreno. Al mirar alrededor advirtió que
se hallaban justo al lado del Ministerio de Guerra y que tres o
cuatro soldados se aproximaban portando fusiles y bayonetas. Por
precaución, llamó a los demás y cruzaron la calle en diagonal; en
la otra punta se toparon con otro soldado, de un uniforme dife-

rente. Le preguntaron de dónde era, y les respondió: «Quinta División de policía. Sublevada...». Perfecto.

Decidieron sumarse a la nueva tropa. En el patio dieron con centenares de hombres armados y un oficial que pasaba revista y los contaba. Pronto todos recibirían la orden de ocupar varias posiciones de defensa del cuartel. Fidel fue a la segunda planta; contrariado, pidió una entrevista con el jefe. «La experiencia demuestra que una fuerza que se acuartela está perdida», afirmó basándose en lo aprendido en sus lecturas de historia militar. Aun así, su argumento en favor de la ofensiva no se tomó en consideración. Permaneció allí toda la noche, a la espera de un ataque imaginario del ejército, solo con un fusil en una suerte de ratonera. Tuvo ganas de escapar, pero al fin resolvió que no podría abandonar la rebelión.

Con su visión militar, observó que se encontraban al pie de una colina y fue de nuevo a alertar al comandante: si sufrían un ataque desde arriba, la derrota era segura; necesitaban defender la cumbre. Solicitó un pequeño destacamento, que le fue otorgado, y subió a la sierra de Monserrat, donde permaneció de guardia hasta casi el fin de la tarde del día 10.

La situación política se había revertido y habían nombrado otra junta, conservadora, que ordenó deponer las armas y dio inicio a la caza de los revoltosos. Al amanecer se comentaba el acuerdo con la oposición, para frustración de los elementos populares en lucha. Al mediodía Fidel se despidió con emoción del personal de la Quinta División y entregó su fusil. Preguntó si podría llevarse un sable de recuerdo, pero no se lo permitieron. Salió en compañía de Rafael del Pino, que había ido a parar a la misma división, tras una serie de dificultades.

Al pasar por el hotel Claridge se enteraron de que los buscaban. El gobierno colombiano había decretado la detención de los cubanos y divulgado la versión de que el Bogotazo había sido fruto de una conspiración de comunistas y extranjeros. La policía colombiana alegaría que «Fidel Castro Ruz y Rafael del Pino fueron los principales dirigentes de los saqueos de iglesias y residencias durante los acontecimientos... Ambos habían dejado de presentarse al embajador cubano y así contribuyeron a interrumpir la conferencia de la OEA, en unión con otros comunistas… Cuando los detectives comparecieron en el hotel [Claridge], se apoderaron de correspondencia remitida desde La Habana al referido lugar, pudiéndose comprobar, por su texto, que pertenecía al Partido Comunista de Cuba, que daba instrucciones a seguir…».[9] Las agencias internacionales de noticias confirmaban que el movimiento revolucionario desatado en Colombia había sido estimulado por comunistas después del asesinato del izquierdista Gaitán.

Sin ningún lugar adonde ir, los dos solicitaron albergue en la pensión donde se hallaban Ovares y Guevara, pero el propietario, un conservador, decía pestes de Gaitán y daba gracias a Dios por su muerte. Fidel se exaltó y acabó expulsado. Eran las 17.35 y el toque de queda comenzaba a las 18 h. Estar en la calle significaba morir. Corrieron a un hotel donde se alojaban otros estudiantes. Tras llegar, cinco minutos antes del toque, vieron al argentino Iglesias en un coche diplomático. Pidieron que el automóvil se detuviera y fueron reconocidos de inmediato por el argentino, que les dijo: «¡Suban ya! ¡En qué lío se han metido!».

Informado de la situación, el ministro argentino había conseguido un coche de la embajada para recoger a los cubanos y conducirlos a su representación. Mientras las autoridades colombianas creían que los estudiantes habían salido del país en un avión militar enviado desde Cuba, el embajador disponía embarcarlos en una aeronave de carga que transportaba toros para una exposición de ganado en La Habana.[10] «Llovía a cántaros. Veníamos en un avión, echados en el suelo… y él hablaba de que iba a concentrarse en terminar su curso libre de marxismo…»[11] En las últimas horas de la noche del día 12, Fidel ya se encontraba en territorio cubano, mientras las radios del mundo informaban del saldo del Bogotazo: más de mil muertos y cinco mil heridos en tres días.

La experiencia tuvo una fuerte influencia en Fidel. Haber participado en un levantamiento popular latinoamericano, con la OEA arrinconada y el gobierno caído en 45 minutos de revuelta, fue algo que alteró de modo radical sus concepciones políticas. Sobre la base del Bogotazo, en adelante reflexionaría sobre la calidad de la lucha de masas, la importancia de una orientación política y el papel de un ejército rebelde y popular, las «vías y posibilidades para una revolución».[12] El episodio habría de representar un paso fundamental en su transición ideológica. Había sido su «bautismo de fuego».[13]

Fidel regresó a una Cuba en plena campaña para las elecciones generales de junio, con Eduardo Chibás como candidato a la presidencia. Chibás tenía como emblema una escoba, blandida contra la suciedad de los auténticos. Un sector de la ortodoxia era favorable al establecimiento de una alianza coyuntural con el Partido Socialista Popular (PSP), que había buscado un acercamiento a Chibás, pero, debido a compromisos con candidatos vinculados con las oligarquías, ciertos magnates del azúcar y reyes del ganado, Chibás vetó la propuesta. En esencia, el candidato era un anticomunista que difundía la noción de la «amenaza del imperialismo totalitario de Moscú».[14]

Por su parte, Fidel expresó que le parecía lógico que el PSP prefiriera a Chibás a cualquier otro candidato, pero de hecho defendía la autonomía de línea (en este caso, de la ortodoxia) que evitaba pactos o coaliciones. Entregándose abiertamente a la campaña, se convirtió en delegado del Partido Ortodoxo por la provincia de Oriente y renovó su matrícula libre en la universidad.[15]

Participó como orador en varios mítines de Chibás. En Santiago le precedió en la palabra varias veces. Protagonizó una emisión radiofónica en la cadena COCO, entre los programas que apoyaban al candidato, como los de los periodistas Pardo Llada, en La Habana, y Luis Conte Agüero, en Santiago. Sin embargo, dada su excesiva independencia, Fidel no era persona grata a los ojos de los altos dirigentes del partido.

El hermano mayor de Fidel, Ramón, salió elegido concejal por cinco distritos de Mayarí. Se había postulado por el Partido Auténtico, por influencia del compadre Pino Santos.

En La Habana, Fidel proseguía con entusiasmo la campaña, aunque presentía la derrota de Chibás. Un episodio de la ofensiva del gobierno contra el movimiento sindical le llevó a establecer relaciones con el sindicato textil de Bauta, que agrupaba a 4.500 trabajadores.

En el panorama nacional, los auténticos, animados por el clima de la guerra fría, imponían la debacle de la mayoría comunista en la representación de la Central de los Trabajadores de Cuba (CTC), por medio de la acción de pistoleros y policías. Por recomendación de Carlos Prío, ministro de Trabajo y candidato a la presidencia, Eusebio Mujal, dirigente sindical del Partido Auténtico, había visitado Miami a principios de 1947 para elaborar, con la Federación Americana del Trabajo, una estrategia contra los comunistas.

El 4 de julio, Fidel fue nuevamente acusado de un crimen, la muerte de un sargento de la policía universitaria, Óscar Fernández Carral[16] (uno de los que le habían denunciado por el atentado contra Manolo Castro). Rolando Masferrer, recién elegido diputado, volvía a la carga reafirmando públicamente que Fidel era el autor de dos atentados más un tercero, en que había muerto un policía. Dos días después, el propio Fidel escaparía, por suerte o por rapidez de reacción, de un atentado contra su persona.

Tanto la FEU como la Juventud Ortodoxa se pronunciaron en apoyo a Fidel. Hacía poco tiempo la segunda había distribuido un panfleto en que manifestaba que el socialismo, como etapa subsecuente a la liberación nacional, era la única solución a los problemas de Cuba. Con ello abría deliberadamente un canal de comunicación con la Juventud Comunista (JC), pero complicaba sus relaciones con la dirección de su propio partido. En la práctica, tal camino sería implementado por el joven Max Lesnick, a quien Fidel conocía de asambleas de la ortodoxia.[17] Este estimaba que debía buscarse una unión de fuerzas contra el régimen, pero insistía en mantenerse independiente, en lo que se diferenciaba de Lesnick, que se destacaba como la figura principal de la Juventud Ortodoxa. Si había factores que distanciaban a ortodoxos y comunistas, un deseo era capaz de unirlos —el del cambio de régimen—, como habría de quedar patente en el abanico de actos de gran impacto social que los estudiantes de ambas vertientes promoverían en conjunto.

Más allá de la lucha política, los líderes de la oposición trataban de no distanciarse de la vida cotidiana de la población. Esto se percibía en la participación de todos los sectores antiguberna- mentales en la lucha contra el aumento de los precios de los pa- sajes de autobús, a principios de septiembre. Fidel, Lionel Soto y Alfredo Guevara concibieron medidas extremas.

Fidel no tardaría en recibir otra orden de prisión, con la acu- sación de haber participado, junto con miembros de la Unión Insurreccional Revolucionaria (UIR), en un tiroteo en las esca- leras del Capitolio —uno de los blancos era Masferrer—, que arrojó un saldo de un muerto y tres heridos. Fidel consiguió que el juez Hevia anulara la orden.

La persistente persecución de que era objeto en esa época se debía a su creciente colaboración con comunistas en el ámbito de la FEU. A ese respecto, Fidel comentaría con tono irónico: «No, no me reclutaron ellos… Me recluté yo solo…».

¿CARA O CRUZ?

Reflejo de la efervescencia de Cuba, aquellos eran días de muchas indefiniciones para Fidel. Los acontecimientos se precipitaban, pero ¿qué dirección tomarían? Sabía que tanta acción sin rumbo no serviría de nada. Ante todo urgía organizar su propio raciocinio, más inclinado a impulsos que a procedimientos y planes metódicos. Y algo le decía que el tiempo no corría a su favor.

Fue en ese período cuando sus compañeros comunistas, receptivos a sus inquietudes, le ayudaron a conseguir, en la librería del partido, varios textos que le aportaron una nueva percepción.[1]

El Partido Socialista Popular (PSP), comunista, se hallaba en una especie de limbo legal, aunque la circulación de literatura marxista fuera tolerada por sectores del gobierno. Las obras de Lenin y José Martí, de Marx y Engels —en especial el *Manifiesto comunista*— serían las responsables de la gradual transformación filosófica de Fidel. Dentro y fuera de la universidad se encontraba a menudo con los comunistas, con la presencia ocasional de Flavio Bravo, presidente nacional de la Juventud Socialista. Un observador privilegiado de esas reuniones era Carlos Rafael Rodríguez, miembro del Buró Político. Pese a frecuentar esas compañías, Fidel alimentaba la certeza de que una revolución a partir del PSP sería inviable en el ámbito de la guerra fría, por la férrea oposición que concitaría en Estados Unidos. Al mismo tiempo, vivía la división estructural de los cuadros de la ortodoxia. Por un lado, las oligarquías; por el otro, las bases populares y jóvenes, identificadas con

Chibás, para cuyas aspiraciones Fidel comenzaba a entrever respuestas en su conciencia en gestación. Calló, entretanto, sobre la adopción del marxismo, actitud que habría de mantener durante muchos años, para no despertar contra sí el sentimiento anticomunista enraizado en la sociedad.

Al profundizar en sus concepciones, toda la estrategia de acción política que brotaría más adelante en él comenzó a adoptar una orientación marxista. Así fue su autorreclutamiento, según lo expresó, o su conversión a algo como la izquierda del Partido Ortodoxo. Sin salir de ese marco partidario de la militancia ortodoxa, se volvía revolucionario, martiano y socialista liberándose de forma irrevocable del fatalismo del hombre del campo, una marca que mantenía desde su infancia en Birán.

La Federación de Estudiantes Universitarios (FEU) participaba en las luchas populares, en las cuales se mezclaban jóvenes ortodoxos, comunistas y de otras tendencias, en plena vigencia del macarthismo.

Tras ingresar en la universidad, Max Lesnick encontró inmediata afinidad con Alfredo Guevara, a quien se le ocurrió la idea de crear comités colaterales a la dirección de la FEU para distintos fines. El primero fue contra el Pulpo de la Electricidad, la compañía estadounidense productora de energía, que pretendía aumentar las tarifas. Luego vendría el comité contra el gangsterismo, nacido de una conversación entre Lesnick y Bilito Castellanos. Acababa de conocerse la noticia de que el presidente electo, Carlos Prío, pensaba orquestar un pacto de grupos, una fórmula para que se desactivaran todas las bandas parapoliciales, pero al mismo tiempo se incorporaran a la máquina estatal; recibirían incluso una remuneración especial, pese a la grave crisis económica y el enorme déficit público dejados por Grau. El comité, instituido en una reunión celebrada en casa de Lesnick, se denominó «30 de Septiembre».[2] Alfredo y Bilito solicitaron la admisión de Fidel, pero otros objetaron debido a su relación con los pistoleros. Para dirimir la cuestión establecieron el criterio de que «debíamos entrar desarmados en la universidad —cuando la mayoría de nosotros, como forma de defensa, usábamos pistolas— e iniciar el desenmascaramiento público de los gángsteres empleados en el gobierno…»,[3] relata Lesnick. Cuando Bilito le presentó el documento en que constaban las condiciones, Fidel no titubeó: «No solo voy desarmado junto a todos ustedes, sino que seré el denunciante, con nombres y apellidos».[4]

Era una tarde cenicienta. Un viento frío corría por la Galería de los Mártires, donde se celebraría la asamblea. Los pistoleros, que tenían prohibida la entrada para no violar la autonomía universitaria, se alinearon en las aceras; al contrario que los componentes del 30 de Septiembre, iban armados. Fidel se puso en pie ante los reunidos y pidió la palabra a Ovares. Sacó del bolsillo del traje negro un papel y leyó la lista de los bandidos protegidos por el gobierno, conseguida por medio de personas influyentes de la oposición.

Comenzó por los enemigos, de forma pausada, en lo que demostró astucia, pues transcurridos algunos minutos alguien de la platea reclamó: «¡Fidel, habla de los de la UIR!», a lo que él repuso: «Todos están en la lista…». Y prosiguió: «Guillermo Comellas, 60 pesos; Tribunal Ejecutor Revolucionario, 11; Acción Guiteras, 250; Masferrer, 500; Banda de los Policarpos, 600…». Y así recitó la relación completa, lo que equivalía a más de dos mil cheques mensuales pagados a servidores falsamente ubicados en órganos públicos.

Las denuncias provocaron un escándalo; al finalizar la asamblea, los estudiantes se dispersaron nerviosos. Quedaron Fidel y los miembros del comité. Chino Esquivel susurró al oído de Max, el único que tenía un coche disponible: «Tenemos que sacar al guajiro de aquí… Allá abajo están todos los que quieren matarlo…». El otro repuso: «Lo llevo, pero con una condición: nadie más en el coche…», pensando que era la única posibilidad de que los acusados no atacaran el vehículo a tiros, ya que él, Max, era una autoridad ligada a Chibás. Así fue como consiguió llegar a su casa sin ningún incidente grave.

La breve estancia de Fidel en casa de Max sirvió para que estrecharan los vínculos. «Se estableció una corriente de simpatía… Fidel no era de la Juventud Ortodoxa, sino del partido; sin embargo, no teníamos conflictos de orden práctico, como aspirar a una posición que quisiera el otro…»,[5] explicó Max Lesnick.

Era evidente que tarde o temprano Fidel necesitaría desaparecer de La Habana. Cierto día, Max recibió la señal de Chino y a toda prisa le trasladó al lugar indicado, desde donde Fidel subió a un tren con destino a Birán. A escondidas, se ocupó también de otro asunto, el único a que se dedicó en el frenesí de los últimos meses: firmar un compromiso de matrimonio con su novia, Mirta. Durante la semana, cuando podía, se dirigía a la biblioteca del edificio de filosofía para verla, y normalmente los sorprendía Alfredo Guevara cuando conversaban simulando leer. Había oposición por parte de los familiares de ella, pero al anunciarse la decisión de ambos el problema pareció superado.[6]

La boda se celebró el 11 de octubre de 1948;[7] la ceremonia civil se llevó a cabo en la residencia de los Díaz-Balart, en Banes, provincia de Oriente, con Ramón como testigo por parte de los Castro. La ceremonia religiosa fue oficiada el mismo día por monseñor de Madariaga, en la iglesia Nuestra Señora de la Caridad. Entre los testigos se contaban John J. Brickey, el administrador de la United Fruit Co., y el compadre Fidel Pino Santos. Según el certificado, «el matrimonio entre Fidel Castro Ruz y Mirta Díaz-Balart y Gutierres se efectuó este día en horas de la mañana... actuando de padrino Rafael Díaz-Balart y Gutierres, y de madrina, Lina Ruz González de Castro...».[8]

Enseguida los novios partieron a Camagüey y a continuación a Estados Unidos, el 2 de noviembre, en viaje de luna de miel. Don Ángel entregó al hijo 10.000 dólares para el viaje, satisfecho de verle iniciar una nueva vida, a la que imaginaba que Fidel se adaptaría al fin, para dedicarse a ser un buen padre y un prometedor profesional.

La primera escala fue en Miami, donde pasaron unos días. Allí Fidel oyó por radio la noticia de la victoria de Harry Truman, que consiguió ser reelegido para la presidencia de Estados Unidos.

Fidel no escapó de algunos choques culturales. Durante una visita a un pariente de los Díaz-Balart que trabajaba en la Universidad de Princeton, la pareja vio a enamorados que se besaban y acariciaban a la vista de todos, en los pabellones de los dormitorios, algo que les pareció un sacrilegio, dentro de sus concepciones de familia latina y cubana tradicional.

En tren la pareja continuó rumbo a Nueva York, donde se hospedaron en una pensión del Bronx. Quedaron impresionados con los rascacielos, el puerto gigantesco, el visible desarrollo técnico, el ininterrumpido bullicio de los transeúntes, la grandiosidad de la metrópoli. Pronto Fidel se introdujo en la ciudad, percibiéndola por dentro, observando sus calles como desfiladeros y su aire de soledad. Sus lugares favoritos eran los *delicatessen* y los mercados Minimax. En esa época, con pocos dólares podía hacer compras y pagar la semana de la pensión, cuya propietaria alemana era desconfiada al punto de cobrar siempre por adelantado.

Se propuso estudiar inglés en una academia de Manhattan. Recorría las librerías neoyorquinas, en una de las cuales adquirió un ejemplar de *El capital*. La pareja se encontró con Rafael, el cuñado, y otro dirigente ortodoxo, así como con el periodista Pardo Llada, que fue excelente compañía en sus muchas salidas. La atracción de Fidel por la economía política no disminuía; decidió estudiar esa materia en Harvard, una vez que se hubiera licenciado. Hizo indagaciones también sobre las condiciones en la Universidad de Boston pero, como se sabe, nunca pudo cristalizar ninguno de esos proyectos.

Con el hijo casado pero sin diploma, don Ángel tuvo que aumentarle la mensualidad. La pareja se instaló en un modesto piso en el Vedado, en la calle B, número 312, esquina de la 18 con Puente Almendares.[9] Al regresar, Fidel se reencontró con el comité 30 de Septiembre, que se consolidaba «como una especie de partidillo oculto, una organización paralela»,[10] con alrededor de cincuenta miembros; Bilito había sido elegido presidente. El espíritu del grupo era iconoclasta, lo cual facilitaba los vínculos entre la universidad y varios segmentos sociales, como sindicalistas, estudiantes, la prensa progresista y los católicos de izquierda.

La matriz del 30 de Septiembre, la FEU, se transformaba en una fuerza político-social. Se calculaba que aproximadamente 60.000 personas asistían a sus actos. Mientras tanto seis presidentes de facultades, encabezados por Ovares, resolvieron impugnar el comité por «comunista y gangsteril», intento impedido por los otros siete presidentes.

La política —la gran rival de Mirta— volvería pronto a ocupar el primer plano en la mente de Fidel. En enero de 1949 denunció el acuerdo secreto entre el administrador de las carreteras y algunos dirigentes —entre ellos Orlando Bosch, presidente de la facultad de medicina— que habían aceptado 2.500 pesos cada uno para trabajar a favor de las posiciones patronales.[11] Fidel también conservaba sus relaciones con el sindicato textil de Bauta. Tras la intervención de infiltrados, promovieron nuevas elecciones, con apoyo de los programas de radio de Chibás y del periodista García Agüero, senador del PSP. El movimiento tuvo repercusión nacional y costó el puesto al ministro de Trabajo.

El 5 de abril de 1949 fue asesinado Justo Fuentes, vicepresidente de la FEU. Fidel acusó a Masferrer y denunció también la complicidad del ejército, que había cedido soldados para su protección. El periódico *Pueblo* publicó un artículo de Fidel, en el cual afirmaba: «Muchos optan por no darle importancia, pero no veo por qué tienen que permanecer flotando en el ambiente las barbaridades que a este señor se le ocurre decir de todo el mundo, en las cuales, a fuerza de ser repetidas cien veces, los ingenuos llegan a creer...». Para concluir solicitaba que retiraran la inmunidad a Masferrer, elegido diputado con Carlos Prío.

En julio participó en las asambleas que pusieron fin a la interminable huelga de los constructores de carreteras. El periódico comunista *Hoy*, en su columna «Esmeril», criticó la actitud de Fidel, probablemente como reflejo de la opinión del sector del partido que no simpatizaba con sus inclinaciones. En la misma época Fidel comenzaba a asistir con regularidad a un seminario de estudios marxistas organizado por el PSP.

En compañía de Chino fue a buscar al propietario de la emisora de radio Cadena Habana, que aceptó cederle un espacio para un pronunciamiento sobre Rafael Trejo, el inspirador del 30 de Septiembre.

Mientras Fidel, sobrecargado de trabajo, redactaba notas y hacía llamadas telefónicas para divulgar la transmisión del día siguiente, Mirta comenzaba el trabajo de parto de su primer hijo, Fidel Castro Díaz-Balart, nacido el 11 de septiembre.

También llegaba a La Habana el hermano Raúl Castro, para estudiar en la universidad y vivir con Fidel. Una vez establecido, Raúl se vinculó con los amigos de Fidel, Alfredo Guevara y Lionel Soto, y sus respectivas actividades. «Se orientó rápida y naturalmente hacia el socialismo y se unió a la Juventud Comunista, en un camino paralelo a la historia del hermano…»,[12] cuenta Lionel Soto. Raúl se dedicaba poco a la universidad. Cuando abandonó el Dolores, los curas hasta llegaron a aconsejar a don Ángel que no desperdiciara esfuerzos en su formación escolar, pues le consideraban poco interesado por los estudios. Don Ángel le puso a trabajar en la contabilidad de su oficina, pagándole un sueldo de 60 pesos mensuales, pero un día descubrió que Raúl acostumbraba romper los vales firmados por los campesinos de modo que no quedaran comprobantes de los adelantos sobre los salarios o incluso de los préstamos concedidos.

La FEU recibió un grave golpe. Acusada de partidaria de la izquierda, aunque controlaba la mayoría de las facultades, la entidad fue disuelta en noviembre por un decreto del Consejo Universitario. Las tendencias se enfrentaron a puñetazos; clases y elecciones fueron suspendidas. A últimos de abril de 1950, después de celebrar una reunión ilegal, cerca de doscientos estudiantes, casi todos de enseñanza media, se concentraron frente a la FEU en protesta. Destrozaron la sede y Lionel Soto fue acusado de agresión a la policía universitaria. Fidel Castro fue a hablar con el rector Inclán: «Si expulsan a Lionel Soto, tendrán que hacer lo mismo conmigo. Y además tendrán que expulsar del Alma Máter a todas las personas decentes».[13]

Por esa época el Gabinete Nacional de Identificación, que había abierto un expediente policial sobre las actividades de Fidel,[14] lo remitió al Buró de Investigaciones. El expediente sirvió para satisfacer al cónsul de Colombia, que había pedido un informe sobre Fidel Castro y los dirigentes presentes en el Bogotazo.[15] En verdad era un nuevo indicio de la reducción de los espacios legales permitidos a la oposición más radical del régimen.

DOCTOR EN LEYES, PADRE
DE FAMILIA Y CANDIDATO

A fin de obtener la licenciatura en derecho, Fidel tuvo que presentar una monografía, para la cual escogió como tema y título: «La letra de cambio en el derecho internacional privado y en la legislación comparada».[1] El tribunal examinador le aprobó con sobresaliente y a finales de septiembre de 1950 Fidel recibió el título de doctor en leyes, además de las licenciaturas en derecho administrativo y derecho diplomático.[2] A fin de cumplir con los requisitos necesarios para la obtención de una beca de estudios como posgraduado en el curso de economía política, solo necesitaría concluir algunas asignaturas (con lo que conseguiría de forma automática otro título, el de licenciado en ciencias sociales), pero no le fue posible proseguir los estudios. Debía garantizar una fuente de ingresos propia para mantener a la familia, ya que la mensualidad de don Ángel un día tendría fin (aunque no anunciado). Sin embargo, tardaría bastante en librarse del estigma de estudiante profesional.

Concluido el acto de graduación, descendía por la «escalinata» cuando se le ocurrió proponer a los compañeros Jorge y Rafael abrir un despacho de abogados. Al día siguiente los tres buscaban un local para alquilar. Los que encontraron anunciados cerca del muelle del puerto en La Habana Vieja —edificio Rosario, calle Tejadillo, 57— parecían ideales. El propietario, José Álvarez, les mostró uno con dos pequeñas habitaciones, que costaba 60 pesos mensuales. Para formalizar el contrato debían anticipar dos mensualidades y no disponían de tal suma. Decidieron hablar con

Álvarez, que había simpatizado con el trío de jóvenes doctores y no solo aceptó fragmentar el pago, sino que hasta les prestó algunos muebles. «Compramos una máquina de escribir usada, a plazos... En octubre inauguramos el despacho Aspiazo-Castro-Resende: Asuntos Civiles, Criminales y Sociales...»[3]

Se preparaban para el nuevo oficio cuando medidas restrictivas del ministro de Educación atizaron el movimiento de los estudiantes de nivel medio en pos de una huelga general. Tropas militares ocuparon los colegios, se ordenó el cierre del instituto de Matanzas y de la Asociación de Secundaristas de La Habana. Fidel se apresuró a unirse a la comisión de apoyo y fue a conversar con el general Uría, jefe de la Policía Nacional. A continuación, en representación de la Federación de Estudiantes Universitarios (FEU), él y Enrique Benavides partieron hacia la ciudad de Cienfuegos, situada en una provincia central.

Cuando llegaron, los estudiantes habían recibido orden de suspender un acto de protesta programado para la noche. Aun así salieron a las calles con micrófonos para arengar a los transeúntes, mientras numerosos trabajadores colaboraban en la organización. Fidel y Enrique se dirigieron a la jefatura de policía de la ciudad, donde argumentaron que la suspensión del acto era ilegal e inconstitucional; poco después de las ocho y cuarto de la noche se encaminaron todos hacia la Cámara Municipal para recibir la adhesión del pueblo.

La fuerza pública acudió para dispersar la aglomeración, y estalló la violencia. Una radio informó: «Enviados a la prisión de Santa Clara los líderes de la FEU: Fidel Castro, de 24 años, domiciliado en la calle 3, esquina 2, Vedado, La Habana, presidente de la Asociación de Estudiantes de la facultad de ciencias sociales, y Enrique Benavides Santos, de 26 años... que habían venido a participar en los actos organizados en protesta contra las resoluciones del ministro...».

A las cuatro, desde una ventana superior de la celda, Fidel y Enrique, subiendo alternativamente uno en los hombros del otro, observaron la tensión que se había extendido de Cienfuegos a Santa Clara, la capital de la provincia. Fuera, los manifestantes exclamaban: «¡Suéltenlos! ¡Suéltenlos, cobardes!».

Al amanecer la situación parecía calmarse cuando cuatro guardias entraron en la celda con órdenes expresas de llevárselos de allí… sin aclarar adónde. Fidel y Enrique fueron esposados e introducidos en un vehículo que tomó rumbo desconocido, escoltado por otro coche. Después de aproximadamente veinte minutos llegaron a un descampado, rodeado de cerros, donde los obligaron a descender. Se resistieron como pudieron, con puntapiés y codazos. «Un coche que venía haciendo guiñar los faros se detuvo a un lado. De su interior bajó un señor que preguntó: "¿Qué pretenden hacer con los muchachos?". Era el presidente de la Cámara…»[4] Es posible que su llegada salvara a Fidel y Enrique de una ejecución sumaria y clandestina.

El 27 de noviembre, en La Habana, en el Aula Magna de la universidad, en el tradicional recordatorio de los estudiantes muertos en 1871 Fidel afirmó que aquel sería el último acto de la FEU en que participaría, pues se retiraba definitivamente para ejercer la abogacía.

Recién incorporado a la Orden de los Abogados de Cuba, no mostraba entusiasmo por atraer clientes de prestigio y riqueza, le satisfacía atender a gente humilde y muchas veces ni siquiera cobraba honorarios.[5] El 10 de octubre inició su primera causa: número 154, de la sede Cuarta del Juzgado, representando a tres feriantes amenazados de expulsión del Mercado Único: Miguel Carraico Herreras (apodado El Mocho), Pedro Pogés y Pedro Montanals, del Sindicato de Cargadores. Fidel construyó la defensa explotando una cuestión paralela: todos los habitantes del barrio La Pelusa, donde se situaba el mercado, habían recibido amenazas de desalojo por parte de la empresa constructora Plaza Cívica. Ganó el pleito y recibió una buena suma, pero más adelante perdió la causa de otro trabajador del Mercado Único, arrestado en posesión de un cuchillo durante una revuelta sindical.

A principios de diciembre Fidel fue llevado a juicio por desacato a la autoridad en Cienfuegos. «Sigue mis instrucciones al pie de la letra», recomendó a Enrique Benavides (también convocado), lo que significaba para este último ratificar lo que Fidel declarara en el tribunal. Sin embargo su colega se mostró escéptico: la justicia estaba manipulada, ellos no tenían ninguna influencia en el gobierno y además Fidel era un principiante en la profesión.[6] Optaron entonces por una separación de responsabilidades; propondrían a Benito Besada, un ex compañero más experimentado, que vivía en Santa Clara, que asumiera la defensa de Benavides. Fidel pasó todo el viaje en tren leyendo pasajes de Martí, preparándose para la audiencia.

Llegaron a la estación por la mañana temprano y de inmediato trataron de localizar la casa de Benito. No fue difícil. El compañero escuchó el relato, aceptó la petición y luego salió para averiguar las particularidades del proceso. Al regresar encontró a Fidel recostado en el sofá, con una traducción de *Yo acuso*, de Émile Zola, en el regazo,[7] sumido en un sueño profundo. Ya la lectura elegida por su representado le pareció una señal inquietante...

La sesión debía celebrarse a primera hora de la tarde. En los pasillos del tribunal se percibía un impaciente movimiento, con muchos jóvenes que acudían para asistir al juicio. Fidel, en estado de concentración, fue a buscar una toga... Golpes de mazo. «En la ciudad de Santa Clara, a los 14 días del mes de diciembre de 1950, constituida en Audiencia Pública la Sección Primera de la Sala de Justicia de Las Villas... comparecen para la celebración de este Juicio de Urgencia número 543... Como denunciante, capitán Manuel Pérez Borroto Marrero... Como acusados, Fidel Castro Ruz... y Enrique Benavides Santos... Preguntados cómo se declaraban en relación con la acusación, ambos se dijeron inocentes...»

Presentados los testimonios de la acusación, no se encontraban pruebas consistentes. Llegó el turno de la defensa, que debía contestar los argumentos de la fiscalía. Benito se presentó como abogado de Benavides. «¿En cuanto al señor Fidel Castro?», preguntó el juez. «Asumiré mi defensa», respondió el acusado. «¡Pues vista el símbolo del abogado y pase a ocupar su lugar en el estrado!» Fidel salió de la sala y regresó enseguida vestido con la toga. Dio unos pasos, intentando concentrarse, y luego se dirigió con aire acusador al denunciante. «¡Muy bien representa usted al pueblo, cuando reprime y asfixia sus legítimos derechos!» El capitán retiró la acusación, ya débil a los ojos del público, y

Fidel desgranó un discurso contra el régimen, en defensa propia, justamente al revés de lo que le habían recomendado.

Cuando los integrantes del jurado se retiraron a deliberar, Fidel susurró al oído de su compañero: «No importa la suerte que nos toque, Benny. Había que decir esas verdades...». Los miembros del jurado tardaron media ahora en dar el veredicto, algo inusual en los juicios de urgencia. Como no había confirmación de los delitos, absolvieron a los acusados. El resultado del juicio fue celebrado en el restaurante Miami, en La Habana, con Mirta y familiares, dando un descanso a los espaguetis que a Fidel le gustaba preparar.

En verdad, quien le veía pronunciar un discurso percibía que el estrado se convertía en el escenario propio de su personaje, y cada objeto, en un detalle de composición del monólogo. Se advertía también que, aunque fuera un fundamento de su formación, la oratoria griega o romana, retórica y grandilocuente, que contribuía a la disposición de las palabras más que al mensaje, tenía un papel secundario. Fidel había leído obras de otros oradores —era, de hecho, una de sus lecturas preferidas—, como los discursos parlamentarios de Castelar, y se adecuaba a ese estilo, privilegiando lo que decía, aunque sin descuidar la forma.

Desde enero de 1950 Fidel integraba el Comité Nacional del PPC (Ortodoxo),[8] si bien ya no tenía fe en los objetivos del partido. Ese conflicto se transformaría lentamente en un factor de discordia con su amigo Chino Esquivel, que apostaba por el proyecto ortodoxo y había decidido participar abiertamente en la campaña del popular periodista Pardo Llada en las elecciones de aquel año.[9] En ese momento Pardo Llada constituía una figura aglutinadora para el partido y obtuvo un excelente resultado, al igual que Eduardo Chibás, que fue elegido para el Senado con 200.000 votos, el máximo registrado hasta entonces en la República, lo que le acreditaba como fortísimo candidato a la presidencia. Por su parte, Fidel se mantenía en su postura autónoma, lo que reavivaba la desconfianza de los elementos de la alta dirección ortodoxa.

En el transcurso del año había incluido su nombre en la lista de candidatos a un cargo electo en la contienda de 1952.[10] Deseaba espacio político para exponer sus puntos de vista. Comenzaba a formular una línea más enérgica en el campo social, que no se contemplaba en el programa general ortodoxo. En realidad, creía que sus concepciones y las del partido eran complementarias. «Veía la candidatura como un medio, no como un fin...»[11] Es decir, reeditaba el concepto martiano de «hacer en todo momento lo que en cada momento es necesario».

Era evidente que los pensamientos de Fidel se desviaban hacia el proyecto de dedicarse a consolidar bases políticas, lo que significaba dejar en segundo plano el ejercicio de la abogacía. También era cierto que no podría prescindir de la ayuda financiera de don Ángel Castro en el torrente de acciones que le aguardaban. En enero de 1951 publicó un artículo en *Saeta*, el vehículo clandestino del comité 30 de Septiembre, dirigido por Lionel Soto, en el que proponía una reforma universitaria. Estaba en plena campaña. En febrero pronunció un discurso ante los habitantes de Aguacate, municipio de la capital, después creó el Comité de Defensa de los Derechos Democráticos —con sede en el edificio Fren-Mar, entre las calles 3 y 2, Vedado, su domicilio particular— y organizó una mesa redonda en la FEU sobre el aumento de las tarifas de autobús, episodio que figuraría en su ficha en el Servicio de Inteligencia Militar (SIM).

Más adelante participó en una manifestación contra el decreto Mordaza, que censuraba las opiniones políticas en las radios. La fuerza pública entró en acción y disolvió la manifestación a tiros; Fidel fue acusado de ser uno de los responsables de los disturbios.[12]

Aquel mes, su abuelo, don Pancho, de quien había heredado el genio, falleció en Birán, a los ochenta y siete años.

En marzo el *Saeta*, de cuyo consejo editorial era miembro Raúl Castro, publicó otro artículo de Fidel contra la represión a los estudiantes, la violación de la libertad de prensa y el derecho de reunión, respaldado por el comité con sede en su domicilio. Pronunció un discurso en el suburbio de San José de Las Lajas y, a principios de mayo, formó parte de la delegación de los candidatos ortodoxos en viaje por la provincia de Oriente. Se incorporó asimismo al Comité de Lucha contra la Carestía de la Vida y al de los Estudiantes y Profesionales Universitarios en defensa de la cuota azucarera. En la práctica, la campaña de Fidel adquiría envergadura también debido al impulso de la candidatura de Chibás a la presidencia en las elecciones que debían celebrarse el año siguiente, tanto más cuanto que la política económica del presidente Prío conducía al país y la población a un agravamiento de sus dificultades.

Prío había solicitado, a principios de 1951, un préstamo de 200 millones de pesos a Estados Unidos. En contrapartida, una delegación de diecisiete especialistas, encabezada por el banquero Francis Adams Truslow, había viajado a Cuba para analizar previamente la situación de la economía del país. En julio salió a la luz un voluminoso informe del Banco Internacional de Reconstrucción y Desarrollo (BIRD), que describía a Cuba como un rehén de problemas crónicos, entre ellos, el mal uso de los fondos públicos. Se proponían medidas de saneamiento, como ampliar el turismo y las industrias derivadas del azúcar, la financiación de empresarios por mediación del BIRD y la reducción de los impuestos para los inversores estadounidenses. Aconsejaba también la reducción de los salarios, medidas para facilitar el despido de los trabajadores y un rápido cambio en las relaciones entre trabajadores-patrones-gobierno, con la creación de un fuerte sindicato patronal, con vistas a detener el avance de los conflictos sociales. Pero justamente esos conflictos y su efervescencia en aquella coyuntura habían impedido la aplicación del catecismo del BIRD, que, en suma, requería un gobierno de línea dura para su ejecución. Por último, Estados Unidos negó el préstamo solicitado por Prío. El embajador Robert Butler, su amigo personal, se retiró del país en un gesto de solidaridad.

Con la crisis creciente, la ortodoxia asumía el ideario que los auténticos habían abandonado, debido a la guerra fría,[13] al quebrar las defensas del Estado y alinearse totalmente con Estados Unidos. La combinación de esos elementos y el descontento de la población apuntaban al probable triunfo de Chibás en 1952. Su inflexible campaña contra la corrupción gubernamental contaba, desde luego, con la reacción de los que corrían el riesgo de perder el poder, según los sondeos de opinión. Sin embargo, la candidatura de Chibás tuvo un desenlace por completo inesperado.

En su programa *Hora*, en la radio CMQ, que se emitía todos los domingos a las ocho de la tarde, el senador había afirmado que el ministro de Educación, Aureliano Sánchez Arango, «había robado dinero de los colegios públicos para construir un barrio residencial de lujo en Guatemala». El ministro exigió públicamente que se mostraran las pruebas de la acusación, y durante dos semanas se atizó el duelo, que llegó a transformarse en debate nacional. Chibás prometió al pueblo que presentaría las pruebas, pero no logró obtenerlas. «¡Compañeros de la ortodoxia, adelante! ¡Por la independencia económica, libertad política y justicia social! ¡Vamos a barrer a los ladrones del gobierno! [...] Este es mi último pronunciamiento...» Así hizo su patética apelación en plena transmisión del programa, segundos antes de dispararse un tiro en el estómago. Estaba profundamente deprimido por no haber podido cumplir con su palabra.

El senador fue retirado todavía vivo del estudio. Fidel y el portero de la emisora, que casualmente era Gabriel Palau,[14] su amigo de infancia en Santiago, estaban entre los que introdujeron el cuerpo en el vehículo que le llevaría al Centro Médico Quirúrgico. Fidel seguía admirando a Chibás, aunque en los últimos tiempos hubiera redefinido su figura: un gran líder popular, pero populista; el catalizador de la situación política, pero no su mentor. Permaneció en vigilia alterna en el hospital. Diez días después, el senador murió.

El cuerpo fue velado en el Aula Magna de la universidad. Fidel participó en la primera y la segunda guardias de honor. Como le buscaban para entrevistarle, preparó con rapidez, a mano, dos o tres comentarios; partes de uno u otro aparecían sucesivamente en la televisión y la radio. En el cortejo fúnebre la multitud ocupaba cuatro kilómetros, desde la universidad hasta el cementerio de Colón. Se quemaban ramilletes y coronas de flores enviados por políticos corruptos.

En noviembre los ortodoxos divulgaron la nómina oficial de

sus candidatos: Roberto Agramonte, profesor de sociología en la universidad y la academia militar, hombre de ideas conservadoras, proveniente de la burguesía, asumía la candidatura a la presidencia, con Emilio (Millo) Ochoa como segundo. Fidel Castro Ruz aparecía en la lista para el Congreso Nacional.[15] Los sondeos de opinión confirmaban la victoria del candidato ortodoxo sobre el de los auténticos —Carlos Hevia, ingeniero graduado en la Academia Naval de Estados Unidos— y sobre el ex presidente y senador Fulgencio Batista, que competía por el recién creado Partido de la Acción Unificadora (PAU). Batista, que había residido en Daytona Beach (Florida), había sido elegido senador en las últimas elecciones y regresado a Cuba. Aun con el trauma del suicidio de su fundador, el PPC(O), que hasta entonces contaba con 80.000 afiliados, experimentaría un crecimiento significativo.

Durante la campaña se formó un nuevo abanico de aliados de Fidel, con una mayoría de simpatizantes chibasistas, otros de la izquierda del partido y la recuperación de algunos viejos amigos. En San José de Las Lajas vivían los hermanos Gómez Reyes, que habían trabajado en el Belén. Fidel comenzó a visitarlos con más asiduidad. Junto con Gildo Fleitas, al que había conocido como administrativo del colegio con inclinaciones intelectuales, llegarían a componer una importante base política, autodenominada Grupo de La Ceiba.

Entre los que habrían de unirse a Fidel a partir de entonces se contaban el obrero Ñico López, de la Juventud Socialista, y Raúl Granados el Flaco. Fidel iba de un lado a otro con esas personas en un Chevrolet verde, su nuevo coche, comprado a plazos y conducido por Gildo, Juan Martínez Tinguao o él mismo, todos los cuales colaboraban para pagar el combustible. Cuando necesitaba con urgencia dinero en efectivo, Fidel empeñaba el reloj, por el cual conseguía alrededor de cinco pesos. La experiencia de la campaña le había llevado a desoír las enseñanzas de don Ángel, para quien empeñar cualquier cosa era una herejía.

Otros amigos conocidos de la época de estudiante, trabajadores, le eligieron delegado municipal del PPC(O) por Cayo Hueso,[16] barrio de pequeños mercaderes y artesanos, con lo cual satisfacía la condición de representar previamente un distrito electoral para poder postularse. En el barrio había una barbería que se convirtió en punto de encuentro de los simpatizantes de Eduardo Chibás. Adolfo Torres Romero era el delegado del partido en la jurisdicción. Fidel pasó a ser un cliente asiduo; aprovechaba los cortes de pelo para hablar de política.

Con proselitismo directo en la vecindad o por correspondencia, copiando la lista de los afiliados ortodoxos del barrio con ayuda de Aguiar y Fleitas, Fidel ocupó el lugar de Adolfo. Consiguió además que le eligieran delegado por los municipios vecinos, San Lázaro y Pueblo Nuevo. El grupo sindical de los textiles de Ariguanabo, en Bauta, se comprometió a apoyarle.[17]

Fidel adoptó procedimientos innovadores como métodos de campaña. Para Navidad redactó una carta de felicitación a los electores, con un mensaje político; en Año Nuevo repitió el gesto. «Tristes y recientes recuerdos enlutan nuestras alegrías, pero nuevas y alentadoras esperanzas nacerán al calor de las primeras luces que encendió el sacrificio...», comenzaba. Para imprimir la correspondencia y otros materiales, el ortodoxo René Rodríguez se turnaba con Gildo en el mimeógrafo. El primero habría de convertirse en el hombre de confianza de Fidel.[18]

14

EL GOLPE DEL SUN-SUN

Oyendo hablar a Pedro Trigo en Santiago de Las Vegas, Fidel se
enteró de la «perla de los fraudes» del presidente de la República.
En aquella región vivía un señor adinerado, de apellido Mendigutía, de quien Carlos Prío había sido abogado. Al asumir la presidencia, ejerciendo su influencia Prío había intervenido para que se le
indultara de un delito y además le había nombrado su secretario
civil. En agradecimiento, el ex cliente le regaló una pequeña hacienda. Prío fue adquiriendo tierras en los alrededores y en muy
poco tiempo se convirtió en dueño de una enorme propiedad,
llamada El Rocío, en pleno corazón de la provincia habanera.

Fidel presintió el escándalo y la conmoción que se producí-
ría en el gobierno. Faltaba solo llenar ciertas lagunas, de modo
que sugirió a Trigo iniciar un levantamiento de pruebas. Aceptada la propuesta, al día siguiente los nuevos socios salieron a
indagar sobre El Rocío y a trazar los planes de la investigación.

Durante las semanas siguientes, José Luis Tassende (otro compañero de la época del Belén), Fleitas y Trigo se dedicaron a
fotografiar el lugar, ocultos en los bosques. Consiguieron sorpren-
der a soldados del ejército que plantaban árboles, levantaban
muros de piedra y realizaban trabajos de construcción. Fidel y
Fleitas entrevistaron a un arrendatario desalojado y a varios trabajadores, obtuvieron una avioneta y sobrevolaron la propiedad
tomando fotos; otras salieron de la cámara del profesional Fernando Chenard (del Grupo de La Ceiba), que logró hacerlas burlando la guardia.

Fueron a la finca La Chata, a 20 kilómetros de la ciudad, que Carlos Prío había convertido en una lujosa residencia de veraneo, y a otras haciendas situadas en diversas provincias, como Pinar del Río y Santa Clara, propiedades permanentemente vigiladas por soldados. Como abogado, Fidel no solo indagó en los registros de las propiedades, a nombre de la Compañía Inmobiliaria Acirema, cuyo dueño era Carlos Prío,[1] sino que también averiguó que el delito cometido por el señor Mendigutía había sido el estupro de una niña de ocho años, por el cual le habían condenado a seis años de prisión y al pago de una indemnización de 10.000 pesos a la familia de la víctima. La intervención de Prío le salvó de cumplir la pena.

Mientras tanto Fidel seguía en campaña. Ñico López consiguió el mimeógrafo para imprimir los programas, y el Grupo de La Ceiba colaboraba con la tarea de llenar los sobres, sellar y despachar la correspondencia a los millares de afiliados de la provincia. Fidel se levantaba todos los días a las cinco de la madrugada y visitaba a los destinatarios que podía, les pedía su voto y además participaba en los mítines del partido. Consiguió un espacio propio en la emisora de radio La Voz del Aire y escribía editoriales para el programa *Vergüenza contra dinero* —el viejo lema de Chibás—, de la cadena COCO, cuyo productor era Gildo Fleitas. Los habitantes de los barrios de La Pelusa, La Timba y La Corea frecuentaban su espacio en la radio, en el cual Fidel llevaba a cabo una campaña contra un nuevo consorcio de ganaderos amigos de Prío que, mediante la presión ejercida por pistoleros contratados, intimidaban a los pequeños productores para que no vendieran sus productos a la Compañía Lechera de Cuba.

Parecía una campaña común, pero el hecho es que en esa época Fidel tenía metas políticas no confesadas. Atraído por las tesis del marxismo-leninismo, planeaba utilizar esa tribuna para lanzar un programa revolucionario, que tendría una etapa de construcción del movimiento y otra de conclusión, de toma revolucionaria del poder, con un levantamiento popular que habría de hacer eclosión «en el momento oportuno».[2] Creía incluso que ya se daban determinadas condiciones para ello en el panorama cubano. «Me veo en un partido de gran fuerza popular con concepciones éticas, pero no revolucionarias, en el campo social. Es a partir de esa contradicción y de la trágica muerte de su combativo y tenaz fundador que elaboro la concepción de cómo hacer la revolución en las condiciones de nuestro país…», analizó Fidel. Preveía, además, que la inmunidad y los recursos de diputado le servirían para actuar con mayor libertad. No obstante, siempre atento a la posible repercusión negativa de cualquier posición más explícita, no ventiló nada de ello en ningún momento de aquel período.

Ya adelantada la investigación sobre los negocios del presidente y con las respectivas pruebas en las manos, Fidel fue al partido a fin de solicitar permiso para exponerlas en la emisión oficial de radio de los sábados. Sin embargo, encontró obstáculos, ya que un grupo de la dirección se declaró poco dispuesto a respaldar «las locuras de Fidel Castro». Ocurrió que, al enterarse de la bomba que tenía guardada Fidel, el periódico *Alerta* decidió comprar los derechos de publicación. El 28 de enero de 1952 se inició una serie de notas con las denuncias contra Prío, todas de estilo incendiario.

«Yo acuso al presidente Prío de traicionar los altos intereses de la Nación; Prío rebaja la función de nuestras Fuerzas Armadas.» Este era el subtítulo de la primera nota, en que se revelaba la compra, realizada a través de un intermediario, de grandes extensiones de tierra, así como su utilización ilegal y la explotación de mano de obra militar.

El último artículo, «Hago a Prío responsable de nuestra tragedia ante la historia de Cuba; Palacio dona 18.000 mensuales a bandos» (que comenzaba así: «Prío sustenta la terrible maquinaria del crimen»), publicado el 4 de marzo, delataba los vínculos entre la administración pública y los pistoleros, ya denunciados en buena medida por Fidel. El contenido era el mismo del informe que había enviado el día anterior al Tribunal de Cuentas para emprender un proceso contra el presidente por «prostituir el espíritu de gracia presidencial». Citaba el reparto de más de 2.100 puestos y el pago de comisiones a pistoleros que figuraban en una lista por orden alfabético. El Tribunal de Cuentas exigió a Fidel la ratificación de la denuncia y prometió iniciar el juicio. Prío, a su vez, convocó una rueda de prensa, durante la cual se reveló incapaz de refutar las acusaciones.

Fidel se había mudado hacía poco con Mirta y Fidelito a un pequeño edificio en el mismo barrio, Vedado (calle 27, número 1.511), donde, en una habitación del sótano, dormía el hermano Raúl y de vez en cuando sus dos cuñados. Con la vida que llevaba, solía acudir muy tarde a casa. Fue una de esas noches, mientras Fidel llegaba a su hogar ya de madrugada, cuando en el otro extremo de la ciudad se inició la conspiración.

A moderada velocidad, cuatro vehículos que conducían al senador general Fulgencio Batista y diecisiete oficiales activos y retirados avanzaban por la carretera Central rumbo al corazón de La Habana. Se detuvieron a pocos metros de la sede del Estado Mayor de las fuerzas armadas, el cuartel militar de Columbia. Al reconocer al general y los oficiales que iban en los vehículos, los centinelas, aunque sorprendidos por la visita tan tardía, abrieron automáticamente las cancelas y el grupo entró en el cuartel.

Días antes, Fidel había oído rumores de golpe de Estado. Intentó sondear a algunos miembros conocidos del partido de Batista, el Partido de Acción Unificadora (PAU), y quedó intrigado con la exacerbada defensa que uno de sus principales dirigentes hizo de la urgencia de implantar una dictadura para poner orden en el país. Su cuñado Rafael Díaz-Balart estaba bien relacionado en esos medios,[3] pero nada le confirmó. De todas formas los rumores no eran nuevos. El periódico *Miami Herald*, a mediados del año anterior, poco después del suicidio de Chibás, había señalado que, según fuentes militares, se respiraba un ambiente golpista en Cuba y que Batista era el candidato para asumir el poder; el hecho fue igualmente divulgado en noviembre por el PSP.

Tanto la lógica como el pasado histórico inducían a pensar que Batista, a menos de tres meses de las elecciones, frente a la estable y creciente primacía del candidato de la ortodoxia, no debía de contemplar otra opción para regresar al gobierno. Fidel solicitó a la dirección de su partido plantear públicamente la cuestión, pero de nuevo tropezó con restricciones. Le exigían que presentara pruebas de que el golpe se hallaba en marcha. Raúl Chibás, hermano del fallecido senador, con quien Fidel se había encontrado en el domicilio de Roberto Agramonte, se dispuso a indagar con el comandante del Distrito Naval[4] y se hicieron consultas a profesores civiles de la Escuela Superior de Guerra. Todos aseguraban que no había ninguna señal de insubordinación en las huestes militares.

No obstante, se sabía de conspiraciones de oficiales activos, muchos de los cuales habían apoyado al autenticismo y visto cómo la ociosidad y el gangsterismo políticos minaban los gobiernos.[5]

> La más significativa [de esas conspiraciones] fue coordinada por el capitán Jorge García Tuñón, oficial de gran prestigio en el ejército, que defendía la recuperación de las instituciones… Pero, al tener que decidir la ejecución del plan, se atemorizaron ante la incertidumbre acerca de la reacción del resto de los militares y juzgaron que era mejor presentar la propuesta a Batista. Confiaban en que los rangos inferiores le seguirían, pues él había conservado la imagen de bienhechor de los soldados. De inmediato Batista aceptó convertirse en jefe.[6]

En efecto, desde principios de febrero el Servicio de Inteligencia Militar (SIM) estaba al corriente de la organización de un complot, debido a un informe del capitán de la contrainteligencia, Salvador Díaz.[7] En apariencia, Batista tampoco estaba seguro del éxito de la empresa, ya que antes de partir hacia el cuartel general de Columbia se preocupó por averiguar si los militares activos habían tomado medidas para una retirada rápida, en caso de necesidad.

No obstante, a las 2.40 del 10 de marzo, Batista asumió el mando, sin tiros ni ostentación, y se proclamó jefe del Estado. El episodio fue denominado entre el pueblo el «golpe del sun-sun», en alusión a una guaracha de moda sobre un discreto pajarillo madrugador.

¿Cuál había sido la real sustancia del complot? En el ámbito de la oficialidad se originaban divergencias entre los ex sargen-

tos de 1933, que ascendieron con la gestión de Batista, y los que
en la fase siguiente se graduaron en academias militares estadounidenses, un segmento del ejército que se consideraba más
ilustrado.

El ex presidente Ramón Grau se había dedicado a la reforma de los cuadros del ejército, retirando a los militares leales al
antecesor. Sin embargo, parte de la nueva oficialidad pronto se
sintió decepcionada con el poder auténtico, por su deterioro.
Aunque no existiera un grupo numéricamente significativo y
leal al caudillo exiliado (Batista), la jerarquía militar se desligó del
Poder Ejecutivo y el ejército renunció a su papel de gran aval
del Estado. Además, esa había sido una de las razones por las
cuales Grau y Prío habían recurrido a la protección de tantos
grupos armados paralelos.

Con relación a Estados Unidos, la situación era igualmente
ambigua. «La mayoría de los oficiales consideraba inevitable la
alianza con Estados Unidos; algunos la aprobaban, pero otros juzgaban insensatas ciertas resoluciones del *establishment*…»[8] Por
ejemplo, obsérvese que Carlos Prío se había comprometido a
enviar un contingente de 25.000 cubanos para luchar junto con
Estados Unidos en la guerra de Corea, pero, en vista de las desa-
venencias entre los militares sobre el tema, sumadas a las protestas populares, la promesa no se cumplió. Para el gobierno estadounidense Prío se había convertido en la expresión de un
sistema disoluto, inerte e inconveniente. Estados Unidos ansiaba
una solución que sacara a Cuba de la situación diagnosticada por
el informe del Banco Internacional de Reconstrucción y Desarrollo (BIRD), en especial debido a la influencia que los comunistas conservaban sobre el movimiento sindical, a pesar de los
esfuerzos del presidente por anularla.

El golpe venía como anillo al dedo a los intereses estadounidenses. Sin embargo, no hay pruebas de que Estados Unidos, o
cualquier representación oficial de este país, participara directamente en la intriga, como quisieron creer ciertos analistas, aunque haya constancia, durante el proceso de sustitución de poderes, de la presencia de algunos altos funcionarios estadounidenses
en su puesta en escena: uno de ellos en Columbia, otros dos en

la base naval de Guantánamo y en el cuartel de Santiago. Nelson Rockefeller, subsecretario de Estado para América Latina, estuvo en La Habana días antes del golpe para firmar un nuevo tratado militar con Cuba. La embajada de su país tenía conocimiento de la conspiración e incluso había advertido al presidente, lo mismo que el SIM, pero Prío se limitó a solicitar la confirmación al ejército, dirigiéndose a una división cuyo jefe era un conspirador. De cualquier modo, el hecho es que el cuartelazo de la madrugada respondió a una conjunción de intereses: impedir la victoria del Partido Ortodoxo, curar heridas institucionales y realinear a Cuba en la órbita estadounidense.

Instalados los golpistas, Fidel desapareció de la escena. René Rodríguez, uno de los ortodoxos que se habían unido a él, fue a buscarle por la mañana; era uno de los pocos que sabían, por Mirta, que se encontraba en la casa de Lidia, su medio hermana, a cinco manzanas de allí. En cuanto apareció, Fidel le indicó que obtuviera información sobre el panorama universitario. En el campus René averiguó que una delegación de estudiantes había partido hacia el palacio a las siete de la mañana con el fin de ofrecer su apoyo al presidente,[9] pero todavía no había regresado. Entonces se puso en contacto con Fidel, que le pidió que esperara a Álvaro Barba, presidente de la Federación de Estudiantes Universitarios (FEU), y le llevara a su encuentro. Una hora después, Barba les contaría la conversación con Prío, que les había prometido enviar armas lo antes posible para organizar la resistencia estudiantil al golpe.

René se dirigió también al domicilio de Roberto Agramonte para conocer la reacción del partido. El casi futuro presidente, depuesto antes de llegar al poder, se encontraba reunido con partidarios, entre ellos Raúl Chibás, en estado de perplejidad, seguro de que le arrestarían. De cualquier modo, la tendencia de los dirigentes apuntaba a iniciar una especie de reacción cívica. Hacia el final de la mañana centenares de estudiantes se agolpaban en la «escalinata» y en el vestíbulo de la rectoría, con los dirigentes estudiantiles a la espera de las armas prometidas, cuando tropas militares comenzaron a rodear la manzana. Preso, Prío ya abandonaba el palacio presidencial, tras anunciar oficialmente que Batista había asumido el control de Columbia.[10] Nada pudo o quiso hacer para resistir.

Por la noche Fidel resolvió trasladarse a un hotel, hasta que René encontrara un escondite. No dudaba que sufriría represalias por parte del jefe de policía recién nombrado, el teniente Salas Cañizares, a quien él había puesto en el banquillo de los acusados.

Tenía la intención de redactar un manifiesto cuando llegara al piso de Eva Jiménez, una militante ortodoxa que se había ofrecido a hospedarlos a él y a René.[11] Pidió a este que buscara en su piso la máquina de escribir y una pila de papel, pero Rafael, su cuñado, no permitió que se retirara nada de allí.[12] Tuvo que escribir a mano la versión final del texto *Revolución no, ¡cuartelazo!*, con la esperanza de poder publicarlo en *Alerta*. Eva y René lo entregaron a Vasconcelos, el director del periódico, que al leer aquel ácido panfleto tuvo que rechazarlo, pues la censura ya estaba en acción. Al menos pudieron montar, con el linotipista del periódico, la impresión en celuloide; más tarde imprimieron una cierta cantidad de ejemplares en el instituto en que trabajaba Eva, y otros más en el despacho de un publicitario amigo de Raúl de Aguiar, miembro de la izquierda ortodoxa.

Fidel se mantuvo oculto cambiando de escondite siempre que podía. Poco antes del inicio del acto mensual en memoria de Chibás, el día 16 en el cementerio de Colón, el grupo de Fidel entró con cautela por una puerta lateral. Se aproximaron al conjunto de asistentes y, al percibir que no había ninguna patrulla, comenzaron la distribución del panfleto. Terminada la lectura del manifiesto oficial de la ortodoxia, que exigía la anulación del golpe y la instalación de un gobierno neutral,[13] Fidel subió a una tumba de mármol y arengó: «¡Eduardo Chibás, vamos a decirte que nunca renunciaremos a tus ideales! [...] Si Batista subió al poder por la fuerza, ¡por la fuerza hemos de derrocarlo!».

Algunos presentes preguntaron quién era el que hablaba; los que le conocían respondían que era el autor del texto que se distribuía, donde se leía:

Mentira, cínica justificación. ¡No llame revolución a esa puñalada tramposa que acaba de clavarse en las espaldas de la República! Trujillo fue el primero en reconocer su gobierno; esto dice más que cualquier otra cosa… Otra vez las botas. Sé de antemano que su garantía será la tortura y el aceite de ricino… Patriotas no; ¡usurpadores! Revolución no; ¡cuartelazo! […] Que ría quien quiera, pero los principios son, a lo largo del tiempo, más poderosos que los cañones. Y la verdad, en esta hora difícil, correrá subterránea, de boca en boca, en cada hombre y mujer, aunque nadie la diga en público ni la escriba la prensa… Si se pierde la vida, nada se pierde… Morir por la Patria es vivir…[14]

Sus términos, inspirados en el discurso de los combatientes antifranquistas españoles, materia de estudio en la facultad de derecho, integrarían también el «recurso de inconstitucionalidad contra el régimen instaurado por Batista» por sus delitos de «sedición, traición, rebelión y ataque nocturno», que el doctor Fidel Castro presentaría al Tribunal de Urgencia, amparándose en artículos de la Constitución y del Código de Defensa Social,[15] para exigir una pena de más de cien años de prisión. La causa fue archivada por los magistrados, del mismo modo que el texto del volante no pudo divulgarse en otros ámbitos.

Batista convirtió en letra muerta la Constitución de 1940, sustituyéndola por estatutos que le conferían amplios poderes. Disolvió el Congreso, los partidos políticos, suspendió las elecciones, destituyó a gobernadores y concejales, fortaleció el corporativismo sindical, la censura y la represión. Envió a su cómplice, el capitán García Tuñón, a comprar armas en Europa y antes de que regresara le nombró agregado militar en Inglaterra para deshacerse de probables competidores. La mayoría de los antiguos bandos ya estaban extinguidos, pero Rolando Masferrer se mantuvo como uno de los sustentáculos del régimen. Sus «tigres» se especializaban en diversos trabajos sucios.

Se ampliaron las misiones estadounidenses, se inició la aplicación de las recomendaciones del Informe Truslow y se creó el Buró Represivo de Actividades Comunistas (BRAC), asesorado por la CIA. En los últimos años La Habana se había convertido en el centro preferido de los turistas estadounidenses; se multiplicaban los hoteles-casino y los burdeles de lujo a causa de la penetración de la mafia proveniente de Estados Unidos, que había madurado su relación con el poder. El juego, la prostitución y el tráfico de drogas florecían en la isla sin ley. Los intereses de Estados Unidos se incorporaron paulatinamente a los programas del gobierno, por obra de una vasta red que envolvía a políticos y policías. La mafia se consolidaría con Batista, pero no abandonaría a Prío en el exilio.

Tanto auténticos como ortodoxos, desconcertados, se sumieron en divisiones. Los auténticos Prío y Aureliano Sánchez Arango y los ortodoxos Millo Ochoa, Max Lesnick y Pardo Llada ensayaban contactos con el objetivo de organizar conspiraciones. Un pacto formal de estos grupos tendría lugar en un encuentro en Montreal, Canadá, el 2 de junio del año siguiente (1953),[16] mientras sus contrarios, definidos como abstencionistas (Agramonte y Raúl Chibás), preferían esperar a que surgieran mejores condiciones para actuar y los electoralistas, encabezados por Grau, abogaban por el retorno de las elecciones.

Lo curioso es que, por la serie de denuncias contra Prío, los adversarios de Fidel le acusarían de haber provocado la ruptura del orden constitucional, es decir, el golpe. Entretanto, el pensamiento de Fidel se concentraba en otras cuestiones. El régimen impuesto preparaba aún más el terreno para la revolución que él deseaba incitar a partir del Parlamento.[17]

Fidel trató de persuadir a dirigentes ortodoxos de que solo con una acción armada se podría eliminar a Batista,[18] aunque no les reveló su meta esencial. En un encuentro con un sector de la dirección ortodoxa quedó acordada la articulación de un grupo armado,[19] coordinado por él, que se llamaría Habana Campo. Dedicado, en apariencia, a sus deberes de abogado, Fidel sería visto, a partir de entonces, durante toda la semana en la sede del PPC(O), en el 109 de la avenida Prado, donde establecía nuevos contactos en una pequeña sala situada al fondo del local.

Como contaba con sus bases leales para tal campaña (los grupos de La Ceiba y Cayo Hueso), no fue difícil iniciar la tarea. Junto con los del núcleo de Artemisa (en el límite con la provincia de Pinar del Río), fruto del reciente acuerdo con Pepe Suárez, dirigente local de la Juventud Ortodoxa, construirían los pilares de la organización. La gran preocupación era la situación económica de Fidel, que se tornaba cada vez más crítica. A principios de 1953 había pensado en vender el coche, pero acabó por desistir, ya que necesitaba un medio de locomoción.

En una tentativa de vender el vehículo conoció al jefe de un departamento de la filial de General Motors, Jesús Montané, sindicalista ortodoxo, que a su vez le presentó a un amigo, Abel Santamaría, contable de la empresa Pontiac. Tras intercambiar impresiones sobre la situación del país, percibieron afinidades y pronto ambos hombres comenzaron a colaborar con él.[20]

Abel y Montané habían comprado un mimeógrafo para editar de forma clandestina un boletín llamado *Son los mismos*. Invitado por Abel a visitarle, Fidel no tardó en aparecer en su piso con su aire inquieto; caminaba por la sala asociando ideas y tirando cenizas de cigarro por el suelo, un recuerdo indeleble para Haydée, la hermana de Abel, que acababa de limpiar la casa. Llegaron Jesús Montané, Elda Pérez y Melba, una compañera reciente de todos, abogada, que, al igual que Fidel, defendía a los más humildes. El azar le ofrecía el próximo pilar de su incipiente organización —el grupo de la 25 y 0 (domicilio de Abel y Haydée)—, que habría de determinar el temprano cambio de rumbo, con encuentros que se extenderían al hogar de Melba, en Jovellar 107, en un barrio vecino. Todos ellos compondrían el motor principal de lo que Fidel denominó Movimiento, un conjunto de visiones y posturas que se proponía organizar con el objetivo de expulsar a Batista del gobierno.

CUARTA PARTE

ESCONDITES Y EMBOSCADAS

En la Sierra Maestra

POCO DINERO Y MUCHOS SECRETOS

No había dinero siquiera para pagar los gastos mínimos de la casa. Si quedaba algo, cosa rara, Fidel llevaba a Mirta y Fidelito a un restaurante chino para comer *chop suey* y arroz con gambas, pero hasta la diversión más modesta constituía una exorbitancia. Montané se ofreció a colaborar para afrontar las deudas cuando hubo que volver a mandar el Chevrolet al taller; Fidel le pidió que consiguiera con urgencia otro coche para cumplir con el compromiso del domingo en Matanzas.

Después de salir de La Habana rumbo al este, durante el trayecto de casi doscientos kilómetros Fidel dio rienda suelta a sus pensamientos:

> *Son los mismos* es un título tibio. ¿Por qué no elegimos uno que tenga más garra, digamos *El Acusador*? [...] Además, debemos aumentar la tirada para hacerlo llegar a Cayo Hueso, Marianao, Santiago de las Vegas, Güines, Calabázar, Madruga y Artemisa... ¡Tenemos mucho que decir, mucho hay que denunciar y son muchos que captar! ¡La línea consiste en juntar gente joven, sin los vicios de la política! [...] *El Acusador* no será suficiente. Necesitamos un programa de radio para la propaganda. No importa que las emisoras no cedan sus espacios. Los recursos dependen del esfuerzo, de la dedicación y de la tenacidad... Vamos a crear nuestros medios. ¡Derrotar con la violencia, partiendo de la base popular, las bayonetas!

Abel detuvo el vehículo frente a una casa de amplio portal, la consulta de Mario Muñoz. Previamente ganado para la causa, el médico, también especialista en comunicaciones, aceptó montar sin demora las dos radios piratas que necesitaban. Antes del fin de mayo de 1953 se encontraban en operación en La Habana. En cuanto a *El Acusador*, había definido su cuerpo editorial: Raúl Gómez García, seudónimo El Ciudadano, director; Abel Santamaría, subdirector ejecutivo; como redactores, Fidel Castro, seudónimo Alejandro; el orientador político Juan M. Tinguao, como don Tin; Ricardo Valladares, como El que Habla, y Jesús Montané, como Canino, responsable de la columna «Incisivas». Algunos de ellos, encariñados con *Son los mismos*, insistían en editar ambos, pero Fidel los convenció de que sería un esfuerzo inútil.

El 1 de junio salieron los primeros 500 ejemplares del tabloide, al precio de cinco centavos cada uno. Tenía cuatro páginas y el logotipo resucitaba el lema «Libertad o muerte» de los mambises de la Independencia. «Atacaba a los personajes del régimen; en el lenguaje era un panfleto jacobino, rebelde, radical, la cara de Fidel que yo conocí en la universidad», recuerda Max Lesnick. Días después la policía allanaba la oficina del PPC(O), en la avenida Prado, en busca de los periodistas agitadores. Las dependencias del partido fueron destruidas.[1]

La segunda edición salió el 29 de julio y la tercera —última y especial, con 10.000 ejemplares—, el 16 de agosto. Contenía dos artículos de Alejandro. «Yo acuso», divisa de su predilección, era el título de uno de ellos; en el otro, «Reseña crítica del PPC(O)», mostraba cómo la dirección del partido se había desmoronado con luchas estériles y personales, distanciándose de las masas.

Conceptos similares aparecerían en dos artículos publicados el 30 de agosto en *Alma Máter*, del ámbito universitario: «Responsabilidad criminal de Fulgencio Batista» y «El jefe de Kukine», igualmente firmados por Alejandro. Pronto agentes del Servicio de Inteligencia Militar (SIM) descubrían el sótano donde se había impreso *El Acusador* y detenían a Abel, Montané y otros, que fueron liberados después de interrogarlos y tomarles las impresiones digitales.

Durante los meses en que se preparaba la propaganda, avanzaba también la constitución de las células de la organización, la mayoría compuesta por trabajadores. Solo quedaba por hallar una fuente de recursos para las partes operativa y militar. Fidel procuró entablar contactos y presionar a los dirigentes ortodoxos, siempre con la expectativa de una luz verde. No tuvo éxito, sin embargo, de modo que resolvió seguir por su propia cuenta y riesgo. Una vez más optaba por el camino independiente.

Pedro Miret, un heredero del Comité 30 de Septiembre, estaba a punto de licenciarse como agrimensor. A petición de Fidel, aceptó encargarse del adiestramiento básico militar de los componentes de su grupo, en un discreto rincón de nombre imponente, el Salón de los Mártires de la Federación de Estudiantes Universitarios (FEU). Miret —alias Chicho o Julio para la referida misión— usaría unos cuantos fusiles M-1 y Springfield que él mismo reparaba, cuando hacía falta, en una buhardilla del establecimiento; en adelante sería asesorado por Ñico López. Como la condición de estudiante justificaría su libre acceso al campus, Fidel solicitó una nueva matrícula en la universidad, en ciencias sociales, filosofía y letras, pero con la precaución de no evidenciar su relación con Miret y los demás.

Con la vida que llevaba Fidel ponía en crisis su matrimonio. La luz sufría frecuentes cortes por falta de pago y las deudas con la carnicería y el colmado eran crecientes. Montané y Abel ayudaron una vez a pagar el alquiler, los recibos de la electricidad y el teléfono.

Cerca de fin de año Fidel conoció a Natty Revuelta, una bonita mujer vinculada con los ortodoxos, que mucho habría de contribuir a la naciente organización al facilitar las llaves de su residencia a personas que ni ella ni su marido conocían. Poco después la casa se transformaría en un nuevo centro de conspiración, y ella, en una referencia amorosa de Fidel.

En 1953 se conmemoraba el centenario del nacimiento de José Martí. El movimiento estudiantil se proponía extender la autonomía universitaria a toda el área circundante a la colina donde se alzaba la institución.[2] Un comité integrado por Pedro Miret, Léster Rodríguez, Raúl Castro y Marcelo Fernández —con el apoyo de Alfredo Guevara, que también solicitó una nueva matrícula en la universidad— programó en primera instancia un homenaje al fundador de la FEU, Julio Antonio Mella, el 10 de enero, la fecha en que este había sido asesinado en México. En el centro de la plazoleta ubicada frente a la «escalinata» se descubrió su busto en yeso, que aparecería enteramente manchado a la mañana siguiente; eso fue suficiente para hacer estallar una manifestación estudiantil en pleno estado de excepción.

Con tal ocasión pronunciaron discursos Fidel Castro y Léster Rodríguez, entre otros. La concentración fue disuelta por la policía, a tiros y chorros de agua. Hubo doce estudiantes heridos. Fidel, junto con Álvaro Barba, el presidente de la FEU, fue llevado a la cuarta comisaría de policía. Con la ortodoxa Aída Pelayo, presidenta del Frente Cívico de Mujeres Martianas, fueron acusados de desorden público. En medio del acontecimiento se formalizó la crisis definitiva del Partido Ortodoxo, con la escisión de su consejo político.

Un mes después murió Rubén Batista, uno de los estudiantes heridos en el ataque policial. En el cortejo fúnebre, según los medios de comunicación, había millares de personas, muchas de las cuales protestaban abiertamente contra el régimen. Tras el entierro un grupo apedreó la residencia y volcó el coche de un agente de Fulgencio Batista. Fidel, acusado de ser el principal organizador de la acción, declaró: «El teniente coronel Martín Pérez quiere presentarme como el cabecilla de la manifestación que desfiló por la calle 23... Por ahí están las imágenes grabadas ese día. Desafío a que lo pruebe, que señale mi persona en alguna de ellas...». A raíz del episodio decidió que los miembros de su organización tenían prohibido participar —de forma visible— en actos de esa naturaleza, para no poner en peligro el plan mayor.

«Es preciso accionar un motor pequeño para ayudar a arrancar el motor grande» era la divisa de lo que se elaboraba con absoluta discreción. «Seleccionamos un pequeño grupo ejecutivo para llevar a cabo las actividades más secretas y delicadas: Abel

Santamaría, Raúl Martínez y yo...», relató posteriormente Fidel. La coordinación incluía dos sectores; uno militar, bajo su mando, y otro civil, a cargo de Abel Santamaría. No llegaron a estipular cuándo se realizaría la acción, pero sabían que se iniciaría en oriente, en cuanto juzgaran que el grupo se hallaba listo. «Planeábamos tomar los cuarteles de Moncada y Bayamo para garantizar una vanguardia alineada contra el posible ataque de Batista», rememoró el líder del Movimiento.

El Moncada era la segunda fortaleza militar del país en importancia y su distancia de la capital dilataba el tiempo de llegada de refuerzos. Una vez tomado el armamento, los cuarteles serían abandonados, por carecer de medios de defensa antiaérea. A continuación pensaban controlar con relativa rapidez los destacamentos locales de la policía y la marina, y después utilizar las emisoras de radio para difundir un llamamiento a la huelga general. Pretendían divulgar, también por radio, el *Manifiesto del Moncada* a la nación, además de leer poemas, entonar himnos y repetir el último discurso de Chibás. «Evaluábamos dos variantes: la primera, tratar de provocar el levantamiento nacional para derrocar a Batista; la otra, en el caso de que fallara la principal o de que Batista reaccionara con fuerzas superiores en Santiago, consistía en marchar a las montañas y allí proceder a una guerra irregular...», recordó Fidel.

En la primera variante se consideraba que la región del oriente, al ser la tradicional cuna de la Independencia, respondería rápidamente a la convocatoria, lo que llevaría a la unión de las demás fuerzas opositoras.[3] En la segunda, el hecho de que la ciudad de Santiago estuviera rodeada por una cordillera, con reducidas vías de acceso, favorecía el paso a la guerrilla, de manera similar a lo sucedido con el ejército mambí contra España.

Decidieron agilizar la cruzada para conseguir recursos. Se estableció una contribución de los miembros, semanal o quincenal, que debía recoger Pedro Trigo, en compañía de Fidel. En cierta ocasión, como les quedaba de camino, pasaron por el piso de Fidel, que lo encontró a oscuras. Así se enteró de que su hijo, Fidelito, estaba enfermo. Se ocupó de que el niño fuera examinado por un médico amigo y Trigo dejó allí cinco pesos de su bolsillo, un día en que la colecta del Movimiento alcanzaba los cien pesos y pudieron adquirirse las primeras armas, aunque todas de pequeño calibre.

Además de haber infiltrado hombres en otros grupos para ampliar las opciones, Abel Santamaría fue a conversar con los auténticos, con la intención de demostrarles la magnitud de su organización. Así se acercaron a un agrupamiento insurreccional surgido hacía poco, la Acción Armada Auténtica (Triple A), cuyos jefes integraban la facción del Partido Auténtico que se había aliado a los ortodoxos —como Sánchez Arango (el ministro de Prío denunciado por Eduardo Chibás)— y se encontraban, por lo tanto, en el exilio, amparados por cuantiosas fortunas procedentes del Tesoro Nacional.

Abordaron a un ex oficial de la marina perteneciente a la Triple A para verificar las fuerzas del grupo. Cientos de miembros se acuartelaron en diez casas de La Habana, con disciplina espartana. Una de esas residencias era la de Melba, que la había desocupado previamente con la complicidad de los padres.

Había muchas iniciativas, unas más vagas, otras más definidas, con orientaciones y metodologías distintas, pero todas convergían en la necesidad de sacar a Batista del poder a costa de un golpe de Estado.

De forma general, los diversos grupos aguardaban una situación ideal de composición de fuerzas para entrar en acción. Los ortodoxos barajaron, sí, la hipótesis del combate, pero permanecieron en cautelosa observación de las fluctuaciones de las fuerzas sociales. El Partido Comunista abrigaba la incansable esperanza de «un concierto de las oposiciones, con objetivos profundos y duraderos»,[4] como antes del golpe. Muy por el contrario, Fidel decidió responder al «¿Qué hacer?» de Lenin, y sus compañeros, los bolcheviques cubanos, creían que un puñado de hombres bastaba para desatar la luchar y abatir a su zar: una especie de locura, cuando los demás eran los dueños de la razón. El grupo, atribuyéndose un fin y una identidad propios, pasó a ser llamado «Movimiento» por Fidel.

A las 23.30 del 27 de enero partieron de la universidad los primeros grupos de estudiantes rumbo al Desfile de las Antorchas por el natalicio de José Martí, que culminaría el día siguiente frente a su estatua en el parque Central. Compuesto por millares de participantes, ocupaba seis manzanas tomadas por el pueblo en general, que empuñaba antorchas improvisadas y exclamaba: «¡Abajo la dictadura!» y «¡Viva Martí!».

Fidel bajó al frente de una columna de jóvenes, separada del resto de los manifestantes, con antorchas más largas y clavos en el extremo, por precaución. Avanzaban en formación diferente, con el aspecto marcial de una tropa. Abel Santamaría era el único que se movía de una punta a otra, atento a mantener la cohesión de las células.

Las antorchas fueron idea del Congreso Unitario Martí (un grupo comunista que acababa de adherirse al Movimiento), presidido por Léster Rodríguez y apoyado por diversos sectores. El instructor Pedro Miret y el Salón de los Mártires, el escondido espacio de adiestramiento militar del Movimiento, eran compartidos con los demás insurgentes. «Pensamos que podíamos contar con la Triple A, pero comprobamos que su intención era usarnos, sin permitirnos el acceso a las armas. Creamos entonces la Asamblea Revolucionaria… La parte militar era dirigida por Miret, y en la formación estuvimos con Léster…»,[5] testimonió Faure Chomón, dirigente de otro grupo en gestación.

Además del Salón de los Mártires, surgieron nuevas escuelas de entrenamiento militar, como la del Club de Cazadores del Cerro, hacia donde iban los alumnos haciéndose pasar por deportistas aficionados, o en campo abierto, en lugares protegidos por las células fundadas en los municipios del interior. Esas células llegaron a sumar más de veinte, incluidas las de Colón, Matanzas y Pinar del Río, además de las de Artemisa, Guanajay y San Cristóbal. En una hacienda de Calabázar establecieron el primer depósito de uniformes para usar en la acción de los cuarteles, obtenidos por medio de un funcionario del hospital militar, Florentino Fernández León, primo de la esposa de Pedro Trigo.

Las finanzas mejoraron. El médico Mario Muñoz donó los 10.000 pesos de la venta de su avioneta Piper; Jesús Montané entregó al Movimiento los 4.000 pesos de su seguro de desempleo, con lo que se compraron fusiles de calibre 22 y escopetas de caza. «Inofensivos… escopetas automáticas y cartuchos, no para cazar patos, sino para cazar venados y jabalíes… Batista se sentía tan seguro que las tiendas de venta de armas funcionaban normalmente. Algunos compañeros, disfrazados de burgueses aficionados a la caza, iban a comprarlas…», explicó Fidel, entendido en armas desde niño, que visitaba cada una de las células para el entrenamiento práctico y teórico. José Luis Tassende, Ernesto Tizol y Julito Díaz ayudaban en los ejercicios. El Movimiento se estructuraba como los organismos de inteligencia, con una selecta dirección y operaciones compartimentadas.

«Teníamos que encontrar el punto donde concentrar a los hombres para el ataque. La finca quedaba a algunos kilómetros del Moncada, en línea recta…», recordó Fidel. Al comienzo de abril de 1953, Fidel, Ernesto Tizol y Raúl Martínez viajaron a Oriente en busca del lugar adecuado, con el pretexto de montar una granja avícola. En Siboney el coche disminuyó la marcha. Entre las palmeras Tizol divisó un terreno con una construcción pintada de blanco,[6] en venta. Cerraron el trato.

Fidel llegó a una corta distancia de Birán. Ramón recuerda el episodio: «Llamó por teléfono para concertar un encuentro en un lugar de la carretera… Me contó que preparaba una acción, sin decirme dónde ni cómo. Solo dijo que necesitaba dinero. Me mostré escéptico, pero acordamos que prepararía un pequeño grupo con las armas que pudiera…».[7] El hermano contribuyó con 140 pesos. Ni se le pasó por la cabeza comentar el asunto al padre.

Al regresar, Fidel entró con Raúl Martínez en Palma Soriano, Bayamo, donde se había creado una célula. Visitaron las minas de Charco Redondo, acompañados por Pedro Celestino Aguilera, con la idea de utilizar obreros y dinamita para destruir los puentes de acceso a la región en el momento del ataque al cuartel. Aquel mes se decidió que las operaciones se realizarían el 26 de julio, domingo de Carnaval.

EFECTO SORPRESA

Años antes, Fidel había pedido a Alfredo Guevara que le ayudara a cuidar de su hermano Raúl. Desde entonces Alfredo y Raúl eran muy amigos. En los últimos tiempos ambos componían un grupo con Léster Rodríguez, Gustavo Arcos y Pedro Miret, que había pasado a compartir una habitación con Raúl. Acostumbraban comer en la pensión La Gallega, donde a veces, por la noche, hacían serenatas. Fidel aparecía por allí de vez en cuando, siempre solo, para encontrarse con su célula de la Federación de Estudiantes Universitarios (FEU), en la cual había un solo miembro que desdeñaba el marxismo, Gustavo.

Cierta noche, al llegar se aproximó a Alfredo: «Necesito leer todo sobre tácticas de guerrilla en líneas enemigas; por ejemplo, de los soviéticos contra los alemanes». Acordaron entonces una visita a la librería del Partido Comunista (PC), donde eligieron algunas obras y dejaron una deuda que sería saldada más adelante.[1] Alfredo ignoraba qué motivaba aquella necesidad de Fidel, aunque lo sospechaba. En ese grupo el único bien informado sobre el Movimiento, así como sobre otras organizaciones, dada la función que desempeñaba, era Miret.

En el Salón de los Mártires aprendían el manejo de las armas elementos de otro foco insurreccional, el Movimiento Nacional Revolucionario (MNR), que gravitaba en torno al profesor Rafael García Bárcenas, salido de la generación de los treinta y ex docente de la academia militar. La organización, compuesta por una mayoría de chibasistas (lo mismo que la de Fidel), se inspiraba en los ideales de la Escuela Superior de Guerra de Perón. Su objetivo era la toma del Cuartel Central de Columbia, en operación conjunta con militares descontentos. Entre los civiles había involucrados en el plan 80 obreros textiles de Bauta, que abrazaron la idea de la lucha armada después de una intervención de Fidel en una asamblea realizada discretamente durante una pelea de gallos,[2] dada la prohibición de las actividades sindicales. El MNR había establecido representaciones fuera de la capital, y en la región central tenía un nombre propio, Acción Revolucionaria Oriental (ARO), bajo la dirección del joven Frank País.[3]

A principios de marzo de 1953, Fidel acudió a la llamada del profesor Bárcenas, que deseaba proponerle una unión de fuerzas. «Vamos a analizarlo. Tenemos gente suficiente para llevar a cabo la operación, si es que existen esos cuadros militares dispuestos a apoyarla. Pero no hable con nadie más», repuso Fidel, cuando todavía alimentaba la expectativa de una acción común con algún grupo. No había descartado de plano la oferta, pero en el fondo no le gustaba la hipótesis de la continuidad del gobierno militar. Además, los miembros del MNR no mantenían la menor reserva; el plan era el más comentado de la historia de Cuba, aun entre susurros. Previendo un fracaso, Fidel advirtió a los más íntimos de que no permanecieran en casa la semana de la acción a fin de no convertirse en blanco de una represión generalizada.

El fracaso se hizo realidad el 5 de abril. Los que habían confiado en el grupo de Bárcenas, creyendo que contaba con apoyos dentro del ejército, comprobaron que la articulación con militares descontentos era pura fantasía.[4] Bárcenas fue delatado y acabó preso.

El incidente animó a Fidel a llevar a cabo su propio plan, por lo que intensificó los entrenamientos al aire libre. Junto con Melba, resolvió encargarse de la defensa del dueño de un arrozal, la hacienda Acana, que poseía acciones del periódico *Diario de La Marina*, con la intención de fortalecer las finanzas. Sin embargo, cuando se enteraron de los hechos optaron por defender a los hombres acusados por el rico patrón. Treinta de ellos no cobraban su salario desde hacía seis meses, debido a una disputa entre el propietario y el arrendatario de las tierras. Fidel y Melba ganaron la causa y recibieron 5.000 pesos, que destinaron al Movimiento.[5]

Iba concluyendo así la trayectoria de Fidel en el bufete de abogados, del cual poco a poco se desvinculaba, tras actuar en otras causas en favor de obreros en Melena del Sur y campesinos de Santa Cruz del Norte, amenazados de desahucio. Sus socios, Aspiazo y Resende, a petición suya, todavía actuaron contra tres ministros por desvío de fondos de la Previsión Social, y contra la empresa subsidiaria cubana de la Telephone Company, que cobraba tarifas excesivas a los usuarios. Ambos procesos fueron archivados en primera instancia.

Un informe sobre las actividades realizadas en el barrio donde tenía su sede el PPC(O), con fecha 22 de mayo, se agregó al «Expediente 1-A-957, de Fidel Alejandro Castro Ruz».[6] Resaltado: «Actividades fidelistas revolucionarias – Miembro de la ilícita organización gangsteril Unión Insurreccional Revolucionaria (UIR)» y, en el último punto: «8 de septiembre de 1952 – Fidel y otros son capturados por el jefe del DI».

En aquella fase del régimen, la oficina del Partido Ortodoxo le servía como fachada para los encuentros con representantes de las células, y los más vigilados se quedaban de vez en cuando a pernoctar. Para distraer la posible atención sobre las casas de Haydée y Melba, había otros puntos de reunión: el laboratorio del contable Óscar Alcalde y la residencia de Josefa Bazán. La detención del hermano Raúl Castro, el 7 de junio, con dos guatemaltecos (Bernardo Lemus Mendoza y Ricardo Ramírez León), al regresar de la Conferencia Internacional de la Juventud celebrada en Praga, hizo aumentar su expediente. Fidel debió firmar un documento en el que solicitaba la libertad provisional de su hermano para que no interrumpiera sus estudios.

Haciéndose pasar por un hacendado, Ernesto Tizol llegó a la provincia de Oriente para alquilar por su cuenta aquella finca de

Siboney donde, según decía, se dedicaría a la cría de gallinas. Fidel relata: «Hicimos amistad con el campesino vecino de la casa de enfrente; él nunca sospechó de nada. Había una sola persona en Santiago que conocía el lugar». Era Renato Guitart, un joven al que Fidel había conocido la noche anterior a la muerte del estudiante Rubén Batista, cuando el primero fue a visitar a su viejo amigo, internado en estado de coma en el hospital. A Renato, que la intuición del líder del Movimiento había señalado como la persona que necesitaba, le correspondieron varias tareas: la reserva de hoteles y casas de tránsito, la adquisición de más municiones, el alquiler del local donde se concentraría el grupo del asalto al cuartel de Bayamo y la elaboración del mapa de las instalaciones del Moncada.

Por último, para completar la infraestructura fue preciso recurrir a la contribución de los integrantes del Movimiento. En total habrían de reunir 16.800 dólares. Pedro Marrero, empleado en una fábrica de cerveza, vendió su frigorífico y algunos muebles. Óscar Alcalde hipotecó su laboratorio por valor de 3.600 pesos. Fernando Chenard empeñó su cámara fotográfica. Renato Guitart donó 1.000 pesos. Elpidio Sosa cedió su puesto de trabajo por 300 y Abel Santamaría vendió su automóvil. Se abrieron dos cuentas, en bancos distintos, a nombre del laboratorio farmacéutico Tion, de Óscar Alcalde, para girar los cheques.

Otro precio que hubo que pagar para organizar el complot fue el desorden en la vida personal de Fidel, que residía en la casa de su hermana Lidia cuando recibió la orden de desahucio del piso donde se hallaba su familia. El desalojo se ejecutó a mediados de julio.

Tizol recibió la visita de sus dos «socios». Fidel fue a observar la instalación de las incubadoras y Abel esperó el envío de la carga, por tren y autobús: cajas marcadas como alimento para aves y herramientas agrícolas (armas y uniformes). El viernes 24 de julio se compró la mayor parte del armamento: una antigua ametralladora Browning de calibre 45, un rifle M-1, algunos Winchester de calibre 44 y varias pistolas semiautomáticas del 22.[7] Habían intentado obtener de un español diez pequeños fusiles Thompson por 250 dólares cada uno, pero descubrieron a tiempo que el comerciante era un soplón de la policía. Por tal motivo desistieron de conseguir material militar, que de todos modos, además de constituir un riesgo, era demasiado caro.[8] Abel escondió el arsenal en un pozo tapado por un árbol que plantó él mismo.

Nadie, aparte de las personas estrechamente ligadas a la dirección del grupo, conocía los detalles del plan, el equipamiento y los miembros con que contaba el Movimiento. Mientras tanto la policía de Batista concentraba su vigilancia en la Acción Armada Auténtica (Triple A), que exhibía recursos casi con displicencia. Fidel fue a almorzar con su cuñado, Rafael Díaz-Balart, que se había tornado muy allegado a Batista, y de la conversación concluyó que no había sospechas sobre él y el grupo. Visitó también el Buró de Investigaciones de la Policía, en calidad de abogado, para mantener una charla amigable con el coronel que dirigía el organismo, lo que confirmó sus impresiones.

El Movimiento disponía de 1.200 adeptos o simpatizantes. De ellos, 165 fueron reclutados para la operación contra el Moncada. Fidel, en persona o por medio de recados, les ordenó prepararse para un viaje, sin que ninguno de ellos supiera que había llegado la hora; creyeron que se trataba de una nueva práctica militar en alguna zona lejos de la capital. De los ocho miembros del Grupo de La Ceiba, Virginio era siempre el más próximo a Fidel; en cuanto a Manuel, su hermano, aunque no gozaba de buena salud, de nada sirvieron las recomendaciones de que permaneciera en La Habana.

Noche del 24 de julio. De La Habana partieron 17 automóviles, cuyos conductores eran los únicos que sabían adónde se dirigían. Raúl Castro recibió su llamada en el hospital donde hacía compañía a Alfredo Guevara, enfermo del pulmón. Tras atender el teléfono, dijo a su amigo que debía ausentarse pero que regresaría enseguida. Pronto recibió un billete de tren con destino a Santiago, por lo cual dedujo que se ejecutaría la acción.

Fidel fue a su piso para recoger el equipaje —una guayabera y un libro— y despedirse; informó a la familia de que permanecería algunos días en Pinar del Río. Después pasó por la casa de Natty Revuelta, donde cogió el manuscrito del *Manifiesto del Moncada* y una copia, y le indicó que distribuyera las demás al concluir el asalto. Al tomar la carretera en un Dodge negro fueron multados porque Teodulio Mitchell, que iba al volante, no obedeció una orden de detenerse.[9] Explicaron a la policía que temían llegar tarde al aeropuerto, donde debían recoger a unos familiares. Al arrancar, Fidel comentó: «Y ni se dieron cuenta de que a esta hora no llegan aviones...».

Por la mañana hicieron un alto en la ciudad de Santa Clara, donde Fidel compró unas gafas nuevas, pues había olvidado las suyas en la casa de Melba. Por la noche, cerca de Bayamo, divisaron un Oldsmobile que parecía conocido y se aproximaron. Era Ernesto Tizol. Fidel le hizo señas de que los siguiera y entraron en la ciudad, hasta el lugar de la concentración del grupo de participantes en la operación del cuartel de Bayamo, dirigida por Raúl Martínez, secundado por Ñico López. Repasaron el plan y, alrededor de las diez de la noche, Fidel prosiguió viaje.

Poco después se toparon con una barrera de control del ejército. Un soldado abordó a Mitchell, que le reconoció pues, como él, era oriundo de Palma Soriano. «¡Hola, Mora!», le dijo estrechándole la mano. «Ah, ¿eres tú? ¡Adelante!» Mitchell reanudó el viaje y Fidel cruzó los dedos para conservar la suerte, a pesar de que aquel era un procedimiento habitual en las carreteras en esa época del año, en que Santiago recibía muchos cubanos de otras provincias para el Carnaval, una auténtica fiesta popular en la región.

Haydée, la «esposa» del «socio» Abel, se encontraba en la granja de Siboney y esperaba muchas visitas para esos días, lo cual explicaba el encargo de tantas camas. Melba, Renato Guitart y Elpidio Sosa ya habían llegado.

Mientras tanto, a poca distancia, en una calle de Santiago, Abel buscaba al doctor Mario Muñoz. Pedro Trigo aguardaba en una esquina y Fidel se había perdido momentáneamente en el bullicio carnavalesco, al son de las canciones y el resonar de los bongós. Del centro de un grupo salió Gildo Fleitas bailando una conga, lo que le provocó una carcajada. Poco después llegó Abel con el doctor Muñoz. Fidel todavía intentaría encontrar en su casa a

Luis Conte Agüero, periodista partidario de la ortodoxia, para que se ocupara de las transmisiones radiofónicas después de la toma del cuartel, pero había sido trasladado a La Habana por la Cadena Oriental.

La madrugada del domingo 26 de julio, 135 hombres se reunieron en las dependencias de la granja. Cuarenta y cuatro eran obreros (estibadores, pedreros, camioneros) o aprendices; 33, empleados administrativos, incluidos camareros; había 13 estudiantes, 11 agricultores, 4 profesionales liberales, 6 pequeños comerciantes —José Testa era vendedor ambulante de flores y Roland San Román se ganaba la vida vendiendo ostras en una barraca—, 10 trabajadores autónomos y viajantes de comercio, un taxista, un profesor y un soldado. Fidel se puso a despertar a los que dormitaban. Melba y Haydée iniciaron la distribución de los uniformes con grados militares diversos y las armas, en un ambiente de suspense.

Una incógnita general y callada pesaba en el aire, hasta que Fidel habló: «Compañeros, vamos a atacar el cuartel Moncada. Será un ataque sorpresa que no debe durar más de diez minutos…», y procedió a explicar que realizarían acciones simultáneas en otros dos establecimientos de la manzana —el palacio de justicia, que quedaba en frente, y el hospital civil, cuyas ventanas daban al patio del cuartel— en apoyo a la acción principal. Por lo tanto, serían divididos en tres comandos. Pidió voluntarios para el asalto a la garita número 3 del cuartel, el punto nuclear del plan. Algunos se ofrecieron y Fidel escogió a los que le parecieron más indicados.

Abel se presentó, pero no fue elegido y se quejó. Fidel argumentó que, por ser él el segundo jefe del Movimiento, necesitaba garantizar su supervivencia y que le prefería como jefe del grupo del hospital, mientras que Raúl Castro comandaría la toma del palacio. A las dos mujeres, Haydée y Melba, se les indicó que permanecieran en la granja, pero se rebelaron. Melba dijo que no debían discriminarlas; Fidel titubeó y dejó la decisión final a Abel. Con la mediación del doctor Muñoz, las dos consiguieron incorporarse al comando del hospital como «enfermeras».

Lista la tropa, Fidel les dirigió nuevas palabras:

Dentro de algunas horas podrán vencer o ser vencidos, pero de cualquier forma oigan bien: el Movimiento triunfará. Si vencemos, se hará más pronto lo que aspiró Martí. Si ocurre lo contrario, servirá de ejemplo al pueblo de Cuba para que empuñe la bandera y siga adelante. El pueblo nos respaldará en Oriente y en toda la isla. ¡Jóvenes del Centenario del Apóstol! Como en 1868 y 1895, en Oriente, damos el primer grito de «¡Libertad o muerte!». Sin duda alguna es peligroso, y todo aquel que salga de aquí conmigo debe hacerlo por su libre y espontánea voluntad. Todavía están a tiempo de decidir. De todos modos, algunos tendrán que quedarse, por falta de armas. Los que estén decididos, que den un paso al frente… La consigna es no matar; lo contrario, solo en caso de última necesidad…

Del grupo se adelantaron 131. Por último se leyó el *Manifiesto del Moncada*, redactado por el poeta Raúl Gómez García y orientado por Fidel:

La revolución se declara libre de trabas con naciones extranjeras; también de influencias y apetitos de políticos… Declara que respeta la integridad de los ciudadanos libres y de los hombres de uniforme que no traicionaron el corazón nacional… su decisión firme de situar Cuba en el plano del bienestar y la prosperidad económica… su amor y su confianza en la virtud, en la honra y en el decoro de los hombres… No es una revolución de casta… reconoce y se asienta en los ideales de Martí, hace suyos los programas revolucionarios de la Joven Cuba, del ABC Radical[10] y del Partido del Pueblo Cubano (Ortodoxos)… la única bandera cubana es la tricolor de la estrella solitaria… 23 de julio de 1953…

El manifiesto presentaba un breve programa político, que incluía el restablecimiento de la Constitución de 1940 y otras seis leyes básicas: la entrega de la propiedad de la tierra a los que la cultivaban (pequeños colonos, arrendatarios, aparceros y moradores), con la indemnización por parte del Estado a los perjudicados; la participación de los obreros en los beneficios de las empresas y de los colonos en el 55 por ciento del rendimiento de la caña de azúcar; la creación de nuevas industrias; el estímulo al capital nacional, y la confiscación de los bienes de los malversadores.

Casi las cinco de la madrugada. El Carnaval de Santiago se apagaba. Varios borrachines y máscaras resistían en las últimas comparsas, pero la ciudad iniciaba el sueño. De la granja de Siboney salieron primero los tres coches con destino al hospital; detrás, los dos que se dirigían al palacio de justicia, y por último los 14 vehículos con rumbo al Moncada, que llevaban 90 hombres al mando de Fidel. Aparte de la tensión, el único incidente durante el trayecto ocurrió antes de la curva que conduciría al cuartel, cuando los obligaron a detenerse en fila para cruzar el puente de un solo sentido.

Ante el Moncada, los ocho pasajeros del primer coche —entre ellos Renato Guitart, Ramiro Valdés, José (Pepe) Suárez y Jesús Montané— llegaron a la garita número 3 para inmovilizar a los centinelas. Manteniendo la distancia necesaria, Fidel, que conducía el segundo coche, vio surgir de pronto, por una vía lateral, una patrulla del ejército. Fijó la vista en los soldados que resolvieron detenerse relativamente cerca de aquel punto, con pequeñas ametralladoras en las manos. Pensó en neutralizarlos —algo que parecía fácil, pues se hallaban de espaldas— para proteger a los que tomaban la garita y evitar que posibles disparos alertaran al resto del cuartel.[11] Dijo a sus acompañantes: «¡Vamos a inmovilizarlos!», y se aproximó despacio. Cuando estaban a tres metros de la patrulla, abrió con suavidad la puerta, empuñando la pistola Luger, y comenzó a frenar el vehículo. A su lado, Reinaldo Benítez y Pedro Miret respondían a la acción, pero los que se encontraban en el asiento trasero (Gustavo Arcos, Abelardo Crespo, Carlos González e Israel Tápanes) miraban hacia atrás, a un sargento que bajaba por la avenida con paso rápido, en dirección a ellos. Al reparar en el automóvil, por reflejo, se había llevado la mano a la pistolera.

Las escenas se sucedieron en fracciones de segundos. Cuando los centinelas de la garita ya se encontraban neutralizados, Renato Guitart habló: «¡Abran la cancela, que ahí viene el general!». Una vez franqueada la entrada, en el plan se había previsto que el convoy de coches entraría de inmediato en el cuartel. Los invasores se apoderarían por sorpresa de las instalaciones, dominarían el contingente militar y tomarían las armas. Sin embargo, al oír la voz de Renato toda la patrulla se volvió, para encontrarse, por un lado, con sargentos y vigilantes, y por otro, con el coche de Fidel. Gustavo Arcos abrió la puerta posterior y puso un pie en la acera. Fidel aceleró, giró el volante hacia la izquierda e hizo avanzar el automóvil hacia los guardias, arrojando sin querer a Arcos fuera del vehículo. González y Crespo se precipitaron por la otra puerta e Israel fue a parar, no se sabe cómo, entre Fidel y Miret, con un fusil en la mano. Cuando vio aparecer a un soldado en una ventanilla, disparó, y una alarma sonó con estridencia en el Moncada, con lo que se desencadenó el tiroteo.

Los asaltantes permanecieron casi una hora bajo el fuego cruzado del bloque principal del cuartel y de las torres de la muralla. Había sucedido otra desgracia: el grupo responsable de la retaguardia del asalto, y el que cargaba las mejores armas en dos coches, nunca llegó a la avenida Moncada; como no conocían la ciudad, se equivocaron de camino. Fidel trató desesperadamente de reorganizar a sus hombres: «¡Todavía están fuera del campamento! ¡Adelante! ¡Adelante!», pero todos se dispersaban por distintos puntos de la manzana. «Creo que si hubiéramos seguido adelante, sin hacer caso de la patrulla, habríamos tomado el cuartel», reflexionaría Fidel en una autocrítica posterior.

Continuar el combate equivalía a un suicidio colectivo, de modo que Fidel Castro resolvió ordenar la retirada. Retrocedieron disparando hacia todos los lados, mientras Pedro Miret y otro Fidel, de apellido Labrador, indicaban a seis francotiradores que los cubrieran. Llegó un coche, Castro subió y ordenó dirigirse deprisa hacia el norte, al puesto de guardia de Caney; tomar ese pequeño destacamento rural, de 20 o 30 soldados, en caso de que fallara el asalto al Moncada, constituía una opción contemplada en el plan. Pensó por un segundo en el grupo de 28 hombres en Bayamo, en la esperanza de que hubieran tenido éxito, pero más adelante se enteraría de que también esa operación había fracasado. Solo los grupos dirigidos por Abel y Raúl lograron cumplir con sus objetivos.

Sin conseguir encontrar el camino, Ricardo Santana, que conducía el coche donde iba Fidel, volvió a la carretera de Siboney. El comandante detectó el error, pero ya era tarde. Divisaron uno de los vehículos abandonados y se detuvieron. De la espesura salieron los ocupantes; un pinchazo los había obligado a parar allí poco después de salir de la hacienda. Al ver que se aproximaba un automóvil particular, Fidel, de pie en medio de la carretera, le hizo señas para detenerlo y algunos pudieron subir.

En la granja se encontraron a otros. Fidel reunió a todos y pasó a considerar las diversas posibilidades: o se dirigían a Sierra Maestra, donde establecerían contactos para organizarse con mejores armas y continuar la lucha, o intentaban el exilio, o bien salían simplemente en busca de compañeros de la ortodoxia que pudieran ayudarlos a regresar a la normalidad. Dijo que él elegiría la primera opción, pero que cada uno debía elegir por sí mismo. Diecinueve optaron por acompañarle.

Al mediodía, tras cambiarse de ropa, iniciaron la escalada de la Gran Piedra, la colina escarpada que se yergue sobre una serie de otras de menor altura. Al cabo de algunas horas alcanzaron un punto desde el cual se divisaba toda Santiago. Permanecerían en la región sin agua ni alimentos, bajo un sol ardiente.

Las versiones que llegaron al público la mañana del domingo hablaban de un levantamiento por parte del ejército. En las primeras horas de ese día Chino Esquivel se enteró, por Aramís Taboada, del tiroteo ocurrido a las puertas del cuartel Moncada. Fue a la sede del periódico *El Pueblo*, dirigido por Luis Ortega, que en aquel preciso momento recibía de Oriente la noticia de que el cuartel había sido atacado por un grupo armado. Las informaciones eran todavía fragmentarias. Chino presintió que en la acción tenía algo que ver Fidel, y su sexto sentido le guió —lo mismo que a Max Lesnick— al piso de Mirta, quien le contó que el viernes por la noche aquel había ido a buscar una muda de ropa para viajar a Pinar del Río. Similar intuición conduciría a Alfredo Guevara a indagar la presencia en la ciudad de Pedro, Gustavo, Raúl y Léster, que continuaban desaparecidos. A continuación encontró otros rastros —la ficha reciente de Fidel en la librería del PC y los libros marxistas en la cómoda de la habitación de Miret y Raúl— y los hizo desaparecer.

Deducida la autoría del asalto, Chino se ocupó de buscar medios para socorrer a Mirta, afligida por las deudas. Fidel no estaba al día en el pago de la cuota anual de la Orden de Abogados; si le mataban, no habría pensión para la familia. En consecuencia, Chino fue a tramitar la regularización de los documentos y la certificación del nacimiento de Fidelito.[12] Al cruzar una plaza oyó que le llamaba Rafael Díaz-Balart (hermano de Mirta), nombrado subsecretario de Gobierno. «Reúne un grupo y ve a hablar con el cardenal, mientras yo trato el asunto con Batista», le dijo Rafael.[13]

Chino reunió enseguida a Jorge Aspiazo, Taboada, Mirta y Fidelito, y pidió una audiencia urgente al cardenal. En un pequeño ascensor interno subieron hasta una terraza donde Su Eminencia se encontraba recostado en una tumbona. Tras besarle la mano le relataron el problema. El cardenal accedió a intervenir[14] y de inmediato se puso en contacto con el ejército y el arzobispo de Santiago. Quedó en que los acompañaría a Santiago en un avión que despegaría del cuartel central de Columbia al día siguiente, con la intención de convencer a Fidel Castro de que se entregara. No obstante, el jefe del ejército no tardó en cancelar el trato.

Según una agencia de noticias, el coronel Río Chaviano, una autoridad militar en Santiago, responsabilizaba del ataque a «un grupo de aventureros dirigidos por Fidel Castro» y anunciaba la muerte de este. Declaraciones de Batista mencionaban la cifra de setenta rebeldes eliminados en combate; en realidad, apenas tres de los atacantes de Santiago y Bayamo fueron abatidos luchando, mientras que el resto solo sufrió heridas. De parte de los soldados, hubo once muertos y veintidós heridos. A partir de la tarde la mayoría de los rebeldes fueron arrestados en las inmediaciones del cuartel, y muchos de ellos sometidos a torturas hasta la muerte, según imágenes que se guardaron en los archivos del ejército.

Noventa muertos… Treinta asesinados la primera noche. En los alrededores de Santiago, fuerzas al mando del comandante

Pérez Chaumont liquidaron a veintiún combatientes desarmados y dispersos, muchos obligados a cavar su propia sepultura... Inyectaron alcanfor en las venas de los reclusos en el hospital militar. Solamente cinco quedaron vivos. Dos —José Ponce y Gustavo Arcos— fueron defendidos por el doctor Posada, que no permitió que los sacaran de la Colonia Española. El capitán Tamayo, médico del ejército, trasladó a los heridos Pedro Miret, Abelardo Crespo y Fidel Labrador del hospital militar al hospital civil...[15]

Cinco heridos. Solamente cinco, repito, quedaron vivos. Gran parte fueron arrancados de las mesas de cirugía y, antes incluso de salir del hospital, algunos fueron muertos en el ascensor.[16]

En Marcané, Ramón escondió a tres (Raúl de Aguiar, Andrés Valdés y Armando del Valle), pero mientras intentaban llegar a la capital fueron asesinados. Algunos consiguieron huir pasando por entre las patrullas del ejército y otros decidieron presentarse al arzobispo de Santiago de Cuba, monseñor Pérez Serantes, que había manifestado en público su disposición a intervenir para salvar a los supervivientes. Fidel escuchó los pronunciamientos oficiales por la radio de una taberna de la sierra, cuando todavía le acompañaban cerca de diez hombres. Una parte esperó a que los rescatara el monseñor, que relató más tarde: «Estaban agotados y era preciso salvarles la vida... Nos aproximamos a una casa y conversamos con aquella gente, que concertó un encuentro del grupo con el arzobispo».

LA PROVIDENCIA DE LOS TENIENTES

«¿Fidelito habrá sido la cabeza de esto?», se preguntó el viejo Ángel al escuchar las noticias del domingo. Muchas informaciones todavía no se habían confirmado, pero al oír mencionar el nombre de Fidel don Ángel tuvo una certeza interior y se desesperó. «Salva a mi hijo…», balbuceaba entre lágrimas ante una imagen del Sagrado Corazón, aferrándose instintivamente a la religiosidad de Lina. Le había sorprendido saber que su hijo menor, Raúl, también estaba implicado: «Y Fidel ha echado a perder también al pequeño…».

Vagaba por los rincones de la casa, inseguro sobre el destino de los hijos. Su tristeza era tanta que pidió a Angelita que fuera a Santiago, en plena efervescencia de los hechos, a buscar a un cabo del ejército, un antiguo amigo que había servido en Birán, para ver cómo podía salvar a sus hijos, si todavía se hallaban vivos.

Angelita partió sola, muerta de miedo. Hasta Cueto fue en el coche de unos conocidos, tomando precauciones para que no la identificaran; después cogió un autobús. En Santiago, pelotones marchaban por las calles, laderas y callejuelas, anunciando el toque de queda. Cuando llegó a la casa de una familia a la que ayudaban sus padres, para ver si podía pasar allí la noche, se encontró con que la señora era presa del pánico; decía que matarían a su hijo pequeño y que ya había prendido fuego a todos los libros con el nombre de Fidel que le había regalado Lina. Angelita se disculpó y le dijo que buscaría un hotel, pero antes necesitaba encontrar al cabo Piloto, que residía al otro lado de la ciudad.

En la vivienda del cabo tuvo que oír la insinuación, de parte de la esposa del militar, de que Fidel podía haber sido el causante de la muerte de sus familiares alistados en el ejército. En cuanto al cabo Piloto, que informó de que participaba en una de las varias rondas en busca de Fidel, se lavó las manos y no quiso mandar ningún mensaje a su antiguo amigo. Angelita todavía acompañaría a Lina a Santiago para hablar con el general Díaz Tamayo, que las recibió pero se limitó a informar de que Raúl y su hermano estaban vivos.

Probablemente interceptando comunicaciones el ejército se había enterado de los movimientos del arzobispo, pues la región de la Gran Piedra se había llenado de patrullas. Fidel se alejó del lugar donde había dejado a sus cinco compañeros, con la idea de cruzar de noche la carretera hasta la bahía de Santiago y alcanzar la Sierra Maestra. Acompañado por Óscar Alcalde y Pepe Suárez, ya deambulaba desde hacía casi una semana por la colina, al borde del agotamiento. Al avistar una choza abandonada resolvieron descansar allí hasta cerca del amanecer. Los despertó un pelotón, que les apuntó con los fusiles contra el pecho.

Pedro Sarría, el teniente que se hallaba al mando de la tropa, aguardaba fuera. Fidel salió y se detuvo ante él. Sarría contó las armas que poseían los tres: ocho Remington. «Faltan cinco hombres. ¿Dónde están?», preguntó. «Se han marchado», respondió Fidel.[1] En ese instante el teniente tuvo la vaga sospecha de conocer a aquel joven. Le puso una mano en la cabeza, un gesto que podía indicar posesión, vínculo o identificación; Fidel lo percibió como esto último.

Sarría pidió al ayudante papel y lápiz para anotar los datos: «estudiante, veintiséis años, natural de La Habana». Se le ocurrió entonces que podía ser el elemento al que más buscaban, el cual, a pesar de que le habían dado por muerto, todavía no había sido identificado entre los cuerpos en poder de las tropas oficiales. Le examinó despacio y, aparentando credulidad, comentó: «No. Este es moreno; parece que el que quieren es mestizo…». Caminó, dio media vuelta y preguntó a Fidel: «¿Cuál es tu nombre?». «Francisco González Calderín», respondió Fidel. Sarría observaba su cabello áspero, sin duda por efecto del sol intenso de tantos días, pero estaba convencido de que le había conocido en la universidad.

Los tres, atados, fueron conducidos a la carretera. Los soldados parecían ansiosos por matar, pero el teniente repetía: «¡No disparen, no disparen!». Oyeron tiros a poca distancia, lo cual despertó sospechas en Fidel, que pronto serían confirmadas: eran los cinco combatientes que habían quedado atrás, los cuales, mientras esperaban al arzobispo, habían sido capturados. Sarría ordenó a todos que, por precaución, se echaran al suelo. «No quiero que me lleven a ninguna parte. Quiero morir», dijo Fidel, seguro de que todo era un truco para retrasar lo que se proponían; no vislumbraba la más remota posibilidad de sobrevivir en las manos del gobierno.

—¡Aquí quien manda soy yo! ¡Al suelo! —ordenó el teniente.

Tendido a su lado, Fidel le confesó:

—El hombre que usted pensó soy yo.

—¿Cuál?

—El jefe, en quien usted pensó cuando me vio. Soy Fidel Castro.

—Ah, caramba, es verdad… ¡Cómo has cambiado, muchacho! ¡En tan poco tiempo!

—Pues ya puede matarme, y todo se acabará.

—¿Y quién habla aquí de matar? ¿Por quién me tomas?

Una vez más Fidel había escapado por muy poco de la muerte.

Bilito Castellanos residía ahora en Santiago, donde trabajaba como abogado. Al enterarse de una entrevista a Raúl Castro después de ser detenido en la periferia de la ciudad, se dirigió a la Central de Policía, el Vivac. «Quiero ver al acusado, Fidel Castro», solicitó al director, un conocido suyo, que le aconsejó que fuera a buscarle al Servicio de Inteligencia Militar (SIM) o a la Justicia Militar. Bilito tragó saliva, asustado, pues dedujo que Fidel estaba condenado a morir —si no le habían asesinado ya— y preguntó por Raúl. Pudo verle, detrás de las rejas, acompañado por Jesús Montané y alrededor de veinte hombres. Bilito se ofreció a defenderle y le preguntó por qué había hecho declaraciones en las que expresaba posiciones propias de los comunistas. Raúl le explicó que, como daba por cierta la muerte de su hermano, entendía que algo debía decirse en público.

Lejos de allí, sometido al destacamento de Sarría, los tres prisioneros subieron a un camión, donde ya estaban sus otros cinco compañeros. Fidel se sentó en la cabina, entre el teniente y el conductor. En el camino se encontraron con el comandante Pérez Chaumont, un superior que ordenó que se entregaran los detenidos al ejército. Sin embargo, el teniente se mantuvo firme en la intención de entregarlos a la policía civil. En Vivac pronto aparecería el coronel Chaviano, en representación del alto mando del ejército, lanzando chispas de represión a Sarría por su resistencia para entregar a Fidel y sus hombres.

Primera hora de la tarde del 1 de agosto de 1953. «¡Que entren los periodistas!», indicó el coronel. Vestido con una camisa clara de manga corta y un pantalón rasgado en la rodilla, Fidel entró escoltado en el despacho del director. Su rostro, con barba crecida, estaba quemado por el sol. Permaneció de pie, junto al coronel Chaviano, mientras respondía las preguntas de los periodistas. En cuanto al objetivo del asalto, enumeró los puntos del *Manifiesto del Moncada*: devolución de la soberanía al pueblo, saneamiento de la administración del Estado, mejora de la salud y la educación públicas. Afirmó que Batista, en su discurso en el cuartel de Columbia, había mentido sobre los hechos del 26 de julio, aunque él mismo, Fidel, ignoraba en aquel momento la dimensión de la masacre de los supervivientes. Sereno, no gesticuló una sola vez y procuró ser conciso, pues intuía que no le permitirían hablar mucho tiempo. El coronel, ansioso por concluir la entrevista, aprovechó la primera pausa para darle fin y ordenar que retiraran a Fidel de la sala. El mismo día, partió hacia la cárcel de Boniato, acompañado por el teniente Jesús Llanes Pelletier. Raúl y los demás presos fueron igualmente trasladados allí en otros vehículos.

En Boniato, Fidel, por orden expresa de las autoridades de seguridad, permanecería incomunicado. Bilito se reunió con Raúl para discutir la estrategia de la defensa. La línea general, según este, era confesar la responsabilidad de la acción y al mismo tiempo denunciar la dictadura. «Diremos que fracasamos, pero que la próxima vez venceremos…» Un sargento que vigilaba el encuentro se retiró en ese instante.[2]

Aprovechando la ocasión, además de los moncadistas, Vivac y Boniato se llenaron de miembros de la oposición; auténticos, ortodoxos y comunistas fueron apresados indiscriminadamente, el mismo 26 de julio, en las provincias y la capital. El grupo de detenidos de filiación comunista era significativo, pues el azar había hecho que se encontraran en Santiago para una actividad aquel fin de semana.[3] Además de declararse libres de toda vinculación a la operación del cuartel, la condenaron en bloque, con excepción del dirigente César Vilar, que, por adoptar una posición discordante de la oficial, sería expulsado del Partido Comunista de Cuba (PCC).

Entre los integrantes del Movimiento, cinco se declararon arrepentidos por haber participado en tan insensata aventura.[4] Haydée Santamaría, confinada en una celda junto con Melba, escribió una carta que circuló entre los presos; en ella clamaba por la unidad contra el régimen y narraba lo ocurrido con su hermano Abel y su novio, Boris Luis Santacoloma, muertos bajo tortura, según había comprobado un pariente al examinar los cadáveres. En la prisión donde fueron recluidos al principio, un oficial de la policía entraba constantemente en la celda de Haydée, con las manos y el uniforme manchados de sangre, para detallarle las truculencias que cometía. Cierto día, sonriente, le contó que acababa de arrancar un ojo a Abel.

Después de encaminado el proceso por el abogado Baudilio Castellanos, en primera instancia y con carácter de urgencia, se fijó la fecha del juicio a los procesados de la causa 37 —asalto a los cuarteles de Moncada y Céspedes—, en el que se incluía a activistas políticos que no habían participado en tales acciones. Por aquellos días, a pesar del aislamiento a que sometieron a Fidel, el supervisor militar de la cárcel, teniente Llanes Pelletier, fue a ofrecerle un apoyo discreto para lo que necesitara, considerando que habían sido compañeros en la facultad de derecho. El comandante le pidió el favor de que se pusiera en contacto, en La Habana, con la señora Natalia Revuelta y le advirtiera de que tomara precauciones, pues el SIM interceptaba la correspondencia.[5]

El Colegio de Abogados de La Habana había designado al doctor Jorge Pagliere, el decano de los abogados, para representar a Fidel Castro, pero se crearon diversos obstáculos para impedir que el jurista le viera. Solo con la intervención del Tribunal de Urgencia, ya formalizado, se concedieron al abogado diez minutos de entrevista con el colega, en presencia de un oficial del SIM. Ninguno de los dos se mostró dispuesto a tolerar la obligatoria fiscalización, por lo que decidieron que Fidel se encargaría de su propia defensa, un trato que de inmediato se transmitió a la jefatura del SIM. Ramón tuvo allí cierta participación: había intuido la conveniencia de que el hermano asumiera su propia defensa, e incluso llegó a tratar de ponerse en contacto con Pagliere para abordar el tema.[6]

El 21 de septiembre, fecha de inicio del juicio, cordones de guardias flanqueaban todo el camino desde Boniato hasta el palacio de justicia. Por allí fueron conducidos los reos, bajo escolta de armas. El espectáculo, impresionante, se completaba con la apretada vigilancia a las puertas del tribunal. Fidel Castro, el condenado mayor, acababa de llegar, vestido con su acostumbrado traje oscuro. «Soy de la CMKC», dijo una periodista a uno de los guardias, al tiempo que se abría paso con dificultad entre el torbellino de curiosos. Era Gloria Cuadras, una ortodoxa conocida de Fidel, que quería, antes que cumplir con su labor profesional, ofrecer su apoyo. Consiguió verle al fin, y se saludaron.

La sesión se inició a las 10.40. «Fuimos al combate por la libertad de Cuba y no nos arrepentimos de haberlo hecho», decían, uno a uno, los implicados cuando los llamaban a declarar. Se exhortó a Fidel a tomar asiento en el banquillo de los acusados para responder al interrogatorio de la fiscalía; sería el único en prestar una amplia y detallada declaración, tal vez porque Haydée, en la carta que había dirigido a los presos, les solicitó que dejaran a su cargo el pronunciamiento en nombre del grupo. La secuencia de la declaración está documentada:

—Mi responsabilidad es intelectual y física. Esos jóvenes y yo luchamos por la libertad de Cuba... No tuve que persuadirlos; se mostraron convencidos de que el camino a tomar era el de las armas.

—Limítese a responder las preguntas del Ministerio Público. Quiero pedirle que su respuesta no se convierta en un discurso político.

—Mi política es la verdad. Batista quiere la guerra porque se niega a toda solución verdaderamente democrática.

—¿Por qué, para conseguir su propósito, no usó usted la vía civil? Usted es abogado...

—Muy simple. Después del 10 de marzo no pude hablar más. Me valí sin ningún éxito de los medios comunes, y finalmente decidí apelar a la violencia de la rebeldía...

Concluidas las casi dos horas de declaración, Fidel pidió permiso al juez para sentarse en el sector de los abogados de la defensa. «Al ponerse a mi lado, bañado en sudor, me dijo: "Bilito, lo peor ya pasó". Una frase enigmática, que solo comprendí con el tiempo. La verdadera cara del régimen comenzaba a mostrarse, a partir de las muchas víctimas, y eso sucedía en ese momento, allí, en el propio espacio del poder judicial.»[7]

Tras la conclusión de las dos primeras sesiones, el juez decretó la libertad provisional de algunos acusados, al hacerse evidente quién había estado o no implicado.

El gobierno juzgó que las declaraciones de Fidel habían denigrado al Estado. La noche del 25 de septiembre, dos médicos forenses, por orden del coronel Chaviano, fueron a examinarle, a fin de extender un certificado de enfermedad que le impidiera seguir asistiendo al juicio, según le confesaron. Fidel escribió una carta y consiguió hacerla llegar a manos de Melba Hernández, que la entregó al juez en cuanto se anunció su inesperada ausencia en la tercera sesión:

Al Tribunal de Urgencia. Fidel Castro Ruz, abogado en su propia defensa en la causa n.° 37 [...], ante esa sala expone respetuosamente lo siguiente: 1. Que se trata de impedir mi presencia en el tribunal para que no se destruyan las fantásticas falsedades tejidas en torno de los hechos del 26 de julio; 2. Que, a pesar de las reiteradas comunicaciones del Poder Judicial y de la última que esa sala dirigió a las autoridades de la prisión, demandando cesar nuestra incomunicabilidad por ser ilegal y delictiva, sigo totalmente incomunicado, sin que en los 57 días que llevo en esta prisión me hayan permitido tomar el sol, hablar con alguien o ver a mi familia; 3. Que pude conocer, con toda certeza, que se trama mi eliminación física... Cuba entera tiene los ojos puestos en este tribunal. De mi parte, si para mi vida tengo que ceder mi derecho o mi honor, prefiero perderla mil veces: un principio justo desde el fondo de una cueva puede más que un ejército... Cárcel Provincial de Oriente, 26 de septiembre de 1953. Fidel Castro Ruz.

La carta provocó represalias; las autoridades militares ordenaron el aislamiento de Melba y el confinamiento de Fidel en una celda distante. Todos los acusados pasaron a ser cacheados de pies a cabeza antes de salir hacia el tribunal. De hecho, el teniente Pelletier había recibido instrucciones de echar veneno en la comida de Fidel. «Días después de mi ingreso en Boniato, [Chaviano] ordenó la suspensión y la expulsión de las Fuerzas Armadas, del supervisor, un oficial honrado [Llanes Pelletier] que se negó a envenenarme. Ya habían preparado el veneno y una declaración pública para presentar la versión de un suicidio. A él, como a Sarría, debo mi vida...»,[8] reconoció Fidel.

En las calles, durante varios días circularon elementos desconocidos para distribuir panfletos que exhortaban al rescate de Fidel de la prisión, como un medio de facilitar su eliminación. Los dos médicos expidieron al fin un certificado correcto, pero él permaneció aislado, sin poder ir al tribunal, aunque seguía el desarrollo de los acontecimientos por mensajes o recortes de periódicos; siempre había quien se los llevaba, incluso desobedeciendo órdenes.

Citado para un juicio aparte el 16 de octubre a las ocho, le fue permitido recibir las breves visitas de Mirta, Fidelito y hasta de los hermanos Angelita y Ramón, que le hablaron de la situación en la hacienda y cómo Lina procuraba dar alguna esperanza al viejo Castro, a fin de distraerle del profundo disgusto que le consumía. El 13 de octubre se dictó sentencia a 28 participantes del ataque al Moncada, incluidas Haydée y Melba. Las penas impuestas a los hombres iban de tres a quince años, y debían cumplirse en la fortaleza militar de La Cabaña, en La Habana. Las mujeres fueron condenadas a siete meses en el penal de mujeres de Guanajay, a 45 kilómetros de la capital. De manera sorprendente, sin embargo, los hombres fueron al presidio Modelo de la isla de Pinos, situado del otro lado de la costa.

Dos detenidos continuaron en Boniato, compartiendo celda con Fidel: su tocayo, de apellido Labrador, y el ferroviario Gerardo Poll Cabrera, veterano del PSP.[9] En la celda había algunos libros, de los cuales Fidel extraía fragmentos e ideas, aunque ninguno fuera de derecho penal, pues le prohibían las obras de naturaleza técnica. El día anterior al juicio, concluyó, después de trabajar sin descanso, la redacción de un texto de unas cincuenta páginas, que leyó en voz alta a sus compañeros de celda. Por la mañana temprano vistió un traje azul oscuro, camisa blanca y corbata roja. Ya tenía memorizado el manuscrito. Entró en el salón de la Escuela de Enfermería del hospital Saturnino Lora a las nueve en punto.

Un esqueleto para estudio, vitrinas con libros, un retrato de Florence Nathingale y dos mesas con sillas, donde se sentaron los magistrados, eran los únicos objetos de la pequeña sala. En el centro, a la cabecera de la mesa, el secretario del juez depositó sus papeles. Además de los representantes de la justicia se encontraban los reos Poll Cabrera y Abelardo Crespo —estudiante de ingeniería, que se encontraba tumbado en una cama convaleciente de un tiro que le había atravesado el pulmón— y algunos periodistas con credenciales.

Antes de que entrara Fidel, dos mujeres de Santiago, María Antonia Figueroa y Nilda Ferrer, quisieron tocarle, pero él, al percibir la intención, les dirigió una mirada que las inmovilizó. Con las manos esposadas, transpirando, contempló el recinto. Pidió a Bilito un código y una hoja de papel. Vistió la toga que le prestaron y comentó a las autoridades: «Es una pena que los señores, teniendo un palacio nuevo y agradable, deban venir a trabajar aquí…». Los empleados del hospital y los guardias de la

Ángel Castro, padre de Fidel.

Lina Ruz, madre de Fidel.

En Birán, 1928.

Angelita, Ramón y Fidel.

Fidel, Raúl y Ramón, en Santiago de Cuba, 1941.

Mirando la cámara fotográfica, en el comedor del colegio Dolores, 1940-1941.

Entrenándose, colegio Belén, 1943.

Argumentando en el «debate parlamentario» representado en el colegio Belén, 1945.

En el centro de un grupo de estudiantes de derecho, 1947.

Pronunciando un discurso durante las protestas estudiantiles, 1948.

Con compañeros del partido, junto a Abel Santamaría, 1952.

En la campaña para diputado, 1951.

Detenido en el cuartel Moncada.

Fichado en la prisión de Vicac, Santiago, 1953.

Los hermanos saliendo de prisión.

A la salida del presidio de la isla de Pinos, con Raúl Castro y Juan Almeida.

México, 1956.

Con el Che en la prisión de México, 1956.

Futuros expedicionarios del yate Granma, *Ciudad de México, 1956.*

El Granma, *yate que transportó a los ochenta y dos revolucionarios de México a Cuba.*

Con Celia Sánchez, Sierra Maestra, 1957.

Con Raúl Castro, en Sierra Maestra, 1957.

De izquierda a derecha: el Che, Fidel, Calixto García, Ramiro Valdés y Juan Almeida, Sierra Maestra, 1957.

En el centro de un grupo de guerrilleros, altos de Palma Mocha, Sierra Maestra, 1957.

En el Pico Turquino, junto a Raúl Castro y Universo Sánchez, 1957 (foto tomada por el equipo de la CBS, en un reportaje en la Sierra Maestra).

Mostrando a Haydée y Celia cómo manejar un fusil, Sierra Maestra, 1957.

De izquierda a derecha: *Raúl Chibás, Raúl Castro, Efigenio Ameijeiras, Roberto Agramonte, Enrique Barroso y Fidel, Sierra Maestra, 1957.*

El reposo del guerrillero, Sierra Maestra, 1958.

Combatiendo en Sierra Maestra, 1958.

Practicando tiro en La Jeringa, Sierra Maestra, 1958.

«Celia: Al ver los cohetes que tiraron en casa de Mario, me he jurado que los norteamericanos van a pagar bien caro lo que están haciendo. Cuando esta guerra se acabe, empezará para mí una guerra mucho más larga y grande: la guerra que voy a echar contra ellos. Me doy cuenta que ese va a ser mi destino verdadero. Fidel.»

Con el Che Guevara en La Mesa, Sierra Maestra, 1958.

Durante la ofensiva enemiga.

En el campamento de La Plata, Sierra Maestra, 1958.

Pronunciando un discurso en el cuartel Moncada, en Santiago de Cuba, 1959.

Con Raúl, cerca de la victoria.

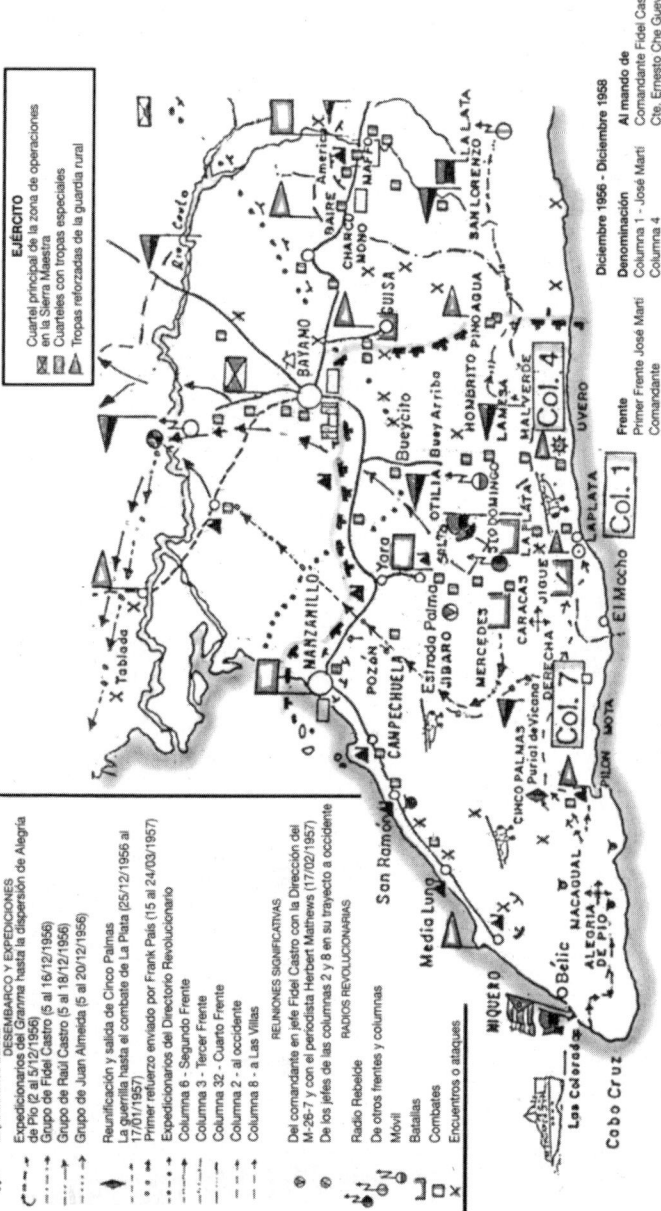

Entrada triunfal del Ejército Rebelde en La Habana, el 8 de enero de 1959.

escolta se ubicaron junto a la puerta para escucharle. Fidel inició su argumentación. Analizó la crisis general del país, sus antecedentes lejanos e inmediatos, los factores del fracaso del asalto al Moncada y los crímenes de la dictadura. Replanteó el pensamiento martiano y expuso su programa democrático. Durante más de dos horas hizo el papel de acusador.

Señores magistrados, soy aquel ciudadano humilde que un día se presentó inútilmente ante los tribunales para pedir que castigaran a los ambiciosos que violaron las leyes… Se repitió con mucho énfasis por parte del gobierno que el pueblo no secundó el movimiento… Pretenden evidenciar con eso la sumisión y la cobardía del pueblo… Llamamos pueblo, si de lucha se trata, a los 600.000 cubanos que están sin trabajo deseando ganar el pan honradamente sin tener que emigrar de su patria en busca de sustento; a los 500.000 obreros del campo que viven en chozas miserables, que trabajan cuatro meses por año y pasan hambre el resto del tiempo, compartiendo con sus hijos la miseria, que no tienen un palmo de tierra para plantar y cuya existencia debería mover más a compasión, si no hubiese tantos corazones de piedra; a los 400.000 obreros industriales y braceros, cuyo futuro es la reducción del salario y el despido… y cuyo descanso es la tumba; a los 100.000 pequeños agricultores que viven y mueren trabajando una tierra que no es suya, contemplándola siempre tristemente como Moisés la tierra prometida, para morir sin llegar a poseerla, y que tienen que pagar por su parcela como los siervos feudales… a los 30.000 profesores y maestros abnegados y necesarios para construir lo mejor de las futuras generaciones y a quienes tan mal se trata y se paga; a los 20.000 pequeños comerciantes, abarrotados de deudas, arruinados por la crisis… a los 10.000 profesionales jóvenes, médicos, ingenieros, abogados, veterinarios, pedagogos, dentistas, farmacéuticos, periodistas, pintores, escultores, etcétera, que salen de las clases para encontrar un callejón sin salida… Mi lógica es la simple lógica del pueblo. […]
El problema de la tierra, el problema de la industrialización, el problema de la vivienda, el problema del desempleo, el problema de la educación y el problema de la salud del pueblo. He aquí resumidos los seis puntos cuya solución sería encaminada resueltamente por nuestros esfuerzos, junto con la conquista de las libertades públicas y la democracia política. El militar de ho-

nor no asesina al prisionero indefenso después del combate, sino que le respeta. No remata al herido, sino que le ayuda, impide el crimen...

El cuartel Moncada se convirtió en un taller de tortura y muerte, y unos pocos hombres indignos convirtieron el uniforme militar en delantales de carniceros... Sé perfectamente que la máxima responsabilidad corresponde a la alta oligarquía que, sin un gesto digno, se doblegó servilmente a los dictados del usurpador... cuando es a mí que ahora acusan de querer derribar este régimen ilegal y restablecer la Constitución legítima de la República... Un fiscal, con un código en la mano, muy solemnemente pide para mí 26 años de cárcel...

No es conveniente, advierto, que se administre justicia desde el cuarto de un hospital, rodeado de centinelas con bayoneta calada. Si no hay ley exactamente aplicable al punto controvertido, no hay delito. ¿En qué país está viviendo el señor fiscal? Por mucho que se reitere, se reduzca o se remiende, ni una sola coma del artículo 148 es aplicable a los hechos del 26 de julio... Les advierto que acabo de comenzar. Si en sus almas queda un latido de amor a la Patria, a la humanidad, a la justicia, escúchenme con atención. Sé que me obligarán al silencio durante muchos años... que tratarán de ocultar la verdad por todos los medios posibles... que contra mí se alzará la conjura del olvido. Pero mi voz no se ahogará por eso: cobra fuerza en mi pecho cuanto más solo me siento, y quiero darle en mi corazón todo el calor que le niegan las almas cobardes...

Solo una cosa voy a pedir al tribunal, y espero que me la concedan, en compensación por tanto exceso y agravio que tuvo que sufrir este acusado, sin amparo alguno de las leyes: que se respete mi derecho a expresarme con entera libertad... Renunciar a la libertad es renunciar a la calidad de ser humano; quitar toda la libertad a la voluntad es destruir la moral de las acciones... la Declaración de Independencia del Congreso de Filadelfia, el 4 de julio de 1775, consagró ese derecho...

Termino aquí mi defensa, pero no lo haré como hacen siempre todos los letrados, pidiendo la libertad del defendido; no puedo pedirla cuando mis compañeros están sufriendo desde ya en Isla de los Pinos, una ignominiosa prisión. Envíenme junto a ellos para compartir su suerte. Es concebible que los hombres honrados estén muertos o presos, en una República donde hay de presidente un criminal, un ladrón. A los señores magistrados,

mi sincera gratitud por haberme permitido expresarme libremente, sin mezquinas coacciones. No les guardo rencor; sé que
el presidente de este tribunal, hombre de vida limpia, no puede
disimular su repugnancia por la situación reinante que le obliga
a dictar un veredicto injusto. Condénenme, no importa. La Historia me absolverá…

Al terminar se quitó la toga y la dobló sobre el brazo. Se le
aproximó la estudiante Irma Mejías, hija del magistrado de Santiago de Cuba, para felicitarle por su defensa. Fidel se sentó,
emocionado, a la espera de la sentencia. Le condenaron a 15 años
de reclusión en la fortaleza militar de La Cabaña, con arreglo al
artículo 161 y lo dispuesto en el artículo 70 del Código de
Defensa Social sobre delitos políticos. Poll Cabrera fue absuelto,
y Abelardo Crespo, condenado a 10 años. Pronto Fidel enviaría
un telegrama a su padre para anunciarle que partía hacia la isla
de Pinos la mañana del 17.

Cinco enormes edificios circulares, cada uno con 5 plantas y
93 celdas con dos catres plegables apoyados contra la pared. El
edificio del centro era conocido como el refectorio de los «tres mil
silencios». Al fondo de esa seca geografía se divisaban los pabellones para los enfermos mentales y el del hospital. Era el presidio
Modelo, en el que Fidel fue debidamente fichado al ingresar.

Rechazó la celda de cierta comodidad que le ofrecieron y
pidió que le trasladaran junto a los compañeros. Cuando entró
en el pabellón del hospital, siguió la hilera de camas metálicas
hasta donde se hallaba la suya, contigua a la de Jesús Montané,
en el extremo de aquel rectángulo blanco.

Los prisioneros decidieron organizar clases de aritmética, gramática, geografía e historia de Cuba, inglés y filosofía. «Muchos
obreros no habían cursado la enseñanza primaria: necesitábamos
crear una escuela que contemplara la enseñanza básica, además de
los aspectos ideológicos… El director era Fidel, que enseñaba
filosofía general y filosofía marxista-leninista…»,[10] contó Luis
Orlando Rodríguez. Inaugurada el 29 de octubre, día en que
Fidel se encontraba bastante febril y acatarrado, la escuela, bau-

tizada Academia Ideológica Abel Santamaría, se reducía a una pizarra negra y una mesa de madera donde comían, bajo los aleros del patio.

Entre las varias repercusiones del episodio del Moncada, las más notables se registraron en la participación y la toma de posiciones de los diversos agentes políticos del panorama cubano. En su publicación *Carta Semanal*, el PSP describió, el 20 de octubre, el ataque al cuartel como una «acción desesperada», de las que «no conducen a otra cosa más que al fracaso, al desperdicio de fuerzas, a la muerte sin objetivos...», y se la denominaba *putsch*, aunque el concepto fuera más adecuado a un complot militar.

En el medio universitario, la Acción Armada Auténtica (Triple A) reactivó el estilo gangsteril, con amenazas de pistola destinadas a adueñarse del poder. Ya desde el comienzo del año Batista anunciaba sus planes de celebrar elecciones; recibió el solitario respaldo del Movimiento de Recuperación Auténtica de Ramón Grau. Las demás organizaciones, con diversa participación en el escenario político, rechazaron el juego bajo las reglas dictadas por el régimen y buscaban fórmulas de acción. De ese modo, se suspendió la convocatoria, con la promesa de volver a promoverla al año siguiente.

En La Habana, Angelita, la hermana de Fidel, y sus hijos se veían obligados a soportar el visible espionaje de policías apostados en la casa de enfrente. La capital, como muchos otros lugares de Cuba, estaba sometida a un estado de sitio no declarado pero evidente.

CÁRCEL, CARTAS Y LECTURAS

Fue en la correspondencia que intercambiaba con Natty Revuelta donde Fidel realizó las mejores descripciones del ambiente físico y de su actividad cotidiana en la prisión. Ambos habían tenido algún que otro encuentro íntimo en la etapa que antecedió al Moncada. Ella estaba casada, y en esa condición habría de permanecer, aunque profundamente ligada a Fidel.

El prisionero compensaba el aislamiento y la inactividad con una entrega voraz a la lectura, hasta el punto de declarar que, de haber podido, no habría comido ni dormido para no interrumpirla.[1] Aparte de eso, se dedicaba a hacer algunos ejercicios físicos y las tareas que se había impuesto con relación a los compañeros presos: dos clases diarias y una hora de lectura colectiva. Además, claro, de escribir cartas a amigos, familiares y, principalmente, a Natty.

A las 5.30, desayuno; clases, de las 8 a las 10.30; almuerzo, a las 10.45; de las 19 a las 20.45, clase de economía política y lectura colectiva; 21.30, silencio… Todas las mañanas explico un día filosofía y otro historia universal. Historia de Cuba, gramática, aritmética, geografía e inglés los imparten otros compañeros. Por la noche me toca economía política y, dos veces por semana, oratoria… La biblioteca Raúl Gómez García[2] ya posee 300 volúmenes…[3]

Después de romperme un poco la cabeza con Kant, Marx me parece más fácil que el Padrenuestro. Tanto él como Lenin poseían un terrible espíritu polémico, y yo, aquí, me divierto, río y gozo leyendo. Eran implacables y temibles con el enemigo. En los últimos días leí varias obras de algún interés: *La feria de las vanidades*, de William Thackeray; *Nido de hidalgos*, de Iván Turgueniev; *La vida de Luis Carlos Prestes*, o *El Caballero de la Esperanza*, de Jorge Amado; *El secreto de la fortaleza soviética*, del Deán de Canterbury; *Fugitivos del amor*, de Eric Knight; *Así se templó el acero*, de Nikolai Ostrovski; una novela rusa moderna; una autobiografía de un participante de la Revolución; además de *La ciudadela*, de A. J. Kronin. Estudio al fondo *El capital*, de Marx… ¡Qué escuela tan formidable es esta prisión![4]

Tras leer las biografías de Bolívar, Aníbal, Alejandro Magno y Julio César, Fidel no titubeó en expresar su admiración por el primero: «Martí es un Bolívar en su pensamiento; Bolívar fue un genio de la política, un genio de la guerra, un estadista, porque tuvo las oportunidades que Martí no tuvo de dirigir Estados y unir el continente». De hecho, además de los clásicos marxistas, los textos de Martí ocupaban siempre un lugar a la cabecera de su cama, como si buscara absorber por completo la esencia del pensamiento del héroe cubano.

No solo transmitía relatos por medio de esas cartas a Natty. En la distancia, Fidel cultivaba también los sentimientos:

> Un saludo cariñoso desde mi prisión. Fielmente te recuerdo y te quiero, aunque haga tiempo que no sé de ti… Guardo y guardaré siempre la tierna carta que enviaste a mi madre. Si tuvieras que sufrir por mi culpa, en varios aspectos, piensa que daría yo con placer mi vida por tu honra y por tu bien. Las apariencias en este mundo no deben importarnos; lo que vale es lo que está dentro de nuestra conciencia… Hay cosas duraderas, a pesar de las miserias de esta vida; cosas tiernas, como las impresiones que guardo de ti, tan indelebles, que me acompañarán hasta la sepultura… Siempre tuyo, Fidel.[5]

Como interlocutor político fuera de los muros del presidio, Fidel elegiría al periodista y partidario de la ortodoxia Luis Conte Agüero, a quien referiría, en larga y catártica correspondencia, la lealtad del Movimiento a los verdaderos ideales de Chibás, según constaba en documentos destruidos por la contrainteligencia. Fue por medio de Conte Agüero como alentó con insistencia una posición más coherente del partido ante el régimen. El subproducto de la carta cuyo extracto se incluye a continuación habría de denominarse *Manifiesto a la Nación* y circularía por canales clandestinos:

> Querido hermano Luis Conte, [...] Jamás deberían haber corrido, en el seno del consejo directivo [del Partido Ortodoxo], estériles e inoportunas teorías sobre si el Moncada fue *putsch* o revolución. [...] ¿Por qué no denunciaron... las torturas atroces y el asesinato en masa, bárbaro y demente? En cuanto a nuestros prisioneros, bien cabría poner, en la entrada del cuartel Moncada, el cartel que aparecía en las puertas del infierno de Dante: «Abandona toda esperanza». [...] Noventa muertos y apenas cinco heridos. ¿Se puede concebir semejante proporción en alguna guerra? Nuestro triunfo habría significado el ascenso inmediato de la ortodoxia al poder, primero provisionalmente y después mediante elecciones generales... Las posibilidades de triunfo estaban al alcance de nuestros medios. No queda la menor duda de que luchábamos con el 90 por ciento de ellas... Te ruego también que visites a Quevedo y que le exhortes en este sentido. [...] Mañach hizo alusión a ese aspecto del problema. ¿Por qué no hablas con él? Luis, acepta esta honrosa causa... Voy a pedirte un favor: redacta un manifiesto de acuerdo con el contenido de esta, firma con mi nombre y entrégala a Mirta. Que se publique en *Alma Máter*... Dedica el pago a los familiares de los muertos. [...] Espero que un día, en la Patria libre, juntos recorramos los campos del Indómito Oriente [...] Fidel.[6]

Para finales de 1953 la biblioteca de la Academia Ideológica Abel Santamaría ya reunía 600 obras, donadas por amigos, políticos y profesores. Balzac, Stefan Zweig, Oscar Wilde, Tolstoi, Victor Hugo y Shakespeare componían los estantes. El tema de *Los miserables* entusiasmaba a Fidel, pero el «lenguaje ampuloso y la carga a veces tediosa y exagerada de erudición» de Victor Hugo le aburrían un tanto. Prefirió zambullirse en *El 18 brumario de Luis Bonaparte* (Karl Marx). «Donde Victor Hugo ve a un aventurero con suerte, Marx divisa el resultado inevitable de las contradicciones sociales y la lucha de intereses. Para uno, la historia es el azar. Para el otro, un proceso regido por leyes…»[7]

En Navidad los prisioneros rechazaron la cena del presidio y optaron por compartir, divididos en 27 porciones, un pedazo de lechón y un pavo. Para regular la convivencia, en ese nuevo año el grupo estipuló una pauta de normas simples y comenzó a celebrar asambleas periódicas destinadas a solucionar disputas. Además habían organizado una cooperativa, para mejorar la alimentación de todos, gracias a lo que conseguían enviar familiares y conocidos. Los acuerdos se hacían constar en un libro de actas.

La mañana del 12 de febrero de 1954, un acontecimiento amenazó con cortar el vínculo más precioso que el prisionero mantenía con la vida exterior. El cabo apodado Pistolita, de la guardia del presidio, comunicó a los prisioneros que había órdenes de que permanecieran en el dormitorio el día entero. Algo extraño se percibía en el ambiente, la seguridad se había redoblado y se oían en el lugar ruidos fuera de lo común. Juan Almeida se encaramó hasta la reja de lo alto de la sala, seguido por Ramiro y Ciro, para observar los movimientos. Fue así como descubrieron que se aguardaba en la cárcel a Batista, que visitaría el establecimiento. Por lo que alcanzaron a oír, se trataba de la inauguración del nuevo sistema eléctrico. Fidel comenzó a pasearse por el lugar a grandes zancadas, con una idea fija. De repente se detuvo, reunió al grupo y concertaron un plan.

Terminada la ceremonia, la comitiva presidencial procedió a recorrer las galerías y dependencias. Almeida, todavía encaramado, al percibir que se aproximaba a la enfermería dio la señal. El grupo se puso a cantar lo más alto que podía. Al principio, pensando que le dirigían un saludo, Batista sonrió, pero enseguida, al prestar más atención a la letra, palideció. «… La sangre que en Cuba se derramó no podremos olvidarla… ¡Viva la Revolución!…» Era el himno del 26 de Julio.[8] Batista preguntó al supervisor, que le seguía de cerca, quiénes eran los integrantes del coro. Cuando le informaron de que se trataba de los moncadistas, comentó con tono ácido: «Están bien alimentados, ¿eh?».

Al día siguiente, en represalia, fueron todos confinados al pabellón, donde permanecerían más de quince días privados de periódicos, radio y todo contacto con el exterior. Por gestiones de familiares, la Cadena Oriental de Radio dio la noticia del incidente. El padre de Almeida dijo a conocidos de la prensa que agentes del Servicio de Inteligencia Militar (SIM) habían destruido y cerrado la Academia Abel Santamaría.

El 13 de febrero, Fidel fue conducido a una celda de castigo, un cubículo sin luz, con un lavabo, un retrete y un catre. Las visitas estaban prohibidas y, por lo tanto, casi nada se sabía de él. El correo era el único medio de comunicación, aunque sujeto a largas interrupciones.

El catre compartía el diminuto espacio con pilas de libros que el prisionero devoraba a lo largo de diez, doce, catorce horas al día. Así leyó los cuatro volúmenes de las *Obras completas* de Sigmund Freud, además de los cinco de *El capital*, de Karl Marx, y los principales de Dostoievski: *Los hermanos Karamazov*, *Humillados y ofendidos*, *Crimen y castigo*, *El idiota*, *El sepulcro de los vivos*, *Las pobres gentes* y el cuento «Proarchim». Sin poder conversar con nadie, escribía cada vez más, sin freno, aunque reservaba tiempo para reconstruir su autodefensa en el juicio o sumirse en reflexiones filosóficas.

Mientas tanto las persecuciones continuaban, lo que le llevaba a elevar ásperas reclamaciones a la dirección del presidio.

Pasados cuarenta días, improvisó una lamparilla. Como le permitieron recibir un hornillo y comestibles enviados por la familia, pudo por fin cocinar. A veces se entretenía confeccionando algún plato.

... Ocho meses y medio. No es infundada tu confianza en mi poder de resistencia. Es cierto que resisto y sufro con firmeza, pero está claro que esta vida que llevo no es natural. En todos los aspectos es lo más opuesto que se pueda imaginar a mi temperamento... Estoy con un cuerpo que tiene su propia forma, prensado en un molde diferente. Lo curioso es que no tenga ambiciones personales; todos mis motivos son morales, el sentido de honor, dignidad, deber... Mi mayor contradicción reside en eso; un hombre absolutamente indiferente al castigo físico, material, con una sonrisa en los labios, y cuya única prisión, el lazo, la fuerza ante la cual se inclina, es el deber... Como hombre, como ser físico, me siento poderoso y considero que ninguna fuerza física del mundo me daría miedo, simplemente porque no le temo. Sin embargo, el hombre, ser moral que hay en mí, me obliga a someterme al hombre ser físico. El rebelde innato, luchando siempre contra la razón serena y fría, estando esta al servicio de un fuerte sentimiento moral...[9]

Pero sus ardides para alejar la soledad a veces se agotaban. En otras cartas a Natty Revuelta se percibía cierto abatimiento:

... Milité en un partido cuya mayor insignia de gloria era ser diferente de los otros. Pero terminó siendo tan parecido a todo, como gotas de agua. [...]

Hago algo, invento mundos, pensando y pensando. A veces me siento agotado... Estuve en el juzgado, conversé con un funcionario sobre temas nacionales. Después, cuando volví, me sentí incomodado por la manera en que hablé, maquinalmente. Luz, paisaje, horizonte, todo me afectó como un mundo extraño, distante y olvidado...[10]

Como era un prisionero de importancia, el Gabinete Nacional de Identificación despachó la clasificación definitiva de Fidel, considerando sus antecedentes. El nuevo expediente habría de circular de forma periódica por departamentos superiores de la justicia para ser revisado, censurado o no. El 3 de abril de 1954, Fidel dejó por primera vez el presidio para prestar declaración en el juzgado. La familia de Montané, residente en la región, fue informada de su salida y, junto con adolescentes de una escuela próxima, fue a la calle para ver pasar a Fidel.[11] Se decía que era una citación de rutina, un recurso para romper el aislamiento. No fueron raras las ocasiones en que las redactaban amigos abogados, en un intento de burlar la detención de los moncadistas. Esos mismos letrados presentaron diversas denuncias, tres de ellas por asesinato y torturas de compañeros, otras por continua violación de derechos individuales. En total tuvieron lugar cinco salidas de integrantes del grupo hasta el tribunal de Nueva Gerona, la capital de la isla de Pinos. En una de ellas, Fidel y Raúl salieron juntos del presidio, con destino al Tribunal de Urgencia de Santiago; en otra, Fidel fue conducido solo a La Habana.

Al cabo de siete meses de confinamiento, el 20 de febrero de aquel año, Melba y Haydée fueron liberadas del Presidio Nacional de Mujeres. De inmediato asumieron la tarea de no solo revivir sino expandir el Movimiento, como delegadas de los 27 hombres que continuaban encarcelados. Las dos mujeres se comunicaban con Fidel para recibir orientación.

Fidel les pasaba instrucciones sobre contactos que debían hacer y panfletos que debían divulgar, y también les pedía que dieran determinados pasos, como organizar una conmemoración «condigna» para la fecha del 26 de julio.[12] No quedaría decepcionado. A petición suya, la Federación de Estudiantes Universitarios (FEU) celebró un acto en la «escalinata», además de otros en institutos de Santiago, y otros más aún, organizados por núcleos de exiliados, como los comités ortodoxos de Nueva York, México y Costa Rica. Asimismo quedaría a cargo de Melba la difusión del folleto que contenía el texto de autodefensa de Fidel en el juicio, transformado en programa político. Se titularía *La Historia me absolverá*, la frase con que había finalizado el discurso. El documento saldría de contrabando del presidio, fragmento por fragmento, bajo los disfraces más originales.

El 22 de abril, el juez municipal del norte de La Habana, doctor Waldo Medina, ante el interés por conocer a los moncadistas expresado por un grupo de profesores y alumnos de institutos se enseñanza media, los llevó a la isla de Pinos.

Fidel descansaba en su catre; su imagen hacía pensar al observador en una isla rodeada de libros, una Cuba aún menor. En el suelo, Medina distinguió *Economía y sociedad*, de Max Weber; *Libertad, poder y planificación democrática*, de Karl Mannheim; *Filosofía del poder*, de Alfred Pose; *Ensayos*, de Mariátegui; *Discursos*, de Juan José Arévalo, y *Retorno al futuro*, de Cardoza Aragón.[13] Una «isla» de apariencia sana y lúcida.

Otra visita que animó mucho a Fidel fue la de su hijo, Fidelito, al que vio crecido y más fuerte.[14] Detrás de la grata sorpresa, había algo de extraordinario; al parecer comenzaban a relajar su aislamiento, acaso porque tenía un suegro ministro de Trans-

portes y un cuñado bien situado en la inteligencia del gobierno.
Aun así, sus condiciones seguían siendo precarias, además de algunos contratiempos que habría de sufrir más adelante.

> Querido hermano, puedo decir que solo tengo compañía
> cuando hay algún preso muerto en la pequeña funeraria que hay
> frente a mi celda... En ciertas ocasiones aparecen misteriosos
> ahorcados, extraños asesinatos... Pero no puedo verlos, porque
> hay una perenne tabla de dos metros de altura en la puerta de
> la celda, para que no vea a ningún ser humano, vivo o muerto.
> ¡Sería mucha magnanimidad permitirme la compañía de un ca-
> dáver![15]

> ... Cuatro meses y una semana que me tienen encerrado en esta
> celda... Al principio dijeron que sería por cuatro meses, pero en
> realidad tienen intenciones de dejarme aquí definitivamente. [...]
> Mientras tanto, no sé hasta cuándo tendré energías para vencer-
> me a mí mismo... Creo que debes integrar la comisión donde
> están Mirta, mi hermana Lidia, Melba, Haydée y otros líderes del
> partido, para visitar a directores de periódicos y estaciones de
> radio, plantearles personalmente el problema y pedir colabora-
> ción... como un problema humano... La intervención de *Bohe-
> mia* sería decisiva. Nadie resiste un buen texto, que podría ser
> hecho por ti, Montaner o Mañach... La postura del Colegio de
> Abogados ha sido bastante floja. Deben visitar a Miró Cardona,
> profesor de la academia militar, como Agramonte, y solicitar del
> Colegio una cooperación más enérgica... La FEU, con sus in-
> tereses de grupos y discordias, se ha portado muy mal. No obs-
> tante, podrás persuadirla de luchar contra una injusticia mucho
> más grave que otras, a las cuales dedica todo su entusiasmo... Ya
> llevo más de tres mil horas completamente solo, salvo los breví-
> simos instantes que pasé con mi mujer y mi hijo... Súmense a
> esto los tres meses en igual situación en Santiago... Te pagaré ese
> favor en cigarros cuando vuelva a la vida... Un abrazo de tu
> hermano.[16]

Mientras tanto, sobre todo ante la inminencia de elecciones,
en las cuales Batista se postularía a la presidencia, sucedían varios hechos. El frente Sociedad de los Amigos de la República
y el Bloque Cubano de Prensa (*Diario de La Marina, El País,*

Avance, Prensa Libre, Alerta, El Mundo y la revista *Bohemia*) habían emprendido iniciativas de diálogo con el gobierno, en busca de alternativas prudentes ante las tendencias más radicales. Otras involucraban a segmentos auténticos y de la ortodoxia de fuera y dentro del país que, como es natural, no despreciaban el patrimonio político o la notoriedad ganada por los integrantes del Movimiento. Se llegó a proponer el restablecimiento de la Constitución con la renuncia de Batista, que trataba de detener el avance oposicionista con medidas «liberalizantes», como el levantamiento de la censura y una amnistía parcial que benefició al profesor García Bárcenas y al ex presidente Carlos Prío, entonces exiliado en México. Los auténticos —entre ellos la Organización Auténtica (OA) bajo su coordinación, adepta al método insurreccional— y los ortodoxos comenzaron a reunirse abiertamente.

Fidel aconsejó a Melba que viajara a México, a fin de reunirse con Raúl Martínez y Léster Rodríguez. En el ínterin dejaba bien claras sus desconfianzas:

> La conducta de este grupo hacía mí y el Movimiento ha sido la siguiente: antes del 26 de julio no nos tomó en consideración, nos excluyó, nos saboteó, nos quitó personas, inculcando rumores en su cabeza… y alardeando de las ventajas dadas por sus millones robados; durante el 26 y los días siguientes, nos envidió, nos criticó, nos calumnió e incluso llegó a decir que habíamos dado el golpe de común acuerdo con Batista; después del proceso, nos silenció, dejándonos solos en la lucha contra la calumnia, el crimen y la miseria… Quiero que eso les sea expresado a las personas en México. […] El Pacto de Montreal fue un funesto error del sector ortodoxo, porque entrañaba una unión con irreconciliables adversarios de ayer… Aceptar las elecciones del 1 de noviembre como un camino adecuado para derrocar el régimen es dar la razón a la política oportunista… Utilizar el nombre del fundador de la ortodoxia para buscar ventajas personales, asistiendo a elecciones que habrán de ser fraudulentas, sin voto directo y haciendo el juego al dictador, es una infamia imperdonable.[17] […] Más que nunca estoy convencido de que debemos mantener independiente el Movimiento, como hicimos en los momentos más difíciles…[18]

Melba regresó el 19 de mayo y confirmó que «agentes al servicio de Prío» se dedicaban a captar elementos del 26 de Julio refugiados en América Central. Había conseguido incluso la copia de una carta en que el ex presidente requería una penetración en el «grupo fidelista».

En el curso de junio Fidel puso el punto final a la redacción de *La Historia me absolverá*. Pronto se concluiría también el complicado traslado del texto hacia el exterior del presidio.

Se aceleró la campaña a favor de la liberación de los moncadistas y se creó el Comité de Familiares de los Presos Políticos, al que se sumaron otras organizaciones. En la capital miembros del antiguo Movimiento Nacional Revolucionario (MNR) de Bárcenas convocaron un encuentro para rearticularse, al que Melba y Haydée comparecieron en nombre del Movimiento,[19] con un mensaje de Fidel para el profesor Bárcenas. Sin embargo, pronto volvió a recrudecerse la persecución y Bárcenas tuvo que exiliarse.

En junio de 1954, Raúl Martín Sánchez, reportero de la revista *Bohemia*, llegó a la isla de Pinos para hacer un artículo, especialmente con el jefe del ataque al Moncada.[20] Iba provisto del consentimiento del propio supervisor general del penal, el comandante Juan M. Capote. No era el primer síntoma de que algo se tramaba en las esferas superiores. En realidad, lo ocurrido es que el supervisor había informado en secreto al teniente Roger Pérez Díaz, jefe de Seguridad Pública, de que había recibido «órdenes de arriba» para eliminar a Fidel Castro. El jefe de Seguridad Pública expuso el asunto al ministro de Gobierno, Ramón Hermida, y se propuso una entrevista de un órgano de prensa como una manera de llamar la atención y congelar la trama del atentado, ya que provenía de otra instancia y aquellos deseaban «lavarse las manos». A Fidel le causó sorpresa que trasladaran a su celda a dos soldados de la marina de guerra recién condenados. Ignoraba que el jefe de la prisión los había enviado como un medio de proteger su vida.

Por fin se reveló el golpe, que Fidel entendió como una tentativa de desmoralizarle ante la opinión pública. El 5 de julio, oyó por radio la noticia de que Mirta había sido «jubilada de su empleo en el Ministerio de Gobierno». En ese momento se inició el distanciamiento de la pareja. Como puede deducirse de las cartas que se incluyen más abajo, entre Fidel, por un lado, y Mirta, Conte Agüero y Lidia, por otro, tal vez Mirta fuera presionada por la familia para ello, sobre todo por su hermano Rafael, asistente del ministro de Gobierno.

> Mirta, como no puedo creer, en ninguna hipótesis, que hayas figurado como empleada de ese ministerio, procede que inicies inmediatamente una querella criminal por difamación contra ese señor, dirigida por Rosa Ravelo o cualquier otro letrado. Tal vez hayan falsificado tu firma y otro esté cobrando... Si tal situación fuera obra de tu hermano Rafael, debes exigir, sin otra alternativa, que aclare públicamente esa cuestión... aunque eso pueda costarle el cargo o la vida. [...] No dejes de presentar, ahora con más razón que nunca, el escrito a Miguel Quevedo. Actúa con firmeza y no vaciles en hacer frente a la situación. Pide consejo a Luis Conte, a quien escribo también unas líneas. Considero que tu pena y tu tristeza deben de ser grandes, pero cuenta con mi confianza y cariño incondicionales...[21]

> Luis... Esto es una maquinación contra mí. [...] Te pido que me ayudes en esto y que actúes en mi nombre... Ahora me ciega la ira y casi no puedo ni pensar. [...] Estoy dispuesto a procesar a mi propio cuñado... Es el prestigio de mi esposa y mi honor de revolucionario lo que está en juego [...] Fidel Castro.[22]

> Ayer, domingo, Mirta y Fidelito vinieron a nuestra casa, pues se juzgó preferible que estuviéramos todos juntos... Pero por la tarde llegaron el padre de ella, sus hermanos Rafael y Waldo y su tía Noelia; y ella decidió marcharse con ellos a Tarará... Decidió retirarse de toda actividad relacionada contigo... Lidia.[23]

> Luis, no tengo que decirte lo que sufrí en estos días, bajo los efectos de un dolor nuevo, desconocido y terrible, mil veces más angustioso y desesperante por encontrarme indefenso detrás de unas rejas que más que nunca me parecen malditas... Se trata, Luis, de si puedo continuar defendiendo y representando una causa, o de ser ignominiosa, vil y brutalmente destrui-

do... Nunca imaginé que Rafael fuera tan canalla y estuviera tan corrompido; no concibo cómo pudo sacrificar tan impiadosamente el honor y el nombre de su hermana, exponiéndola a la eterna infelicidad y vergüenza. [...] Lidia debe de haberte contado la forma indecente en que Rafael la amenazó. En cuanto a mí, dijo que si no había vomitado sangre, ahora la vomitaría de verdad...[24]

El 26 de julio, al cumplirse un año del asalto, Fidel recibió la visita de tres ministros: el de Justicia, Gastón Godoy Loret de Mola; el de Hacienda, Marino López Blanco, y el de Gobierno, Ramón Hermida Antorcha (jefe de su cuñado, Rafael Díaz-Balart). La única fuente sobre lo que se trató en esa entrevista es una carta a Luis Conte Agüero:

> Luis, estaba en mi celda, más o menos a las 13.15, acostado, en calzoncillos, leyendo, cuando el guardia me dio la voz de atención. Sin darme tiempo a nada, entraron el comandante y dos señores vestidos de lino... Dijo el guardia: «Castro, ¡los señores Gastón Godoy y Marino López Blanco quieren conocerlo y saludarlo!». [...] Se desarrolló un diálogo de cinco o seis minutos sobre temas sin importancia, hasta que se despidieron. Amenazando salir, el comandante anunció: «Castro, el señor ministro de Gobierno está aquí y desea hablarle, pero no sabe cómo lo recibirá usted». «Comandante, no soy ningún muchacho malcriado de quien se pueda temer una grosería. Ahora bien, estoy muy ofendido con unas declaraciones del señor ministro y, si hablara con él, sería únicamente para pedirle una satisfacción.» El comandante contestó: «Creo que será mejor que no trate esa cuestión». «Entonces, comandante, mejor será que no haga pasar al ministro.»
>
> A pesar de esto, cinco minutos después entró el ministro y, con la mayor cordialidad, me tendió la mano. «Castro, quiero que sepas que no soy tu enemigo personal; tampoco lo es el presidente. Nada tengo contra ti; soy simplemente un funcionario que desempeña un cargo ministerial. Ustedes están presos porque fueron condenados por los tribunales y mi misión es simplemente, en este caso, celar por el cumplimiento de las prisiones...» Yo escuchaba todo eso en silencio. Hablé: «He sido agredido en unas declaraciones suyas que pretenden poner en duda mi integridad moral... Un familiar mío es, a su vez, uno de los altos funcionarios del régimen,

y, ajeno por completo a mi voluntad y conocimiento, hacen figurar a otro familiar, más próximo, en la lista de personal de un ministerio. Usted no debería utilizar jamás esa circunstancia para atacar mi hogar y querer poner en juicio mi nombre. Estoy preso y no puedo defenderme, ni siquiera demostrar, como podría, mi ignorancia absoluta en este problema, ni exigir responsabilidad a esos funcionarios que, valiéndose de la condición de familia, procedieron de modo tan incorrecto contra mí. ¡Todos los millones del tesoro no podrán tentarme! ¿Cómo pretender semejante intriga contra mi honradez?». El ministro, entonces, declaró: «Mira, Castro, sé que el culpable de esto es Rafaelito, que actúa siempre como un niño irresponsable; te aseguro por mi honor...». «Está bien, ministro, acepto su explicación, reservándome aclarar enteramente este problema cuando esté en libertad...» Volvió a insistir en que no me impacientara y que tuviera calma, se despidió y se fue...[25]

«Y se dio el caso extraordinario de que, a propósito de Fidel Castro, surgiera una crisis en el gabinete de Batista...»[26] La actitud de Hermida indignó de tal manera a su subordinado, Rafael Díaz-Balart, que, en una carta pública, este censuró duramente a su superior por esa visita al «promotor de la criminal intentona». Afirmó que Hermida había ofendido a las fuerzas armadas y la memoria de los soldados muertos en el asalto. El escándalo adquirió tales proporciones que tanto Díaz-Balart como el ministro dimitieron. No obstante, Batista intervino para solucionar la crisis.

Para completar la trama faltaba el ingrediente más encubierto y escandaloso. Según recuerda Alfredo Esquivel, el SIM interceptó una carta enviada por Natty a Fidel. Rafael se enteró de inmediato. Enseguida se encargaron de que una carta de Fidel a Mirta fuera enviada a Natty, y viceversa. Con ello bastó para iniciar el divorcio.

19

AMNISTÍA PARA UN DUELO

Melba y Haydée habían conseguido empleo en un lugar donde podían trabajar en días alternos y nunca por la noche, con lo que evitaban despertar sospechas en las patrullas de policía. Planchaban los pedazos de papel sacados de contrabando del presidio, que iban revelando el texto de *La Historia me absolverá*. Lidia montaba los párrafos, Melba y el padre mecanografiaban y Emmita se ofreció para guardar uno de los originales en un baúl del colegio de las ursulinas.

A continuación eligieron una imprenta pequeña y desconocida, solo que, por algún motivo, la policía comenzó a vigilar el lugar. Sin embargo, se dieron cuenta a tiempo y, concluida la tirada, la policía no logró encontrar ninguna prueba cuando registró el local. La primera edición, de 27.500 ejemplares, se realizó con los 2.000 pesos recaudados mediante la rifa de dos televisores. La mayor cantidad de copias fue enviada a la provincia de Oriente, en Cuba, conforme instrucciones de Fidel. Con la ayuda de Conchita Fernández, ex secretaria particular del fallecido senador Chibás, la distribución llegó a Nueva York en octubre.

Raúl, que ahora compartía la celda del hermano, se pasaba las horas ante la ventana mirando el reducido mundo exterior. En esa fase Fidel comenzó a cultivar la amistad del viejo guardia del sector, Conrado Selles. Cierta vez, este le mostró su carnet de la Acción Revolucionaria Guiteras, uno de los grupos de acción de la década de los treinta; Fidel le aconsejó que lo escondiera muy bien para evitar problemas. Selles se convirtió en su protector.

Con la oreja pegada a la radio situada junto a la reja del ventanuco, fue Raúl quien se enteró del incendio: «Se ha quemado la casa del hacendado Ángel Castro Argiz, padre de Fidel y Raúl, que se encuentran prisioneros en la isla de Pinos…». Raúl se desesperó y llamó a gritos a su hermano, que pareció no dar importancia al hecho. Fue el 3 de septiembre de 1954. La mayoría de las personas que habitualmente circulaban por la casa se hallaban ausentes cuando los trabajadores de la plantación vieron ascender la columna de humo. El motivo probable fue un cigarro encendido, olvidado por el viejo Castro sobre la mesita de noche. Como ningún desconocido había entrado en la casa, se descartó la primera impresión de que el incendio había sido intencionado, pero la vivienda y la pequeña tienda anexa quedaron por completo destruidas.

Gracias al sentido de previsión de don Ángel, la familia no quedó sin techo. Años antes el viejo había construido otra casa en la hacienda, pensando en el crecimiento de la descendencia, en especial de Fidel. El propio Ángel había hecho de arquitecto y la bautizó La Paloma; fue allí adonde se trasladaron. Lina tuvo que enfrentar un nuevo revés.

La aparente frialdad de Fidel ante el incidente denotaba no solo el penoso aprendizaje de control sobre las emociones durante la vida clandestina, sino también un estado de concentración en asuntos esenciales, que aún se hallaban en vías de resolución. Un ejemplo:

> Querida hermana, me alegra mucho lo que dices sobre el divorcio, sobre todo porque se hará cumpliendo estrictamente mis instrucciones. En cuanto al niño, mantengo mi punto de vista… Hondo es el abismo que me separa de aquella gente… Resistí a todos los vejámenes con la misma firmeza con que sabré exigir su reparación; he sufrido la ausencia injustificable de mi hijo con la misma fortaleza con que habré de rescatarlo a cualquier precio. […] Presumo que no ignoran que para quitarme a ese niño tendrán que matarme, y ni siquiera así… Pierdo la cabeza cuando me pongo a pensar… Te espero el sábado…[1]

En enero de 1955 Fidel escribió a un leal compañero, Ñico López, camarada del asalto al Moncada, que se encontraba en México pasando extremas dificultades y tenía la intención de regresar en compañía de Calixto García:

> Si se diera el caso de que no los detuvieran al llegar, para evitar precisamente lo que estamos contemplando, preséntense entonces, por libre y espontánea voluntad, ante el Tribunal de Urgencia de Santiago, a Baudilio Castellanos, que será su defensor... diciendo que lo que quieren es «correr la misma suerte de los compañeros presos», y ellos no tendrán más remedio que actuar... La llegada estaría precedida de declaraciones que adjunto aparte, para ser enviadas, con las firmas de ustedes, a la CMQ, a Miguel Quevedo, a Conte Agüero, a Pardo Llada, a Unión Radio, a Manuel Palacio Blanco, a *Prensa Libre*, a *El Mundo* y al *Diario Nacional*... El proceso se reabrirá y agitaremos el país... precisamente antes de la asunción presidencial. Sería un golpe psicológico formidable, en un momento en que todas las voces reclaman nuestra amnistía. Debes comunicar este plan a los demás compañeros exiliados que te parezca conveniente, pero, fíjate bien, como una idea tuya, porque no quiero ejercer ninguna presión moral sobre ellos. Te ruego que no olvides esta discreción elemental...[2]

La cuestión de la amnistía y de su alcance constituía una polémica central en Cuba, en medio de los desfalcos del Tesoro Nacional, expedientes de soborno y peculado, la escasez creciente y una deuda de cerca de 400 millones de pesos. Para las elecciones de noviembre ganaba fuerza la tesis del «voto útil» al ex presidente Grau, el candidato que competiría con Batista. Los aliados de este se lanzaron por todo el país a comprar votos y presionar a los funcionarios públicos con amenazas de cese. Sin embargo, Grau renunciaría como candidato en las vísperas de la votación, y Batista resultaría elegido, lo que supondría la derrota moral de los segmentos promotores del diálogo.

Divulgada al público en la columna «Tribuna Libre», de la revista *Bohemia*, la «Carta sobre la amnistía» —versión de un escrito de Fidel—, el consejo del presidio Modelo se reunió para fijarle una pena adicional. A continuación, un fragmento de la carta:

Qué extraña es la conducta del régimen con nosotros. En público nos llama asesinos; en privado nos califica de caballeros. En público nos combate con exasperación; en privado viene a conocernos. Un día es un coronel que me obsequia un cigarro, me ofrece un libro… Otro día aparecen tres ministros sonrientes… Ahora nos toca responder, también con civismo, al vasallaje moral que el régimen impone cuando declara que habría amnistía si los presos y exiliados renunciaran a su actitud; si hubiera un compromiso tácito de acatamiento al gobierno. […] Convirtiéndonos en rehenes, tal como los nazis en los países que ocuparon. […] A cambio de nuestra libertad no daremos, pues, ni un bocado de nuestro honor… A los 77 años de la protesta heroica, el Titán de Bronce[3] tendrá en nosotros a sus hijos espirituales… Fidel.[4]

Fidel fue castigado con 30 días de incomunicación, y Raúl, acusado de cómplice. Salieron artículos en el periódico *La Calle*, otros en *Bohemia*; algunos programas radiofónicos se pronunciaron por el fin del aislamiento de Fidel y el Comité Pro Amnistía, bajo la coordinación de los padres de Almeida y Montané, se amplió sensiblemente. Los ex socios de Fidel, los abogados Aspiazo y Resende, presentaron a la Cámara un proyecto de ley de amnistía con más de 20.000 firmas. El 2 de mayo de 1955, el proyecto fue aprobado por la mayoría de los diputados, aliados de Batista. Para el gobernante, que firmaría la ley cuatro días después, la amnistía era una nueva estratagema en momentos de presión.[5]

Domingo, día 15. Familiares, amigos y simpatizantes, a los cuales se unieron reporteros y fotógrafos, montaron guardia frente a los portones, sentados en la hierba. Recibido el telegrama de la Audiencia de Santiago, el supervisor se encontraba listo para dar cumplimiento a la orden de amnistía a los presos. Los liberados recibieron billetes de embarco para partir a las ocho de la tarde. Los carceleros abrieron los portones y el primer grupo descendió por las escaleras a las 13.05.[6] Menos de media hora después salió el segundo grupo: Fidel Castro, Raúl Castro, Juan Almeida, Enrique Cámara Pérez, Agustín Díaz Cartaya, Armando Mestre Martínez, Orlando Cortés y Mario Chaves de Armas.

«Quiero despedirme del teniente Pérez Díaz», solicitó Fidel. El oficial, jefe de Seguridad Pública, se aproximó y él le abrazó y le dijo: «Con esta manifestación no quiero perjudicarlo. Usted es un militar digno y caballero… No considero el ejército como enemigo, sino como adversario…». «Acepto cualquier responsabilidad…», repuso el teniente, que agradeció el gesto a la vista de todos. Dirigiéndose a los que se apiñaban alrededor, declaró Fidel: «Agradecería, señores periodistas, que relataran esta escena tal como ocurrió, con la objetividad que conocen…». Entre los abrazos de bienvenida, los de Lidia, Emma, Juana, Agustina, Melba y Haydée. Mientras tanto se anticipaba la salida del tercer grupo,[7] ya que había comenzado a llover tras un largo período de sequía y sol abrasador en la región sudoeste.

Al visitar a la familia de Montané, Fidel pidió que localizaran al guarda Conrado, que libraba ese día y a quien dejó de recuerdo su radio. En el vestíbulo del hotel Nueva Gerona repartió abrazos, recordó rostros y nombres y registró los que se presentaban. No cesaba de llegar gente a la estancia ya repleta. Era evidente que Fidel se había convertido definitivamente en una figura nacional. A duras penas lograron llevarle hasta el lugar donde se celebraría la rueda de prensa.

Pienso permanecer en Cuba… Muchos exiliados, antes de regresar, esperarán para ver lo que nos sucederá, si hay o no garantías. Serviremos, con placer, de cobayas. […] En cuanto a mis planes, no aspiro a nada. Analizaré con mis compañeros la situación política del país y después actuaremos. Posiblemente entraremos en contacto con todos los movimientos políticos del país. […] En cuanto a la ortodoxia, donde siempre milité, quiero expresar que mucho nos alegra la unidad reconquistada y consideramos un gran acierto la designación de Raúl Chibás como su líder. […] Estamos a favor del criterio de que deben unirse todas las fuerzas morales del país, bajo la tesis del chibasismo revolucionario. […] Ni constituyente ni parciales; esto sería reproducir el proceso electoral de noviembre, con una oposición colaboracionista. […] No hay otra fórmula salvo la de las elecciones generales, en el más breve tiempo posible, para que la democracia tenga vigencia. […] Repudiamos los procedimientos terroristas porque son inhumanos, antirrevolucionarios y benefician indirectamente al gobierno. Nuestra línea es la movilización de masas, no la conspiración...

Al final de la conferencia entregó a los periodistas un documento —*Manifiesto al pueblo de Cuba*, de Fidel Castro y combatientes— y regresó a la casa de los Montané.

Por la noche fueron a pie al muelle del río Las Casas, lugar del embarque en el vapor *Piñeiro*, que unía la isla pequeña con la mayor. Amanecieron en Batabanó, un puerto pesquero situado al sur de la provincia de La Habana, lleno de curiosos. De allí cogieron el tren hacia la capital, a las siete de la mañana.

En la estación de La Habana aguardaban los consejos directivos de la ortodoxia y de la Federación de Estudiantes Universitarios (FEU). Fidel fue sacado por una ventana y subido a hombros[8] entre banderas de Cuba y el canto del himno nacional. A la salida, dos discretos vehículos de la policía vigilaban. Fidel se dirigió a la residencia de las hermanas, en la calle 23, frente a la fábrica de Partagás, que encontró repleta de políticos, intelectuales y jóvenes.

Era su intención no descartar a priori ningún camino, aunque en su interior estuviera convencido de la inutilidad de un trabajo político tradicional. Deseaba poner sobre la mesa todas las opciones. Pronto iniciaría la secuencia de contactos secretos. «Fui a conversar con él de forma independiente... La idea era crear un movimiento que podríamos calificar de fuerzas morales... dejando atrás la vieja política, rompiendo con los partidos existentes, donde la figura sería Fidel, y reclutar (valga la palabra) a todos los que estuvieran dispuestos a luchar contra la dictadura. Si el gobierno de Batista alimentaba un movimiento populista o incluso popular democrático (algo tal vez impensable, pero que había sucedido en 1944), entonces no habría razón para la lucha armada...»,[9] rememora Max Lesnick.

Max le propuso un encuentro con José Antonio Echeverría, emergente líder y presidente de la FEU, que ocurriría días después. El rechazo al gobierno continuaba creciendo entre los estudiantes. La tensión había llegado al punto en que los candidatos a la dirección de la entidad renunciaron por anticipado y los partidarios de Echeverría, el secretario general, le proclamaron presidente por sustitución reglamentaria.

«Esto comenzó con sangre y tiene que terminar con sangre», dijo a Fidel, de entrada, el presidente de la FEU. Fidel interpretó la declaración como una especie de desafío. «Habiendo experimentado todo antes que todos, sonaba mal imponerle el método...»,[10] de modo que el acuerdo quedó en suspenso.

Del profesor García Bárcenas continuaba separándole la creencia de este en una conspiración militar, mientras que Fidel se inclinaba por la insurrección popular. Dos miembros de la dirección del Movimiento Nacional Revolucionario (MNR), Armando Hart Dávalos y Faustino Pérez Hernández, presentes en el encuentro, salieron junto con Fidel de la casa de Bárcenas. Notando la disposición de ambos a integrarse en el Movimiento, Fidel propuso: «Pueden quedarse con nosotros... Si el profesor organiza un golpe de Estado, denle apoyo...».[11] Entre las conversaciones preliminares hubo también una con Jorge Mañach, el periodista que coordinaba el programa de televisión *Ante la prensa* y líder del grupo Movimiento Radical Revolucionario (MRR).

Solo en su despacho, Fidel redactó una nota dirigida al abogado Pelayo Cuervo para comunicarle que presentaría su renuncia como miembro del Partido del Pueblo Cubano, el PPC(O), «pues ahora me proclaman militante ortodoxo, pero antes negaron reconocerlo, o lo silenciaron cobardemente...».

Sin embargo, la libertad de acción de los primeros días no se prolongó por mucho tiempo. Al término de un debate en Onda Hispano-Cubana, con la participación de Fidel, la policía irrumpió en la emisora y el director fue hecho preso. El 20 de mayo, al llegar a una concentración en la «escalinata» como invitado de la dirección de la FEU, la policía le impidió pasar, así como a sus acompañantes.

Aun así, Fidel estaba empeñado en garantizar un espacio público para su actuación política. A un periodista especial de la revista *Bohemia* declaró: «No haremos lo que conviene al gobierno, que sería entregarnos a actividades de conspiración. Ratificamos sin reticencias, porque no somos perturbadores de oficio, que si un cambio de circunstancias y un régimen de garantías positivas exigieran un cambio de táctica de lucha, así lo haremos, en acatamiento a los supremos intereses de la nación…».[12] Cuando iba a comenzar la sesión de fotos, pidió a Max Lesnick que se sentara a su lado.

El modesto diario vespertino *La Calle*, dirigido por Luis Orlando Rodríguez, difundió aspectos inéditos de la masacre militar de los moncadistas. Fidel lo había convertido en portavoz desde la prisión cuando, basándose en una denuncia presentada al Tribunal Supremo, Rodríguez publicó dos reportajes sobre el planeado atentado contra él y sus compañeros. Con excepción de los domingos, día en que el periódico no salía, Fidel acudía por las tardes a la redacción, para escribir. El vespertino se mantenía con déficit, siempre amenazado por el cierre.

Reservadamente, Fidel había definido sus prioridades. Coordinaba la reorganización del Movimiento, con el siguiente programa: reclutar hombres y recaudar fondos para una expedición que desembarcaría en Cuba con el objetivo de combatir las fuerzas de Batista. En la práctica, eso equivalía a equipar y entrenar un pequeño ejército.

El Movimiento, desde luego, no era diferente del anterior, ni siquiera en lo concerniente a su programa, pero ahora surgía con el nombre de 26 de Julio, según lo propuesto en un restringido encuentro nocturno a bordo del vapor *Piñeiro*. Se aprovechaba así la popularidad del asalto al Moncada, transformado en la opinión pública cubana en símbolo de la oposición a Batista. En verdad, todo respondía a las definiciones que habían sido fruto de una prolongada reflexión en el presidio. El principio general se mantenía: el combate armado vinculado a la lucha de masa.

La dirección del Movimiento dentro y fuera de Cuba estaba compuesta por Fidel Castro, Raúl Castro, Jesús Montané, Melba Hernández, Haydée Santamaría, Pedro Celestino Aguilera y Armando Hart, más los encargados de atribuciones específicas: Faustino Pérez (finanzas), Pedro Miret (sector militar), Luis Bonito Milián (frente obrero), Ñico López y Pepe Suárez (sector joven). Se estableció que Fidel partiría al exilio en breve, a fin de iniciar la preparación del contingente, y que más adelante le seguiría Montané, una vez organizado el aparato de propaganda.[13]

Mientras tanto la presión aumentaba. Raúl Castro fue acusado de haber participado en una acción terrorista en el cine Tosca, donde había estallado una bomba. *Hora Ortodoxa*, el programa de Unión Radio en el cual se expresaba Fidel, fue cancelado.

Por último, cerraron también *La Calle*. El teléfono de Fidel fue intervenido, y él comenzó a recibir amenazas de muerte. Decidió entonces enviar un informe al Tribunal de Urgencia para exponer la intención de algunos oficiales militares de eliminarlos a él y a su hermano, a quien debió persuadir de partir al exilio. Raúl se resistió bastante, pero al fin solicitó asilo político en la embajada de México. El 24 de junio, llegó a la capital de ese país.

Fidel presentía que se aproximaba también su hora de abandonar Cuba.[14] Nada más le quedaba por hacer, salvo acabar de preparar la estructura del Movimiento 26 de Julio (M-26). En una reunión celebrada en el piso de Melba decidió los cuadros de la provincia de Oriente: Léster Rodríguez, Bilito Castellanos (organizaciones cívicas), Frank País (operaciones) —cuya organización, ARO/ANR, accedió a fundirse con la de Fidel—, Ramón Álvarez (frente obrero), Gloria Cuadras (propaganda) y, como tesorera, María Antonia Figueroa, que llegó de Santiago convocada por Fidel. Era una de las muchachas que habían ido a saludarle a la puerta del hospital donde tuvo lugar su juicio, casi dos años antes.

No había más aparentes ambigüedades en las propuestas políticas de Fidel. En una reunión, al ser defendido el nombre de Ñico López como candidato a las próximas elecciones de la Juventud Ortodoxa (JO), Fidel, delimitando las fronteras, argumentó que lo más adecuado sería trabajar para conseguir el apoyo de la entidad a la posición insurreccional. El cerco contra él se cerraba. El propio Ramón acudió a La Habana para decirle que se refugiara con urgencia también en una embajada, pero Fidel afirmaba que saldría del país normalmente, por el aeropuerto. Retiró el nuevo pasaporte, número 17702, válido para dejar el territorio nacional hasta el 24 de agosto. A continuación consiguió el visado de turista, expedido con el número 2.863 por el consulado mexicano, válido por seis meses.

Lidia le ayudó a preparar la maleta, que, como de costumbre, contenía más libros que ropa. Muchos fueron a verle; a otros los llamó por teléfono o los visitó.

A Pepín Sánchez, «el más fiel colaborador de Chibás», le entregó un ejemplar de *La Historia me absolverá* con la siguiente dedicatoria: «Con todo el afecto y la admiración de quien parte mañana para emprender una lucha de la cual no se regresa, o se regresa con la tiranía decapitada a los pies. Fidel Castro, La Habana, 6 de julio de 1955».

Estuvo además en el piso de Carmen Castro Porta, para conversar sobre el Frente Cívico de Mujeres Martianas (FCMM). En el café Las Delicias de Medina, entre la calle L y la 21, habló con José Antonio Echeverría y Fructuoso Rodríguez, acompañado por Ñico López. Otra participante de la FCMM, Pastorita Núñez, fue a buscarle en coche. Por la noche cenó con Jorge Aspiazo.

El matrimonio con Mirta estaba legalmente disuelto. El divorcio había concluido el 18 de junio de 1955, con la separación de bienes previa a la liquidación contractual. A la audiencia pública comparecieron los abogados de Fidel, pero no el de Mirta (Aramís Taboada). El niño Fidel, de cinco años, quedó bajo la guarda y custodia del padre, sin perjuicio de comunicación con la madre. Hay que comentar que en ese período en que estuvo libre en el país, Fidel tuvo relaciones no solo con Natty Revuelta, sino también con otra mujer, María Laborde, que integraría el M-26.

Acompañaron a Fidel para despedirle su hijo Fidelito, sus hermanas Lidia y Emma, María Laborde, Gustavo Amejeiras y otros compañeros. En el vestíbulo del aeropuerto se encontró con juristas de renombre, dos dirigentes estudiantiles —René Anillo y Juan Nuiry— y el comentarista de radio Guido García Inclán. «El doctor Fidel Castro, destacada figura de la oposición, recientemente amnistiado, declaró que residirá en algún lugar del Caribe», habrían de anunciar en titulares destacados los periódicos matutinos.

Al régimen le dejaba la satisfacción de haber salido vencedor de un duelo. Embarcó en el vuelo 566 de la línea Mexicana de Aviación, que aterrizó en Mérida, en la península de Yucatán, la tarde del 7 de julio. Fidel vestía su gastado traje de lana color ceniza, como había imaginado meses antes. Se marchaba para regresar.

MÉXICO, TEXAS Y NUEVA YORK

La escala en Mérida fue muy breve. A continuación Fidel tomó un vuelo a Veracruz, en ruta sudoeste sobre el golfo de Campeche. Al llegar fue a buscar a un amigo que había fijado su residencia allí, el escultor Fidalgo. Pernoctó en su casa y la mañana del 8 de julio de 1955 cogió el autobús con destino a la capital, Ciudad de México. En la estación terminal le esperaba una cubana desconocida.

María Antonia González se había trasladado a México el año anterior, tras el asesinato de su hermano en La Habana. Casada con un mexicano, el profesional de lucha libre Ansacio Kid Vanegas, vivía en un modesto piso de un barrio del centro. El número 49 de la calle Emparán se había convertido en refugio de disconformes con el sistema. «Me reuní la primera noche allí con Raúl y dos o tres cubanos más. Trazamos un plan sobre cómo obtener noticias de Cuba, el modo de aproximarnos a figuras influyentes del país, que podrían ser útiles… a su tiempo», recordó Fidel.

El día 9 por la mañana, después de instalarse en una pensión, no muy lejos de Emparán, Fidel salió a dar un paseo en compañía de Kid Vanegas, con la intención de familiarizarse con los alrededores. Comenzó por la avenida Juárez, respirando el aire frío de un valle seco, a 2.300 metros de altitud, impregnado del ambiente cosmopolita. Tras dos horas de conversación y caminata, sintió que podía confiar en Kid, el luchador.

Iniciaba así la etapa de su más profunda clandestinidad, repleta de artimañas y peripecias, hasta el punto de que hoy día todavía existen discrepancias en la reconstrucción de sus movimientos en esa fase.[1] Todo cuidado era poco. Ante cualquier sospecha de riesgo, Fidel desaparecía súbitamente de la vista. Ni siquiera su famosa memoria elefantiásica asimiló la totalidad de los contratiempos.

Para mantener correspondencia con sus compañeros que continuaban en Cuba, adoptó el nombre de Alicia Zaragoza, y llamaba Sara a Pedro Pérez Font y/o a Luis Conte Agüero. Alicia era en realidad una mexicana que ayudaba a María Antonia en las tareas domésticas.

Las primeras cartas las entregó a un intermediario que le inspiró confianza. En un papel aparte anotó el destinatario, a quien sería entregado un sobre destinado a Melba, con una carta de una página para la Doctora (ella misma), en cuyo reverso enumeró, con el método de la escritura simulada —con una pluma de punta muy fina mojada en zumo de limón—, cinco opciones de nombres con direcciones suyas para cualquier comunicación, y otra al Médico (Faustino Pérez), a quien narró pormenores de su vida cotidiana. El gobierno mexicano era tolerante en política exterior, pero no ocurría lo mismo con los agentes de Batista en el extranjero.

> Vivo en un cuartito y el tiempo libre de que dispongo lo dedico a leer y estudiar. Ahora estoy documentándome sobre el proceso revolucionario de México, bajo la dirección de Lázaro Cárdenas. Más adelante pienso redactar el programa revolucionario completo que vamos a presentar al país en forma de folleto, que podrá imprimirse aquí e introducirse clandestinamente en Cuba. [...] La norma básica de mis pasos es y será siempre de suma cautela y absoluta discreción... He procurado hacerme notar lo menos posible...[2]

En la comunidad cubana, aunque no era muy grande, había algunos que gozaban de buena posición, a los cuales podría recurrir. Pero trató de establecer contactos de forma lenta y prudente, igual que al conocer la ciudad.

Querida Doctora, enloquezco de impaciencia por saber cómo andan los trabajos. [...] Por un emisario seguro pienso enviar pronto, ya impresas, algunas centenas o tal vez miles del Manifiesto n.° 1. [...] Cada uno saldrá con un intervalo de dos semanas... Es muy importante que busques dos personas, mujeres a poder ser, de absoluta confianza, a las que, como sustitutas de ustedes, yo pueda dirigir la correspondencia, como hago ahora. Me preocupa este punto... Considero que la idea de ir retirando del frente interno a cada compañero cuyas actividades se hagan evidentes es formidable; pero es absolutamente indispensable que al mando de las tareas queden personas de la mayor capacidad y confianza. El éxito depende de que no se desarticule una sola pieza del aparato; que todos los métodos de comunicación, coordinación y sustitución se superen cada vez más. Aquí realmente necesito colaboradores, tanto en un lado como en otro... [...] Me esfuerzo para que, cuando vengan, encuentren condiciones de vida más aceptables... Tengo para P. M. [se refería a Pedro Miret] y señora alojamiento en casa de una familia cubana, que no les costará nada. Bueno será que me pudieran enviar, entre el 10 y el 15 de agosto, a alguien con un amplio informe verbal, y el viaje debería hacerse con la mayor economía: La Habana-Veracruz en barco, Veracruz-México en autobús. [...] Me abstuve de hacer declaraciones públicas a mi llegada. Además, el pudor me lo impide. No es correcto llevar, a ningún lugar del mundo, las penas de Cuba, mientras haya un cubano que pueda coger un rifle para remediarlas. [...] En el más desventurado de los casos, podrá decirse de nosotros, el día de mañana, que supimos morir ante un imposible, pero que no nos vieron llorar de impotencia. [...] Para todos, mi más fraterno abrazo, Fidel.[3]

En casa de María Antonia conoció a la peruana Laura Meneses y al puertorriqueño Juan Juarbe. En la colonia de republicanos españoles descubrió a un personaje, el general de aviación Alberto Bayo, nacido en Cuba pero que había desarrollado su carrera en España y sobre todo en la Legión Extranjera, en especial en Marruecos. Bayo poseía características peculiares; era bizco y famoso por las conferencias que pronunciaba, recomendando la táctica de las guerrillas. Llevado por un amigo común, Javier

Cancio Peña, Fidel fue a la casa del general, en la avenida de Country Club. Cumplidas las formalidades de la presentación, en pocos minutos gesticulaba pródigamente, de pie, en el centro de la sala, soltando casi una reprimenda a aquel señor de edad: «¡Eres cubano, y tienes la irrefutable obligación de ayudarnos!». Era una especie de ardid para persuadirle de que entrenara a sus hombres para la guerrilla, «cuando los tuviera organizados para un futuro desembarco en Cuba y solo después de que pudiera comprar los barcos», según lo que recordó posteriormente el general. Al oír el sermón de Fidel, Bayo encontró, como mínimo, gracioso a aquel muchacho que anhelaba levantar una montaña con una sola mano. Para su propio espanto, se sintió estimulado a aceptar la propuesta.

Fidel se había informado previamente de las preferencias del general y reforzó su discurso con pinceladas de desprecio por Franco. Dio en el blanco. En la despedida le aseguró que en siete u ocho meses volvería a buscarle para la tarea. «Gracias de antemano, aunque no se deba agradecer a un cubano que muera por su patria…», agregó.

Para conmemorar el 26 de Julio, optó por no hacer ningún alarde y exhortó a los compañeros a abstenerse de comentar el asunto de forma pública. La mañana de aquella fecha, depositó flores en el monumento a los Niños Héroes de Chapultepec.[4] Por la noche asistió a un acto en el Ateneo Español, organizado por jóvenes del Movimiento Continental Indoamericano, en que refugiados antifranquistas manifestaron su admiración por los moncadistas. Después Fidel se dirigió a una fiesta de confraternización en la casa de las cubanas Eva y Graciela Jiménez, donde él mismo preparó los espaguetis con marisco y queso. Un invitado argentino pasó gran parte del tiempo observándole. Reparó, por ejemplo, en que Fidel se mantuvo silencioso y reservado, una razón más para reforzar su decisión de abordar a aquel exiliado cubano de quien ya tanto se hablaba. El observador curioso era un médico. Su nombre, Ernesto (Che) Guevara.

Che (en lenguaje coloquial rioplatense, interjección con que se llama o se pide atención a una persona)* fue el apodo que le dieron los amigos cubanos.** Había conocido a algunos en Costa Rica y en Guatemala, fugitivos de la dictadura y del Moncada, como Ñico López. Pocas semanas atrás, mientras hacía fotos en la plaza de la catedral, se había reencontrado con Ñico, ocasión en que conoció a Raúl Castro. La afinidad entre el Che y Raúl hizo que este buscara la oportunidad de presentarle a su hermano.

El encuentro entre Fidel y el Che tuvo lugar en un clima de gran cordialidad y sutiles sondeos mutuos. El tema principal fue el continente americano y la política internacional. El Che le transmitió su percepción del proceso social latinoamericano, según la experiencia vivida en su vasto periplo por diversos países, y las otras realidades latinas que Fidel ansiaba conocer más íntimamente. Intercambiaron ideas, por ejemplo, sobre la institución militar y cómo las fuerzas armadas se comportaban ante una situación insurreccional.

El Che creía que el ejército, en cualquier país, no podría ser ganado para la causa revolucionaria, ya que su tendencia conservadora y la influencia estadounidense lo llevarían siempre a oponerse a los movimientos de transformación, sobre todo en su fase insurreccional. Basándose en la experiencia boliviana de milicias populares que había visto durante el gobierno de Víctor Paz Estensoro (1952-1956), creía que era preciso armar al pueblo para mantener el proceso en marcha y no permitir que se debilitara. De hecho, la vacilación en cuanto a este paso, en medio de la crisis, habría de conducir a un retroceso en Bolivia (al gobierno de Paz Estensoro le sucedió el del conservador Hernán Siles Zuazo, que se prolongó hasta 1960). Con ese argumento el Che justificaba la necesidad de una «institución militar revolucionaria», la misma postura que defendía Fidel.

* Aquí me he permitido modificar el texto original para dar una definición más precisa (aunque abreviada) del uso de este término en Argentina, lugar de procedencia de Guevara. *(N. de la T.)*

** En la época, en Cuba solían llamar «Che» a los argentinos en general; con el tiempo, Guevara, ya querido y admirado, dejó de ser un «Che» más para convertirse en «el Che», en el sentido del mejor, el único. *(N. de la T.)*

Mientras abordaban tan amplia temática, aquella noche el Che dejó la conversación más bien a cargo de Fidel, que en esa oportunidad estaba afónico, a causa de una obstinada gripe que delataba la dificultad de su organismo para adaptarse al clima de Ciudad de México. Al contrario del cubano, no era propio del temperamento del Che la urgencia por polemizar. Escuchó con detenimiento el relato de Fidel sobre su experiencia en el Bogotazo, el fracaso del Moncada y su estrategia de abandonar Cuba para regresar, imitando a José Martí, con el objetivo de provocar la revuelta popular y derrocar al dictador y su ejército. Percibió más aún: la conversación era subrayada por el fino bigote y una mirada miope que escudriñaba cada tema tras las gruesas gafas. Se daba en aquel encuentro una curiosa coincidencia: Fidel presentaba al Che la posibilidad de comprometerse con un destino que el argentino ansiaba abrazar.

Por su parte, Fidel quedó intrigado con su interlocutor. Ya impelido a captarle o decidido a descubrirle, resolvió que lo mejor era abordarle con cautela, más aún porque percibía en el Che una inteligencia que escondía mucho más de lo que expresaba. En determinado momento, cuando el Che le dijo que era médico, se sorprendió; para él, eso no encajaba en el perfil del personaje que tenía delante. No obstante, al amanecer el nuevo conocido ya había recibido el puesto de médico de la futura expedición, y poco después se encontraron para cenar. En esa ocasión el Che le presentó a Hilda Gadea, la peruana con quien se casaría.

Fidel se desesperaba por la falta de toda comunicación directa proveniente de sus compañeros en Cuba. Dos veces por día pasaba por casa de Raúl para averiguar si habían llegado noticias o mensajes. La espera continuó, en vano, hasta el 1 de agosto, cuando llegó a sus manos la primera carta de la dirección de Movimiento 26 de Julio (M-26), que había permanecido en La Habana. Por ese mensaje comprendió que no podría confiar tanto en su intuición para designar personas de confianza. No disponía de muchas opciones, era cierto, pero de cualquier modo reelaboró —o complicó aún más— las estratagemas para la comunicación:

> Queridas hermanas: Ayer, por fin, recibí noticias directas de ustedes y, con ellas, el anuncio de que de un momento a otro llegaría un amplio informe. La primera comunicación que me dicen no haber recibido (una carta para el Médico y otra para la Doctora) fue enviada por un empleado de la Cía. Cubana de Aviación llamado Ramón Jaliana, de estatura media, delgado, moreno, de veintiocho años de edad. Estaba de vacaciones… Que alguien haga indagaciones en la sede en La Habana. En la representación de México me dijeron que el muchacho no pudo localizar al destinatario… […] No mencionen mi nombre jamás, para nada. Además, deben escribirme todas las cartas e informes con la mayor discreción. En casos de mayor cuidado, utilicen el método especial. Pronto tendremos que usar código…[5]

Luego pasaba a comentar el cacareado regreso del ex presidente Carlos Prío a Cuba, el 6 de agosto:

> Nadie sabe. No dijo a nadie lo que se propone… Es posible que ni él mismo, el protagonista principal de la escena montada, lo sepa. Si de aquí al día 6 no ocurre en Cuba absolutamente nada, ¡no concibo de qué forma podrá organizar un movimiento insurreccional! De todo eso deduzco como lo más probable que, si no adopta abiertamente la tesis pacifista electoral, irá a parar a las celdas del Castillo del Príncipe, dándoselas de víctima. Las conspiraciones están en el aire… cargado de intranquilidad… Las armas seguirán transitando. ¿Hasta cuándo podrán, pues, continuar manteniendo, en estas circunstancias, la fábula insurreccional? El problema de Cuba se enredará como un nudo «gorkiano», que solo una revolución podrá deshacer…[6]

Finalizaba la carta pidiendo información sobre la marcha de las tareas de cada uno y sobre la situación de diversos organismos, como la Juventud Ortodoxa (JO) y el Frente Cívico de Mujeres Martianas. Recalcaba asimismo la necesidad de recaudar fondos y concluía con una curiosa frase: «Vuelvo a reiterar mi promesa de que, si lo que anhelamos no fuera posible, si nos quedáramos solos, me verán llegar en un bote, a una playa cualquiera, con un fusil en la mano... Fidel».

Su preocupación por disponer de un mensajero digno de confianza resultaba aún más crítica ante su intención de enviar a La Habana un manifiesto importante, que habría de ser el primer documento oficial del M-26. Para ello visitó a Onelio Pino, conocido de Ñico, y allí se encontró con las hermanas Ondina y Orquídea. Ya había visto a esta última en el Ateneo Español. Invitado a su elegante mansión, departió con el marido de Orquídea, el ingeniero mexicano Alfonso Gutiérrez, y decidió contarle que planeaba una expedición a Cuba. Gutiérrez mostró su interés por colaborar y un día después fue a buscar a Fidel a casa de María Antonia. Allí encontró a Jesús Montané, que acababa de llegar a México para trabajar como asesor particular de Fidel, además de tesorero general de la organización.

Disimulado entre las páginas de un volumen de *Historia inca*, el manifiesto, que se reproduce parcialmente a continuación, fue impreso en Ciudad de México. Se acordó que Ondina habría de ser la emisaria. Fidel encargó a Melba que consiguiera papel suficiente y un ciclostil para hacer 50.000 copias, que se distribuirían en el cementerio Colón el 16 de agosto, aniversario de la muerte de Chibás.

> *Primer Manifiesto del 26 de Julio al Pueblo de Cuba*: Cuba es mi Patria y a ella no volveré, o volveré dignamente como he prometido... O conquistamos la Patria a cualquier precio, para que se pueda vivir con decoro y honra, o nos quedaremos sin ella... Patria es algo más que opresión, que un pedazo de tierra sin libertad y sin vida... En Cuba solo pueden reunirse libremente los incondicionales del régimen y los que hacen el juego de una oposición dócil e inofensiva. Los que dudan de la firmeza con que cumpliremos nuestra promesa, los que nos ven reducidos a la impotencia, porque no tenemos fortuna privada, ni millones robados al pueblo... A los que aconsejan, impúdicamente, la asistencia a elecciones parciales como solución nacional, respondemos: ¿a quién le importan esas elecciones? La disconformidad no está en los políticos que ambicionan cargos, sino en el pueblo que ambiciona justicia. [...] Si queremos el poder, es como un medio, no como un fin en sí mismo... La hora actual de una

América cada vez más invadida por dictaduras reaccionarias... La única solución cívica que aceptaríamos, la única honesta, lógica y justa es la de elecciones generales inmediatas sin Batista. Mientras tanto seguiremos sin descanso en nuestra línea revolucionaria... Los derechos se conquistan, no se piden; se arrancan, no se mendigan... [...] El 26 de Julio es de todos aquellos que, sinceramente, deseen restablecer la democracia política e implantar la justicia social. Su programa: 1: proscripción del latifundio, distribución de tierra a los campesinos, pequeños propietarios, colonos, aparceros y puesteros, con ayuda económica y técnica del Estado y reducción de impuestos; 2: restablecimiento de las conquistas de los trabajadores obreros, anuladas por la dictadura, con el derecho a participar de los beneficios... en determinadas épocas del año, independientemente del salario; 3: industrialización inmediata del país planificada por el Estado, utilizándose todos los recursos económicos y humanos de la Nación; 4: rebaja vertical de los alquileres; construcción por el Estado de viviendas para dar abrigo a las 400.000 familias residentes en barracas; extensión de la red eléctrica a 2,8 millones de personas de las zonas rural y suburbana; conversión de cada inquilino en propietario, por amortización del valor del inmueble a largo plazo; 5: nacionalización de los servicios públicos; 6: construcción de «ciudades infantiles» con fin educacional; 7: extensión de la cultura; 8: reforma general del sistema fiscal, evitándose el «mal manejo» de los fondos por el Estado, para satisfacer las necesidades de la colectividad; 9: reorganización de la administración pública y establecimiento de la carrera administrativa; 10: implantación de «clasificación inviolable» en la jerarquía militar; supresión de la pena de muerte en el Código Penal Militar por delitos cometidos en época de paz; prestación de funciones de beneficio social por los institutos armados; 11: retribución generosa a los empleados estatales, jubilados y otras categorías de interés nacional, como médicos y profesores; 12: fin de la discriminación racial; 13: Seguro social y estatal contra el desempleo; 14: abolición de los tribunales de urgencia y reestructuración del Poder Judicial; 15: confiscación de bienes de los dilapidadores del dinero público... La Revolución Cubana realizará todas las reformas dentro del espíritu y los dispositivos de nuestra Constitución progresista de 1940... castigará con mano firme todos los actos de violencia contra la persona humana que se estén cometiendo bajo la tiranía, pero repudiará toda manifestación de venganza inspirada en el odio y las bajas pasiones... No se compromete con grupos o personas de ninguna clase, ni a nadie ofrece empleos públicos civiles ni cargos en las Fuerzas Armadas... Se respetarán la capacidad y el mérito, y jamás el Estado será botín de guerra de un grupo victorioso... Pensamos, como Martí, que el verdadero hombre no mira de qué lado se vive mejor, sino de qué lado está el deber... En nombre del Movimiento Revolucionario 26 de Julio, a los ocho días del mes de agosto de 1955... Firma lo expuesto Fidel Castro.[7]

Simultáneamente algunos miembros del M-26 consiguieron que el mensaje de Fidel a las 500 personas presentes en el Congreso de Militantes Ortodoxos se incluyera como uno de sus documentos oficiales:

> ... A nadie se le ocurrió gritar bien alto, con toda la fuerza que da la razón: para que haya paz es necesario que haya justicia; para que haya paz es necesario que haya derechos; para que haya paz es necesario que haya libertad; para que haya paz es necesario que el señor Batista renuncie a la Presidencia de la República. [...] La oposición pide elecciones generales como única fórmula de solución pacífica. [...] Cuba está en una encrucijada, que marcha hacia una postración política y moral más vergonzosa, que puede durar 20 años, como dura sin esperanza en Santo Domingo y otros pueblos de América... Las elecciones parciales son un camino; el otro se llama revolución: ejercicio del derecho que tienen los pueblos a rebelarse contra la opresión, la continuación histórica de la lucha de 1868, 1895 y 1933... Los ortodoxos saben que llegó la hora de escoger entre uno y otro...[8]

Con ocasión del Congreso Ortodoxo, la Acción Cívica de Nueva York invitó a Fidel a visitar la comunidad de emigrantes. Informado por Fouché (Pedro Miret), aceptó la invitación, considerando que el viaje podría resultar útil para sumar adeptos y fondos, pero antes se reunió para conferenciar, en México, con Justo Carrillo, dirigente de otro grupo cubano insurrecto, la Acción Libertadora.

Entretanto crecía en Cuba la idea de designar a Fidel para el puesto de secretario general de la JO, lo que provocaría un efecto desintegrador. Una reunión celebrada en septiembre de 1955, en Prado 109, para discutir el tema concluyó con una riña entre los participantes. En realidad Fidel no aspiraba al cargo, pues no creía ya en los espacios institucionales de la política cubana. Por el contrario, veía a la JO, lo mismo que a otras organizaciones, como bases de apoyo a la insurrección liderada por el M-26. Mandó un recado por medio de Jesús Montané, que envió una carta a la JO utilizando el seudónimo de Canino y refiriéndose a Fidel como Alex:

> ... Alex no puede ser un aspirante a esa posición, ni puede presentarse en ningún momento como tal. Ese es el criterio de todos nosotros y el único punto en que discrepamos del magnífico informe que enviaron. Sería conveniente que, por parte de nuestros elementos en la Juventud, se preparase alguna declaración de que Alex no aspira, ni aspiró nunca, a ningún cargo dentro del partido, que renunció al cargo que le ofrecieron como miembro del Consejo Directivo y como presidente de la Asamblea Municipal de La Habana. [...] La lucha dentro de la JO es apenas una parte del gran plan de trabajo que estamos desarrollando dentro de los sectores revolucionarios de nuestro país. [...] Canino.

En La Habana, también Melba recibiría instrucciones paralelas:

> El acuerdo a que se llegue —si las circunstancias no lo impiden— tendría que ser de conocimiento público antes del congreso, y ese acuerdo no podrá ser otro que la total adhesión de la JO a la línea revolucionaria del 26 de Julio. [...] Como medida de precaución, es indispensable expedir instrucciones inmediatas a todos nuestros representantes en la Juventud para que lleven el mayor número de delegados posible al congreso. [...] Este párrafo me fue dictado por Alex y lo transcribí textualmente. Agrega que lamenta mucho no poder ser testigo de la boda, pero que aquí te haremos (el 9 de octubre, cuando llegues) una modesta pero cálida y fraternal recepción. [...] Quieren que nuestro matrimonio sea un modelo de unión revolucionaria...[9]

Pronto llegaron a México Melba y muchos otros miembros del M-26. Orquídea Pino sería la garante de los alquileres de los nuevos locales. En La Habana, Miret, con Faustino y Pepe Suárez, proseguía contactos con vertientes auténticas para la obtención de armas. Además de haber ampliado las relaciones con grupos de exiliados, Fidel iniciaba el contacto con figuras influyentes en el país, en encuentros sociales en la mansión de los Gutiérrez. Fue así como conoció a un prestigioso abogado, Rafael Lebrija, que oportunamente habría de colaborar con él para ocultar armas, así como a Raúl Pérez y don Manuel Justo Sierra, hijo de un gran amigo de José Martí. Fidel se preocupaba por conseguir apoyo en otros países, entre los cubanos residentes en el exterior, de quienes esperaba donaciones en dinero y adhesiones a la expedición. A ello se debió su viaje a Nueva York, en octubre de 1955.

Obtuvo un préstamo por la suma necesaria para comprar el billete de ida; en cuanto a la vuelta, creía en el éxito del viaje. Avisó al general Bayo que en siete u ocho meses se pondría en contacto con él para planear el entrenamiento militar. El 20 de octubre, Fidel embarcó rumbo a Estados Unidos, en compañía de Juan Manuel Márquez.

La inmigración de San Antonio (Texas) les permitió la entrada en territorio estadounidense. La primera parada fue en Filadelfia, desde donde Fidel escribió un mensaje cifrado a los compañeros.

A continuación Nueva York, otoño lluvioso. Un periodista de la revista *Bohemia*[10] le llevó a hacer fotos en los lugares que eran, según se suponía, los preferidos de Martí, como el Central Park. Se sucedieron actos y reuniones con comités de emigrados y exiliados en Union City (New Jersey), Bridgeport (Connecticut), Elizabeth y Long Island.

En Nueva York anduvieron en busca de un espacio y encontraron disponible el amplio salón del Palm Garden. Para el acto allí realizado el 30 de octubre se tiró una edición relámpago de 5.500 ejemplares de *La Historia me absolverá* (se vendieron a un dólar cada uno), cuyo prólogo estaba firmado por todas las organizaciones representadas en el exilio. El salón estaba repleto. Habló Fidel:

... En otras ocasiones ya usé este ejemplo: el hombre que se enamora de una mujer bella y virtuosa, que la quiere con toda su alma, sería incapaz de prostituirla, alquilarla, sería incapaz de venderla y explotarla, no quiere siquiera que la miren o la ofendan... ¡Esa es nuestra santa idea de la Patria! ¡Es ante todo una revolución moral! Estamos levantando la trinchera de las ideas, pero también la trinchera de las piedras... [...] Puedo informarles de que en 1956 seremos libres o mártires...[11]

Animados con los resultados, los dos viajeros pidieron la prórroga de sus visados al Departamento de Inmigración, con la intención de obtener un tiempo adicional para dejar organizadas las representaciones. Los frutos no tardaron en salir a la luz:

Hago constar por este medio que el M-26 está representado en la ciudad de Nueva York por una comisión de tres miembros, integrada por un delegado de cada una de las organizaciones que inicialmente se adhirieron a él: Acción Cívica Cubana, Comité Ortodoxo de Nueva York y Comité Obrero Democrático de Exiliados Cubanos. [...] Estas facultades son conferidas por la Dirección Nacional del M-26... para los trabajos de organización y preparación de la gran lucha revolucionaria que conducirá a la plena liberación del pueblo cubano... Nueva York, 3 de noviembre de 1955. Fidel Castro.

Se constituía así el M-26 en el exilio, por medio de clubes cuyos miembros, portadores de un carnet, tenían por misión ampliarlo, divulgarlo y recaudar fondos. Mientras tanto Fidel no solo cosecharía éxitos en su viaje a Estados Unidos. La repercusión y la notoriedad que iba ganando puso en guardia a sus adversarios. En breve le serían cobradas.

MEJOR SOLO QUE MAL ACOMPAÑADO

El 13 de noviembre de 1955, la revista *Bohemia* había publicado en grandes titulares el artículo de Ángel Boan Acosta titulado «Fidel, no prestes un servicio a Batista». Fidel, que se hallaba en Florida, reaccionó con indignación y preparó una réplica inmediata al texto que le acusaba de ser un instrumento de afirmación del régimen dictatorial. Trató de dejar claro que para el Movimiento 26 de Julio (M-26) cualquier lazo con Fulgencio Batista estaba fuera de cuestión. Pero los ataques de la prensa no cesaban. Explorando una dirección diferente, el periódico *Prensa Libre* anunció el entendimiento de Fidel con el ex presidente auténtico Carlos Prío. Al regresar a La Habana este había proclamado que renunciaba a combatir a Batista; en secreto, sin embargo, continuaba patrocinando a elementos que anduvieran en busca de armas o fondos para derribar al dictador. Ante sus allegados Fidel expresaba su creencia de que la actitud del ex presidente tenía por objetivo atizar al M-26.[1] Y había, de hecho, lo que podría denominarse grupos rivales, que se disputaban, a punta de lanza, la toma del poder.

En vista del bombardeo general por parte de la prensa, Fidel se concentraba en la preparación de un encuentro importante, que había de celebrarse en el teatro Flagger de Miami y en el cual se proponía contestar a las acusaciones a partir de la convocatoria:

… ¡No llamaremos a la puerta de los malversadores! Sin embargo, no nos faltarán fondos. […] Solo entre los emigrados cubanos de

Estados Unidos alcanzaremos la cifra de 10.000 afiliados contribuyentes, con una aportación de más de 30.000 pesos cada
mes. [...] Congreguemos todas esas fuerzas del país para reivindicar la renuncia de Batista y la entrega del poder a don Cosme de la Torriente, el único hombre que en este momento sería
aceptado por todos los cubanos para guiar la nave de la República...[2]

Vestido con un traje azul marino y situado en el centro de
la mesa coordinadora de la reunión, flanqueado por su hijo, Fidelito, y Juan Manuel Márquez, el doctor Juan Orta (presidente
del Club de Miami) y Rafael del Pino, dio inicio al acto.

... Algunos se admirarán de que hayamos fijado el año de la
revolución... pero no dijimos el mes, ni el día ni la hora, ni cómo
ni por dónde. Pero podríamos decir la estrategia que se desarro-
llará: insurrección, secundada por una huelga general revolucionaria organizada desde la base... Nadie se arrepentirá de haber
contribuido; pero aunque la ayuda fuera insuficiente, iríamos a
Cuba, con 10.000 fusiles o con uno solo...[3]

El público que abarrotaba el teatro ovacionó al orador. La
prensa, en cambio, se mostró comedida en los comentarios: ni en
contra ni a favor. Luego, para las últimas reuniones, convocadas
en Tampa y cayo Hueso, surgieron dificultades, creadas por agentes de Batista en Estados Unidos. En Tampa, inducidos por estos,
policías del barrio cerraron el local donde debía tener lugar el
encuentro «subversivo», pero el sabotaje acabó teniendo un éxito parcial, pues en pocas horas el club consiguió otro salón.[4]
A cayo Hueso, al anunciarse la reunión en la casa del tesorero, el
doctor Poo, llegó el aviso del delegado de policía, con la aquies-
cencia del cónsul cubano, de que los asistentes serían detenidos.
Como se mantuvo en secreto el lugar alternativo, el Elks Club,
en un condado de una jurisdicción vecina, todos se dirigieron allí
bajo la custodia de un alguacil amigo.

En Miami, Fidel ya se preparaba para el regreso a México.
Había dejado los nuevos clubes bajo la dirección de los mexicanos Alfonso Gutiérrez y Orquídea Pino, encargados de los envíos de dinero.

La redacción del *Segundo Manifiesto del 26 de Julio* se concluyó en el viaje de vuelta, en una escala en Nassau (Bahamas):

La dictadura quiso ganar tiempo, lo que consiguió plenamente, gracias a la prodigiosa ingenuidad de don Cosme. Batista, necesitado de una pausa, le recibió en el palacio en los días más críticos de su gobierno. [...]

En la revolución, dijo Martí, «los métodos son secretos y los fines son públicos». Pero ¿cómo vamos a pedir recursos al pueblo si no le decimos para qué los queremos? Si la revolución solicita la ayuda de los grupos de interés, estará comprometida antes de llegar al poder. Predicar la revolución en voz alta dará, sin duda, mejores frutos que hablar de paz en público y conspirar en secreto, el método seguido durante tres años y medio por el equipo desalojado del poder. [...]

[La revolución] debe proporcionar las banderas que en todas partes deberán seguir las masas, cuando estalle como una tempestad la rebelión nacional, para que los destacamentos de combate, bien armados y bien dirigidos, y los cuadros juveniles de acción y agitación puedan ser secundados por los trabajadores capaces de desatar la huelga general. [...]

En nombre de la Dirección Nacional del Movimiento Revolucionario 26 de Julio, firma en la isla de Nassau, el 10 de diciembre de 1955, Fidel Castro.[5]

En el interior de Cuba las acciones de Fidel comenzaban a tener amplia repercusión. Incluso entre los que apoyaban al gobierno había quienes vislumbraban las posibilidades de crecimiento del M-26.

Todas las expectativas de aquellos a quienes Fidel conseguía movilizar —y al mismo tiempo los recelos de sus enemigos— se concentraban en la prometida expedición que desembarcaría en Cuba. De regreso en México, dedicado a los preparativos con lo que habría llegado de Estados Unidos y de Cuba, Fidel necesitaba cubrir abultados gastos. El dinero que había traído en mano se consumía rápidamente en asuntos pendientes, gastos cotidianos y otras necesidades, como la impresión del *Segundo Manifiesto* y el retiro de su abrigo de la casa de empeños.

En compañía de Juan Manuel comenzó a buscar lugares adecuados para llevar a cabo el entrenamiento militar. A fin de despistar la vigilancia a que se veía sometido, cambió de domicilio y se estableció en la avenida Ramón Guzmán (actual Insurgentes) número 5. Se presentó al general Lázaro Cárdenas, el ex mandatario mexicano, con quien pasó varias horas en su despacho, en un agudo intercambio de ideas y puntos de vista; nacería de ello un gran aprecio mutuo.[6] Con los compañeros, en las horas más descansadas frecuentaba la confitería de Puente Alvarado, donde comía *yoyos* (chocolate con helado) y donde ganó una amiga, la confitera Gabriela Ortiz, una tierna mexicana.

Fin de año. Con la barba tupida, vestido con chaqueta oscura como las de la marina estadounidense, Fidel esperaba frente a la entrada del hotel Regys. De un coche bajó Max Lesnick, que iba a pasar su luna de miel en la capital mexicana. Hacía tiempo que los dos amigos necesitaban conversar. A pesar de identificarse dentro del mismo campo —de la Juventud Ortodoxa (JO)—, en los últimos tiempos habían tenido fricciones. En aquella época, aunque su prestigio dentro del partido le hubiera permitido vencer en las últimas elecciones internas, de las cuales había salido «matemáticamente victorioso»,[7] Lesnick no ignoraba que el M-26 lideraba una fuerte tendencia dentro de la ortodoxia.

Max le entregó el último número de *Bohemia*, con una foto de José Antonio Echeverría y sus aliados en plena conmoción huelguista, y le comentó el panorama. El dirigente estudiantil venía constituyendo, desde hacía meses y en secreto, una organización destinada a cumplir el papel de aparato armado de la Federación de Estudiantes Universitarios (FEU). Para ellos solo cabía la respuesta violenta a la dictadura del régimen, pero eran conscientes de que podían llevarla al martirio o al suicidio. La existencia del Directorio Revolucionario (DR), surgido en la órbita del líder, se anunciaría al público en breve, el 24 de febrero de 1956, en el Aula Magna de la Universidad de La Habana. Por la presión del momento y de la clandestinidad en que vivía, no perseguía tesis; privilegiaba la acción, en especial en el ámbito urbano. Desempeñaba, desde luego, un relevante papel de contestación, buscando alianzas en el medio sindical y participando en movilizaciones de peso.

Al día siguiente Max Lesnick y Fidel comieron juntos, acompañados por Raúl y un hombre al que llamaban Coreano, entrenador de un grupo de Fidel, que a Max le pareció sospechoso. La conversación versó sobre el destino de la ortodoxia; ambos coincidían en que el partido no se recuperaría de sus desvíos y en que con él sucumbiría el diálogo cívico, un acuerdo negociado entre la oposición y el régimen de Batista. Así, la perspectiva alentada por Fidel de que la presión revolucionaria de la JO pudiera forzar al PPC(O) a radicalizar sus posiciones[8] fracasó. «Fidel no descartó ningún camino, pero eso no quiere decir que depositara esperanzas en otra cosa que en la guerra contra la dictadura. En su mente, esta premisa existió desde el principio y en la práctica avanzó por etapas...»[9] Al final de la conversación, con carácter reservado, Fidel encomendó a Lesnick la misión de convencer a Echeverría de que viajara a México para negociar.

El año de 1956 se inició con una denuncia que ocupó las primeras páginas de los periódicos cubanos. En una declaración a la prensa, el coronel Antonio Blanco Rico, jefe del Servicio de Inteligencia Militar (SIM), acusaba «al doctor Fidel Castro de ser responsable de un plan subversivo estructurado en el extranjero contra la Nación». Los detalles, así como los nombres de los conspiradores, habían sido enviados al Tribunal de Urgencia, que juzgó que se estaba cometiendo un delito contra los poderes del Estado y determinó la detención de Fidel Castro y Juan Pedro Carbó Serviá (un miembro del DR), así como una amplia investigación policial. Se mencionaban las regiones de Las Villas, Camagüey y Pinar del Río como focos del plan, que contaba, según los denunciantes, con la colaboración de los auténticos de Prío, el PPC(O), los comunistas y otros.[10]

En «La Patria no es de Fidel», un artículo publicado en *Bohemia*, se proyectaba la duda sobre el uso que podría estar haciendo Castro de los recursos financieros que los emigrantes cubanos le habían destinado. La respuesta se hizo oír con virulencia, por el mismo vehículo, a través del texto titulado «Frente a todos»:[11]

> Si yo fuera un vendido, un mercenario o un estafador, los titulares de sus libelos se dedicarían a elogiarme. Pero hice lo contrario. Renuncié a mi codiciada postulación en la ortodoxia; a un cargo en el Consejo Directivo que me ofrecieron simultáneamente en el mismo partido... A un salario de 500 pesos mensuales que me ofreció una compañía de seguros... porque no me lucro con mi prestigio, que no es mío sino de una causa. [...] Renuncié a todo lo que significara tranquilidad y seguridad personal; renuncié al silencio, el cómodo refugio de los timoratos contra la difamación o el peligro; denuncié crímenes, desenmascaré asesinos... No tengo rentas personales, he vivido prácticamente de la caridad de mis amigos y sé lo que es el hambre de un hijo, teniendo el dinero de la Patria en los bolsillos...

Acusaron también al M-26 de complicidad con el dictador dominicano. Fidel aprovechó la necesidad de defenderse para tratar de acentuar las divisiones en el medio militar: «A Trujillo le interesa, más que derribar a Batista, impedir el triunfo de la revolución en Cuba. Trujillo y Batista están haciendo un juego infame, cuyos frutos amenazan ser amargos [...] con el pretexto de que se lucha en defensa de la soberanía nacional, no contra la revolución que cuenta incluso con las simpatías de muchos militares...».[12]

Por otro lado, teniendo en cuenta el carácter de sus relaciones personales y políticas, se veía obligado a replicar a los ataques de la alta esfera del Partido Ortodoxo, lo que exigía un desempeño de hábil jugador:

> Me dolería profundamente la ruptura entre la dirección del partido y su ala revolucionaria... porque tengo, entre otras razones, gran simpatía por Raúl Chibás, porque estimo a Conte [Agüero].[13]

> El Movimiento 26 de Julio es la invitación calurosa a estrechar filas. Abre sus brazos a todos los revolucionarios de Cuba, sin mezquinas diferencias partidarias, cualesquiera que hayan sido

las disputas anteriores. El Movimiento 26 de Julio es el porvenir, el justiciero de la Patria, el honor empeñado ante el pueblo, la promesa que será cumplida... Porque detestamos la fuerza no estamos dispuestos a que nos gobiernen por la fuerza. Para las masas chibasistas, el Movimiento 26 de Julio no es algo distinto de la ortodoxia; es la ortodoxia sin una dirección de propietarios... sin latifundistas azucareros... sin especuladores de Bolsa, sin magnates de la industria y del comercio, sin abogados de grandes intereses, sin caciques industriales, sin politiqueros de ninguna índole...[14]

Acompañando la efervescencia social, estallaba también una conspiración que hacía tiempo progresaba en el ámbito de la oficialidad militar. A causa de una delación, el 3 de abril de 1956 fueron descubiertos y condenados a prisión los principales cabecillas: el coronel Ramón Barquín —agregado militar de la embajada de Cuba en Washington— y el comandante Enrique Borbonet. Entre los participantes había varios oficiales jóvenes, formados en institutos estadounidenses, incluso algunos que tenían posiciones radicales a favor de la reforma agraria o de la ejecución sumaria de Batista. En cuanto a los rumores de la implicación de Estados Unidos en el episodio, principalmente en función del cargo del coronel Barquín, no se confirmaron; solo vale la pena observar que «de una forma u otra, el gobierno estadounidense estaba al tanto... Y cuando comenzó a percibir que Batista, a medio plazo, no controlaría el país, trataron de desfavorecerle, incentivando tramas de figuras no comunistas con probabilidades de éxito...».[15]

El cerco interno y externo crecía, pero no por ello Pedro Miret y Frank País interrumpieron su recorrido por la provincia de Oriente en busca de opciones para el desembarco de los expedicionarios. Una activista de Manzanillo, Celia Sánchez, participaba en la exploración; recogía información sobre las condiciones de las mareas y los vientos y trababa contacto con campesinos y núcleos sindicales. Al anclar un barco portugués en la costa de Pilón, ella y su grupo entablaron relación con el capitán, que les permitió el acceso a la carta náutica de la región. Celia entregó a Miret, en La Habana, otros mapas procedentes del despacho de un ingenio azucarero. La organización del M-26 en cada provincia y municipio cubano se realizaba de forma similar a la de la dirección, mediante la creación de núcleos responsables de propaganda, finanzas, acción, juventud y proletariado, con reuniones periódicas para discusiones y deliberaciones, en la medida en que lo permitía la clandestinidad.

En México, Fidel, en apariencia de excursión, cruzaba la provincia de Toluca observando las laderas y la falda de las montañas en compañía de unos conocidos latinoamericanos: los puertorriqueños Laurita Albizu Campos (esposa de don Pedro) y Juan Juarbe, los mexicanos Alfonso Sánchez García, Vegas León, Carlos Hank y Jesús (Chuchú) Reyes, además de los asistentes Jesús Montané y Juan Manuel Márquez.

En enero de 1956 había partido el primer grupo de cubanos —cuarenta— hacia México, para componer la futura tropa. Al mes siguiente, otros diez. Algunos salieron con la condición de perseguidos políticos, otros fueron seleccionados o se unieron por iniciativa propia al tener conocimiento del plan. El M-26 había atraído a muchos elementos salidos de la Acción Revolucionaria Oriental (ARO), de Frank País, y del Movimiento Nacional Revolucionario (MNR), de Bárcenas, más centenares de ortodoxos, miembros de la Acción Libertadora, auténticos y otros. Pronto se unieron también numerosos comunistas descontentos por las denuncias contra el estalinismo planteadas en el XX Congreso del PCUS, en febrero, y por el ascenso de Kruschev, en un año que se produciría asimismo la invasión de Hungría por tropas del Pacto de Varsovia.[16]

Con distintos nombres y papeles, María Antonia González se ocupaba de la tramitación de los alquileres y de las condiciones mínimas de alojamiento de los recién llegados. El punto de encuentro era su casa, donde Fidel los recibía y definía la residencia de cada uno, siempre de manera dispersa, para evitar que se evidenciaran las relaciones entre ellos, y aclaraba las normas de disciplina, que establecían qué hacer y cómo comportarse, horarios de estudio de política y cultura general, prohibición de visitas, llamadas telefónicas y encuentros en la calle entre los miembros, así como la necesaria división del trabajo en cada alojamiento, cuyo costo de alimentación era de «ocho centavos de dólar per cápita por día». Para los encuentros con el jefe utilizaban un código de señales y mensajes, en el cual de vez en cuando participaba hasta el dueño de una taberna de la esquina.

A esas alturas entró en escena el general Bayo, personaje que Fidel había elegido para cuando llegara la oportunidad. A fin de encargarse del entrenamiento del grupo abandonó, a los sesenta y cinco años, la gerencia de su fábrica de muebles y las amenas clases que dictaba en la escuela de aviación. Primero impartió las clases de teoría militar de vivienda en vivienda, la mayoría situadas en el barrio central. Un grupo de reclutas iniciaba, de forma simultánea, la parte táctica; a algunos se les indicó que practicaran ejercicios físicos y de defensa personal, levantamiento de pesas o yudo, en un gimnasio de la ciudad; otros recibían clases de natación y remo en el lago Chapultepec, después del calentamiento con caminatas de varios kilómetros por las orillas, el bosque o las calles. Luego les aguardaban los clubes de tiro, el Águila o el Azteca, donde se entrenaban con fusiles de calibre 30.06, y a continuación las escaladas de las montañas de la región, donde ensayaban prácticas de combate, disfrazados de estudiantes aficionados a la caza. Cada grupito desconocía las actividades programadas del otro, con lo que seguían las normas de compartimentación e invisibilidad de las sociedades secretas.

El Che Guevara, que acababa de convertirse en padre de una niña, Hildita, en México, trataba de subir el pico del Popocatepetl casi todas las semanas. Jamás conseguía alcanzar la cumbre, pero era tenaz en su intento de superarse y vencer su asma crónica. Al unirse al grupo como médico puso una condición: que Fidel no le limitara y que ninguna razón de Estado le impidiera unirse a la lucha en algún país de América Latina, preferiblemente Argentina, de presentarse el momento y concluidas sus responsabilidades con la futura revolución.[17] Aceptada su petición, el Che asistió con interés tanto a las clases teóricas como al entrenamiento. «… Veía muy dudosa la posibilidad de triunfo al enrolarme con el comandante rebelde, al cual me ligaba, desde el principio, un lazo de romántica simpatía aventurera y la consideración de que valía la pena morir en una playa extranjera por un ideal tan puro...» fue lo que dejó en sus escritos como la profunda impresión de aquella fase.

En días alternos, Pedro Miret y Ñico López fueron obligados a abandonar el país por el aeropuerto de Santiago, que estaba menos vigilado que el de La Habana, en vuelos para México con escalas en Haití y Miami. Pronto llegaría el turno de Faustino Pérez, que llevó a Fidel un bienvenido cheque de 7.000 pesos, suma que permitió la compra de armas en un almacén ilegal cuyo propietario era Antonio del Conde, conocido como El Cuate.

Descartando las zonas más heladas y de mucho viento, Fidel se decidía, al fin, por la región de Chalco para montar un campamento, en las laderas de los montes Popo e Ixta. Allí encontró una propiedad abandonada de aproximadamente mil metros cuadrados, rodeada de tierras silvestres, entre la llanura y la montaña, a 35 kilómetros de la capital. El 10 de mayo, el general Bayo, a petición de Fidel, se presentó para arrendar el rancho Santa Rosa y consiguió cerrar el trato enseguida.

Un gran número de los reclutas se trasladó allí para adoptar un régimen disciplinario redoblado. Dormían en el duro suelo, como parte del entrenamiento, y la única cama existente, de patas torcidas, se destinaba al general Bayo, que les explicaba que los guerrilleros no usaban jabón, dentífrico ni cepillo, y que era necesario acostumbrarse a esos hábitos. Parte de los ejercicios se realizaba por la noche, incluyendo caza y pesca, simulacros de batallas, tácticas de ataque y defensa, cruce de ríos y enfrentamiento con animales salvajes. En cierta ocasión, durante una marcha Calixto Morales se negó a dar un paso más. Recibió pena de prisión y, pasados algunos días, fue indultado con la condición de que reanudara el entrenamiento. En breve se revelaron los mejores tiradores contra blancos fijos: Calixto García y Juan Almeida, además del Che Guevara. «Acertaban a un blanco a 800 pies, no solo de frente sino también de perfil...»[18] Por la tarde se intercalaban sesiones de estudios militares, doctrinas políticas y temas cubanos.

Fidel, que visitaba la finca con cierta regularidad, participaba en el entrenamiento y preguntaba por todo. Observó la habilidad del argentino Guevara, excelente en las prácticas de tiro y el único que no daba muestras de cansancio. Le destacó como ejemplo, incluso por identificación, ya que ambos se adaptaban con placer a la severa disciplina. Acabó por elevarle al cargo de jefe de entrenamiento, junto con el general.

JUEGOS DE AJEDREZ

Según los cálculos de Fidel, para cerrar las cuentas hasta el embarque de su contingente, antes del fin del año, sería necesario disponer de 100.000 pesos. Por lo tanto, decidió emprender un viaje a Costa Rica para establecer contactos, mientras Melba partía con el mismo fin hacia La Habana.

Mientras tanto, a partir de junio la policía cubana desencadenó una ofensiva directa contra el Movimiento 26 de Julio (M-26). En verdad, a pesar de las medidas adoptadas, se había vuelto fácil «rastrear» los continuos movimientos de los principales personajes de la organización. Fidel tuvo conocimiento de una traición y dos deserciones importantes. Compañeros más experimentados en el oficio clandestino detectaban las señales del estrechamiento de la persecución. En efecto, con el patrocinio de la embajada cubana en México, un plan para eliminarle cobró carácter oficial, aunque él mismo dudara de que las autoridades mexicanas se dispusieran a dar apoyo a Batista.

Evaristo Venereo, ex teniente de la policía universitaria en La Habana, que había conocido al comandante en la década de los cuarenta, había sido elegido para llevar a cabo los contactos en México. Fidel desconfió de él, pero juzgó hábil no alejarle sino, en cambio, «desinformarle». Así, ambos pasaron a cumplir con desenvoltura un ritual de mutua utilización; no obstante, y a pesar de haber sido identificado, el policía logró recoger informaciones que llevarían a Fidel a la cárcel, así como a otros miembros del M-26. Según explicó Fidel:

... Teníamos que esperar tranquilamente los acontecimientos, sabiendo que un vulgar asesino tramaba nuestra muerte por el precio de 10.000 dólares. Lo que hicimos fue tomar medidas elementales: salir poco y dejar de frecuentar los lugares acostumbrados; pero debo admitir que no previmos todos los peligros de nuestra situación... Cuando se dieron cuenta de que estábamos alerta y listos para defendernos, que era muy arriesgado realizar el plan original, lanzaron sobre nosotros la Federal de Seguridad... La embajada cubana estaba al tanto de todo...[1]

La noche del 20 de junio de 1956, escoltado por Ramiro Valdés y Universo Sánchez, Fidel visitó a un amigo enfermo en la calle Kepler, esquina Copérnico. Desde la ventana observaron que por la calzada pasaba un vehículo a poca velocidad, que se alejaba para después volver. Dedujeron el peligro. En el maletero del coche que habían dejado aparcado, de matrícula estadounidense, llevaban armas, y en el propio piso en que se encontraban guardaban armamento y munición. Como si supieran dónde buscar, los policías comenzaron a inspeccionar el automóvil del grupo. Uno de los compañeros de Fidel bajó y les preguntó si había algún problema; no recibió una respuesta convincente, de modo que volvió a subir. Pronto Fidel resolvió bajar y salir a la calle. Recomendó a Ramiro que le siguiera con naturalidad, a corta distancia, y después Universo. «Llegué a la esquina, donde había un edificio en obras. Vi hombres armados que descendían rápidamente de un coche para interceptarme... y me puse detrás de una columna. Cuando intenté sacar la pistola automática, uno de los policías me puso una 45 en la nuca», contó. Ramiro y Universo, ya detenidos, fueron usados como escudos para obligar a Fidel a soltar el arma. Los tres fueron conducidos a la prisión migratoria de Miguel Schultz.

La acción conjunta de las policías federal y secreta se llevaba a cabo con la justificación de que eran extranjeros que organizaban una operación armada en territorio mexicano, transgrediendo el derecho de asilo. Los agentes no registraron el piso donde Fidel había estado por la noche, pero se presentaron en la central de Emparán preguntando por un «señor Guevara, de relaciones comunistas». En el registro efectuado en el piso de Hilda

Gadea media hora antes habían encontrado «suficiente literatura marxista» y un carnet del Instituto México-URSS, donde el Che comenzaba a estudiar ruso. De los que se hallaban presentes en Emparán, con excepción de Evaristo Venereo, todos fueron hechos presos, incluida María Antonia. Durante la noche y la mañana siguiente, mientras Fidel ya se hallaba en la cárcel, todo el armamento que consiguió capturar la policía mexicana se reducía a cinco fusiles y cuatro pistolas.

Las primeras visitas para Fidel se presentaron aquella misma mañana ante la puerta metálica de la prisión migratoria: las amigas Teresa (Teté) Casuso, escritora cubana exiliada en México, que se había ofrecido a ayudar al M-26 en lo que hiciera falta, y Gabriela Ortiz, la amable confitera mexicana.

Un pedazo de papel que se le cayó a uno de los detenidos, con el itinerario hasta el rancho Santa Rosa, pondría sobre la pista del grupo del general Bayo. Las autoridades de la cárcel informaron a Fidel de que se procedería a un registro, y este se ofreció de inmediato a acompañarlos, con la intención de evitar un tiroteo. El 24 de junio, coches de la policía iban camino a la finca. Al llegar al último tramo de la carretera Fidel se apeó y se adelantó solo, para que le reconocieran los centinelas de turno, uno de los cuales era el Che Guevara, agachado en la copa de un árbol. Al solicitarse la rendición general solo dos tercios de los integrantes fueron detenidos; los restantes estaban dispersos por el campo o la colina y consiguieron librarse, entre ellos Raúl Castro y el propio Bayo, que se encargó de ocultar el armamento entre los pinares. A causa de este episodio, el general decidió salir definitivamente de escena. Divulgaron las agencias de noticias:

Ciudad de México, 25 de junio de 1956 (AP) — [...] Según las confesiones obtenidas por la Policía Federal, los detenidos querían atentar contra la vida del general Batista. Otros quince fueron aprehendidos más tarde, en una finca perteneciente a Erasmo Rivera; otros escaparon...

México, 3 de julio (UPI) — [...] Acusado de mantener «un campo de adiestramiento de comandos en las tierras de México», Castro negó que su agrupación tuviera la intención de dar muerte a Batista: «La simple eliminación de un hombre no resuelve el problema. Esas son medidas desesperadas, que los revolucionarios que cuentan con el apoyo de todo un país no utilizan... Estamos organizando a toda la Nación, en un movimiento capaz de barrer con la tiranía y las causas que la produjeron». [...] «El Movimiento Revolucionario 26 de Julio —dijo Castro— lucha por hacer de Cuba una Nación libre, económicamente desarrollada, donde cada cubano pueda vivir de su trabajo honrado en la oficina, en la fábrica o en el campo...» Un documento firmado por Castro también afirma que «tres compañeros fueron atrozmente torturados en la cárcel de Pocito mediante golpes e inmersión en un tanque de agua fría»... Los presos se encuentran en el centro de detención del Ministerio del Interior y serán trasladados a una prisión común... La orden judicial indica además que la causa de deportación deberá resolverse por los tribunales mexicanos, en un proceso que requerirá varios meses...

Raúl corrió a avisar a Orquídea Pino de la urgencia de vaciar su casa de armas y documentos que la incriminaran. El abogado Rafael Lebrija se ofreció a representarlos, mientras Antonio del Conde (El Cuate) y Chuchú Reyes retiraban equipamientos almacenados en otros dos lugares, que lograron trasladar a la residencia de Orlando de Cárdenas.

La Habana exigía la extradición de Fidel y los 27 prisioneros. Raúl Castro y Juan Manuel Márquez recurrían a la influencia de los amigos para contratar abogados. El 1 de julio, la prensa mexicana publicó un artículo pago, «No somos coyotes ni delincuentes ni mercenarios», firmado por Héctor Aldama, Raúl Castro y Juan Manuel Márquez, que ya había regresado de Estados Unidos, donde recaudaba fondos y compraba más armas.

Gracias a la gestión del ex presidente general Cárdenas,[2] que, a instancias de los abogados, se había puesto en contacto sin dilación con el gobierno, el 2 de julio el juez Lavalle Fuentes expidió la orden de libertad de los detenidos, sin la exigencia de deportación, como quería el ministro del Interior.

Pese a haber conquistado la simpatía de sectores del poder mexicano, Fidel —el autor de la comentada conspiración—, el Che Guevara —con la excusa de que era un argentino en situación ilegal en México— y el cubano Calixto García —por irregularidades en el visado— permanecieron en la cárcel. Mientras aguardaba el desarrollo de las negociaciones en su favor, Fidel pudo informarse mejor, por medio de sus bien situados amigos mexicanos, de los aspectos de las acusaciones que pesaban contra él, incluso la de liderar una conjuración comunista. Con esa información escribió un extenso relato en la prisión.

> … Hicieron publicar de inmediato datos que solo la embajada cubana podía conocer, agregando la estúpida afirmación de que yo había entrado en México con un pasaporte obtenido por recomendación de Lázaro Peña y Lombardo Toledano… […] Naturalmente que la acusación de comunista resulta absurda a los ojos de todos los que en Cuba conocen mi trayectoria pública, sin vinculaciones de ninguna índole con el Partido Comunista… El propio capitán Gutiérrez Barrios me leyó el informe enviado al Presidente de México, después de una semana de minuciosas investigaciones… Un extracto de ese informe apareció publicado en el [periódico] *Excelsior.* Dice textualmente: «La Dirección General de Seguridad manifestó que el grupo 26 de Julio no tiene nexos comunistas ni recibe ayuda de los comunistas…». ¿Qué moral tiene el señor Batista para hablar de comunismo, si fue candidato presidencial del Partido Comunista en las elecciones de 1940, si sus panfletos electorales circularon con la hoz y el martillo, si se muestra en fotos junto con Blas Roca y Lázaro Peña, si media docena de sus actuales ministros y colaboradores de confianza fueron miembros destacados del Partido Comunista? […] El Movimiento 26 de Julio, que conserva intactas todas sus fuerzas, proclama la necesidad de unir a todos los hombres, todas las armas y todos los recursos frente a la tiranía que nos divide, nos persigue y nos asesina por separado. La dispersión de las fuerzas es la muerte de la revolución, la unión de todos los revolucionarios es la muerte de la dictadura…[3]

Al negar la opción comunista, Fidel no hacía más que proteger su proyecto revolucionario y a sus colaboradores próximos. Uno de ellos, el nombrado comunista Che Guevara, con quien compartía celda, se había convertido en su adversario cotidiano de partidas de ajedrez, juego en el que probaban instintivamente geometrías política y militar.

También había horas dedicadas a los contactos:

> Querido J. M. M. [Juan Manuel Márquez], el vencimiento
> de los plazos para cumplir obligaciones y todo lo demás nos obli-
> gan a recurrir a la fuente que propusiste explorar en el último
> viaje… Cándido de la Torre, que vino a verme varias veces, se
> ofreció para disponer, desde Cuba, el envío inmediato y seguro
> de 50.000 dólares. Considerando el oscuro origen de esta suma,
> le dije que prefería obtenerla de otra manera, pues podía ser de
> procedencia inaceptable; por otro lado, el hombre de Miami
> había hecho contacto con él, indagando sobre nosotros, suma-
> mente interesado en coordinar esfuerzos y colaborar… Ratifiqué
> la necesidad de unir a todos los hombres, armas y recursos, y así
> le rogué que lo comunicara…[4]

El «hombre de Miami» era nada menos que Carlos Prío.
A Juan Manuel se le indicaba que trabara contacto con Cándido de la Torre, que poseía los datos sobre el mencionado ofrecimiento, y realizara el acuerdo en representación del M-26.

> En primer lugar, la obtención de un préstamo de 50.000 dó-
> lares con carácter urgente, para ser devuelto en un plazo de 30 a
> 45 días; es preciso insistir en el carácter de préstamo y en su
> garantizada devolución… C. de la T. fue informado de los aspec-
> tos más sigilosos de nuestros planes. Es necesario tener bien pre-
> sente la realidad de nuestra situación, considerando el caso de
> tener que permanecer en el país, obligados a comparecer todos
> los días en la Secretaría de Gobierno [Ministerio del Interior],
> y contemplar la eventualidad de abandonar el país, lo que implica
> una serie de complicados pasos. No hay duda de que solo con
> la posesión de los recursos económicos se puede salvar todo;
> de lo contrario, todo está perdido. Un fuerte abrazo de Fidel
> Castro.[5]

Fidel, puesto en libertad el 24 de julio, prometió al Che no
descansar hasta resolver su situación. Guevara le recomendó que
no perjudicara el proceso por su causa y agregó que el único
esfuerzo que podría hacerse era enviarle a un país vecino, pero
Fidel no quiso ni oírle.

La central de Emparán había sido desactivada, lo mismo que el entrenamiento. Fuera de la cárcel, obligado a la extrema prudencia, Fidel se estableció en un pequeño piso próximo al bosque Chapultepec, pero adoptó una vida nómada, escondiéndose aquí y allá, donde y como podía.

Frank País, coordinador del M-26 en Santiago, apareció en México a principios de septiembre para conversar. Explicó que todavía le parecía demasiado pronto para montar la expedición, ya que los núcleos que pensaba crear para las acciones simultáneas en las provincias no estaban preparados. En cuanto al parque bélico, tampoco había podido completarse solo con las armas conseguidas en asaltos a los depósitos de clubes de caza o a las comisarías de policía, o mediante soborno. Frank se encontraba a la espera de un envío de armas y municiones proveniente de la Acción Armada Auténtica (Triple A), con su conexión dominicana, que se comprometía a ceder la tercera parte —una tonelada del cargamento— siempre que el M-26 se responsabilizara del transporte y la recepción en territorio cubano.

Fidel no aceptó estas consideraciones. Para él era importante mantener el propósito convertido en compromiso al anunciarlo en Palm Garden: «En 1956 seremos libres o mártires». Propuso a Frank que volviera al cabo de un mes, aproximadamente, para poner en marcha los planes. Frank regresaría a México a últimos de septiembre, con la noticia de que todo se hallaba preparado para el estallido de un motín en Santiago, con disturbios simultáneos en otras regiones, a fin de distraer al ejército de Batista e impedirle acudir a la zona de desembarco.[6] En esta ocasión Fidel le nombró «jefe nacional de acción».

En situación de absoluta clandestinidad, se debían conseguir lugares donde alojar a los nuevos reclutas y los evadidos de la persecución. Otros 40 llegaron a México, procedentes de Cuba y Estados Unidos, y se distribuyeron en los nuevos campamentos de Veracruz y Boca del Río, Jalapa y Ciudad Victoria, diseminados por el interior, a lo largo de la costa del golfo de México. Un grupo fue detenido por la policía judicial al entrar en Mérida; Melba se ocupó de la fianza y salieron en libertad provisional, tras lo cual se dirigieron a Veracruz. El Che Guevara y Calixto García fueron liberados a mediados de agosto e instados a abandonar el país.

Había oleadas intermitentes de rumores sobre una supuesta invasión a Cuba que partiría de la República Dominicana. La más reciente se basaba en una declaración del jefe de la policía de Batista, Salas Cañizares, que insistía en la complicidad entre Fidel y Trujillo en un plan subversivo. Una vez más en el mismo año, la réplica de Fidel fue decretada impublicable en la revista *Bohemia*.

La red de articulaciones que preparaba el terreno para el desembarco en Cuba se extendía. Finalmente se anunciaba el encuentro entre José Antonio Echeverría y Fidel Castro. La actividad urbana del grupo contra el régimen se había intensificado hasta el punto de que la cúpula ejecutiva del Directorio Revolucionario (DR) juzgaba que se hallaban al borde de la guerra, por lo cual veía la necesidad de articularse con la acción que sería emprendida por Fidel y el M-26.[7] Como debía viajar a Chile para participar en un congreso estudiantil, Echeverría aprovechó para pasar por México. El 23 de agosto, los dos líderes se reunieron en el piso de la calle Pachuca, donde sellaron un acuerdo que se divulgaría oportunamente. El día 30 se concluyó la Carta de México, un documento de varios puntos cuyo redactor final fue Fidel.[8]

> … Punto 5: Un tirano extranjero, Rafael Leónidas Trujillo, interviniendo directamente en la política interna de nuestro país, elaboró una conspiración contra Cuba con la complicidad de un grupo de oficiales del 10 de marzo; […] 14 : La FEU y el 26 de Julio consideran al coronel Barquín y demás oficiales presos y destituidos la más digna representación de nuestro Ejército y de los hombres de hoy; […] 17: … es hora de que los partidos políticos y la Sociedad de Amigos de la República cesen el inútil esfuerzo de implorar soluciones amigables, en una actitud que en otros momentos pudo ser patriótica pero que, después de cuatro años de rechazo, desprecio y negativa, puede resultar infame…; 18: … ambas organizaciones decidieron unir sólidamen-

te sus esfuerzos con el propósito de derrocar la tiranía y llevar a cabo la Revolución Cubana...; 19: ... la revolución llegará al poder libre de compromisos e intereses, para servir a Cuba en un programa de justicia social, libertad y democracia...

La Carta de México simbolizaba la disposición que Fidel manifestaba desde el año anterior, así como el fin de la resistencia a un acuerdo por parte de Echeverría y algunos de sus camaradas. Fidel y Echeverría percibían que, si no encontraban puntos de convergencia, sus caminos tendían a anularse mutuamente, mientras que alineados representaban una ofensiva política contra sectores jóvenes que se oponían al proyecto de la rebelión. El marxista René Anillo, presente en el encuentro, fue designado el vínculo entre las dos organizaciones hasta una nueva reunión. El 12 de octubre, dirigentes del DR[9] fueron a México para discutir un programa de acción.

«Creo que no debemos esperar a tener la misma táctica de lucha armada —les planteó Fidel—, porque todas las formas de lucha son necesarias. Lo que debemos es unirnos en el tiempo y desarrollar cada uno su táctica. Si ustedes pudieran realizar acciones que aguecen más la situación antes del desembarque, mejor...» Al garantizar la autonomía de ambos grupos, consolidaba la alianza. Ni el DR ni el M-26 pretendían disolver sus peculiaridades. Presentándose como un mecanismo de defensa de la FEU, al DR le bastaba con asumir lo que entendía como su herencia, con acciones de choque, concentrando en La Habana sus cuadros, predominantemente estudiantiles. «Copiamos los métodos de la juventud que luchó contra Franco en España y Machado en Cuba en las décadas de los veinte y treinta, en respuesta al terrorismo de Estado...»,[10] afirma Faure Chomón. Fidel y el M-26, basándose en concepciones del proceso de la Independencia, deseaban dar impulso a la guerra revolucionaria con una expedición al oriente del país, dotar de una función reconocida a las acciones urbanas y, por último, materializar el proyecto de gobierno explicitado en *La Historia me absolverá*.

Los representantes del DR salieron de la reunión para poner en marcha sus planes de eliminar a las autoridades del Estado («la cabeza de la tiranía») e incentivar las revueltas. Planeaban además el asalto a la sede del gobierno, el palacio presidencial, en cuanto fuera posible.

Las negociaciones preparatorias de Fidel incluían igualmente al ex presidente Prío, a pesar de todos los desmentidos. Prío había entregado 20.000 dólares como contribución al M-26 y concertado con Juan Manuel Márquez un encuentro con el líder de la organización. A mediados de septiembre Fidel partió, acompañado por Faustino Pérez y Rafael del Pino, rumbo a Estados Unidos, con una escala en la ciudad mexicana de Reynosa, a orillas del río Grande. Pérez y Del Pino le condujeron hasta un modesto bote de recreo y después se marcharon. Fidel subió a la embarcación e inició la travesía, pero a una cierta altura se arrojó a las aguas encenagadas para alcanzar a nado el punto previsto. No poseía pasaporte válido; tenía que cruzar la frontera de forma clandestina. En realidad, ni siquiera había intentado obtener un visado, pues sin duda no se lo concederían. Al emerger notó que se aproximaba a una finca, la McAllen, situada en la orilla estadounidense, en un agradable valle de Texas. Cuando llegó a tierra, unos lugareños que se encontraban cerca, al parecer de paseo, le ayudaron a salir del agua y le dieron una muda de ropa limpia.

Al cabo de un corto viaje en coche llegó al hotel Casa de Palmas, donde entró luciendo un elegante traje informal. Le aguardaban Faustino Pérez y Rafael del Pino, que habían atravesado normalmente el puente sobre el río Grande, con documentación legal. En un sofá, Fidel vio a Prío, llegado especialmente de Miami para encontrarse con su invitado. La escolta se relajó. Se saludaron y caminaron hacia el ascensor. Ya dentro de la suite 21, también participó en la conversación Carlos Maristany Sánchez, una personalidad del mundo de los auténticos que simpatizaba con el abogado Fidel Castro.

Fidel y Prío no necesitaron estudiarse. Nunca habían intercambiado una palabra, pero se conocían lo suficiente para, en el fondo, alimentar una recíproca antipatía. Sobre Prío caía en aquel momento la acusación de haber violado la US Neutrality Act, por contrabando de armamento. Por esa causa el ex presidente no podía salir del país. Para Fidel, urgía acelerar el plan de desembarcar en Cuba antes de que fuera bloqueado. Sin rodeos declaró a Prío que él y su contingente estaban listos para el ataque a Batista, pero que necesitaban dinero. Discurrió largamente sobre las razones que le llevaban a creer en el éxito de su empresa.

Al cabo de algunas horas de conversación, Prío le preguntó al fin sobre el punto que consideraba fundamental: ¿qué ocurriría después de ganar la batalla? Fidel respondió que mantendría su programa con un frente unido. Entonces Prío declaró que le entregaría 100.000 dólares (o tal vez 50.000).[11] «Coordinaremos actividades…», agregó el ex presidente al despedirse. Fidel movió la cabeza en gesto de aceptación. Ambos sabían muy bien que se trataba de intereses circunstancialmente coincidentes, un riesgo asumido por uno y otro, que se reservaban sus verdaderos pensamientos. Fidel no dudaba que Prío representaba lo opuesto de la revolución que planeaba, el retroceso. Y Prío, al pretender asumir el mando del futuro gobierno posterior a Batista, probablemente veía a Fidel como su seguro antagonista. Es un hecho, no obstante, que el ex presidente colaboraba con grupos rebeldes —como el propio DR— y que tampoco había renunciado al proyecto de invasión de Cuba partiendo de la República Dominicana.

Arregladas las finanzas gracias a la contribución de Prío, los preparativos se pusieron en marcha más allá del papel. María Antonia González eligió una tela verde apropiada para camuflaje y encargó a una sastrería la confección de una serie de uniformes sencillos. Compraron cantimploras, botas, ponchos, mochilas, tiendas de nailon azul y demás utensilios de campaña. El parque bélico se completaría con armas adquiridas en México y Estados Unidos. En Delaware se compró un Patrol Torpedo Boat, embarcación adecuada para los requisitos del transporte del contingente; sin embargo, como no se obtuvo el permiso de salida, se perdieron los 8.000 dólares invertidos.

Fidel recorrió Cuernavaca y Yucatán, donde visitó, como un interesado turista, las ruinas aztecas de Chichén Itzá y Uxmal, pero fue en Tuxpán, pequeña población erigida a orillas del río del mismo nombre, donde vio anclado en el muelle un viejo y arruinado yate de recreo que se hallaba en venta.

Blanco, de 12 metros de eslora, con capacidad para 25 personas (pasaje máximo aproximado, sin contar carga) y dos motores Diésel, el yate necesitaba una serie de arreglos, ya que había zozobrado a causa de un ciclón. Pese a que no parecía en absoluto una embarcación capaz de transportar una expedición revolucionaria, el hecho es que decidieron adquirir el *Granma*.[12]

Antonio del Conde (El Cuate), acompañante de Fidel en aquella ocasión, fue a negociar con el dueño. La propuesta incluía la adquisición del yate y de una casa, también en venta, situada cerca de la desembocadura del río Tuxpán, por un valor total de 25.000 dólares. El estadounidense Erickson, el propietario, aceptó e insistió en mencionar en el contrato el nombre del yate —*Granma* (abreviatura de «abuela» en inglés)—, que Fidel consideró conveniente conservar, ya que Gran Ma es también el nombre de una diosa pagana de la santería cubana. Con esto Tuxpán quedaba definido como el punto de partida.[13]

El 12 de octubre, Emma y Agustina Castro llegaban a Ciudad de México con Fidelito. Como carecía de residencia fija, Fidel instaló a las hermanas y al hijo en el piso de la calle Fuego, número 791, uno de los que había alquilado. Dividía su tiempo entre ese domicilio y el de Cuernavaca, donde trabajaba y escribía con más tranquilidad. Cierto día llegó un telegrama de un amigo periodista, Luis Orlando Rodríguez, que comunicaba sin rodeos el fallecimiento de don Ángel Castro, el 21 de octubre. Dado que los familiares de Fidel ni siquiera sabían adónde enviarle la noticia, Ramón recurrió a la radio CMQ.

Fidel no veía a su padre desde hacía tres años. Bajo el impacto de la pérdida se derrumbó. Luego llamó a Raúl, por reflejo, y le informó de lo sucedido como pudo, conteniendo el dolor, sin preparación ni disfraces. Raúl se encerró en su habitación a llorar, mientras el hermano corría a un locutorio para telefonear a Ramón, que le explicó que el padre había resbalado en el suelo del cuarto de baño y la hernia que padecía se le había estrangulado.

Don Ángel dejaba la caja fuerte de la casa sin fortuna contante y sonante, pero había plantado un futuro. Lina y Ramón asumirían la administración del patrimonio de la familia; para el primogénito fue un paso natural, pues ya lo había aprendido todo: conducía tractores, araba, cosechaba la caña y reparaba motores, de día o de noche.

El cuerpo fue velado en la sala de la casa de Ramón, en Marcané. Hubo campesinos, haitianos y plañideras; quien no poseía caballo, no sabía montar o no tenía quien le llevara acudió a pie, acrecentando el cortejo. «Papá Castro murió…», corría la voz de boca en boca, alertando a los soldados. Alguien dejó sobre el féretro un ramillete de palmas blancas con un mensaje: «No vinieron por miedo…». Y era cierto; mucha gente conocida evitó la ceremonia a causa de los dos hijos de don Ángel.

MARATÓN PARA UN NAUFRAGIO

Los grupos armados de Cuba, con independencia de las concepciones programáticas, tenían un blanco en común: Fulgencio Batista. En el caso del Directorio Revolucionario (DR), se había planeado cometer un atentado contra el dictador en un tramo de la carretera que él recorría todos los días. El armamento suministrado por los auténticos para llevarlo a cabo sumaba 14 M-1, un fusil ametrallador Thompson y 80 granadas. Sin embargo, en la fecha fijada, ya en sus puestos y acuartelado el comando que había de realizar la operación,[1] Batista no apareció, pues había cambiado su rutina, lo mismo que en los días siguientes. Cancelado el plan, los auténticos enviaron a uno de los suyos a recoger las donaciones. José Antonio Echeverría no aceptó devolverlas: «Vosotros debéis de saber por qué Batista no pasó por allí, ¿verdad? Pero las armas son nuestras, las hemos ganado, y un día van a disparar…».[2] Echeverría había insinuado la existencia de contactos entre agentes de Prío y de la policía de Batista. El curioso y callado personaje responsable de la misión dio media vuelta sin poder cumplirla.[3]

El nuevo plan del DR consistía en eliminar a un partidario de Batista y, cuando se oficiaran los funerales, dinamitar el cementerio para hacer volar al presidente junto con todo su equipo.[4] José Antonio obtuvo la información de que algunos oficiales asistirían a un espectáculo en el cabaret Montmartre al final de la semana. El sábado 27 de octubre de 1956, el coronel Antonio Blanco Rico, jefe del Servicio de Inteligencia Militar (SIM), fue ejecutado a tiros al salir del cabaret. La bala certera fue disparada por Rolando Cubela, un integrante del comando que consiguió huir de allí a toda prisa.

La violencia recrudeció. Cualquier rebelde era incluido en la lista de sospechosos y amenazado de tortura o muerte. Tal como venían haciendo en relación con todas las iniciativas del DR, los comunistas criticaron el atentado a Blanco Rico y calificaron la organización de amenaza a la institución de la Federación de Estudiantes Universitarios (FEU) y a la propia juventud. Bajo un intenso tiroteo, un pelotón de policía invadió la sede de la embajada de Haití, donde, según se había informado, se hallaban asilados los autores del atentado. Con este nuevo enfrentamiento, el saldo total para ambas partes fue un coronel y un general muertos, varios coroneles y oficiales heridos y diez jóvenes civiles asesinados.

Inmerso en los trámites de distribución de su destacamento expedicionario —gran parte ya dispersa por el sur, cerca de Tuxpán, y otra concentrándose al norte, en una finca en Avasolo, en el estado de Tamaulipas—, Fidel comentó, al ser interrogado sobre el acontecimiento: «Ignoro quiénes son los responsables y los motivos que los impulsaron, pero creo que, desde el punto de vista político y revolucionario, no es justificable. El coronel Blanco Rico no era un esbirro torturador. Pero no condeno el atentado como un instrumento revolucionario, si las circunstancias lo exigen; solo que no pueden perpetrarse indiscriminadamente...».

Se contaban con los dedos quienes poseían en Cuba la correcta información sobre el desembarco, a saber: la dirección ejecutiva del Movimiento 26 de Julio (M-26) —o Estado Mayor, como se denominaban—, en Santiago, y Delia en Manzanillo. Todas las contingencias del viaje en sí, la precariedad del transporte elegido o las informaciones sobre las condiciones de navegación que encontrarían hacían imposible determinar si los revolucionarios llegarían al este o al oeste de cabo Cruz, en la costa sur. La opción era la costa de Niquero, en la playa de Las Coloradas, donde tomarían el cuartel en la madrugada. Según el acuerdo entre Fidel y Frank País, este recibiría un telegrama con la contraseña —«Obra pedida agotada. Editorial Divulgación»—, que sería enviado cinco días antes de la salida de la expedición, lapso que juzgaban suficiente para desencadenar los levantamientos que debían estallar tras la llegada —fijada para el 30 de noviembre— en toda la provincia de Oriente, en especial en la capital.

Sin duda el éxito de la empresa dependía sobre todo de la posibilidad de dispersar las tropas del gobierno. Si las fuerzas armadas se dividían enfrentando diversas acciones, se vería facilitada la meta principal de la expedición: alcanzar las montañas para mantener la lucha en curso. En Niquero los guerrilleros seguirían en camiones hasta Pilón, donde iniciarían el trayecto hacia Sierra Maestra. Para ello apostaban por el reclutamiento del pueblo organizado por Celia Sánchez a lo largo de aquel trecho del litoral.

Si bien, por un lado, Fidel no escatimaba esfuerzos para conquistar aliados, tampoco cedía en cuanto al principio de la rebelión con el ejército revolucionario de vanguardia. Creía que los grupos que actuaran en las ciudades no representarían una fuerza decisiva para la victoria final. En su opinión, sería la sierra lo que garantizaría el derrocamiento del orden constituido.

A mediados de 1956 el Partido Socialista Popular (PSP), que se hallaba en la clandestinidad, había formalizado contactos con el M-26. Algunos de sus miembros cooperaban con la organización en la zona del puerto de Santiago y en la región de Guantánamo. En México, la relación se daba en especial por intermedio de Raúl Castro, ya se tratara de exiliados, como el líder sindical Lázaro Peña, o de fortuitos observadores, como Osvaldo Sánchez, jefe de un discreto dispositivo programado para ejercer funciones militares si la situación lo exigía.[5] El 10 de noviembre, Sánchez y Flavio Bravo, miembros del Buró Político,[6] se reunieron con Fidel en misión oficial del partido. Iban a transmitirle la opinión de que la situación interna de Cuba no favorecía una insurrección; sin embargo, si esta coincidiera con una gran huelga azucarera, que se organizaría al comienzo de la zafra de enero, aprovechando el clima de desánimo por el (previsto) descenso de la producción, podría tener éxito. Fidel, a quien acompañaban Montané, Melba y Raúl,[7] manifestó que comprendía el argumento, pero que necesitaba cumplir su promesa, ya pública; además, estaba convencido de que el desembarco produciría levantamientos en todo el país, para los cuales solicitaba la colaboración de los comunistas. Flavio Bravo repuso que no se quedaría de brazos cruzados si el plan se orientaba ante todo hacia la lucha de masas.

En su fuero interno Fidel creía que, al recomendar el aplazamiento de la expedición, el PSP pretendía arrastrarle hacia sus concepciones políticas; pero, para él, la lucha armada era el motor que conduciría la lucha de masas a su grado más elevado, ya que ambas estaban entrelazadas desde siempre. Debía a Antonio Guiteras la idea de la combinación de las guerrillas en la ciudad y el campo, así como a elementos del pensamiento martiano, a la revolución mexicana y a los libertadores latinoamericanos. Tanto el proyecto de Martí como el de Guiteras, con quien los comunistas habían chocado en la década de los treinta, habían sido interrumpidos de modo traumático, y Fidel se proponía cristalizarlos con el M-26. En tales términos, entendía la huelga general como un cierre, al contrario del partido comunista, que la veía como una premisa.

En noviembre Fidel recibió la visita de Rafael del Pino, que, aunque establecido repentinamente en Estados Unidos, no se había desligado de los preparativos. Del Pino había vendido al M-26 un cargamento de armas, un transmisor y el Torpedo Boat, y parecía ansioso por conocer los detalles finales del proyecto. Acabó por descubrir bastantes datos para delatarlos; en consecuencia, la policía secreta apareció por sorpresa en dos albergues en que había armas y en dos campos de entrenamiento, uno de ellos a cargo de Pedro Miret, igualmente detenido. Del Pino vendió los secretos de su antiguo protegido por 25.000 dólares.

Incidentes de ese tipo, consideró Fidel, eran razón más que suficiente para acelerar la partida. De lo contrario el M-26 sería neutralizado antes de poder llevarla a cabo, más aún teniendo en cuenta que tras el rastro de los federales mexicanos estaban el FBI y la CIA.[8] El cerco múltiple contribuyó así a darles impulso e incluso a dejar de lado mayores reflexiones y cálculos en cuanto al plan y los recursos de que disponían. La misión, casi imposible, se había convertido sobre todo en una cuestión de honor. El yate *Granma*, atracado en un espigón del río Tuxpán, fue regulado para navegar continuamente a velocidad máxima. De inmediato se prepararon los víveres.

El 20 de noviembre de 1956 comenzó el transporte de uniformes, material para camuflaje, ametralladoras, fusiles antitanque de calibre 30.06 (más de cincuenta de mira telescópica) y cajas de municiones. «Nos buscaban por todas partes… Guardamos las armas en pequeños paquetes, en moteles de la carretera desde México hasta Tuxpán…»,[9] recordaría Fidel años más tarde. El 21, los expedicionarios recibieron la orden de abandonar sus puestos, en especial los que todavía se encontraban en la capital. Divididos en grupos de seis, se hospedaron en moteles baratos. Dos de ellos desaparecieron, no se sabe si víctimas de la policía secreta o porque desertaron.

Fidel se desplazaba en automóvil con la mayor precaución posible, atravesando zonas rurales y alguna que otra población, reuniendo sus hombres y armas. El motel Mi Ranchito, provisto de varias cabañas, había sido elegido como el último escondite. A Melba Hernández y el mexicano Alfonso Gutiérrez, que permanecerían en el país, se les indicó que enviaran cinco telegramas a Cuba, con diferentes textos cifrados, previamente acordados con los destinatarios, para anunciar la partida. Fidel también les había dejado un testamento:

> En el automóvil que me conduce al punto de partida hacia Cuba, a cumplir con un deber sagrado con mi Patria y mi pueblo… quiero dejar constancia de este acto de última voluntad para el caso de que perezca en la lucha. Entrego mi hijo a los cuidados de la pareja Alfonso Gutiérrez y Orquídea Pino… Tomo esta determinación porque no quiero que, en mi ausencia, mi hijo Fidelito caiga en manos de los que fueron mis más feroces enemigos y detractores. […] Como mi esposa demostró ser incapaz de librarse del vasallaje que su familia le impone, no quiero exponer a mi hijo a ser educado por las ideas nefastas contra las cuales posiblemente moriré luchando… Lo dejo, por eso, a los que mejor podrán educarlo, al matrimonio bueno y generoso que han sido, además, nuestros mejores amigos en el

exilio y en cuya casa nosotros, los revolucionarios cubanos, encontramos un verdadero hogar. Y al dejarles mi hijo, lo entrego también a México, para que aquí crezca y se eduque, en este país libre y hospitalario... y que no vuelva a mi Patria hasta que sea libre o pueda luchar por ella. Espero que este deseo humano y justo, con respecto al único hijo que poseo, sea cumplido. 24 de noviembre de 1956. Fidel Castro Ruz.[10]

La noche del 24 de noviembre, poco a poco, todos los integrantes del pequeño ejército confluyeron en el puerto de Tuxpán. Un grupo abandonó los coches a prudente distancia y se acercó a través de las calles oscuras. En determinado punto había alguien que les mostraba el rumbo: 200 metros hasta el muelle. Cubierto por una capa y un sombrero de ala ancha, Fidel observaba el traslado de los últimos paquetes —pistolas, algunas ametralladoras y rifles de mira telescópica, leche condensada, pan, chocolate, siete jamones y muchas naranjas— y los tanques de reserva de gasolina, retirados de la casa alquilada. Con cuidado de no hacer mucho ruido, los cargadores procuraban aprovechar al máximo el espacio del yate.

Cerca de las diez de la noche, bajo la llovizna intermitente del invierno, el *Granma* se mecía iluminado por haces de luz nocturna bajo un cielo de pocas estrellas. Le habían devuelto la buena apariencia con una mano de pintura, aunque eso no impidió que Universo Sánchez, el guardaespaldas de Fidel, se llevara un susto al verlo. «¿Y dónde está el grande?», dejó escapar en un susurro. Fidel permaneció imperturbable, callado, pero era evidente que la tropa entrenada no cabría en la diminuta embarcación. Buena parte ni siquiera había sido avisada de la partida, otros no fueron recogidos por los vehículos y, por lo tanto, no llegaron al puerto; entre ellos estaba Gustavo Arcos.

Desde la margen opuesta del río, al otro lado de la ciudad, un bote cruzó las aguas casi imperceptible, llevando nueve hombres. Al igual que los que estaban en el puerto, ahorraron movimientos para evitar ruidos. Fidel supervisó el embarco... Además del cargamento, había 82 personas a bordo —y el *Granma* tenía capacidad para 25 pasajeros como máximo—, todas cubanas, excepto el médico argentino, un italiano, un mexicano (Chuchú Reyes) y el timonel, Pichirilo, natural de la República Dominicana. Fidel se había negado a reclutar a Patojo, el amigo guatemalteco del Che Guevara. Cuatro personas permanecieron en el muelle: Melba, Alfonso, El Cuate y Piedad Solís. Melba preguntó la hora y Alfonso respondió: «Las doce y veinte…».

El yate soltó amarras y se deslizó con el motor en marcha moderada y las luces apagadas. La navegación estaba prohibida. El viento norte caribeño, que rugía agitado, hizo que tardaran media hora en el curso del río Pantepec, cercano al Tuxpán, hasta penetrar en el golfo. En el puente de mando, Fidel, Juan Manuel Márquez, Raúl Castro, Faustino, el Che Guevara y Roque. Próximos al timón, Norberto Collado y Pichirilo. Fidel se irritaba con aquella lentitud, preocupado porque apareciera alguna patrulla. Al acercarse a la desembocadura, pidió que siguieran a toda marcha. El silencio llenaba de tensión los cuerpos; de repente un puñado de hombres comenzó a entonar los himnos de Cuba y del M-26. Pero el fuerte ventarrón, con ayuda de las corrientes, se obstinaba en desviar el yate, que, sobrecargado, desobedecía al timonel.

Transcurrieron dos días y dos noches bajo un tiempo hostil. Dadas las condiciones de a bordo, avanzaban con angustiosa lentitud. Fidel dormía en el camarote de popa junto con armas y paquetes cuando, el día 27, el sol apareció al alba entre las nubes. Al mediodía determinaron la posición probable del yate.[11] Menú diario: lonchas de jamón, naranjas y una lata de leche condensada para tres. Faustino distribuyó pastillas de vitaminas y sales minerales.

Cuarenta y ocho horas después de la partida, tal como había pedido Fidel, se enviaron los telegramas cifrados. El primero, a Frank País, iba dirigido a Arturo Duque de Estrada, calle San Fermín, 358, Santiago de Cuba. En cuanto lo recibió, Frank se puso en contacto con Celia, que el 29 partió de Manzanillo en un todoterreno para reunirse con el campesino Crescencio Pérez, a quien había alistado para la red de apoyo. En Niquero, Pilón, El Macho y Magdalena, por la franja costera del sudoeste de la provincia, donde las montañas se juntan con el mar, gru-

pos dispersos, en su mayoría pescadores y trabajadores azucareros, ocuparon sus puestos de vigías. El grupo encabezado por el
campesino Guillermo García aguardaría en la región del río Toro,
en El Plátano. En la altitud de Purial de Vicana, la finca de Ramón (Mongo) Pérez sería el punto de contacto. Por la llanura
litoral de Niquero comenzaban a aparcar los camiones en las
carreteras que unían los ingenios, a la espera de transportar la
tropa de Fidel.[12]

En La Habana, el DR, en la clandestinidad, organizaba el tradicional acto del 27 de noviembre. Habían apostado un comando
en la «escalinata» para impedir la entrada de policías; otros se
acuartelaron en casas y pensiones alrededor de la universidad. Se
cerraron las facultades de La Habana y Santiago, bajo el lema:
«No habrá clases con Batista». El mismo día, el DR recibía un
telegrama[13] dirigido al señor Primitivo Lima, calle 21, número
104, apartamento 4, Vedado. El mensaje fue recibido por Enrique Rodríguez Loeches y entregado a José A. Echeverría. «Fidel
en alta mar» era el mensaje descifrado.

Se envió un tercer telegrama a la farmacia García Naranjo, en
Camagüey, con la frase: «Libros encargados serán remitidos». El
destinatario, Raúl García Peláez, era el coordinador provincial del
M-26. Un cuarto telegrama fue a Matanzas, dirigido a Pérez Font
con el texto: «Reserva cuarto hotel». Aldo Santamaría, que actuaría de contacto con La Habana y Pinar del Río, lo recibió pero
debió tragárselo cuando le detuvieron en la capital. El quinto
telegrama, con fecha 28 de noviembre, fue enviado a la provincia de Las Villas, a Haydée Leal, Nazareno 9, oeste, apartamento
2, con el siguiente texto: «Urge envío certificado título. Besos.
Firmado: Bertha». Destinatario: el coordinador provincial Santiago Riera. La palabra «urge» significaba la partida. De no haberla
incluido, habría expresado la suspensión del embarco.

«Por las olas que encontramos en el Caribe y para evitar la
observación aérea y naval, tuvimos que pasar lejos de Cuba, describir un arco para llegar a la zona de Niquero…», relató Fidel.
Cualquier señal en el mar o en el cielo podía ser una amenaza.
En el mar avistaron dos barcos pesqueros; Fidel ordenó que se
cubrieran todos y taparan el equipamiento militar, mientras el

capitán Pino se veía obligado a desviarse una vez más. Cerca de las cinco de la tarde del día 29, el rumbo cambiado a 105 grados los conducía al faro norte de la isla Gran Caimán. Horas después un buque mercante pasó cerca. «Izamos una bandera, no recuerdo de qué nacionalidad, pero no despertó la más leve sospecha», contó Fidel.

El viento soplaba con inclemencia y las olas se alzaban tempestuosas. El *Granma* se bamboleaba; se detenía y de pronto saltaba empujado por el mar.[14] El agua entraba estremeciendo el casco y, junto con el exceso de peso, bajaba la línea de flotación. De nada sirvió utilizar bombas de succión y cubos; estaban a punto de naufragar. Con el rostro afligido y la cabeza gacha, se apretaban el estómago, víctimas de náuseas. El Che Guevara luchaba desesperadamente contra una crisis de asma.

Al fin la tempestad amainó. En el *Granma*, cuerpos agotados, hambre, cansancio y sueño. Los hombres inmóviles alzaban la vista para observar a Fidel, que, de pie a babor, probaba fusiles y regulaba las miras telescópicas sobre un soporte improvisado. En ese momento navegaban por el sur de las islas Caimán, a unas cinco o seis millas de la costa.

La agencia UPI dio la noticia del inicio de la aventura:

> El doctor Fidel Castro Ruz publicó hoy un manifiesto en México en el que afirma que ha regresado al suelo cubano para dirigir la lucha hasta la muerte del último combatiente… El documento dice que la revolución persigue dos fines: «iniciar inmediatamente la lucha para eliminar la tiranía interna» y «salvar a la Nación del peligro aún mayor de la tiranía extranjera». […] Agrega que «los criminales y traidores no pueden ser perdonados, porque la dignidad nacional herida no lo permite». Pide a todos los pueblos del Continente que apoyen al cubano…[15]

Ya era el 30 de noviembre. Transcurridos cinco días desde la salida, la tropa revolucionaria no llegaba según lo previsto. En Santiago, Frank País imaginaba las dificultades a las que debían de hacer frente sus compañeros en el mar y la inminente posibilidad de una ola de desinformación, con las autoridades difundiendo noticias mutiladas sobre el desembarco, que confundirían al pueblo y a los grupos listos para entrar en acción. Decidió entonces precipitar el levantamiento, en lugar de esperar la confirmación de la llegada, como quería Fidel, a fin de desconcentrar a las fuerzas del gobierno. Así, indicó las líneas de acción: bombardeo, cerco y toma de las jefaturas de la Policía Marítima y Nacional, del cuartel Moncada y del aeropuerto; liberación de los presos políticos de la cárcel de Boniato y llamamiento al pueblo por la emisora de radio CMKC. Al día siguiente la ciudad amaneció bajo tiroteos, sirenas y vuelos rasantes de avionetas militares.

Entre algún que otro grito alentador de «¡Proa a Cuba!» de los pilotos, Fidel, con aire grave y ensimismado, escuchaba las noticias por la radio: «... Atacada la estación naval y la jefatura de policía. Morteros y ametralladoras tomados en el Instituto... Paralización de Guantánamo, oleada de sabotajes en Matanzas y Las Villas. Incendios...». El yate surcaba las aguas del sur de la isla de Pinos mientras se desarrollaban ya las maniobras que deberían haber cubierto el desembarco. Lamentable retraso, irremediable.

Al final de la tarde, Santiago se había convertido en un infierno. En la capitanía del puerto, los rebeldes habían conseguido apoderarse de 20 fusiles y los marineros se habían rendido. Ferroviarios, comerciantes y farmacéuticos se declararon en huelga. Se completaba el Plan 1, según lo acordado entre Frank y Fidel. Mientras tanto la insurrección, de hecho, no estallaba. Las demás acciones previstas en la provincia de Oriente y en el extremo occidental, en Pinar del Río, no tuvieron lugar; allí se incluía el Plan 2, en el que se contemplaba la expansión del movimiento por la provincia, con el traslado de comandos hacia las proximidades de Santiago, con la misión de apostarse como francotiradores. Y existía aun el Plan 3, previsto para los 50 días posteriores al levantamiento, con el sabotaje económico a los servicios públicos y las grandes propiedades.

Solo los núcleos obreros del M-26 en la provincia de Guantánamo consiguieron paralizar la capital regional inutilizando transportes y saboteando la red eléctrica. En Las Villas, Santiago Riera y un ex oficial del ejército debían presentarse en el cuartel rural de Santa Clara, donde un grupo de oficiales se había comprometido a rebelarse; en Cienfuegos (en la misma provincia), Santiago Ríos, un cabo de la marina de guerra, conduciría el apoyo. Nadie se movió. En Camagüey tampoco se recibieron las armas provenientes de Santiago. Durante tres días la ciudad se vio sometida a vuelos rasantes y disparos de soldados. El caos se extendía.

En La Habana Pepe Suárez, jefe de acción del M-26, nada sabía hasta que fue llamado por el DR. En una reunión a la que asistieron varios auténticos se planteó la falta de organización y material bélico para promover un levantamiento armado en la capital. El DR consideraba aún la posibilidad de un asalto a la sede del gobierno pero, ante las circunstancias, Echeverría prefirió evitar lo peor. Hubo actos dispersos, perpetrados por militares del M-26, como descarrilamiento de trenes y derribos de postes de electricidad.

Mientas tanto, a bordo del *Granma*, la tarde del 1 de diciembre Fidel organizaba la estructura y la jerarquía de la columna invasora. Estado Mayor: Fidel Castro, Juan Manuel Márquez y Faustino Pérez. Oficiales subalternos: Antonio (Ñico) López, Onelio Pino, Jesús Reyes, Cándido González, Roberto Roque, Jesús Montané y César Gómez. Intendencia: Pablo Díaz, con los ayudantes Armando Huoap y Félix Elmuza. Salud: doctor Ernesto Guevara. Jefe del pelotón de vanguardia: capitán José Smith Comas. Jefe del pelotón del centro: Juan Almeida. Jefe del pelotón de retaguardia: capitán Raúl Castro.

Cada uno de los pelotones contaba con 22 hombres. Las instrucciones básicas consistían en evitar combates y tomar el camino de la Sierra Maestra. En caso de perderse, el rumbo era el pico Turquino, donde descansarían y comenzarían la ofensiva. Si tropezaban con guarniciones menores, debían procurar que se rindieran sin luchar. Fidel procedió a continuación a la entrega de las armas, las mejores de las cuales correspondían al pelotón de asalto, la vanguardia, e hizo saber el lugar del desembarco: Las Coloradas. La tropa vistió uniforme, arrojó al mar las ropas que llevaba puestas y cogió las mochilas. En medio de la noche dejaron atrás Caimán Brac.

Con un mar insistentemente encrespado, tenían que navegar

a poca velocidad y a oscuras, para evitar encuentros con unidades de la patrulla naval. La mañana del 2 de diciembre, el piloto Roque, que intentaba afligido divisar el faro del cabo Cruz, al encaramarse una vez más a lo alto de la cabina del yate resbaló; un ruido seco indicó que había caído al mar. Fidel dio orden de desacelerar los motores para rescatarle, pero la tremenda penumbra les impedía verle. Casi una hora permanecieron allí, dando vueltas, escasos de combustible —el indicador marcaba dos pulgadas—, creyendo que el piloto se había ahogado. Fidel hizo un último intento con el farol, el único que había a bordo, y de repente el foco luminoso encontró al hombre en el mar. Salvado Roque, Pino, el otro piloto, aceleró en dirección a Cuba.

Se guiaban por una carta náutica. Varios insistían en subir a la cabina, pues presentían que se aproximaban a la costa. El «tierra a la vista» se recibió con enorme alivio y euforia. Sin embargo, era preciso localizar el pequeño muelle de Las Coloradas y, como no contaban con reserva de combustible, debían desembarcar con urgencia.

«Sabía dónde estábamos, pues veníamos de la región de las Caimán. Pero cuando el piloto repitió por tercera vez que daría una vuelta más, me negué. Pregunté: "Es la isla de Cuba, ¿no?", para descartar que fuera uno de los innumerables cayos del archipiélago cubano. Él me lo confirmó y le dije: "¡Avanza a toda velocidad! ¡Proa a la costa!"», relató Fidel.

La quilla dio contra un obstáculo y el yate encalló. Fidel dijo a René Rodríguez, que era rápido y ligero: «Salta y mira qué ha pasado...». Allá abajo, el hombre respondió: «Está firme». Entonces el comandante le siguió pero, como era corpulento y además cargaba mucho peso, comenzó a hundirse; no podía mover los pies y se enterró en el banco de lodo hasta el vientre. Intentaron hacer descender un bote auxiliar de aluminio, pero se llenó de agua y se hundió. Fidel ordenó el desembarco del Estado Mayor y del pelotón de vanguardia; todos corrieron la misma suerte que él y acabaron enterrados en el barro. Se escapó un tiro. Con terrible dificultad el grupo retiraba la carga. Poco a poco, portando cada uno apenas lo estrictamente necesario, cruzaban el interminable pantano, acosados por los mosquitos. Un barco que pasó cerca a marcha moderada alcanzó a ver la maniobra.

El Che Guevara y Raúl Castro fueron de los últimos en abandonar el yate. Los de la retaguardia trataban todavía de acarrear equipos y accesorios, pero el lodazal amenazaba con engullirlos. Al sentir las piernas o las manos sobre una porción más alta de tierra se animaban, pero de inmediato resbalaban por el lodo. El amanecer lanzaba una luz triste sobre el destino de aquel pequeño ejército. Se hallaban en Los Cayuelos, a aproximadamente dos kilómetros de la playa de Las Coloradas,[16] al nordeste del cabo Cruz.

Fidel ardía de angustia. Sospechaba que estaban en un cayo, lo que sería grave, pues ¿cómo se trasladarían luego a la isla, sin un vehículo? A la deriva, a trancas y barrancas, como «fantasmas bajo el impulso de algún oscuro mecanismo psíquico»,[17] al fin pisaron tierra firme, en la pequeña aldea de Belic. Es fácil imaginar el llanto de alegría contenida de aquella inexperta y extenuada tropa.

Mientras tanto el pequeño barco de cabotaje que los había visto comunicó el hecho al puesto de Niquero. Este, a su vez, llamó a un avión de la marina de guerra, que ahora cruzaba el cielo. Casi dos horas habían transcurrido desde la encalladura en el pantano. Seguían marchando, pero ya habían sobrepasado el umbral del agotamiento. La mayoría tenía los pies ensangrentados dentro de las botas, y algunos habían perdido el calzado en el agua o por el camino. Pero ya no se los veía a todos; Juan Manuel Márquez y otros siete se habían extraviado en el casi naufragio.

Fidel pidió a Abelardo Crespo que fuera a una pequeña casa que habían divisado a lo lejos, mientras él esperaba a los restantes. Crespo regresó acompañado del campesino Ángel Pérez Rosabal. Fidel se adelantó, le puso una mano en el hombro y le dijo: «No tema. Vinimos a ayudar al hombre del campo...». El guajiro los llevó a su casa, mientras le preguntaban datos y señas del lugar. Fidel le dijo entonces que necesitaban comer algo y se ofreció a pagarle; el hombre accedió a preparar un cerdo con batatas. En ese momento se oyeron disparos.

Provenían de un buque guardafronteras y aviones de la FAE

que disparaban sobre el pantano; se declaró toda la zona en situación de operaciones, con el fin de cercarla para eliminar al contingente. Fidel ordenó que todos buscaran refugio, mientras el buque regresaba remolcando el *Granma*.

Por la región, la red de apoyo al M-26 se encontraba de repente desorientada, ignorante de lo sucedido con la expedición. El grupo de Celia Sánchez había retornado a la vida normal, huyendo del peligro. Ella, por su parte, había resuelto coger un autobús para ir a conversar con Frank en Santiago. Mientras se hallaba en un almacén del camino a la espera de un contacto, aparecieron tres vehículos policiales, uno de los cuales aparcó. Un agente se le aproximó con actitud inquisitiva pero, en un instante en que se distrajo, Celia escapó por la parte posterior y se ocultó en un matorral que le llenó el cuerpo de espinas. Consiguió que un coche la llevara a Manzanillo; al apearse oyó el ruido de los aviones del ejército que ocupaban el aeropuerto.

Los grupos de Santiago, angustiados, se reunían en la casa de San Gerónimo, de la familia de Vilma Espín, la insospechada y eficiente fachada de la central de operaciones. Frank decidió permanecer en la capital durante todo el tiempo que pudiera para aguardar algún comunicado de Fidel.

24

DEBUT DE LA GUERRILLA

El guajiro Pérez Rosabal les había indicado el este, la dirección de la montaña. Deberían recorrer un largo trayecto evitando a toda costa que los descubrieran. Ante cualquier avión de la marina de guerra que sobrevolaba la zona se arrojaban al suelo en medio de los matorrales. Alrededor del mediodía la sed los obligó a detenerse en una finca. Uno de los trabajadores, al ver a la tropa, huyó alarmado, pero otro se ofreció a servirles agua. Reanudaron la marcha. Al acercarse la noche acamparon en un monte y al amanecer dieron con unos lugareños que les ofrecieron miel de abeja y mandioca con salsa para alimentarse, mientras los aviones militares volvían a rondar la zona.

Con la pistola enganchada en los pantalones, la camisa abierta y el fusil al hombro, Fidel encabezaba el grupo cuando encontraron un puesto de venta, donde compraron víveres y comieron unas judías. Al marcharse, un chaval del campo se ofreció a acompañarlos. Cuando se internaron por la senda de un bosque, desapareció; le reencontraron al día siguiente, acompañado por los ocho expedicionarios que se habían perdido en el pantano. El chiquillo partió de nuevo, mientras ellos cruzaban los cañaverales del ingenio Niquero y los aviones circulaban otra vez, ametrallando con mayor intensidad y al azar. Los expedicionarios se mezclaban con los trabajadores para escapar, pero acabaron perdidos. Dos lugareños que se ofrecieron a orientarlos condujeron al grupo hasta un cruce de caminos y les recomendaron que siguieran en línea recta por el cañaveral, pues así saldrían a la subida de la sierra. Caía la noche. Fidel, por algún motivo, no había confiado en las indicaciones recibidas, de modo que tomó el rumbo que le dictaba la intuición, haciendo señales a los demás, angustiado, para que los que iban detrás no aflojaran el paso. Temía que la luz del día los sorprendiera antes de alcanzar la sierra. El grupo numeroso dejaba continuos rastros de bagazos de caña, que chupaban para reponer energías. Fue así como Tato Vega, uno de los solícitos guías, pudo llevar al ejército hasta el sitio donde se hallaba el grupo.

Ya estaban exhaustos cuando Fidel ordenó que hicieran un alto en una ladera próxima a un cañaveral abandonado. Casi amanecía y todavía faltaba bastante para alcanzar su destino. Se tendieron sobre la hierba. Se quitaron las botas, soltaron las mochilas, algunos cayeron dormidos; otros se pusieron a curarse las llagas de los pies, con la ayuda de los médicos Che Guevara y Faustino Pérez. Otros se recostaron para contar anécdotas y chistes, acaso animados por la falsa tregua de los bombardeos, mientras un grupo se dedicaba a inspeccionar los alrededores.

Fidel se enfadó por el exceso de ruido y llamó la atención a los miembros del pelotón del capitán Raúl, su hermano, que también fue debidamente amonestado. Una lata con cuarenta pedazos de chorizo, paquetes de galletas, tres latas de salchichas, cuatro de leche condensada y dos kilos de azúcar mascabado completaban el total de alimentos de que disponían para una comida, además de las cajas de cigarros y las cantimploras vacías. Se distribuyó lo que correspondería al almuerzo de cada uno, con un chorizo adicional para los más agotados.

Los exploradores regresaron con la inquietante noticia de que a pocos kilómetros, justo en la dirección que deberían tomar, se había apostado un destacamento militar. Era el 5 de diciembre de 1956 y se hallaban próximos a la colonia Alegría de Pío. Una escuadrilla de aviones comenzó a volar en círculos sobre el lugar. Se oyó un disparo. Al principio pensaron que tal vez había sido uno de los expedicionarios al limpiar un arma, pero era señal de que los soldados cerraban el cerco. Al estallar una descarga de ametralladora, Fidel gritó que todos se arrojaran al suelo.

A un lado tenían el tiroteo cerrado; al otro, un incendio provocado en el cañaveral, para arrinconarlos. La aviación pasaba en vuelos rasantes, casi rozando la copa de los árboles. Trataron de escapar cada uno hacia donde podía, mientras los militares les exigían que se entregaran. Fidel ordenó que emprendieran la huida en dirección a una zona del bosque de donde no partían disparos. Se arrastraron bajo el zumbido de las balas. Ya había varios muertos o heridos, entre ellos el Che Guevara, que, alcanzado en el cuello, tuvo que soltar la mochila de los medicamentos. Cogió la caja de balas y logró correr, ayudado por el capitán Almeida. Uno de los últimos en retirarse fue Fidel, que cubría a los compañeros disparando con el fusil.

Intentó reagruparlos en la plantación cercana al bosque, pero los combatientes se dispersaban sin remedio. Con él permanecieron dos hombres, Universo Sánchez y Juan Manuel Márquez. Todavía continuaron un poco, reptando como serpientes. Entonces Juan Manuel, que iba atrás, también desapareció para siempre. Fidel y Universo resolvieron detenerse y taparse con haces de cañas. Observaron que contaban todavía con una considerable cantidad de munición; permanecieron un rato inmóviles, hasta que oyeron que llegaba gente. Ya se preparaban para disparar cuando reconocieron a Faustino Pérez. Pasarían aquella noche allí, sin dormir, ocultos, paralizados, oyendo a los soldados que se movían por los alrededores.

Fidel susurraba repetidamente el nombre de sus expedicionarios, ansioso por saber qué les había sucedido, con la esperanza de salir de allí y reencontrarlos a todos. Faustino respondía con paciencia cada vez: «Muchos deben de estar muertos...», pero siempre resultaba difícil disipar sus convicciones. Por la mañana, cuando Fidel quiso ponerse en movimiento y avanzó un poco, Faustino le planteó la conveniencia de volver y mantenerse protegidos en el cañaveral, donde podían saciar el hambre y la sed. El comandante acabó por acceder.

Cerca del mediodía una avioneta los localizó y abrió fuego, a menos de cincuenta metros de altura. En cuanto el aparato debió trazar una vuelta en el aire, alejándose de forma momentánea, el trío se desplazó veloz, ganando algunos metros, hasta una tupida maraña de cañas. Se cubrieron con la vegetación y se llamaron para asegurarse de que nadie se había perdido, mientras el avión barría con la metralla el punto del cual acababan de salir.

Al fin, vencidos por el cansancio, desistieron de moverse de allí. Antes de entregarse al sueño Fidel colocó la culata del fusil entre sus piernas dobladas, apoyó la punta del cañón bajo el mentón y empujó ligeramente el gatillo; en caso de que le sorprendieran, prefería matarse a ser capturado. Así durmió varias horas.

Permanecieron días enteros al abrigo de la plantación, con un mínimo de sueño y alimentándose con pedazos de caña que cortaba Universo con la fuerza de sus manos. Aplacaban con rocío la sed, intensificada por el sabor dulce de la caña. De vez en cuando Fidel balbuceaba un monólogo sobre lo que en el futuro haría la revolución en beneficio del pueblo. Ya sentían calambres de tanta inmovilidad cuando, un anochecer, resolvieron avanzar hacia un cañaveral situado al oeste, más crecido y compacto, donde se internaron. Se quebró la triste rutina cuando, el día 10, habiendo cesado en apariencia el asedio de las fuerzas militares y rodeados solo por el rumor de las hojas de caña mecidas por el viento, Fidel intuyó que era la oportunidad de abandonar el escondite.

Por la noche anduvieron cuatro kilómetros en dirección nordeste, separados, orientándose por la posición del sol, el instinto, las estrellas. Pasaron otro día ocultos bajo las cañas, pero al oscurecer tomaron un camino donde dieron con dos sitios llenos de soldados. Con inmensa cautela superaron el obstáculo, pero el ruido de nuevas detonaciones a lo lejos reavivó la persecución.

Cualquier silencio parecía acrecentar las probabilidades de salvarse, pero los intervalos eran siempre breves. Batista reforzaba y ampliaba el cerco, con la perspectiva de la inminente aniquilación de la expedición. Hasta entonces, según se supo después, además de los muertos en el combate de Alegría de Pío habían capturado a 38 expedicionarios, de los cuales 21 fueron asesinados. Por lo tanto, el contingente que seguía vivo, incluido el jefe, Fidel, se consideraba un blanco fácil, por hallarse debilitado y aislado. Parte de los supervivientes trataba de orientarse para alcanzar la Sierra Maestra, pero también hubo quien, tras alcanzar su límite, resolvió escapar o regresar a su casa. De cualquier manera, el pequeño ejército estaba casi desmantelado, mientras en todo el país las agencias internacionales difundían la información de la muerte de Fidel y de decenas de insurgentes.[1]

En Birán, el telegrafista accionó su máquina. Ramón estaba al lado, ansioso por ver impresa alguna noticia sobre sus hermanos. De ese modo recibió la información de la muerte de Fidel y Raúl. Dudó de inmediato. Aun así montó su caballo y partió hacia el ingenio de Marcané, donde vivía, negándose a enfrentar la reacción de la madre, que había enviudado hacía menos de dos meses.

Lina no tardó en aparecer en la puerta de la casa del hijo, montada en el alazán, bañada en sudor. Había recorrido al galope los siete kilómetros desde Birán hasta Marcané. «Raúl y Fidel están vivos», dijo Ramón a la madre, con lo que la tranquilizó un poco, pese a las noticias imprecisas y capciosas. Sin embargo, después de un anuncio en apariencia oficial y definitivo de la muerte de los hermanos, le dijo: «Tenemos que reclamar los cadáveres…». Decidieron ir a Manzanillo pero, aquella misma noche, una emisora de radio informó de que Raúl y Fidel «posiblemente» aún no hubieran sido capturados. Poco después volvió a confirmarse la muerte de ambos, pero Lina ya no sabía qué pensar. En cuanto a Ramón, comenzó a comprender que todo era una farsa orquestada por Batista.

Mientras Fidel y sus dos compañeros cruzaban un extenso labradío fueron sorprendidos por un avión Piper. Un B-26 que voló rasante los obligó a esconderse. Más adelante, cerca de una plantación de plátanos, llamaron a la puerta de una choza. La familia guajira se aterró, pues por los alrededores circulaban muchos guardias que los matarían si ayudaban a los fugitivos. Los tres se marcharon. Por el camino un campesino, al verlos, sospechó que debían de ser expedicionarios y preguntó si alguno de ellos era Alejandro. El hecho de que conociera el nombre de guerra de Fidel evidenciaba que se trataba de un hombre comprometido con la acción revolucionaria. El campesino los llevó hasta su gente, les ofreció alimentos, declaró pertenecer al grupo coordinado por Guillermo García y comentó que otros como ellos habían pasado por allí y sido atendidos. Fidel era acogido al fin dentro de la red formada por el Movimiento 26 de Julio (M-26).

El 15 de diciembre, aprovechando que se había levantado el cerco de patrullas, reanudaron el ascenso hacia la montaña. Avisado de la presencia de los compañeros, pronto se les unieron Guillermo García e Ignacio, hijo de Crescencio Pérez, el otro coordinador de la red. Por Guillermo, que buscaba a los sobrevivientes desde hacía varios días, Fidel supo que las fuerzas de Batista habían encarcelado a 17 expedicionarios del *Granma* y asesinado a un gran número de hombres. Tras larga marcha, la noche del 16 llegaron a la finca de Ramón (Mongo) Pérez, hermano de Crescencio, ex concejal ortodoxo, en Purial de Vicana. Conocida como Cinco Palmas, la propiedad era precisamente el punto pensado por Celia Sánchez para que emprendieran la marcha hacia la zona más interior de la Sierra Maestra.

El día 18, alrededor de las diez de la mañana, se aproximó a Fidel el campesino Primitivo Pérez, que en una bolsita de cuero llevaba el carnet de conducir, expedido en México, de Raúl. «¿Dónde está él? ¿Va armado?», preguntó Fidel, entusiasmado. Primitivo le explicó que unas personas de las cercanías, a dos kilómetros de allí, habían recibido aquel carnet de madrugada, en su casa, de alguien que se identificaba como Raúl Castro.

Como no quería correr riesgos, Fidel indicó al campesino: «Mira… Voy a decirte los nombres de los extranjeros que vinieron con nosotros. Un argentino de nombre Ernesto Guevara, al que llaman Che; el otro es dominicano y su nombre es Mejía, aunque le llaman Pichirilo. Aprende estos nombres y pide a ese señor que te diga los nombres y los apodos. Si responde bien, es Raúl…». Primitivo anotó todo y partió, para volver feliz, ya que la persona interrogada había dado las respuestas correctas.

Fidel ya no cabía en sí. Estaba emocionado por el reencuentro con Raúl y su grupo,[2] pero pronto le preguntó:

—¿Cuántos fusiles has traído?

—Cinco —respondió Raúl.

—¡Con los dos que tengo, son siete! ¡Ahora sí ganamos la guerra! —se jactó Fidel en una espontánea alusión a lo dicho por

Carlos Manuel de Céspedes, héroe de la Independencia, al reunir el núcleo de sus hombres tras el primer revés de aquella guerra.

A la mañana siguiente Mongo Pérez bajó a Manzanillo para avisar a Celia y cuando volvió, dos días después, llevaba cerveza para festejar, ropas, botas, medicamentos y un poco de dinero que le había entregado Celia.

El 21, de madrugada, el grupo de Juan Almeida, el Che Guevara y otros cinco[3] llegaron al mismo punto, tras vivir su odisea particular. El reencuentro era tanto un producto del extraño o predestinado azar como el resultado de la articulación de los campesinos. Cuanto más se acercaban a la senda de la Sierra Maestra, más probabilidades tenían de dar con simpatizantes de la red.

Recuperada una fracción de su tropa, Fidel dirigió un entrenamiento en las inmediaciones. Pronto, al mando de los militantes locales del M-26, tres personas se acercaron a la finca, entre ellas una mujer que llevaba bajo la falda trescientas balas, tres detonadores y nueve cartuchos de dinamita. Por la noche Fidel envió a Faustino Pérez a la ciudad, junto con los emisarios, con la misión de reactivar el M-26-7 urbano. En Santiago, Frank recibía un recado: debería escoger a un periodista especial para que subiera a la montaña y documentara la existencia del campamento revolucionario; era la manera elegida por Fidel para desmentir las noticias sobre su muerte. Pidieron a Frank, además, que les enviara un pequeño grupo de militantes como refuerzo. Los miembros de la dirección desconocían el paradero de su líder; fue con placer y muestras de alegría como oyeron el mensaje cifrado que les transmitió la dulce voz de Cayita Araújo: «María, ven a comer suspiros...».

En La Habana, en una reunión clandestina realizada en un suburbio, Faustino fue presentado a Frank, que le acompañó a la capital, como el nuevo coordinador provincial.

En Birán se vivía una Navidad trágica. Lina, cuando salía del perímetro de la hacienda, soportaba con altivez las agresiones y provocaciones de los soldados del regimiento local.[4] Al fin fue el campesino Juan Socarrás quien, en Manzanillo, obtuvo de miembros del M-26 la información exacta del destino de los Castro y llevó algún alivio a la vida de la hacienda.

Se incorporó a la tropa un grupo de campesinos. Fidel decidió no esperar más el refuerzo de la ciudad, pues ya habían pasado muchos días y en cualquier momento alguna indiscreción podía poner al grupo en peligro. Sobre la mesa dejaron un papel de agradecimiento a Mongo Pérez y, alrededor de las once de la noche del día 25, la columna, con 18 combatientes y 7 fusiles, comandada por un caudillo deseoso de hacer una guerra revolucionaria,[5] salía de Cinco Palmas con destino a la Sierra Maestra.

La primera parada fue en el monte Catalina, cerca de un cafetal y un arroyo. Allí aparecieron otros tres sobrevivientes, extraviados en Alegría del Pío y guiados por campesinos que también se proponían integrar la columna y transportaban municiones. Había llegado la hora de internarse en el laberinto verde. Era el día 31 cuando los 29 hombres acamparon frente al riacho La Cotundera, desde donde se avistaba la cumbre del pico Caracas por entre la vegetación de Sierra Maestra. Ante la espina dorsal del oriente, altiva, enorme, cada uno tomaba conciencia de su pequeñez.

El 6 de enero, la red localizaba nueve combatientes venidos de Manzanillo. Fidel pidió un guía experimentado y Crescencio prometió enviarle un líder rural simpatizante de los auténticos, Eutimio Guerra, a quien pedirían que examinara en detalle los alrededores del cuartel de La Plata. La región se caracterizaba por una cantidad de pequeños asentamientos, carentes de servicios de educación y salud, pero con significativo movimiento campesino. En aquel momento los habitantes eran desalojados por la Guardia Rural, en una operación conjunta con cuadrillas de capataces de la compañía Beattie, interesada en establecerse en la zona. Después de conversar con las personas que iban a su encuentro para intercambiar ideas e información, Fidel maduró el plan de su primera operación guerrillera.

En la primera quincena de enero la columna llegaría al pie del pico Caracas.[6] Se componía en ese momento de treinta y dos hombres, dieciocho provenientes del *Granma*, aunque no todos en condiciones de combatir, ya que no había armas suficientes; solo contaban con veintiuno de gran porte, entre fusiles y ametralladoras Thompson, más pistolas, revólveres, ocho granadas y cartuchos de dinamita.[7] Fidel se concentró en la elaboración del ataque y, el día 15, ordenó la salida, siguiendo el camino elegido por el guía Eutimio. Al frente, además del guía, una patrulla de cinco hombres; en la retaguardia, Fidel, que fingía ser un coronel de Batista en cumplimiento de una inspección local, furioso por comprobar que los rebeldes todavía no habían sido liquidados por completo. Interrogaba a los campesinos que encontraba, anotaba nombres e identificaba a simpatizantes del ejército. Los demás se divertían para sus adentros al presenciar la actuación de su comandante.

A las once de la noche, a aproximadamente un kilómetro, divisaron el cuartel, una casa de madera en el centro de un valle entre cuatro montañas. Fidel estableció un puesto de observación en el monte y aguardó. Constató que había alrededor un extraño movimiento que le indujo a postergar la acción hasta el día siguiente.

De madrugada Universo Sánchez llevó ante la presencia del coronel al capataz de una hacienda cercana, que andaba por las inmediaciones en estado de ebriedad. «¿Cómo se llama?», le preguntó Fidel. «Chicho Osorio, cien por cien batistiano, mi coronel. Me gustaría atrapar a Fidel y aplastarle los sesos…» «Es lo mismo que quiero yo, pero ese canalla es difícil de agarrar…» La conversación avanzó, y Osorio confirmó mantener estrechas relaciones con el personal del cuartel y comunicó detalles de la vigilancia y las contraseñas. «Cuando les den el alto, solo hay que gritar: "¡Mosquito!"», explicó. Obtenida la información, Fidel reveló su verdadera identidad y le declaró prisionero. Chicho Osorio imploró misericordia y alegó que era batistiano solo por agradecimiento, porque elementos del régimen le habían indultado de un crimen. Fidel le miró con dureza; luego le quitó el revólver, ordenó que le ataran las manos y decidió que Osorio los guiara al cuartel.

Madrugada del 17 de enero de 1957. Chicho, que caminaba delante, gritó la contraseña a la garita. Fidel dio la señal de ataque y disparó la ametralladora. En el enfrentamiento los veintidós combatientes llevaban ventaja numérica, además de la que les proporcionaba el elemento sorpresa. En media hora habían dominado la situación. Al cabo de cuarenta y cinco minutos de combate uno de los guardias hizo ondear un pañuelo blanco y el contingente se rindió. Entre los soldados hubo dos muertos y cinco heridos, más los que se encontraban en las inmediaciones y fueron capturados. En la columna no hubo ningún muerto ni herido, y se apoderaron de un buen botín: nueve Springfield, una ametralladora Thompson, abundante carne salada y otros alimentos, pertrechos y medicamentos que servirían para atender a los heridos. El cuartel fue incendiado, y Chicho Osorio, ejecutado por los rebeldes. Los prisioneros fueron liberados.

Al difundirse el episodio quedó desmentida la versión del gobierno sobre el exterminio del contingente. Desde el punto de vista militar, la acción demostraba la capacidad de maniobra y la agilidad de la guerrilla, que actuaba en un lugar muy distante de donde se había producido la gran dispersión. El éxito de la empresa sanaba parcialmente la herida de Alegría de Pío, pero también era de prever que el ejército se lanzaría furioso en su persecución.

Dejando rastros intencionales «para atraer al enemigo», Fidel buscaba un lugar donde montar un campamento y organizar una emboscada, a la espera de alguna tropa que pasara. Conocedor de la zona, Eutimio Guerra señaló en el mapa el lugar ideal: el Llano del Infierno (o Palma Mocha). Hacia allí se dirigieron y, después de un examen cuidadoso del terreno, Fidel asignó las posiciones. Se inició entonces la tensa espera.

La mañana del 22, una detonación de fusil los alertó de que se aproximaba un destacamento de paracaidistas comandados por uno de los mejores oficiales de Batista, el temible teniente Sánchez Mosquera, famoso por los pillajes y estupros que había perpetrado en la región. El líder rebelde ocultó a sus hombres en el único paso por el cual podían desplazarse los soldados. Ocho iban delante, por el centro del valle. Fidel avanzó disparando la ametralladora, seguido por los demás, que combatían en bloque, como les había indicado. Los primeros paracaidistas murieron; los demás huyeron.

La ley de la guerrilla era la movilidad; golpear y esconderse. Al cabo de un prolongado y duro recorrido que los obligaba a abrirse paso entre la vegetación con cuchillos y machetes, el guía señaló el lugar donde reponerse, provisto de una salida fácil en cualquier dirección en caso de ataque. Al llegar al bosque de El Mulato pidió ausentarse durante unos días para visitar a la familia, con la promesa de reunirse con ellos en el pico Caracas, hacia donde Fidel pensaba trasladarse en breve. Cuando emprendían la subida fueron sorprendidos por bombarderos B-26 y P-47, de fabricación estadounidense. Con extrema dificultad Fidel logró desplazarse con sus hombres hacia el abrigo de un bosque más pequeño, tratando de protegerse de los disparos. Algunos de los combatientes cayeron, alcanzados por las balas.

Como consecuencia se produjo una crisis en la moral de la tropa. ¿Cómo y por qué los habían descubierto con tanta facilidad? El humo de las fogatas que mencionaron algunos era una explicación ingenua. Según observaría el Che Guevara en su diario de guerra, los compañeros tenían «una cara de cerco» (cara de miedo) mientras discutían la situación; se veían sin perspectiva y algunos habían expresado el deseo de desertar. Intrigado y desconfiando todavía de alguna delación, el Che Guevara fue a conversar con Fidel, que había reunido la columna para hacer un pronunciamiento. Les exigió disciplina y aclaró: «Insubordinación, deserción y derrotismo son delitos que pueden castigarse con la pena máxima».

De hecho, como había presentido el Che, el ataque fue resultado de la denuncia del guía Eutimio. Camino a su casa, le habían detenido unos soldados, cuyo comandante le ofreció 20.000 pesos y un puesto de sargento en el ejército si accedía a convertirse en informante, contarles los movimientos de la guerrilla y asesinar a Fidel en la primera oportunidad que se presentara. Durante el bombardeo en las alturas del Caracas, Eutimio se encontraba en un avión militar de observación, desde donde indicó la posición del grupo.

Días más tarde reapareció junto a la tropa guerrillera. Todavía no había indicios reales contra él; el presentimiento de Guevara era abstracto, propio de su personalidad. Poco después, amenazaba caer una violenta tempestad y hacía un frío mortal; Eutimio aconsejó al grupo que se instalara bajo la pequeña gruta de un barranco, para protegerse durante la noche. Como Eutimio no tenía con qué cubrirse, Fidel le ofreció compartir la manta.

El guía pasó toda la noche y la madrugada junto a Fidel, con una 45 y un par de granadas, que debía lanzar para cubrir su fuga; sin embargo, no se decidió a consumar el acto. Tal vez temiera ser sorprendido por Universo Sánchez o incluso por el Che, que se alternaban en el papel de guardaespaldas del líder. En todo caso, el hecho es que la crudeza de la noche obligó a todos a permanecer inmóviles bajo sus mantas.

La red de apoyo llegó con víveres para abastecerlos y diez hombres más. Crescencio Pérez, que percibía la gravedad de la situación, aconsejó que los 30 combatientes se dividieran en equipos para resultar menos visibles. Él y Guillermo García se ocuparían de reunirlos más adelante. Fidel accedió y se quedó con Eutimio y 9 hombres. Curiosamente, esa misma semana, en su edición del 5 de febrero, narraba el *Times*: «Operando con grupos de 22 hombres cada uno, duermen a la intemperie, cada noche en un lugar… Atacan y desaparecen entre los árboles. Debido al constante crecimiento de las fuerzas rebeldes, que cuentan actualmente con 500 hombres, Batista ha puesto en práctica el bombardeo aéreo con napalm y descenso de paracaidistas, pero ha surtido escaso efecto en los guerrilleros de Castro».

«¿Cuáles son las perspectivas de aquí en adelante?», preguntó Eutimio a Fidel en un momento de descanso. El comandante, extrañado por la indiscreción del guía, nada habitual, siguió bebiendo su café. «Y yo —agregó el guía—, ¿qué esperanza puedo tener sobre lo que ganaré después?» Resultaba evidente su interés, y Fidel le respondió sin vacilar: «Perspectivas, tenemos todas. Y para ti, lo que desees…». Sin querer, Eutimio acababa de atraer sobre sí las sospechas de Fidel.

El 7 de febrero, el guía se ausentó otra vez alegando que necesitaba ocuparse de unos asuntos pendientes. La continua persecución había llevado a Fidel a mantener la táctica de desplazarse sin cesar, hasta el punto de que los ataques se concentraban con frecuencia sobre el sitio de donde acababan de salir. En esta ocasión se ocultaba en un bosque cercano al pico Gloria. Mandó a dos hombres hacer un reconocimiento del terreno; pronto regresarían para denunciar la presencia de soldados a sus espaldas. Fidel ordenó la rápida retirada por el barranco.

Un joven campesino vinculado con la red supo, por un empleado de un campamento del ejército, que Eutimio Guerra participaba en los planes de un compacto bombardeo sobre toda la región, que se encontraba repleta de tropas con morteros y la aviación ya distribuida en sus puestos. Fidel fue informado enseguida y de inmediato dio órdenes a sus hombres para que subieran hasta lo alto del pico Espinosa, donde enfrentarían un cerco mortífero. Pasados tres días, a punto de sucumbir, el contingente de Fidel se reunía en un lugar denominado Derecha de la Caridad. De los treinta combatientes, diez habían sido abatidos. La vigilancia se redobló cuando les avisaron que se aproximaba Eutimio, y Almeida recibió la orden de capturarle.[8] Le encontraron encima un salvoconducto del teniente coronel Joaquín Casillas, la pistola y las granadas.

Interrogado por Fidel en persona, Eutimio confesó la traición e informó de que las tropas oficiales creían que su contingente había sido liquidado con el bombardeo. Se había salvado por mera suerte, porque aquella mañana la delación de Eutimio había provocado la destrucción de varias tabernas y cabañas de campesinos que apoyaban a los rebeldes. Él mismo reconoció que merecía ser ejecutado. Como último deseo pidió que la revolución cuidara de sus hijos.[9]

Un redactor del *New York Times*, especialista en temas latinoamericanos, habría de ser el periodista que subiera a la Sierra

Maestra para el reportaje exclusivo con Fidel, ya que la prensa nacional se hallaba bajo censura. Encargado de negociar el contacto, René Rodríguez había bajado a finales de enero para transmitir, además, la convocatoria de Fidel a una reunión de los miembros de la dirección nacional en la sierra, que debía coincidir con el momento de la entrevista. El 4 de febrero, Rodríguez se encontró en La Habana con el corresponsal del periódico estadounidense, Ruby Hart Phillips; la cita tuvo lugar en el despacho de Felipe Pazos, ex presidente del Banco Nacional de Cuba, en presencia del hijo de este, Javier. Al tener conocimiento del interés de Fidel, se entusiasmó de inmediato y pronto se pusieron en marcha los preparativos para la famosa entrevista.

El 9 de ese mes, Herbert Matthews, el mencionado redactor especialista en temas latinoamericanos del periódico, aterrizó en La Habana para cumplir una misión de la cual aún nada se le había explicado. En cuanto se enteró de qué se trataba, se comprometió por entero con el proyecto. El día 15 por la noche, el periodista y su esposa, Nacie, el médico Faustino Pérez y Javier Pazos viajaron hasta la región oriental. Contaban con cobertura y camuflaje perfectos, ya que fingían pertenecer a la ingenua comitiva de un estadounidense rico que, en alta temporada turística, visitaba el país, interesado en adquirir tierras. Esto fue lo que declararon ante la guardia de la carretera que inspeccionaba todos los vehículos que se dirigían a las proximidades de la cordillera oriental, e incluso para justificar las sumas de dinero que llevaban, 400 pesos, que se proponían entregar a Fidel.

Al llegar al lugar indicado —la hacienda de Epifanio Díaz, en Los Chorros— no encontraron a Fidel, sino un mensaje para que permanecieran alerta, aguardando. La espera, que se prolongó hasta el amanecer del día siguiente, 17 de febrero, fue la precursora de una vasta serie de situaciones idénticas que durante décadas habrían de desafiar la paciencia de figuras del mundo entero: parte de un ritual necesario para encontrar a Fidel. De aquella hacienda el periodista Matthews fue conducido a un rincón del bosque, donde alguien estiró una manta sobre el suelo para que se acomodara. En ese sitio pudo identificar a los componentes de la tropa, en particular a «un negro sonriente, de barba y bigote» (Juan Almeida). Minutos después aparecía Fidel, de uniforme, con la barba crecida y el rifle sueco de mira telescópica. Se sentó al lado del periodista, abrió una caja de puros e iniciaron una conversación de tres horas.

El estadounidense quedó seducido por el encanto peculiar del revolucionario. Tenían como intérpretes a Vilma Espín, que había llegado de Santiago, y Javier Pazos. En el transcurso de la entrevista el capitán Raúl pasó frente a ellos más de una vez con un destacamento en formación, y unos mensajeros se acercaron a entregar informes de unidades lejanas. Se prestaban todos a desempeñar papeles en un convincente escenario,[10] aunque a algunos les costara mantener el aire marcial solicitado por Fidel, debido al estado de algunas vestimentas y artefactos. La camisa de Fajardo, por ejemplo, no tenía espalda, de modo que el hombre se vio obligado a andar de un lado para otro cargado siempre con la mochila. Refiriéndose a las fuerzas del ejército, Fidel declaró al periodista:

> No somos antimilitaristas. No tenemos odio por el ejército... Luchamos desde hace 79 días y somos más fuertes... Los soldados luchan peor, su moral es baja... Matamos en combate, pero cuando tomamos prisioneros no los matamos... Interrogamos, hablamos educadamente, cogemos sus armas y equipos y pronto los dejamos libres. Ellos no desean luchar y no saben hacerlo en este tipo de terreno... Podemos alcanzarlos a mil yardas, con estas escopetas... Ellos nunca saben dónde estamos, pero nosotros siempre sabemos dónde están ellos. [...] Tú te has arriesgado para llegar hasta aquí, pero podrás salir con seguridad pues tenemos toda el área ocupada. [...] No hay prisa; Cuba está en estado de guerra y Batista esconde este hecho. Una dictadura debe mostrar que es omnipotente... Nosotros estamos demostrando que es impotente...[11]

Al final de la entrevista Fidel firmó una de las páginas del cuaderno de Matthews, la fechó y se despidió. El periodista guardó la impresión de que Fidel era un ser casi invulnerable, sin siquiera imaginar, por ejemplo, que el territorio que se hallaba bajo el dominio de aquel potente jefe se reducía, en realidad, a los escasos metros cuadrados donde le conoció.

El acontecimiento daría como resultado una serie de tres artículos, el primero publicado el 24 de febrero, que tenía como principal titular en la primera página: «Rebelde cubano entrevistado en su escondite». En el texto se leía:

> Fidel Castro, el jefe rebelde de la juventud cubana, está vivo y luchando en los inhóspitos y casi impenetrables montes de la Sierra Maestra, en el extremo sur de la isla… Su personalidad es cautivadora. Es fácil comprender por qué sus hombres le adoran… Observando a primera vista su físico y su personalidad, es un hombre instruido, de fanática dedicación a la causa, un hombre de ideales, coraje y notables cualidades de liderazgo. Sus ideas de libertad, democracia, justicia social, su necesidad de restaurar la Constitución y celebrar elecciones están bien arraigadas. También cuenta con sus propias teorías económicas, que tal vez un entendido considere débiles. Interesante prueba: Fidel paga todo lo que toma de los guajiros. Nadie puede decir todavía lo que va a hacer con el poder que tiene. Tampoco él puede saberlo, porque se está dando cuenta de que ciertos ideales, como la abolición de los juegos de azar, no son posibles. Se está desarrollando un formidable movimiento de oposición al general Batista… Fidel Castro y su movimiento son un flamante símbolo de la oposición al régimen. Es un movimiento revolucionario que se autodenomina socializador… también nacionalista, lo cual, en general, en América Latina significa antiyanqui. El programa es vago, con puntos generales, pero trae una nueva propuesta para Cuba, radical, democrática y… anticomunista… Acepta que pelear con Estados Unidos es un lujo que Cuba no puede permitirse. Quiere que haya amistad, la que pagará con igual moneda. Castro es un nuevo Bolívar, un Lincoln caribeño, un Robin Hood latinoamericano…[12]

El 25 y el 26 se publicaron los otros dos artículos, en los cuales Matthews comentaba más el delicado panorama político de Cuba. El ministro de Defensa de Batista cuestionó entonces en público la veracidad del reportaje, argumentando que no se había presentado ninguna prueba sólida de que el encuentro hubiera tenido lugar. El 28, el *New York Times* publicó la foto de Matthews con Fidel, foto que, además, comenzaría a recorrer los medios de comunicación de todo el mundo. Por medio del periodista, la guerrilla tenía resonancia internacional y su jefe se formaba la imagen de un romántico justiciero.

Batista, que a principios de año había prometido (de nuevo) celebrar elecciones —en lo que recibió el respaldo del Departamento de Estado estadounidense—, decidió suspender por el momento la censura a la prensa, con lo que las publicaciones nacionales reprodujeron el artículo. A pesar de que el régimen había caído en el ridículo, su máximo representante todavía no había perdido el sentido del teatro político.

La tarde del 17, después de marcharse el periodista, la dirección nacional del M-26 se reunió con Fidel y Raúl. Se hallaban presentes Frank País, Faustino Pérez, Armando Hart, Haydée Santamaría, Vilma Espín y Celia Sánchez. Frank habló sobre la región oriental y el resultado de su encuentro con Raúl Chibás, que había renunciado a la presidencia del deteriorado Partido Ortodoxo a causa de la acumulación de conflictos. Chibás había propuesto ampliar la Resistencia Cívica (movimiento auxiliar del M-26) articulándola a los organismos de representación civil nacional y formando una cadena recaudadora; cada afiliado se comprometería a conseguir diez personas que contribuyeran con un peso por mes.

En pro del retorno a la normalidad institucional y la seguridad ciudadana, se acercaban a la iniciativa las figuras de José Miró Cardona, en representación de los abogados, y de Julio Velazco, por los médicos, un espectro de oposición legal sin disposición a tomar las armas o realizar sabotajes. De forma muy reservada, Frank País comunicó a Fidel su intención de crear un «frente oriental armado» que compartiera el poder entre «llano» y «montaña», una idea coherente con lo que pensaba antes de unirse al M-26. Manifestó su preocupación por el movimiento de tropas en dirección a Sierra Maestra y pensaba que la apertura de un segundo frente dividiría al enemigo.

Faustino expuso la situación de la capital, así como la búsqueda de contactos con los auténticos y con el Directorio Revolucionario (DR) para trazar acciones comunes. También propuso la creación de un nuevo frente guerrillero en la sierra de Escambray, en el centro del país. Después de mucha discusión las propuestas fueron aceptadas, a pesar de la reserva de Fidel sobre los frentes, pues seguía pareciéndole prioritario apoyar la lucha del núcleo ya existente en la montaña. Dijo que necesitaba con urgencia algunos miles de balas, otros 25 combatientes escogidos, preferiblemente que hubieran participado en el levantamiento del 30 de noviembre en Santiago. Un detalle especial de aquel encuentro fue el amor a primera vista entre Fidel y Celia, que se convertiría, a partir de entonces, en su inseparable mano derecha. Terminada la reunión, Fidel se concentró en la redacción del primer manifiesto de la Sierra Maestra:

> ... Al Pueblo de Cuba: ... Desde la Sierra Maestra, a los 80 días de campaña, escribo este manifiesto. La tiranía, incapaz de vencer la revolución por las armas, recurrió a las mentiras más cobardes anunciando el exterminio del destacamento expedicionario y de mi propia persona. Por su parte, los reporteros no han podido obtener información alguna; establecida la más rigurosa censura que sufrió la República desde su fundación, no nos quedaba más remedio que responder con hechos a las mentiras de la dictadura. Y hoy... podemos anunciar al país que el destacamento «exterminado» rompió el cerco de más de mil soldados entre Niquero y Pilón; atacó el baluarte de La Plata el martes 17 de enero a las 2.40; destrozó la columna del teniente Sánchez Mosquera en los altos de Palma Mocha el martes 22 de enero a las 12 horas; rompió el sitio a que lo sometieron tres compañías de tropas especiales el 9 de febrero a las 15.15 en los altos de Espinos... Cierto es que el destacamento «exterminado» sigue en pie y ya no es uno sino varios los que están operando en la Sierra Maestra. Más de la mitad de las armas y el 90 por ciento de las balas con que combatimos las arrebatamos al adversario en lucha abierta. Duele que, frente a la cruz de nuestras miras, no estén los verdaderos culpables de esta situación, los que no vienen jamás a la sierra, senadores, ministros, politiqueros... A cuantos soldados hacemos prisioneros les preguntamos acerca de su pensamiento político y oímos decir, invariablemente: «Nuestro mayor deseo es que esto se solucione»... Y esta respuesta la dan de corazón sin ninguna coacción, porque somos incapaces de maltratar a los prisioneros. La tiranía está perdida irreversiblemente, desde el instante en que no solo los partidos políticos, las instituciones cívicas, el pueblo entero, sino también los soldados de-

sean una solución nacional. No queda otro camino a los partidos políticos que apoyar la revolución que demostró ya, durante 80 días, su fuerza combativa...

El texto definía seis directrices para el derrocamiento del
régimen:

> 1: Intensificar la quema de caña de azúcar para privarlo [al
> gobierno] de las rentas con que paga a los soldados a los que
> envía a la muerte y compra aviones y bombas que asesinan a
> decenas de familias en la Sierra Maestra... 2: Sabotaje general de
> todos los servicios públicos y todas las vías de comunicaciones
> y transporte... 3: Ejecución directa y sumaria de los agentes po-
> liciales que torturan y asesinan a revolucionarios, de los políti-
> cos del régimen que con su arrogancia y estupidez llevaron el país
> a esta situación, y de todo aquel que obstaculice los fines del
> Movimiento Revolucionario... 4: Organización de la resisten-
> cia cívica en todas las ciudades de Cuba... 5: Intensificación de
> la campaña económica para atender los gastos crecientes del
> Movimiento... 6: La huelga general revolucionaria como pun-
> to culminante y final de la lucha... Firmado en la Sierra Maes-
> tra a los 20 días del mes de febrero de 1957, Fidel Castro Ruz.[13]

Una vez transmitidas a los demás grupos y organizaciones,
fueron aceptadas por los auténticos de Prío y los ortodoxos vinculados a Raúl Chibás. No obstante, en los sectores más radicales tacharon el manifiesto de irresponsable e idealista.

Poco después de haber partido los dirigentes, los guerrilleros
fueron atacados y perseguidos por una columna de centenares de
soldados armados con morteros. Fidel corrió a la propiedad
de un campesino, bajo un intenso aguacero, para alojar al Che
Guevara, víctima de un gravísimo ataque de asma. Haciéndose
pasar nuevamente por un coronel del ejército, Fidel interrogó al
hombre, que se declaró de inmediato batistiano pero que parecía atemorizado, como la mayoría de los lugareños, pues los pelotones del ejército surgían de repente profiriendo amenazas y
golpeando a quien conseguían alcanzar. Fidel, al mostrarse como
un militar decente, se ganó la confianza del campesino. Así, a pesar
de la primera declaración, consideró posible conquistarlo. Le con-

tó quién era en realidad y le pidió que consiguiera el remedio necesario para el Che mientras este se quedaba en su propiedad, acompañado por un recluta apostado con un fusil Johnson, «una joya rara del arsenal de la guerrilla».[14] El campesino consiguió el remedio. Ya se aproximaban por ambos lados tropas que amagaban cercarlos, por lo que tuvieron que marcharse.

DOS COMANDANTES VALEN
MÁS QUE CUATRO

La tarde del 13 de marzo de 1957, instalado provisionalmente al pie del pico Caracas en la Sierra Maestra, Fidel oyó por la emisora Radio Reloj la noticia del asesinato de Echeverría a manos de la policía.

En la capital el Directorio Revolucionario (DR) había intentado tomar por asalto la residencia de Batista —el palacio presidencial— y hacer justicia. Una fracción de los que dirigían el plan, ligada a los auténticos de Prío y dotada de recursos financieros, pretendía tomar el poder. Otra, compuesta por militantes del DR, aspiraba a desbaratar la máquina del gobierno para atizar la rebelión social. De entre estos, algunos cavilaban en táctico silencio la idea de habilitar la guerrilla del Movimiento 26 de Julio (M-26) para tomar cuarteles y avanzar hasta La Habana, inspirados por el pacto entre Echeverría y Fidel. En la unión entre los grupos, el DR aparecía con una doble función: como coautor y también como instrumento inconsciente (hasta cierto punto) de los auténticos, sin que se pudiera descartar la opción inversa, según la evolución de los acontecimientos.

Durante semanas los auténticos habían frecuentado con relativa desenvoltura la ruta Miami-La Habana. Conseguían armamento eficiente y sofisticado, como ametralladoras de calibre 30, una de calibre 50 giratoria, rifles automáticos, carabinas M-1 y una gran cantidad de pistolas. Después de desembarcar en los puertos o aeropuertos aprovechando relaciones con empresarios de transporte, realizaban el traslado de las armas en frigoríficos, barriles de brea, sacos de carbón y arena y en los chasis de coches y camiones. La operación incluiría dos unidades: la que se encargaría del asalto y la que, con 20 hombres, ocuparía a continuación Radio Reloj, donde Echeverría iba a pronunciar un discurso en el cual anunciaría la muerte de Batista y llamaría al pueblo a sublevarse.[1] A continuación se instalaría en la universidad el cuartel central revolucionario.

El 13 de marzo, el comando de ataque al palacio, compuesto por 50 hombres,[2] consiguió pasar la planta baja y la primera planta, pero cuando ya se hallaban próximos a la antesala del gabinete de Batista cayeron víctimas de un intenso fuego proveniente de las plantas superiores. «Misión muy difícil, por las características del edificio y por la estrechez de la entrada principal, que era sin duda la más conveniente, por el acceso rápido a los despachos de la presidencia. El valeroso esfuerzo por llegar a la segunda y la tercera plantas necesariamente produciría muchas bajas entre los atacantes», habría de evaluar Fidel posteriormente. Un grupo destinado al refuerzo no apareció; el saldo fue de 35 muertos.

Mientras tanto el discurso de Echeverría salió al aire por Radio Reloj y durante algunas horas mucha gente creyó que Batista había sido liquidado. Sin embargo, al dirigirse a la universidad con su grupo Echeverría se enfrentó con un vehículo policial. Comenzó a disparar por la ventanilla, pero recibió por respuesta una ráfaga de ametralladora que le mató.[3]

Mientras escuchaba la radio, Fidel imaginaba la ola de represión que se desencadenaría contra los combatientes. La capital estaba llena de perseguidores: unidades militares, coches blindados, tanques y aviación. Las calles se transformaron en escenario de una guerra civil espasmódica. Bajo tenebrosa persecución, sin poder permanecer más de veinticuatro horas en un mismo lugar, el último escondite de cuatro de los principales dirigentes del DR sería la calle Humboldt, número 7. El 20 de abril, Juan Pedro Carbó Serviá, Fructuoso Rodríguez, José Machado y Joe Westbrook serían asesinados por la policía de Batista, como consecuencia de la delación de un joven cercano a ellos (Marquito Rodríguez) que mantenía relaciones con veteranos comunistas.

El episodio, conocido como el Crimen de la Calle Humboldt 7, escandalizó a la opinión pública nacional y a organizaciones estudiantiles del exterior. Años después desencadenó un caso de los más significativos en el orden revolucionario en construcción, el juicio de Marquito,[4] en 1964.

La muerte del líder Echeverría repercutió de lleno en el DR, pues con ella se cerró un ciclo de la organización. Al proponerse impedir que los gángsteres llegaran a controlar la FEU, habían sido acusados de usar el mismo estilo; al reclamar para sí las herencias del Moncada fueron tachados igualmente de *putschistas*; al contestar la violencia del régimen con el «ojo por ojo, diente por diente», provocaron la propia aniquilación física y política, que se completó en Humboldt 7. Los pocos dirigentes que quedaron vivos se marcharían al exilio, una gran parte a Miami.

Aunque no aprobara las tácticas de atentado personal y lo que llamó «tiranicidio»,[5] Fidel se sintió conmocionado por la tragedia que se abatió sobre el grupo. Por otra parte, el desmoronamiento del DR contribuyó a fortalecer el papel de la guerrilla en la Sierra Maestra entre las corrientes que combatían a Batista.

El 10 de marzo llegaron 58 reclutas a la sierra, más una gran cantidad de fusiles y pistolas, según Fidel había acordado con Frank País. Recuperado de la crisis asmática, el Che Guevara había recibido el encargo de instruirlos y coordinarlos.[6] En su fuero interno no se sentía cómodo con la tarea, pues la relación con cubanos, celosos de su nacionalidad, le causaba un complejo de «extranjero».

Fidel, acompañado por la tropa, se encontró cerca de Palma Mocha con el emisario que llevaría los mensajes a Celia, convertida en esencial apoyo de la guerrilla. Acampado, aguardaba también la llegada de un equipo de periodistas estadounidenses que iba a hacer un reportaje.

La repercusión del artículo publicado en el *New York Times* generó un enorme asedio de la prensa. La CBS solicitó filmar la «epopeya guerrillera» y el periodista Robert Taber, con el cineasta Wendell Hoffman —y tres hijos de empleados de la base naval de Guantánamo,[7] deseosos de conocer a los héroes—, subió a la sierra en un trayecto que constituyó una verdadera aventura que duró cinco días. A las cinco de la tarde del 23 de abril llegaron al campamento.

Fidel pensó en ofrecerles una imagen de gran impacto: una escalada —nueva hasta para la columna— al pico más alto de la isla, el Turquino (1.850 metros), donde se realizó la entrevista, junto a un busto de José Martí. Filmaron más de novecientos metros de película e hicieron muchas fotos, lo que dio como resultado el documental *The story of Cuba's jungle fighters*.

Con referencia a las relaciones con Estados Unidos, declaró que el arsenal militar mandado a Batista se estaba usando «contra los intereses del hemisferio» y pidió que se interrumpiera el apoyo bélico hasta que terminara la contienda. Cuando le preguntaron sobre una solución política para Cuba, respondió que no podría existir mientras el dictador no renunciara al poder que había usurpado por la fuerza.[8]

Mientras los estadounidenses aún se hallaban en la sierra, el 4 de mayo Fidel condujo en persona el interrogatorio a un informante del ejército, Gilberto Nápoles, que a continuación fue fusilado, aunque el episodio no fue registrado por las cámaras. El equipo regresó a la llanura por el camino que conducía a Guantánamo,[9] junto con dos de los muchachos de la base; el tercero, Chuck Ryan, de más edad, resolvió permanecer más tiempo con los rebeldes. Esa misma semana apareció otro periodista, Andrew Saint George, húngaro-estadounidense, que observó los movimientos de la guerrilla durante dos semanas. El Che Guevara, por algún indicio, desconfió de este último; no se equivocaba, pues era un agente del FBI.

Organizada en una estructura simple, dividida en pelotones, la columna actuaba según la táctica de la guerra de movimientos —morder y huir—, sin una base territorial permanente. Tras el aviso para ponerse en marcha, se preparaban en cinco minutos, retirando las hamacas y las cortinas o mantas que usaban como techo. Cualquier peñasco podía servir de refugio a un centinela guerrillero, de cuya actitud alerta y puntería dependían la vida de los demás. La persona que los ayudaría a penetrar en los secretos necesarios para sobrevivir en aquel medio agreste era una mujer, profunda conocedora de las particularidades de la sierra, puesto que había pasado allí sus primeros años: Celia Sánchez, que, sin más alternativa para escapar de la persecución policial, se había refugiado en la montaña.

Celia había incorporado el lenguaje y las costumbres de la región; sabía cómo obtener agua, distinguir los frutos silvestres comestibles, espantar la mosca macagüera (venenosa), curar heridas con ciertas hojas y buscar caminos siguiendo a los cerdos salvajes. Dinámica y rigurosa pero de maneras simples, «esa combinación facilitó una depurada, fina y profunda identificación con Fidel».[10]

El 7 de mayo, la guerrilla se encontraba en Pino del Agua, una zona que recorrió con redoblada cautela. Fidel dijo a los campesinos que se habían unido a la tropa que, debido a la carencia de recursos, los que así lo desearan podían dejarlos. Se fueron quince. Con los que quedaron organizaron una exitosa escaramuza contra un grupo del ejército.[11] Además de las armas que capturaron, el 18 de mayo les llegó un pequeño cargamento de Santiago.

Proyectaba Fidel otra acción de impacto contra el régimen, que se realizaría pocos días después. Reunió a sus colaboradores más próximos, los jefes de pelotón, y tomaron la dirección de la costa, hacia el cuartel de Uvero, situado junto al mar Caribe y al pie de la sierra. El teniente Camilo Cienfuegos salió al frente, y estaba explorando el monte resbaladizo después de las lluvias que anunciaban el verano cuando una patrulla de aproximadamente 60 soldados abrió fuego.

Esta vez fue la emboscada enemiga la que abatió a varios rebeldes; sin embargo, media hora después la patrulla comandada por el capitán Almeida, que avanzaba por un flanco, consiguió dispersar y ahuyentar a algunos soldados. Con ese episodio Fidel comprendió que necesitaba moverse con mayor destreza y cuidado aún, pues el ejército estaba al tanto de su ruta. Impuso una nueva depuración y la fuerza se redujo a unos 120 hombres, la mayoría armados.

La oscura madrugada del 28 de mayo, se encontraba ante el cuartel. Tras dividir los grupos en tres líneas, Fidel, que atacaba por el norte, derribó el blanco a 600 metros: el telégrafo del destacamento,[12] con la idea de impedirle solicitar refuerzos. Los disparos entre ambas partes se sucedieron durante 2 horas y 45 minutos, hasta que los soldados abandonaron el cuartel y trataron en vano de oponer resistencia tras un parapeto. Pronto se rendirían. Balance de las bajas: en la guerrilla, 6 muertos y 9 heridos —entre ellos el capitán Almeida—; en el ejército, 14 muertos, 19 heridos y 14 prisioneros, pronto liberados.

«Estimo que se debe hacer un esfuerzo para abrir de inmediato el Segundo Frente en la provincia», escribía Fidel a Frank País. Con ello modificaba sobremanera sus planes, sin duda alentado por la afirmación de la guerrilla y contemplando las condiciones de su ampliación. No obstante, el antiguo plan de Frank —asumido por la dirección del llano, tras la detención de Faustino Pérez— no preveía un avance, a pesar de que los preparativos incluían hasta a colaboradores del interior de la base naval de Guantánamo, donde el M-26 consiguió obtener doce morteros de 61 mm, una ametralladora de 30, siete fusiles Garand 3006, cuatro Springfield 3006 y seis escopetas de calibre 12, además de informaciones relativas al contingente militar de Batista. En el proyecto de Frank se contemplaba la instalación, en cuanto fuera posible, de un equipo de radio para la sierra, a fin de resolver el problema de comunicación. Pero el 30 de julio, en un enfrentamiento en Santiago, morirían el hermano de Frank, Josué, y otros más, mientras el gobierno lanzaba sus fuerzas a las plazas públicas, con tanques militares y los «tigres» del gángster Rolando Masferrer. Todo ello afectó los planes de Frank.

«Estimado Alejandro, el Segundo Frente, preparado tan secretamente, se abortó. Perdimos armas y equipamientos por valor de más de 20.000 dólares. [...] Interesa saber si llegaron las armas, la comida, el fusil ametrallador Masden, las municiones y, sobre todo, los cargadores con municiones que, supongo, necesitarás para los Garand que ahora tienes...», escribió Frank a Fidel.[13]

Analizando la evolución de los acontecimientos, el gobierno estadounidense decidía apresurar contactos con el aparato urbano del M-26. Así, la representación diplomática estadounidense en Santiago (el cónsul, Park Wollan, y el vicecónsul, Robert Wiecha, un oficial de inteligencia) inició encuentros con Frank País, según se comprueba en la posterior correspondencia entre

Frank, con el seudónimo de David, y Fidel, durante el mes de julio.

> ... Por fin se fue a Estados Unidos el gordito... La embajada americana se negaba a ofrecernos cualquier ayuda y pedía que dejáramos de coger armas de la base; pedimos, a cambio, que nos dieran una visa para él por dos años. Cumplieron la promesa. El cónsul la expidió personalmente, y todos los papeles, cartas y mapas embarcaron en valija diplomática... Las armas, si todo sale bien, las traeremos directamente de Estados Unidos... Tendremos que retirarlas, pero de eso no hablaron... Voy a mandarte ahora un mortero 60 para que lo lustres, lo cuides y aprendas a manejarlo... David.[14]

> María A. [se refería a María Antonia Figueroa] me dijo que el vicecónsul americano quiere hablar contigo... y que otra persona iría en representación... Le dijo que tendríamos que averiguar primero quién es el señor y el asunto... Veo que están introduciéndose y no veo con claridad con qué verdaderos fines... Contéstame lo más rápido que puedas... David.[15]

Mencionaría Frank las figuras de Justo Carrillo, Felipe Pazos y Raúl Chibás como apropiadas para un diálogo con Fidel. A mediados de julio estos dos últimos llegaban a la sierra, con el fin de crear «un frente cívico-revolucionario de fuerzas opuestas a la dictadura»,[16] sobre bases aceptables para las diversas líneas políticas. La idea era antigua, pero se presentaba con un nuevo integrante, el movimiento de la Resistencia Cívica, donde actuaban representantes de varias categorías sociales, incluso burgueses. En los últimos tres meses este movimiento había recaudado 40.654,50 pesos en contribuciones; el 9 de julio, después de deducir los gastos de equipamientos y los relativos al proyecto del Segundo Frente, había un líquido de 20.141,13 pesos.[17]

Concluida la reunión, Fidel redactó el manifiesto, firmado conjuntamente con los dos participantes, en el cual pedía la dimisión del dictador:

> ... Queremos elecciones, pero verdaderamente libres, democráticas, imparciales... ¿De qué vale el voto directo y libre, si el día

de las elecciones no dejan que nadie vote y completan la urna bajo la mira de las bayonetas? Las elecciones deben ser presididas por un gobierno provisional, neutral, con el respaldo de todos... El frente abriga el propósito de apartar al ejército de la política... de garantía absoluta de la libertad de información... supresión del peculado en los organismos del Estado... democratización de la política sindical... intensa campaña de educación cívica... asentar las bases de una reforma agraria que tienda a la distribución de las tierras ociosas y a convertir en propietarios todos los colonos, arrendatarios... aceleración del proceso de industrialización y creación de empleos...

No es necesario decretar la revolución; que se organice el frente que proponemos y la caída del régimen vendrá por sí sola, tal vez sin que se derrame una gota más de sangre. ¿Podrá haber otra solución en medio de la guerra civil con un gobierno que no es capaz de garantizar la vida humana, que ya no controla ni la acción de sus propias fuerzas represivas?... Raúl Chibás... Felipe Pazos... Fidel Castro... Sierra Maestra, 12 de julio de 1957.[18]

Una copia del original sería guardada por Celia Sánchez; otra se envió a Conchita Fernández (ex secretaria del senador Chibás), que la entregó al director de la revista *Bohemia* para su publicación. De forma concomitante, las filas de Batista sufrían cambios, como se aprecia en los fragmentos de cartas de Frank País:

En La Habana hay muchos militares conspirando... Con algunos hemos conversado, para conocer la opinión y el estado de ánimo... En la marina, la tónica imperante, constituida por oficiales nuevos, es revolucionaria y democrática. Hoy recibí a uno de ellos... Cree que, al presentar nosotros un bloque revolucionario de civiles y militares, las fuerzas armadas se fraccionarían y la moral acabaría de destruirse... Este oficial estuvo encargado de operaciones en la Sierra y dijo que ella es de ustedes...[19]

Conversamos largo rato con el cónsul, que nos dijo abiertamente que el gobierno americano había cambiado su política con Batista y no ve inconveniente en reconocer gobiernos puramente nacionalistas: que nos miraban con simpatía y si llegáramos al poder nos reconocerían de inmediato... Solo temen que no podamos controlar solos el poder… Noté que tienen pánico de que detrás de nosotros se muevan los comunistas… Ahora, lo inaudito: nos aconsejó intensificar el sabotaje; que, si realizáramos una acción como la del 30 [de noviembre] en dos o tres ciudades, el régimen caería… Nos garantizó que el ejército no subirá a la Sierra, pues hay discordia y miedo…[20]

La administración Eisenhower se sentía compelida a retirar su apoyo, al menos público, a Batista, pues las aventuras de Fidel habían conquistado un alto índice de popularidad entre los estadounidenses. Como primera medida, el embajador Arthur Gardner, un servidor contumaz de Batista, fue sustituido por Earl E. Smith, instruido por el Departamento de Estado a dedicar más atención al elenco de opositores del régimen.[21] Por su parte Fidel, a pesar de ampliar el diálogo, nunca había perdido de vista que la guerrilla era la detonadora del proceso. Percibía, sí, que había llegado el momento de consolidar sus posiciones.

Con la llegada, el 17 de julio, de más hombres y armas de Santiago, Fidel contempló la posibilidad de abandonar la condición exclusivamente nómada, aunque nunca la concepción táctica en trípode: movilidad, sorpresa y ataque. Resultaba evidente que ese procedimiento constituía la ventaja principal sobre el ejército regular después de meses de enfrentamiento. Para ello, uno de los fundamentos radicaba en conocer de antemano, y lo máximo posible, las condiciones de cada área.[22]

Un médico de prestigio, Julio Martínez Páez, había llegado de la capital para incorporarse al contingente, y llevaba un equipo completo de cirugía y anestesia,[23] que sustituiría las pocas pinzas y el bisturí que quedaban. Le acompañaba el joven Manuel Piñeiro Losada, del M-26 de la provincia de Matanzas, disfrazado de enfermero. Contaron que, por el camino, por poco no les habían detenido unos guardias de Batista, pero Fidel les explicó que se trataba de sus guerrilleros, que, también disfrazados, se hallaban en misión de reconocimiento. La llegada del cirujano aliviaba la responsabilidad del Che Guevara, que se reencontraba con Fidel al cabo de varias semanas, al volver con los heridos del combate de Uvero, ya tratados.

A finales de julio el contingente se trasladó a Minas de Frío. En el trayecto tendieron una emboscada al destacamento de Sánchez Mosquera. Sin embargo, por un descuido a la hora de la retirada, se toparon con otra tropa de soldados y casi fueron abatidos. Cuando establecieron el campamento, Fidel reprendió a la columna entera, desde los capitanes hasta los combatientes privados de sus armas.

En la madrugada del 27 de julio se malogró un asalto a la guarnición de la Guardia Rural del ingenio Estrada Palma, compuesta por un sargento y siete soldados. Al detectar incompetencias, Fidel, valiéndose de sus atribuciones como comandante, destituyó jefes[24] de pelotones e introdujo cambios en la jerarquía. Como medida para engañar acerca del tamaño real de su tropa y diversificar contraataques, decidió dividir la columna en dos, con objeto de que actuaran de modo independiente o concertado.

El día 30 se enteró de la pérdida de su apoyo fundamental en la llanura: Frank País había muerto en un enfrentamiento con policías en las calles de Santiago. La capital del oriente amaneció conmocionada. En el cortejo fúnebre, acompañado por una multitud, había grupos que empuñaban carteles con la consigna: «Huelga ya», lo que de hecho ocurrió en la ciudad pocas horas después.[25]

Una de las columnas, la 4, se encontraba al mando del Che Guevara, ascendido a comandante. Su primera acción por separado tuvo lugar el 31 de julio, contra el cuartel de Bueycito. A Guevara se le asignó, como territorio de combate, el lado este de la Sierra Maestra, considerándose como eje el pico Turquino, y El Hombrito, el lugar elegido para montar su base. En aquel sitio se vería nacer poco a poco una comunidad. Aparecieron un misionero presbiteriano y miembros de diferentes sectas, que conquistaron adeptos. Se estableció una escuela de cursos generales y alfabetización para los guajiros. Se instaló un ciclostil, donde se comenzó a imprimir el primer tabloide de la guerrilla, *El Cubano Libre*, con el mismo título que el creado por el Ejército Libertador el siglo anterior. A todos los mensajeros que iban a la ciudad, el Che les pedía que enviaran los aparatos necesarios para instalar la emisora de radio, según la idea de Frank País. Sobre un armazón de piedras se improvisó la cocina; la alimentación básica consistía en mandioca, batata y arroz. Cuando comían, los hombres tenían la sensación —por demás justificada— de que podría ser la última vez.

En El Hombrito montaron un refugio antiaéreo, una represa, un depósito de armas, una pequeña panadería y una clínica. Tras recibir de la ciudad un estuche de instrumentos de odontología el Che Guevara asumió la función de «sacamuelas».

La columna número 1 de Fidel levantaba campamento a las cinco de la madrugada para reanudar las caminatas. Proseguía el día entero e incluso por la noche, cruzando los montes, con breves paradas de descanso, sin alimento. Se dividía en tres grandes pelotones: el de vanguardia, en el cual se situaba Fidel, el del centro y el de retaguardia.

El 20 de agosto, los rebeldes atacaron un cuartel en la desembocadura del río Palma Mochas, que se rindió al cabo de veinte minutos de tiroteo. Entre los soldados, cinco heridos; en la columna, una baja. El último día del mes se reunieron las fuerzas de las columnas 1 y 4 en la zona de la Mesa.

Protagonizada por el Che y Fidel, la maniobra diversiva del 10 de septiembre definió el éxito del enfrentamiento en Pino del Agua. Cierta noche, después de dejarse ver durante algunos días por la región, los hombres al mando del Che ocuparon el pequeño cuartel desprovisto de soldados. Mientras tanto, calculando que la información sería transmitida por los vigilantes, Fidel y los suyos deambulaban por otras partes. La columna 4, del Che, se mantuvo una semana emboscada en el cuartel, a la espera de la llegada del ejército, según había concebido el comandante. Bajo un temporal que no amainaba, el pelotón del frente detuvo un camión que se aproximaba transportando una compañía entera. Los demás guerrilleros, por los costados, disparaban sobre los otros cuatro vehículos que se acercaban. Tras una gran resistencia, consiguieron que los soldados huyeran a la desbandada.

En el llano,[26] la dirección del M-26 se había unido a una conspiración de oficiales de los tres cuerpos militares: marina de guerra, fuerza aérea y ejército. En una reunión en La Habana, a finales de agosto, se definieron los planes: la marina detonaría la operación, de forma simultánea, en cuatro ciudades litorales (La Habana, Cienfuegos, Santiago de Cuba y Mariel). Según los planes, el M-26 tomaría una emisora nacional de radio y llamaría al país, en su nombre y en el de las fuerzas armadas, a la huelga general, acompañada de sabotajes y acciones armadas, con colaboradores de la Organización Auténtica (OA) y la Acción Armada Auténtica (Triple A).

Un punto crucial era la base naval de Cayo Loco, en Cienfuegos (Las Villas), donde Julio Camacho Aguilera y Totico Aragonés, del M-26 local, estimulaban contactos privilegiados. En efecto, el 5 de septiembre Cayo Loco fue dominada con facilidad por un grupo a las órdenes del teniente Dionisio San Román (alejado del servicio militar por complicidad en el levantamiento del coronel Barquín). El grupo cogió armamentos para repartir a los civiles, que aguardaban movilizados. Marineros de la mencionada base y elementos populares permanecieron sublevados todo el día. Sin embargo, la acción no repercutió en las demás ciudades ni en los rangos superiores previstos, pues en La Habana el día del levantamiento se aplazó en el último momento.

Los altos mandos del ejército sofocaron la insurrección, que totalizó más de 300 muertes. No obstante, es preciso destacar la opinión de algunos oficiales implicados y conducidos al tribunal. «Consideramos la angustia en que vive el país y coincidimos en la necesidad de luchar para restablecer el ritmo constitucional y democrático de la Nación, alterado por el golpe del 10 de marzo», declaró en juicio el oficial Teobaldo Cuervo Castillo.

En Las Villas se programó una retirada posterior a la sierra de Escambray, donde se abriría un frente guerrillero con las armas obtenidas: el Tercer Frente, al que aspiraba Faustino Pérez. Al final el equipamiento bélico escondido por el M-26 —decenas de fusiles con mira telescópica y siete u ocho M-1—[27] sería enviado a la Sierra Maestra, como quería Fidel.

Fidel se había declarado, en principio, contrario a la desconcentración del contingente guerrillero y al desplazamiento de voluntarios del llano a la sierra, salvo casos especiales, a fin de salvaguardar las estructuras en proceso de maduración. Había llegado a aceptar la idea del Segundo Frente anhelada por Frank País, pero se volvió atrás.

Sin embargo, el levantamiento de Cienfuegos había indicado otros desdoblamientos: posiciones distintas dentro del M-26 en cuanto a la estrategia de conducción de la guerra contra el régimen. Varios cuadros urbanos percibían la sierra como una representación apenas simbólica, que no valía siquiera como apoyo,[28] y subrayaban que la condición básica para derribar al dictador era la huelga general. Se percibía en ellos cierta avidez, e incluso prisa, por convocarla, deslumbrados con el movimiento huelguista que se había esparcido de forma espontánea por el territorio tras el asesinato de Frank País. Los responsables de la sección obrera del M-26 daban los pasos necesarios para la creación del Frente Obrero Nacional (FON), que reuniría el movimiento de la masa trabajadora.

La idea consistía en realizar la huelga general que abriera camino a la insurrección y desencadenara una crisis última del régimen.[29] Paralizaciones relámpago promovidas por el M-26 a modo de prueba[30] en las semanas siguientes confirmarían las expectativas, pero el desarrollo del FON se vio desde su nacimiento perjudicado por los conflictos. Armando Hart, de la dirección del M-26, fue a conversar con Carlos Rafael Rodríguez, del Partido Socialista Popular (PSP), con raíces en el movimiento sindical; pero otra parte de la dirección se negaba a un entendimiento con el PSP. Este, desde antes, consideraba pequeñoburgués al M-26, y a Fidel, un caudillo aventurero.[31] A su modo dialéctico particular, Fidel abrazaba el proyecto de sus sectores urbanos, pero no aceptaba que excluyera a la guerrilla ni que tuviera ninguna supremacía sobre la lucha entablada a partir de la sierra, por las propias divisiones e impedimentos con que se enfrentaban.

Distanciados de las consideraciones doctrinarias, continuaban los combates en la montaña. El 17 de septiembre terminó el de Pino del Agua, después de más de tres horas de fuego cruzado, con muchas bajas en el enemigo y cinco heridos y cuatro muertos en la columna. La retirada fue apresurada, pues se sabía que aviones militares bombardearían de inmediato la zona donde había tenido lugar el enfrentamiento. A cada embate Fidel lograba anticiparse a los movimientos del adversario y burlarle.

Una de las personas a las que Fidel escuchaba era Celia Sánchez, que se había convertido en su confidente, secretaria, mujer y sombra protectora, además de la madre de que todos carecían. Había ya un grupo de mujeres que acompañaban al contingente; actuaban de mensajeras, ayudaban a atender a los heridos y, algunas, como la joven Teté Puebla, cosían, cocinaban, se encargaban de la correspondencia de los que no sabían leer ni escribir. Eran también las profesoras de las clases de alfabetización.

En ciertas zonas había cacao, con el que preparaban chocolate, ajo y mayor diversidad de verduras, lo cual, junto con la carne asada de mula o de vaca, mejoraba la alimentación. En general cocinaban hacia las siete de la tarde, para disimular la humareda. Si oían ruido de aviones que descendían rasantes, la primera precaución consistía en apagar el fuego. Al amanecer partían los encargados de sondear el desplazamiento de los soldados por la región y volvían con las novedades. Cuando llegaba el momento de reanudar la marcha, cargaban las mochilas con municiones y los elementos indispensables, pues necesitaban que fueran ligeras.

Fidel no transigía en cuestiones de conducta; exigía a la tropa un estilo de vida rígido, en el que estaban previstos los juicios y los castigos. Por ejemplo, quien se emborrachaba en el trayecto era expulsado. «Surgía una semilla de bandolerismo en la gente vinculada con el M-26. Un grupo, por ejemplo, había asaltado una tienda y cometido delitos... Camilo [Cienfuegos] y sus hombres fueron a verificar y atrapar culpables... juzgados y sentenciados con la pena máxima...», relató.

Fidel entregó al Che Guevara uno de sus mejores hombres, Camilo Cienfuegos, que de teniente pasó a capitán de vanguardia de la columna 4.

El 22 de octubre, acampados en El Coco, a la orilla del río Magdalena, Fidel ordenó la captura de un grupo de bandoleros que, capitaneados por un sujeto conocido como Chino Chang, se presentaban como guerrilleros y cometían asaltos y estupros. Condenados a muerte, el jefe y uno de los estupradores fueron ajusticiados. Tres bandidos fueron sometidos a un simulacro de ejecución, con los ojos vendados, puesto que Fidel consideró que merecían una nueva oportunidad,[32] y pronto se incorporaron a la columna.

En la segunda quincena de noviembre se produjeron sucesivos enfrentamientos con tropas del ejército en Moreón, San Lorenzo, Macho, Gabiro, Mota, El Salto, Veguitas y Chapala, con las fuerzas aglutinadas o separadas de las columnas 1 y 4. Las bajas adversarias y la toma de armamentos tuvieron como represalia un tiroteo contra campesinos inocentes. Un comando del M-26 ejecutó al coronel Fermín Cowley, el protagonista de la matanza. Después de Veguitas, ataque efectuado sin la anuencia de Fidel, tuvo lugar un juicio en el que se condenó y destituyó a los jefes de los pelotones.

Otros acusados de robo, violaciones o asesinato recibieron asimismo su veredicto en tribunales improvisados, en los que los guajiros servían de testigos. Hubo también los casos típicos de traidores que se habían integrado a la guerrilla ya sin convicción, como el caso de Aristidio, que no tardó en vender el revólver recibido y alardear por la comarca de que no era tonto y se pondría contacto con el ejército. Tras una investigación, fue ajusticiado.

LA UNIDAD DE LOS AMERICANOS

El presidente estadounidense Eisenhower decía que Cuba, por aquellos años, había recibido una ayuda militar de millones de dólares. Batista contaba con el apoyo del Pentágono y, en particular, del vicepresidente Richard Nixon, que divergía de un sector de la inteligencia y del Departamento de Estado.

Situado en la vertiente pro Batista, el embajador Earl Smith envió un telegrama confidencial a Allen Dulles, director de la CIA, para recomendarle que infiltrara un agente entre los altos mandos de Fidel Castro, en la Sierra Maestra, a fin de que la agencia obtuviera informaciones más precisas sobre la extensión de la influencia comunista. No obstante, representantes del gobierno estadounidense, que simpatizaban con los moderados de la oposición en Cuba, deseaban un diálogo con Fidel, que había afirmado no abrigar ningún sentimiento antiestadounidense en su proyecto. Buscaron contactos con Faustino Pérez y Armando Hart. Robert Wiecha, el oficial de la CIA que actuaba como vicecónsul en Santiago, además de haber entablado relaciones con Frank País a partir de octubre de 1957, ofreció ayuda económica al Movimiento 26 de Julio (M-26). En general, a quienes conspiraban en el país y en el exilio les preocupaban los puntos de vista estadounidenses, debido a la dependencia de Cuba con respecto a Estados Unidos.

En medio de las fricciones sobre el proceso, Fidel decidió enviar a Jorge Sotús, ex capitán en la Sierra Maestra, a Miami, con la misión de reunir fondos y armas. Raúl Chibás había salido del país con la misma tarea. A continuación se enteraría de una alianza de los elementos de la oposición cubana que se hallaba en marcha en Estados Unidos.

El 1 de noviembre, tras una serie de conversaciones, se formalizó el Pacto de Miami (o Junta de Liberación Cubana), por parte de representantes de siete organizaciones en el exilio —PRC (auténtico), PPC (ortodoxo), Organización Auténtica (OA), Federación de Estudiantes Universitarios (FEU), Directorio Obrero Revolucionario, Partido Demócrata, Directorio Revolucionario (DR) y, supuestamente, el M-26—, el cual se anunció, con una salva de aplausos, en la sesión de clausura de la reunión de la Sociedad Interamericana de Prensa (SIP) en Nueva York.

Susceptibles a la ofensiva de una parte del gobierno estadounidense, y con vistas a unificar sectores burgueses y aislar a los radicales, el ex presidente Carlos Prío Socarrás y Felipe Pazos coordinaron la junta. Carlos Maristany Sánchez,[1] el *lobbista* de Prío, había negociado el acuerdo con el Departamento de Estado. Otra figura que actuó fue el oficial cubano Jorge García Tuñón, quien se ocupó de los contactos militares.[2] La insatisfacción en el medio castrense de Cuba había llevado al gobierno estadounidense a admitir la hipótesis de un golpe de Estado.[3]

En el programa acordado se proponía la constitución de un gobierno provisional —al amparo de la Organización de los Estados Americanos (OEA) y de la Organización de las Naciones Unidas (ONU)—, presidido por Pazos, que llevaría a cabo reformas y convocaría elecciones generales en un plazo de 18 meses. Contrariamente al *Manifiesto de la Sierra Maestra* —firmado por Raúl Chibás, Felipe Pazos y Fidel Castro—, no repudiaba las intervenciones extranjeras ni las juntas militares. Después de un desgaste de casi cinco años de dictadura y resistencia, entre moderados e insurgentes se habían generalizado las opiniones de que los estadounidenses encontrarían la solución para Cuba, o de que contra ellos y el ejército era imposible luchar.

Se envió a La Habana una copia ciclostilada del pacto, que escandalizó a los dirigentes del M-26.[4] En nombre de la organización, constaban las firmas de Felipe Pazos y Léster Rodríguez, el delegado bélico, a quienes no se había encargado negociar acuerdo alguno. Ante la gravedad del hecho, la solución de urgencia consistió en elaborar un documento dirigido a la junta, a título provisional y discreto. Lo redactaron Armando Hart y Luis Buch, que dejaban claro que el M-26 no podía comprometerse a la referida unidad hasta conocer la decisión de Fidel. No podía romper de forma pública con lo suscrito por compañeros.[5] Pronto se enterarían de que Jorge Sotús y Daniel (René Ramos Latour), dirigentes del M-26, también habían apoyado el pacto.

Con la idea de realizar embarques de armas, Léster había mantenido encuentros con representantes de Prío, incluso en México, donde se había reunido con sus viejos amigos Pedro Miret y Alfredo Guevara. Miret permanecía en ese país desde la partida del *Granma*, para coordinar una futura segunda expedición. En cuanto a Alfredo Guevara, se encontraba exiliado en México tras haber pasado varios meses encarcelado en La Habana y haber sido salvado por la inesperada compasión de un policía.

En Miami, Léster se puso en contacto con Faure Chomón, el dirigente principal del DR, y le dijo que traía instrucciones de Fidel, en las cuales solicitaba que se integrara al proyecto de la junta.[6] Chomón argumentó que se trataba de una maniobra oportunista, pero Léster insistió, afirmando que esa era la fórmula para abastecerse de armas, de las que también Faure tenía mucha necesidad, pues preparaba su expedición a Cuba. Hasta la fecha en que se celebró el acuerdo, participó en las discusiones defendiendo sus puntos de vista.

Fidel, aislado en la montaña, al tener conocimiento de las noticias por la prensa y la radio, estalló de impaciencia. No llegaba ningún desmentido de parte de la dirección del M-26. Gritaba de indignación por ese acuerdo de exiliados que pretendían hacer «una revolución imaginaria».[7] Al enterarse el Che Guevara, que se hallaba separado de él, recuperándose de una nueva herida, pensó que Fidel había intervenido en el pacto a favor de una deseada unidad.

En cuanto a los dirigentes, Luis Buch viajó en representación a Miami, con el fin de desautorizar, reservadamente, la autorrepresentación de Felipe Pazos y Léster Rodríguez.[8] Armando Hart se encontraba camino a la sierra, tratando de llegar a Fidel para informarle y conocer su decisión. Llevaba consigo la propuesta de otro nombre para presidente provisional de la República: Manuel Urrutia Lleó, juez de la provincia de Oriente.

Fidel sería el último en enterarse de todo. Si los mentores del pacto pensaban que no vería más alternativa que sumarse al pacto, se equivocaban. En diciembre dirigió una carta a la junta, con la que provocó su naufragio:

> Este texto es solo el primer paso... Para quien está luchando contra un enemigo incomparablemente superior en número y armas... forzoso es comprender que la noticia de un pacto, amplia e intencionalmente divulgado, que compromete la conducta futura del Movimiento sin que se haya tenido siquiera la delicadeza —si no la obligación elemental— de consultar a sus dirigentes y combatientes, tiene que resultar altamente brutal e indignante para todos nosotros...
>
> [...] El Movimiento Revolucionario 26 de Julio no designó ni autorizó ninguna delegación para discutir dichas negociaciones. Sin embargo, no habría habido inconveniente en designarla, de haber sido consultado sobre dicha iniciativa, y se habría preocupado en dar instrucciones muy concretas a sus representantes, por tratarse de algo tan serio para las actividades presentes y futuras de nuestra organización...
>
> [...] Las noticias que teníamos acerca de las relaciones con algunos de esos sectores estaban contenidas en un informe del señor Léster Rodríguez, delegado de Asuntos Bélicos en el extranjero: «Con respecto a Prío y al Directorio te diré que mantuve una serie de entrevistas con ellos para coordinar planes de tipo militar, única y exclusivamente, hasta lograr la formación de un gobierno provisional, garantizado y respetado por los tres sectores. Como es lógico, mi proposición fue que se aceptara la Carta [Manifiesto] de la Sierra... que ese gobierno debía formarse de acuerdo con la voluntad de las fuerzas cívicas del país. Esto trajo la primera dificultad. Cuando se produjo la conmoción de la huelga general, hicimos una reunión de urgencia... Prío contestó que no tenía los efectivos suficientes para realizar algo que resultara victorioso... A todo esto le contesté que cuando él considerara que tenía todo listo... me avisara, para entonces poder hablar de posibles pactos... Definitivamente no existe

ningún compromiso con esos señores y creo que en el futuro tampoco es recomendable tenerlo...».

[...] Lo más nefasto que puede ocurrir a la Nación en estos instantes, con la ilusión engañosa de que el problema de Cuba se resolvió con la ausencia del dictador, es la sustitución de Batista por una junta militar... [...] ¡Los civiles, a gobernar con decencia y honradez; los soldados a sus cuarteles, y cada cual cumpliendo con su deber! ¿O será que estamos esperando a los generales del 10 de marzo, a quienes Batista gustosamente cedería el poder cuando lo considere insostenible?

[...] Los hechos nos han demostrado que, tan pronto como se suprime el orden existente, una serie de trabas se desata y si no se la frena a tiempo germina la violencia... El Movimiento Revolucionario 26 de Julio reclama para sí la función de mantener el orden público y reorganizar las instituciones armadas de la República... porque es la única organización que posee milicias organizadas disciplinadamente en todo el país y un ejército en campaña con 20 victorias sobre el enemigo...

[...] La huelga general será llevada a cabo por la efectiva coordinación de los esfuerzos del Movimiento de Resistencia Cívica, el Frente Obrero Nacional y cualquier sector equidistante de partidarismos políticos y en íntimo contacto con el Movimiento Revolucionario 26 de Julio, por ser hasta el momento la única organización que combate en todo el país.

[...] En el *Manifiesto de la Sierra Maestra* se fijó la necesidad de designar a la persona llamada a ocupar la Presidencia de la República. [...] Esa figura debe ser el digno magistrado de la Audiencia del Oriente, doctor Manuel Urrutia. No somos nosotros, sino su propia conducta quien lo indica...

[...] Si nuestras condiciones fueran rechazadas, condiciones estas desinteresadas... seguiremos solos en la lucha como hasta hoy, sin más armas que las que arrebatamos al enemigo en cada combate, sin más ayuda que la del pueblo... Para caer con dignidad no hace falta compañía...

Por la Dirección Nacional del Movimiento Revolucionario 26 de Julio,

(A.) Fidel Castro,

Sierra Maestra, 14 de diciembre de 1957.

El texto desató los conflictos ya existentes entre los dirigentes, dentro y fuera del M-26, y abundantes comentarios. El Che

Guevara, al conocer el papel desempeñado por Daniel en el episodio, le envió un mensaje en el que lo acusaba de derechista e ironizaba: «Para nosotros, Fidel fue siempre un auténtico líder de la burguesía de izquierda...». Replicó Daniel: «Los de tu tendencia ideológica piensan que la solución para nuestros males es liberarnos del nefasto dominio de los yanquis, para ponernos bajo el no menos nefasto dominio de los soviéticos». Cuando Jorge Sotús supo de la carta se exasperó, porque esperaba transportar en breve armas a la sierra, confiado en la palabra de Carlos Prío, que se había comprometido a financiar la operación.

Tanto el ex senador Manuel Antonio de Varona, un auténtico tradicional, como Faure Chomón contestarían el documento. Este último afirmó: «Ninguna organización puede, o debería, como lo hizo el doctor Fidel Castro de forma sectaria, reivindicar para sí la representación de una revolución que están haciendo todos en Cuba». Comentaría con posterioridad que, al ver la argumentación de la carta, similar a la suya, se sintió perjudicado y además forzado a justificar en público la organización que representaba, reciente víctima de una trágica debacle.

De hecho, entre los argumentos expuestos por Fidel, el más espinoso era la condición de orden emergente —militar y político— que delegaba en su M-26. Por suerte o habilidad, Fidel no había sido anulado ni manipulado por la junta y aún daría un pequeño y certero contragolpe. Los artífices del Pacto de Miami fueron neutralizados, al menos por algún tiempo. En verdad, debían resolver una cuestión básica: derribar a Batista, es decir, su poder armado. Pero no contaban con la decisión de una invasión militar directa por parte del gobierno estadounidense.

ESPEJISMOS DEL LLANO

El 8 de febrero, en Nuevitas, costa norte de la provincia de Camagüey, anclaba el yate *Scapade*, procedente de Florida, cargado con siete toneladas de armas y municiones y dieciséis expedicionarios,[1] encabezados por Faure Chomón. Al desembarcar, parte del grupo se dirigió a La Habana y otra marchó hacia el macizo montañoso de la región central, a fin de completar la formación del Segundo Frente Norte de Escambray,[2] vinculado con el Directorio Revolucionario (DR).

La base del contingente guerrillero se había organizado hacía meses, con ocasión del Pacto de Miami, con una mayoría de combatientes provenientes de las filas auténticas, al mando de Eloy Gutiérrez Menoyo. En su viaje a Miami para ponerse en contacto con Chomón, Menoyo se había reunido también en privado con Carlos Prío para proponerle el proyecto del frente,[3] que el ex presidente incluiría en sus acuerdos con las autoridades estadounidenses.

La CIA participó en el plan desde su origen. El grupo, dirigido por Menoyo, «actuaría como una especie de muro de contención»,[4] en caso de una derrota del ejército batistiano, para las fuerzas de Fidel en el oriente. De este modo la agencia se introducía en el escenario de la guerra, con la promesa de destinar al frente una gran cantidad de equipamiento bélico. En posición de mando se situó al agente William Alexander Morgan y, como contacto ente la CIA y los promotores de la operación, al ítalo-estadounidense John Maples Spiritto.[5] Ya en la partida de su expedición Faure había reunido indicios del acuerdo entre Menoyo y Prío, pero prefirió averiguar mejor lo que se había acordado una vez que llegara al territorio cubano.

Al enterarse de la instalación oficial de un segundo frente, con el desembarco de los integrantes de la flor y nata del DR, Fidel les envió un mensaje de leve sarcasmo: «Si no consiguen mantenerse allí frente a la acción del ejército, pueden trasladarse a la Sierra Maestra…», y discurría sobre ciertas nociones básicas de la guerrilla, de acuerdo con la experiencia del Movimiento 26 de Julio (M-26). En cuanto al ángulo oculto —el acuerdo de Prío con la CIA—, nada podía saber.

En la Sierra Maestra los enfrentamientos experimentaban un período de tregua. Fulgencio Batista levantaba la censura a la prensa, decidido a apelar a una nueva solución electoral y prometiendo al pueblo entregar el gobierno al virtual sucesor. El anuncio se había hecho el 24 de enero de 1958, tras el derrocamiento del dictador de Venezuela, Marcos Pérez Jiménez, en un proceso que había concluido con una huelga general convocada por la Junta Patriótica, lo que alentaba a los grupos de oposición urbana en Cuba.

Acampado, Fidel recibió al corresponsal del *New York Times*,[6] a quien expuso sus condiciones para aceptar la propuesta de Batista: las tropas del Ejército Rebelde asumirían la protección de la región oriental con ocasión de las elecciones; para el resto de las provincias, debían disponerse observadores internacionales.

En una acción en que se fundieron los comandos de Fidel y el Che, el 16 de febrero, tuvo lugar el segundo combate de Pino del Agua, un cuartel situado en la cumbre de la Maestra, cuya supresión como punto avanzado del ejército regular resultaba vital para la afirmación rebelde.

El Che Guevara había pedido a Fidel que le designara para la jefatura del destacamento que debía tomar el cuartel, pero este, que concebía y dirigía el plan, no apostaba por la posibilidad de tomar la guarnición.

Los hombres avanzaban de madrugada por la serranía, con destino a las diversas líneas de fuego. Fidel recorría las secciones de su pequeño ejército susurrando: «No fumen, no fumen…». En determinado momento envió a cada uno a la senda correspondiente a la línea proyectada en un mapa. Al aproximarse junto con el capitán Almeida al punto en que debía situarse su comando —en lo alto de un barranco, justo frente al cuartel—, entrevió el panorama y resolvió mandar un mensaje al Che: «Si todo dependiera de ese ataque por tu lado, sin el apoyo de Camilo y Guillermo, se correría el riesgo de tener muchas bajas y no lograr el objetivo… No debes hacer nada suicida. Te recomiendo, muy seriamente, que tengas cuidado… Por orden terminante, no asumas posición de combatiente. Encárgate de dirigir bien la tropa, que es lo indispensable en este momento… Fidel».[7]

Cinco de la madrugada. Treinta hombres, con las miras apuntadas, rodeaban las edificaciones donde se encontraban 150 soldados. Aprovechando la neblina, Fidel dio el disparo que autorizaba el tiroteo, que debía mantener una intensidad suficiente para obligar al cuartel a pedir refuerzos. Se lanzaban al enemigo pequeñas bombas envueltas en láminas metálicas (denominadas Sputnik por la tropa del M-26, porque hacían mucho ruido) para causar efecto psicológico. Pronto se oyó el rugido de la aviación sobre el área, pero una nevada compacta obstaculizó el blanco de las ametralladoras.

Setenta combatientes comandados por Raúl Castro se distribuyeron por puntos estratégicos para aguardar la llegada de los contingentes militares. La maniobra tuvo éxito y la mayoría de los soldados cayó en las emboscadas. Mientras tanto, en torno del cuartel la situación apenas había cambiado, de modo que Fidel Castro envió un mensaje al comandante del cuartel:

… 12.30 horas… Compatriota, nosotros los tenemos cercados con fuerzas numéricamente superiores. Ningún refuerzo podrá llegarles, porque todas las vías están controladas, a considerable distancia… La causa que defienden usted y sus hombres no es justa… Antes de que lancemos el ataque final, que costará mucha sangre, lo invito a deponer las armas… No solo les respetaremos la vida, como es nuestra invariable costumbre, sino que también los pondré en libertad en 24 horas… Y si alguien teme

represalias de la tiranía, podrá permanecer en nuestras filas...
Puede usted enviar, como negociador, a cualquier civil de su
confianza... Le mando tres soldados heridos para que sean tratados... y puede reenviarlos a nuestras líneas, para que los pon-
gamos en lugar seguro... Atentamente, Fidel Castro R., comandante rebelde.

Transcurridas 24 horas, la respuesta no llegó y los rebeldes
reanudaron el fuego. Fidel decidió retirar su comando y mantener en el lugar el del Che Guevara, que, sentado en un tronco
y fumando su pipa, disparaba cada vez que un soldado trataba de
pasar de una casa a otra. Al anochecer Pino del Agua se consumía en llamas.

En el desenlace de la acción algunos soldados de la tropa de
refuerzo, que habían avanzado protegiéndose detrás de un muro
de mujeres y niños campesinos, mataron a trece de sus rehenes.
Además de muchos heridos y cinco prisioneros, el ejército tuvo
veinticinco muertos. Por parte de los rebeldes, las bajas fueron de
un muerto y tres heridos, entre ellos Camilo Cienfuegos, que fue
atendido, a la fuerza y con urgencia, por el doctor Sergio del
Valle,[8] pues quería continuar en combate.

Fidel lograba, paso a paso, dominar la zona del este del pico
Turquino, en las inmediaciones del pico Caracas. Para los grupos
del llano, eso equivalía a demostrar que la guerrilla continuaba,
cada vez más fortalecida, concertando ataques seguidos de la toma
de posiciones estratégicas, que solo conservaba cuando le ofre-
cían absoluta garantía. Las características físicas de la región constituían una gran ventaja. Vista desde arriba, la sierra era apenas
una variada gama de tonalidades de verde. Abajo, una penumbra
impenetrable: árboles altos, accidentes del terreno, ríos estrechos
y sinuosos.

El 3 de marzo, Fidel atacó el ingenio azucarero Estrada Palma, guarnecido por un destacamento militar. Aplicó la misma
táctica que en Pino del Agua: situó el grueso de sus combatientes en las probables sendas de paso de las tropas de refuerzo.
Murieron quince soldados y dos insurgentes. Esa misma semana, decidió modificar la estructura de su ejército; formó la columna 7, al mando de Crescencio Pérez, para que actuara en

conjunción con la suya, número 1, y desde el pico Turquino despachó las columnas 3 y 6 —comandadas por Raúl Castro y Juan Almeida, respectivamente—, con la misión de organizar nuevos frentes, el segundo y el tercero del M-26. Por seguridad, la numeración de las columnas era salteada.

Raúl, que llevaba más de 50 armas, tendría que ocupar el lado este de la ciudad de Santiago, además de la región del extremo oriental, efectuando la primera embestida de la guerrilla para tomar posiciones en las llanuras. En cuanto a Almeida, debía dirigirse a la parte oeste de Santiago, lo cual, en la estrategia de Fidel, tenía como propósito estrechar en el futuro el cerco sobre la ciudad. De esa manera desorientaba la persecución enemiga y pulverizaba los ejes de combate, además de minar en esas regiones proyectos de operaciones militares o alzamientos guerrilleros en rebeldía.

Pronto Fidel recibiría a Faustino Pérez, que llevaba informaciones sobre el estado de la lucha urbana. Pérez le comunicó que, a consecuencia del gran desarrollo de las acciones contra el gobierno, de la propaganda y de la Resistencia Cívica en varios sectores de la sociedad, «se daban las condiciones mínimas e indispensables para convocar una huelga general para los primeros días de abril».[9] Fidel, que se hallaba en la sierra y carecía de una visión directa del llano, consideró realista el análisis de Faustino[10] y, el 12 de marzo, firmó con él un manifiesto de 22 puntos, en el que daba instrucciones sobre la organización del movimiento huelguista y el futuro gobierno posterior a la dictadura:

> … por el desmoronamiento visible de la dictadura, la madurez de la conciencia nacional y la participación beligerante de todos los sectores sociales, políticos, culturales y religiosos del país, la lucha contra Batista entró en su etapa final… 2: […] La estrategia del golpe decisivo se basa en la Huelga General Revolucionaria secundada por la acción armada… […] 6: […] Designación del doctor Urrutia para presidir el Gobierno Provisional… 7: La organización y la dirección de la huelga en el sector obrero estará a cargo del Frente Obrero Nacional (FON)… 8: […] En los sectores profesionales, comerciales e industriales, a cargo del Movimiento de Resistencia Cívica… 9: […] La huelga estudian-

til, por la Federación de Estudiantes Universitarios... 10: La acción armada estará a cargo de las Fuerzas Revolucionarias, las milicias del Movimiento 26 de Julio y de todas las organizaciones revolucionarias que secunden el movimiento... [...] 14: A partir del día primero de abril, por razones de orden militar, queda prohibido el tránsito por carretera o ferrocarril en el territorio de la provincia de Oriente... Se podrá disparar sin previo aviso... 15: [...] Prohibidos los pagos de impuestos... en todo el territorio nacional... [...] 22: A partir de este instante el país debe considerarse en guerra total contra la tiranía... Fidel Castro Ruz, comandante en jefe de las Fuerzas Rebeldes... Faustino Pérez, delegado de la Dirección Nacional.[11]

El informe de Faustino no pecaba de abstracción. La secuencia de los acontecimientos de los últimos siete meses movía al optimismo, y hasta a las fantasías. Las células del M-26 habían realizado una serie de acciones y sabotajes «para corroer la base económica y política del gobierno»,[12] además de haber incrementado las publicaciones de propaganda destinadas a los diversos grupos sociales. Desde febrero se intensificaban los movimientos estudiantiles, tanto de enseñanza media como universitaria. Episodios como el levantamiento en Cienfuegos, la caída del dictador Pérez Jiménez —que generó el lema de «si Venezuela puede, nosotros también podemos»— y el secuestro (o «retención patriótica») del supercampeón del automovilismo, el argentino Juan Manuel Fangio,[13] encendían las expectativas.

También en marzo reverberó en la opinión pública la convocatoria de la comisión del Episcopado Nacional para que la sociedad y el gobierno llegaran a un acuerdo de paz. La alta jerarquía de la Iglesia esperaba que la figura de monseñor Pérez Serrantes, que había auxiliado a los moncadistas en 1953, pudiera influir en Fidel, pero se vio decepcionada. En cartas dirigidas a periodistas conocidos suyos, Castro presentó las condiciones para iniciar una conversación: exponer sus criterios ante una comisión de la prensa nacional en la Sierra Maestra, donde los reporteros pudieran ser testigos de la realidad de la guerrilla.[14] El 15 de marzo, a instancias del Colegio de Abogados y la Juventud Católica, relacionados con la Resistencia Cívica, las instituciones cubanas en conjunto emitieron un llamamiento al gobierno y al pueblo para evitar la caída del Estado. A tal efecto proponían la dimisión del Ejecutivo y la disolución del Legislativo, lo que daría paso a la formación del tan pregonado gobierno provisional. El Departamento de Estado estadounidense envió a un especialista, William Pawley, para solicitar a Batista que capitulara y designara una junta militar para gobernar Cuba. Parecía el retorno del Pacto de Miami pero, como era de suponer, Batista se negó al acuerdo. Su alternativa ante la convulsión social consistió en suspender de nuevo las garantías constitucionales, postergar las elecciones del 1 de junio para el 3 de noviembre y reimplantar la censura. Fracasada la gestión conciliadora, Estados Unidos suspendió los envíos oficiales de armas a Cuba —medida que señalaba un distanciamiento formal de la dictadura—, aunque el apoyo bélico continuó llegando por vías informales.

De regreso en la capital, Faustino se dedicó a reunir apoyos para la huelga general en el DR y el Partido Socialista Popular (PSP). Con respecto al primero, Faure Chomón compartía la evaluación de que existían «condiciones subjetivas» —posibilidad de difusión y respaldo popular— para una huelga general y propuso una convocatoria común «por parte de las dos organizaciones, apelando al Pacto de México».[15]

En cuanto al PSP, el camino era más tortuoso. Desde el principio del año se veía favorecida la fórmula de acuerdo con el M-26. Un grupo del Comité General había conseguido flexibilizar ciertas directrices del partido y aprobado una «estrategia mixta» de combate al régimen, que combinaba la acción armada y la huelga general.[16] Razonaban algunos desde hacía años que, sin lucha armada, la lucha de masas resultaba inviable, por las características mismas del régimen, que todavía contaba con potentes aliados en la dirección de las organizaciones sindicales. Todo ello los llevaba a revaluar a Fidel,[17] que con su M-26 significaba, en la práctica, el acuerdo deseado.

No se debe olvidar que la resolución del PSP respondía al momento del comunismo internacional: Nikita Kruschev, el líder de la URSS, buscaba alinearse con las izquierdas de América Latina y otras regiones, a pesar de su defensa de la transición

pacífica. En la ocasión se admitió, en número limitado, la incorporación de militantes del partido en la guerrilla; los primeros
fueron destinados a la columna de Raúl Castro, en función de su
vínculo con la Juventud Comunista.[18] Por esta razón Raúl manifestó ansiedad por conocer la posición del partido al acoger a
los recién llegados y conversó con su hermano sobre el delicado tema. Fidel mostraba reservas, siempre midiendo hasta qué
punto la relación con los comunistas podía resultar perjudicial
para el M-26 frente a la sociedad.

Los estratos superiores del FON, a pesar de declararla amplia
a irrestricta, seguían impidiendo la participación de los comunistas en los comités de huelga. David Salvador, dirigente de la sección obrera del M-26, se pronunció abiertamente contra la alianza. Aun así, Faustino se reunió con el partido a distintos niveles,
para acordar su colaboración. A comienzos de abril estableció un
último contacto con dirigentes del PSP, que no cambió su postura.

Los dirigentes del M-26 en el llano también proyectaban el
futuro en *petit comité*: «Ante el Gobierno Provisional revolucionario, la FON asumiría la representación de la clase obrera», así
como la Resistencia Cívica y el Frente Estudiantil Nacional
(FEN) los puestos relativos a sus respectivos sectores sociales,[19]
dejando para la teoría, o soslayando, el problema de la unidad.
Algunos hacían hincapié en «los errores del PSP», con un discurso
anticomunista, susceptibles a la influencia de la Juventud Obrera Católica (JOC), que se había imbricado en el M-26 y amenazaba romper con los comités si hubiera trato con los comunistas. Tanto la JOC como el Comité de Moralización Cristiana
servían desde hacía un tiempo de fachada para ciertas maniobras,
como la compra de materiales de divulgación y propaganda. Esa
vertiente era justamente la de los que desdeñaban la importancia de la guerrilla en la montaña, a semejanza de los comunistas
veteranos, pero sin prestar oído a las bases, donde la solidaridad
entre los militantes permitía acuerdos.

En la Sierra Maestra, Fidel, al obtener informaciones parciales sobre los preparativos de la huelga, lanzó al llano, el 26
de marzo, un mensaje sobre la necesidad de que el FON «coor-

dinara esfuerzos con las demás organizaciones opuestas al régimen».

En la ciudad, la policía descubría el escondite del arsenal del DR, pero se abrían expectativas para el aprovisionamiento bélico del M-26. En La Habana se esperaban armamentos que llevaría una lancha que debía atracar en Pinar del Río (al oeste).[20] Un avión que transportaba un cargamento de armas, en una expedición proveniente de Costa Rica dirigida por el auténtico Cándido de la Torre, con quien había establecido contacto Léster Rodríguez, debía descender en una pista improvisada en medio de la Sierra Maestra. En México, Pedro Miret y Gustavo Arcos se introdujeron en el circuito, en representación de Fidel, que dio pronta señal verde a la operación. Se encomendó a Miret que viajara a Cuba, integrado en la expedición,[21] y Gustavo Arcos asumió la jefatura del grupo del M-26 exiliado en México, muchos de cuyos miembros aguardaban ansiosos la orden de unirse a la guerrilla en la sierra; Alfredo Guevara pasó a ser el segundo al mando.

La red de apoyo de la expedición incluía, entre los costarricenses, al ex presidente José Figueres, que facilitó el alquiler de un C-46 por 12.000 dólares, y su ex ministro del Ejército, Frank Marshall, que suministró el contacto con traficantes de armas para la adquisición de una gran parte del cargamento. Por parte de los mexicanos, la familia Barbachano, grandes productores de la industria cinematográfica, se encargaron del traslado de recursos —haciéndolos pasar como material de cine— en aeronaves de la Mexicana hasta la costa de Mérida.[22] En Florida, la caja del comité del M-26 recaudó para la operación 14.648 dólares.

Previamente Fidel había avisado a Ricardo Lorié (Luis Pérez), del núcleo de Miami, que el avión debía aterrizar en Cieneguilla el 30 de marzo a las 18.15 en punto, dado que los militares dejaban de sobrevolar la región a esa hora, según sus observaciones. Sin embargo, a la hora precisa de aquel día el aparato sobrevoló la pista pero dio media vuelta porque no veía la señal acordada. El aterrizaje se efectuó en un punto distante, en el monte, y una de las hélices dio contra el suelo y dañó el fuselaje. Tras coger las armas los pilotos (Pedro Luis Díaz Lanz y Roberto

Verdaguer) y los pasajeros (Pedro Miret y Húber Mattos) se alejaron a toda prisa y el avión se incendió. Los hombres permanecieron en el lugar aguardando el contacto hasta que, avanzada la noche, apareció Fidel. Examinó la carga —50.000 proyectiles 30.06; 30.000 de 9 mm; 5.000 proyectiles de calibre 50; 10.000 de calibre 45; 10 ametralladoras de calibre 50; 46 obuses de 60 mm, y 50 fusiles Mauser con 5.000 balas— y probó cada una de las armas.

Dado el éxito de la operación, el responsable de los contactos y la adquisición del armamento, Ricardo Lorié, fue confirmado por Fidel en la función de delegado bélico con poderes extraordinarios, incluso para librarse de una vez por todas de la intermediación del Comité del Exilio en Miami.[23]

Mientras tanto proseguían los enfrentamientos en la montaña. Por orden de Fidel el capitán Camilo Cienfuegos había descendido a la zona de El Cauto para apoyar la huelga inminente. También la columna de Juan Almeida había recibido instrucciones de efectuar acciones en los suburbios de Santiago. En cuanto a Raúl Castro, cercano a la ciudad de Guantánamo con su contingente, terminaría siendo víctima de un extraño equívoco:

> Querido Fidel: Preparamos un plan de emergencia con las milicias de la ciudad de Guantánamo. [...] Estando ya próximo a partir para situarme al este [de la ciudad], Daniel llegó acompañado por un jefe de patrulla [...] la tarde del 30 de marzo... Explicó que la huelga se había aplazado una semana, más o menos, tiempo que el Movimiento aprovecharía para introducir armas recientemente adquiridas en el extranjero. [...] A nuestra zona había destinado una provisión cuya enumeración me erizó los pelos [...] que tenía que haber llegado vía aérea el día anterior, pero el envío se había suspendido al no localizarme a tiempo... Durante cuatro noches estuvimos esperando pacientemente...[24]

El aplazamiento fue resultado de las contradicciones internas del M-26. Luis Buch había asistido a una reunión con los dirigentes de Santiago,[25] que argumentaban, recelosos, que era preciso confirmar con Fidel la fecha de la huelga. Por teléfono, Faustino afirmaba que no era necesario, ya que el texto del manifiesto era claro y suficiente; tampoco sería posible consultar, como acabaron por concluir los participantes.[26] Por otra parte, no había noticia alguna de los armamentos cuya llegada estaba prevista para finales de marzo. Considerando que «la huelga no podía tener lugar sin apoyo armado»,[27] se propuso el aplazamiento, que fue aprobado.

Transcurría la primera semana de abril y las armas parecían haberse esfumado en el trayecto. De una forma u otra, el 9 de abril el M-26 se vio obligado a convocar la huelga, víctima de un espejismo o del voluntarismo. A las once de la mañana interrumpieron las transmisiones de Radio Reloj y Onda Hispano Cubana para anunciar: «¡Hoy, huelga general revolucionaria!».

Gran parte de los trabajadores no oyó la noticia por la radio; varios puntos de la ciudad se llenaron de panfletos y de gente desconfiada. Entre los propios cuadros organizados cundía la duda: ya antes habían circulado boletines que avisaban que en breve se produciría la huelga general, pero nunca se había divulgado la fecha; unos días antes, ciertos aliados del régimen habían lanzado alarmas falsas acerca de paros laborales. La misma mañana del 9, representantes sindicales fueron coaccionados por el principal dirigente de la Central de los Trabajadores de Cuba (CTC), Eusebio Mujal, con amenazas de despido si apoyaban la huelga.

La hora elegida, las once de la mañana, era cuando cesaba la actividad de los portuarios y se cambiaba el turno de los guardias. En ese instante se planeaba bloquear las calles de acceso a La Habana Vieja, montar barricadas, asaltar el depósito de armas y emboscarse para hacer frente a la policía. Luego, al mediodía, hora del almuerzo de los empleados de banca y funcionarios públicos, se preveía que estos regresarían a sus casas al ver establecida la huelga. Sin embargo, no solo fracasó el plan de La Habana Vieja, debido a una delación y a un fallo de coordinación entre el grupo que debía asaltar el depósito y el que había de bloquear los accesos —lo que ocasionó una matanza—, sino que la mayoría de los activistas, una parte de los cuales iban armados con pistolas, fueron detenidos y asesinados. El régimen reaccionaba con agilidad y violencia. Sergio Sanjenís, especialista en técnicas militares y ex soldado del ejército estadounidense enviado a La Habana por Daniel para dirigir las milicias, simplemente había desaparecido.

En cuanto al resto del país, en Santiago fue atacado un cuartel; en Matanzas, una emisora. Mientras tanto, en Sagua la Grande, cerca de treinta hombres mal armados consiguieron tomar la ciudad durante más de cuarenta y ocho horas. En general, la movilización ni siquiera levantó el vuelo.

Fidel, que acababa de llegar del ataque al ingenio azucarero San Ramón, en Campechuela, al oír la convocatoria se entusiasmó, pues imaginaba que enseguida se producirían asaltos y emboscadas. Sin embargo, al oír la secuencia de noticias por la radio se dio cuenta de que una emisora tras otra se ponían en antena, y pronto supo que tropas de *marines* estadounidenses ocupaban el puerto de La Habana. Enfurecido, se dirigió al comando de Guevara, en La Mesa, y redactó el boletín informativo de Radio Rebelde,[28] en el que exigía la inmediata retirada de los militares estadounidenses que deshonraban la soberanía de Cuba. Las transmisiones de la emisora de la columna guerrillera habían comenzado el 24 de febrero, por iniciativa del Che Guevara, que había conseguido que subiera un técnico a la sierra para ocuparse de la instalación y el mantenimiento del equipo.[29]

Por lo demás, Fidel sabía que debería asumir la responsabilidad de la indagación judicial y la «liquidación de las consecuencias» (en jerga militar). Actuó de inmediato, con el objeto de evitar que Faustino Pérez, o cualquier otro dirigente, fuera acusado del fracaso de la huelga general. Por el momento, lo que más le preocupaba era saber que Batista se sentiría fortalecido y programaría la embestida contra las fuerzas rebeldes. Expuso esta reflexión en una carta a Faustino, cuyo portador fue Zoilo (Marcelo Fernández), por medio de quien Fidel convocaba también a toda la dirección del llano a una reunión urgente en la Sierra Maestra. La situación obligaba a revisar la estrategia.

OPERACIÓN FF (FIN DE FIDEL)

Fidel manifestó su disgusto a los dirigentes del Movimiento, tanto en el territorio como en el exilio: «…Si toda la isla estuviera ocupada por columnas rebeldes, como el oriente, ninguna medida represiva podría contener la acción del pueblo… Es urgente fortalecer la revolución en su aspecto militar… Por el momento no cabe siquiera hablar de huelga general…».[1]

La violenta represión desencadenada por la huelga había vuelto escasa hasta la generosidad de algunos buenos burgueses; si antes era posible obtener refugio y auxilio en hogares de las clases media y alta, ahora en la gran mayoría de ellos no se atendía el teléfono ni se abría la puerta. Pero la dirección solo podía enviar a la sierra a los militantes que más riesgo corrían. En la ciudad, el Movimiento 26 de Julio entraba en una profunda crisis.

El 3 de mayo, a las seis de la mañana, en una habitación de una finca de Altos de Mompié comenzó el encuentro de los dirigentes convocados por Fidel. Él y Daniel se sentaron, uno al lado del otro, en una cama grande; Faustino, Marcelo Fernández, Vilma Espín y Haydée Santamaría, en otra menor, en frente; David Salvador y Ñico Torres, alrededor de una pequeña mesa, y el Che Guevara —invitado a petición de Faustino y Daniel, a quien había criticado duramente—[2] se acomodó sobre un tocón de madera, convertido en banco, cerca de la puerta, junto a Celia, encargada de tomar las notas de la reunión.[3] También estuvieron presentes Luis Buch y, horas después, Enzo Infante.

El ambiente era de nerviosismo, dado que los del llano sabían que serían juzgados. Nada más comenzar la reunión, Fidel propuso que cada uno planteara los factores que habían conducido al desastre. Poco a poco fueron surgiendo: la carencia de armas —un cargamento que se esperaba de Miami había sido interceptado en el mar por la policía estadounidense y el otro, que había de desembarcar en Pinar del Río, solo llegó el 11 de abril—;[4] el cambio de fecha de la huelga, que ocasionó la pérdida de un supuesto clímax de agitación; la convocatoria inadecuada, sin divulgar la fecha, pues se pretendía mantenerla en secreto para evitar represalias del gobierno, y la actitud cerrada hacia otros sectores políticos, entre otros.[5]

Al tomar la palabra, Fidel recriminó la predominante falta de visión en los preparativos y en el desencadenamiento de la huelga,[6] cuestionó la exclusión de los comunistas de los comités del Frente Obrero Nacional (FON)[7] y criticó el sectarismo de algunos dirigentes urbanos, como David Salvador.

La huelga de abril fue un fracaso, pero llevó a la percepción de que la caída del régimen dependería de la victoria del Ejército Rebelde contra las fuerzas armadas de Batista, aunque pareciera un desatino. Como fruto de la reunión de Mompié, el M-26 se unificó bajo la dirección de un ejecutivo establecido en la Sierra Maestra; Fidel asumió las funciones de secretario general y comandante en jefe de todas las fuerzas y milicias, concentrando así las direcciones política y militar.[8]

Se reestructuró incluso la representación en el exilio. Luis Buch, designado coordinador de Relaciones Públicas, viajó a Caracas (Venezuela) con la cobertura del contraalmirante Wolfgang Larrazábal, presidente provisional del país, y del líder de la Junta Patriótica, Fabricio Ojeda, que habían declarado su disposición a apoyar al M-26. Haydée Santamaría, nombrada tesorera y «agente especial», pasaría a residir en Miami, así como Antonio (Tony) Buch, el nuevo responsable de propaganda. José Llanusa, designado secretario de Organización, fue a Nueva York. Los objetivos primordiales eran, además de enviar los recursos bélicos a la montaña, obtener el apoyo de organizaciones extranjeras y aglutinar las fuerzas emigradas del M-26 y de la ortodoxia.

Fidel decidió fijar una base para el comando en la sierra. Eli-

gió La Plata, en el terreno de la finca Santaclareiro, apodo del
productor rural Julián Pérez. La topografía abrupta, la frondosa
y tupida vegetación y el apoyo del campesinado de los alrededores la convertían en un lugar ideal como refugio y centro de
operaciones. Los miembros del pequeño Ejército Rebelde,
de barba y pelo largos y vestimenta verde oliva, fueron congre-
gándose allí con sus mochilas y sus bolsas con objetos de primera
necesidad. En poco tiempo el terreno, de alrededor de dos kilómetros cuadrados, contaría con más de quince casas suspendidas
sobre troncos en el barranco, ocultas en la maraña de árboles, con
parapetos de piedra para protegerlas de ataques aéreos y acceso
mediante escalones y barandas de madera, resultado de la ingeniería intuitiva de Celia Sánchez, ayudada por un grupo de car-
pinteros.

La sede del comando pronto se identificaría por la presencia
de René Rodríguez (el antiguo compañero de Fidel en la ortodoxia, ahora uno de sus capitanes) y de escoltas a la entrada. El
interior estaba dividido por un tabique de palma real: a un lado,
un balcón que parecía precipitarse hacia la montaña; al otro,
mapas y papeles sobre la mesa ancha, bancos de troncos y algunos libros, como *El príncipe*, de Maquiavelo, y las *Obras completas*
de José Martí.[9] La cocina colectiva se hallaba junto a un pozo.
Una especie de palafito con cubierta de follaje era la nueva sede
de Radio Rebelde, que comenzó a emitir desde allí por vez
primera el 1 de mayo de 1958 y se transformaría en el centro
generador y receptor de las comunicaciones, así como en la
operadora matriz de una cadena integrada por Radio Rumbos,
luego Radio Continente (de Venezuela), Radio Caracol (Colombia) y La Voz de los Andes de Quito (Ecuador).

En Caracas se montó una emisora semiclandestina, Dos Indios Verdes (2 IV), luego suspendida por problemas con el gobierno venezolano; en Ciudad de México, Indio Azul, dirigida por
Gustavo Arcos, que llegaría a ser la emisora oficial del M-26. Las
retransmisiones de las grabaciones, en cinta magnetofónica, por
la Cadena de la Libertad se realizaban a la misma hora durante
aproximadamente treinta minutos, entre las siete y las ocho de la
tarde. Para los mensajes secretos Fidel inventó un código que, se-

gún él, se inspiraba en el teorema de Pitágoras, aunque el que realmente se utilizó fue el creado por Luis Buch, a partir de una idea del Che, basándose en diccionarios bilingües y un abecedario asociado a números. Para las comunicaciones telefónicas se extendió en pocos días una red de cables que abarcaba la región que incluía Mompié, Las Vegas, Minas del Frío, Santo Domingo y La Plata.

Se organizó así una pequeña república, con jueces, religiosos y médicos;[10] estos últimos trabajaban en puestos especialmente construidos y con un mejor aprovisionamiento de remedios y antibióticos.

En la segunda quincena de mayo Fidel pidió una reunión urgente con los capitanes situados en el área circundante. Celia había obtenido la confirmación, por parte de un piloto de la fuerza aérea y de la esposa de un telegrafista de Manzanillo, de que el régimen lanzaría en breve una ofensiva a gran escala contra los rebeldes, para la cual movilizaría a 10.000 soldados del ejército en 14 batallones de infantería y 7 compañías independientes, más las tropas aéreas y navales.

Fidel convocó las columnas de Ramiro Valdés (la 4) y Crescencio Pérez (la 7), que el mes anterior se habían separado del comando para operar en áreas más alejadas, y les ordenó trasladarse con rapidez y discreción al oeste del pico Turquino, donde se situaba La Plata, a fin de reforzar la resistencia. A continuación retiró al Che Guevara de Minas del Frío, donde se encontraba instruyendo a 1.000 reclutas de la recién creada escuela de preparación militar, para ponerle al mando de la columna 8. Indicó por último las áreas y los modos de operación de cada grupo, a partir de una revisión de los esquemas habituales de desplazamiento del ejército.[11]

Al comienzo de la ofensiva, el 24 de mayo, había 280 rebeldes en armas, que el día 25 fueron atacados simultáneamente en Minas de Bueycito y Las Mercedes, donde un pelotón de 14 combatientes fue vencido por tanques y aviones de guerra al cabo de 30 horas de combate. La correlación de efectivos militares era profundamente desigual. Aunque algunos sectores de Washington habían aprobado el embargo del envío de armas a

Batista, estas continuarían llegando a Cuba por mediación de los gobiernos de la República Dominicana y Nicaragua. Fidel aguardaba la llegada de un segundo cargamento de armas y municiones procedente de Miami.

Haydée había comprado un avión Cessna, que registró para prácticas de pilotaje, las cuales en efecto se realizaron, en una pista abandonada de Miami, para despistar al FBI. Consiguió obtener autorización para un vuelo Miami-Jamaica, de donde el Cessna despegó el 29 de mayo para aterrizar en un campo próximo a La Plata, según habían acordado Fidel y el piloto Pedro Luis Díaz Lanz (miembro del M-26, que debía mantener buenas relaciones con los federales estadounidenses, ya que circulaba sin restricciones en ese territorio). El cargamento comprendía 20.000 proyectiles de fusiles 30,06, paquetes de disparadores eléctricos para explosivos en general, 30 carabinas italianas con sus respectivos accesorios y municiones, un fusil Garand y centenares de proyectiles para fusiles M-1. El único pasajero era Carlos Franqui, un periodista convocado del exilio para asumir la dirección de Radio Rebelde y componer el ejecutivo del M-26-7 en la sierra.

Aquella semana, las fuerzas regulares de Batista provocaron otros tres enfrentamientos con los rebeldes en diversos puntos: Las Cuchillas de Bayamo, Minas de Buey Arriba y El Macío. El 5 de junio, el ataque proveniente de la parte sur fue intenso ya desde la costa. La destrucción de la casa de un campesino por el bombardeo provocó la ira de Fidel contra Estados Unidos, según se aprecia en una carta que envió a Celia.[12]

Poco a poco el ejército trataba de aproximarse, por diferentes flancos, al pico Turquino, cercano al comando. Era preciso implementar la táctica de defensa, la resistencia máxima durante «tres meses indispensables», tiempo necesario para conseguir armas y «ampliar las líneas enemigas», con el fin de desplazarlas a posiciones donde se concentraban rebeldes y «lanzar el contraataque en cuanto el ejército comience a flaquear».[13] En secreto absoluto, las tropas de Almeida (columna 3) y las de Camilo (columna 2), que se hallaban más distantes, recibieron la orden de avanzar en dirección a la columna 1, para completar la formación de un solo frente, con la única excepción de las tropas de Raúl, que permanecerían en el extremo este, formando el Segundo Frente. Obsérvese la renovada numeración de los grupos, a partir de un nuevo trazado de mapas, que confundía la lógica del adversario.

Fidel medía distancias para apostar los destacamentos en el interior de un radio de aproximadamente 20 kilómetros, considerando La Plata como eje. Su concepción bélica no implicaba una logística superpotente, sino la derrota del enemigo en el campo, punto a punto, manteniendo la táctica básica: sitiar para provocar un movimiento de adentro hacia fuera —dispersión, fuga o rendición de las tropas—, o de fuera hacia dentro (la petición de refuerzos que serían interceptados por las emboscadas). También tenía conciencia de que, en realidad, corrían el riesgo del cerco contrario, es decir, alrededor de ellos; sin embargo, no le quedaba otra alternativa que dirigir la guerra del modo que mejor le pareciera y ejercer el máximo control de los detalles.

Ese mes, junio de 1958, dio una serie de orientaciones, en particular al Che Guevara, a quien recomendó que desmontara el campamento de La Mesa y lo trasladara con todos los artefactos y «las reses posibles», más cerca de él; también le indicaba que abriera los túneles (refugios antiaéreos) de inmediato. Le adjuntó un mapa de su plan general, donde señalaba las áreas que debía cubrir cada uno para preservar el territorio básico.

El día más crítico sería el 19 de junio. En Santo Domingo se acercaba al comando uno de los batallones más agresivos del ejército, encabezado por Santiago Mosquera, que había arrasado con el escuadrón que defendía aquel camino.

Por el norte y por el sur las fuerzas enemigas penetraban hondo. Era inminente el cerco de La Plata, formando un anillo de fuego de dos batallones con 600 hombres, cuando los disparos de un mortero, bien instalado en un barranco, ocasionaron 27 bajas entre los soldados, lo que hizo retroceder a las tropas. Pero los soldados se reorganizaron en el monte, para responder a una artillería cruzada de cuatro direcciones. Pronto se oiría, a través de los amplificadores de sonido, el conjunto de músicos campesinos que Fidel y Celia habían invitado a presentarse en Radio Rebelde. Denominado Quinteto Rebelde, interpretaba cantos patrióticos y humorísticos en medio de la batalla, como habían hecho los combatientes republicanos de la guerra civil española para desmoralizar a los franquistas.

La primera batalla de Santo Domingo se prolongó desde el 28 hasta el 30 de junio, con la victoria del pequeño ejército de Fidel. Además de las armas, cayeron en poder de los rebeldes los equipos de radio de una compañía —un Minipak y un PRC-10—, así como sus códigos secretos. Desde entonces Fidel tendría conocimiento, antes de cada combate, de las disposiciones tácticas y las órdenes del enemigo.

También se interceptaban las directrices estratégicas de las fuerzas del gobierno, mediante una red que había comenzado a funcionar casi dos años antes en la propia central telefónica de Santiago. Carlos Amat, dirigente del Sindicato de los Telefonistas, vinculado al M-26, puso en marcha la operación. Durante la ofensiva, la operadora Rosita Casán[14] se filtraba en las comunicaciones de los jefes militares para conectarlas directamente con la escucha.

Entre bastidores, la estratagema de Batista se denominaba Plan FF (Fin de Fidel). Consistía en dividir la zona donde se encontraban las columnas rebeldes, con el propósito de escindirlas y embestir contra la columna 1. Para cumplir el objetivo de cercar a Fidel, los efectivos regulares partían de cuatro flancos: un contingente mayor, a las órdenes del general Eulogio Cantillo, el comandante de la División del Oeste, salió de Estrada Palma para seguir por Vegas de Jibacoa y Minas del Frío; otro grupo, al mando del teniente coronel Sánchez Mosquera, salió de Minas de Bueycito para pasar por La Mesa, desviarse por El Descanso (Minas del Frío), Berraco y Cacao, hasta llegar a Santo Domingo; el tercero iría por el río Palma Mocha, con tropas al mando del comandante José Quevedo, rumbo a La Plata; el cuarto, por Las Mercedes, en dirección al mismo núcleo.

La primera semana de julio tuvieron lugar dos combates, uno en el río La Plata y otro en Meriño; del 11 al 21 se libró la batalla de El Jigüe. A las 5.45 se dispararon los primeros tiros de una escaramuza de los rebeldes contra soldados del batallón 18 de infantería, que acampaba a unos 7 kilómetros de la costa sur y a unos 10 kilómetros al oeste del pico Turquino (en un punto llamado El Jigüe). Transcurridos 15 minutos cesaron el ataque y se retiraron, mientras otras unidades rebeldes ocupaban puntos estratégicos alrededor del batallón, con órdenes de no disparar. Durante la mañana dos pelotones de soldados partieron en dirección a la playa conduciendo heridos y mulas para cargar comida, pero sufrieron una emboscada que los obligó a retroceder.

El silencio entre los contendientes se prolongó 72 horas. Solo la tarde del 14 de julio, una compañía avanzó por el mismo trayecto, ocasionando un nuevo combate hasta la noche; era evidente que el batallón estaba cercado y sin alimentos. El enfrentamiento habría de concluir en los días siguientes, cuando apareció un avión disparando y lanzando bombas de napalm. El 17 por la mañana partió de la costa una compañía de infantería que fue rechazada en parte. Pero la fuerza aérea continuaba atacando, así como las tropas apostadas en la desembocadura del río La Plata. El 19 avanzó otra compañía, desde la playa. Fueron 24 horas de fuego ininterrumpido, pero los rebeldes consiguieron hacer retroceder los refuerzos. El batallón 18 permanecía sitiado desde hacía 9 días, con 50 rebeldes a unas decenas de metros de sus trincheras; también les habían cortado el agua.[15] Aquel mismo día, Fidel preparaba una carta al comandante Quevedo, que haría entregar por uno de los soldados a los que había hecho prisioneros, con una propuesta de rendición:

> Comandante Quevedo… 23 horas. Si usted no fuera el caballero que es… el jefe querido de sus soldados por el trato que les ha dado, si no fuera un militar de sentimientos, forzado por amargas circunstancias a guiar una campaña contra la razón, el derecho y la justicia, […] no me dolería verlo perecer de hambre y de ráfagas de ametralladora, con todos sus soldados. […] Pero mi conciencia de hombre honrado, mi sensibilidad humana con relación a otros hombres en la adversidad, me imponen al menos la obligación de hacer algo por esos hombres que allí están, la mayor parte engañados. […] ¿Sabe usted que las tropas están agotadas y los detenidos por deserción en la Jefatura de Operaciones suman centenas, cuyo deplorable estado de ánimo no podría vencer nuestra resistencia tenaz y decidida? ¿No cree

usted que el honor militar exigiría, ante todo, que el Ejército de la República y sus oficiales de Academia jamás hubieran sido puestos al servicio del crimen y del robo? [...][16]

El día 20, el líder rebelde dio la orden de suspender el fuego y el amplificador de Radio Rebelde informaba al enemigo de la situación real. Quevedo mantenía aún el control sobre la tropa debilitada y se negaba a rendirse, en un intento de ganar tiempo.[17] A pesar de hallarse arrinconado en plena montaña, resistía sin capitular, y los soldados respetaban su decisión. En cuanto a Fidel, aguardaba también. La madrugada del 21, el batallón aceptó entregarse. El Ejército Rebelde se apoderó de 91 fusiles Springfield, 46 metralletas Cristóbal, 15 Garand, 4 fusiles ametralladores, 2 de trípode, 15 bazucas con 60 proyectiles, un mortero 81 con 60 obuses, un mortero de 60 con 80 obuses, 35.000 balas y 126 granadas.

Procedente de Ginebra, Pierre Jacquier, el delegado de la Cruz Roja Internacional, fue a recibir en Vegas de Jibacoa, en la sierra, a los soldados heridos y el total de los prisioneros en los últimos combates. El mes anterior, la institución había recibido un cablegrama en que Fidel solicitaba su intervención para entregar el contingente que mantenía en su poder. Batista se opuso pero, ante la insistencia de la Cruz Roja, Radio Rebelde recibió el mensaje de confirmación. Los días 23 y 24 de julio, decidida una tregua, se entregaron 254 soldados, entre ellos 57 heridos. Fidel había decidido que solo el comandante Quevedo debería permanecer como prisionero de guerra.

DEMASIADO TARDE PARA CAZAR EL OSO

Ante las dificultades a las que se enfrentaba, Batista trató de «fabricar» un enfrentamiento entre el Segundo Frente, del comandante Raúl Castro, asentado en la sierra Cristal, en el extremo sur oriental,[1] y los estadounidenses de la base de Guantánamo, situada en un territorio «liberado». Retiró la custodia militar del acueducto de Yateritas, que abastecía toda la región, y el 28 de julio lo ocupó un destacamento de *marines*.

El Departamento de Estado, al enterarse de lo ocurrido, propuso que la zona se considerara neutral, lo que fue aceptado por Batista pero rechazado con vehemencia por Fidel, que por Radio Rebelde declaró: «[...] La presencia de fuerzas norteamericanas en este punto es ilegal. Será considerada una provocación consciente y deliberada... y un caso evidente de invasión del territorio nacional... El Ejército Rebelde... actuará serenamente, sin precipitación...».

Todavía en junio, en plena «ofensiva de verano», el Segundo Frente era bombardeado sin cesar por la fuerza aérea cubana. En vista de la presión, Raúl resolvió secuestrar a 49 estadounidenses —ingenieros de una fábrica de tratamiento de níquel y marineros que regresaban en autobús a la base—, con el fin de obligar a Batista a suspender el ataque y catalizar la atención de la opinión pública. Ante la clara disposición a negociar del cónsul estadounidense en Santiago, Fidel ordenó que los retenidos fueran puestos en libertad, a fin de aplacar el conflicto con el gobierno de Estados Unidos. Los bombardeos fueron suspendi-

dos. En Caracas, Luis Buch, como representante del Movimiento 26 de Julio, iniciaba negociaciones con Bill Patterson, de la
embajada estadounidense, cuya conclusión sería la retirada de los
marines y la entrega de la administración del acueducto al Ejército Rebelde.

Captando el mensaje del secuestro, y ante las derrotas del
régimen cubano, la administración Eisenhower se dio cuenta de
la necesidad de establecer una proyección política sobre la isla
vecina. En 1958 las inversiones estadounidenses en Cuba superaban la cifra de mil millones de dólares, que comprendían el
40 por ciento de la producción azucarera, dos de las tres refinerías
del país, el 50 por ciento de las reservas minerales (níquel y cobalto, en particular) y de los ferrocarriles, además del 90 por ciento de los servicios públicos y de los principales ramos de producción y comercio internos: textiles, bebidas, alimento en general
y productos de higiene. Los bancos estadounidenses controlaban
el grueso de las finanzas, mientras que la mafia de ese país cosechaba los abultados réditos de los negocios de turismo. Ya fuera
por el dominio económico, por la obsesión con la penetración
comunista o por el deber de actuar como la «superintendencia
de América Latina»,[2] Estados Unidos estaba atado a Cuba con
numerosos hilos. Mientras que el embajador Earl Smith y sus
colaboradores creían en el desempeño de Batista, otras personalidades y autoridades predecían su próximo aniquilamiento. El
inspector general de la CIA[3] fue enviado a La Habana, donde un
superagente[4] le comentó que el gobierno de Estados Unidos
debía desligarse del dictador cuanto antes e insistió en un esquema de intermediación de, por ejemplo, el ex presidente Carlos
Prío (recientemente detenido en Estados Unidos bajo una nueva acusación de violar las leyes de neutralidad por organizar conspiraciones). En el plano interno, en efecto, el apoyo indiscutido
a Batista iba reduciéndose a las oligarquías y a los elementos de
clase baja que componían su ejército.[5]

En Caracas proseguía el contacto entre Luis Buch y el embajador Patterson, que le avisó de la llegada de Lyman Kirkpatrick, proveniente de Cuba. El tenor de la conversación fue re-
latado a Fidel en dos informes cifrados, del 18 de agosto y el

12 de septiembre.[6] Por su parte, Buch había asegurado que, al instalarse, el gobierno provisional coordinado por el M-26 «mantendría el orden y la propiedad» y proyectaba ir a «elecciones libres para todos los cargos públicos». Sobre la perspectiva de un golpe militar en Cuba, el gobierno estadounidense mencionó a los generales Martín Díaz Tamayo y Eulogio Cantillo, y estimaba que la junta que se formara tendría que entregar el poder a los revolucionarios en 48 o 72 horas.[7] Las instancias de poder estadounidense, en particular las áreas de información e inteligencia, se hallaban divididas en cuanto a una intervención directa en Cuba y mostraban preferencia por actuar mediante mecanismos «encubiertos». En Estados Unidos, José Llanusa, el secretario de Organización del M-26, seguía de cerca las gestiones del Departamento de Estado para influir en el proceso y, en especial, en su grupo. De todos modos, era tarde para detener a Fidel, tanto en su faceta militar como en la política.

En una breve tregua entre los últimos enfrentamientos de importancia —la segunda batalla de Santo Domingo y en Las Vegas de Jibacoa—, Fidel habló por Radio Rebelde en conmemoración de la fecha del 26 de julio e hizo hincapié en el espíritu que le había animado en el Moncada: «[...] El dilema que se muestra al ejército es claro: o da un paso al frente, desprendiéndose de ese cadáver que es el régimen de Batista... o se suicida como institución. [...] Más de 200 oficiales participaron en la última ofensiva y no pueden olvidar el desastre. [...] Libertad o muerte...».

El desmoronamiento de la ofensiva se completaría el 6 de agosto, en el mismo lugar donde había comenzado, en la batalla de Las Mercedes. Siempre por Radio Rebelde, el líder del M-26 afirmó: «[...] Hoy vuelvo a hablar al pueblo, desde esta emisora que no dejó de salir al aire ni en días en que morteros y bombas estallaban a su alrededor. [...] El Ejército Rebelde, después de 76 días de lucha incesante contra el Frente 1, treinta combates y seis batallas de envergadura, rechazó por completo y destruyó virtualmente la flor y nata de las fuerzas de la tiranía [...]».[8]

Conjugando métodos de guerrilla y de lucha regular, en poco más de dos meses Fidel había obtenido lo que denominó, en jerga militar, «productividad combativa»:[9] el saldo de muertos entre los rebeldes fue de 25,[10] más 50 heridos, algunos de los cuales fallecerían en los días siguientes, mientras que el total de bajas de soldados en combates fue de 231 muertos y 422 prisioneros (gran parte heridos). De estos, 169 componían el segundo grupo entregado a la Cruz Roja Internacional. Los armamentos tomados superaban la cantidad de 500 piezas, más equipamientos como mochilas, redes, botas, medicamentos, seis radios de campo Minipak y 14 PRC-10. Terminada la ofensiva, aumentaría a 800 la cantidad de combatientes del Frente 1.

En el ámbito político, después de un intercambio de discretos mensajes entre el ex senador Manuel Antonio de Varona (líder de una facción de auténticos) y Fidel, este decidió redactar un documento unificador. El 20 de julio se formalizaba en Venezuela el Pacto de Caracas —una resurrección del Pacto de Miami, pero con la firma de Fidel por el M-26—, en favor de la recuperación democrática mediante la insurrección armada y popular; confirmaba, además, al doctor Manuel Urrutia como futuro presidente.[11]

Solo se abstuvo de firmar el Partido Socialista Popular (PSP), aunque no esperaba frutos de las promesas electorales de Batista. Sin embargo, las facciones que deseaban un nuevo régimen sin Fidel se hallaban, extraoficialmente, muy bien representadas en el acuerdo.[12]

Ante la expectativa de una nueva serie de combates, Fidel analizaba teorías sobre la guerra prolongada[13] en conversaciones con sus oficiales en La Plata; preveía que su lucha podía durar hasta un día lejano e incierto, cuando el dictador estuviera totalmente derrotado o cayera muerto el último rebelde. Fue con ese ánimo como se decidió a lanzar una contraofensiva.[14]

Con 900 hombres, redimensionó las columnas existentes y compuso nuevas; envió la de Almeida a operar en las inmediaciones de Santiago de Cuba y a formar el Tercer Frente Oriental. Las demás se dirigieron al norte oriental y al centro del país. Las columnas del Che Guevara, con 140 hombres, y Camilo Cienfuegos, con 90, saldrían también camino al occidente, cruzando planicies consideradas de máximo riesgo. Comenta Fidel:

«Camilo se desempeñaba mejor con una tropa más leve. El Che tenía tendencia a sobrecargarse…».

Para el mismo momento, delegados del M-26 preparaban dos expediciones de pertrechos de guerra en Estados Unidos. La primera solo causó frustración, ya que el avión, un Beechcraft, acabó aterrizando en la base de Guantánamo. Otro cargamento partió de una pista abandonada de Fort Lauderdale, utilizada por aprendices de pilotos, y llegó el 29 de agosto. La fuerza aérea de Batista, que había interceptado la información, consiguió localizar y destruir la aeronave. Por suerte, ya se habían desembarcado 30.000 proyectiles 30,06 y algunos fusiles M-1, que completarían el equipamiento necesario para la columna del Che.

Ya en esa época se intensificaba la presencia de militantes comunistas en el Ejército Rebelde.[15] El partido había decidido coordinarse con Fidel, de forma reservada, y delegó la tarea a Carlos Rafael Rodríguez. En la sierra, Fidel resolvió mantenerlo alejado de la sede (La Plata) y lo instaló en un campamento en Las Vegas, a unos dos kilómetros, para evitar choques con representantes de una tendencia anticomunista. Siempre aplicaba la prudencia en estos asuntos; prefería el silencio a entrar en acaloradas discusiones sobre el comunismo y la URSS.[16]

El 31 de agosto, Fidel despidió a las tropas del Che y Camilo. Distribuyó los grupos y revisó los armamentos. Camilo tenía la misión de seguir hasta el extremo oeste, Pinar del Río; Guevara debería permanecer en la región central el tiempo suficiente para integrar las unidades guerrilleras que allí operaban y extender la invasión a occidente, repitiendo el modelo de la guerra de la Independencia. Con esos contingentes Fidel completaba el desplazamiento de 553 hombres. Radio Rebelde anunció la marcha y el ejército movilizó a centenares de soldados, que fueron enviados en diversas direcciones. Aun así, el 15 de septiembre los rebeldes consiguieron llegar a los límites de Camagüey, tras haber cruzado ya más de 200 kilómetros y vencido varios cercos de tropas. Días después la columna 11, encargada de actuar en esa provincia, fue diezmada en una emboscada.[17]

Mientras tanto, imperaba la división en la sierra de Escambray. El mando máximo del Directorio Revolucionario (DR), al interceptar cartas de Menoyo a Prío que revelaban la vinculación entre ambos, lo había expulsado de la organización.[18] El contingente leal al DR pasó a llamarse Frente de Escambray y del Directorio Revolucionario,[19] mientras que Menoyo permanecía como jefe del Segundo Frente de Escambray. Según sus propias palabras, a partir de entonces estaba «abierto a cualquiera, pues era un frente exclusivamente de liberación».[20]

En la Sierra Maestra, toda la extensión que abarcaba las victorias del Primer Frente en la última campaña se declaraba territorio libre (o liberado), bajo la custodia del Ejército Rebelde. Fidel sugirió: «Faustino: Administración Civil del Territorio Libre (ACTL). Así se me ocurre que debe llamarse tu departamento. ¿Qué te parece redactar ya un acta para comenzar?».[21]

El administrador comenzó de inmediato a trabajar. El cobro y el control del pago de impuestos de los ingenios azucareros[22] y de los grandes propietarios de la región[23] serían dos de sus principales atribuciones, que también se aplicarían a los territorios del segundo y el tercer frentes, así como a las demás áreas que, según se esperaba, serían liberadas por el Che Guevara y Camilo Cienfuegos. Se estableció asimismo una tasa única y nacional que se cobraría a los bancos instalados en el país y que valdría para pagos y depósitos en cuentas del M-26 en México, Venezuela y Estados Unidos, como sucedía con las donaciones.

Para la bolsa de valores se fijó una contribución global de un millón de pesos (dólares), que se cobraría «antes del 30 de septiembre». Fidel exigió con insistencia que comandantes y jefes de columnas enviaran mensualmente un balance de sus ingresos y gastos al tesorero general, Raúl Chibás, que se encontraba en La Plata. Buena parte de los fondos líquidos finales, descontados los costes generales de supervivencia y manutención, se destinaba a la compra de equipamientos de guerra. Todo gasto que no se justificara ni se declarara era considerado un delito de malversación de fondos.

Entraron en vigor un Reglamento de Abastecimiento, con una tabla de precios para productos de primera necesidad vendidos en el comercio local, otro sobre el Aprovechamiento de las Tierras del Estado, un Registro Civil, un Código Civil y un

Código Penal. «Se faculta a los capitanes [...] a que constituyan tribunales de guerra en sus zonas de operaciones, para que juzguen los delitos que se puedan cometer y apliquen las penas del Código Penal Rebelde...»[24]

Para la seguridad del territorio se designó una división de información y contrainteligencia. Con la finalidad de formular y dirimir las cuestiones de índole jurídica, Fidel eligió un cuerpo de inspectores y auditores. A mediados de octubre la ACTL ya había organizado a los campesinos en asociaciones, controlaba escuelas y centros de salud. El 10 de ese mes, Fidel firmó la Ley Agraria de la Sierra,[25] que no era más que un esbozo de la reforma agraria: expropiación y división de grandes propiedades a razón de dos caballerías por familia de productor[26] —a estos el Ejército Rebelde les entregaría un documento de propiedad— y asentamiento de campesinos en tierras patrimoniales del Estado; esta ley solo pudo aplicarse de forma parcial.

Eran pocos los momentos de intimidad en la vida de Fidel, o aquellos en que podía dedicarse a la lectura o sumirse en sus pensamientos. La mayor parte del tiempo le acompañaba una escolta, pues las tropas de Batista tenían la misión permanente de cazarle, además de tratar de mantener alguna posición táctica ante los incontables guerrilleros que ahora abundaban por todas partes. Por aquellos días el comandante ordenó el establecimiento de un frente en Pinar del Río, en la sierra de los Órganos,[27] con milicias que actuaban en la región, con lo que obligaba al régimen a movilizar tropas en su extremo opuesto.

Cuando conseguía, al fin, un pretexto para alejarse y caminar un poco —era un andariego compulsivo—, Fidel lo aprovechaba. Era entonces cuando pensaba en su hijo, Fidelito, que se encontraba con la madre, Mirta, en Estados Unidos, así como algunas de sus hermanas. Dormía poco, a veces cuatro o cinco horas por noche. La entrada en su recinto privado, la casa del comando, se permitía solo a un reducido círculo, normalmente en momentos en que despachaba su extensa correspondencia personal, órdenes militares y notas para leer por Radio Rebelde; su ayudante, el capitán Llibre, desempeñaba el papel de mecanógrafo.[28]

En septiembre ganaría para su ejército al comandante mayor Quevedo, su especial prisionero de guerra. El oficial había preferido permanecer con los rebeldes antes que ser liberado, después de que Fidel le comunicara el resultado de un sondeo que había mandado hacer entre ciertas fuentes militares: en la cúpula del ejército se estaba considerando la ejecución del mayor, considerado traidor. Para Fidel era válido utilizar finos ardides a fin de alcanzar un objetivo al que apuntaba desde hacía años: desestabilizar el régimen a través de las fuerzas armadas. A Quevedo y al teniente Laferté (capturado por Raúl en una de las emboscadas en Pino del Agua) les propondría que asumieran la tarea —aunque sin necesidad de dirigir ni integrar una columna— de establecer contactos con los oficiales que desearan, con la finalidad de tratar de convencerlos de que se unieran y formaran en el futuro, si la guerra se prolongaba, unidades que reunieran militares y combatientes del Ejército Rebelde. Además, Fidel no esperaba un fin de la lucha cercano e incluso ya preveía su propia vuelta al campo de batalla.

En efecto, el 27 de septiembre regresó a la región de Las Mercedes para atacar una guarnición del ejército en Cerro Pelado. La acción reunió la tropa del capitán Lalo Sardiñas y el pelotón de Las Marianas,[29] exclusivamente femenino, que hacía su bautismo de fuego. Ante la exigencia de las mujeres de participar en los combates, Fidel había accedido, y él mismo las entrenó con fusiles M-1, a pesar de la reprobación de la mayoría de los hombres.

Después del enfrentamiento Fidel propuso al ejército el intercambio de prisioneros por algunos oficiales militares detenidos por conspiración en el presidio de la isla de Pinos —como el coronel Carrasco, capturado por el Ejército Rebelde, a cambio de Enrique Borbonet—, pero no recibió respuesta. De regreso en La Plata, envió un mensaje a Sergio Montané (padre de Jesús Montané, detenido en el presidio) para proponerle la organización de un frente en la región de la isla de Pinos, a fin de presionar a las autoridades locales en pos de la liberación de los presos políticos. Envió a la comisión allí formada una suma de 5.000 pesos como ayuda y aconsejó elegir «el responsable de la tesorería para hacer la correcta distribución».[30]

El 10 de octubre comunicaba a Raúl Castro, mediante un mensaje cifrado, su decisión de crear el IV Frente Oriental: «Carlos Iglesias (Nicaragua) deberá ocupar municipios. Principal objetivo: fustigar y tratar, poco a poco, de hacer imposible el tránsito en la carretera Holguín-Banes… Pienso nombrar a [Delio Gómez] Ochoa jefe de la columna que opera ya en Las Tunas, Puerto Padre, Holguín, Gíbara. Mandar mañana mismo a Nicaragua algún refuerzo rápido de balas y fusiles…».

El 14 respondió a Camilo Cienfuegos, inmediatamente después de enterarse de que al fin había pasado el límite de la provincia de Las Villas, tras un penoso recorrido burlando cercos y emboscadas. Camilo le había comunicado el éxito en el contacto con el núcleo guerrillero creado por los comunistas al norte de la provincia, al mando de un líder campesino.[31] Por Radio Rebelde, Fidel informaba:

> Las columnas rebeldes avanzarán en todas las direcciones sobre el resto del territorio nacional, sin que nada ni nadie pueda detenerlas. Si un jefe cae, otro lo sustituirá. Si un hombre muere, otro ocupará su puesto. El pueblo de Cuba debe prepararse para auxiliar a nuestros combatientes. Cualquier pueblo o zona de Cuba podrá convertirse, en los próximos meses, en campo de batalla. La población civil debe estar lista para soportar valerosamente las privaciones de la guerra.

Fidel partió de La Plata el 12 de noviembre, al mando de 230 hombres con armas pesadas, con destino a Buey Arriba y Guisa, para acelerar la ofensiva en torno de la ciudad de Santiago de Cuba, la capital oriental. Tomó el cuartel de Minas de Bueycito y el 20 de noviembre llegó a los alrededores de Guisa, población próxima a la carretera principal que cruzaba el país. Allí se encontraría con el frente de Almeida, que había mandado buscar.

A la una de la tarde voló con cargas de dinamita el viejo puente de acceso al pueblo, para impedir la llegada de tanques cuando se realizara el cerco. Pronto las tropas de refuerzo comenzaron a caer en las emboscadas tendidas por la carretera. Fidel, con su M-2 al hombro, tomó posición junto a una arboleda.

Cuando se dejó ver parecía un oso salido de la hibernación, captando con ojos de lince el escenario de la guerra de un solo vistazo.

El ejército se aproximaba; una avioneta, un caza y dos B-26 comenzaban a ametrallar la zona. Sin embargo, por la tarde las minas instaladas ya habían destruido un tanque y un camión con veinte soldados, y las tropas rebeldes rechazaban los refuerzos que llegaban de Bayamo.

Fidel decidió instalar un campamento en un buen refugio contra bombardeos, donde recibió la visita de un grupo de la Asociación de Ganaderos que le entregó dos millones de pesos de impuestos cobrados por la ACTL. El amanecer del día 25 se enteró de que un batallón de infantería, precedido por dos T-17, avanzaba por la carretera en un convoy de catorce camiones. Los rebeldes abrieron fuego, lo que dio inicio a uno de los enfrentamientos más violentos de toda la campaña. Sitiaron el cuartel de Guisa y el batallón de refuerzo. Al lado de un tanque derribado levantaron una valla en la carretera, para bloquear el paso. En las primeras horas del 26 se aproximaron otros dos batallones con dos tanques, pero antes del anochecer los blindados y la infantería iniciaban una retirada general. Tres días después el bombardeo por aire continuaba, cuando Fidel, en uno de los tanques capturados, entró en el cuartel municipal. Muerieron doscientos soldados y apenas ocho rebeldes, después de la batalla de Guisa, el primero de los tres grandes enfrentamientos decisivos, se abría la posibilidad de tomar Santiago, capital del oriente.

MILITARES, ¿PARA QUÉ?

La última fase de la guerra se caracterizaría por una sucesión de acciones y conspiraciones. A finales de octubre de 1958, en plena concentración para la batalla de Guisa, Fidel había convocado, por medio de mensajes cifrados, a diversos miembros de la oposición exiliados a reunirse en La Plata. Aun sospechando que el conflicto duraría un largo tiempo todavía, reconocía la necesidad de prepararse para su posible término. Para el encuentro preveía, en lo inmediato, marcar una posición refractaria a las elecciones que pronto se celebrarían en Cuba.[1] Sin embargo, en la fecha prevista para el despegue del avión que debía transportar al grupo desde Miami, la red serrana de informantes detectó la presencia de policías cubanos en una cabaña muy próxima a la pista donde había de aterrizar. Para Fidel era la señal de espionaje infiltrado en el Movimiento 26 de Julio, lo que bastó para que enviara un comunicado urgente a Haydée Santamaría a fin de ordenar la suspensión del vuelo.

Días después, en México, agentes federales capturaron, casi simultáneamente en diferentes lugares, el camión que conducía el arsenal con destino a la Sierra Maestra, la aeronave estacionada y a algunos responsables del plan, cuando se hallaban camino a la pista de aterrizaje. En consecuencia, no solo se abortaba el embarque vía México, sino que también se bloqueaba la salida de otro ya listo en Venezuela. Posteriormente Fidel confirmaría que el canal de información era Frank Sturgis, que hacía de copiloto de Díaz Lanz. Sturgis era el agente de la CIA que se había recomendado infiltrar en el «circuito» de la Sierra Maestra. Él y Díaz Lanz eran dos de los tres detenidos por la policía mexicana;[2] fueron liberados con rapidez, lo que sirvió para componer «técnicamente» la escena.

La circunstancia de que hubiera diversos frentes armados en el oriente y en el centro del país —uno de los cuales estaba articulado con la CIA—, en dos escenarios de enfrentamiento con el régimen, todavía nutría la polarización y las recíprocas desconfianzas. En Las Villas y en Escambray valía la regla de todos contra todos. El 26 de octubre, para poder avanzar en el control de la parte norte regional, Camilo dispuso, por orden militar, que los militantes del M-26 se subordinaran a un mando único, el del capitán William Gálvez, y que «cualquier otra fuerza, sin importar su ideología», en lucha contra la dictadura debía «aceptar el mando de la columna invasora». Pronto pudo crear una columna mixta, que integraba la del Partido Socialista Popular (PSP)[3] y la del M-26, que se separaba así de la alianza con el grupo de Gutiérrez Menoyo.

En cuanto al Che Guevara, que penetraba en la sierra de Escambray, el panorama le exigiría igual o más acrobacia política, tal como le alertaba Fidel por carta. Al proponer un pacto de acción al mando del Directorio Revolucionario (DR), recibió una respuesta positiva, «siempre que el acuerdo no incluyera a Menoyo».[4] Sin embargo, cuando se puso en contacto con la dirección provincial del M-26, esta rechazó cualquier acuerdo con el PSP. Durante los días siguientes pudo comprobar, por un lado, la imposibilidad de acercarse a Menoyo, por la naturaleza y la hostilidad del propio grupo; por otro, buscó el medio de introducir en el pacto al PSP sin avivar conflictos. El Che propuso que el partido se adhiriera más adelante, por carta, al pacto que en aquel momento incluiría solamente al M-26-7 y el Frente del Directorio.

Por su parte, Faure Chomón había llegado a la conclusión de que Menoyo, atendiendo a objetivos personales y de Carlos Prío, había planeado controlar las provincias centrales y avanzar a La Habana, contando con que el alcance del ejército de Fidel se restringiría al oriente, hipótesis que quedó anulada con la llegada de Camilo y el Che. Con el denominado Pacto de Pedreiro, el 1 de diciembre, resultaría posible emprender una acción consistente contra las fuerzas de Batista y «marginar el Frente de Escambray»,[5] donde, con razón, Guevara veía articulaciones subterráneas.

El 2 de diciembre, Fidel estableció un campamento en La Rinconada, cerca de Baire, al noroeste de Santiago. El 7 llegó allí el doctor Manuel Urrutia, designado futuro presidente de Cuba por las organizaciones firmantes del Pacto de Caracas, proveniente de esta capital, como principal pasajero de una expedición que llevaba un copioso cargamento.[6] En Venezuela se había realizado una campaña en la que se habían recaudado 261.000 bolívares y el doctor Urrutia había sido recibido por el presidente provisional venezolano, Larrazábal —candidato a las elecciones que se decidirían la semana siguiente—, en calidad de futuro mandatario cubano.

Con vistas a recoger las demandas que debería atender el futuro gobierno, en esa misma semana se realizó en el Segundo Frente, de Raúl Castro, un congreso obrero con cien delegados, convocado por el Frente Obrero Nacional Unido (FONU),[7] que desautorizó a la Central de los Trabajadores de Cuba (CTC) y la Federación Nacional de Trabajadores Azucareros (FNTA) por su servilismo hacia el Estado.

Se abría el camino hacia Santiago. El 9 de diciembre, Fidel acometió contra tropas del gobierno en el oeste y noroeste de la ciudad. A continuación avanzó por el monte hasta el puesto de guardia del ingenio América; una vez tomado, se concentró allí para estudiar la región. Fue en ese lugar donde recibió la noticia de la derrota de Larrazábal en las elecciones para la presidencia de Venezuela.

Al día siguiente comenzó la batalla de Maffo, el penúltimo de los enfrentamientos decisivos. Entretanto el Segundo Frente cercaba y atacaba al ejército en varios puntos, confluyendo hacia el mismo objetivo, la capital oriental. Se sellaba la articulación de los tres frentes orientales, al mando de Fidel. El 14 de diciembre, el embajador Earl Smith comunicaba a Batista que su gobierno estaba retirando el apoyo que le prestaba, y dos días después le propuso que abandonara el poder y lo entregara a una junta militar.

El comandante de la División del Este, general Eulogio Cantillo, trataba desde hacía un tiempo de concertar una reunión con Fidel, por intermedio de un jesuita, el padre Guzmán. Otros altos oficiales militares, como el coronel Alberto del Río Chaviano y el coronel Rosell Levya, que recientemente habían asistido a encuentros con autoridades en Washington, también entraron en el circuito pidiendo un encuentro con la dirección provincial.[8] En la reunión, que tuvo lugar el día 21 por la tarde —con la presencia de parte de la dirección provincial del M-26—, el coronel Rosell Levya expuso planes que debían discutirse con Fidel.

> Alejandro, […] X propuso enviar tropas a Oriente, Camagüey y Las Villas, con todas las armas a favor de los rebeldes y, conjuntamente, invadir las provincias occidentales. Punto. Establecimiento junta cívico-militar integrada por Cantillo o por otro militar que podría elegirse entre Barquín, Borbonet o Varela, y tres civiles que serían Urrutia y dos más elegidos por ti. Punto. Pondrían aviones con efectivos suficientes para dejar en libertad a militares presos y civiles que tú indiques. Punto. Entregarían a todos los responsables del 10 de marzo, incluso Batista. Punto. […] Exigen que minemos dos puentes que unen Matanzas con Las Villas. Punto. Quieren entrevista contigo o con Guevara dentro de 24 horas. Punto. Nosotros nos limitamos a escuchar. Diego, comandante.[9]

La respuesta fue: «Rechazadas condiciones. Punto. Estoy dispuesto a la conferencia con Rosell y Cantillo…».[10] A continuación Rosell Levya, el coronel Chaviano y otro hombre, Delfín Campañat,[11] se encontraron con los dirigentes en Las Villas y preguntaron si sería posible obtener una tregua del comandante Guevara, la cual les fue negada. Al mismo tiempo, el general Cantillo recibía la confirmación para su próximo encuentro con Fidel.

La mañana del 24 de diciembre, víspera de Navidad, recién tomado el cuartel de La Maya, en Palma Soriano, Fidel apareció por sorpresa en Birán. Hacía cuatro años que no veía a su madre. Lina salió a abrazarle, trémula e incrédula. Fidel estaba radiante, como el niño que en otro tiempo llegaba a la hacienda a pasar las vacaciones.

«Ven pronto, que Titín está aquí…», dijo Lina a Ramón por teléfono. Fidel fue a la cocina, cogió a Enrique por el brazo, como es su costumbre cuando quiere ser incisivo, y le dijo: «Somos 30 hambrientos. Haz bistecs, huevos fritos y bananas cocidas». La prima Ana Rosa y la tía Belita ayudaron en la preparación «y todos desayunaron como si fuera el almuerzo». Después caminaron hasta el naranjal, donde el comandante invitó a la tropa a comer naranjas. A Ramón, que ya había llegado, le dijo de modo confidencial: «Esta será la primera propiedad que pasará a manos del Estado…».

De Birán, Fidel fue directo a concluir la toma de Santiago de Cuba y comenzó a preparar el cerco. El día 27, el actor Errol Flynn, de visita en Cuba, quiso saludarle en el ingenio América, próximo a la ciudad, pero se encontró con que el comandante no tenía tiempo siquiera para practicar su precario inglés.

Confirmado el encuentro con el general Cantillo, este llegó a las ocho de la mañana del 28 de diciembre, en helicóptero, al ingenio Oriente, un lugar abandonado cercano a Palma Soriano. Raúl Castro, Vilma Espín, Raúl Chibás, el mayor Quevedo y el padre Guzmán acompañaban a Fidel. Ya en la primera media hora «el general admitió que ellos habían perdido la guerra y yo le sugerí: "Vamos a buscar una salida elegante…"», contó el líder rebelde. Al fin Cantillo aceptó organizar un levantamiento militar en Santiago, en asociación con el Ejército Rebelde. Fidel estaba íntimamente convencido de que ese era el medio para impedir la inmediata instauración de una junta militar, como tal vez sucedería en La Habana, de acuerdo con lo que le había informado Buch de sus conversaciones con los estadounidenses en Caracas.

«Pusimos tres condiciones. Primera, no aceptábamos el golpe de Estado. Segunda, nos oponíamos a todo intento de salvar a Batista, y tercera, rechazábamos también cualquier acuerdo con la embajada norteamericana...», explicó Fidel.

Cantillo manifestó su intención de ir a La Habana antes de iniciar los preparativos para el levantamiento. Fidel le recomendó que no lo hiciera, a causa de los riesgos, pero Cantillo insistió en que sus contactos eran lo bastante fuertes para protegerle. «O él controla más de lo que dice, o quiere darnos un golpe», dedujo Fidel.

Entretanto, en el centro del país el Che Guevara dirigía la batalla de Santa Clara, en campaña acordada con el Directorio. Ya Camilo Cienfuegos concluía la batalla de Yaguajay. Las últimas localidades de la región caían en poder de los rebeldes el día 31, cuando Fidel recibió una nota del general Cantillo: «Variaron mucho las circunstancias, en un sentido favorable a una solución nacional... Recomiendo no hacer nada todavía y esperar los acontecimientos de la próxima semana, antes del día 6». Fidel respondió indignado: «Esto se aparta completamente de lo acordado... es ambiguo e incomprensible. Me ha hecho perder la confianza en la seriedad de los acuerdos...». Por un portador, el líder rebelde envió un mensaje al comandante militar en la ciudad: «... Si hay hostilidades a causa de acuerdos que no se cumplieron, nos veremos obligados a atacar Santiago [...] y no habrá otra solución que la rendición».

La mañana del 31 de diciembre, establecido en el ingenio América, Fidel comentó a un capitán que fue a desearle un feliz año nuevo: «De lo que estoy seguro es de que este año será de preocupaciones; más victorias, más responsabilidades...».[12] Se volvió hacia Manolo[13] y le preguntó: «¿Qué noticias hay?». El chaval respondió: «Desde ayer, rumores. Comentan que la familia de Batista se ha ido...».

Fidel se sumió en sus pensamientos, grave, tenso e inquieto, caminando de arriba abajo hasta la entrada de la casa, con la M-2 colgada al hombro y la gorra puesta. Llegó Celia con la correspondencia. El comandante se disponía a desayunar, lejos de las privaciones de la sierra; la señora de la casa[14] le había preparado café con leche y arroz con pollo. A las ocho se oyó cerca de allí el noticiario de Radio Progreso y corrieron a comunicarle la noticia: «El general Cantillo ha asumido el mando del ejército y nombrado un gobierno provisional con el magistrado del Tribunal Supremo, doctor Carlos M. Piedra…».

Fidel se puso en pie de inmediato. Se retorcía los pelos de la barba, tratando de contenerse, pero pronto exclamó: «¡Qué traición cobarde! ¡Hay que tomar Santiago ahora mismo! ¡Que busquen a René de los Santos, llamen a Calixto! ¡Que se presenten enseguida los capitanes de Santiago!». Otra persona llegaba con otra noticia: Batista y su familia habían abandonado Cuba.

Instrucciones del mando general a todos los jefes-comandantes del Ejército Rebelde y al pueblo: […] Cualesquiera sean las noticias procedentes de la capital, nuestras tropas no deben detenerse en ningún momento. Nuestras fuerzas deben proseguir sus operaciones contra el enemigo en todos los frentes de batalla. Acéptese solamente conceder su derecho a las guarniciones que quieran rendirse. Según parece se ha producido un golpe de Estado en la capital. Las condiciones en que ese golpe se produjo son ignoradas por el Ejército Rebelde. El pueblo debe estar muy alerta y atender solo las instrucciones de la comandancia general. La dictadura cayó como consecuencia de las enormes derrotas sufridas en las últimas semanas, pero eso no quiere decir que ya exista el triunfo de la revolución… Revolución sí, ¡golpe militar no! […]

[…] Después de siete años de lucha, la victoria democrática del pueblo tiene que ser absoluta, para que nunca más vuelva a producirse en nuestra Patria un 10 de marzo. ¡Que nadie se deje confundir o engañar! ¡Estar alerta es la palabra de orden! ¡El pueblo, y muy especialmente los trabajadores de toda la República, deben estar atentos a la Radio Rebelde y prepararse urgentemente en todos los centros de trabajo para la huelga general e iniciarla tan pronto como se reciba la orden, si fuera necesario para rechazar cualquier intento de golpe contrarrevolucionario. Más unidos y más firmes que nunca deben estar el pueblo y el Ejército Rebelde, para que no les arrebaten la victoria, que costó tanta sangre!…

El breve discurso fue transmitido por Radio Rebelde y repetido en cadena. Luego Fidel envió a Camilo y el Che instrucciones de que partieran de inmediato hacia La Habana, con el objetivo de tomar los puntos militares —el Che, la fortaleza de La Cabaña; Camilo, el cuartel central de Columbia, la sede del golpe—, llevando consigo «exclusivamente las fuerzas del M-26». El DR comunicó a Guevara que, por su parte, iría hacia la capital, haría de la Universidad de La Habana su trinchera y, de ser posible, tomaría las bases militares restantes. A la una de la tarde el embajador estadounidense, Earl Smith, y sus colaboradores se encontraron con el general Cantillo en Columbia. A continuación el general enviaría un destacamento al presidio de la isla de Pinos con la misión de traer al coronel Ramón Barquín, ex agregado militar en Estados Unidos, y a los demás militares presos por conspiración contra Batista, para que asumieran el mando de las fuerzas armadas, que a esas alturas estaban derrotadas y divididas. Con eso Cantillo aceptaba su incapacidad para controlar a los militares.

En la isla de Pinos, y en otras partes del país, las últimas noticias confundían, en lugar de aclarar la situación de los presos políticos en general. Ante la llegada de una tropa con la orden del general Cantillo de llevarse a Barquín y otros militares, los demás mostraron su descontento.[15] Con la resolución de Barquín de partir de cualquier manera, los demás se sublevaron. Se eligieron dos hombres[16] para acompañar al coronel y comunicar todo lo que estuviera aconteciendo en Columbia, con la mayor urgencia posible. Mientras tanto, el oficial José Ramón Fernández, nombrado jefe militar de la rebelión, dirigió la toma del presidio.

El cerco a Santiago de Cuba se cerraba. Ya era considerable, y creciente, la cantidad de soldados y oficiales que se integraban espontáneamente al Ejército Rebelde. Fidel invitaría a todos a entrar con él en Santiago, pues «de madrugada se celebraría allí la asunción de Manuel Urrutia como presidente». Durante la noche Fidel pronunció un discurso para una masa de elementos populares en el parque Céspedes y declaró a Santiago la capital provisional de la República.

De madrugada aterrizó en la pista del cuartel de Columbia un avión cargado de armas que llevaba al grupo de presos políticos. Se les había avisado que deberían partir hacia La Habana, pues «el ejército estaba derrotado». Conseguido el control del territorio por el Ejército Rebelde, horas después Armando Hart comunicaba a Barquín que Fidel había ordenado la entrega de Columbia al comandante Camilo Cienfuegos, a lo que el coronel accedió. Al mismo tiempo el oficial José Ramón Fernández se dirigía a la residencia de Cantillo para aprehenderle por traición. Ya rumbo a La Habana, Fidel sintió de repente un enorme vacío. «Si hubiera muerto, todos dirían que yo estaba equivocado», pensó.

QUINTA PARTE

EN LA MIRA DE UN FUSIL

Pronunciando el «Discurso de las palomas», junto a Camilo Cienfuegos
después de la entrada en La Habana, 1959

COMO ROBESPIERRE, DANTON Y MARAT

El dictador Batista había escapado a altas horas de la noche, de la misma forma subrepticia en que había conducido su golpe cinco años antes. Se desmoronaba el régimen dictatorial en Cuba, pero 1959 amanecía bajo una pesada incertidumbre. Un pasado resentido insinuaba algunos ajustes de cuentas.

Núcleos de exiliados, en distintas partes de las Américas, se apresuraban a regresar a su tierra. Centenares de los que podían disponer de un medio de transporte habían partido en las primeras horas y desembarcaban alborozados en La Habana o en Santiago. En Estados Unidos, José Llanusa y Haydée Santamaría, los principales coordinadores del Movimiento 26 de Julio (M-26 o M-26-7) en el exilio, también preparaban el retorno, aunque se encontraban todavía bajo intermitente presión, recién liberados de un nuevo interrogatorio policial en Florida. Haydée, que se ocupaba de la adquisición de armas, debía presentarse todas las semanas al FBI, sin poder alejarse del condado de Dade. Llanusa, que actuaba como interlocutor de conexiones delicadas, con elementos de la mafia y con el Departamento de Estado, era un deseado blanco de cooptación. Del último había recibido recientemente la propuesta del acuerdo entre el M-26 y un grupo de oficiales del ejército de Batista, para una pronta conclusión del conflicto bélico. Fidel, al mismo tiempo, había descubierto la confabulación centrada en la figura del general Cantillo.

En la capital cubana, una junta militar se apropió del Cuartel Central de Columbia, pero el palacio presidencial quedó vacío.

Ante el hecho, Rolando Cubela, el segundo jefe del Directorio Revolucionario (DR), decidió, por cuenta propia, ocuparlo con su tropa, en la tentativa de reescribir un final feliz para el fallido plan que había anulado a su organización en el frustrado asalto de marzo de 1957. Faure Chomón, el principal dirigente del DR, ocupó la Universidad de La Habana con sus hombres, convocó grupos para que resistieran al golpe y los destinó a la toma de las bases de San Ambrosio y San Antonio de Los Baños, en las cercanías de la ciudad, así como el palacio presidencial. Pronto sabría que allí se encontraba acuartelado su segundo, que aprovechó un emisario para enviarle un recado: el cuerpo diplomático iba en camino y era recomendable su presencia para recibirle. Una hora después, el decano del cuerpo, el embajador brasileño Vasco Leitão da Cunha, exponía a Chomón las tribulaciones del grupo de diplomáticos, que solicitaban garantías ante la contradictoria situación institucional. Se refería a la contingencia de una junta militar al mando del país, un Ejército Rebelde victorioso en la guerra y el singular aditamento de una tropa del Directorio establecida en el palacio. Chomón, apostado a la entrada del imponente edificio, respondió que la petición sería transmitida al alto mando de los rebeldes, aunque sin hacer comentarios sobre el inesperado acto de Cubela. Al instante siguiente recibía de un aliado la información de que el grupo asignado a la base militar de San Antonio se había insubordinado y se había apropiado de las armas.

En un sistema disgregado, también los elementos populares se organizaban: formaban milicias, entraban en las comisarías, en los edificios públicos y cogían armas; muchos exhibían, en la corriente de euforia, brazaletes con la sigla M-26-7... incluso soldados y policías del aparato oficial. Varios lugares pasaban al control de grupos del M-26-7, del Directorio y también del Segundo Frente de Escambray, y los trabajadores paralizaban las actividades, observando el llamamiento a la huelga lanzado por Fidel en Santiago. En ese complejo marco político, mientras algunos sectores planteaban sus reservas, otros trataban de defender posiciones, al ignorarse no solo el desenlace sino también las características del nuevo complot militar, así como las maniobras que acaso todavía podría realizar Fidel con su Ejército Rebelde.

La caravana que llevaba a Fidel acababa de cruzar el oriente, donde se habían rendido los últimos destacamentos. Mientras recorría el trecho final rumbo al centro de la República, analizaba la situación política sin omitir los riesgos. Examinaba las opciones en el caso de un enfrentamiento con la junta, aunque supiera que los necesarios apoyos internos o externos a los golpistas iban disipándose por entero. Confiaba además en el pleno éxito de la tarea que había encomendado al Che Guevara y Camilo Cienfuegos, cuyas columnas, que entraban en La Habana, debían tomar las sedes militares: la fortaleza de La Cabaña y el Columbia. Por cierto, no tardaron en desmantelar la conspiración, ya previamente desalentada por el embajador de Estados Unidos, Earl Smith. Solo se abstuvieron de entrar en el palacio presidencial, donde el comandante Rolando Cubela se mantenía sin dar señal de disponerse a abandonarlo, lo cual generaba desconfianza. El presidente aprobado por Fidel en Santiago, el juez Manuel Urrutia, que se había trasladado en avión a La Habana el día 5 por la mañana, acompañado por los ministros, fue obligado a abandonar la sede y establecerse en el Columbia. El 7, el nuevo gobierno era reconocido por Estados Unidos y a continuación por varios países de Europa y América Latina.

La Habana parecía inerte la mañana del día 8, a la espera de la llegada de Fidel en la «caravana de la victoria». Cerca del puerto, alrededor de la ensenada que le franquea el paso por mar, una multitud expectante se extendía por la avenida del Malecón.

Tres de la tarde. En medio de una grandiosa expectación, intensificada por el retraso, de pie en uno de los tanques ganados en la batalla de Santo Domingo, Fidel entraba en la ciudad como el último libertador, la síntesis de los héroes de la Independencia, el que completaba la obra que había quedado inconclusa. En un plano simbólico, conciliando lo político y lo militar, coronaba el sino de José Martí y de los generales Máximo Gómez y Antonio Maceo. Moviéndose febril como de costumbre, volvía el rostro enérgico de un lado a otro, mirando a las personas que se agolpaban, vibrantes, en las calles transversales, componiendo imágenes que revelaban una verdadera apoteosis. La mirada de Fidel las registraba como estampas inversas a las de la convulsa marea que había vivido en el Bogotazo diez años antes.

El vehículo que le llevaba frenó de repente. Fidel había divisado a su hijo, Fidelito, de la mano de su medio hermana Lidia, en la acera. Ansioso, había dado orden de detenerse. Se apresuró a apearse para abrazarle, estrecharle contra el pecho. Al cabo de casi tres años, Fidel se permitía estremecerse de emoción. Agarrado a Fidelito, montó allí mismo en un jeep y se dirigió con la escolta al palacio presidencial. Necesitaba saludar al presidente Urrutia, que al fin se había establecido allí el día anterior, tras el eficaz ultimátum telefónico de Camilo a Cubela. Después fue a la terraza norte del majestuoso edificio para dirigirse al pueblo, congregado en la avenida perpendicular al mar. En su mente, entrenada en la fatalidad, impregnada de honduras de la sierra, martillaba un tema: la delicada unidad en medio de las divisiones de los camaradas. Los últimos acontecimientos acentuaban su preocupación por superar la contingencia de los acuerdos y definir las alianzas de gobierno.

Creo que si hicimos un ejército con apenas doce hombres —dijo—, que jamás abandonaron a un herido ni golpearon a un prisionero, somos los que debemos mandar en las fuerzas de la República. [...] Tal vez algunos hayan encontrado un pretexto (por haber sido yo nombrado jefe) para decir que el nuestro era un «ejército político»... No. Sus puertas estarán abiertas a todos los combatientes revolucionarios. Nadie tiene derecho a tener ejércitos particulares. [...] Y les advierto desde ya que nada ni nadie podrá salvar a los criminales que asesinaron sin excepción ni piedad... En época de dictadura, la opinión pública no era nada, pero en época de libertad lo es todo. Los fusiles tienen que doblarse ante la opinión pública...

Miró a Camilo y preguntó: «¿Voy bien, Camilo?».[1] Este, de pie a su lado, respondió: «Sí, vas bien, Fidel». A continuación, en medio del discurso las palomas del parque de la esquina alzaron el vuelo y una se posó en su hombro, como afirmando la voluntad de armonía. Fidel la cogió un segundo y la soltó en el aire, en una escena que fascinó a la imaginación popular.

El numeroso público correspondía a cada frase o gesto de Fidel como seducido, con lo que se instauró un género de democracia directa, personal, rechazado en Occidente. Al estilo de un grande e informal orador, esbozando una retórica de reiteración de verbos y oraciones principales, Fidel salía de un punto, explicaba otro, divagaba sobre una cuestión y, cuando menos se esperaba, había vuelto al primero o al tercero, largo rato después:

> ¿Y para qué están almacenando armas clandestinamente en este momento? [...] Armas, ¿para qué? ¿Para combatir a quién? ¿Contra el gobierno revolucionario que tiene el apoyo popular? ¿Para luchar contra la Revolución? ¿Para chantajear al presidente de la República? ¿Para amenazar la paz? ¿Para que veamos abundar el gangsterismo y el tiroteo diarios? Armas, en fin, ¿para qué?
>
> [...] Pues yo les digo que hace dos días elementos de cierta organización entraron en el cuartel de San Antonio, que estaba bajo la jurisdicción de Camilo Cienfuegos y mía, como comandante en jefe de las fuerzas armadas, y se llevaron 500 armas y ametralladoras... [...] Si buscaban provocación, no faltaban fusiles, pero sí hombres del pueblo para seguirlos...[2]

Dos días después censuraba a Faure Chomón por haberse apoderado de las bases y armamentos,[3] como si emprendiera una disputa de poder. Los dos acabaron en un *tête-à-tête* cuyo contenido era hasta ahora confidencial. Chomón le explicó que, concluida la campaña en Las Villas, separados los grupos y con la capital bajo la amenaza de la junta militar, había resuelto definir objetivos. Asumió la responsabilidad por el acto de Cubelo, que había sido una insubordinación, solo para no estimular discordias. Fidel y Chomón llegaron a un entendimiento, aunque no se extendió de inmediato a las organizaciones que ambos comandaban, aun cuando los que permanecían en armas fueron deponiéndolas poco a poco.

El gabinete ministerial del presidente Urrutia[4] tendría un carácter provisional. Producto de una coalición de por sí vulnerable, procuraba representar el heterogéneo arco de los opositores de la dictadura, pero privilegiaba a algunos segmentos. Combinaba principalmente ortodoxos de perfil moderado, como

Roberto Agramonte y Raúl Chibás, y exponentes del M-26. Fidel recibió el cargo de «delegado general del presidente ante los organismos armados» e instaló su despacho-residencia en la vigésima planta del hotel La Habana Hilton, que contaba con un acceso exclusivo. Celia Sánchez sería su jefa de gabinete, ya que poseía un ojo clínico para distinguir entre los protegidos y los que merecían verdadera atención, además de una suficiente y rara ascendencia sobre Fidel. En las semanas siguientes, Celia dividiría sus tareas con Conchita Fernández —la ex secretaria del fallecido senador Eduardo Chibás—, convocada personalmente por Fidel.

La casa de Celia, que tomó el nombre de la calle en que se situaba, Calle 11, ocupaba dos de las tres plantas de un edificio común y habría de convertirse en constante punto de referencia para Fidel. Cuando llegaba allí, siempre inadvertido, el acceso a la calle era bloqueado.

En la nueva circunstancia de Fidel, de regreso en la ciudad para ocupar el centro del poder, las reglas de la clandestinidad, que desde hacía tantos años regían su existencia, no le abandonaron. Por el contrario, se diversificaban. Nunca se sabía con certeza dónde podía estar o hacia dónde se trasladaría. Se desplazaba a pie, en coche o avión, sin la menor preocupación por su propia seguridad.

También se había reservado un despacho en el cuartel de Columbia, donde en breve mantendría una conversación con el grupo de militares salidos del presidio de la isla de Pinos, muchos de los cuales habían formado parte de la conspiración de la junta militar, como el coronel Barquín. Después de la reunión algunos fueron destituidos de sus cargos, mientras que otros se marcharon definitivamente del país, con excepción del oficial José Ramón Fernández, que había comandado la última rebelión dentro de la prisión, en apoyo al M-26. Fidel decidió proponerle la dirección de la nueva escuela de cadetes.

Fuera del cuartel, en la alameda de la entrada, frente al obelisco, desde la mañana hasta la madrugada era intermitente el ir y venir de personas. Padres con niños ansiosos por ver a Fidel y los «barbudos», gente que deseaba visitar a los detenidos, personas que iban a pedir favores y grupos de trabajadores con carteles que reclamaban la implantación de mejoras sociales. Fidel escuchaba y hablaba sin cesar. Había asumido un papel que desempeñaba durante la jornada completa. De vez en cuando dormitaba unas horas de día o de noche, mientras ya le aguardaban detrás de la puerta. A ese ritmo, tuvo que confiar a Fidelito a los cuidados de Lidia, con ayuda de las otras hermanas, Emma[5] y Agustina, recién llegadas de México, y también Juanita, llegada de Estados Unidos. El niño, que entonces contaba diez años, no conocía los códigos de una vida normal, una vivienda fija; era el trágico rehén de la fatal desavenencia entre el padre y la madre, y se mantenía en equilibrio sobre el abismo entre dos mundos. Acabó por volver por un tiempo con la madre, Mirta, exiliada de Cuba junto con sus familiares, los Díaz-Balart, estrechamente vinculados a Batista y el antiguo régimen. Sin embargo, por tratarse del hijo de Fidel, razones de seguridad exigieron su regreso y permanencia en Cuba, donde se hallaría más protegido.

En la práctica del poder, Fidel era la personalidad que respondía por la línea programática. Para prevenirse de las intrigas hacía hincapié en que el presidente Urrutia le había autorizado a emitir declaraciones en nombre del gobierno y que acataría de buen grado sus decisiones cuando el presidente juzgara conveniente limitar su papel.[6] Sobre la restauración del orden institucional, anunció la aplicación de la ley contra los latifundios, pendiente desde la Constitución de 1940; la celebración de elecciones generales en un plazo de dieciocho meses, y la reorganización de los partidos políticos en el lapso de ocho a diez meses, puesto que habían sido disueltos en los primeros días, junto con el Congreso Nacional, delegando en el Consejo de Ministros un poder constituyente.

Cuando hablaba en nombre de la Revolución y de Cuba, las personificaba. Constantemente bombardeado sobre la relación con Estados Unidos, subrayaba la independencia que asumía la Revolución, actualizando el estilo contumaz de su juventud, que aún le caracterizaba. Debían aceptar la ayuda que les ofrecieran de buen grado, afirmaba, pero en cuanto a la permanencia de la misión militar estadounidense, considerada opcional por Estados

Unidos, destacaba que la prerrogativa de la decisión de retirarla era de Cuba, que no quería «espías ni conspiradores dentro de sus fuerzas armadas...».[7] Hablando con los miembros de la misión en un castellano salpicado de términos en inglés, les preguntó cómo pensaban seguir dando lecciones, si el ejército al que servían estaba derrotado. «Realmente, no sé qué hacen ustedes aquí...», afirmó. Al fin la misión fue retirada por Estados Unidos a últimos de enero, pero la base naval de Guantánamo permaneció, ya que la zona había sido arrendada en condiciones muy favorables, por un tratado de asistencia de 1934.[8]

Con la ejecución de las primeras medidas se manifestó la insatisfacción de varios segmentos sociales. Una ley determinó la intervención en «negocios fraudulentos». Se confiscaron muchos bienes, muebles e inmuebles, juzgados como fruto de robo, salvo los adquiridos en años anteriores al golpe de Batista. Empresas sospechosas de enriquecimiento ilícito fueron intervenidas durante el primer mes[9] y luego expropiadas por el Estado. En consecuencia, muchas familias adineradas partieron al exilio, aunque con la intención de regresar, en la idea de que el radicalismo ético del gobierno duraría poco, solo el tiempo necesario para un nuevo acomodamiento con Estados Unidos.

Otra disposición drástica fue la de juzgar, y eventualmente castigar con la pena máxima, a miembros del aparato de Batista responsables de torturas y crímenes. El Che Guevara fue designado por Fidel para coordinar la «depuración» de los cuadros militares del antiguo régimen, que de hecho habría de derivar en su extinción.

Surgió una violenta reprobación, tanto fuera como dentro del país. Fidel argumentó que se hallaba respaldado por el presidente de la República, por la Ley Penal promulgada en la Sierra Maestra[10] y también por el fallecido Chibás,[11] y agregaba que un cuerpo de investigadores y abogados elaboraría los procesos judiciales, caso por caso. Pronto los acusados serían conducidos a la fortaleza de La Cabaña, donde se crearían los «tribunales revolucionarios». El 22 de enero, en el palacio de los Deportes, franqueado al público, se inició la Operación Verdad, un megaproceso contra tres oficiales de Batista, entre ellos un jefe de policía[12] acusado de 108 asesinatos. Fue en esa ocasión cuando Fidel explicó por primera vez el criterio de la sucesión en el poder revolucionario:

> … A mis enemigos diré: detrás de mí vienen otros más radicales… Voy a proponer a la dirección del movimiento que designe a Raúl Castro como segundo jefe del 26 de Julio. No porque sea mi hermano —todo el mundo sabe cuánto odiamos el nepotismo— sino porque, honradamente, considero que tiene cualidades suficientes para sustituirme, en caso de que mañana venga yo a morir en esta lucha… ¡Quiero consultar si el pueblo está de acuerdo! [aclamaciones y gritos de «¡sí!»] […] Pueden matarme cuando quieran… Además, si matan también a Raúl, detrás de él vendrá otro y detrás otro y otro.
>
> […] Y vamos a aprovechar la ocasión para solicitar al gobierno de Estados Unidos la devolución de los criminales de guerra que allá se refugiaron y los millones de pesos que robaron para depositar en bancos norteamericanos…[13]

Según aseguró, los condenados no pasarían de 400. Él mismo presidió los tribunales, en que numerosos cubanos exaltados gritaban: «¡Paredón! ¡Paredón!». En ese primer año se juzgó públicamente en La Habana a 150 agentes de Batista, condenados a fusilamiento,[14] aunque algunos prefirieron el suicidio a ser ejecutados. Varios acusados consiguieron escapar del país a tiempo; otros recibieron largas penas de prisión y muchos serían ejecutados en los años siguientes. La prensa internacional anunciaba los veredictos como «actos de barbarie en un baño de sangre».

Víctima de una batería de críticas, Fidel necesitaba confirmar quiénes le apoyaban, en especial en el continente. La transformación que experimentaba Cuba, aunque nueva en la forma, no constituía un fenómeno aislado; en el mundo exterior se la asociaba con la lucha vietnamita contra Francia, la egipcia contra Gran Bretaña, la de los húngaros contra los soviéticos, y otros procesos que habían conducido, en diferentes condiciones, tanto al asesinato de Jacobo Arbenz en Guatemala (1954) como al del dictador Anastasio Somoza en Nicaragua (1956). La Revolución cubana se inscribía en el ascenso del Tercer Mundo, en una zona donde subsistían dictadores como Idígora Fuentes en Guatemala y Rafael Leónidas Trujillo en Santo Domingo.

El primer viaje de Fidel después de la Revolución fue a Caracas, el 24 de enero, para participar en el primer aniversario del derrocamiento del dictador Marcos Pérez Jiménez. Al frente de una recepción multitudinaria en el aeropuerto y en las calles de la capital venezolana iba un amigo, el contraalmirante Wolfgang Larrazábal, ex presidente del gobierno provisional. En Venezuela, Fidel procuró adecuar su discurso a un público motivado por el proceso democrático en marcha, aclarando que su objetivo era la independencia económica y política dentro de un amplio cuadro de libertades. Tal vez por la espinosa consecución de la meta, desde luego, no definía un plazo ni un modo para la alternancia del poder: «Rindo cuentas a los pueblos del mundo. Cuando las mayorías estén contra nosotros nos retiraremos…».[15]

Durante los días que duró ese viaje Fidel observó la difusión de la campaña contra la Revolución en los medios de comunicación y en la opinión pública. Decidió entonces crear una agencia de noticias con matriz cubana, Prensa Latina, que se destinaría a transmitir hechos que se omitían y a refutar informaciones divulgadas por agencias internacionales. Para que asumiera la dirección llamó al periodista argentino Jorge Ricardo Masetti, que había entrevistado a varios comandantes en la Sierra Maestra y se había hecho amigo del Che Guevara. Entre quienes se mostraron dispuestos a colaborar y los corresponsales invitados se contaba el entonces reportero colombiano Gabriel García Márquez.

Se sumó a la controversia el Partido Comunista —el Partido Socialista Popular (PSP) era el único en Cuba que todavía se reunía, aunque con discreción, en la nueva coyuntura—, que proclamó su oposición al gobierno, por juzgarlo burgués:

> Ningún caudillo, ni partido, ni grupo particular puede sustituir al pueblo en su tarea. […] El gobierno provisional, en lo que se refiere a su composición política, no puede ser llamado gobierno de coalición revolucionaria y popular. La lucha por la unidad supone… exigir que las discrepancias sean ventiladas y resueltas de manera democrática… Cuba necesita un gobierno democrático, es decir, un gobierno integrado por la clase obrera, por los campesinos, la pequeña burguesía urbana y la burguesía nacional, bajo la dirección de la primera…[16]

Con ello el PSP se desviaba de la línea que venía sustentando desde el período del combate al nazi-fascismo: la formación de un frente amplio para un proyecto nacional. No vislumbraba, por oculta y astuta, la estrategia de Fidel, que había previsto una coalición de gobierno para una etapa de transición, en la hipótesis de que una parte significativa de sus integrantes abandonaría los puestos o sería naturalmente expelida, debido a las transformaciones. El lado maquiavélico de Fidel, que ya antes había asomado, conquistaba el campo propicio para florecer. Con carácter reservado, expuso a algunos colaboradores a principios de febrero: «Vamos a hacer el socialismo por medio de leyes, contestar siempre a la oposición con una nueva medida más radical. El pueblo irá observando, entendiendo lo que es justo, hasta que llegue el momento de definir...».[17]

En la tesis oficial del PSP también se podía entrever la falta de reconocimiento del liderazgo de Fidel.[18] Algunos comunistas lo veían como una versión cubana de Kerensky y deseaban que se aplicara en el país el modelo bolchevique.[19] Sin embargo, el comandante no tardó en abrirse a los comunistas de su confianza, sabedor de que representaban las filas adecuadas a su propósito. La afinidad de Fidel con perfiles rebeldes a todo encuadramiento o doctrina, intuitivos o partidarios de la acción, se renovaba ahora a partir de una situación de poder.

Una casa en la playa de Tarará, al este de La Habana, se convirtió en punto de reuniones discretas de un grupo: era la casa del Che Guevara. Allí se encontraban Alfredo Guevara, Vilma Espín, Raúl Castro, Camilo Cienfuegos, Ramiro Valdés, el geógrafo marxista Antonio Núñez Jiménez y, más adelante, Lionel Soto, además de Fidel en horas de la madrugada, para elaborar el plan de reforma agraria y otros.[20] Entre bambalinas, fue ese el grupo que creó las bases del nuevo régimen; al salir a la luz, años después, se le denominó el «gobierno invisible».

La primera crisis en el gabinete ministerial tuvo lugar en medio de tal ambiente. La noche del 13 de febrero, el primer ministro, José Miró Cardona,[21] comunicó su renuncia al presidente Urrutia, señalando que «Fidel Castro debía asumir las facultades de verdadero jefe de gobierno». Recordó luego Fidel:

«Urrutia me pidió, en nombre de los ministros, que tomara posesión y puso una única condición: que me dieran la responsabilidad de la política que debía seguirse, lo que fue aceptado».

Tras asumir el cargo, Fidel estableció un programa de gobierno de 20 puntos,[22] basado en la antigua plataforma del senador Chibás, extractos de *La Historia me absolverá* y la Constitución de 1940. Para persuadir abusó del didactismo, de veloces cálculos matemáticos y de grandilocuencia, los elementos que componían desde hacía tiempo su estilo de comunicación. Entre los puntos del programa constaban las reformas agraria, fiscal y tarifaria —esta para aumentar las empobrecidas reservas del Estado—, y un plan de industrialización que crearía «400.000 empleos en dos años», además de un aumento salarial generalizado, la prohibición de efectuar despidos sin causa justificada, la reducción del precio de los medicamentos, los alquileres, los artículos de primera necesidad y las tarifas de los servicios públicos (luz, gas y teléfono); también convocaba a inversiones de capital, nacional y extranjero, a través de organismos estatales de crédito. Confirmó la plena garantía a los bancos, apelando a que se incrementaran los depósitos para la obtención de los fondos necesarios para el desarrollo agroindustrial, y propuso a los trabajadores el ahorro de una parte mínima de sus salarios como colaboración a las reformas.

Otros puntos del programa incluían la educación integral para el pueblo —a tal efecto necesitaría «150 millones en materiales, para las obras de 10.000 escuelas»—; la construcción de 180 acueductos, que costarían 300 millones, con objeto de incrementar la capacidad de producción de energía en un país de insuficientes cuencas hidrográficas; la ampliación y mejora de la red hospitalaria; la construcción de áreas deportivas y recreativas —con alimentación adecuada, formación, seguros y jubilaciones para los atletas—, carreteras, caminos, puertos, plazas y parques. En total, 1.000 millones en obras.

Las playas del país, que en su mayor parte eran privadas y se hallaban vedadas a los negros, se declararon de uso público. Para reunir recursos destinados a la edificación de viviendas populares, se creó el Instituto Nacional de Ahorro y Vivienda, encargado de administrar los fondos obtenidos con los beneficios de la

Lotería, así como de supervisar y cobrar tasas sobre el funcionamiento de las salas de juego, buena parte de cuyos administradores eran estadounidenses. En enero se había prohibido el juego
y cerrado los casinos, pero volvieron a funcionar para turistas y
extranjeros mediante una resolución oficializada por Fidel como
primer ministro. Al respecto declaró en la época: «Cuando podamos acabaremos con el juego en los casinos. Ahora son una
necesidad social, para evitar que echen a la calle a una cantidad
de trabajadores...».[23]

Inspirado por sus precoces y recurrentes lecturas sobre la
Revolución francesa, Fidel, como dirigente, semejaba una combinación de Robespierre, Danton y Marat. Proponía un socialismo popular no explícito, de carácter burgués y extremista. Deseaba ejecutar el programa con rapidez, pero el gobierno del que
formaba parte se lo obstaculizaba, ya que algunos de sus miembros dejaban pasar el tiempo adrede, traspapelando documentos
y tartamudeando promesas. Fidel contaba, en verdad, con pocos
aliados en el Consejo de Ministros, que no aprobó con facilidad
el programa; su base residía sobre todo en el Ejército Rebelde,
donde se concentraban quienes le eran leales.

«Vine por un flanco; ni derecha ni izquierda...»; así definió
su rumbo,[24] aunque tuviera conciencia de que no había lugar
para términos medios, ya fuera por la polarización interna o
externa. Fidel se confirmaba como un nacionalista peligroso y
radical para sus supuestos y reticentes colegas de gobierno, si bien
no renunciaba a cautivarlos. En esa época las declaraciones del
líder confundían a muchos, que buscaban perplejos un criterio
para descifrarlo, lo que aumentaba aún más su carisma.

«No tengo miedo de la contradicción económica...», alar-
deó[25] mientras los propietarios de inmuebles reaccionaban a la
rebaja de los alquileres y los patrones a las reivindicaciones de los
trabajadores. Para normalizar el suministro de líneas telefónicas,
Fidel debió intervenir la Cuban Telephone Company (CTC),
compañía subsidiaria de la ITT estadounidense. Los *trusts* multinacionales comenzaban a amenazar con tomar represalias, como
la de reducir la cuota azucarera.

32

¿QUÉ REVOLUCIÓN ES ESTA?

El nuevo embajador de Estados Unidos, Phillip W. Bonsal, mientras tanto, trataba de preservar las buenas relaciones con Cuba. «Lo recibí en la finca de Cojímar. Lo oí hablar sobre los problemas de la electricidad, los teléfonos, los bancos, las haciendas, todas las compañías norteamericanas y lo que habían hecho por el país… Pero él no tenía la menor idea de con quién estaba hablando…», relató Fidel.

Se inició así el perpetuo drama ente Fidel y su más consumado antagonista, Estados Unidos. De todos modos, en aquel momento, y por razones políticas, el líder cubano también adoptó la diplomacia y confirmó al embajador que en breve visitaría su país, invitado por la Sociedad Interamericana de Prensa, aunque deseaba dar al viaje un carácter oficial. Sería la oportunidad para que la administración de Eisenhower evaluara mejor sus diferentes percepciones de Fidel. Una se originaba en el director de la CIA, Allen Dulles, que en la fase final de la guerra había previsto la participación de comunistas en el futuro gobierno, como Raúl Castro y el Che Guevara; sin embargo, afirmaba que Fidel no podía ser calificado de tal. Entretanto el Consejo de Seguridad Nacional de Estados Unidos, ya el 10 de marzo de 1959, exploraba opciones para el derrocamiento del régimen en Cuba.

Durante los 11 días de su estancia, vestido indefectiblemente con su uniforme de campaña en discursos, entrevistas y conversaciones con autoridades, en el Central Park y en la Universidad de Harvard, Fidel se mostró un sincero progresista, con lo que sedujo a una opinión pública ya prendada de su imagen. «Queremos establecer en Cuba una verdadera democracia, sin rastro de fascismo, peronismo o comunismo… […] No hay dictadura que soporte la prensa libre, que es su enemiga número uno…»,[1] afirmó en Nueva York.

Cuando le preguntaron sobre la posición que adoptaría Cuba en una guerra entre Estados Unidos y la URSS, Fidel repitió el argumento neutral que ya había expresado al presidente José Figueres (de Costa Rica) en La Habana pocos día antes, cuando este quiso saber de qué lado se pondría Cuba en una lucha entre la democracia y el comunismo: «La beligerancia no tiene que ser fatalmente la opción…». Expresó también la voluntad de formalizar un nuevo tratado comercial con Estados Unidos, a fin de ampliar la base para las inversiones en su país y recuperar un buen nivel para la cuota azucarera en el mercado estadounidense.[2]

Felipe Pazos, designado presidente del Banco Nacional de Cuba por la coalición de gobierno, había ido a Washington a principios del año a presentar un plan de desarrollo, sobre el cual hasta el momento no le había llegado respuesta alguna. Además, Eisenhower no recibió a Fidel, y tampoco lo hizo el secretario de Estado, John Foster Dulles. Sin embargo, Fidel se reunió durante tres horas con el vicepresidente, Richard Nixon, que después comentó a sus compañeros de gobierno que sería conveniente adoptar una «línea dura» con Fidel, por abordar fórmulas socialistas, aunque no creía que fuera comunista.

Al pasar por Houston (Texas), Fidel se encontró con Raúl Castro, que le esperaba para mantener una conversación privada. Era inminente una crisis en el Caribe. Un grupo de expedicionarios había sido capturado al desembarcar en las costas de Panamá con el plan de provocar una rebelión, y entre ellos había varios cubanos. Trujillo, el dictador de la República Dominicana, donde se encontraba exiliado Batista, aprovechaba la ocasión para plantear la necesidad de crear una policía internacional destinada a reprimir las actividades de Cuba, a pesar de que poco después se comprobara que la expedición no guardaba relación alguna con autoridades del país.

De paso por Montreal, Canadá, Fidel no regresaría enseguida a La Habana. Aunque no se confirmó, esa ciudad era una escala rumbo a Buenos Aires, donde debía participar en la Conferencia de los 21, de la Organización de los Estados Americanos (OEA), en la que por primera vez los cancilleres se proponían considerar soluciones para el subdesarrollo económico del continente. Surgió también el rumor de que Fidel haría una parada en Río de Janeiro, pero las fuentes discrepaban y, con la intención de desalentar cualquier conspiración o atentado, los servicios de información de Cuba tampoco lo desmentían. Ya en sus puestos los equipos encargados de recibirle en el aeropuerto del Galeão, mientras el presidente brasileño, Juscelino Kubitschek, le aguardaba en el palacio del Catete, una avería en la pista de aterrizaje obligó al desvío del avión de Fidel hacia São Paulo. El 28 de abril, a las 21.30, el líder cubano descendía inesperadamente en Congonhas, entre una multitud de periodistas, cámaras, admiradores, fuerzas públicas y escolta. En sus tumultuosas e improvisadas declaraciones afirmó que las Américas necesitaban sintonía.

Ya en Buenos Aires, el 2 de mayo, Fidel exhortó a Estados Unidos a sustentar el crecimiento continental. Proponía una especie de Plan Marshall, con un fondo equivalente a 30 veces lo solicitado para la Operación Panamericana (OPA), el programa de ayuda ideado por el presidente Kubitschek, pero «apenas la mitad de lo que Estados Unidos dedicaba a su programa de defensa», con lo que destacaba la necesidad de profundas transformaciones en las estructuras atrasadas de la región. Otros países, sin embargo, vieron la propuesta como una provocación a Estados Unidos.

En una breve escala en Montevideo, Uruguay, descartó de plano toda posibilidad de elecciones en Cuba mientras no existieran «condiciones propicias» y partidos políticos «como órganos de la opinión pública»: «Podríamos convocar elecciones para mañana y ganaríamos, pero eso significaría un cesarismo político, ya que no existen organismos de oposición…».[3] Para muchos se trataba de un sofisma que echaba por tierra el concepto de libertad en el que tanto insistía.

Sin apenas haber dormido, la tarde del 5 de mayo aterrizó en

Río de Janeiro. Tras una comida con el presidente Kubitschek, con voz ronca y el cabello desgreñado, habló durante tres horas en un palco en la explanada de Castelo, ante una concentración calculada en 30.000 personas, promovida por las organizaciones sindicales y estudiantiles lideradas por la Unión Nacional de Estudiantes (UNE). Por la noche asistió a una fiesta en casa de José y Maria do Carmo Nabuco. Al general Henrique Teixeira Lott, ministro de Guerra, le puso cara de pocos amigos cuando este le dijo que era contrario a la violencia con derramamiento de sangre. El 7 de mayo partió de regreso a Cuba, dejando a su paso un rastro de dudas sobre qué pretendía en realidad con la Revolución.

El año de 1959 parecía interminable. Durante su transcurso se esbozó una serie de hechos, tanto en la vida de Fidel como en su proyecto en el poder, en sus aspectos internos y externos, que resultan decisivos para la comprensión de su trayectoria.

Los viajes sirvieron de base para nuevas decisiones. Ya en La Habana, anunció que extinguiría los «tribunales revolucionarios», cuya dañina repercusión había percibido en el exterior,[4] y propuso una nueva legislación para «actividades contrarrevolucionarias», en la que se preveía la pena de muerte para ciertos casos. Mientras explicaba las medidas a la población, en un programa de televisión en directo, recibió una nota de Celia, llevada por el chófer Leoncito (Antonio León), para avisarle que Fidelito acababa de sufrir un accidente de coche y necesitaba una operación urgente, pues tenía lesiones en el tórax y el abdomen. Fidel no abandonó el programa, pero se apresuró a concluirlo. Cuando llegó al hospital, ya estaban interviniendo a su hijo, que se recuperó en pocos días.

En aquel ritmo frenético y pleno de contratiempos, en que la televisión y el helicóptero eran como extensiones suyas, las aflicciones personales y las aficiones de Fidel, como la lectura y la práctica de deportes, no tenían lugar. Acabó por encontrar medios para ejercitarse durante la madrugada, en la piscina del palacio, usando de vez en cuando los aparatos de gimnasia dispuestos en la tercera planta de Calle 11 o participando como aficionado en algún partido profesional de béisbol.

Para promulgar la reforma agraria, subió a su antiguo campamento en la Sierra Maestra. La ley, que se firmó allí el 17 de mayo, transformaba la estructura de la propiedad, ya que los latifundios pasaron a convertirse en centros de producción en manos del Estado. Las tierras de estadounidenses, que abarcaban casi el 75 por ciento de la parte cultivable, e incluso las de la familia Castro se contaron entre las primeras que fueron nacionalizadas. Se previó la indemnización por las pérdidas, con bonos o títulos públicos, pero los expropiados rechazaron la propuesta. Lina preguntó a Raúl, que viajó a Birán, qué diablos estaban haciendo con la finca. «Esto es el socialismo», respondió el hijo. Fidel, en cambio, tratando de alejar esa sospecha, lo justificaba de otra manera: «Queremos liberar de dogmas al hombre... El problema es que nos dieron a escoger entre un capitalismo que mata de hambre a la gente y el comunismo que resuelve el problema económico pero que suprime las libertades tan caras al hombre...».[5]

Tampoco deseaba la implementación forzosa, de choque. Las zonas de pequeñas propiedades se mantuvieron, y a los que pagaban rentas por el usufructo de parcelas de tierra de un máximo de 402 hectáreas —que podían llegar a casi 1.200 hectáreas en cultivos de gran productividad—[6] se les permitió el derecho de propiedad. Como presidente del Instituto Nacional de Reforma Agraria (INRA), Fidel pensaba incentivar, a medio plazo, modalidades cooperativas —de producción, de distribución o de consumo— en que el Estado facilitaría ayuda técnica y préstamos a los productores. Su objetivo era crear «zonas de desarrollo agrario» de forma gradual, aunque Raúl Castro y el Che Guevara preferían acelerar los cambios. Adepto a la misma visión, Manuel Piñeiro, el jefe de la plaza militar de Santiago, comenzó a entregar armamento a los campesinos contra los grandes propietarios, y fue reprendido por el comandante, que le calificó de inconsecuente.

Fidel tenía la convicción de que, al ponerse en práctica, la reforma agraria adquiriría sus reales y arrasadoras proyecciones. Desde el principio mismo la burguesía se vio expulsada y, con ella, muchos profesionales liberales. Más grupos de cubanos marcharon al exilio, en particular a Miami, dejando sus bienes al

Estado. En Estados Unidos se abrió el grifo de la reacción. El vicepresidente, Richard Nixon, candidato a la presidencia, se reunió con grandes empresarios perjudicados en Cuba, como los de la United Fruit Company, y se comprometió a derrocar a Fidel a cambio de apoyo a su campaña.

También iba revelándose parte del «falso enigma» del comandante, o su aparente ambigüedad. Y mientras se reservaba el espacio de la política visible, delegaba en ciertos colaboradores la extensión de su silenciosa estrategia. Envió al geógrafo marxista Núñez Jiménez a realizar un sondeo de contactos por el Este europeo; trataba así de anticiparse a los hechos: la violenta reacción estadounidense. En otra diagonal del tablero, confió al Che Guevara el establecimiento de relaciones con movimientos de izquierda en América Latina; así asumía el *leitmotiv* que el Che le había expuesto en México cuando aceptó integrarse en su incipiente ejército guerrillero: realizar una revolución latinoamericana, preferentemente a partir de Argentina, su país natal.[7] En La Habana, ambos, Fidel y el Che, comenzaron a dedicar tiempo adicional a determinados visitantes extranjeros, en conversaciones que se prolongaban hasta la noche y la madrugada, en general acompañados por el comandante Manuel Piñeiro, recientemente trasladado al sector de inteligencia que se ocupaba de esas relaciones.

Esa vertiente de la Revolución cubana —su «exportación»— tendría su propia y larga historia. En una primera etapa algunos cubanos fueron enviados en apoyo al teniente Somarriba, ex oficial del ejército de Somoza, que había decidido montar su grupo guerrillero en Nicaragua. El Che hasta le envió, por un emisario, un mensaje en el que le decía que estaba dispuesto a incorporarse a su lucha en cuanto el grupo inicial se estableciera en el territorio, lo cual no sucedió, pues fue aniquilado por tropas del ejército en la frontera de Honduras, como consecuencia de una delación.

En esa época se establecieron también contactos con otros guerrilleros y combatientes de Nicaragua, así como de Guatemala, Perú, Venezuela, Argentina, Colombia, Uruguay, Chile, Brasil, Haití y la República Dominicana.[8] En los diversificados grupos de izquierda había comunistas, del partido o no, adeptos o remisos a la lucha armada, según los distintos perfiles y contextos nacionales. En Venezuela, Perú y Colombia, donde se formaban embriones de movimientos armados, el Che llegó a madurar vínculos y exportar su *know-how* en cuanto a combatientes, estrategia y armas.

Con la aprobación de Fidel, el 12 de junio el Che Guevara partió en un periplo por Oriente Próximo y Extremo Oriente, pasando por el Este europeo. La intención era poder asociar Cuba al «neutralismo», que representaba una «tercera posición» en la arena internacional, característica de los gobiernos de los países que componían su itinerario. En Egipto se entrevistó con el coronel Abdel Nasser,[9] líder del mundo árabe emergente; en Nueva Delhi, con el primer ministro indio Pandit Nehru; en Indonesia, con el líder Ahmed Sukarno; en Yugoslavia, con el mariscal Josip Broz (Tito).

Durante el viaje, que habría de durar un mes y medio, Guevara conoció distintas formas de emancipación, fragmentos de la «descolonización» que había llevado a la independencia o la transformación política, en cadena consecutiva, de varios países desde el fin de la Segunda Guerra Mundial,[10] en los cuales se evidenciaba, para él, la influencia subsecuente de la Revolución china. El Che pasó también por Japón a fin de explorar posibilidades comerciales, en especial para el azúcar cubano.

En julio, en la República Dominicana la policía detuvo a un grupo de cubanos participantes en una expedición de apoyo a guerrilleros. No era propiamente un hecho de «exportación revolucionaria», sino más bien una réplica de Fidel a Trujillo, que meses antes había creado la Legión del Caribe, compuesta por mercenarios, para liquidar la «subversión comunista» en la zona —incluida Cuba—, en connivencia con la CIA. El plan de la expedición había sido delatado a Trujillo por el entonces jefe de la Fuerza Aérea de Cuba, Pedro Luis Díaz Lanz, que luego desertó. Al investigar las razones de su alejamiento, Fidel acabó por confirmar la antigua vinculación de Díaz Lanz con la CIA, a través del agente Frank Sturgis, que había sido su copiloto en incursiones de transporte de armamento a la Sierra Maestra. Sturgis se movía en los medios oficiales de Cuba con el nombre de Frank Fiorini.

El caso de Díaz Lanz desató una crisis, en una situación de transición y precariedad institucional. Los ministros Roberto Agramonte (Relaciones Exteriores) y Humberto Sorí-Marín (Agricultura), ya descontentos, anunciaron de inmediato que entregarían sus cargos. Fidel trató de disuadir a Sorí-Marín, pero este ya mostraba una sensible antipatía por el Che Guevara desde la sierra y, siendo ministro de Agricultura, había sido excluido de la elaboración final de la reforma agraria a causa de la desconfianza del Che, lo mismo que otros integrantes del Movimiento 26 de Julio, un tema que Fidel evitaba tocar. Con esas renuncias, Pedro Miret asumió la cartera de Agricultura y Raúl Roa, la de Relaciones Exteriores.

En cuanto al presidente Urrutia, su figura se tornaba cada vez más formal y vacía. Entre él y Fidel había discrepancias, una de las cuales, de importancia, se refería al funcionamiento del juego y los casinos en las ciudades. Urrutia se inclinaba por su inmediata eliminación, en favor de la moralización de las costumbres, mientras que Fidel argüía que generaban puestos de trabajo y no le parecían causantes de degradación social. Otras fricciones se debían a la reforma agraria y los tribunales revolucionarios. Tras interminables discusiones ministeriales el presidente volvía a guardar en el cajón documentos que debían discutirse y firmarse, con lo cual se dificultaba la adopción de decisiones.

Hacía un tiempo que Fidel meditaba qué hacer. El 17 de julio resolvió renunciar al cargo de primer ministro y acusar al presidente de «inmovilismo deliberado». Urrutia decidió contestar a la acusación y el comandante propuso una discusión en directo, en la cadena nacional. El presidente se negó.

Después de dimitir, Fidel se encerró en la casa de la playa de Cojímar. Por un lado, estaba satisfecho de haberse liberado del protocolo que el cargo le imponía. Por otro, en su fuero interno sabía que Urrutia, tarde o temprano, no soportaría los efectos de la crisis. Actuaba sobre la realidad mientras observaba las posiciones de las piezas en juego, incitando al embate para luego tratar de aliviarlo. En los despachos del gobierno corría la teoría de que su renuncia era una artimaña ideada por el Che y Raúl, los comunistas. Urrutia se convenció de ello después de mantener una conversación con el periodista Luis Conte Agüero, otro viejo amigo de Fidel, que insinuó al presidente las «perspectivas socialistas» del ex primer ministro.

Pronto dimitió también Urrutia. Aquí y allí solicitaban que Fidel volviera a asumir el cargo, pero él se negaba, en la creencia de que tal actitud haría que su renuncia se interpretara como una táctica. El doctor Osvaldo Dorticós Torrado, director del Colegio Nacional de Abogados, hombre relacionado con demócratas y comunistas, fue nombrado presidente por el Consejo de Ministros. Flanqueado por el mexicano Lázaro Cárdenas y el senador chileno Salvador Allende, fue él quien anunció, en medio de la aclamación popular, el retorno de Fidel al cargo en las conmemoraciones del 26 de julio.

Una nueva oleada de opositores marchó al exilio. Tanto en el interior como en el exterior convergían los insatisfechos, ahora salidos de las propias filas de la Revolución, con elementos de partidos de la oposición en el antiguo orden, apoyados por la Iglesia.[11]

Mientras Fidel, sus colaboradores leales y la «izquierda» del M-26 formaban el polo ascendente en el nuevo diapasón político, la «derecha» de la organización, que compartía el poder, con varios de sus elementos situados en puestos ministeriales, perdía terreno. A su modo, el conflicto correspondía a la cadencia de profunda y ambivalente historia de las relaciones de Estados Unidos y Cuba, que admitían solo los extremos de fidelidad y rechazo.[12] La perspectiva de la «derecha» se acercaba a la de figuras salidas de la ortodoxia, como Max Lesnick, con la diferencia de que aquella se componía básicamente de los anticomunistas, que habían marcado la escena durante la huelga de abril de 1958.

A esa nueva categoría de opositores se unieron sectores rurales que se constituyeron en «bandos», coordinados por propietarios afectados por la reforma agraria, fundamentalmente en la región central del país. Se enviaron varias tropas a cercar a los «bandidos», lo cual dio inicio a una lucha que no tendría un fin cercano. Se reforzó la G-2, que se transformó en un gran aparato disperso entre la sociedad civil, con estructura y oficinas clandestinas, aunque aparentaban ser una sola sección. «Como un iceberg, del que solo se puede ver el pedazo que sobresale en la superficie», comentaba Raúl.

El ex ministro Sorí-Marín y Artime, gerente del INRA, elaboraron un plan de motín para derribar el gobierno, con el apoyo de figuras del antiguo autenticismo.[13] El comandante Húber Mattos, aliado del ex presidente Urrutia, al enterarse de este plan se ofreció para sublevar el regimiento de Camagüey, del cual era jefe.

En un corto lapso Cuba habría de vivir el surgimiento de contrarrevolucionarios, con las organizaciones Movimiento de Recuperación Revolucionaria (MRR), encabezado por Manuel Artime, y Movimiento Revolucionario del Pueblo (MRP),[14] liderado por Manolo Rey, el ministro de Obras Públicas en ejercicio.

33

SE ROMPE EL ACUERDO DE YALTA

El desmoronamiento del gobierno provisional ratificaba los objetivos de Fidel. Aunque no renunciaba a lograr el mayor consenso político posible, deseaba hacer valer su propia línea de gobierno, con la fusión de los sectores que identificaba como revolucionarios, las mayores fracciones del Directorio y del Partido Socialista Popular, el PSP (el comunista). Sin embargo, esa anhelada unidad era en sí restricta, lo cual provocaba distanciamientos o sectarismos de grupos, pero acogía desde el principio a los marxistas dispuestos a los experimentos, como el capitán Emilio Aragonés, a quien nombró coordinador del Movimiento 26 de Julio, con la cautelosa tarea de lograr la mencionada fusión.

Para posibilitar una composición más abarcadora, Fidel no podía ir, en la retórica política pública, más allá de una cierta frontera. Era evidente que revelar sus planes no solo le llevaría a la pérdida de apoyo popular, sino que haría disminuir su margen de maniobra.

En la segunda mitad del año Fidel tuvo que afrontar el levantamiento del comandante Húber Mattos, el jefe del regimiento de Camagüey, lo que coincidió con la asunción de Raúl Castro del cargo de ministro de las Fuerzas Armadas Revolucionarias (FAR), que habría de centralizar los organismos de defensa y seguridad, una vez extinguido el Ejército Rebelde.

El 19 de octubre, Mattos se acuarteló con una tropa y renunció públicamente al ejército, aduciendo la presencia de comunistas en el poder. Camilo Cienfuegos se adelantó con una tropa, consiguió rendir al grupo de Mattos y asumió el mando del regimiento. El levantamiento fue sofocado.[1]

Dos días después, Manuel Artime hizo circular una carta pública en la que renunciaba a su cargo en el Instituto Nacional de Reforma Agraria (INRA), argumentando que Fidel había entregado el país al comunismo internacional. Ese mismo día, el 21, se lanzaban desde un avión, sobre varios puntos de La Habana, explosivos y millares de panfletos que exhortaban a la rebelión. Los bombardeos causaron dos muertos y más de 40 heridos. Díaz Lanz (el ex jefe de la fuerza aérea) confirmó al FBI en Miami que había sido el autor del acto, junto con Frank Sturgis.

También había conflictos entre los estudiantes, el segundo núcleo básico en la construcción del poder, después de los militares. En octubre, en las elecciones para la presidencia de la Federación de Estudiantes Universitarios (FEU) —por primera vez por voto directo—, mientras que una gran parte del M-26, influida por la «derecha», trabajaba por la candidatura de Pedro Luis Boitel,[2] de la Asociación Católica Universitaria,[3] Fidel, aunque no explícitamente, apoyaba al adversario, Rolando Cubela, cuya lista proponía como segundo al joven Ricardo Alarcón, para garantizar a la organización del Directorio el espacio que le correspondía. Con ese fin activó un contacto reservado con algunos estudiantes, como el candidato a la presidencia de la organización estudiantil en la facultad de ingeniería, José Rebellón. Finalmente, el candidato católico se retiró, lo que permitió la victoria de Cubela.

También en octubre, el 29, llegó la noticia de la desaparición de Camilo Cienfuegos, en un vuelo de regreso a La Habana, tras haber pasado unos días normalizando la situación en Camagüey. Al telefonear a la ciudad su hermano, Osmani Cienfuegos, se enteró de que había partido hacia el final de la tarde del día anterior sin informar del viaje, por razones de seguridad. Había despegado en un bimotor Cessna 310; el tiempo de vuelo hasta La Habana se calculaba, en condiciones normales, en dos horas. Sin embargo, como había caído un fuerte temporal en el itinerario que había de recorrer la avioneta, el piloto debió de verse obligado a efectuar un desvío sobre el mar en busca de un cielo menos cerrado. Cundió el desasosiego. Se inició una búsqueda por toda la región, por tierra y por mar, mientras Fidel, perturbado, participaba en los equipos de salvamento. Sin embargo, aunque se prolongó unos días, no se encontró rastro alguno.

El episodio causó una enorme conmoción a Fidel, que profesaba un gran afecto a Camilo, además del compañerismo de las luchas. Con él había desarrollado una relación natural, en que no se veía obligado a intelectualizar; se sentía cómodo con su aire criollo —de profunda latinidad, sensual, sencillo y osado—, pero que no prescindía del sentido de la mesura en las situaciones de riesgo, una característica que le diferenciaba del Che, como puntualizó Fidel. La desaparición de Camilo significaba, además, la pérdida simbólica del Ejército Rebelde, para un pueblo que le veneraba igualmente, por su simpatía y valentía.

Como el hecho nunca habría de esclarecerse cabalmente, durante décadas proliferaron las conjeturas sobre su muerte: había sido eliminado por conspiradores contra el régimen, o bien había muerto por orden de Fidel o de Raúl, a causa de disputas de índole militar, como se rumoreó en medios contrarrevolucionarios. No obstante, después de repetidas investigaciones la explicación que se impuso fue la del accidente, la caída abrupta de la aeronave en el océano.

El tercer núcleo del engranaje político era la clase obrera, donde también surgían diferencias. Una de ellas se manifestaría en el X Congreso Nacional de la Central de Trabajadores de Cuba (CTC), celebrado en noviembre, con la participación de 1.700 organizaciones sindicales. David Salvador, el viejo dirigente del M-26, y su grupo, compuesto por exponentes de la «derecha» de la organización, luchaban por impedir el ascenso de los comunistas y encabezaban la defensa de una candidatura única. La diferencia alcanzó el punto de la discordia cuando el grupo de Salvador resolvió apoderarse del local donde se realizaba el congreso. El inicio de este, fijado para la tarde del 18 de noviembre, se aplazó hasta la noche, pues Fidel mandó avisar que asistiría.

Raúl Castro llegó antes y dirigió unas palabras a la asamblea, señalando que los que en aquel momento pretendían dividir la organización eran los mismos que habían provocado el fracaso de la huelga de 1958 y destruido el movimiento urbano de resistencia a Batista.[4] Cerca de la una de la noche apareció Fidel, que dijo: «¡Creo que todos estamos perfectamente de acuerdo! Entonces, ¿para qué perderse en el interés de los enemigos de la Revolución? Una escoba es lo que hace falta aquí. ¡Que sea ese nuestro símbolo!».[5]

Al final, la dirección elegida fue una combinación de las tendencias.[6] Se jugaba una mano doble: no solo Fidel apadrinaba la aproximación de los comunistas, sino que también estos deseaban ocupar posiciones en el gobierno. De hecho, tenía lugar la penetración gradual de comunistas en el poder, lo que consolidaba un elemento que introducía complicaciones. De modo incipiente y secreto se constituía ya el núcleo del denominado Partido Único de la Revolución Socialista de Cuba (PURSC), una especie de consejo político resultante de la fusión de las organizaciones.[7] Dentro de él, los «fidelistas» se caracterizaban como una izquierda de acción, de base intuitiva, menos pautada por las teorías, como había sido el mismo Fidel en su juventud.

La etapa de gobernabilidad con la burguesía había sucumbido, pero no el proyecto nacional reformista, que venía realizándose sin romper las relaciones capitalistas. En aquel momento se combinaba en la economía cubana un sector productor del Estado no mayoritario con otro de capitales pequeños y medios, un esquema que, frente a la nueva formación del poder, sufriría una rápida modificación, simultánea al avance del conflicto con Estados Unidos. Para Fidel, era urgente el desarrollo del país, según determinadas premisas, en las que la URSS emergía como un ejemplo. Ascendido a jefe del Departamento de Industrialización del INRA, el Che Guevara era un admirador de las conquistas soviéticas, pero planeaba emprender un modelo económico propio, pese a no disponer de dinero en el Tesoro Público y enfrentarse a una lista de industrias desprovistas de propietarios y gerentes, además de otras en que los administradores que permanecían en el país comenzaban a boicotear la producción. Por las

calles circulaba el comentario de que al final del año los funcionarios públicos no cobrarían y era inminente otra crisis en el
gabinete de gobierno. Fidel volvió a la CTC con objeto de apelar
a la conciencia de los obreros para los proyectos de industrialización: «¿Cómo podremos desarrollarnos, si comemos todo lo
que producimos e importamos más de lo que exportamos?».[8]

Al regresar a Estados Unidos para participar en la Asamblea
de la Organización de las Naciones Unidas (ONU), proyectó una
imagen muy diferente de la del viaje anterior, con un discurso
radical y agresivo en el que atribuyó al gobierno estadounidense la culpa de la pobreza de Cuba. Eisenhower se preparaba para
hacer frente a un dictador izquierdista, cuyo racionalismo, en
opinión de los analistas, le llevaba a inclinarse hacia el comunismo. Según los mensajes de embajadores de países aliados, no se
podía descartar la hipótesis de que el pueblo le seguiría, pues le
profesaba una fe personal. En Nueva York, Fidel fue recibido por
los editoriales de los periódicos del día (23 de septiembre), que
criticaban la antidemocrática «industria del Estado» que pretendía implantar en su país; pero poco le importaron esos juicios.
Entre los estadounidenses que observaban la evolución de los
acontecimientos, el que había llegado hacía tiempo a una breve
pero acertada conclusión era el periodista Robert Taylor, al do-
cumentar la guerrilla en la Sierra Maestra: «La Revolución, per-
sonificada en Fidel, es ante todo la declaración de independencia en relación con Estados Unidos».

Aunque se manifestaba inclinado a negociar con el norte, que
amenazaba con decretar la suspensión de la cuota azucarera de
Cuba en su mercado y cortar el envío de petróleo, Fidel no renunciaba a reivindicar el fin de las actividades antirrevoluciona-
rias de los asilados cubanos en territorio estadounidense y «de los
estadounidenses que los instigaban y apoyaban».[9] Recibía respuestas evasivas o ninguna. La administración Eisenhower partía del
principio de que todas las naciones del Caribe debían acomodar-
se a los intereses de la seguridad estadounidense.[10]

Como alternativa, ya atenta a la isla del Caribe, la URSS propuso comprar el azúcar cubano y vender su petróleo a Cuba. De
forma secreta, misiones de representación cubana volaron a

Moscú y Pekín. La propuesta de los soviéticos contemplaba la exportación de 900.000 toneladas de petróleo, cantidad que correspondía a una cuarta parte de las necesidades de Cuba, que con ello podría economizar 24 millones de dólares. El «sí» fue rápido y rotundo, sin solicitud de modificaciones, pues cualquier variación implicaría la alteración del programa de desarrollo. Pronto las refinerías estadounidenses afirmaban que no procesarían la materia prima rusa e incluso se justificaron declarando que era demasiado densa e incompatible con sus equipamientos.

Alexandre Alexéiev, uno de los primeros soviéticos en desembarcar en la isla tras la Revolución, como corresponsal de la agencia Tass, sería el actor clave en el concierto cubano-soviético. Entabló con rapidez buenas relaciones con la dirección política, tanto la oficial como la extraoficial. Alexéiev, al encontrarse meses antes con Fidel, le había reclamado el restablecimiento de las relaciones diplomáticas, pero su interlocutor había respondido que no era el momento ni siquiera de abordar el tema, y le explicó sus razones.

En la URSS, como para muchos en Estados Unidos, la imagen de Fidel era la del héroe que había ganado la batalla, en un lugar donde jamás podía concebirse. Incluso sabiendo que en regiones latinas y africanas los planes socialistas provocarían la alerta y el cerco de las demás potencias, el secretario general del Partido Comunista de la Unión Soviética (PCUS), Nikita Kruschev, aspiraba a la expansión soviética, limitada al oeste por la Organización del Tratado del Atlántico Norte (OTAN) y al este por China y Japón. Consolidado en el cargo, había pasado a proyectar su país de manera competitiva en los campos económico y militar, y Cuba era «un puerco espín a 144 kilómetros de la costa de Estados Unidos», según expresó. Esta definición espontánea evidenciaba la debilidad de la comunión americana, fruto maduro pero de signo opuesto a la Doctrina Monroe.

Sin embargo, el atractivo tenía sus peros. Aunque frágil, el equilibrio mundial era sagrado y permitía la coexistencia entre bloques antagónicos —capitalista y socialista—, encabezados por Estados Unidos y la URSS. Al terminar la Segunda Guerra Mundial, en la Conferencia de Yalta (una localidad de Crimea, en la

URSS), Roosevelt, Stalin y Churchill se reunieron para definir la «división del mundo» en áreas de influencia.[11] Solo como una muestra de la seriedad del acuerdo, los estadounidenses se cruzaron de brazos ante el levantamiento de Hungría contra la URSS, en 1956, reacios a ayudar a los sediciosos. Por lo tanto, ayudar a Cuba equivalía, para los soviéticos, a penetrar en el corazón del bloque opuesto.

A diferencia del secretario general del PCUS, para la otra parte de la dirección soviética la decisión de afirmar el vínculo con Cuba exigía un estudio cuidadoso, tanto por sus cartas en el plano interno como por las informaciones, anteriormente recibidas de los comunistas del PSP, que indicaban que Fidel, hijo de un rico latifundista, era un oportunista, contrario a la lucha de clases.

Para conmemorar el primer año de la victoria rebelde, Fidel partió, mochila a la espalda y acompañado por Celia, algunos invitados y un grupo de estudiantes, puso rumbo a la cumbre de la Sierra Maestra. Uno de los acompañantes era el venezolano Fabricio Ojeda, dirigente de la oposición que no tardaría en convertirse en comandante de guerrilla en su país. La política de «conciliación nacional» del presidente venezolano Rómulo Betancourt había resultado en esencia un obstáculo para el movimiento popular, que iba en aumento desde la caída del dictador Pérez Jiménez. En la conversación con Ojeda, Fidel le ofreció algo que le pareció un deber —armas y hombres—, dadas las relaciones establecidas con los venezolanos en la etapa final de la guerra.

En buena medida como producto de la experiencia cubana, tanto en América Latina como en otras regiones se desarrollaban tentativas de lucha armada. Iniciando una trayectoria que abarcaría toda la década, en Venezuela se había constituido el Movimiento de Izquierda Revolucionaria (MIR), cuyo núcleo se componía de miembros desprendidos de la Acción Democrática (AD, el partido del gobierno). Se formó otro grupo guerrillero compuesto por militantes comunistas salidos de esquemas partidarios.

Fidel se erigía en el promotor de esa revolución sin fronteras. Entre sus claras señales se contaban la posición en favor de la independencia de Argelia y el anuncio de la próxima celebración de una conferencia de países tercermundistas en La Habana, promovida en común con el coronel egipcio Nasser. Con ese fin, el líder cubano envió emisarios a fin de convocar a latinos, africanos y asiáticos al encuentro previsto para mediados del año, para el cual proponía «una agenda abierta».[12] El vínculo entre Fidel y Nasser era resultado del viaje realizado el año anterior por el Che Guevara.

El coronel Nasser alimentaba la idea de la emancipación intercontinental. Con importantes colegas como Nehru y Tito, el líder egipcio se insertaba plenamente en el estrecho espacio entre la bipolaridad estadounidense-soviética, valiéndose de conceptos del llamado «neutralismo positivo» y lanzando el futuro Movimiento de los Países No Alineados. Generaba de ese modo las condiciones que permitirían a Estados Unidos sustituir a los países europeos en el control de Oriente Próximo, además de fracciones de Asia y África.

Para servirle de aval en la ofensiva, surgía la intelectualidad francesa, eufórica con el cambio estructural iniciado en Cuba. Los escritores y filósofos Jean-Paul Sartre y Simone de Beauvoir; André Breton, fundador del movimiento surrealista; Jean Cocteau, cineasta y poeta, entre otros, así como pensadores y artistas de varios países, salían en defensa y aclamación de Fidel. En febrero de 1960 el comandante intercambió opiniones con intelectuales invitados como jurado del recién creado Concurso Literario Latinoamericano Casa de las Américas, en La Habana; entre ellos, Miguel Ángel Asturias, Benjamín Carrión y Roger Callois. Los intelectuales, en general, disfrutaban del encuentro con Fidel, de su inteligencia. Algunos de sus admiradores serían el poeta chileno Pablo Neruda y el escritor estadounidense Ernest Hemingway, que estuvo con él por primera vez al felicitarle por la conquista del premio de pesca de la aguja, disputado con otros quince pescadores. Hemingway, un antiguo enamorado de la isla, pasaría buena parte de su vida en compañía de los pescadores de la playa de Cojímar.[13]

Lanzado a la rueda de los acontecimientos, provocando y causando reacciones, en particular en la relación con Estados Unidos, Fidel recibió en La Habana a una delegación de influyentes estadounidenses —Robert Watson, presidente de la Cámara de Comercio; Curt Lasser, de Columbia Features; el campeón de boxeo Joe Louis, y el señor Herb Wright, de Phillips Morris Incorporation—, en un intento de marketing, mientras las relaciones bilaterales se complicaban día a día. Aviones procedentes de territorio estadounidense y de otras zonas del Caribe bombardeaban los cañaverales, y algunos fueron derribados. El secuestro de aeronaves cubanas, incluso de las FAR, comenzaba a ser una práctica constante; las llevaban a Estados Unidos y muchas fueron destruidas en los hangares de los aeropuertos. Menudeaban los sabotajes y la infiltración de personas y armamento para promover levantamientos. El presidente Eisenhower justificaba la necesidad de sanciones porque, afirmaba, el gobierno de Castro favorecía las reuniones de comunistas. La fría diplomacia de las notas de cancillería —un hábito que prosperaría mucho en el conflicto Cuba-Estados Unidos—, junto con las amenazas de recorte de la cuota azucarera y retención de embarcos de mercancías, acompañaba la intensidad de las acciones de choque, a manera de contexto de las dificultades de diálogo.

En la lógica de Fidel, aquello era el preámbulo de una intervención militar estadounidense, lo cual incentivaba la militarización del Estado cubano, con el argumento de la urgencia de reforzar las defensas. Junto con Raúl, por las mañanas pasaba revista a las tropas de miles de milicianos que se entrenaban en el campo de las FAR. La universidad sería una de las primeras instituciones civiles en organizar milicias, que al final se formaron en todo el país bajo el lema de «pueblo en armas».[14]

En el muelle del puerto de La Habana explotó el día 4 el vapor francés *La Coubre*, mientras se descargaban los contenedores de armas adquiridas en Bélgica; el saldo fue de setenta muertos y más de cien heridos. Las pruebas realizadas por especialistas darían a Fidel bases para afirmar que el accidente había sido fruto de un sabotaje preparado en un puerto europeo, con dinamita y explosivos a base de TNT.

Los periódicos cubanos *Avance*, *Diario de La Marina* y *Prensa Libre* publicaban declaraciones de exiliados políticos en Miami y el Caribe que reclamaban elecciones y el fin de la violencia en el país. Ante el enfrentamiento entre periodistas y editores, Fidel les pidió que intentaran una solución armónica, aunque no se abstuvo de dejar clara su posición: «¿Ellos publican lo que quieren y dicen que aquí hay censura? ¡Esto es parte de un plan de difamación internacional para gestar las condiciones de una agresión!».

Los dueños, al fin, anunciaron el cierre de sus publicaciones y se asilaron. A raíz de este hecho Fidel revelaría, por televisión, las conexiones tejidas por un viejo amigo, el periodista Luis Conte Agüero, con el grupo Rosa Blanca, de orientación batistiana, en el exterior.

Por detrás de todos los acontecimientos, el denominado Proyecto Cuba era presentado por Allen Dulles, director de la CIA, al Consejo de Seguridad Nacional (NSC) de Estados Unidos, el 13 de enero de 1960. Aunque en él no se contemplaba la «rápida eliminación de Castro», se establecían las condiciones para «una planificación previsora de acciones encubiertas».[15] La CIA daba inicio a la Operación 40, en homenaje al nombre del grupo selecto formado en el seno del NSC, también llamado Grupo de los 40 o Comité 5412.

El 9 de marzo, en una reunión con ejecutivos de la agencia, el coronel J. C. King, jefe de la División del Hemisferio Occidental, recomendó que se probara que el gobierno cubano promovía «un ataque a la base naval de Guantánamo» o que se eliminara «de un solo golpe a los dirigentes» (Fidel, Raúl y el Che Guevara); de lo contrario, «solo será derrocado mediante el uso de la fuerza».[16] Ocho días después, Eisenhower firmó una orden del NSC que autorizaba un plan para el derrocamiento del gobierno. El Programa de Acción Encubierta contra el Régimen de Castro constaba de cuatro puntos: la creación de «una responsable y unificada oposición cubana al régimen de Castro fuera de Cuba»; una «poderosa ofensiva de propaganda contra Castro»; la formación de una «organización de acción e inteligencia encubierta fuera de Cuba», y el «desarrollo de una fuerza paramilitar

fuera de Cuba para una futura acción guerrillera».[17] Con tales
objetivos comenzó el entrenamiento militar de exiliados cubanos en Florida, Guatemala y Nicaragua.

Con la convicción de que para poner fin a la Revolución
cubana se requería la remoción de su(s) líder(es) de las posiciones de poder, en esa fase se sucedieron varios planes de atentados contra Fidel.[18] Datos de esos subterráneos *top secrets* aparecerían paulatinamente a partir de afirmaciones de los periodistas
Drew Pearson y Jack Anderson, del *New York Times*,[19] que implicaban a la CIA y la mafia en los intentos de asesinar a Fidel.

Según un informe del entonces inspector general de la CIA,
J. S. Earman, los planes perseguían desprestigiar la imagen de
Fidel, «influyendo en su conducta o alterando su apariencia». En
uno de ellos se contemplaba la utilización de un aerosol con un
compuesto químico semejante al LSD, destinado a infectar el aire
de un estudio de televisión donde el comandante iba a hablar;
otro proponía la contaminación de sus cigarros favoritos, para
«ridiculizarle en público».

Al mes siguiente hubo provocaciones en la zona de la base
de Guantánamo, escenario de algunos de esos planes. «A los que
dicen que vamos a atacar la base naval de Caimanera [Guantá-
namo]… cuidado con las autoagresiones, que ya no engañan…»,
afirmó Fidel.

LA MIRADA DE SIMONE

Rombo rojo y negro en las hombreras. Desviando la vista de ese corto plano mientras bajaban por la escalera, Jean-Paul Sartre y Simone de Beauvoir registraron la concreta «existencia» de un gigante de uniforme caqui, con cordones bien ajustados en las negras botas, a pesar de los abundantes y desgreñados cabello y barba.

Fidel se adelantó a saludar a la pareja de filósofos sin lograr disimular un cierto malestar: más que el retraso de los invitados, le irritaba la falta del intérprete, a quien no habían avisado a tiempo. Simone grabó en su mente aquel perfil oblicuo, de nariz larga, arrugado de irritación pero oportunamente relajado por una sonrisa.

Ambos intelectuales franceses serían invitados especiales del gobierno y permanecerían casi dos meses en Cuba, para observar la Revolución. De fatales conclusiones, un precoz diagnóstico: algo de trágico y frágil emanaba del líder. «¿Qué sucedería si desapareciera?», conjeturó Simone. Asimismo la escritora declaró:

> Me preguntaba qué era exactamente aquello... Las personas gritan de júbilo, se arrojan de la tribuna, los niños corrían hasta el estrado y querían tocar su uniforme... Él permanecía allí apenas sonriente, con una especie de torpeza. Nada de histriónico... Tendría horror de decepcionar a las personas que encontraban tanta felicidad en mirarle. Entonces permanecía allí, un poco turbado; hasta parecía tímido... Se da y, al mismo tiempo,

se observa… Piensa de manera profunda, dialéctica, a partir de las causas. Sabe que, si ataca un problema por cualquier lado, todo lo demás vendrá inevitablemente… No parte jamás de una teoría, forma ideas a partir de la realidad. Parece que su superioridad intelectual viene de ahí… La originalidad de la Revolución reside en que hace lo que debe hacerse, sin preocuparse por definir una ideología a priori.[1]

Como comentó el Che Guevara a los filósofos, en un torpe francés, Fidel era sin duda «un vulgarizador de temas complejos».

Una madrugada, Sartre y Simone fueron a descansar en una cabaña, mientras Fidel iba a pescar. Volvió con unos pargos que el cocinero preparó por la mañana. Fue en esa ocasión cuando Sartre discurrió, a petición del cubano, sobre el problema de Argelia. Trató de explicarle el *impasse*: después de más de dos años de guerra, el general Charles de Gaulle, presidente de Francia, buscando un acuerdo había propuesto la realización de una consulta electoral como referéndum sobre si la independencia debía ser absoluta o relativa (con autonomía, pero dentro de la comunidad francesa), con una previa cesación de las hostilidades. El Frente de Liberación Nacional (FLN), el ejército rebelde argelino que representaba a la mayoría musulmana, rechazó la propuesta, lo que ya había supuesto De Gaulle, que pretendía alargar el conflicto hasta la derrota de los insurgentes y preservar los intereses de los colonos europeos en el territorio (constituían la novena parte de la población argelina, correspondiente a un millón de habitantes).

Luego le tocó a Sartre satisfacer su propia curiosidad: ¿qué pensaría Fidel de un artista eminentemente esteta pero que, como ciudadano, actuara en beneficio del país? «Será un ciudadano cívico —respondió Fidel—, pero como artista estará traicionando su propia obra, condenándola al aislamiento. Y el problema del arte por el arte…», con lo cual manifestó su concepción de la cultura, atada al saber y a la política, que no habría de sufrir sensibles modificaciones en el transcurso de su vida. «Antes, la cultura excluía al pueblo de la verdad y del conocimiento de sí mismo, pero la Revolución abrió una vía doble; el pueblo comenzó a descubrir la cultura y esta a descubrirle… […] Los in-

telectuales juntan el libro al rifle; uno es instrumento de cultura, y el otro, de defensa de la patria...», afirmó. Tal visión, estrecha y conservadora para muchos intelectuales, era compartida por
Sartre, que sin embargo evitaba el extremismo de la defensa de
un «arte funcional».

Jânio Quadros, candidato de la oposición a la presidencia de
Brasil, habría de disputar con la pareja francesa las atenciones
de Fidel, pues llegó a Cuba el 29 de marzo. Al desembarcar declaró que había ido a apreciar la transformación social, económica, política y moral, con lo que ganaba puntos ante el electorado
brasileño de izquierda, contra su principal adversario, el mariscal nacionalista Henrique Duffles Batista Teixeira Lott.

Por la noche, en la recepción ofrecida en la residencia del
embajador brasileño, Vasco Leitão da Cunha, adonde acudía de
vez en cuando, Fidel no disimuló su atracción, a la vista de todos, por Nininha, la esposa del embajador. Incluso para quienes
no le conocían, no resultaba difícil notar cuándo le gustaba una
mujer, pues al mirarla torcía de un modo peculiar la nariz y la
boca. Era un calificado seductor, aunque la vida que llevaba no
le permitía profundizar en sus conquistas.

Cuando Fidel preguntó a Jânio Quadros por la conferencia
de países tercermundistas que deseaba promover y para la cual
había solicitado la colaboración del brasileño, este opinó que la
veía incompatible con el «espíritu panamericano», a lo que Castro
replicó con una semiprovocación: solo los gobernantes de los
países de América Latina no mostraban la suficiente independencia de Estados Unidos para aceptar su invitación.

Fidel era el único en la región que defendía la autonomía sin
reticencias. Sartre y Beauvoir llegaron a ser testigos, en poco tiempo, de buena parte de las definiciones del gobernante que se habían esbozado el año anterior. Por ejemplo, el suculento convenio
con la URSS firmado por Fidel, semanas antes del programa que
organizaba el gobierno de Eisenhower para derribarle. Para ello
Fidel había dicho a Alexandre Alexéiev, el corresponsal de la agencia soviética de noticias Tass, que un modo de eliminar las «predis-
posiciones anticomunistas» en Cuba sería la promoción de un gran
evento, como el que la URSS había realizado en México.

Meses después de ese comentario llegaron los soviéticos. La gigantesca Exposición de Ciencia, Técnica y Cultura de la URSS, gestionada por Alexéiev, dio cobertura a la llegada del viceprimer ministro, Anastas Mikoyán, para sondear extraoficialmente el estrechamiento de las relaciones.

Dispuestos en un pabellón de 9.000 metros cuadrados, los *Sputniks*, el *Lunnik*, que se convirtió en satélite eterno del Sol, grandes maquetas de la primera central atómica, de las plataformas de extracción de petróleo submarino, microscopios electrónicos, armamentos, automóviles, trajes populares, libros, revistas y la Cámara de los Tiempos, que permitía hacer millones de fotografías por minuto. Todo eso cautivó a los cubanos por su demostración de desarrollo, al contrario de lo que se creía hasta entonces.

En virtud del convenio firmado por Fidel, de cinco años de duración, Cuba debía comprar productos soviéticos, en especial petróleo, a un valor un 33 por ciento inferior al de Estados Unidos, y abastecer a la URSS de un millón de toneladas de azúcar por año, con un precio superior al del mercado internacional, lo que le garantizaba un saldo favorable en la balanza comercial de 70 millones de dólares en el período. Además, recibiría un considerable suministro de armas, asistencia técnica, militar y de seguridad, amén de un crédito de 100 millones de dólares, pagaderos en 12 años, con intereses del 2,5 por ciento anual, lo que terminaría de saldarse a través del envío de contenedores de frutas, alimentos enlatados y conservas fabricados en Cuba. Al pronunciarse sobre el convenio, Fidel argumentó que era solo un «intercambio ecuánime», aunque en países de Occidente se lo consideraría un subsidio paternalista.

Tras los soviéticos llegaron representantes de la República Democrática Alemana, Polonia y Checoslovaquia, para concluir otros intercambios. La pasión de Mikoyán por Cuba resultó decisiva para influir en el Este europeo, en cuyo interior había divergencias en lo relativo a la alianza con Fidel, como efecto colateral de sus disputas con el Partido Socialista Popular (PSP). Sin embargo, la influencia del viejo partido iba aumentando en la misma proporción en que se consolidaban los lazos cubanos con la URSS. Blas Roca, secretario general del PSP, reconoció, en la reunión plenaria del Comité Central realizada en agosto, que el jefe de la Revolución era Fidel Castro, y revisó las críticas que había expresado en ocasión del asalto al Moncada: «No fue concebido como un clásico *putsch*, a pesar de la forma... No pretendía destruir el gobierno, sino iniciar la revolución...».

Por iniciativa común de Fidel y Blas Roca se crearon oficialmente, el 2 de diciembre, las Escuelas de Instrucción Revolucionaria (EIR), cuya misión consistía en explicar y divulgar el marxismo-leninismo a los cubanos, bajo la dirección general de Lionel Soto. Roca no pudo, sin embargo, acallar a los compañeros disconformes, que continuarían intrigando contra el gobierno.

En junio las principales empresas petroleras estadounidenses anunciaron que no enviarían un solo barril de petróleo al territorio cubano y las refinerías no procesarían el crudo venido de la URSS. La Texaco desencadenó la crisis, y le siguieron las refinerías de la Esso y la Shell. Entonces el presidente Eisenhower tomó la decisión de cortar la cuota azucarera de Cuba, medida que ratificó el Congreso estadounidense el 3 de julio. Con ello Cuba perdería los millones de dólares de sus exportaciones a Estados Unidos.

«Nos quitarán la cuota, libra por libra, y nosotros les quitaremos los ingenios... ¡uno por uno!», pontificó Fidel. Kruschev le envió prontamente un télex, en el que afirmaba que la URSS le compraría la totalidad del azúcar.

A cada decisión expresa de Estados Unidos, Fidel aprovechaba para contestar con otra radical, con el objetivo de invertir las supuestas causas. Al presentar los hechos como sus cómplices, podría justificar que «el imperialismo» era el mayor culpable de la disputa. En junio, el día 6, firmó la ley número 851, que establecía la nacionalización de todas las propiedades estadounidenses en Cuba. Un mes después aplicó la misma medida a las refinerías de petróleo, 36 ingenios azucareros y las compañías de teléfono y luz.

Presionada por Estados Unidos, la Organización de los Estados Americanos (OEA) condenó a Cuba en la Declaración de Costa Rica,[2] y el 2 de septiembre millares de cubanos la repudiaban con Fidel en la plaza Cívica (o de la Revolución), para aprobar la Declaración de La Habana. Quince días más tarde se nacionalizaron los tres bancos estadounidenses que operaban en Cuba: el First National City Bank of New York, el First National Bank of Boston y el Chase Manhattan Bank.

En plena batalla con Estados Unidos, al día siguiente, 18 de septiembre, Fidel resolvió viajar a Nueva York para participar en la XV Reunión de la Asamblea General de las Naciones Unidas.

Ambiente de tensión. Agentes del FBI y una cantidad de policías custodiaban el hotel Shelburne, donde Fidel se hospedaría en Nueva York. Fuera, protestas e incidentes entre anticastristas y simpatizantes de la Revolución.

A la mañana siguiente, cuando apenas había comenzado la reunión, Fidel se dirigió deprisa al edificio de la Organización de las Naciones Unidas (ONU) para protestar por los insultos de que era objeto la representación de su país. En consecuencia, considerándose damnificada, la gerencia del hotel notificó que la delegación debería abandonar el lugar y se negaba a devolver los 5.000 dólares depositados como garantía de gastos, con el argumento de que debía aguardar instrucciones del Departamento de Estado. «Si es necesario acamparemos en los jardines, que son un territorio internacional», declaró Fidel en la ONU al no encontrar un hotel capaz de ofrecerle garantías.

Por detrás de la escena visible también había serios indicios de un plan de atentado. La CIA había tratado de reclutar a un miembro de la seguridad encargado de los jefes de Estado, con el fin de utilizarle para introducir cigarros explosivos en una caja que se hallaba a la vista en la suite de Fidel, pero el policía se negó. Semanas antes, el supervisor de la División Química de Servicios Técnicos de la CIA, Joseph Schreider,[3] había preparado, como alternativa, otra caja de cincuenta cigarros infectados con botulina tóxica.

El movimiento negro del Harlem le ofreció un hotel en el barrio, que él aceptó. Pronto llegó al hotel Theresa (calle Ciento veinticinco y Séptima Avenida), donde fue aclamado por miles de negros reunidos en las inmediaciones. Excluido de la invitación al banquete ofrecido por el gobierno en el Waldorf Astoria, almorzó en el Theresa acompañado por el propietario, sus empleados y periodistas. También acudieron a visitarle allí Nikita Kruschev, el mariscal Tito y Nasser. En el transcurso de las sesiones de la asamblea Fidel intercambió ideas con el argelino Chanderlo, el líder indio Nehru y N'Khrumah, el presidente de la República de Ghana. El 26 de septiembre pronunció su discurso, en el que puntualizó: «Señores delegados, aprovecho para decirles que hay muchas madres en los campos de Cuba y en este país que aún esperan un telegrama de condolencia por sus hijos asesinados por bombas de Estados Unidos...».

Exigió que se retirara la base de Guantánamo del territorio cubano y abordó el problema africano. Sus relaciones en la zona se afirmaban sobre todo con Ghana y Guinea, que propugnaban la unión africana por la descolonización. Aquel año, se independizaron 17 países africanos, aunque ciertas condiciones reproducían la «balcanización» en el continente —los particularismos tribales y la lucha por el liderazgo, ambos aspectos explotados por las grandes potencias—, de acuerdo con la expresión formulada por Fidel en su discurso. Las fronteras entre los países de la región se habían trazado de forma artificial, atendiendo a los intereses de los colonizadores europeos, sin tener en cuenta las distinciones etnoculturales.

Entre los dirigentes africanos con formación europea, Julios Nyerere proyectaba, en Tanzania, la versión de un «socialismo espiritualista», en busca de la esencia igualitaria de las comunidades africanas y rechazando la lucha de clases. Por su parte, Sekou Touré, el emergente líder de Guinea,[4] afirmaba que «pertenecer a Francia o a la comunidad francesa sería continuar con la subordinación y el estado de indignidad»; compartía así la posición del FLN argelino. Touré viajaría a La Habana en octubre, invitado por Fidel, en la primera visita de un jefe de Estado africano al país. Conakry, la capital de Guinea, se convertiría en el primer punto de contacto de los cubanos en África.

Al Congo belga (llamado después Zaire, y actualmente República Democrática del Congo) Fidel le dedicaba un interés especial. Poco después de que el dirigente Patrice Lumumba se manifestara por una independencia real, con la nacionalización de la economía, belgas y estadounidenses, en el intento de preservar la explotación de las grandes riquezas minerales de la región, incitaron diferencias ente grupos, hasta el punto de hacer estallar una guerra civil. Lumumba recurrió a la ONU y la URSS, pero acabó asesinado, el 15 de febrero de 1961, como fruto de un complot organizado por la CIA.[5] Tras el episodio, el líder del FLN argelino, Ahmed Ben Bella, planteó a Fidel que la emancipación de África pasaría inevitablemente por el Congo.[6] Se formalizaron los contactos en el Movimiento de Países No Alineados, cuya primera conferencia tuvo lugar en Belgrado aquel mismo año. Según el líder cubano, en ese marco «Cuba asumía el liderazgo de una tercera posición, ni comunista ni capitalista, ni por la opresión ideológica ni por la opresión económica». Era, como mínimo, un nuevo desafío en su vida, en una etapa de estrechas relaciones con los soviéticos.

En medio de la reunión de las Naciones Unidas, el avión de Fidel fue confiscado por acreedores estadounidenses, y debió regresar a Cuba en un cuatrimotor ofrecido por Kruschev. Ya listo para partir, respondió así a la pregunta de si era comunista: «Para ustedes, comunista es todo aquel que tiene ideas progresistas. Soy el mismo de siempre y no hago más que cumplir todo lo que prometí…». Kruschev, en la misma oportunidad, afirmó que ignoraba qué era el cubano, pero que él se consideraba un fidelista.

Para finales del año, Fidel completaba un ciclo de cambios en Cuba. Declaró pública y estatal la función bancaria y firmó el decreto de nacionalización de más de 548 empresas y fábricas, incluyendo propiedades de estadounidenses y otras actividades del comercio minorista. Concluyó la reforma urbana, con la entrega de viviendas a los inquilinos y el pago de compensaciones a los propietarios de los inmuebles. Aunque no estuviera programada, también se decidió la nacionalización de la docencia, en varios niveles, como resultado de la expulsión del clero involucrado en conspiraciones. Algunos sacerdotes fueron arrestados, pero no hubo fusilados.

El éxodo político aumentaba. Junto con muchos ciudadanos comunes que no soportaban el nuevo perfil del poder, se marcharon ex militantes opositores de Batista, ex rebeldes del M-26-7 y de otras organizaciones, que acusaban a Fidel de comunista y traidor a la Revolución. Juana Castro Ruz, una de las hermanas de Fidel, también rechazó la ascensión de los comunistas y se exilió en Estados Unidos. A tal situación de extrema polaridad contribuía la reciente creación de los Comités de Defensa de la Revolución (CDR), compuestos por elementos populares que en cada barrio se encargaban de vigilar y detectar actividades contra el régimen.

En total, en los tres primeros años de la Revolución abandonaron el país rumbo a Florida 256.000 de los seis millones de cubanos que componían la población total en la época. Fidel decidió autorizar la salida de todo el que deseara irse, mientras en el otro lado se promovían las entradas «ilegales» en Estados Unidos, por su significado político y propagandístico, que consolidaba la imagen de país-partido. Pronto Fidel restringió los denominados pases de retorno breve, que normalmente concedían los guardas de la frontera a los que hacían viajes cortos a Florida. «¡No vamos a facilitar las cosas a los contrarrevolucionarios que salen por la mañana y regresan por la tarde! Lejos está de nuestro interés evitar que salgan; ¡lo que nos interesa es que no regresen!», declaró enfadado.

En Miami la CIA creaba un gran centro para organizar la masa de exiliados. Allí habrían de concentrarse varios «oficiales de caso» para ocuparse del control de muchos agentes cubanos, una flota aérea y naval, oficinas y «casas de seguridad» que conformarían una buena parte de la ciudad que pasó a conocerse con el nombre de Little Havana. El tránsito entre Florida y los países limítrofes —Costa Rica, Nicaragua y Guatemala— se volvió intenso, incrementado por el contrabando de armas, pertrechos militares y drogas, así como por el blanqueo de dinero. En favor de la «vuelta de la democracia» a Cuba, la CIA ayudó a crear varias organizaciones de exiliados, a las que suministraba armamento y recursos; aun así, una porción significativa acabó «penetrada» por la contrainteligencia de Fidel.

Comenzaba entretanto la segunda fase de los planes de la CIA para eliminar a Fidel, más intensivos y articulados,[7] con la colaboración de la mafia, igualmente interesada en su desaparición, ya que sus negocios se habían visto muy perjudicados a causa del nuevo régimen cubano.

La CIA inició la Operación Sindicato del Juego, que abarcaría dos fases, la primera de las cuales se prolongaría hasta abril de 1961 y fue reconocida por el Senado estadounidense en 1975 como uno de los ocho planes de atentado contra Fidel. Los oficiales de inteligencia involucrados, además del director de la CIA, Allen Dulles, y del vicedirector general, Charles Cabell, fueron Richard Bissell (subdirector de planes), Sheffield Edwards (director de Seguridad) y James O'Connell. Por parte de la mafia participaron principalmente John Roselli, el *capo* Santos Trafficante, hijo, y Sam Momo Giancana.

La acción operativa se puso en marcha cuando Robert Maheu, detective privado y ex agente del FBI, fue elegido para realizar el contacto con John Roselli. Maheu se presentó como un asesor de empresarios perjudicados en Cuba, con el ofrecimiento de 150.000 dólares por el servicio de eliminación de Fidel. Sellado el acuerdo, en un encuentro posterior, en septiembre de 1960 en el hotel Fontainebleau de Miami, Roselli apareció acompañado por Sam Giancana y Santos Trafficante. Los mafiosos expusieron la posibilidad de acabar con Fidel en un tiroteo en algún lugar de Cuba, pero la idea se descartó enseguida, debido al fuerte dispositivo de seguridad del líder.

De todos, Santos Trafficante era el más importante «Don» del circuito Miami-La Habana.[8] Transcurridos casi dos años desde el triunfo de la Revolución, todavía conservaba relaciones dentro de la isla, a causa de algunas actividades que allí mantenía,[9] con unos pocos casinos de juego en operación, dentro de las reglas aplicadas al mercado turístico. El desmantelamiento de los negocios de la mafia se había producido de forma gradual. Hasta principios de 1959 Trafficante controlaba varios hoteles-casinos —como el ya mencionado hotel Capri—, locales de gastronomía y diversión y gran parte del negocio de contrabando (de armas, drogas y bebidas alcohólicas).

En julio de aquel año, cuando todavía poseía una bella residencia en La Habana, Trafficante fue detenido por el servicio secreto cubano y trasladado a un establecimiento llamado Triscornia, destinado a extranjeros a la espera de extradición. Allí permaneció hasta el momento en que las autoridades juzgaron propicio para su salida, dado que había procesos judiciales en curso contra el *capo* en territorio estadounidense.[10] Según documentos de la contrainteligencia cubana, dejó el establecimiento el 8 de agosto de 1959 y días después salió del país.[11]

Hay dos explicaciones para la aparente complacencia en el trato que se dispensó a Trafficante. Una, el hecho de que él había facilitado la adquisición de armas para los grupos que luchaban contra Batista, algunos de los cuales tenían representantes que habían conquistado una buena situación en el aparato del nuevo gobierno. De esta manera el mafioso, de buen olfato político, había procurado precaverse para el caso de la caída de Batista, que había abierto las puertas del país a la mafia en general. Otra razón se debía a que las relaciones surgidas en la «red» de Trafficante serían, en ese momento, como una fértil fuente de inteligencia respecto al naciente movimiento contrarrevolucionario en el exilio.

Trafficante era un viejo conocido de alguien que poseía un acceso directo y constante a Fidel: Juan Orta, uno de los funcionarios del gabinete del primer ministro.[12] Por su parte, Orta estaba muy insatisfecho y necesitado de dinero, pues había perdido una buena fuente de ingresos, proveniente de los negocios del mafioso. Le propusieron entonces que fuera el ejecutor del envenenamiento de Fidel, con pastillas de botulina tóxica que podían disolverse en líquidos fríos; Orta las escondió durante dos semanas a principios de 1961, sin decidirse a llevar a cabo la operación. En el mismo período, perdió su posición en el gabinete ministerial y en abril se asiló en una embajada.

Dos meses antes, en febrero, llegaron otras pastillas del mismo veneno, por recomendación de Trafficante, a las manos de Manuel Antonio de Varona, en Miami. Varona, destacada figura política en el antiguo régimen, era entonces socio del mafioso en una compañía inmobiliaria del sur de Florida, y también el jefe de la organización contrarrevolucionaria Rescate, que contaba con miembros activos en Cuba. Entre marzo y abril Varona envió las pastillas envenenadas a Alberto Cruz Caso, su hombre de confianza dentro del país. Sin embargo, la señal necesaria para efectuar la ejecución jamás llegó a Varona.

En este caso la CIA fue víctima del principio de «compartimentación» de sus propios métodos, ya que ninguno de los personajes involucrados en la conexión del atentado contra Fidel conocía el otro objetivo correlacionado: el de un plan de invasión de Cuba. John Roselli, pese a sus intentos, no logró localizar deprisa a Varona, puesto que este había sido aislado con el grupo de componentes del supuesto futuro gobierno de Cuba una vez que se llevara a cabo la invasión.[13]

Fidel recibía y captaba indicios de los planes por medio de sus agentes fuera y dentro del territorio, infiltrados en la mencionada «red» mafia-CIA (en particular en la de Santos Trafficante). Se hallaba en marcha una invasión desde Estados Unidos, que haría realidad la trágica tormenta prevista por Simone de Beauvoir un año antes, como una amenaza al líder.

Corrían rumores de que los invasores mercenarios serían apoyados por fuerzas militares de Estados Unidos. Raúl Castro ya viajaba a los países del Este europeo para tratar del abastecimiento de armamento pesado, incluyendo aviones Mig. Numerosos pilotos cubanos fueron a entrenarse en Praga. Las armas necesarias llegaron en aviones y barcos camuflados, primero de Checoslovaquia, después de la URSS.

El 3 de enero de 1961, Estados Unidos rompió las relaciones diplomáticas con Cuba. Previamente el canciller cubano, Raúl Roa, había solicitado, por medio del Consejo de Seguridad de la ONU, la reducción de personal de la embajada estadounidense en Cuba, con el argumento de que la mayor parte desarrollaba actividades de espionaje y subversión. Estados Unidos pidió a Suiza que representara los asuntos diplomáticos de Estados Unidos en Cuba; la isla, a su vez, eligió como representante a Checoslovaquia.

Al asumir el cargo el 20 de enero, el nuevo presidente de Estados Unidos, John Fitzgerald Kennedy, recibía como herencia un proyecto de invasión listo para ejecutarse, con los auspicios de la CIA y el Pentágono. De la CIA obtuvo informaciones de que el pueblo cubano se sometería a los invasores, pero desaprobó los métodos.

En febrero la CIA preparaba el envío de un grupo con una tarea para el «día D» en tierra cubana: sublevar unidades de la marina de guerra y de la policía, con elementos conocidos. Entre los que llegaron se encontraba el ex ministro de Agricultura Sorí-Marín, que desembarcó en Fundora, entre las provincias de La Habana y Matanzas. Fidel, informado del asunto, decidió con agentes de la G-2 la captura de los implicados, tras provocar la detonación de falsos levantamientos y protestas.

La infiltración de grupos entrenados en bases estadounidenses, como la de Panamá, era uno de los elementos condicionantes de la Operación Pluto, el nombre del programa de invasión en su conjunto. Otro era la actuación de una «quinta columna» en la región de Escambray, como contención a las tropas revolucionarias, ya que se preveía el desembarco mercenario en aquella región de buen acceso por la costa y provista de aeropuerto. Hacia allí se desplazaron, en efecto, varios grupos ayudados por miembros del extinguido ejército de Batista. Fidel, al observar los movimientos, ordenaba la detención de cada participante. Estaba al tanto de todo y confiaba en pocos.

En marzo creó el Ministerio del Interior, que agrupaba las actividades de policía, inteligencia y contrainteligencia. En aquellos tiempos llegó a haber en Cuba, en determinado momento, 15.000 presos ligados a conspiraciones contrarrevolucionarias. Entre ellos, Rafael del Pino, Jorge Sotús y Enrique Ovares, conocidos de Fidel desde antes de su llegada al poder. En esa época el líder cubano recibía las copias de las actas de la Asociación de Hacendados, de manos del propio secretario que las redactaba. Cierto día, con la conspiración en marcha, mandó cercar la casa donde se celebraban las reuniones y, a medida que llegaban los conspiradores, los recibía él mismo.[14] En ese mismo mes de marzo Eloy Gutiérrez Menoyo partió al exilio. Una vez en Estados Unidos, constituyó el Alpha 66,[15] que se convertiría en una de las organizaciones anticastristas más fuertes.

El ex presidente Urrutia, que entonces vivía en La Habana de su jubilación como juez, también se marchó, en abril, mientras se hacía una convocatoria general para el servicio militar. Aprovechando la ausencia temporal de la vigilancia del barrio donde residía, corrió a la embajada de Venezuela para pedir asilo y llegó a Miami seis meses después. Ángel Fernández Varela, ex profesor de Fidel en su adolescencia, fue detenido en enero, cuando intentaba embarcar rumbo a Estados Unidos, y liberado enseguida. Al encontrarse con Fidel en el restaurante Potín, recibió del líder un aviso que tuviera cuidado, pero quería —y debía— permanecer en el país, ya que el año anterior había sido reclutado por el oficial de la CIA David Atlee Phillips, durante un viaje a Coral Gables.[16] No tardó, sin embargo, en marcharse también al exilio, pues Phillips le llamó para que trabajara en Radio Swan, que transmitía propaganda contrarrevolucionaria en Florida. En cuanto a Max Lesnick, sabedor y expresamente avisado de la situación adversa, partió asimismo a Florida en una lancha, desde la playa de Cojímar. Sin embargo, según declaró, él era un caso aparte: «Fidel sabía que yo nunca me convertiría en instrumento de la política estadounidense».[17]

35

LA INVASIÓN FALLIDA

Fidel, visiblemente agotado tras más de una noche sin dormir, sobrevolaba la isla inspeccionando las fronteras en helicóptero. Nadie sabía, ni podía saber con precisión, cuándo y cómo ocurriría la invasión, aunque él sospechaba que la probable variante era la península de Zapata, cercana a la zona de Escambray. El acceso por tierra a la península, rodeada de un denso pantano, era dificultoso por la estrechez de los caminos, pero esa geografía resultaba ideal para plantar allí la «cabeza de playa», la base de la invasión.

En la capital, desde el puesto de mando de las Fuerzas Armadas Revolucionarias (FAR), Fidel divisó en el cielo aeroplanos que se aproximaban evolucionando en círculo. El sábado 15 de abril de 1961, por sorpresa, varios B-26 pintados con insignias de la Fuerza Aérea Cubana bombardearon el campamento de las FAR en los alrededores de La Habana y los aeropuertos de San Antonio de los Baños y Santiago de Cuba. «En menos de veinte segundos nuestra artillería respondió al fuego…», recordó el líder.

Siete muertos y 53 heridos. Una multitud acompañó el cortejo fúnebre hasta el cementerio de Colón, en La Habana, donde Fidel pronunció un discurso sobre un estrado de madera frente a la entrada principal. Declaró alerta de combate y, percibiendo que era la justa oportunidad, decidió explicar, por primera vez, cuál era la verdadera ideología que inspiraba la Revolución: «Lo que no pueden perdonar… ¡es que hayamos hecho una revolución socialista en las narices de Estados Unidos! ¡Y que esa revolución socialista sea defendida con estos fusiles!».

El bombardeo había sido el preludio. La madrugada del 17, estando Fidel en el puesto de mando militar, recibió la información de que en el extremo oriente, en el litoral de Baracoa, se había detectado otra embarcación que se aproximaba a la costa. Aun así, Fidel seguía confiando en su intuición de que la dirección principal del inminente ataque sería la península de Zapata, de modo que ordenó una movilización inmediata hacia allí. Una de las unidades enviadas debería situarse en las estribaciones de la sierra de Escambray.

En efecto, casi al amanecer decenas de paracaidistas se lanzaban a los alrededores de la península para iniciar la toma de la «cabeza de playa». El grueso de la Brigada 2506, una expedición de 1.400 mercenarios entrenados, la mayoría en Guatemala, divididos en siete batallones de 200 hombres cada uno distribuidos en cinco embarcaciones, llegaba a Playa Girón (bahía de los Cochinos) para el desembarco anfibio y aéreo. Hombres rana que saltaban de una balsa separada de la embarcación mayor se dirigían al extremo derecho de Playa Girón. Otra parte de la expedición se desplazó hacia la contigua Playa Larga. Algunos oficiales de la CIA supervisaban a distancia las operaciones del desembarco.

Para disponer las fuerzas y llevar a cabo un contraataque, Fidel contaba solo con dos callejuelas tortuosas, «una especie de paso de las Termópilas», según definió. Sin cesar de dar órdenes, gritando por teléfono, recorría la región en tanque o en jeep.

A medida que avanzaba el día, los milicianos demostraban ya buen poder de resistencia en algunos puntos. Hacia el final de la tarde Fidel fue a estudiar los mapas y elaborar formas de apostar tropas para bloquear definitivamente el paso, con la idea de situarlas por el oeste de Playa Larga y avanzar hasta Playa Girón antes del amanecer. En alta mar se divisaba un portaaviones estadounidense que parecía detenido por algún motivo.

El 19 se habían recuperado las posiciones tomadas por la brigada invasora. Por la tarde, al cabo de poco menos de 72 horas de lucha, los buques pusieron proa hacia alta mar. Entre las tropas cubanas se contaban 157 muertos y centenares de heridos.

Entre los mercenarios, 1.197 prisioneros, muchos capturados cuando corrían por la región pantanosa, gritando y quejándose de traición. Afirmaban que el presidente John Fitzgerald Kennedy era el gran culpable de su derrota.

«Kennedy no impidió la invasión —interpretó Fidel— porque todavía no tenía suficiente autoridad ni suficiente experiencia en el gobierno... pero evitó un error mucho más grave, que habría sido el de autorizar el ataque militar...»

Las fuerzas militares dispuestas en los barcos detenidos en el mar del Caribe quedaron a la espera de una orden de la superioridad, que nunca llegó. El presidente estadounidense fue coherente con las declaraciones que había hecho cinco días antes: que la armada de su país no participaría en ninguna invasión.

Fidel interrogó a los detenidos y logró enterarse de los detalles de la operación. Después pidió una indemnización al gobierno estadounidense por pérdidas y perjuicios, a cambio de la libertad de los prisioneros de guerra. Pasados casi dos meses, el 6 de junio, dio seguimiento político al asunto. En una carta dirigida al comité negociador del caso, propuso renunciar a cualquier indemnización siempre que el gobierno estadounidense gestionara con sus aliados Francisco Franco (España), Luis Somoza (Nicaragua), Miguel Idígoras (Guatemala) y Muñoz Martín (Puerto Rico) la libertad de ciudadanos encarcelados —«por luchar contra el fascismo, el racismo, el colonialismo y el imperialismo, como Henry Winston, el líder del Partido Comunista (PC) estadounidense», que se encontraba preso desde 1956—, en un número igual a los 1.189 prisioneros de Girón. Rechazada la propuesta, en diciembre llegó a La Habana la indemnización: varios contenedores de conservas de alimentos y medicamentos para niños por valor de 54 millones de dólares. Fidel inspeccionó la mercancía y procedió a la entrega de los prisioneros.

A pesar de la intensiva concentración en la defensa del país desde principios de 1961, el programa social no se había estancado en Cuba. La ayuda de los soviéticos permitía el avance en la construcción de hospitales y policlínicas, y poco a poco se generalizaba la gratuidad de los servicios de salud, con la formación de nuevos médicos y profesionales del sector. Ante el problema crónico de la educación, Fidel había convocado también a 10.000 profesores voluntarios, a los que pagaría la mitad del salario, para lanzar una campaña de erradicación del analfabetismo, en especial en las zonas del interior, ya que el 40 por ciento de la población cubana, de seis millones de habitantes, no sabía leer ni escribir. Cuarteles y comisarías se transformaron en escuelas, y varias de las mansiones residenciales de lujo de la capital, antes abandonadas, se convirtieron en institutos, empresas del Estado o centros educativos.

Por otra parte, el recorrido realizado por el Che Guevara por los países socialistas a finales de 1960 le había hecho dudar del modelo soviético. Rechazaba de este lo que consideraba la visión mercantil y burocrática, el determinismo tecnológico y el vicio de los cálculos, que se transformaban en una suerte de catecismo en la URSS y, para Guevara, correspondían al principio de la competencia capitalista. «La construcción del socialismo en Cuba tiene que huir de ese mecanicismo como de la peste», alertó el Che a Fidel en privado.

En vías de elaborar un nuevo pensamiento, el Che deseaba realizar el socialismo con una fórmula local, probar un nuevo método de planificación económica en que la mayor rentabilidad significara la reducción de los costes de producción. Propuso entonces estimular las «fuerzas productivas», a través de incentivos morales y materiales a los trabajadores, con predominio de los primeros, apuntando al perfeccionamiento del individuo. El médico argentino no sabía cuándo, pero soñaba con que un día nacería el «hombre nuevo», con una real conciencia de lo colectivo. Fidel escuchó todas sus reflexiones y le nombró presidente del Banco Nacional, y luego ministro de Industria, sin duda apostando por esas reflexiones.

Junto con el Che, integraban la cúpula de Economía y participaban en la dirección de la Junta Central de Planeamiento (Juceplan) el presidente Osvaldo Dorticós y Carlos Rafael Rodríguez, el economista e intelectual del viejo Partido Socialista Popular (PSP). A diferencia del Che, Rodríguez defendía la aplicación de los manuales soviéticos en la gestión económica, sin modificaciones, por sus cuarenta años de eficacia. En cambio, el presidente Dorticós evitaba las disputas y prefería actuar como asesor. En cuanto a Fidel, discutía mucho cada aspecto con los dos; en el fondo su posición era semejante a la del Che, aunque se mostraba más flexible respecto a las opciones de la URSS, pues entendía que su necesidad de mantenerse como superpotencia en el tablero internacional la obligaba a adoptar posturas competitivas.[1] Entre las dos posiciones, Fidel actuaba como un péndulo, pero dentro del campo del socialismo, patrocinando el cambio unido a la estabilidad. Para él, más importante que la prosa teórica era resolver la carencia de oferta de bienes y servicios en Cuba. Todos se quejaban de anarquía en la distribución, ya que nunca llegaba mercancía suficiente a los puntos de venta. El socialismo, según comprobaba el líder, no había sido concebido para la carestía, como había supuesto Karl Marx, y menos aún en una situación de demanda ascendente. El crecimiento del consumo en Cuba —el de arroz y el de leche se habían duplicado en un año y medio—[2] era una consecuencia directa de la política social y de la «ocupación plena». Fidel, pensando en la manera de resolver el problema, resolvió crear una cadena de «tiendas del pueblo», con administración estatal. El gobierno establecería también un racionamiento e iniciaría la importación de artículos de primera necesidad, producidos en los países socialistas, como la manteca para cocinar y derivados lácteos.

Con un lenguaje de administrador de hacienda, que había aprendido de su padre, se lanzaba a una cruzada de convencimiento de los trabajadores, un comportamiento que repetiría innumerables veces en las décadas siguientes. Inició la promoción de las jornadas de «trabajo voluntario», con movilizaciones generales de la población para las cosechas de caña de azúcar. Fidel y el Che Guevara daban ejemplo, trabajando ellos mismos en las plantaciones, al tiempo que muchos jóvenes eran enviados a la URSS a estudiar agricultura.[3] Incentivadas por la Federación de las Mujeres Cubanas (FMC), la organización coordinada por Vilma Espín (hoy esposa de Raúl Castro), las mujeres se integraron a las tareas productivas, rompiendo valores de la sociedad heredada, ya que antes la mayoría trabajaba en servicios domésticos, otra parte realizaba tareas de baja remuneración en el sector terciario, o bien ejercían de prostitutas, cuyo número se calculaba en torno a cien mil.

Al mismo tiempo en que operaba en el escenario interno del país, Fidel perseguía el proyecto de hacer de Cuba el ejemplo que convertiría «la cordillera de los Andes en la Sierra Maestra del continente americano».[4] Con el ímpetu marxista de su juventud, voluntarioso e impulsivo, hasta hegeliano, veía la revolución como el destino inexorable de la historia, la ruptura inevitable con el imperialismo opresor y sus víctimas. Admitía que en ciertas situaciones podría haber una transición pacífica hacia el socialismo, pero aún esperaba ver «cuándo se daría al fin el primer caso».

Contemplaba en su proyecto tres regiones: América Latina, Asia y África. Se dio un paso decisivo en dirección a Argelia, recién independizada[5] y aún en guerra civil, y su líder, Ahmed Ben Bella. A finales de octubre de 1961 viajaba a Túnez, como portador de un ofrecimiento de Fidel —apoyo militar—, el argentino Jorge Ricardo Masetti, el director de *Prensa Latina*. En diciembre zarpaba del puerto de La Habana una embarcación cubana con 1.500 fusiles y más de 300 ametralladoras para entregar a Ben Bella; regresó con 76 guerrilleros argelinos heridos que necesitaban urgente atención médica. Más adelante Fidel le envió tropas, al tiempo que estimulaba nuevos contactos en el exterior, en América Latina, proporcionando apoyo y acogiendo a combatientes guerrilleros de varios países para darles entrenamiento. Para ellos Cuba era un baluarte, la experiencia de la que aprender e imitar. El entonces viceministro del Interior, el comandante Manuel (Barba Roja) Piñeiro, «cabeza» del secreto Departamento de Liberación, orientaba tales actividades y supervisaba los campamentos, en especial al este de La Habana.

Frente al avance de las formas de lucha armada, el asesor militar del presidente estadounidense, John F. Kennedy, el general Maxwell Taylor, recomendaba en un informe la organización de fuerzas antiguerrilleras en la región, con capacidad para combatir la subversión de «selva y calle». Escuelas en Fort Benning (Georgia) y Fort Gullick (Panamá) comenzarían en adelante a entrenar a estadounidenses y latinoamericanos de ejércitos regulares en técnicas de contrainsurgencia, con el fin específico de destruir núcleos rebeldes.

«También el Pentágono copió la idea, en el reverso de la medalla, pero sabemos que toda su ciencia militar explotará contra la realidad. El núcleo de la cuestión reside en si el pueblo, en cada país, se apodera de las armas, o si la maquinaria militar permanece intacta... Cuando ese conocimiento llegue... ¡estoy seguro de que no habrá fuerza imperialista, reaccionaria o de casta militar, ni ejército de la Organización del Tratado del Atlántico Norte (OTAN) capaz de aplacar el movimiento revolucionario!», estimaba Fidel.

Kennedy, mientras tanto, optaba por medidas más afines a su estilo para debilitar los argumentos de las izquierdas y el prestigio de Cuba en América Latina. En agosto presentó en Punta del Este (Uruguay) el programa Alianza para el Progreso, en el que proponía formas de reforma agraria, fiscal, de educación y salud, y ofrecía a los países del área una ayuda económica de 20.000 millones de dólares, que se invertirían en un período de diez a quince años, una idea similar a la que había propuesto Fidel en la reunión realizada en Buenos Aires en 1959.

Para el mandatario estadounidense, era preciso neutralizar algunos esquemas perversos de la CIA. El general Taylor, en un análisis del desastre de la invasión de la bahía de Cochinos, había señalado los errores de la agencia al exagerar las probabilidades de victoria en Cuba y recomendado al presidente la supervisión de todas sus actividades. Cuando se vio controlada, la dirección de la CIA congeló las operaciones de atentado contra Fidel que se hallaban en marcha, pero forjó otras, más sutiles y «encubiertas», ese mismo año de 1961.

Aprovechando las conversaciones ocasionales entre Fidel y el abogado James Donovan, el representante de Kennedy en la negociación por los daños sufridos por Cuba con la invasión, la CIA concibió un nuevo plan. Contaminaría con un hongo causante de una enfermedad incurable de la piel, o con el bacilo de la tuberculosis, un traje de pesca submarina que alguien allegado a Donovan le propondría entregar como presente a Fidel. Sin embargo, desistieron al descubrir que el abogado ya le había hecho un obsequio semejante.

Con otra operación, llamada Patty, se proponía simular un ataque a la base de Guantánamo y el asesinato de Fidel y de Raúl, con el objeto de justificar una intervención militar en Cuba. Una tercera operación, en el mismo período, llamada Liborio, se concentraba en un atentado contra Fidel. El líder recibiría un tiro de bazuca, disparado desde la tercera planta de un edificio de la avenida de las Misiones,[6] a poca distancia de la terraza del palacio presidencial,[7] donde pronunciaría un discurso el 5 de octubre. Detrás de todos estos planes estaba el oficial David A. Phillips, que había residido en La Habana como propietario de una academia de idiomas, la Berlitz.

Parte de los involucrados en las tres operaciones fueron capturados a tiempo por la policía cubana. La secuencia intensiva de los atentados forzó el endurecimiento de la seguridad de Fidel y de Raúl, que a partir de entonces nunca habrían de trasladarse en un mismo medio de transporte, entre otras medidas de precaución.

En 1961, en plena guerra fría, Estados Unidos y la URSS demostraban el deseo de coexistir en paz. El muro de Berlín estaba en pie. Se regulaba al fin la situación de las «zonas» del lado alemán occidental, bajo la custodia de los antiguos Aliados en la Segunda Guerra Mundial. La voluntad de ajustar la balanza del poder mundial se reflejaba en la expresión en boga: «deshielo». Kennedy y Kruschev expresaban la intención de acelerar el desarme. En ese marco, al opinar sobre las rebeliones del Tercer Mundo los soviéticos declaraban que la lucha armada no constituía la única forma de liberación. Así, acabaron provocando a China, que acusó a la URSS de traicionar la revolución socialista internacional. El presidente Kennedy, atento a las revueltas en el sudeste asiático, más exactamente en Vietnam y Laos, se pronunció a favor de un diálogo con los chinos.

Lograr la compatibilidad tanto con la URSS como con China era también el ángulo que se imponía Fidel. Se mostraba como un malabarista sobre una frágil línea de acción, dado que la Revolución cubana era la herida original en el pacto de las potencias. Rechazaba las actitudes que pudieran generar polémica, pero no renunciaba a mantener que la liberación era un fin básico.

Para muchos dirigentes chinos, sin embargo, Cuba era un rehén del «revisionismo soviético», según fue transmitido a la delegación de alto nivel que representó a Fidel en una reunión en Pekín en noviembre.[8] Ya el conflicto chino-soviético iba alcanzando el ápice: Kruschev, en un discurso, atribuyó a China desviaciones ideológicas, como el «culto a la personalidad» de Mao Zedong. Ofendida, China decidió romper con la URSS, acompañada por Albania, país de dos millones de habitantes donde se rendía culto a diario a la figura de Jósef Stalin. Los chinos iban urdiendo el agrupamiento de una serie de Estados asiáticos alrededor de su país para hacer frente a la bipolaridad. Contaban para ello con un importante aliado: el líder de Indonesia, Ahmed Sukarno, otro partidario del «neutralismo positivo», junto con el egipcio Nasser y el indio Nehru. La desavenencia entre China y la URSS iba dejando rastros en todos los movimientos de izquierda.

La libertad de desvincularse de los deberes del Estado era una condición concedida al Che Guevara, pero no a Fidel, cuya posición le permitía moverse en la trama de matices. En el ámbito interno, consiguió estructurar el poder al sellar la unión de las tres organizaciones revolucionarias del antiguo régimen (Movimiento 26 de Julio, Directorio Revolucionario y Partido Socialista Popular), en lo que se conoció como las Organizaciones Revolucionarias Integradas (ORI).[9] En la secretaría del Partido Único de la Revolución Socialista de Cuba (PURSC), convertido ya en una organización, todavía «invisible», que orientaba el gobierno, había seis miembros —Fidel y Raúl Castro, Osvaldo Dorticós, Blas Roca, Emilio Aragonés y el Che Guevara— que, contando la composición del Consejo,[10] revelaban el predominio de los elementos del PSP.

Tras aceptar como asociada a la vieja guardia comunista, Fidel trataba de convivir con sus tesis pero mantenía la independencia. Reguladas por la URSS, esas tesis eran también las que profesaba la mayoría de los partidos comunistas latinoamericanos que se negaban a adoptar la experiencia de la Revolución cubana. Las ideas identificadas en la figura del Che se convertían ante ellas en una peligrosa herejía, como las de Mao o Trotski.

En el medio cultural cubano, en especial en el cine, el rechazo a la aplicación del molde soviético habría de surgir con fuerza. El choque estalló en junio, cuando el Consejo Nacional de Cultura (CNC), presidido por Edith García Buchaca, salida del PSP, decidió censurar un documental. Los viejos comunistas estaban insatisfechos con la ideología del suplemento cultural del periódico *Revolución*, el órgano del Movimiento 26 de Julio, es decir, del gobierno original. Llamado *Lunes de Revolución*, el suplemento presentaba diversas corrientes de pensamiento, hablaba de psicoanálisis, existencialismo y marxismo. La Comisión de Orientación Revolucionaria, encabezada por el veterano comunista Aníbal Escalante, y el CNC lo condenaron por su «diletantismo pequeñoburgués». La edición del suplemento se interrumpió al cabo de unos meses.

Fidel asistió a la disputa de la intelectualidad en el auditorio de la Biblioteca Nacional, al que concurrieron cerca de trescientos artistas. Escuchó los argumentos de cada parte y luego trató de romper con la intolerancia reinante, aunque recalcó su visión de la cultura como manifestación de una ideología política: «Significa que dentro de la Revolución existe todo; contra la Revolución, nada… El artista más revolucionario deberá estar dispuesto a sacrificar incluso su propia vocación por la Revolución. Pero escritores y artistas que no son revolucionarios deben tener la oportunidad y la libertad de expresarse, dentro de la Revolución…».[11] Semanas después, Fidel participaba en el congreso que fundó la Unión Nacional de Escritores y Artistas de Cuba (UNEAC), de la que se eligió presidente al escritor y poeta Nicolás Guillén.

Al final de ese año el gobierno de Kennedy decidió compatibilizar los diversos recursos internos de oposición a la Revolución cubana, al montar una macrooperación para neutralizarla, llamada Mangosta (mamífero carnívoro de la India, donde se le adiestra para matar serpientes venenosas). El gran proyecto debía culminar en octubre de 1962, con la caída de los hermanos Castro por una sublevación interna y, por consiguiente, la invasión militar.[12]

De enero a agosto tuvieron lugar 5.780 acciones en diversas áreas, de las cuales 716 fueron sabotajes a medios económicos.[13] La primera acción que se llevó a cabo fue la expulsión de Cuba de la Organización de los Estados Americanos (OEA) y la declaración de embargo comercial[14] durante la octava reunión de cancilleres en Punta del Este. Se prohibió a otros países vender productos de tecnología estadounidense a Cuba y se preveía la ruptura de vínculos entre Estados Unidos y las naciones que apoyaran a la isla. Con excepción de México, todos los países latinoamericanos comenzaban a romper relaciones con Cuba. Fidel, con el pueblo reunido en la gran plaza, rechazó el bloqueo y exhortó a rebeliones en todo el continente.

Concentrada en el objetivo de eliminarle, la CIA actuaba por cuenta propia, paralelamente a la supervisión del Estado. En abril de 1962 se reanudó la Operación Sindicato del Juego, vinculada con la mafia, con nuevas pastillas para envenenar a Fidel. William Harvey, que coordinaba el programa ZR Rifle para la organización de asesinatos políticos, contrató a John Roselli.

Esta vez, las pastillas entrarían en Cuba a través de un diplomático español, Alejandro Vergara. Ya en Cuba, fueron entregadas al coordinador del grupo Rescate, que las pasó a un camarero del hotel La Habana Libre (el antiguo Hilton). Santos de la Caridad sería el encargado de mezclarlas en cualquier bebida que Fidel pidiera cuando fuera al lugar. Pasó casi un año sin que ninguna de las visitas del comandante al bar coincidiera con el turno de trabajo del ejecutor, que iba y venía cada día con las pastillas de su casa al hotel y viceversa. Al fin, una noche de marzo de 1963, se encontraba allí cuando Fidel atravesó la entrada acompañado por un grupo y pidió un batido de chocolate. Más que nervioso, De la Caridad tomó el vaso de metal de la licuadora, depositó los ingredientes y volvió deprisa al congelador para

coger las pastillas allí guardadas. Pero, por el efecto de la refrige-
ración, se habían adherido al tubo que las contenía. El camarero se esforzó por despegarlas, pero se partieron y el líquido ve-
nenoso se escurrió por el hielo. Desesperado, aturdido, tuvo que
terminar de preparar el batido sin ellas y servirlo a Fidel.

LA ESTABILIDAD IMPOSIBLE

El hombre Fidel parecía casi olvidado en la urgencia interminable de la Revolución. Entre heridas y frutos, construía una vida oculta. Su naturaleza se tornaba esquiva, inexpugnable, aunque era también un hombre común, despojado del estoico heroísmo.

Junto a la cama de ese ciudadano sin domicilio fijo, en los momentos en que se permitía el reposo, se sentaba a veces un compañero, algún asesor con quien intercambiar unas últimas ideas, cuando no era la constante y fiel Celia Sánchez. Ya lo hiciera en una de sus casas o en un alojamiento, en el momento del descanso Fidel dormía en una cama de soltero. En cuanto al sueño, era algo de lo que podía prescindir desde hacía tiempo. Con respecto a su celibato, unos lo aceptaban con tranquilidad, mientras que otros lo veían con latente curiosidad, nunca expresada: ¿por qué no se casaba? El hecho es que, en primer lugar, Fidel rechazaba la idea de figurar acompañado por una esposa, condición a la que tampoco se adaptaba la iconoclasta Celia. No obstante, los dos se amaban, aunque fuera de los esquemas tradicionales.

Fidel se había vuelto contrario a las instituciones burguesas, en particular al matrimonio. Tal vez se debiera a un rastro de su autosuficiencia, o bien a la simple incapacidad de llevar una «vida de pareja», tan propia de él como su falta de oído musical, que le caracterizaba desde la infancia. ¿Era el placer de las multitudes o de la soledad una virtud o un defecto? De cualquier modo, aun en una sociedad muy celosa de la estabilidad familiar nada de esto se comentaba jamás. Raúl, su hermano, por el contrario, se había casado con Vilma Espín en 1959, dentro de los esquemas institucionales, sin que se viera perjudicada la vocación revolucionaria de ambos.

También el tortuoso modo de vida de Fidel, junto con sus características personales y su formación, le había empujado a la discontinuidad tanto afectiva como familiar. Mucho contribuyó a esa elección la manera amarga en que había terminado su matrimonio con Mirta Díaz-Balart, que duró siete años. Ya como hombre de Estado, resolvería mantener su vida privada en secreto y nunca se permitiría mezclarla con la pública, con lo que garantizaba espontaneidad y autonomía a ambas.

Al mantener el misterio, evitaba que su intimidad se transformara en entretenimiento de otros o en material utilizable por sus opositores, con lo que aumentaba su poder de seducción y cultivaba la credibilidad de su palabra. Fidel tenía los pies bien plantados en el mundo y prefería entregarse al papel que correspondía a su proyecto de vida: la Revolución.

Aparte de los enamoramientos pasajeros por algunas mujeres, algo raro ocurrió en uno de sus viajes por el interior del país, durante la campaña de alfabetización. En Las Villas conoció a Dalia (Lala) Soto, una cubana alta, de bonito cuerpo, maneras sencillas y un encanto especial. Atraído, comenzó a visitarla y dejó que floreciera el deseo mutuo. Nació así una relación que no habría de interrumpirse. Lala, que ocupaba un lugar secreto, compondría con Celia la síntesis de la mujer ideal para Fidel. Llevaba una existencia común de trabajadora y ante todo ha preferido siempre, hasta hoy, las horas que pasa en su casa, en la playa de Jaimanitas. Del comandante habría de tener cinco hijos: Álex, Alexis, Alejandro, Antonio y Ángel, que han crecido y se han criado normalmente en Cuba, preservando su identidad ante la gran mayoría de los amigos, compañeros y otros conocidos, fundamentalmente por razones de seguridad.

En total Fidel es padre de ocho hijos. Después de Fidelito, el hijo de Mirta, nacieron Jorge Ángel (de María Laborde) y Alina (de Natalia Revuelta), años después.

Fidelito, adolescente en aquellos primeros años de la Revolución, se volvía introspectivo y poco afecto a los excesos de cuidado de que era objeto, como el único hijo oficial del comandante. Años más tarde se licenció en física nuclear. Jorge Ángel es químico. Su madre, María Laborde, ya fallecida, era la activista del Movimiento 26 de Julio que conoció a Fidel y se relacionó con él en La Habana a mediados de 1955, cuando él se encontraba recién amnistiado, antes de su exilio en México. También en esa etapa reencontró a Natty Revuelta, la mujer con quien había mantenido una extensa correspondencia durante la prisión. Tanto Jorge Ángel como Alina fueron concebidos en la misma época, cuando Fidel concluía su separación de Mirta, que hoy vive discretamente en Barcelona, casada con un médico español.

En cuanto a Alina, fue reconocida y tratada como hija por el marido de Natty pero, aún pequeña, al saber por la madre quién era su verdadero padre, reaccionó con enorme disgusto y pasó a ver con intenso rencor toda aproximación por parte de Fidel. Vivió parte de la adolescencia y juventud fuera de Cuba, cuando Natty trabajaba en representaciones diplomáticas del país en Europa. Después regresó a la isla, donde llegó a ser modelo profesional para La Maison, una empresa de moda local; en la actualidad se encuentra en el exilio. Cuando decidió publicar sus memorias en España, en las cuales expresa resentimiento por su condición de hija ilegítima de Fidel, no obtuvo la aprobación de la madre. Natty, una guapa señora, reservada y elegante, de ojos verdes rasgados, vive hoy sola en La Habana y frecuenta ciertos salones oficiales; además cuenta con el apoyo del Consejo de Estado para lo que eventualmente necesite. Natty posee en grado sumo esa característica que identifica a las mujeres de la vida de Fidel: una personalidad catalizadora.

Entre los enamoramientos que signaron la vida del comandante hasta la madurez, preferentemente por rubias y algunas morenas, destaca el caso de María Lorenz, exuberante joven que un día de 1959 llegó a La Habana en compañía de su padre, capitán alemán retirado, en su yate particular. Fidel se cruzó con los dos por mera casualidad, en pleno mar. Tanto se prendó de aquella muchacha que, meses después, mandó emisarios a Estados Unidos para proponerle que regresara. Nada permitía suponer el riesgo que corría. La joven fue a Cuba y mantuvo una calurosa relación con Fidel, durante la cual se presentaba como su secretaria particular, hasta que fue reclutada por Frank Sturgis,[1] el agente de la CIA elegido como el principal perseguidor de los pasos del líder cubano en Estados Unidos. Pronto María Lorenz volvió a La Habana con la misión de atentar contra la vida de Fidel, de lo que desistió al reencontrarse con él. Según afirmó en una declaración a la revista estadounidense *Vanity Fair*, su negativa a matarle fue un acto de amor.

Ya en 1962, Fidel debió hacer frente a otro tipo de crisis, en la vida política, bajo el impacto del decreto de bloqueo que, además de minar aún más la economía, repercutió de lleno en la unidad del régimen.

Cuba se quedaba sin provisión de materias primas, piezas de repuesto, equipamientos, fertilizantes, insecticidas y medios de transporte, lo que en parte se solucionaría con un nuevo acuerdo comercial con la URSS, por valor de 700 millones de dólares. El 12 de marzo, Fidel debió aplicar un racionamiento drástico en el consumo, estableciendo la «libreta» —destinada al «reparto equitativo de los alimentos»— para cada cabeza de familia. Muchos cubanos, asustados, buscaban la manera de no hundirse en la crisis o intentaban huir del país.

La economía caía en un círculo vicioso. Su mala gestión general era atribuida al Estado, pero la cuestión central era la falta de productividad del trabajo, que se trataba de neutralizar con una mayor centralización administrativa y burocrática, con lo que se regresaba al principio del problema, sin resolverlo.

La situación daba pie a faltas de conducta en quien menos se esperaba. Aníbal Escalante, proveniente del viejo Partido Socialista Popular (PSP), entonces secretario general de las Organizaciones Revolucionarias Integradas (ORI), la base del gobierno, abusaba del cargo colocando a sus protegidos en las Fuerzas Armadas Revolucionarias (FAR), en el comercio exterior y en la administración estatal. Le movía la ambición personal,[2] si bien se justificaba aludiendo a lo que definía como la voluntad de la URSS de reordenar el poder en Cuba —lo que significaría desbancar a Fidel y el Che——[3] para llevar a cabo mejor la salvación política y económica.

Cuando Emilio Aragonés comentó las actitudes de Aníbal Escalante, Fidel se tapó los oídos y le dijo irritado: «¿No bastan tantos problemas? ¿Y ahora vienes tú con intrigas y delirios?». No obstante, al recibir un informe fundamentado no titubeó en solicitar a Aragonés que transmitiera una advertencia a Aníbal y a los «camaradas» soviéticos. En un discurso del 26 de marzo lo condenó públicamente, dentro de una amplia crítica al fenómeno político interno:[4] «Muchas veces nos preguntamos dónde está la raíz de este espíritu sectario, implacable, sistemático, que se encuentra en todos los niveles... El sectarismo viene produciendo un ejército de revolucionarios amaestrados... ¡una camisa de fuerza divorciada de las masas, con mentalidad de camarilla!».

Escalante y sus aliados ideológicos habían colaborado para volver a encender divisiones y sinsabores, humillando a quien no poseyera un «carnet» de militancia comunista. Se difundió la farsa como una epidemia: mostrarse un correcto comunista, cumplidor de los mandamientos, rendía frutos. Con el exilio de Aníbal en Checoslovaquia se relajó la prepotencia de los comunistas y se incorporaron a la secretaría del Partido Único de la Revolución Socialista de Cuba (PURSC) miembros de otras procedencias.[5]

También la primera información en llegar a Cuba sobre la inminencia de una invasión militar estadounidense tenía el sello soviético. En un mensaje al embajador Alexandre Alexéiev, el primer ministro Nikita Kruschev aseguraba tener indicios fidedignos del plan de invasión, y el único medio disuasivo sería el traslado de proyectiles con ojivas nucleares hacia el territorio cubano. Kruschev afirmaba estar seguro de que si se instalaban los cohetes Estados Unidos no se lanzaría a una represalia, de la misma forma como la URSS nada había hecho contra los misiles estadounidenses plantados cerca de su frontera, en Turquía, Italia y la República Federal Alemana.[6] Correspondía a Alexéiev encontrar la oportunidad de formular oficialmente la propuesta.

Fidel la recibió el 29 de mayo, de manos de los jefes de una delegación de dieciocho especialistas en hidrotecnia: Sharaf R. Rashidov (secretario del Comité Central del Partido Comunista de Uzbequistán) y el mariscal Biryuzov (jefe de las tropas encargadas de los cohetes soviéticos), que pasaba por ser el «ingeniero Petrov». Los dos, más el embajador Alexéiev, informaron a Fidel de la probabilidad del ataque militar estadounidense y le aconsejaron la instalación de ojivas nucleares de alcance medio y semilargo, según la recomendación de Kruschev.

El comandante reunió de inmediato al PURSC y volvió con la respuesta: «Si es preciso instalar esos proyectiles aquí para fortalecer la correlación de fuerzas a favor de la URSS y del campo socialista, y si sirve además para prevenir la agresión militar directa, autorizamos que se instalen todos los proyectiles que sean necesarios». Pero si era solo por la defensa de Cuba, agregó, sería preferible otra opción, como un tratado militar de defensa mutua. En el fondo, a Fidel no le gustaba la idea de convertir Cuba en una base soviética, ya que un paso de esa naturaleza generaría una gran tensión; pero sentía simpatía y confianza por Kruschev. Cuando preguntó de cuántos proyectiles se trataba, le informaron de que serían cuarenta y dos. Faltaba preparar un acuerdo militar.

En junio, por fuentes de la inteligencia cubana Fidel se enteró del tenor de una conversación mantenida entre Kruschev y Kennedy en Viena. El segundo mencionó en determinado momento que, así como los soviéticos habían «resuelto a su manera el problema en Hungría» (se refería a la invasión del país en 1956), los estadounidenses debían buscar una solución al problema de Cuba, y argumentó que ambas eran piezas que se habían salido de sus bloques. Fue esta la frase que Kruschev interpretó como un sutil mensaje de que era probable la invasión, lo que reforzó los indicios que había obtenido el KGB.

Raúl Castro viajó a la URSS para concluir el acuerdo militar. En su encuentro con Kruschev le planteó el gran interrogante que daba vueltas en la mente de Fidel: ¿qué precauciones se tomarían si Estados Unidos descubría el secreto? La respuesta del primer ministro ruso fue taxativa: «¡Enviaremos al Caribe la flota del Báltico!...», una medida que no dejaba de parecer ingenua, dado que nada, ni siquiera la mayor flota soviética en alta mar, habría podido revertir la aterradora realidad de los misiles nucleares estacionados a las puertas de los territorios soviético y estadounidense. Terminada la visita, Raúl volvió a Cuba con un esbozo del acuerdo.

Tras leerlo, Fidel lo desaprobó; le pareció un texto escrito en lenguaje errático, sin habilidad, en la suposición de que más adelante debería ser divulgado a la opinión pública. Propuso títulos, modificó fundamentos y los catorce artículos, e introdujo nuevos puntos, como los siguientes: los dos ejércitos, el cubano y el soviético, permanecerían con mandos independientes; la URSS no tendría derecho a ocupar territorios, y las instalaciones montadas pasarían a propiedad del gobierno cubano al retirarse las tropas soviéticas. Una declaración que debía constar, para él crucial, era que «cualquier ataque a Cuba será encarado como un ataque a la URSS». Concluía así la «cobertura» del secreto, con una terminología amparada en el derecho internacional y en el artículo 51 de la Carta de la Organización de las Naciones Unidas (ONU).

Por etapas, en aviones y buques, 44.500 soldados soviéticos desembarcarían en Cuba como técnicos agrícolas, para trasladarse enseguida a las bases en formación, en una operación cuyo significado real solo conocía la alta dirección política, que exigía precaución y seguridad máximas.

La población observaba los enormes camiones que cruzaban las calles; eran los misiles que pasaban. Raúl Curvelo, el jefe de la Fuerza Aérea, sospechó del tráfico y no pudo sino preguntar a Fidel, que le devolvió apenas una mirada. A los jefes de seguridad, Ramiro Valdés y Osmani Cienfuegos, el comandante les había informado de que era armamento convencional, y ellos fingieron creerle. A los ciudadanos comunes, cada vez más intrigados con las caravanas y la profusión de rusos que trataban de trocar cámaras fotográficas por botellas de ron, a falta de vodka, se les devolvía un silencio que no lograba acallar los rumores. En un primer momento, a quienes afirmaban haber visto un cohete o algo parecido se los aislaba; pero llegó un momento en que el secreto era el comentario de miles y resultaba imposible mantener una operación tan evidente en absoluto *petit comité*.

A principios de septiembre se encomendó al Che Guevara y Emilio Aragonés que fueran a la URSS a llevar el texto con las correcciones de Fidel. Este pedía a Kruschev que lo hiciera público enseguida, pero el soviético respondió que no podría divulgarlo antes de las elecciones parciales de noviembre en Estados Unidos, para no perjudicar a Kennedy, con quien venía dialogando sobre la distensión. En cuanto a la latente pregunta sobre el posible descubrimiento de la operación, Kruschev agregó que si Estados Unidos se enteraba de los cohetes en Cuba no tendría más alternativa que aceptarlos. En caso de peligro, reiteró, se enviaría la flota del Báltico… El ministro de Defensa ruso, mariscal Malinovski, el Che y Aragonés, allí presentes, exhalaron un hondo suspiro de malestar.[7]

La preocupación de Fidel demostró tener fundamentos. Los servicios de inteligencia británico y alemán informaron a Washington de cierto tránsito sospechoso de material militar soviético y tal vez tropas a Cuba, aunque sin confirmación. Kennedy, al ser interrogado, afirmó que no tenía pruebas del asunto y desechó la hipótesis de una invasión —aunque se hallara en curso la Operación Mangosta, que la encubría—, como lo había hecho con ocasión de la bahía de Cochinos.[8] Varios medios de opinión ya defendían la intervención en Cuba, con el argumento de que la isla estaba inundada de soldados soviéticos. Se sucedían las noticias sobre desembarcos de armas.

Al fin Kennedy fue informado del suministro de algunos proyectiles de defensa antiaérea, con alcance parabólico de cuarenta kilómetros, equipamientos de radares, lanchas torpederas y alrededor de 3.500 técnicos, lo que no denotaba el desplazamiento de una capacidad ofensiva de gran monta. Como aún albergaba dudas, resolvió consultar a Kruschev, que le aseguró, por medio del embajador soviético en Washington, A. Dobrinin, que las armas no eran ofensivas. Por su lado, Fidel decidió emitir un comunicado: «El gobierno de Cuba se dirigió al gobierno soviético para solicitar asistencia en armamentos y sus correspondientes especialistas técnicos para el adiestramiento de personal militar cubano… […] Mientras perduren las amenazas por parte de Estados Unidos, la República de Cuba tendrá todos los fundamentos para adoptar las medidas que garanticen su seguridad y la defensa de su soberanía e independencia».

Por parte de los responsables de la macrooperación Mangosta en Estados Unidos, se determinó el inicio de las provocaciones para preparar el clima bélico. El 23 de agosto, una región de La Habana había sido atacada con disparos de cañón, provenientes de embarcaciones situadas a pocos kilómetros de la costa. El Alpha 66 y otros grupos anticastristas también venían realizando ataques a barcos que recorrían el Caribe. Entretanto, de forma supersecreta, se tomaban medidas para preparar el asesinato del líder cubano en la Universidad de La Habana o en un partido de béisbol, así como una provocación en la base de Guantánamo.

Ante el creciente clamor beligerante de ciertas corrientes, Kruschev se dejó provocar; declaró que, en caso de hacerse efectiva la invasión, se lanzarían cohetes contra Estados Unidos.[9] Fidel hizo oír rápidamente su voz: «Ya no somos sardinas. ¡Que no se equivoque el tiburón! Senadores y directores de periódicos invocan el derecho a la seguridad, como si otros pueblos no tuvieran el mismo derecho... Si los imperialistas creen que son meras palabras las advertencias del gobierno soviético, o si no le creen —¡y ojalá le crean!—, nosotros sí sabemos hasta dónde va esta solidaridad!».[10]

Al fin, al concluir septiembre la inteligencia militar estadounidense confirmó la existencia de una instalación de misiles balísticos de alcance medio (MRBM) en la localidad de San Cristóbal, en Pinar del Río, al este de La Habana. El 14 de octubre, el avión espía U-2 fotografió la base de San Cristóbal con algunos de los cohetes R-12. Las fotos fueron enviadas a J. F. Kennedy el 16.

Ese mismo día, Fidel se dirigía al aeropuerto para recibir al líder argelino Ahmed Ben Bella,[11] que llegaba de Nueva York. Kennedy le había recibido y prometido ayuda financiera;[12] sabiendo que pasaría por Cuba, trató de disuadirle, insinuando que algo grave estaba a punto de ocurrir. No obstante, Ben Bella tomó el vuelo hacia La Habana, pues quería agradecer a Fidel el apoyo recibido. Durante su estancia de 27 horas, el argelino comentó la extraña actitud del presidente estadounidense. Fidel presintió el estallido de la crisis.

Kennedy se encontraba en un callejón sin salida. Aun así, esperó seis días —tenso interregno de meditación, durante el cual encontró razones para no tomar ninguna iniciativa—, hasta que se pronunció. Su discurso, de cortantes 17 minutos, tuvo lugar en medio de una acelerada movilización militar, mientras flotas de la marina estadounidense se dirigían a Florida y millares de soldados y 22 aviones interceptores sobrevolaban el estrecho. Kennedy decretó el bloqueo naval a Cuba y exigió la inmediata retirada de los cohetes y armamentos estratégicos situados en el territorio. El mundo, sin tener en cuenta la presencia de bases con cohetes en la frontera con la URSS, le juzgó como un jefe de Estado que sabía defenderse sin dejar de lado la moral. El presidente de Estados Unidos tenía pleno derecho de réplica, pues había creído en la palabra de Kruschev en cuanto a que no había armas estratégicas en Cuba. La amenaza concreta, indicaba Kennedy, se encontraba muy cerca. Para muchos exiliados cubanos en Estados Unidos los días de Fidel estaban contados.

Se iniciaba la Crisis de Octubre (Crisis de los Misiles), que puso a la humanidad al borde de la tercera guerra mundial, la primera nuclear. A las 17.40 del día 22, Fidel dio la orden de alarma de combate a millares de soldados en sus respectivos puestos. «¡Cuba no es el Congo!», exclamó al rechazar rabiosamente la inspección del territorio solicitada por Kennedy. Pronto recibió un mensaje de Kruschev, pleno de ánimo combativo: «¡Rechazamos las exigencias descaradas del gobierno estadounidense de controlar el envío de armas a Cuba! [...] ¡Expresamos nuestra firme seguridad de que los planes agresivos de los imperialistas estadounidenses sufrirán el fracaso!».

A partir de ese momento Fidel pasaría el tiempo trasladándose de un lado a otro de la isla para verificar las unidades militares, salvo en momentos de breve reunión y análisis con el alto mando. Cuando se encontró con el comandante soviético, el general Blíjov, la noche del 25, le solicitó que no agrupara los proyectiles, porque corrían el riesgo de ser destruidos en bloque, ante la inminencia de un ataque sorpresa. El 26 por la mañana, representantes del gobierno soviético estudiaban, con el gobierno de Kennedy, una posible fórmula para detener la crisis, que consistiría en la retirada de los proyectiles bajo la inspección de la ONU, con la garantía de que Estados Unidos no invadiría Cuba.

Surcaban el cielo cubano intermitentes vuelos rasantes, cada vez más bajos, que parecían la antesala del gran ataque. Fidel, que ignoraba aquellos contactos más allá de sus fronteras, resolvió ordenar que se disparara contra ellos con las baterías antiaéreas. Consciente también de otros vuelos a gran altura, nada podía hacer, pues los soviéticos, que controlaban los proyectiles tierra-aire, no se decidían a abatirlos. La tarde del 26, Kruschev y Kennedy llegaron a un acuerdo. Terminada la conversación, el segundo solicitó a los asesores un sucinto análisis de las consecuencias de la retirada de los cohetes estadounidenses de Turquía.

Mientras esto ocurría, Fidel enviaba un nuevo mensaje a Kruschev:

> Considero que la agresión es casi inminente, dentro de 24 o 72 horas... Resistiremos firme y decididamente el ataque, sea cual fuere... Deseo en este instante expresarle... una opinión personal... la URSS no debe permitir jamás la circunstancia de que los imperialistas puedan descargar contra ella el primer golpe nuclear... Usted ha sido un incansable defensor de la paz... No obstante, hasta el último momento mantendremos la esperanza de que se preserve la paz y estamos dispuestos a contribuir con lo que esté a nuestro alcance...[13]

El 27, el jefe soviético que controlaba las baterías de proyectiles tierra-aire derribó un U-2 que volaba a unos 20.000 pies de altura. En el Kremlin cundió el pánico, pero Fidel asumió la responsabilidad, pues antes él había instado la orden de disparar. Ese mismo día, Radio Moscú anunciaba el acuerdo entre Estados Unidos y la URSS, que, además del compromiso verbal de Estados Unidos de no invadir Cuba, incluía el intercambio de los cohetes de Turquía por los de Cuba. Fidel oyó la noticia. Se sintió profundamente insultado y soltó unas palabrotas, como hacía a veces cuando se enfadaba. Al fin y al cabo, se enteraba del término de la crisis, de la que Cuba era escenario y objeto, por medio de una comunicación pública. A continuación, cuando le preguntaron sobre el tema, Kruschev comentó que la resolución de la retirada se había basado en noticias procedentes de la isla. Se refería al derribo del U-2 «por un comandante de segundo rango» y al mensaje de Fidel del 26, que, a su entender, proponía un primer golpe contra Estados Unidos que fatalmente desataría la guerra nuclear. Fidel le replicó con un texto histórico, contundente:

No sé qué noticias recibió usted. Solo respondo del mensaje que le envié... Lo que hicimos frente a los acontecimientos, compañero, fue prepararnos y disponernos a luchar. En Cuba hubo un solo tipo de alarma: la de combate.

[...] Muchos ojos de hombres, cubanos y soviéticos... dispuestos a morir con suprema dignidad, vertieron lágrimas al conocer la decisión sorprendente, inesperada y prácticamente incondicional de retirar las armas... Nosotros sabíamos —no presuma que ignorábamos— que habríamos de ser exterminados en el caso de estallar la guerra termonuclear. Sin embargo, no por eso le pedimos que retirara los proyectiles. No por eso le pedimos que cediera. ¿Cree usted que deseábamos la guerra? ¿Cómo evitarla, si la invasión se producía? Se trataba, precisamente, de que esta era posible... Y si de hecho ocurría, ¿qué hacer con los dementes que la desataran? [...] Entiendo que no se debe conceder a los agresores el privilegio de decidir, menos aún cuando han de usar el arma nuclear... Y no le sugerí, compañero Kruschev, que la URSS fuera agresora, porque eso habría sido algo más que incorrecto... inmoral e indigno de mi parte; sino que, desde el instante en que el imperialismo atacara... las fuerzas armadas destinadas a nuestra defensa... respondieran con un golpe aniquilador...

[...] Cada cual tiene sus propias opiniones. Y sustento la mía, acerca de la peligrosidad de los círculos agresivos del Pentágono y de su tendencia al golpe preventivo. Usted puede convencerme de que estoy equivocado, pero no puede decirme que estoy equivocado sin convencerme...

[...] No son unos sino muchos los que en este momento viven indecible amargura y tristeza... Nuestro pueblo, sin embargo, mantiene inquebrantable su voluntad de resistir... Tal vez más que nunca necesite confiar en sí mismo y en su voluntad de lucha...

[...] Y saldremos adelante, sin que nada pueda destruir los lazos de amistad y gratitud eterna hacia la URSS.[14]

Lo que Fidel había temido era la vacilación de la URSS, y lo que esperaba, con la evolución de la crisis, era asegurar una solución cabal y honesta al conflicto con Estados Unidos. No le bastaba un pacto verbal entre las dos potencias —de que Cuba no sería objeto de agresión militar—, y mucho menos después de haber sido dispensado de consulta o comunicado. Y lanzó sus requisitos —los «cinco puntos»— para la negociación, a saber:

1. Fin del bloqueo económico y de todas las medidas de presión comercial y económica que ejerce Estados Unidos contra nuestro país. 2. Fin de todas las actividades subversivas, lanzamientos y desembarco de armas y explosivos por aire y mar, organizaciones de invasiones mercenarias, infiltración de espías y saboteadores y acciones de parecida naturaleza que se llevan a cabo desde el territorio de Estados Unidos y de algunos países cómplices. 3. Fin de los ataques pirata... a partir de las bases existentes en Estados Unidos y en Puerto Rico. 4. Fin de todas las violaciones a nuestro espacio aéreo y naval por aviones y buques de guerra estadounidenses. 5. Retirada de la base naval de Guantánamo y devolución del territorio cubano ocupado por Estados Unidos.

Esfuerzo vano. El acuerdo previamente trazado siguió su curso. Tras una reunión del Consejo de Seguridad de la ONU, U Thant solicitó la suspensión de la «cuarentena» por parte de Estados Unidos, del envío de armamento por parte de la URSS y de la construcción de plataformas por parte de Fidel. Este accedió, pero sin inspección del territorio, pues «Cuba jamás cederá ante posiciones de fuerza», e invitó al secretario general de la ONU a ir a Cuba. El día 30, U Thant llegaba a La Habana.

En un primer encuentro, Fidel le planteó que no podría aceptar un acuerdo basado en una mera promesa verbal. En el segundo, más reservado, recalcó que para llegar a una solución más duradera era indispensable que se atendieran las garantías que pedía Cuba. Mientras tanto, helicópteros estadounidenses volaban a baja altura en alta mar estudiando los cohetes al descubierto en los buques soviéticos.

Para Fidel, a las artimañas de Kruschev correspondió la ecuanimidad de Kennedy, que no se dejó arrastrar por el espíritu de escalada. Por eso el líder cubano guardó de él, a lo largo de las décadas, una impresión positiva.[15] Por otro lado, al aceptar que se instalaran los cohetes en su territorio, Fidel desconocía la desproporción real entre los arsenales nucleares de Estados Unidos y de la URSS, de diecisiete a uno a favor del primero, lo cual, según declararía años después, le habría llevado a desestimar la propuesta soviética.

A pesar de todo, el desenlace de la Crisis de los Misiles evitó la consecución final de la Operación Mangosta, deteniendo en seco la invasión militar que se había concebido para octubre. El *establishment*, la CIA y la contrarrevolución se indignaron al ver que Kennedy optaba por la diplomacia y le culparon una vez más de haber frustrado una revancha. Meses después, en abril, la representación del exilio cubano rompía públicamente con el presidente estadounidense, pues este había resuelto reprimir acciones de los «comandos» anticastristas. Fidel comentó. «Uno de los "cinco puntos" ya fue aceptado», y agregó: «Los cuervos que el gobierno estadounidense crió ahora quieren destrozarlo».

VÍCTIMA DE UN HECHIZO

La única manera de liberarse del cerco era invertirlo. En la cabeza de Fidel, esto significaba la Revolución Tricontinental, lo que le compelía a una acción sistemática en África en primer lugar, luego en Asia y en América Latina, en unión con los «neutralistas» adversos al orden bipolar.

Jorge Serguera (Papito), ex comandante de columna en el Segundo Frente de Raúl Castro durante la guerra, sería el hombre destacado por Fidel para poner en marcha los acuerdos, en su calidad de primer embajador nombrado para aquella zona.

En enero de 1963, Papito partió a Argel con una carta de Fidel para Ben Bella. Posteriormente comenzó los sondeos con Huari Bumedián, el frío jefe de las fuerzas armadas argelinas, y Ben Barka, el líder rebelde de Marruecos, además de Nasser, en Egipto, y el dirigente guineano Sekou Touré.[1] Como le planteó Butros Gali, elemento de la inteligencia egipcia,[2] un destacable aspecto en principio favorable a los objetivos era la creciente influencia de los chinos en la región.

Argelia era el punto elegido para una triangulación con América Latina. A diferencia de su ansioso colaborador el Che Guevara, Fidel no esperaba resultados a corto ni a medio plazo. Pensaba en una dinámica por fases, en que el paso inicial incluía afirmar un vínculo con los venezolanos.[3]

El Frente Armado de Liberación Nacional (FALN), grupo guerrillero venezolano, había nacido en 1962 y en aquel momento operaba en cinco frentes en el país. De Argel regresaron allí los combatientes que se habían entrenado en Cuba, y por la misma vía se enviaron armas a la guerrilla, debidamente camufladas. Un grupo de cubanos partió en misión de apoyo, pero a continuación sufrió una intensa ofensiva de los adversarios.Vencida la guerrilla, ese grupo fue rescatado por la red clandestina del Partido Comunista (PC) y del Movimiento de Izquierda Revolucionaria (MIR),[4] lo que posibilitó su regreso a Cuba.

Segunda fase:Argentina. El Che Guevara ansiaba salir al frente de batalla, pero Fidel consiguió refrenarle[5] con el argumento de que, por su estatura política y militar, no sería conveniente que fuera al frente sino después de superada la llamada etapa de supervivencia, con un mínimo de condiciones básicas. En Cuba, el argentino Jorge Masetti había comenzado a recibir entrenamiento militar,[6] con el fin de dedicarse a la Operación Segunda Sombra, así bautizada por el Che Guevara y Barba Roja (comandante Manuel Piñeiro). Otros del grupo se especializaban en tácticas de lucha clandestina urbana.

Organizado el pequeño destacamento conducido por Masetti, denominado Ejército Guerrillero de los Pobres, en abril de 1963, su primera escala sería Brasil, donde sus integrantes entraron como miembros de una delegación comercial, con pasaportes diplomáticos argelinos. Con la misma cobertura entraron en Bolivia y en septiembre, de forma clandestina, en Argentina. Algunos cubanos ya habían sido trasladados,[7] el año anterior, hacia el punto boliviano de recepción al grupo de Masetti, con el fin de crear allí una base de «fachada profunda», es decir, de absoluto incógnito. William Cooke y Alicia Eguren, peronistas amigos del Che, se encargarían de la ayuda por la parte argentina, aunque desconocían la totalidad del plan. Por la frontera norte se reuniría poco a poco el grupo de 25 hombres encabezados por Masetti (comandante Segundo), que compondría una columna guerrillera en Salta, una localidad argentina fronteriza con Bolivia. Mientras tanto desde Cuba llegaban instrucciones de que se mantuvieran concentrados hasta que llegara el momento.

El territorio argentino formaba parte de un esquema previamente ideado por el Che Guevara y comunicado a Fidel, el llamado Proyecto Andino. Para desencadenar un proceso revolucionario en América Latina, Guevara consideraba en primera instancia la situación efervescente de Perú, donde surgían grupos armados con una organización significativa. A partir de comienzos de 1963 el Ejército de Liberación Nacional (ELN) y el MIR peruanos iniciaron varias acciones, en especial en la zona de Puerto Maldonado, cerca de Bolivia.[8] Simultáneamente se apostaron agentes cubanos en La Paz, la capital boliviana, donde las operaciones se enfrentaban a menos obstáculos ya que el país contaba con un gobierno progresista desde 1952. Dichos trámites fueron organizados por Barba Roja por indicación de Fidel y con el apoyo de elementos del PC boliviano.[9]

Para llevar a cabo el Proyecto Andino, el Che concebía la fundación de una «columna madre» integrada por combatientes de varios países latinoamericanos; una vez superada la etapa de adaptación y formados los contingentes, poco a poco estos se desprenderían como columnas hacia otras regiones, tomando como base la experiencia del Ejército Rebelde cubano.

Sin embargo, todo el esquema básico de los Andes acabó por venirse abajo. El grupo que permanecía con Masetti «desapareció», probablemente entre el 15 y el 25 de abril de 1964, lo que deprimió sobremanera al Che Guevara, que se hallaba en Cuba. Las guerrillas del ELN y el MIR que se recompusieron se desmoronaron a mediados de 1965.[10] Ante los reveses, Guevara se ponía más impaciente. La ultraderecha recobraba fuerza en la región, con sectores de la policía y el ejército asesorados por la CIA en tácticas de contrainsurgencia aprendidas en las bases y escuelas militares estadounidenses.

A petición de Argelia, que «triangulaba» los contactos con latinoamericanos, y también de Egipto, continuó aumentando el número de africanos que recibían entrenamiento militar o becas de estudio en Cuba. El estado de guerra en el territorio argelino se recrudeció después de la elección de Ahmed Ben Bella para la presidencia. El rey Hassan II de Marruecos pensó en aprovechar las disidencias surgidas cerca de la frontera para disputar territorios. Días después de la ocupación marroquí de dos ciudades, Ben Bella se dirigió al embajador cubano Papito Serguera; quería saber si Fidel estaba dispuesto a enviarle ayuda militar de urgencia.

A los que decidieron partir hacia la lejana Argelia, Raúl Castro les pidió que dijeran a sus familiares que iban a realizar un curso intensivo en la URSS. La fuerza, denominada Grupo Especial de Instrucción (GEI), se componía en total de 686 hombres, que debían observar un severo código de conducta, prescrito por el ministro de las Fuerzas Armadas Revolucionarias (FAR). Como armamento llevaban, entre otros elementos, un batallón con tanques, artillería antiaérea y una batería de cañones.[11] Tras desembarcar el contingente se dirigió al sur, a un punto no distante de la frontera con Marruecos. Con las tropas listas para actuar, días después llegó la información del acuerdo con el rey Hassan. La presencia de los cubanos y el apoyo del bloque de los países árabes a la causa argelina habían influido en el armisticio.

Desde el momento en que se decidió organizar el GEI no hubo, de parte de Cuba, consulta alguna a la URSS de carácter político ni militar, a pesar de que la mayor parte del armamento enviado era de procedencia soviética, lo que implicaba el incumplimiento de los tratados militares, que establecían que las armas no eran transportables. De todos modos, la URSS prefirió no pronunciarse sobre el tema argelino, al menos en aquel momento.

La exportación revolucionaria de Fidel había adquirido un nuevo ímpetu en un momento en que se había creado una especie de abismo político entre Cuba y la URSS, debido a la Crisis de los Misiles. Entre los cubanos cundía una silenciosa amargura que estimulaba el anticomunismo dentro y fuera del país. El embajador soviético, Alexéiev, intentaba desde hacía meses curar la herida conversando con las autoridades cubanas, hasta que Fidel decidió realizar su primer viaje a la URSS. Además de razones ideológicas, contemplaba la cuestión con ojo práctico, pues Cuba no podía prescindir de la URSS para librarse del estancamiento económico, atribuido por cierta vertiente del poder a la política económica que defendía el Che Guevara. También deseaba examinar *in loco* lo que suponía era el poderío soviético.

Una noche de abril de 1963, el avión que le llevaba se posó en Murmansk, la capital de la zona polar de la URSS. En pleno Círculo Ártico, inmerso en una de esas noches de seis meses, recorrió el golfo de Kola, donde conoció un rompehielos atómico, el *Lenin*, integrante de la famosa flota del Báltico; también visitó buques de guerra y observó cohetes. Días después, en un Ilyushin 18 plateado, especialmente reformado para su comodidad, siguió viaje a Moscú, escoltado por siete cazas. Le recibieron con pompa y solemnidad Kruschev, Leónidas Breznev y Yuri Gagarin, el primer cosmonauta del mundo, más una multitud de 100.000 personas, en la plaza Roja cubierta de pequeños banderines de Cuba. Fue huésped del Kremlin.

La mañana del 30 partió para pasar unos días en la *dacha* de Nikita Kruschev, en Sabidova, una hermosa casa de campo situada a 136 kilómetros de la capital, en una localidad poblada de pinos. Allí, en una conversación privada, el líder soviético se puso a leer al cubano ciertos comunicados que recibía de Kennedy. En uno de ellos Fidel oyó del intérprete la siguiente frase: «... retirada de los cohetes de Turquía e Italia...». Pidió que se la repitieran, y el intérprete leyó las palabras de Kennedy: «... como sabe usted, accedimos a la retirada de los cohetes de Turquía e Italia...». Fidel, al advertir que Kruschev sonreía con su acostumbrada picardía, comprendió que los misiles de Cuba habían sido vistos desde el comienzo como una moneda de cambio, un tema que decidió guardar en el archivo del olvido durante décadas, para no dañar las ya lastimadas relaciones con la URSS.

A su regreso a Moscú visitó a Dolores Ibárruri la Pasionaria, presidenta del PC español, y compartió puntos de vista con Rodney Arismendi y Mario Monje, secretarios generales de los PC de Uruguay y Bolivia, respectivamente. En total su viaje se prolongó 40 días, durante los cuales caminó por lagos congelados, conoció las estepas y Siberia, vio la aurora boreal, observó centrales hidroeléctricas y plantas petroleras, analizó el funcionamiento de los *soljoses* (cooperativas estatales) y *koljoses* (haciendas estatales), tomando notas sobre normas, salarios y precios de bienes de consumo. Regresó a La Habana hechizado por el éxito de la planificación bien aplicada, decidido a estrechar los lazos y resuelto a solucionar el desequilibrio en la balanza comercial con la URSS —que en aquel momento era de entre 150 y 200 millones de dólares—, incrementando al máximo la exportación de azúcar cubano.

Los valores soviéticos penetraron en Cuba. Fidel decidió nacionalizar otra parte del comercio minorista, como las tiendas de ropa, tejidos, calzados y elementos de hierro. Se comenzó a elegir en el país a «obreros ejemplares», al igual que en la URSS, con la concesión de premios a quienes se distinguían en las zafras: viajes a cualquier país socialista del Este europeo, motocicletas y electrodomésticos. El problema, para Fidel, radicaba en cómo evitar que se generara una mentalidad codiciosa de ganancias en un país subdesarrollado, para lo cual trató de compatibilizar los incentivos materiales con los morales, como proponía el Che. Inició así un proselitismo destinado a equilibrar las tendencias contrarias:

> Que el pueblo aprenda a vivir socialmente... De ninguna manera es posible, en el estado actual, satisfacer todas las aspiraciones de casas que hay... De nuevo se introdujeron los formularios. Se cumplimentaron 150.000 peticiones, ¡pero había 4.000 o 5.000 pisos disponibles! No se creó un departamento para el cobro de alquileres y la mayor parte de los locatarios paga espontáneamente... El 30 por ciento no paga, pero 118.130 ex propietarios van al banco al día y reciben su cheque, conforme dictó la reforma urbana... Advertimos de que nadie se apoderara ilegalmente de una casa y creo que hay unas 4.000 personas en esa situación... ¿Solución? Solo Mandrake el Mago, porque, naturalmente, no se echará a nadie a la calle.
>
> [...] Con la desaparición del desempleo, con el crédito a los campesinos y la liberalidad de los administradores de algunas empresas aumentaron la burocracia y el desperdicio... El Banco Nacional tiene 1.900 empleados, la mitad de los cuales son innecesarios... ¿Por qué acusan al Che, si él no tiene la culpa? Él pasó por ahí y no empleó a ningún burócrata.[12]

Aún bajo la inspiración soviética, el 3 de octubre se decretó la segunda reforma agraria, en que el 70 por ciento de todas las tierras pasó a ser de propiedad nacional, con indemnizaciones a los expropiados pagaderas en 10 años. Se reducía a 65 hectáreas el límite máximo de posesión de tierra, lo cual aceleró el proceso de producción en haciendas estatales en gran escala y redujo la categoría de los pequeños propietarios. Fidel tenía la esperanza de que la propia realidad obligara poco a poco a la masa de campesinos a aglutinarse en cooperativas administradas por el Estado.

Perjudicó estas iniciativas un formidable huracán, el *Flora*, que asoló el norte del país y provocó una inconmensurable devastación en las plantaciones. Fidel partió a las provincias afectadas para colaborar en las expediciones de salvamento y la evacuación de personas, muchas de ellas desaparecidas o incomunicadas.

Mientras la relación con la URSS parecía recuperada, Fidel se disponía a lograr un entendimiento con el presidente Kennedy. En el transcurso de 1963 este recorrió un camino distinto del de los demás sectores del bloque del poder estadounidense con respecto a Cuba y la URSS. En septiembre incentivó conversaciones entre el embajador de Estados Unidos, William Attwood, y Carlos Lechuga, el jefe de la misión cubana en la Organización de las Naciones Unidas (ONU), con el fin de iniciar la normalización de las relaciones. En el lado opuesto, la CIA seguía urdiendo planes de asesinato del líder cubano. Según uno de ellos, debían colocar, en el lugar donde Fidel acostumbraba practicar buceo, una concha espectacular que le llamara la atención y que estallaría cuando la tocara. Otro era un atentado que debía llevarse a cabo el 28 de septiembre en la plaza de la Revolución: un ingeniero que tenía acceso a la red de canalización que pasaba debajo de la tribuna dispuso allí 70 libras de explosivo plástico C-4. Los involucrados fueron capturados a tiempo y se descubrió el plan, en el que estaban implicados mafiosos y exiliados cubanos que se reunían en la isla Bimini, en las Bahamas.

El 22 de noviembre, Fidel se reunió en un lugar de la playa de Varadero con el periodista francés Jean Daniel, que era portador de un mensaje de aproximación del presidente estadounidense. Kennedy admitía los errores de la política estadounidense con relación a Cuba y decía que aprobaba la búsqueda de justicia y el fin de la corrupción que habían llevado a Fidel a la

Sierra Maestra. Creía que había llegado el momento de dialogar y su única queja era que el cubano hubiera abrazado el comunismo.

«Pedirme que diga que no soy una pieza del juego de ajedrez soviético es lo mismo que pedir a una mujer que diga en público que no es una prostituta, señor Daniel. Realmente me parece que un hombre como Kennedy es capaz de entender que no interesa a Estados Unidos mantener una situación que solo conduce al inmovilismo… Así, comprendemos que todo puede volver a la normalidad en un clima de paz y respeto mutuos…», respondió Fidel a la iniciativa de diálogo, y agregó que la visión del presidente venía provocando los «sabotajes» a su política dentro de Estados Unidos. Las conversaciones con el periodista aún no habían concluido cuando se difundió la noticia del asesinato de Kennedy en Dallas.

En Estados Unidos, con el ascenso al poder del vicepresidente, Lyndon Johnson, los meses siguientes apuntarían a una nueva carrera armamentista, al fortalecimiento de los partidarios de la confrontación. Con el pretexto del envío de armas a los rebeldes de Venezuela, la Organización de los Estados Americanos (OEA) decidió nuevas represalias contra Cuba en junio de 1964. El acuerdo advertía: «Si el gobierno de Cuba persiste en la realización de actos que revistan características de agresión e intervención contra uno o más de los Estados miembros de la organización, los demás preservarán sus derechos esenciales de Estados soberanos, mediante el uso de la legítima defensa, de forma individual o colectiva, pudiendo llegar hasta el empleo de la fuerza armada…».

Antes de la reunión de la OEA se hicieron públicas las declaraciones efectuadas en México por Juana, hermana de Fidel, que le llamaba «dictador comunista» y prometía prestar su testimonio en el curso del encuentro. Algunos cubanos exiliados trataron de protegerla, alegando que temían que la secuestraran agentes del castrismo. Emma, otra hermana de Fidel, casada con un ingeniero mexicano, fue buscada incesantemente en México, pero se negó a hacer cualquier declaración. Fidel lanzó su réplica: «Si yo fuera uno de esos gobernantes que hacen millonarios a sus familiares, no pasaría por este problema. Para mí, personalmente, el hecho es amargo y profundamente doloroso».[13] Y justificó que Cuba incentivara los movimientos revolucionarios: «La OEA carece de moral para condenar a Cuba. Estados Unidos, en complicidad con los gobiernos de Guatemala, Nicaragua, Costa Rica, Venezuela, Puerto Rico y otros, introdujo en Cuba miles de armas y explosivos para promover la subversión y la caída del régimen... Si financiamos una revolución contra el gobierno que no nos respeta, no hay violación, porque no existen normas entre nosotros...».[14]

El nuevo presidente de Estados Unidos terminó por admitir la intervención militar en la región de Indochina, que se sospechaba desde el golpe de Estado ocurrido en Vietnam el mismo mes de la muerte de Kennedy, noviembre de 1963. Por su parte, Fidel había enviado asesores militares de inteligencia al Frente de Liberación Nacional (FLN) de Vietnam —el ejército guerrillero—, de forma supersecreta para no atizar una polémica con los chinos, que también habían mandado recursos y armamento. Posteriormente dejó clara la posición de Cuba: «¡Somos partidarios de que se dé a Vietnam toda la ayuda que sea necesaria! ¡No somos ni seremos jamás satélites de nadie!».

Quería reforzar la idea de que sus actos no obedecían a un mandato de la URSS. Casi dos años después, el 9 de julio de 1966, constituyó la primera tropa de combatientes «internacionalistas» cubanos para Vietnam. Allí construyeron la ruta Ho Chi Minh, que cruza el país de norte a sur, y algunos de esos grupos permanecieron en ese territorio asiático hasta la victoria total vietnamita, una década después, ocasión en que Fidel habría de visitar el país.

Después de la invasión militar estadounidense a la República Dominicana, en abril de 1965, que se proponía impedir el retorno al gobierno del demócrata Juan Bosch, Fidel entró en la contienda acusando a Estados Unidos de violación del derecho internacional y la Carta de la OEA, con el apoyo de las «repúblicas bananeras» y los «gorilas» de Brasil y Paraguay. En una reunión extraordinaria de la OEA, Estados Unidos propuso la creación de una «fuerza intervencionista continental», que debería ponerse en acción en caso de amenaza a la seguridad americana, como entendían era la situación en Santo Domingo.[15]

En 1964 Fidel viajó nuevamente a Moscú, donde firmó el convenio para recibir maquinarias de corte y carga de caña de azúcar y cerró un compromiso de abastecimiento de grandes cantidades de ese producto para los seis años siguientes, con un aumento del precio de compra de seis centavos por tonelada. Su atención se enfocaba en el desarrollo intensivo de la agricultura y la ganadería, dejando por un tiempo de lado el empeño en la industrialización, identificada con el programa del Che Guevara.

El progreso técnico y científico se convirtió en un perenne objetivo de Fidel, con pinceladas de idealismo: «Revolución social más revolución técnica es igual a abundancia, socialismo y comunismo... Cuando hayan pasado las épocas de las revoluciones sociales, tendremos la revolución de la naturaleza. Esa será la eterna revolución del hombre...».

Visitaba labradíos, sierras, campos de pastura, ingenios azucareros, granjas y aldeas, conversando, anotando cifras, horas, datos, calculando la mejor aritmética para el crecimiento. Fidel viviría la cruzada del enriquecimiento de los suelos para volverlos más fértiles metiéndose en las cabinas de las grúas y supervisando la productividad de las máquinas. Para la formación de equipos de técnicos especializados, movilizaba a millares de jóvenes hacia la «escuela del campo» en pos de la consecución de metas agrícolas. En la ganadería perseguía la creación de centros de inseminación artificial para la obtención de un buen ganado lechero.

Convencido de que en el socialismo la máquina no conspiraba contra el ser humano, el líder cubano vislumbraba el día en que no habría distinción entre el trabajo intelectual y el físico, en una suerte de reprocesamiento de sus vivencias en Birán y los colegios jesuitas.

Con la mente puesta en el modelo agrario-exportador, contradecía las formulaciones de los teóricos del subdesarrollo, un próspero linaje de la intelectualidad latinoamericana de izquierda que entonces se encontraba perseguida o exiliada: «Cuba tiene un mercado asegurado para hasta diez millones de toneladas de azúcar… Eso significa que, para 1970, nuestras exportaciones podrán llegar a un valor de hasta 1.500 millones de dólares. […] Y no importa que la población aumente. Si la totalidad de la población trabaja y cada uno de los hombres y mujeres es capaz del máximo de productividad, las necesidades serán satisfechas».[16]

Sin embargo, con la generalización de la formación educacional y la especialización en varios niveles se agravaban las señales de carencia de trabajadores en el campo.[17]

Transcurridos dos años de la aventura de los misiles, Nikita Kruschev fue relevado de sus funciones. Sus colegas del partido decían que había abusado del cargo, prescindiendo de la visión colectiva, y que había fracasado en la política agrícola, aunque fuera la economía soviética en su totalidad lo que señalaba un declive.

También Fidel se había distanciado de Kruschev. Poco antes de la caída de este, había enviado a un emisario (Jorge Risquet) a conversar con el dirigente soviético. Al ver que el gobierno estadounidense daba señales de hallarse en una nueva escalada, le solicitaba alguna ayuda, tal vez el aumento de la brigada soviética de infantería motorizada en Cuba, entonces compuesta por 1.700 hombres, que había permanecido allí desde la Crisis de los Misiles. Otra variante, planteaba Fidel, podía ser la integración de Cuba al Pacto de Varsovia, a lo que Kruschev respondió con ironía diciendo al emisario que el lugar de Cuba estaba en la OEA. Al oír la petición de más armas y artefactos militares, contestó con dureza: los beneficios del convenio del azúcar servían para que Cuba hiciera frente a sus pagos.

Al perder la credibilidad interna y externa, Kruschev terminó víctima de un «golpe manso» el 6 de noviembre de 1964. Leónidas Breznev fue nombrado secretario del Partido Comunista de la Unión Soviética (PCUS), que, junto con Nicolai Podgorny, presidente del Presídium, y Alexei Kosiguin, primer ministro, componía el cuadro de continuidad de la política exterior. La URSS continuaría en su tentativa de equilibrio con el bloque capitalista.

El viaje del Che Guevara a África, como gran canciller de Fidel, a partir de diciembre y durante tres meses, determinó la siguiente fase del proyecto Tricontinental. Atenta a estos movimientos, la inteligencia estadounidense concluyó que el objetivo de la misión era difundir la revolución y asegurarse aliados contra el bloqueo.[18]

Simultáneamente a la partida del Che, el 9 de diciembre Fidel promovió, con imprescindible discreción, un encuentro de dirigentes de los partidos comunistas de América Latina en La Habana, con el pretexto de constituir un frente común para la reunión internacional de Moscú que tendría lugar al cabo de unos meses. La cuestión prioritaria, no obstante, eran las guerrillas.[19] Algunos dirigentes querían limar asperezas, como el uruguayo Rodney Arismendi, que había conversado con Fidel sobre la realidad de cada nación —varias de las cuales sufrían regímenes dictatoriales militares—, lo que condicionaba la estrategia y las tácticas de las organizaciones comunistas.

De hecho, ninguna de ellas se comprometía a apadrinar la lucha armada en sus países. En cuanto a Fidel, era consciente de la improbabilidad del objetivo de continentalizar la revolución a corto plazo, como ansiaba el Che. Para él era preciso ganar tiempo, esperar con paciencia, desarrollar cuadros y experiencia, pero al pronunciarse ante los dirigentes hizo una crítica general al conformismo que demostraban. En lo inmediato y de forma reservada, dirigía su mente y sus esfuerzos hacia África, a la que veía como un medio útil para alcanzar el otro objetivo.

Se había convencido de que necesitaba una mejor relación con los chinos, así como en Tanzania, hacia donde envió un grupo con el objeto de obtener información sobre el proceso que se desarrollaba en Mozambique, el paso que le parecía más adecuado para llegar al Congo. Recuérdese que, ya desde los primeros contactos, Fidel y Ben Bella habían coincidido en que este país era un detonador, en su condición de «estado tapón». Desde el Congo se podría definir la transformación de Sudáfrica y la caída del *apartheid*, con las independencias de Angola, Mozambique y Rodesia.

Desde finales de 1963 un consejo nacional congoleño había repartido zonas de liberación para cada frente, con los líderes Soumaliot, Laurent Kabila e Idelfonso Masengo en el este, y Mulele en el oeste, mientras Moisés Tshombe organizaba un ejército de alrededor de 500 mercenarios blancos, con ayuda de la CIA. En 1964 Fidel y los No Alineados condenaban a Estados Unidos y Bélgica por intervenir con tropas y aviones de la Organización del Tratado del Atlántico Norte (OTAN) en el Congo, en apoyo a los mercenarios.

En marzo de 1965, de regreso del viaje exploratorio, el Che Guevara relató a Fidel, en la casa de Cojímar, sus sondeos y conversaciones. En Conakry se había reunido con el secretario general del Partido Africano para la Independencia de Guinea y Cabo Verde (PAIGC), Amílcar Cabral, quien pensaba que la teoría de la lucha cubana no era aplicable al caso de Guinea, aunque dudaba de su aplicabilidad en Cabo Verde.

En Brazzaville, según instrucciones de Fidel, había ofrecido el apoyo cubano a Alphonse Massemba-Debat, jefe del gobierno del Congo francés (Brazzaville). Massemba-Debat había anunciado un programa socialista y estaba recibiendo amenazas de opositores. El Che Guevara estuvo también con el presidente del Movimiento Popular para la Liberación de Angola (MPLA), Agostinho Neto, cuyos combatientes, lo mismo que los del PAIGC, recibirían entrenamiento en Cuba.

En Argel el Che había presentado una petición de Fidel a Ben Bella: si aceptaba acoger en su territorio cuadros latinoamericanos entrenados en Cuba. Además comunicó la decisión de colaborar con los rebeldes del Congo.[20] Al encontrarse con los congoleños seguidores de Lumumba, en particular Kabila y Soumaliot, la colaboración fue aceptada. Presente en el cónclave comunista que se realizaba en Moscú aquel mes de marzo, Raúl Castro escucharía las ácidas observaciones de los soviéticos sobre las posiciones que el Che Guevara había defendido en el Seminario Afroasiático celebrado en Argel.

38

CATARSIS Y FISURAS

En una época de polarizaciones, Fidel, impetuoso por naturaleza, tenía que resignarse a vivir rodeado de guardaespaldas y objetos electromagnéticos: la escolta redoblada. Y como no había escapatoria, su sentido práctico encontraba un *modus vivendi*. «El problema de mi seguridad es de ellos. Yo hago lo que me da la gana…», comentó.

Para facilitar la agilidad en el cambio de turnos, los miembros de su seguridad personal establecían residencia cerca de los puntos básicos de Fidel en La Habana: Jaimanitas, el palacio, Calle 11 y Cojímar. Vivían concentrados en el hombre al que debían protoger, siempre listos para lanzarse como una exhalación a protegerle y cubrir con sus cuerpos el de él, en cualquier lugar, con las miras certeras en el agresor, de ser necesario.

Hasta hoy, a causa de sus pocas horas de sueño, Fidel suele dormitar dentro del Mercedes blindado, mientras el chófer da unas vueltas más para que pueda descansar si no se exige su presencia en algún compromiso. Mientras se desplaza en ese cómodo compartimiento, apartado pero integrado en el mundo, se encuentra consigo mismo o se concentra para leer.

En 1964 había aproximadamente 15.000 presos políticos en el país, entre los participantes en conspiraciones, en bandas de la sierra de Escambray, infiltrados en redes de espionaje o aquellos sorprendidos en el intento de salir ilegalmente del país. Eloy

Gutiérrez Menoyo, capturado a principios de 1965 al desembarcar en Baracoa, en el extremo oriental, al mando de un grupo del Alpha 66, sería uno de los últimos en sumarse a esos prisioneros.[1]

Las medidas de seguridad eran necesarias, afirmaba el comandante, pero la Revolución no podía mantenerse con la mitad de la población vigilando a la otra. Se refería al ambiente creado por los Comités de Defensa de la Revolución (CDR) en cada barrio, en que los habitantes vigilaban a los vecinos, con lo que se violaba la libertad individual y se generaban comportamientos viciados.

El orden político iba consolidándose. Al exigir la celebración pública del juicio a Marquito (Marcos Rodríguez), el delator que había provocado el exterminio de la élite del Directorio Revolucionario (DR) en abril de 1957, Fidel se proponía a corregir los errores del pasado. En una carta abierta al periódico *Hoy*, heredado del antiguo Partido Socialista Popular (PSP), con fecha 21 de marzo de 1964, escribió: «[...] ¡Que se publique íntegra la declaración de Faure Chomón! ¡Que sea el juicio más público posible! ¡Que todo se discuta! No podemos permitir que los enemigos se aprovechen para sembrar la confusión y la duda... ¡Es necesario que los intrigantes, los seudorrevolucionaríos, los sectarios de nuevo cuño, que no se conforman con menos que ver rodar cabezas de honestos revolucionarios... sean desarmados y reciban una lección de civismo!».

Iniciado el juicio, ciertas sesiones servirían de escenario para una verdadera catarsis, que se vio en el exterior como el retrato de la división cubana.

El asesinato de los dirigentes del Directorio por parte de policías de Batista se había conocido como el Crimen de la Calle Humboldt 7. Ese día, antes del atentado, Marquito había concertado un encuentro con un delegado, el coronel Ventura, que le atendió sin tardanza y confió en la información que el otro le suministró: la dirección del escondite de los jóvenes buscados por la policía desde el asalto al palacio presidencial.[2] Marquito se había vinculado con el grupo del Directorio a partir de mediados de la década de los cincuenta, cuando fue trasladado de la revista *Nuestro Tiempo*, dirigida por Edith García Buchaca, donde trabajaba de asistente, hacia el núcleo del Partido Comunista (PC) en la Universidad de La Habana, con la tarea de averiguar y revelar los movimientos del Directorio.

Después del Crimen de la Calle Humboldt, los órganos de represión en Cuba le clasificaron rápidamente como prófugo. Marquito huyó a Costa Rica, para luego dirigirse a México, donde se unió a la comunidad de exiliados y se vinculó especialmente con dos dirigentes del PSP, Joaquín Ordoqui y la propia Edith García,[3] a los cuales confesó lo sucedido en la calle Humboldt; ambos guardaron el secreto.

Un indicio del nexo entre Marquito y la policía batistiana aparecería en las declaraciones de un agente del coronel Ventura durante las indagaciones de los primeros meses de 1959, cuando describió a una persona involucrada en el crimen. Sin embargo, cuando se llamó a Marquito para efectuar la identificación, el policía no le reconoció, o bien prefirió no hacerlo.

En 1961, por recomendación de los miembros del PSP, Marquito consiguió una beca de estudios en Praga, donde frecuentó la embajada de Brasil. Un diplomático brasileño —según recordó Marquito durante una declaración, se llamaba Sócrates— se le aproximó un día, en nombre del embajador Leitão da Cunha, para avisarle que estaban a punto de detenerle y le ofreció ayuda. Pero no hubo tiempo; al día siguiente el cubano fue arrestado por la policía checoslovaca. En Cuba, Joaquín Ordoqui tomaba la iniciativa de interceder por él ante el presidente Osvaldo Dorticós.

Sobre las motivaciones que habían llevado a Marquito a la delación, Fidel exploró la posibilidad de la venganza, ya que había sido objeto del sarcasmo de sus colegas en una discusión el día anterior al crimen, en que había ido al escondite. Otras personas trataron de aclarar la relación entre Marquito, su amiga Dysis y Joe Westbrook, novio de ella e integrante del grupo, pues podía haber celos u odio enfermizo entre ellos. Todos estos factores habían contribuido de algún modo al crimen, que quedó comprobado, y para el cual la sentencia era la pena de muerte.[4]

Meses después, Joaquín Ordoqui sería apartado del consejo

del Partido Único de la Revolución Socialista de Cuba (PURSC) y del puesto de jefe de abastecimiento de las Fuerzas Armadas Revolucionarias (FAR). El comunicado, firmado por Fidel, justificaba la decisión «por aspectos de su conducta política desde 1957, no esclarecidos de forma satisfactoria...». Sobre Ordoqui recaían también acusaciones de sectarismo.

En el plano de la política interna, definida la incorporación de cubanos a la lucha en el Congo, en marzo de 1965 se concentraba un contingente compuesto mayoritariamente por negros debido al lugar de destino, aunque ellos lo ignoraban. Sin embargo, al segundo grupo que saldría semanas después Fidel le dijo en el momento de despedirlos: «Cuando lleguen al Congo encontrarán a la persona que va a comandar como si fuera yo...».

Se desplazaron hacia el centro de África más de 140 cubanos, en una nueva operación preparada por la división de Barba Roja. Al proyectar dos frentes guerrilleros Fidel designó al Che Guevara jefe de la primera, lo cual era una forma efectiva de desviarle por un tiempo de la ansiedad de incorporarse a la guerrilla en Argentina y los países andinos, donde la eficiencia de la represión aconsejaba un compás de espera.

El 2 de abril, acompañado por Víctor Dreke, que había comandado tropas contra las bandas de Escambray, y José María Martínez Tamayo (Papi), el Che Guevara partió rumbo a Europa, donde iniciaría un prolongado recorrido que le llevaría a Tanzania. Mientras él, con su tropa y sus armas, viajaba hasta allí en vuelos comerciales, llegaban embarcaciones de la URSS a Dar es Salam, la capital de Tanzania,[5] con equipamientos militares y otros pertrechos que se sumarían a la logística china ya utilizada por los rebeldes congoleños.

Antes de subir a la embarcación en que cruzaría el lago Tanganica, en la frontera del Congo, el Che Guevara se quitó la prótesis facial que le alteraba la fisonomía. Dos días después, en territorio congoleño, reveló su identidad para que fuera comunicada a Laurent Kabila, uno de los dirigentes de inspiración lumumbista, que fue presa del pánico al saber quién era el personaje que se hallaba al frente de la tropa en Kibamba, una aldea de pescadores situada al pie de la montaña y a orillas del lago.

Tanto en Cuba como en otros países comenzaban a correr rumores ante la ausencia del Che de la escena pública. Algunos decían que había desafiado la autoridad de Fidel y le habían ejecutado. Otros comentaban que se había vuelto irremediablemente loco o que se había escapado de Cuba con un puñado de discípulos para iniciar una nueva revolución. Lo difícil era descubrir dónde. Fidel, acosado por las preguntas, respondía que se sabría de Guevara cuando este quisiera. Pasarían meses hasta que los estadounidenses recibieran los primeros indicios de que el médico argentino estaba en la selva del Congo.

En el *Uvero*, el mayor buque mercante cubano, se enviaba a África un gran cargamento de armas y municiones, uniformes y alimentos, no solo para la columna del Che sino también para entregar al Partido Africano para la Independencia de Guinea y Cabo Verde (PAIGC) y el Frente de Liberación de Mozambique (Frelimo). Allí viajaba también una parte de los componentes de un segundo frente, concebido por Fidel para el Congo, y nueve instructores militares para Brazzaville.[6]

El 18 de junio, Argelia, la tierra que había inspirado el proyecto, cambiaba de rumbo político. Ben Bella fue detenido y derrocado por un golpe militar dirigido por el coronel Huari Bumedián. Fidel debió replantear a toda prisa su política africana. Cierta indefinición se prolongó aún en suelo argelino durante unas semanas, durante las cuales el comandante trató de influir en los golpistas, con la esperanza de no perder el principal puente del proyecto Tricontinental, pero acabó por rechazar la acción: «No podemos aprobar ese procedimiento contra las masas y contra el partido... Y si deciden romper relaciones con nosotros, no serían los primeros adeptos al cuartelazo en hacerlo... No actuamos como oportunistas, sino como marxistas-leninistas...».[7]

A finales de junio propuso a Jorge Risquet la jefatura del segundo frente, integrado por 200 hombres. Los objetivos de este eran prestar ayuda a Brazzaville formando milicias locales, entrenar y equipar la guerrilla del Movimiento Popular para la Liberación de Angola (MPLA) en Cabinda con objeto de ayudarla a penetrar en el interior de Angola y funcionar como reserva de la columna del Che, de ser necesario.[8] El 23 de agosto, llegaba a Brazzaville el grueso del batallón. Una parte penetraría en territorio angoleño, mientras otros grupos del MPLA irían a aquella ciudad para iniciar el adiestramiento.

El embajador cubano Serguera, después del golpe en Argel, también fue trasladado a Brazzaville, aunque no había recibido ningún comunicado[9] acerca de cambios en el enfoque de Fidel respecto a África.

La presencia de las tropas cubanas en Brazzaville habría de cumplir otra función. Un año después, estando el presidente Massemba-Debat ausente del país, se produjo una sublevación militar. Risquet, mientras aguardaba instrucciones de Fidel, decidió consultar a los representantes soviéticos, que optaron por mantenerse neutrales. Fidel, en cambio, por medio de mensajes a Risquet, propugnó la ofensiva en defensa del régimen, «con la mayor presión posible».[10] Los cubanos tomaron puntos estratégicos de la capital y consiguieron sofocar el golpe.

Para el Che Guevara transcurrieron meses de lucha contra mercenarios cubanos reclutados por la CIA, sudafricanos y fuerzas gubernamentales en creciente ofensiva, lo que daba cuenta de los grandes intereses puestos en aquel «estado-tapón». En verdad, Guevara era el único, entre los aliados del lado de la guerrilla, en dar la cara en el escenario de la guerra, ya que los comandantes congoleños no aparecían. Parte del «ejército» que dirigía el Che había contraído la peste africana o amenazaba con desertar. Las termitas arrasaban con todas las provisiones, salvo la mandioca salada y el té de hierbas con gotas de limón con que se alimentaban un día sí y otro no. El Che transmitió algunas impresiones de la difícil situación en cartas y notas de un diario:

> Querido Fidel... Debes de pensar que padezco la terrible dolencia del pesimismo sin causa... Cuando llegó tu «presente griego» [Emilio Aragonés], me dijo que una de mis cartas había provocado la sensación de un gladiador condenado... Puedo asegurarte que, de no ser por mí, este hermoso sueño estaría totalmente desintegrado, en medio de la catástrofe general... Sobran hombres armados y faltan soldados... ¿Soumaliot y com-

pañeros? Sería largo enumerar la gran cantidad de mentiras en que incurrieron... En el resto del país solo existen grupos inconexos que sobreviven en la selva... Las discrepancias entre Kabila y Soumaliot son cada vez más serias y se toman como pretexto para continuar entregando ciudades, sin combatir... Bien, a menos que nos decidamos definitivamente a luchar solos...

Los líderes de todos los movimientos de liberación africanos constituían una élite ilustrada y formada en institutos europeos, por lo que se habían distanciado de los problemas tribales. Los ciudadanos comunes no entendían el porqué de aquella lucha, atados a sus ritos y costumbres, incompatibles con un ordenamiento militar. Además, se habían sobrestimado las condiciones prerrevolucionarias en el Congo. Según las informaciones llegadas a Cuba, más de la mitad del país debía estar liberada en el momento en que desembarcó el Che, pero esto no era ni la sombra de la verdad.

Fidel comenzaba a comprender la necesidad de la retirada. Al recibir a Gastón Soumaliot, el jefe del Consejo Supremo de la Revolución del Congo, en septiembre de 1965 en La Habana, este fue franco y le recomendó la repatriación de sus tropas, pues la situación estaba perdida. «Debemos hacer todo menos lo absurdo. Si nuestra presencia es injustificable e inútil, debemos pensar en retirarnos...», indicó Fidel al Che en un mensaje.[11] Agregaba que podía regresar a Cuba si quería, o mantener su clandestinidad en otro lugar. Esto se debía a que había hecho pública la carta de despedida que le había dejado el Che antes de partir, en el marco de la fundación del Partido Comunista de Cuba (PCC, derivado del PURSC) a principios de octubre, cuando ya resultaba impostergable y urgente dar una convincente explicación sobre su ausencia. Fidel leyó la carta en su totalidad, con gran solemnidad:

... Me acuerdo en esta hora de muchas cosas, de cuando te conocí en casa de María Antonia, de cuando me propusiste venir, de toda la tensión de los preparativos. Un día, pasaron preguntando a quién se debía avisar en caso de muerte, y la posibilidad real del hecho nos golpeó a todos. Después supimos que era cierto, que en una revolución se triunfa o se muere (si es verdadera).

[...] Hoy todo tiene un tono menos dramático porque somos más maduros, pero el hecho se repite. Siento que he cumplido la parte de mi deber que me ataba a la Revolución cubana en su territorio y me despido de ti, de los compañeros, de tu pueblo, que ya es mío.

Hago formal renuncia de mis cargos en la Dirección del Partido, de mi puesto de Ministro, de mi grado de comandante, de mi condición de cubano. Nada legal me ata a Cuba, solo lazos de otra clase que no se pueden romper como los nombramientos. Haciendo un recuento de mi vida pasada creo haber trabajado con suficiente honradez y dedicación para consolidar el triunfo revolucionario. Mi única falta de alguna gravedad es no haber confiado más en ti desde los primeros momentos de la Sierra Maestra y no haber comprendido con suficiente celeridad tus cualidades de conductor y de revolucionario.

He vivido días magníficos y sentí a tu lado el orgullo de pertenecer a nuestro pueblo en los días luminosos y tristes de la Crisis del Caribe [de los misiles]. Pocas veces brilló más alto un estadista que en esos días...

Otras tierras del mundo reclaman el concurso de mis modestos esfuerzos. Yo puedo hacer lo que te está negado por tu responsabilidad al frente de Cuba y llegó la hora de separarnos.

Sépase que lo hago con una mezcla de alegría y dolor. Aquí dejo lo más puro de mis esperanzas de constructor y lo más querido entre mis seres queridos... y dejo un pueblo que me admitió como un hijo; eso lacera una parte de mi espíritu. En los nuevos campos de batalla llevaré la fe que me inculcaste, el espíritu revolucionario de mi pueblo, la sensación de cumplir con el más sagrado de los deberes; luchar contra el imperialismo dondequiera que esté; esto reconforta y cura con creces cualquier desgarradura.

Digo una vez más que libero a Cuba de cualquier responsabilidad, salvo la que emane de su ejemplo. Que si me llega la hora definitiva bajo otros cielos, mi último pensamiento será para este pueblo y especialmente para ti. [...] Que no dejo a mis hijos y mi mujer nada material y no me apena: me alegra que así sea. Que no pido nada para ellos pues el Estado les dará lo suficiente para vivir y educarse. [...] Hasta la victoria siempre, ¡Patria o Muerte! Te abraza con todo fervor revolucionario, Che.

El texto de la carta daba respuesta a todas las preguntas. El Che no tenía alternativa después de haber renunciado a su vida en Cuba. Ya en el momento en que se unió a Fidel en México, diez años antes, todavía sin una completa noción del líder que tenía delante, el argentino le había expresado que su compromiso con Cuba sería pasajero, pues quería hacer la revolución en su país. En adelante dio al proceso cubano lo mejor de sí, su brillante personalidad, haciendo frente a opositores y envidiosos de su condición de héroe extranjero adorado por el pueblo. Si alguno de los que ocupaban el poder tejía intrigas en su contra, sirviéndose de errores de la política económica o considerando inconveniente su vena libertaria, Fidel era su garante. Al encaminarse al Proyecto Andino, que rescataba el antiguo sueño del Che, ya se preparaba para romper con los sinsabores del Estado y lanzarse a realizarlo. La experiencia congoleña había sido apenas un desvío forzado por Fidel con la intención de protegerle.

El Che se cansó de buscar un responsable del Consejo Supremo de la Revolución del Congo que pudiera firmar un documento en que se solicitara la retirada de las tropas cubanas. Quería dejar claro que no abandonaba a los congoleños por su voluntad, sino obligado por las circunstancias.[12] En noviembre el general Mobutu, con el apoyo de tropas mercenarias y estadounidenses, conquistaba el poder en ese país.

En los mensajes del manuscrito *Pasajes de la guerra revolucionaria*, el Che dejaba impresa la catarsis del fracaso en el Congo. Al fin partió en una lancha, al descubierto, con sus ayudantes cercanos, a los cuales mencionó, en el transcurso del trayecto, su ansiada futura misión.

En las vísperas del anuncio de la formación del PCC, que había llevado a término el proceso de institucionalización del régimen en Cuba, Fidel habilitó un puerto para la salida legal de cubanos hacia Estados Unidos, con un aviso a los familiares en el exilio para que fueran a buscarlos. Se presentaron centenares de barcos en el puerto de Camarioca, en Matanzas, que generaron un problema de tránsito ilegal ascendente para la policía estadounidense.

Era una táctica de Fidel: como Estados Unidos había cancelado la expedición de visados para cubanos desde la Crisis de los Misiles, pero promovía las entradas ilegales que servían de propaganda, el líder cubano buscó el medio de provocar una renegociación del asunto. En plena repercusión del hecho, afirmó que Cuba no podía responsabilizarse de forma unilateral por el orden en las fronteras.[13]

Después de negociaciones con la embajada de Suiza, las partes acordaron abrir listas semanales para los cubanos que quisieran reunirse con sus familiares, salvo los jóvenes en edad militar. A últimos de noviembre de 1965 comenzaron los vuelos chárter que despegaban de la playa de Varadero, los cuales continuarían hasta el fin del acuerdo, en 1973.

El gobierno de Estados Unidos solo lamentó que no se incluyera a los presos políticos cubanos y reiteraba su disposición a recibirlos.[14] Fidel repuso que los liberaría siempre que Estados Unidos solicitara igualmente que Venezuela, Colombia, Guatemala, Honduras, El Salvador, Nicaragua, Ecuador, Brasil, Perú, Paraguay, Bolivia y Argentina liberaran a sus condenados por conducta política revolucionaria.

Por medio de los chárters partirían de Cuba, durante todo ese período, alrededor de 300.000 personas. La Ley de Ajuste Cubano, promulgada entonces en Estados Unidos, concedía a los inmigrantes cubanos numerosos privilegios que estimularon la continuidad de la inmigración ilegal. Secuestros y desvío de aviones en pleno vuelo con destino a Estados Unidos y Cuba se convirtieron en una práctica corriente hasta mediados de la década de los setenta.

Consagrando la línea trazada por el Che, a pesar de los reveses sufridos por el proyecto, el 3 de enero de 1966 Fidel inauguró en La Habana la Conferencia Tricontinental. Asistieron al encuentro 743 delegados de Asia, África y América Latina, más algunos chinos y soviéticos en calidad de observadores. Se planteó la voluntad de unificar los pueblos de los tres continentes e intensificar las luchas de liberación, según había anunciado meses antes el líder marroquí Mahdi Ben Barka, presidente del Comité de Preparación de la Conferencia, tras el acuerdo alcanzado con

Fidel en La Habana. Poco después, el 29 de octubre, Ben Barka fue secuestrado y asesinado en París, donde se hallaba exiliado. En la operación participaron policías de la contrainteligencia francesa, en complicidad con el ministro del Interior marroquí, el general Oufkir, y la CIA.

El ambiente de la Conferencia Tricontinental reflejó las diferencias de los movimientos comunista y de izquierda. Los trotskistas sostenían que la carta de despedida del Che era falsa y que la Cuarta Internacional debía exigir su aparición pública. Otros grupos, de extrema izquierda, apostaban a que la razón de su abandono era que se había opuesto a la integración, en el Comité Central del PCC, de los favoritos de Castro, los seguidores de Moscú. En la apertura de la conferencia Fidel reiteró la condición clandestina del Che Guevara, que se aclararía cuando lo permitieran las circunstancias. Frente a las polémicas, definió su visión: «… la Cuarta Internacional cometió un crimen como organización puramente trotskista… Sí, en un tiempo pasado el trotskismo representó una posición errónea pero dentro del campo de las ideas políticas; después fue convirtiéndose en un vulgar instrumento de reacción… El imperialismo está inevitablemente derrotado. ¿Quién, entre los pueblos, nos dio en estos tiempos la más extraordinaria lección? El pueblo de Vietnam».

Lo que definía a un comunista en aquella coyuntura, subrayó Fidel, era su actitud hacia la guerrilla. El aumento de las masacres, los fusilamientos y los asesinatos políticos era el indicador de la «profunda crisis revolucionaria en el continente», con nuevas alianzas cubanas que se extendían por varios lugares.

Durante los encuentros de la Conferencia Tricontinental, Fidel quedó particularmente impresionado con Amílcar Cabral,[15] el líder del PAIGC. A partir de entonces la ayuda que Fidel daría al movimiento en Guinea-Bissau y Cabo Verde sería la más larga, diversificada y exitosa de las intervenciones cubanas en África, desde el estallido de la rebelión guineana hasta el fin de la guerra, en 1974. En cuanto a los soviéticos, proporcionaron sofisticados armamentos al PAIGC, a cargo de los cubanos.

La disciplina del PAIGC, muy diferente de la de los congoleños, impresionaría a los cubanos y los estadounidenses, que consideraban a la organización la más eficiente del África portuguesa.[16] El 16 de septiembre de 1974, cuatro meses después de la Revolución de los Claveles, la caída de la dictadura portuguesa, volvía a su país el capitán cubano Pedro Rodríguez Peralta, a quien Fidel fue a esperar al aeropuerto. Peralta había estado preso durante muchos años, pero jamás había revelado el vínculo entre el gobierno cubano y el PAIGC, afirmando sin titubeos que era un latino que se había unido a la causa por cuenta propia.

A principios de 1966, Fidel todavía habría de hacer frente a un conflicto con los chinos, que resolvieron reducir de manera drástica la cantidad de arroz que suministraban a Cuba. En el fondo de la cuestión comercial había una forma de represalia de China por el estrechamiento de relaciones entre Cuba y la URSS, con la fundación del PCC y la participación cubana en movimientos en África y Asia, en especial en Vietnam. Desde el año anterior los chinos promovían una vasta distribución de propaganda de la Revolución Cultural y del pensamiento de Mao entre oficiales cubanos en sus despachos y residencias. Fidel advirtió del «intento divisionista», pero los impresos seguían enviándose, hasta alcanzar un total de 58.041 destinatarios en el país en septiembre de 1965.[17] El líder cubano llegó incluso a amenazar con la reducción del personal diplomático chino en el país.

En la Organización de las Naciones Unidas (ONU), 18 países latinoamericanos culpaban a Cuba de la ebullición del continente. Reunidos en una comisión, exhortaron a la formación de equipos de seguridad, espionaje, represión e intervención en todos los países de América —los futuros «boinas verdes»— y la suspensión de la venta de armas e implementos militares a Cuba. Pronto llegó la réplica de Fidel: «Los pueblos tienen derecho a barrer (y tarde o temprano barrerán) esos gobiernos traidores que sirven a los intereses extranjeros en sus propios países, mediante la acción revolucionaria más violenta, ¡porque la opresión y la explotación imperialista se ejercen cada vez más sobre ellos con empleo de fuerza y violencia! ¡No les queda otra alternativa!».

Una delegación de parlamentarios chilenos que visitaban Cuba decidió partir, a manera de protesta, al enterarse de las

declaraciones de Fidel, que consideraban ofensivas para su país y
su nuevo presidente, Eduardo Frei, el demócrata-cristiano que
había vencido en las elecciones al socialista Salvador Allende. El
comandante respondió:

> … A medida que el señor Frei se enfrenta a contradicciones
> sociales, no se le ocurre otra cosa que culpar a la Conferencia
> Tricontinental de sus propios problemas y, con motivo de una
> huelga en una de las grandes minas de cobre, lanzó tropas con-
> tra los trabajadores, ocasionando ocho muertos y treinta y cin-
> co heridos.
>   […] Creemos que, cuando en un país todas las vías no es-
> tán cerradas —como ocurre en la inmensa mayoría de los pue-
> blos de América Latina—, la lucha armada revolucionaria no se
> pone a la orden del día. Creemos que en Chile, tarde o temprano,
> las contradicciones de clase, la lucha del pueblo contra el impe-
> rialismo, contra las oligarquías y la burguesía tomarán el cami-
> no de la lucha armada.[18]

Eduardo Frei reaccionó tachando a Cuba de «dictadura ca-
prichosa, sateloide político y económico del exterior, con partido único, prensa oficial y miles de fusilamientos».

El ánimo de Fidel estaba más que exaltado. A continuación
tendría una disputa con Yugoslavia, que al menos contribuiría a
neutralizar su problema con China. Afirmó que la Liga de los
Comunistas Yugoslavos ocultaba la cara, pues no era ni partido ni
comunista. Por su parte, el mariscal Castelo Branco, el primer
presidente de la dictadura militar de Brasil, acaso por fanfarro-
nería, decidió desafiar a Fidel a que fuera a Brasil a hacer una
revolución. «Lamento mucho no ser brasileño, señores… —contestó Fidel—. Cambiaría con gusto todos los cargos y mis obli-
gaciones de primer ministro por la condición del más humilde
ciudadano brasileño… Pero estoy seguro de que los brasileños
ajustarán cuentas con los gorilas, como el pueblo de la Argentina ajustará cuentas con los suyos.»

Ante las dificultades y las presiones surgía un Fidel cada vez
más altivo, autónomo y agresivo, ansioso, a su manera, de un diálogo. Su mayor antagonista, el gobierno de Estados Unidos, además de organizar sucesivas provocaciones en la base naval de

Guantánamo, intentó impedir la participación de la delegación cubana en los X Juegos Centroamericanos de Puerto Rico, en julio de 1966. Unos días antes de la inauguración fueron autorizados los 400 visados, pero no el permiso de aterrizaje o desembarco de transporte procedente de Cuba. Fidel decidió entonces la salida de un barco con los equipos y en las proximidades de las aguas puertorriqueñas todos pasaron a botes salvavidas, hasta que la guardia costera fue a recogerlos.

En el ámbito comercial se apretaba el bloqueo de Estados Unidos, con ciertos matices. Si había una patente estadounidense en cualquier línea de fabricación de un producto, se interrumpía el negocio. La fábrica francesa Richard de Lyon sufrió presiones, pero en 1965 terminó vendiendo 900 tractores *bulldozer* a Cuba, por valor de 35 millones de dólares, más camiones de la misma marca. Durante varios años Francia concedió más de 100 millones de dólares de crédito a Cuba, e Inglaterra, el equivalente a 80 millones de dólares de crédito, durante cinco años. También se adquirieron máquinas cosechadoras de arroz alemanas e italianas. En buena parte, esos «agujeros» en el bloqueo eran el fruto del trabajo del abogado Baudilio (Bilito) Castellanos, viejo amigo de Fidel desde la infancia, ahora embajador en misión de primer ministro en Europa.

EL FÉNIX Y EL CÓNDOR

Para el gobierno estadounidense, ¿quién podía ser entonces el cubano que devolviera la isla a sus brazos y la hiciera abandonar sus ideas de revolución más allá de las fronteras? El ex comandante Rolando Cubela. Narcisista, bien parecido, barbudo y guerrero, con adecuado currículo y buena actuación política, era el perfil elegido por la CIA para ayudar a corroer el poder, eliminar a Fidel Castro y, eventualmente, sustituirle.

Repasemos su trayectoria. Poco después de haber sido desalojado del palacio presidencial, que había ocupado de modo intempestivo en los primeros días de enero de 1959, Cubela fue enviado como agregado militar a España. Sin embargo, no tardaría en regresar a Cuba, donde asumió la subsecretaría de Gobierno, que abarcaba funciones de policía y de orden interno. En octubre fue elegido presidente de la Federación de Estudiantes Universitarios (FEU), con el beneplácito de Fidel. Terminado el mandato, comenzó poco a poco a caer en el olvido. Molesto por no ser más reconocido, frecuentaba la amistad de José Alemán Gutiérrez, hijo del multimillonario y ex ministro de Educación en el antiguo régimen José Alemán. El vínculo entre ambos se había creado en el exilio, durante la dictadura de Batista. A través de Alemán la organización del Directorio, de la cual formaba parte Cubela, había conseguido recursos y armamento.

Cubela habría de ser el caso más interesante en el drama de los antagonistas de Fidel. Según documentos estadounidenses, la primera vez que la CIA le abordó fue en marzo de 1961, un mes antes de la invasión de la bahía de Cochinos. Cubela se encontraba en México, participando en un congreso.[1] En una primera conversación se esbozó una relación que se definió como política[2] entre él y un oficial de la CIA. Para el sector de operaciones supersecretas se inició el expediente del agente código AM-LASH.

Al final del mes la representación de la CIA en Miami recibió de La Habana la información de que tanto Cubela como Juan Orta —el funcionario del gabinete de Fidel que habría de ser uno de los ejecutores en el caso de las pastillas envenenadas— querían desertar y necesitaban ayuda para huir. Un examen de los nombres citados en los documentos sobre los atentados a Fidel revela el personaje que se relacionaba con ambos: el *capo* de la mafia Santos Trafficante. En su declaración, en 1977, al Comité de Asesinatos de la Cámara de Estados Unidos, José Alemán hijo explicó que los vínculos entre Trafficante y Cubela se mantuvieron antes y después del triunfo de la Revolución.

Con intervalos, el trato entre Cubela y la CIA duró cuatro años, de 1961 a 1965, a través de encuentros en las ciudades de Helsinki, Porto Alegre, París y Madrid, a los que Cubela asistía como representante de las organizaciones estudiantiles cubanas. Debido al rechazo a la URSS entre los cubanos después de la Crisis de los Misiles, la CIA conjeturó que aquel era el momento adecuado para acelerar el Proyecto AM-LASH (Cubela), con reclutamiento y equipamiento de civiles y militares —identificados por el código AM-TRUCK—, a fin de apoyar un golpe contra el régimen de Cuba una vez muerto Fidel. En octubre de 1963, tuvo lugar un encuentro con Cubela para la realización del atentado. El 22 de noviembre, el mismo día en que asesinaron a Kennedy —y mientras el líder cubano escuchaba el mensaje de acercamiento del presidente estadounidense por intermedio del periodista Jean Daniel—, Cubela recibió una estilográfica provista de una aguja hipodérmica, cargada con el veneno Black Leaf 40, que debía inyectarse a Fidel en la primera oportunidad que surgiera; con ese veneno, el comandante moriría en dos o tres días. Sin embargo, Cubela se deshizo de la estilográfica arrojándola al río Sena antes de regresar a Cuba. Su amigo José Alemán hijo, que aceptó convertirse en informante del FBI para no ser incriminado en el proceso contra el mafioso Norman Rothman, relató a sus superiores que había oído de Santos Trafficante que J. F. Kennedy sería eliminado.[3]

Fidel, el mismo día del asesinato de Kennedy, había inferido una conexión entre este hecho y el proyecto por parte de sectores estadounidenses contra Cuba, según insinuó al periodista Daniel. En efecto, posteriormente sería posible observar la coincidencia entre nombres y datos surgidos en los informes del G-2 (servicio secreto cubano) sobre los atentados a Fidel y programas afines, e investigaciones particulares y oficiales sobre el magnicidio de Kennedy realizadas dentro de Estados Unidos. El cruce de tales informaciones permitió no solo confirmar la deducción del comandante, sino también identificar a los probables autores y ejecutores del asesinato de Kennedy, según se expone en el libro *ZR, el rifle que mató a Kennedy*.

Casi un año después del encuentro de Cubela en París tendría lugar otro contacto entre él y Manuel Artime —agente cuyo nombre en código era B-1—, jefe de una organización anticastrista, arreglado por la CIA en Madrid. Los intereses de ambos se complementaban, ya que Artime necesitaba un hombre sin problemas para moverse por Cuba, y Cubela, una potente arma con silenciador para poder ejecutar el asesinato de Fidel en la forma que deseaba.

Alrededor de junio de 1965, en vista de las indiscreciones de Cubela con algunos conocidos, la CIA resolvía distanciarse del proyecto, pero la G-2 cubana ya había asignado a uno de sus hombres para que le vigilara y estaba al tanto de los planes. Al comienzo de 1966 Fidel convocó a Cubela a su despacho para conversar y obtuvo algunas confesiones. En marzo tuvo lugar el juicio de Cubela y su red.[4] Con la intervención del líder cubano a su favor, fue condenado a 25 años de prisión.

> El responsable de todos estos actos fue una persona que, por sus características, estaba prácticamente imposibilitada de desempeñar cualquier función clave en el seno de la Revolución... No creo necesario solicitar al tribunal sanciones más drásticas... Pien-

so que mucho más importante y útil es eliminar los vicios que contribuyeron a engendrar esta conducta... el amiguismo, el favoritismo, el parasitismo, las tendencias al acomodamiento e inclusive a la corrupción... que subsisten en algunas personas, sectores y frentes de trabajo...[5]

Al profundizarse en las investigaciones, hasta el viceministro de las Fuerzas Armadas Revolucionarias (FAR), Efigenio Ameijeiras, fue privado de sus cargos por compartir relaciones con Cubela y su grupo.[6]

La France Press (AFP) anunció que el caso Cubela había sublevado a estudiantes nacionalistas de la Universidad de La Habana contra el control ejercido por los comunistas. La agencia publicó: «La idea del asesinato partió de las propias filas de los que primero se rebelaron contra la tiranía. De ahí la vacilación y la perplejidad de Fidel Castro, que adoptó una decisión de clemencia...».

Se debiera su gesto a un arranque de generosidad, a un intento de proteger a algunos involucrados involuntarios en el proceso, o a la unidad que debía garantizar al recién nacido Partido Comunista de Cuba (PCC), Fidel, en su eterno movimiento pendular y modulado, iba apartando a aquellos que no cabían en su orden revolucionario. Obsérvese además que durante el juicio no se mencionó ninguna relación de Cubela con la CIA. Aunque resultara evidente, la seguridad prefirió callar, pues no había podido precisar algunos aspectos centrales. El proyecto —u operación AM-LASH— solo se reveló un año después, a partir de las investigaciones realizadas en Estados Unidos.

En La Habana permanecían todavía varios extranjeros que habían participado en la reunión de la Tricontinental. Por mediación de Osvaldo Barreto, un venezolano que había pasado por Argel, el ex embajador Papito Serguera conoció el texto *Revolución en la revolución*, de Régis Debray. Se apresuró a mostrárselo a Barba Roja, que al día siguiente lo llevó a Fidel. Después de leerlo, este comentó: «Interesante... Dice lo que nosotros no podemos decir. ¿Por qué no me traen aquí a ese francés?».

Papito comunicó a Debray que a Fidel le interesaba publicar su trabajo. Cuando recibió al francés en Calle 11, el comandante opinó sobre el contenido y dio sugerencias, lo que hace siempre que se encuentra con los autores de escritos políticos e ideológicos. Aunque no representara su visión, convenía a la etapa de fomento de la guerrilla. El texto fue publicado e instauró la tesis del «foquismo» entre las izquierdas latinoamericanas. Había, sin embargo, una diferencia con la idea de «foco armado» del Che Guevara, una columna madre destinada a detonar el proceso revolucionario, pero no disociada de los movimientos populares. Agregaba el Che, como también Fidel, que «la lucha guerrillera sería excesiva en países con posibilidades de lucha cívica».

En aquel momento el Che se encontraba en Tanzania, convencido de que debía conseguir su meta en América Latina. Como venía repitiendo a Fidel en sus mensajes, juzgaba que Bolivia era la opción para el proyecto, en virtud de la práctica y la logística de los cuadros comunistas que habían participado en el apoyo a Jorge Masetti y a los peruanos. Siempre que la guerrilla no se metiera en suelo boliviano, en los planes se había contado con que las autoridades del gobierno nacionalista de Víctor Paz Estensoro, que había permanecido en el poder hasta 1964, cuando tuvo lugar el golpe del general Barrientos, harían la vista gorda. La presencia estadounidense en el área cobraba volumen con rapidez, encargada de reequipar a las fuerzas armadas y enviar asesores en contrainsurgencia y «boinas verdes» a Venezuela, Colombia, Guatemala y, pronto, Bolivia.

Para el Che, al desarrollarse Bolivia como el centro irradiador se produciría necesariamente la reacción de los ejércitos de los gobiernos apoyados por Estados Unidos, lo que tarde o temprano conduciría a la intervención estadounidense. Habría entonces otro «Vietnam», en sus propios términos, considerando la resistencia que emprenderían las columnas rebeldes ya formadas. Los militantes del Partido Comunista Boliviano (PCB), uno de los pocos que no se mostraban remisos a la vía insurreccional, junto a los sectores nacionalistas del país, incluso del ejército, eran vistos por el Che como sus probables aliados en el proceso.

Cuando Guevara insistía en partir sin demora, Fidel le pedía

calma y prudencia, y argumentaba que su presencia se justificaría en una etapa posterior, cuando hubieran madurado la situación y los cuadros. Sin embargo, después de la experiencia del
Congo no hubo manera de desviarle del objetivo: «La alternativa habría sido prohibírselo, y eso no estaba dentro del tipo de
relación que teníamos, ni por razones de Estado…», explicó el
comandante.

Así pues, Fidel solicitó el apoyo formal del PCB al proyecto.
Mario Monje, el secretario general, viajó a Cuba en junio y prometió movilizar colaboradores, así como conseguir el consenso
de la dirección del partido a un movimiento guerrillero rural.
El comandante no informó de todo a Monje; por ejemplo, no
mencionó al Che Guevara.

Después Fidel mandó llamar al Che a Cuba, a fin de que
fuera a preparar y seleccionar el personal que viajaría con él.
Tomó la medida que le pareció más sensata en aquella circunstancia: un especialista en cirugía plástica, Eddy Suñol, acompañaría al emisario Ulises Estrada a Tanzania, para realizar una operación quirúrgica al Che antes del viaje.

Ya transformado, Guevara partió hacia Praga, vía El Cairo. El
19 de julio de 1966, provisto de pasaporte uruguayo, con el
nombre de Ramón Benítez, fue a Viena y luego a Ginebra,
Zurich y Moscú. Tras llegar a La Habana se dirigió a la hacienda San Andrés, en Pinar del Río, donde, atendido por el personal de Barba Roja, se sometió a una nueva intervención que
cambió aún más su fisonomía.

Fidel siguió los entrenamientos del grupo escogido por el
Che, que mientras tanto permanecía escondido y aislado de los
conocidos.

El Che y Fidel se vieron por última vez en una caseta de
seguridad la madrugada del embarque. También se encontraban
allí Piñeiro (Barba Roja), Raúl Castro y Vilma Espín, mientras los
dos, sentados en un sofá, conversaban en voz baja durante más de
una hora. Aunque ambos eran seres de intensos sentimientos,
prefirieron un abrazo fuerte y corto para concluir la despedida,
que tal vez no fuera más que una pausa hasta el siguiente capítulo de una historia en común.

Noviembre de 1966. Más de veinte cubanos entraron en territorio boliviano sin ser detectados. A finales de diciembre, establecidos en un campamento a ocho kilómetros de la hacienda de Ñancahuazú, el Che se preparaba para una reunión con Mario Monje, el secretario del PCB. Sabiendo que el argentino había ido a hacerse cargo del mando del movimiento, Monje le pidió la jefatura política y militar. El Che respondió que no podía confiársela y el otro se marchó para no volver más.

El Che, que se hallaba todavía en una base fija, comunicó a Fidel lo ocurrido. Este convocó con urgencia al segundo secretario del PCB, Jorge Kolle, y a Simón Reyes, un dirigente sindicalista boliviano, para mantener una conversación en La Habana, donde les exigió la colaboración prometida. De nada sirvió.

La columna del Che ya emprendía la marcha. En un mensaje radiofónico del 23 de enero de 1967 a Fidel, preveía: «En cualquier momento quedaremos aislados». Había observado el peligro y resolvió dividir la columna, con la expectativa de reunirla en quince o veinte días. Las comunicaciones y los contactos escaseaban e iban cortándose poco a poco. El Che dio vueltas sin rumbo y sin posibilidad de iniciar el plan en Ñancahuazú o dirigirse a la zona de La Paz, la capital, más adecuada para detonar la guerrilla, por la tradición de su militancia.

A comienzos de marzo, Fidel fue acusado de participar en el secuestro y la muerte de una autoridad venezolana, en una operación del Frente Armado de Liberación Nacional (FALN).[7] Mientras se encontraba en La Habana, la dirección conjunta del Frente de Liberación Nacional (FLN) y el FALN asumió públicamente la responsabilidad del acto, como una represalia por el asesinato de sus miembros. Fidel añadió al comunicado un grito de guerra: «Desde ahora nos declaramos invencibles... Aviso que aquí van a tropezar con un Stalingrado... y, además, con media docena de "Vietnams" en el resto del continente...».[8]

En tierra boliviana, surgieron en abril los primeros indicios de la presencia del Che. Según el relato de un corresponsal inglés, «... entre los objetos cuidadosamente recogidos en la zona aparecieron una fotografía del doctor Ernesto "Che" Guevara y una copia del discurso del general Vo Nguyen Giap, de Vietnam del Norte... La zona estaba minada y llena de trampas. Era obra de especialistas...».[9]

El 19 de ese mismo mes, al rebatir la iniciativa de la Conferencia Interamericana de unir esfuerzos contra la subversión en el continente, Fidel anunció la formación de un nuevo frente guerrillero, en Bolivia. En junio actuaba en Oriente Próximo, adonde mandó pilotos y soldados cubanos a luchar junto a los sirios contra Israel, en las vísperas de la guerra de los Seis Días. Del 31 de julio al 10 de agosto patrocinó la Conferencia de la Organización Latinoamericana de Solidaridad (OLAS), en La Habana. En la clausura, al comentar los puntos de vista conflictivos surgidos en los debates, definió su frontera ideológica:

> Se ha hablado de un camino fundamental, al que deberán subordinarse las demás formas de lucha... Pero no habrá nadie tan sectario y dogmático como para decir que en todas partes hay que empuñar mañana mismo un fusil... Entendemos que el pensamiento revolucionario debe adquirir nuevos vuelos. Las verdades evidentes pertenecen a la filosofía burguesa... La propia literatura marxista deberá rejuvenecer, pero ¿a qué tipo de transición pacífica se refieren algunos, que no esté de acuerdo con el imperialismo?[10]

En Bolivia, en la ciudad de Santa Cruz, el ejército detenía a Régis Debray, que había viajado allí para incorporarse a la guerrilla del Che. Le obligaron a hablar mediante tortura; resistió, pero acabó confirmando que Guevara se encontraba en el territorio. No obstante, el delator resultó ser el argentino Ciro Bustos, el único superviviente del grupo de Masetti, que al ser capturado suministró detalles precisos. Bustos era el enlace de la columna del Che con los argentinos que se unirían al proyecto.

A principios de octubre partieron de ciudades bolivianas, rumbo a la zona identificada, soldados adiestrados para desarrollar operaciones en la selva. Agentes de la CIA, entre ellos algunos cubanos anticastristas, colaboraban en la caza. Eran alrededor de 1.500 hombres que formaban un cordón para acorralar a

Guevara, quien seguía desplazándose en la tentativa de encontrar soluciones.

«Pienso que estaba muy afectado, por saber ya de la muerte del otro grupo. [...] Yo lo conocía bien. Creo que en ese momento sufría mucho y reaccionaba con cierta temeridad. No habría habido forma de capturarlo vivo...», reflexionó Fidel.

El 8 de octubre el Che cayó herido. El 9, con la herida cubierta precariamente, fue ejecutado a sangre fría. En La Habana, al día siguiente, Piñeiro, al recibir la radiofoto del cadáver del Che, corrió a avisar a Fidel. Este acudió a verla con rostro incrédulo y afirmó que era falsa. Identificó, sí, a alguien que se parecía al Che, pero no se convenció y regresó a su casa. Pronto llegó la segunda radiofoto y Piñeiro fue a mostrársela. Fidel palideció. La miró detenidamente, inmerso en un profundo silencio. En las horas que siguieron se mantuvo con los puños apretados y el corazón apesadumbrado, mientras brotaban, incesantes, los nuevos despachos de las agencias de noticias para aumentar su amargura. El comandante no quería creerlo, pero se vio forzado a aceptar que la noticia era cierta. Postrado, seguía sin habla, como si quisiera perder esta, su expresión más vital, ante el absoluto desaliento. Pensó en un instante que tendría que ser él quien transmitiera la noticia al pueblo e intentó recuperarse. De él dependería el grado del impacto de un sufrimiento avasallador en miles de personas. Algo recompuesto, balbuceó a Celia que fuera a buscar a Aleida, la mujer del Che, pues quería, antes que nada, hablarle personalmente. Al verla entrar se levantó y posó la gran mano en su hombro, como es su costumbre en las confidencias, para ampararla en la tragedia. Le acudió entonces a la memoria lo que había dicho al principio del año, con un aire de profecía, a los que insistían en saber el paradero del Che: «Tantas veces lo quisieron muerto, que él renacerá de las cenizas como el fénix...».

Semanas después, en efecto, llegaría a sus manos algo que le eternizaría más allá del símbolo, el diario del Che, encontrado en su mochila. El entonces ministro del Interior boliviano, Antonio Arguedas, que tiempo atrás había colaborado con el movimiento guerrillero,[11] percibió la intención de la CIA de falsear el texto para divulgarlo y juzgó que lo mejor era enviarlo a Fidel. Se puso en contacto con un periodista conocido y le pidió que fuera a Chile para localizar algunos elementos de izquierda ligados a Cuba a fin de que actuaran de intermediarios en la entrega de las copias fotostáticas del original. Partes del diario, escondidas en discos de música folclórica, desembarcaron en La Habana vía México. Esta vez, Fidel no dudó: reconoció de inmediato la caligrafía, el estilo, el modo de ser y de pensar de su gran compañero.

Fue intensa la carrera para preparar la edición del libro en Cuba, en el mayor secreto posible, antes de que saliera cualquier versión apócrifa. Después, la prisa para enviarla a editores de confianza en Europa, Estados Unidos y América Latina.

Intelectuales de varias partes del mundo, como los cineastas Francesco Rosi y Satsuo Yamamoto, acudieron a La Habana para un congreso cultural en enero de 1968. El principal propósito era explorar formas de mantener viva la obra del Che, lo cual contribuyó a agitar el ánimo de los intelectuales cubanos, debilitado con la falta del fuerte aliado en su perenne conflicto con posturas internas conservadoras.

En el orden político, el crónico sectarismo de algunos dirigentes se había elevado a la máxima potencia con la creciente exportación de la Revolución. Aníbal Escalante, que había regresado a Cuba en 1966, volvía a ser el foco de atención. En los últimos seis años se había apuntalado en los soviéticos, en el intento de incentivar una disidencia, pero el KGB se limitaba a escuchar, sin involucrarse.

Tanto Aníbal como el grupo que se recompuso alrededor de él consideraban que la salida de escena del Che —o el «chino» o el «trotskista»— sería un acontecimiento saludable para el país. A miembros del Comité Central del PCC, a algunos soviéticos, alemanes orientales y checoslovacos, dentro y fuera del país, comentaron que la URSS debía obligar a la dirigencia de Cuba a abrazar la línea del Partido Comunista de la Unión Soviética (PCUS).

Fidel observaba el desarrollo de la situación. En su discurso en OLAS, en agosto de 1967, les había advertido con sutileza, comparándolos con las posiciones que defendían los contrarrevolucionarios y los partidos comunistas «reformistas» de América Latina: «La lucha de ideas subsiste, incluso en Cuba... No podemos llamarla fracción porque no tiene volumen, no tiene tamaño, no tiene posibilidades, no tiene nada... ¿De dónde procede? De los viejos sectarios resentidos, con un feroz oportunismo... Al querer moderar la línea de la Revolución, coinciden con los del Alpha 66, con el presidente Johnson y con la CIA...».

Cuando en marzo de 1968 decidió desenmascararlos, los calificó de microfracción. Reunió al Comité Central durante tres días, para analizar los informes sobre las actividades del grupo. Raúl Castro había elaborado un análisis, que había sido «clasificado»:

> Actividades del grupo fraccional [...] difamación e intriga de la política internacional de la Revolución, con propaganda y actividades clandestinas... información falsa a funcionarios de países extranjeros con el propósito de socavar las relaciones de Cuba; substracción de documentos secretos del Comité Central del PCC y del Ministerio de la Industria Básica...; difamación de la memoria del Comité Central; oposición sistemática a todas las medidas de la Revolución; justificación de la dirección derechista del Partido Comunista de Venezuela; fabricación y circulación clandestina de documentos contrarios a la línea de la Revolución... [12]

Fueron detenidos y condenados cuarenta y tres implicados en las actividades, y corría el rumor de que el grupo había urdido una conspiración para tomar el poder. Aníbal, que recibió una pena de quince años, solicitó cumplirla en la URSS. Antes de concluirla, sin embargo, regresó a Cuba, donde falleció como administrador de una hacienda.

La microfracción, en tanto reacción de un grupo a la ruptura de las trabas impuestas por Moscú, se articulaba curiosamente, en la misma coyuntura, con la respuesta soviética a la Primavera de Praga.

En el mundo, muchos se inspiraban en el sacrificio del Che y en el heroico Vietnam. En mayo de 1968 la juventud francesa ocupó las calles de París. Lo mismo ocurrió luego en Uruguay, México y Brasil; la explosión parecía interminable. Se prolongaban los choques entre policía y estudiantes, y se formaban nuevos grupos partidarios de la guerrilla, en un continuo proceso de escisiones y aglutinaciones. Obreros y estudiantes condenaron a los estalinistas en Checoslovaquia. Una nueva dirección, bajo la batuta de Dubcek, deseaba implementar en Praga un socialismo de rostro humano. La situación de inestabilidad llegó al punto máximo: el 21 de agosto, la capital checa fue invadida por tropas soviéticas y del Pacto de Varsovia. Dubcek fue depuesto. Cuando la información llegó a Cuba, el capitán Aragonés, que había salido de su casa a dar un paseo, se dirigió sin demora al palacio.

Fidel recomendó a la representación cubana en Checoslovaquia, por teléfono: «No hagan nada ni tomen partido...». Preguntó cuál era la posición de cada uno de los ocho miembros del Buró Político del PCC; entre retóricos y vacilantes, los comunistas optaban por un camino tortuoso: el apoyo a los soviéticos, aunque no a la invasión.

Ramón Sánchez Parodi, funcionario de la inteligencia de Piñeiro, fue enviado a Praga para ponerse al tanto de los hechos. Lo primero que percibió fue que la amplia mayoría de la población rechazaba la presencia militar soviética. A pesar de la delicada situación, Fidel resolvió tomar posición. Dio apoyo a la invasión, aunque con reservas, argumentando que «la posición de Cuba no puede entrar en contradicción con sus intereses». «[...] Aceptamos la amarga necesidad que exigió el envío de esas fuerzas a Checoslovaquia. Lo que no cabría aquí es decir que la soberanía del Estado checoslovaco no fue violada...»[13]

La muerte del Che Guevara, la microfracción y la Primavera de Praga constituyen referencias de un período divisor para Fidel. El idealismo que caracterizaba el pensamiento guevarista alcanzaba el límite.

En 1968, en lo que denominó «ofensiva revolucionaria», Fidel nacionalizó lo que quedaba de la iniciativa privada en el país. La resolución del 22 de mayo implicaba la inmediata redistribución de muchos propietarios y trabajadores, pero los centros de producción eran deficitarios: no tenían dinero, no pagaban ni cobraban. Se hablaba concretamente de abolir el dinero y había amenazas de racionamiento de leche, huevos y pan.

A la gradual disminución de la producción azucarera correspondía un formidable aumento de los gastos de energía y combustible.[14] El petróleo importado de la URSS no era suficiente y fue necesario solicitar a los soviéticos el anticipo de cien mil toneladas.

En 1968 Fidel ya verbalizaba el lento agotamiento de un modelo. Las premisas guevaristas en el campo económico, como los incentivos morales y el trabajo voluntario, criticadas por la microfracción como las responsables del estancamiento productivo, iban perdiendo relevancia.

SEXTA PARTE

MI CHALECO ES MORAL

Es difícil imaginar y más aún creer los horribles crímenes que aquí se cometieron. Durante miles de años la humanidad recordará tales actos con repugnancia y horror.

FIDEL CASTRO

En el campo de concentración de **Auschwitz, Polonia, 1972**

LA CONQUISTA DEL LEÓN MARINO

Entre los lazos de Cuba con el continente, después del Congreso de la Organización Latinoamericana de Solidaridad (OLAS), destacaba la organización armada argentina Montoneros. Alentada por el embajador, Emilio Aragonés, la confianza entre las partes era tal que, de los 40 millones de dólares que la organización había acumulado con rescates de secuestros, algo más de la mitad se enviaría a Cuba para guardarlos allí y luego, en pequeñas cantidades, restituirlos a sus dueños argentinos.[1]

Otros vínculos, más o menos directos, que incluían favores, cesión de recursos y sobre todo el entrenamiento de tropas en Cuba, se habían establecido con los Tupamaros en Uruguay y, en Brasil, con la Vanguardia Popular Revolucionaria (VPR) del capitán Lamarca, el Movimiento Revolucionario 8 de Octubre (MR-8) y la Alianza Libertadora Nacional (ALN), de Carlos Marighella, que moriría a manos de agentes del Departamento de Orden Político y Social (DOPS) de São Paulo, en noviembre de 1969.

Los combatientes que se dirigían a Corea del Norte para realizar su entrenamiento pasaban también por La Habana, donde obtenían pasaporte cubano, a causa de un acuerdo previo entre sus organizaciones y el Partido Comunista coreano.

La perseverante represión por parte de las dictaduras militares de las actividades subversivas, en amplia escala en el área latinoamericana, incitaba al desmantelamiento y las reaglutinaciones entre los grupos en sus respectivos países. Sus acciones, en particular los secuestros, se transmitían a la opinión pública como obra de los agentes de La Habana, a pesar de que el coordinador de los contactos, Barba Roja, por indicación de Fidel, había declarado que Cuba trataba de «no interferir en los conceptos y programas de cada organización».

Para la zafra de 1970, la meta era de diez millones de toneladas de azúcar, lo que significaba el doble de las cifras previas a la Revolución y requería un crecimiento de la superficie agrícola muy superior al promedio estimado por la FAO —el organismo internacional de las Naciones Unidas sobre Agricultura y Alimentación— para satisfacer las necesidades de países de América Latina. Para Fidel era urgente armonizar los términos de intercambio con la URSS, a fin de poder consolidar los créditos e incentivar el desarrollo.

Se informó a la población de que se suspenderían las fiestas de fin de año con objeto de que las «energías» no se desviaran del objetivo primordial. En palabras de Fidel, comenzaba «un año de 18 meses». Sin embargo, el país no poseía equipamiento suficiente para llevar a cabo la tarea propuesta. La mayor parte de la cosecha tendría que realizarse a mano, sin tregua, afirmaba el comandante, que movilizaba y reclutaba brigadas, sobre todo entre los jóvenes. En La Habana, mientras se convocaba al pueblo para formar el «cordón agrícola», se cerraban los cabarets y la mayoría de los centros de diversión.

Orlando Borrego, que había sido asesor del Che Guevara y asumido la cartera del Ministerio de la Industria Azucarera, dejó claro a Fidel que la meta no se alcanzaría. Como no existían condiciones técnicas ni humanas para lograrla, deseaba quedar libre de esa responsabilidad. Por su lado, el pueblo, a pesar de tener conciencia de las dificultades, invertía un esfuerzo estoico porque creía en Fidel, del que imaginaba que, como los magos, debía de tener alguna carta escondida para obrar el milagro.

En mayo el comandante decidió anunciar que no se alcanzarían los diez millones. Se había llegado al máximo posible: 8.537.600 toneladas. Además de la frustración colectiva, el país se sumía en la crisis, porque además varios sectores de la economía habían sido relegados a un segundo plano o simplemente abandonados en el empeño por la zafra. Se observaba, como agravante, una tasa creciente de delitos de vagabundeo y robo.

Analizando los fallos del proceso, Fidel aludía entre líneas a la fase terminal de la inspiración guevarista e indicaba una transición: «Los hombres mueren, ¡pero el Partido es inmortal!».

Bajo la presión de la urgencia por lograr un orden socioeconómico eficaz, aportaba el ideal del «hombre nuevo» que a largo plazo transformaría la sociedad mediante la acción consciente y solidaria de cada uno, lo que no significaba renunciar a los sueños.

Fidel instituyó una comisión presidida por Humberto Pérez, un joven economista formado en la URSS, para implantar definitivamente el modelo soviético en el país. La medida fue mal recibida entre artistas e intelectuales, que, decepcionados, acusaban al gobierno de querer imponer al país una «camisa de fuerza ideológica» y de crear un desierto cultural. Varios partieron al exilio.

También el estímulo a la lucha armada en el continente, por parte de Fidel, sufriría un reflujo. Contar con un aliado en la región era realmente improbable en la cúpula de los gobiernos militares alineados con Estados Unidos. En principio había una sola probabilidad: en Chile, donde al fin el senador socialista Salvador Allende consiguió, por la vía electoral, llegar a la presidencia, apoyado por la coalición Unidad Popular, en 1970. En ese país sudamericano, de grandes minas y alturas que se proyectan al mar, comenzaría una transformación, si bien sitiada por la amenaza de los detentadores de las armas.

En octubre del año anterior, vigente el gobierno de Eduardo Frei, el general chileno Roberto Viaux había intentado un golpe militar. Su fracaso aceleró la discordia en la alta oficialidad, lo que motivó la entrega de la jefatura del ejército al general René Schneider, un consumado legalista.

Poco antes de la toma de posesión de Allende, el 4 de septiembre de 1970, un grupo de profesionales liberales estadounidenses, identificados como agentes de espionaje —entre ellos había treinta de nacionalidad cubana—, desembarcaron en Santiago, la capital de Chile; fueron mantenidos bajo vigilancia. El 15 del mismo mes, el presidente Richard Nixon daba instrucciones al director de la CIA, Richard Helms, para que organizara un golpe de Estado, en una operación que después habría de conocerse como Track II.[2] El 5 de octubre, el núcleo de la CIA en Chile estableció contacto con los militares dispuestos a la conspiración e informó a su centro: «El general Viaux planea secuestrar al general Schneider para precipitar el golpe».

Schneider se había pronunciado por el acatamiento al legítimo gobierno de Allende. El 22 de octubre, el coche en que iba fue interceptado, y el jefe del ejército fue asesinado a balazos. Sería la primera de una escalada de acciones similares.[3]

Fidel desembarcó en el aeropuerto de Santiago el 10 de noviembre de 1971, invitado por su amigo, ahora presidente, Salvador Allende. Además de un millón de chilenos a lo largo de kilómetros de avenidas y calles, le esperaba también un plan para asesinarle. No había confirmado el viaje hasta el último momento, como de costumbre, pero el programa para la ejecución del atentado se hallaba ya organizado. Según investigaciones estadounidenses, la CIA pensó derribarle con una cámara-revólver, disparada por uno de dos ejecutores plantados en el vestíbulo del aeropuerto, con credenciales de periodistas y documentos que los identificaban como comunistas. Más adelante el asesino sería eliminado, en una operación que recordaba la de Lee Oswald y el asesinato de Kennedy.

Por obra del destino o de una suerte singular, uno de los tiradores habría enfermado la noche anterior a la llegada de Fidel y fue llevado a un hospital; el otro, en la inminencia del acto, no lo cumplió.

Fue enorme el impacto del paso de Fidel por la capital chilena. El primer día, la agencia italiana ANSA llegó a describir su presencia como la de un mensajero divino para el pueblo. Durante su estancia recorrió el país de norte a sur, en compañía de su amigo el presidente. A pie o en coche descubierto, se negaba a vivir pendiente de un peligro de muerte.

Un segundo intento de atentado contra su vida tendría lu-

gar en Antofagasta, en una región minera montañosa. Una vez
más, el azar le protegió, porque la dinamita introducida en un
vehículo que bloqueaba la estrecha calle por donde cruzaría su
coche no explotó cuando se apretó el detonador eléctrico.

En sus encuentros Fidel dio prioridad a dos temas: la necesidad de integración de América Latina y el surgimiento del
movimiento cristiano-marxista, que él entendía como la gran
novedad en el campo de las ideologías de izquierda. Los cristianos progresistas, que apoyaban a Allende, representaban una fuerza
estratégica en el enfrentamiento con la derecha. Antes del viaje
a Chile, para conocer mejor la cuestión, Fidel había ido a conversar con el padre Ernesto Cardenal, escritor y poeta nicaragüense que se encontraba en La Habana. En Santiago de Chile,
las reflexiones de Cardenal le servirían de base para los debates
con el cardenal Silva Henríquez y con católicos y sacerdotes de
izquierda sobre las posibles contradicciones entre la acción, los
conceptos y la fe de la izquierda cristiana. Sus interlocutores le
cuestionaron por la intransigencia del régimen cubano con sus
opositores, a lo que argumentó: «Ahí el perdón, una virtud cristiana, no se aplica. Utilizamos la justicia revolucionaria para defender al pueblo». Sin embargo, para Fidel comenzaba a resultar
evidente que la afinidad entre el cristianismo y el socialismo se
producía, de hecho, en contextos revolucionarios con altos índices de pobreza.

En cuanto a la integración regional, la defendió como la forma de librarse del subdesarrollo, algo que solo ocurriría cuando
cada nación latinoamericana adquiriera autonomía para la realización de programas económicos conjuntos, puntualizó. Y volvió a su irremediable determinismo: «Será un proceso histórico
largo, de integraciones parciales de tipo económico, hasta que un
día (es la ley de la Historia) seremos una unión».[4]

La raíz de su idealismo residía en el héroe nacional cubano
José Martí, que había proyectado, a finales del siglo XIX, una
América Latina unida frente a otra «soberbia y brutal».

En varios centros académicos respondió a las preguntas de los
estudiantes. Acerca de la falta de democracia en Cuba explicó
que, por el contrario, su originalidad estribaba en el poder de las

organizaciones de masa. Sobre las vías de transformación social y política, dijo que cada país debía desarrollar la suya, a su estilo y de acuerdo con sus condiciones, como la propia Unidad Popular en Chile y el gobierno militar progresista establecido en Perú. Al concluir el viaje de 25 días estaba ronco y, algo sorprendente, exhausto.

Al pasar por la costa sur, hacía tanto calor que tuvo ganas de bañarse en el mar. Llegó a quitarse la ropa, pero no le permitieron arrojarse al agua, pues el litoral es rocoso. En un peñasco del Pacífico, donde se sentó a descansar un momento, un león marino, animal normalmente arisco y salvaje, al verle en su hábitat se irguió en una suerte de saludo, como instintivamente conquistado.

En el camino de regreso a Cuba, Fidel pasó por Perú para entrevistarse con el presidente, el general Juan Velasco Alvarado. Para la ocasión se había planeado un nuevo atentado, que se llevaría a cabo cuando el visitante apareciera en la puerta del Ilyushin, en la pista del aeropuerto de Lima, la capital peruana. De un Beechcraft aparcado a determinada distancia le llegaría el disparo fatal, tras lo cual la nave despegaría de inmediato. Pero el avión de Fidel se detuvo en otra área, de máxima seguridad.

La coyuntura le alentaba a reanudar la política exterior respecto a África y Asia. En mayo de 1972 viajó a Sierra Leona, Guinea y Argelia. A los rebeldes guineanos les llevó recursos militares y humanos, como un equipo de pilotos para la pequeña flota de aviones Mig y grupos de obreros para la construcción de nuevos aeropuertos, con el fin de descongestionar el de Conakry. Colaboró en el entrenamiento de milicias coordinadas por Sekou Touré, inmerso por completo en la lucha de su vecino Amílcar Cabral tras la ofensiva portuguesa de 1970.

Fidel creía que la derrota portuguesa en Guinea-Bissau no estaba distante. Percibía, al igual que los observadores de las grandes potencias, que la evolución de la lucha era gradualmente favorable al Partido Africano para la Independencia de Guinea y Cabo Verde (PAIGC) e influía en las perspectivas de los movimientos en Angola y Mozambique.[5] Se había informado bastante sobre el tema y lo dominaba más que cualquiera. En Cuba, en 1972, creó, en el edificio de las Fuerzas Armadas Revolucionarias (FAR), un puesto militar exclusivo para el seguimiento del Movimiento Popular para la Liberación de Angola (MPLA) en tierra angoleña.

El momento se presentaba propicio, también por la situación estadounidense. Invadidos Laos y Camboya, Estados Unidos se veía en una situación difícil en Vietnam. Ya no deseaba proseguir con esa guerra, pero no podía salirse; aun así, consideraba varias hipótesis para el fin del conflicto. Fidel, en el intento de influir en la decisión, no se oponía a la idea de la reunificación del norte y el sur de Vietnam, pero se pronunciaba contrario a la retirada unilateral de las fuerzas del Frente de Liberación Nacional (FLN) —una tesis defendida por grupos comunistas que temían el enfrentamiento con Estados Unidos—, que le parecía la aceptación disfrazada de una derrota.

Realpolitik o simplemente pragmatismo político, el hecho es que el presidente Richard Nixon se esforzaba por promover el diálogo, en un proyecto diplomático ideado y dirigido por su secretario de Estado, Henry Kissinger. En febrero de 1972, después de una famosa partida de ping-pong entre estadounidenses y chinos, Nixon fue a China para conversar con Mao y dispuso la *détente* con la URSS, como manifestó en 1972 y 1974 en las reuniones para los acuerdos SALT (Strategic Arms Limitation; limitación de armas estratégicas). En 1973 comenzaría a retirar las tropas de Vietnam; ese mismo año, actuó también en pos de la conclusión de la guerra de Yom Kippur, en Oriente Próximo.

De forma simultánea, un recorrido de Fidel por el Este europeo no careció de turbulencias. En la Polonia de Gomulka su avión, al llegar, debió sobrevolar bastante tiempo el aeropuerto a la espera de autorización para aterrizar, y la seguridad cubana se erizó. Días después, en Varsovia, circulaba la noticia de que Fidel había sufrido un infarto fulminante. Ya entonces los cubanos sospecharon maquinaciones de elementos insatisfechos con la presencia de Fidel. En Rumanía surgió una desavenencia entre el presidente Nicolae Ceausescu y el cubano durante una conversación. Solo en la URSS no hubo problemas. Fidel suscribió allí cinco acuerdos económicos, vigentes desde 1973 hasta 1985, que estipulaban nuevos créditos para Cuba y preveían la prórroga por trece años de las deudas contraídas y su pago en productos cubanos. Se preparaban las condiciones para la entrada de Cuba en el Comecon, el mercado común de los países socialistas. En verdad, al aproximarse a diversos Estados y dirigentes, Fidel pretendía ampliar su abanico de relaciones.

En septiembre de 1973 asistió por primera vez a la Conferencia del Movimiento de Países No Alineados, que se celebraba en Argel. Cuando llegó su turno de hablar, las luces de la sala se apagaron de pronto y se levantó un rumor general. El anfitrión, el presidente de Argelia, coronel Huari Bumedián, pidió al líder cubano que fuera a sentarse a su lado, como medida de seguridad. De esa manera informal Fidel pasaba de hecho a integrar la comisión coordinadora del movimiento, compuesta por quince miembros.

Era un período de conflictos. Había quienes consideraban que el Movimiento de los No Alineados no debía pronunciarse más como antiimperialista, sino como «tercermundista» y condenar los imperialismos tanto de derecha como de izquierda, el de Estados Unidos y el de la URSS. El coronel Gadaffi, figura destacada desde su asunción del gobierno de Libia, en 1970, era partidario de la segunda vertiente y criticaba la política de Cuba. Fidel, sin embargo, evitó la polémica, aunque en otro momento hizo una censura directa a los gobernantes brasileños. El representante de Brasil pidió la palabra, pero se le impidió expresarse pues se encontraba allí en condición de observador. Cuando dos días después le fue concedido al fin el derecho a réplica, la traducción simultánea de sus palabras, por recomendación de Bumedián, suavizó los matices para no reavivar la discusión. Pero a esas alturas Fidel ya había vertido también su enfado contra las representaciones de Sudáfrica e Israel.

Era válido examinar las reflexiones de quien pronto abrazaría la bandera del movimiento como uno de sus principales portavoces:

Unir. Solamente esto nos permitirá ocupar un lugar en el mundo entre las grandes comunidades humanas…; nos dará fuerzas para enfrentar los grandes problemas alimentarios, económicos, sociales y humanos de una población que ascenderá a seis mil millones en los próximos veinticinco años…; y haría imposible nuestra participación en la revolución científico-técnica que conformará el futuro… Sin eso nuestras riquezas naturales se agotarán en beneficio exclusivo de las sociedades de consumo y seremos los parias del mundo del mañana, ausentes de la civilización… El lugar es aquí. Si bien es cierto que, en las actuales circunstancias, en el seno de la familia latinoamericana no es viable crear una organización regional propia… tampoco es posible reunirse en la vieja Organización de los Estados Americanos, ni tiene sentido hacerlo…

Aunque representó una presencia distinta en la arena internacional, Fidel evitó en su discurso el tono subversivo y extremista, a pesar del carnicero «cóndor» que volaba sobre América Latina. En Chile se aniquiló la presencia socialista el 11 de septiembre de 1973, cuando un golpe militar, apoyado por la CIA, derribó el gobierno de Allende. Cuba acogió a centenas de refugiados chilenos.

Con los nuevos convenios con la URSS se iniciaba una etapa de florecimiento en Cuba. Entre productos y créditos, el gobierno de Estados Unidos calculaba que la URSS gastaba un millón de dólares diarios en su socio caribeño. El precio estipulado por los soviéticos para el níquel cubano, de 5.000 dólares la tonelada, representaba el doble del precio medio internacional. El del azúcar, ya superior al del mercado mundial, se elevó; además, el acuerdo preveía que, en caso de aumento del precio del petróleo, el del azúcar subiría de inmediato.

Los servicios educacionales y sociales se potenciaron. Lo que la Organización Mundial de la Salud (OMS) proyectaba para la década siguiente en América Latina sería ya una realidad en Cuba. Tasa de incidencia de la poliomielitis: cero; paludismo: cero; asimismo se registraba un progresivo descenso de todas las enfermedades crónicas. En el ámbito científico se logró un aumento cualitativo en las investigaciones, con la creación de la Academia de Ciencias, el Instituto de Física Nuclear, el Centro Nacional de

Investigaciones Científicas y otros. Las primeras experiencias cubanas en el campo de la genética se aplicaron al desarrollo de la agricultura y la ganadería.

En la producción cultural, la de libros superaría pronto los treinta millones de ejemplares por año, lo que significaba el consumo de más de cinco libros por habitante. Se expandieron el ballet, la danza, las artes plásticas y la música, original y autóctona, con el surgimiento y el estímulo de jóvenes compositores e instrumentistas. Se crearon varios festivales y concursos, además del literario Casa de las Américas, ya integrante del calendario latinoamericano.

En septiembre de 1973, Fidel quiso ir a Vietnam, para solidarizarse con la victoria del FLN en la guerra. Por aquellos días el proceso de retirada de funcionarios estadounidenses y oficiales del ejército sudvietnamita de Saigón todavía era lento. Los últimos helicópteros abandonaron la ciudad en abril de 1975.

LOS VUELOS CIEGOS DEL COMANDANTE

En Estados Unidos estalló el Watergate. Como efecto directo del caso, surgió un movimiento de opinión liberal en favor del entendimiento con Cuba. El escándalo, de amplia y duradera extensión, había contribuido a alterar las coordenadas del conflicto. Del grupo de cuatro hombres que violaron la sede del Partido Demócrata, el 17 de junio de 1972, para buscar pruebas contra el senador George McGovern —candidato de los demócratas a la presidencia—, dos eran cubanos: Eugenio Rolando Martínez (Musculito) y Virgilio González; ambos estaban ligados a la CIA y al servicio secreto de Nixon en la Casa Blanca, coordinado por Howard Hunt.

La presidencia de Nixon se agotaba, resbalando hacia el abismo. En la avalancha del proceso que siguió al Watergate, que, como bien dedujo el presidente acorralado, sacaba a la superficie ocultas transacciones sucedidas antes y después de la invasión de la bahía de Cochinos,[1] ya nadie en la cumbre del poder conseguiría «salvar el pellejo», según la jerga habitual entre bastidores. En una fase de presiones que favorecía las discrepancias, ciertos sectores de la CIA intentaban fórmulas que les sirvieran para tomar distancia de sus protegidos cubanos en el exilio. Grupos anticastristas con capacidad de acción propia cambiaron de objetivo e iniciaron ataques entre ellos y contra instalaciones en Estados Unidos. En cambio, ante los ojos acongojados de la nación que hacía frente a la suciedad y el descrédito de su gobierno, la hostilidad contra Cuba comenzaba a declinar. Fidel, en la otra punta, se anotaba un tanto.

Republicanos y demócratas por igual expresaban que la relación con Cuba era anacrónica y errada. En enero de 1973 un grupo del Partido Republicano envió al gobierno de Nixon un informe, «*Détente* en Cuba», en el que se proponía considerar una normalización con Fidel. Senadores como John Sparkman y William Fulbright, junto con algunos empresarios, eran contrarios a las prohibiciones de comercio con otros países por razones del embargo.

En la hipótesis de que se normalizaran las relaciones, Fidel era asediado por personalidades, congresistas y periodistas con respecto a temas y condiciones de la negociación. En esas ocasiones el comandante ejercitaba como pocos la seducción de las palabras. Aparecía en los titulares de los periódicos y era el personaje más solicitado por los entrevistadores, con suficiente espacio para defenderse de los ataques, como las acusaciones de ausencia de derechos humanos en Cuba, sobre los que afirmó que en su país estaban mucho más garantizados, por ser eminentemente sociales. Sobre la cantidad de presos políticos, decía que había unos tres mil en aquel momento, contra quince mil en 1961, en los días cercanos a la invasión de la bahía de Cochinos.

De forma simultánea, el gobierno estadounidense mostraba disposición a resolver cuestiones pendientes desde hacía casi una década, como los secuestros de aviones y el tránsito de barcos en el Caribe relacionados con la inmigración ilegal. En febrero de 1973 se selló un acuerdo sobre «piratería aérea y naval» entre Cuba y Estados Unidos que determinaba medidas de prevención y controles rigurosos para eliminarla.

De todos modos, desde el punto de vista de Fidel, había «viejas deudas» que debía saldar el país que le cobraba una indemnización por las propiedades nacionalizadas: la cuestión de la base naval de Guantánamo, las infiltraciones de comandos y espías, además del bloqueo y la política estadounidense desarrollada en el continente: «Aun concluida la guerra de Vietnam, los problemas de América Latina continuarían. No se trata de ostentar la representación de otros, ni tampoco un poder militar; es una cuestión de principios. Las relaciones no podrán mejorar entre nosotros mientras Estados Unidos se arrogue el derecho de practicar intervención y subversión en la zona...».

Cuba había asumido su participación en la resistencia armada en la década de los sesenta y ahora algunos gobiernos latinoamericanos comenzaban a romper su aislamiento diplomático. En una reunión de la Organización de los Estados Americanos (OEA), doce países votaron contra el bloqueo y tres (Chile, Paraguay y Uruguay) a favor, con seis abstenciones, incluida la de Brasil.

En junio de 1974 llegó a Cuba una propuesta del secretario de Estado estadounidense, Henry Kissinger, para iniciar un diálogo. Era un mensaje verbal, transmitido en su nombre por el periodista Frank Mankiewicz, ex asesor de prensa de Robert Kennedy, que viajó con otros dos periodistas —Kirby Jones y el documentalista Saúl Landau—[2] para entrevistar a Fidel. El emisario regresó a Washington con un buen artículo y una respuesta favorable del líder cubano.

En octubre Mankiewicz fue portador de un segundo mensaje, ahora escrito aunque no firmado, de Kissinger.[3] Expresaba su espíritu de *détente* y decía que, a pesar de que Cuba y Estados Unidos tenían sistemas distintos y disentían en la mayor parte de los puntos de política exterior, no había razones para una hostilidad perpetua. Proponía comenzar conversaciones mediante intermediarios, con carácter confidencial.

Por parte de Estados Unidos, se designó a Lawrence Eagleburger, el jefe de gabinete de Kissinger, con Winston Lord como sustituto; por parte de Cuba, el representante era Ramón Sánchez Parodi, funcionario de la inteligencia de Barba Roja en transición al Ministerio de Relaciones Exteriores (MINREX); el suplente era José Viera Linares, entonces viceministro de Relaciones Exteriores. Kissinger actuaba según su línea particular, sin comunicar estas actividades a los demás órganos de gobierno, como el Consejo de Seguridad Nacional (NSC).

El primer encuentro de las delegaciones tuvo lugar en enero de 1975, en un lugar apartado del aeropuerto de La Guardia, Nueva York, durante menos de media hora. Los emisarios de Estados Unidos —Eagleburger, acompañado por Mankiewicz— presentaron un memorándum con la lista de expectativas de su país con respecto a Cuba: la compensación económica por las propiedades y empresas estadounidenses expropiadas y por los secuestros de aviones; la liberación de diez ciudadanos estadounidenses en cárceles cubanas y de prisioneros políticos en general; el respeto por los derechos humanos; el permiso de visita de exiliados cubanos a sus familiares; el fin de la interferencia cubana en grupos que reclamaban la independencia de Puerto Rico y demás grupos insurgentes en toda América Latina; la preservación del principio de que Cuba jamás sería base de armas estratégicas, y la necesidad de dar utilidad al edificio de la extinta embajada estadounidense, que se estaba deteriorando.

Kissinger solo admitió la reivindicación más verbalizada hasta entonces por las autoridades estadounidenses —que Cuba rompiera los lazos militares con la URSS— y otra que habría de ser central en gobiernos posteriores: la implantación de reformas democráticas. Los emisarios de Kissinger informaron asimismo de que se pretendía aumentar a 250 millas el límite de desplazamiento de los cubanos en misión en Estados Unidos (hasta entonces restringido a un radio de 25 millas, bajo pena de prisión, a partir de Columbus Circle, Nueva York) y autorizar negocios pendientes entre Cuba y filiales estadounidenses radicadas en Canadá y Argentina. Los representantes cubanos —Parodi, acompañado por Néstor García, el primer secretario de la misión cubana en la ONU—, de acuerdo con las orientaciones recibidas de Fidel, escucharon más que argumentaron, con la intención de captar mejor y comunicar los contenidos.

A fin de mes Mankiewicz, el correo privado, entregó a Fidel un nuevo mensaje, en el que se decía que las peticiones presentadas eran solo «la manifestación del interés por normalizar las relaciones». Pero el cubano, después de tener conocimiento de la lista, dio marcha atrás, empleando aquella vieja táctica suya de dejar que los acontecimientos fluyeran sin por el momento emprender ninguna acción, como precaución de posibles trampas. En lo concerniente a la autorización para las visitas familiares, sin embargo, indicó su aprobación al emisario.

El 12 de febrero, el gobierno estadounidense concedió un permiso para que Litton Industries de Canadá exportara dos millones de dólares en equipamientos para Cuba; pero, pese al gesto, el personal de Kissinger sentía que había en la isla una falta de interés por responder, e incluso por confirmar un nuevo encuentro. Fidel contestaba a su manera, cuando veía una oportunidad, diciendo que el fin del conflicto entre Cuba y Estados Unidos podría ocurrir de modo paulatino, asumiendo diversas formas. Agentes de la inteligencia cubana se reunieron también, durante ese mes, con funcionarios de la CIA en países de Europa y manifestaron que La Habana estaba dispuesta a considerar una aproximación. En mayo el líder cubano accedería a la solicitud del senador George McGovern, que se hallaba de visita en Cuba, de devolver los dos millones de dólares del rescate pagado a los secuestradores del vuelo de la Southern Airways a La Habana, en 1972, guardados en un depósito de alta seguridad cuando se detuvo a los responsables.

Según una comunicación a Néstor García en un encuentro en el aeropuerto de Washington el 21 de junio, Kissinger consideraba que sería útil que el siguiente encuentro se realizara antes de la reunión de la OEA en San José, Costa Rica, a finales de julio.[4] Juzgaba que esa sería la oportunidad para poner fin al carácter unilateral de las sanciones contra Cuba, conforme había sido estipulado por Estados Unidos en 1962 en la OEA, lo que dejaría a cada país en libertad de negociar de forma bilateral. En el ínterin Argentina y Colombia ya habían reanudado sus relaciones con Cuba. Para el secretario de Estado estadounidense, la resolución provocaría sin duda que sectores internos, otros gobiernos y negociantes reclamaran la anulación del bloqueo.

La segunda reunión de las delegaciones no tardó en producirse. Lawrence Eagleburger, Williams Rogers, Sánchez Parodi y Néstor García se encontraron el 9 de julio en un almuerzo de dos horas y media en el sofisticado hotel Pierre, en Nueva York, donde la parte cubana mostró su *package deal*. Se trataba del conocido conjunto de cinco puntos de Fidel, de la Crisis de los Misiles: el fin del bloqueo, de las actividades subversivas, de los sobrevuelos y las violaciones aéreas y marítimas, de los ataques pirata y la devolución del territorio de Guantánamo. En cuanto a la expectativa de Kissinger y su equipo acerca de una acción múltiple contra el bloqueo, Fidel insinuaba una actitud escéptica. Menos plausible le parecía, por el momento, una decisión expresa de Estados Unidos de restablecer relaciones diplomáticas con Cuba, pese a que Gerald Ford, el sucesor de Nixon tras la renuncia de este, era un político exento de vinculaciones con la contrarrevolución;[5] pero esta reflexión del comandante no fue transmitida a los interlocutores. Al final del almuerzo se acordó que los estadounidenses indicarían el momento y lugar del encuentro siguiente.

El 29 de julio se cumplió la primera previsión de Kissinger. La OEA eliminó la multilateralidad de las sanciones contra Cuba, de modo que cada gobierno quedaba libre para tomar su propia decisión, y el Departamento de Estado pronto anunciaría que Estados Unidos se hallaba dispuesto a reabrir las conversaciones con Cuba. En el Senado estadounidense se concluían los trabajos de una comisión creada para investigar las actividades de la inteligencia, los cuales revelaban algunos planes de asesinato contra Fidel que implicaban a la CIA y a grupos de exiliados en Miami. No obstante, no se hizo público el Informe Church, de la comisión supervisada por el senador Frank Church, parte de cuyas constataciones se eliminó del texto final, si bien la simple divulgación de sus conclusiones generales tuvo gran repercusión en la sociedad estadounidense.

El 9 de agosto, Cuba devolvió, mediante la representación diplomática de Suiza, los dos millones de dólares pertenecientes a Southern Airways por el mencionado rescate. El 19 de ese mismo mes, Gerald Ford autorizó cambios en la ley del embargo, entre ellas la autorización para que empresas subsidiarias estadounidenses en países extranjeros hicieran negocios con Cuba; la abolición de penalizaciones a los países que comerciaran con esta nación, y permitir que embarcaciones en tránsito comercial hacia Cuba se abastecieran en puertos estadounidenses.[6] Fidel comentó: «Considero que son pasos positivos... No obstante, subsiste en esencia el bloqueo económico. [...] Estamos decididos y dispuestos a discutir con Estados Unidos con absoluta seriedad, pero no con un puñal en el pecho... Para que exista un clima verdadero de discusión de las diferencias, que abarcan muchos problemas, debe crearse un clima de igualdad...».

Ese mismo mes de agosto, Cuba propuso en la ONU una resolución favorable a la independencia de Puerto Rico y organizó una conferencia internacional sobre el tema. En septiembre, a través de una nota, el Departamento de Estado expresó que tal posición podría convertirse en un obstáculo para la normalización de las relaciones, a lo que Fidel respondió que era una posición histórica de los gobiernos cubanos, desde el principio del siglo.

Para Gerald Ford, que aspiraba a la candidatura a la presidencia por el Partido Republicano, y Kissinger, que se comprometía a apoyarle, seguir abordando una aproximación con Cuba en medio de la campaña que comenzaría en pocos meses habría constituido un factor de complicación. El adversario dentro del partido era Ronald Reagan, cuyo discurso se centraba en el ataque vehemente a la *détente*, con lo que reavivaba la guerra fría.

Mediante el nuevo periodista-correo, Kirby Jones, Fidel transmitía en noviembre a Kissinger que Cuba estaba dispuesta a permitir un número limitado de visitas de familiares separados, que podrían organizarse a través de un canal especial. Definió que hasta setenta personas de diez familias recibirían autorización para una estancia de diez días en Cuba, pero que ninguna podría estar implicada en actividades contra el gobierno. Como paso inicial para un futuro acuerdo, era también la oportunidad de Fidel de influir en la comunidad de Florida en una coyuntura preelectoral.

Sin embargo, a la cuestión de Puerto Rico siguió un choque frontal entre Cuba y Estados Unidos con relación a Angola. Gerald Ford había aprobado un aumento de las operaciones secretas y paramilitares de la CIA en ese país africano, que se desarrollaban desde la década de los sesenta. El objetivo del gobierno estadounidense era fortalecer la Unión Nacional para la Independencia Total de Angola (UNITA) y el Frente Nacional de Liberación de Angola (FNLA), los dos grupos armados deseosos de diezmar al Movimiento Popular para la Liberación de Angola (MPLA). En respuesta a una petición de Agostinho Neto (el líder del MPLA), Fidel autorizó el envío de tropas militares equipadas con armamento pesado, en su mayoría soviético, además de los 480 instructores que ya se encontraban en Angola. Esta sería la justificación de Kissinger para imponer una pausa en la aproximación con Cuba. Según un fragmento de las notas tomadas por Néstor García el 12 de enero de 1976 en un encuentro con el secretario William Rogers en el aeropuerto de La Guardia, «el envío de tropas cubanas para participar en un conflicto interno entre africanos en Angola es un obstáculo fundamental para cualquier esfuerzo prolongado para resolver nuestra controversia…». Tres días después Fidel declaró: «Estamos a favor de la coexistencia entre Estados con sistemas sociales distintos. Lo que no aceptamos son condiciones humillantes, el precio absurdo que Estados Unidos, aparentemente, quiere hacernos pagar para una mejora de las relaciones…».

La participación en la guerra angoleña congelaba las conversaciones, que, por otra parte, poco habían cambiado los respectivos *package deals* cubano y estadounidense.[7] La tentativa había sido un producto original de la «geopolítica kissingeriana», que perseguía una redefinición con Cuba comparable a la de China, a fin de ampliar el proyecto de la distensión y garantizar el predominio estadounidense en el ámbito internacional, bajo un nuevo disfraz. En el caso de Fidel, no fue más que un ejercicio de diálogo, de cuyos resultados dudaba desde el comienzo, puesto que no estaba dispuesto a hacer ciertas concesiones, como en política exterior.

En los últimos meses de su campaña Gerald Ford dirigió duros ataques a Fidel por su intervención en Angola. Por el contrario, el candidato del Partido Demócrata, James Carter, mandaba a los cubanos un discreto mensaje: si salía victorioso, deseaba restablecer los vínculos diplomáticos. El comandante, como observador del proceso, aguardaba a ver quién resultaba elegido presidente. Prevalecía en él el cálculo político, como cuando se decidió a iniciar las visitas entre familiares cubanos y determinó revelar el caso de uno de sus agentes secretos especiales, Noel.

La misión de Noel (Nicolás Zirgado Ross; nombre en código para la CIA, Zafiro) fue interrumpida poco después del sabotaje a un avión de la empresa Cubana, que explotó tras despegar del aeropuerto de Barbados,[8] el 6 de octubre de 1976. Murieron setenta y tres personas, la mayoría deportistas cubanos. En el discurso que pronunció en el entierro de las víctimas, Fidel relató aspectos del caso de su agente secreto a lo largo de diez años de trabajo para la CIA «informando» sobre decisiones de gobierno y movimientos del líder cubano. La última petición de la CIA había sido que confirmara la presencia de Fidel en la conmemoración de la independencia de Angola, el 11 de noviembre. «Caso afirmativo tratar de averiguar itinerario completo visita otros países mismo viaje...», añadía.[9]

Revelar el intercambio mantenido por Noel significaba «quemarlo». En su discurso, Fidel expuso datos sobre las vinculaciones entre la CIA y las organizaciones contrarrevolucionarias, y se refirió a una vasta conexión que remite a la Operación Cóndor: «Existe una íntima asociación entre la CIA y las dictaduras de Nicaragua y Chile... Los mismos grupos se están usando también contra Panamá, Jamaica, Guyana... y otros movimientos progresistas de América Latina...».[10]

Afirmó que, por lo tanto, se sentía en la obligación de cancelar el Acuerdo sobre Piratería Aérea y Naval firmado con Estados Unidos: «Nuestro esfuerzo por acabar con los secuestros de aviones no podrán mantenerse, [...] mientras al mismo tiempo los contrarrevolucionarios, conducidos directa o indirectamente por la CIA, desencadenan actos terroristas y atacan nuestros barcos...».

Las palabras de Fidel, transmitidas en directo por las cadenas estadounidenses de televisión, influyeron sensiblemente en las emociones del electorado en las vísperas de la elección del nuevo presidente, pues despertaron desconfianza respecto del discurso de Reagan.

La secuencia de los hechos relacionados con el atentado de Barbados confirmaría las denuncias de Fidel. Periódicos como el *Miami Herald* e *Il Messagero* de Roma divulgaban informaciones de que un grupo llamado Cóndor, con base en Estados Unidos, reivindicaba la autoría de la explosión del avión cubano. El periódico romano llamaba la atención sobre dos aspectos: el atentado había ocurrido en un momento en que la compañía Cubana de Aviación ampliaba sus rutas por el continente, en razón de la normalización diplomática con algunos países de la región, y las presiones sobre el régimen cubano se habían reactivado desde que Fidel enviara tropas a apoyar al MPLA.

En cuanto a los hechos, la policía de Puerto España (capital de Trinidad y Tobago), donde el avión de la Cubana había hecho una escala, no tardó en detener a dos sospechosos venezolanos[11] que habían llegado allí poco después de la explosión en Barbados. Luego se confirmó que ambos eran los responsables de la colocación de «dos bombas de alta potencia en el compartimiento para equipaje del avión». De acuerdo con investigaciones realizadas en Venezuela, habían actuado orientados por experimentados contrarrevolucionarios cubanos,[12] que a su vez eran coautores del asesinato del ex ministro chileno Orlando Letelier (del gobierno de Salvador Allende), ocurrido en Washington el 21 de septiembre, apenas unas semanas antes, según una investigación conducida por el FBI.

Ambos casos presentaban nexos entre la CIA, la DINA (policía secreta del general Augusto Pinochet) y otros organismos militares y policiales. Orlando Bosch, uno de los cubanos acusados, tenía diferentes seudónimos en pasaportes costarricense, chileno y estadounidense. En junio —es decir, un mes antes de la reunión de la OEA en San José, donde se anuló el carácter multilateral del bloqueo—, Bosch había presidido en Costa Rica una reunión que instituyó el Comando de Organizaciones Revolucionarias Reunidas (CORU).[13] Fidel comentó: «Estos grupos no solo actúan libre e impunemente dentro de Estados Unidos, ¡sino que sus principales cabecillas, a través del CORU, están estrechamente ligados a las actividades de la CIA que se proclaman contra el CORU! Y en muchas ocasiones la CIA realiza los trabajos sucios a través de otros medios, y las organizaciones son usadas para reclamar la paternidad de las acciones...».

Con esto aludía a la reanudación de la relación entre la CIA y la contrarrevolución cubana a partir del escándalo de Watergate.

El 19 de octubre, Fidel envió un mensaje al presidente de Venezuela, Carlos Andrés Pérez, en el que le agradecía la firmeza con que había actuado para la dilucidación del caso. De ese modo se limaban las asperezas surgidas en el auge del movimiento guerrillero venezolano. No obstante, cuatro años después los tribunales venezolanos decidirían absolver a los autores del sabotaje, que se valieron para ello de sus relaciones con autoridades en los diversos poderes.

Elegido presidente el 11 de noviembre de 1976, James Carter declaró abiertas sin subterfugios las conversaciones con Cuba, aunque Angola seguiría constituyendo un tema espinoso. Entre las ex colonias portuguesas, era un caso aparte.

Retrocedamos un poco. En Guinea-Bissau y en Cabo Verde, a pesar del asesinato del líder Amílcar Cabral, en enero de 1973, el Partido Africano para la Independencia de Guinea y Cabo Verde (PAIGC) conquistó la independencia en septiembre, contando con la participación de cubanos en las operaciones de artillería y de los SAMS, los misiles tierra-aire.[14] En Portugal, la dictadura de herencia salazarista cayó en 1974. En junio de 1975 se liberaría Mozambique, después de diez años de lucha; Fidel colaboró, de igual modo, con el movimiento conducido por el Frente de Liberación de Mozambique (Frelimo) y se involucró en la defensa del vecino Zimbabue (antigua Rodesia). Samora Machel, el líder del Frelimo, dirigía a su gente con estribillos y cantos, en un lenguaje que encantó al comandante.

En cuanto a la participación de la URSS en el proceso, desde la década de los sesenta se mostraba cautelosa, pues quería resguardar sus intereses de superpotencia. Daba preferencia a los que habían superado ciertas etapas del socialismo, como Ghana, Mali y Tanzania. Si bien una entrada en los países de África servía para molestar a China, también irritaba a los sectores dominantes en países europeos —Alemania, Inglaterra, Francia, Bélgica, Italia y Portugal—, las ex metrópolis que todavía mantenían negocios en el continente africano, sobre todo en las zonas ricas en recursos minerales.

En Angola, en particular, los soviéticos no creían al principio en la victoria de Agostinho Neto y solo participaron en la lucha «empujados por Fidel»,[15] que estaba convencido de que la victoria del MPLA alteraría la correlación de fuerzas en África. Más adelante los soviéticos obtendrían también ventajas económicas en la región, así como la República Democrática Alemana y Checoslovaquia.

En el norte, Zaire había invadido el territorio angoleño con la CIA y el FNLA; por el sur avanzaba Sudáfrica con la UNITA. Las fuerzas sudafricanas, con tanques y artillería, cruzaron la frontera de Namibia por el oeste y penetraban en Angola a razón de hasta 70 kilómetros por día. El 3 de noviembre, en las proximidades de Benguela, se toparon con una tropa de reclutas angoleños y sus instructores cubanos, que no disponían de medios para contener tanques, infantería y artillería. Dos días después Fidel enviaba por mar un batallón de soldados regulares con armamento antitanque, que llegaría un mes más tarde.

Otras tropas de élite embarcaron en viejos aviones de pasajeros. Pronto la inteligencia estadounidense lo descubrió y actuó a fin de impedir el aterrizaje necesario para reabastecimiento en Barbados. Fidel cambió el lugar de esa escala por Georgetown (Guyana), pero la compañía Texaco, que controlaba la distribución de gasolina, recibió instrucciones del gobierno estadounidense de no venderla. La única opción que le quedaba a Fidel, con carácter de emergencia, era realizar «vuelos ciegos», de enorme riesgo, cruzando todo el Atlántico con destino a Cabo Verde, adonde los aparatos llegaban con los tanques secos, a punto de caer. Después resolvió adaptar las aeronaves retirando una parte de las butacas para dar cabida a más tanques de combustible.

La guerra proseguía. Algunos destacamentos cubanos, pasando por Lisboa y otros países, desembarcaron en Luanda cuando los portugueses ya transferían el poder a los angoleños, accediendo a la independencia de la colonia. Cubanos y angoleños vivieron momentos muy difíciles hasta rechazar las fuerzas que pretendían separar Cabinda del resto de Angola. Cuando llegó al país aquel batallón de infantería cubana que viajaba por mar, los adversarios que habían penetrado por el norte se situaban a 25 kilómetros de Luanda, pero al fin fueron contenidos. Las acciones terminaron en cuatro meses, mezclando tácticas de guerra regular y guerrilla.

A finales de marzo, cuando se completaba la retirada de los

invasores del norte y el sur, se calculaba en 36.000 el número de soldados cubanos en el país. A Agostinho Neto, que viajó a Cuba en julio, Fidel le recomendó mantenerse alerta a partir de entonces. Nada se podía prever del futuro. «Muchas cosas están por venir», le dijo.

Todavía transcurría la campaña presidencial estadounidense cuando Henry Kissinger anunció un viaje a los países de África. Al enterarse de la noticia, Fidel se enfureció:

> ¿Qué clase de hipócritas, cínicas y farisaicas palabras puede dirigir Kissinger a los movimientos de liberación de África, a los representantes de los pueblos oprimidos de Rodesia [Zimbabue], Namibia y África del Sur? Ford y Kissinger tienen la costumbre inveterada del chantaje y la amenaza como instrumento de política exterior.
>
> [...] Eisenhower, Kennedy, Johnson y Nixon, todos trataron de intimidar a Cuba. Pero solo pueden ser reprimidos los pueblos que no tienen dignidad. Los imperialistas yanquis tienen centenas de miles de soldados en el extranjero, bases militares en todos los continentes y en todos los mares: en Corea, Japón, Filipinas, Turquía, Europa occidental, Panamá y muchos lugares, y se cuentan por decenas y centenas sus instalaciones militares... En las instituciones de guerra, agresión, espionaje y soborno, Estados Unidos invierte hoy más de 120 millones de dólares...
>
> [...] Ford y Kissinger mienten al pueblo estadounidense y a la opinión mundial cuando pretenden responsabilizar a la URSS de las acciones solidarias de Cuba en Angola. [...] Mienten cuando se empeñan en culpar a su Congreso de la derrota en Angola, por no haber autorizado nuevos fondos a los bandos mercenarios. [...] No he de pronunciar en este solemne acto el calificativo que merecen los epítetos de Ford en sus campañas en el sur de Estados Unidos y otros cínicos actos de su política imperial. Por ahora me basta con responderle que es un vulgar mentiroso... ¡La guerra de Angola era en realidad la guerra de Kissinger! [...][16]

El hecho es que Angola rescataba el aura del heroísmo cubano, al tiempo que contribuía a que Fidel extendiera un poco más su arco de comunicación con diversas personalidades en aquella situación. Muchos irían a Cuba con el único fin de felicitarle o reverenciarle, mientras que otros deseaban establecer intercambios económicos, políticos o culturales.

Entre algunas de esas personalidades destacadas, la actriz italiana Gina Lollobrigida fue a La Habana en 1974 con objeto de fotografiar a Fidel para un reportaje especial, y dijo al mundo que le habría gustado vivir un romance con el comandante. En 1975 Fidel recibió a Imelda Marcos, la primera dama de Filipinas; el líder socialista sueco Olof Palme; los portugueses Álvaro Cunhal, secretario del Partido Comunista Portugués (PCP), y el general Otelo Saraiva de Carvalho, de la Revolución de los Claveles. En 1976, al general del ejército Vo Nguyen Giap, comandante de las fuerzas armadas de Vietnam; George Marchais, secretario general del Partido Comunista Francés (PCF); Felipe González, secretario general del Partido Socialista Obrero Español (PSOE); Pierre Trudeau, primer ministro canadiense; el mariscal Tito, de Yugoslavia, y Luis Carlos Prestes, secretario general del Partido Comunista Brasileño (PCB), que viajó desde su exilio en Moscú.

En cuanto a los dirigentes de la región caribeña, acerca de los cuales circulaban también en esa época rumores de planes de atentados, visitaron a Fidel Luis Echeverría, presidente de México; el primer ministro jamaiquino Michael Manley, que instauraba un programa socialista y popular en su país, y el general Omar Torrijos Herrera, jefe de gobierno de la República de Panamá, que reivindicaba ante Estados Unidos la restitución de la zona del canal, además de la mayoría de los dirigentes africanos, árabes y asiáticos y delegaciones latinoamericanas de países en transición de regímenes militares a gobiernos democráticos.

LA CARA OCULTA: NICARAGUA

La paz interna y el avance socioeconómico observados en Cuba habían contribuido a la abarcadora iniciativa de Fidel en el exterior. Los efectos de la crisis del petróleo, crueles para todos los países importadores, no existieron para los que gravitaban en torno de la URSS, lo que les confirmaba las ventajas del socialismo.

A últimos de 1975, en el marco de la gran movilización militar hacia Angola, el régimen de Cuba se encontraba listo para su remate político-institucional. Tras un debate en comisiones formadas por las organizaciones de masa, fue aprobada la Constitución de la República de Cuba. Se ratificaron los planes de la economía[1] mientras el Partido Comunista de Cuba (PCC) se consolidaba en el papel de orientador de la sociedad, como lo subrayó Fidel en la apertura del Primer Congreso: «No hay duda de que tenemos realmente un partido de hombres puros. No hay duda de que es un privilegio formar parte de una familia, la familia de nuestro Partido, de hombres que unen a su carácter la honestidad y la firmeza de principios... En el Partido cada cual es un soldado espartano en los intereses del pueblo...».

En una crítica a los procedimientos idealistas heredados de la década anterior, Fidel los atribuyó a la impaciencia por alcanzar el comunismo saltando etapas —en una referencia no explícita a sí mismo y al Che Guevara—, que también había contagiado a muchos integrantes del gobierno y otros ciudadanos. Ya la aceptación de la coexistencia de la producción del Estado con los minifundios en el campo había sido para él un desvío de su mentalidad, ya que Fidel era sin duda un entusiasta de las haciendas estatales con trabajo asalariado, que permitían un mayor control de los resultados en pos del cumplimiento de las metas. Para 1980, cuando terminaría el primer plan quinquenal, se calculaba un producto social global un 34 por ciento superior al de 1975. Al abrazar las premisas de gestión económica de la URSS Fidel, ansioso por desarrollar el país, se dirigía, de modo inconsciente y optimista, hacia la otra punta, el mecanicismo.

Una resolución del Primer Congreso del PCC fue formar la Asamblea Nacional, como el órgano supremo del Estado, con lo que se instituyó en Cuba un parlamentarismo complejo y *sui géneris*. Elegidos por un período de cinco años, los diputados federales, después de considerar las propuestas de las comisiones de las organizaciones de masa, debían indicar, de entre sus componentes, a los miembros del Consejo de Estado —su máxima representación política—, cuyo presidente sería también el del Consejo de Ministros, constituido como el poder ejecutor de la política. Al Comité Central (CC) y al Buró Político del PCC les correspondería seguir definiendo la línea político-ideológica del gobierno.

La elección para la Asamblea Nacional recorría tres instancias. Primero, en las circunscripciones de cada municipio se realizaban asambleas para elegir a los candidatos. De entre estos se elegían, por voto directo, los representantes de las asambleas municipales (concejales) y, de forma indirecta, los representantes de las asambleas provinciales (diputados provinciales) y la nacional (diputados federales). El cargo de presidente de la República, ocupado desde 1959 por Osvaldo Dorticós, se declaró extinguido. Fidel, además de los cargos de comandante en jefe de las Fuerzas Armadas Revolucionarias (FAR) y primer secretario del CC del PCC, pasó a ocupar los de presidente de los Consejos de Estado y de Ministros (renovables cada cinco años).

Se estableció asimismo una nueva división del territorio, con 14 provincias y 169 municipios. En la política educacional se instituyó el llamado Destacamento Pedagógico, compuesto por centenares de estudiantes de último curso que, por sus aptitudes, eran seleccionados para perfeccionarse como instructores y profesores en las guarderías infantiles y escuelas instituidas en todo el país. En la mayoría de las provincias había también facultades de medicina, de las cuales se esperaba que saliera una cantidad de jóvenes médicos suficiente para garantizar su envío a misiones «internacionalistas», con salarios pagados por el Estado.

Parte de esos médicos y profesores se dirigían a la región centroamericana, donde otro largo conflicto llegaba a su auge. En Nicaragua, como en Angola, Fidel practicaba lo que entendía como *realpolitik*, con lo que molestaba al Consejo de Seguridad Nacional (NSC) estadounidense. Con los nicaragüenses sus lazos eran ya históricos, pues se remontaban a 1960, año en que se realizó el primer envío de armas a guerrilleros, coordinado por el Che Guevara.

Desde entrenamiento en Cuba hasta sucesivos exterminios de contingentes en el interior de Nicaragua, muerte de líderes y rearticulaciones, se había estrechado, en cerrado silencio, la relación durante toda la década.[2] Alrededor de la época de la reunión Tricontinental se había producido una división en el llamado Frente Sandinista, el movimiento inspirado en la figura del general Augusto Sandino, de origen campesino, que había comandado la resistencia frente a la invasión estadounidense en la década de los veinte. Dentro del grupo había una vertiente resuelta a librar una guerra prolongada, influida por lo ocurrido en Vietnam y por el Che Guevara, además de «tercermundistas» adeptos a la insurrección urbana y los «proletarios», jóvenes de la burguesía con teorías de vanguardia obrera sindical.[3]

A principios de los años setenta la dictadura de Anastasio Somoza en Nicaragua entraba en decadencia, con el cuestionamiento internacional del régimen y la pérdida de confianza de los empresarios en su política económica. En una marea de intensa represión, el Frente Sandinista de Liberación Nacional (FSLN) —el ejército guerrillero— conseguía resistir y ganaba autoridad moral. En 1976 tres jefes nicaragüenses —el comandante Tomás Borge, que se encontraba exiliado en México, y los hermanos Daniel y Humberto Ortega— llegaron a La Habana para mantener un coloquio con Fidel, que los había convocado.

Se disponía a ser el padrino de la reunificación de las tendencias en el Frente Sandinista.

Fidel les aconsejó que, en la nueva fase, no intentaran imitar el proceso cubano y persistieran en el entendimiento con otros sectores sociales, con una política flexible de alianzas, lo cual hasta entonces había resultado impracticable por el sectarismo de ciertas vertientes. El proyecto de unificación consistía en que tres miembros de cada una de las tendencias integraran la dirección nacional sandinista, creando un Frente Sur, con el comandante Edén Pastora.

Poco después daban frutos otros contactos de ámbito internacional. Los presidentes Carlos Andrés Pérez (Venezuela), Odúber Quirós (Costa Rica), Omar Torrijos (Panamá), Luis Echeverría y López Portillo (México), accediendo a la sugerencia de Fidel, ofrecieron apoyo a los sandinistas. El armamento llegaba a Costa Rica y de ahí era enviado al territorio nicaragüense. De Cuba se trasladaban grupos especiales de inteligencia y contrainteligencia para penetrar en los esquemas del enemigo.

A finales de 1977 los sandinistas ya tomaban puntos cruciales del país y concertaban alianzas con sindicatos, organizaciones civiles, elementos populares y algunas unidades militares; en la dirección nacional surgió el Grupo de los Doce. En una espiral ascendente la insurrección se generalizó en septiembre de 1978. El adversario entraba en un callejón sin salida: si abandonaba las ciudades, la población las tomaba; si se quedaba, facilitaba la ofensiva guerrillera. Estados Unidos ya planeaba una intervención militar, antes de que se consagrara la victoria sandinista, lo que ocurriría en julio de 1979.

En América Central, Fidel había conquistado otro aliado: el primer ministro Michael Manley, ex trabajador minero de la pequeña isla vecina de Jamaica. Manley se proclamaba firmemente opuesto al bloqueo a Cuba y al *apartheid* sudafricano desde el inicio de su amistad con el líder cubano, en la Conferencia de los No Alineados en Argel. Invitado por él, en octubre de 1977 Fidel fue a Jamaica, a bordo de un buque escuela que partió del puerto de Santiago de Cuba. Embarcó dispuesto a brindar al vecino una total cooperación, sobre todo para el desarrollo agrícola, de la educación y de la salud, puesto que las tierras y la mayoría de las acciones de las minas de bauxita y aluminio ya se hallaban bajo el control estatal. Juntos, Fidel y Manley condenaron las interferencias y los sabotajes en escalada en el área centroamericana.[4]

Ese mismo año, Fidel realizó un recorrido por países de África, para comunicarse con sus aliados. Aparte de la presencia militar o de asesores de inteligencia o contrainteligencia cubanos, la mayoría de los países del continente ya disfrutaban, desde años antes, de intercambios de carácter civil —técnicos, profesores, médicos y profesionales en general—, y eran miles los que buscaban formación escolar y académica en Cuba.

Angola, de hecho, marcaba un cambio en el destino africano, como había previsto el comandante, con lo que aceleraba los movimientos de liberación en Namibia, Zimbabue e incluso Sudáfrica. Durante ese viaje Fidel estrechó las relaciones con el líder sudafricano Oliver Tambo, con Joshua Nkomo, el dirigente del Frente Patriótico de Zimbabue (Rodesia)[5] y con Sam Nujoma, el presidente de la Organización del Pueblo del Sudoeste Africano (SWAPO), que luchaba por la independencia de Namibia. A continuación hizo una escala en Congo Brazzaville y después en Mozambique. Estuvo también en Libia —declarada República Popular Socialista por el coronel primer ministro Muamar el Gadaffi—, Etiopía, Somalia y Yemen del Sur. El apoyo militar de Fidel se destinaba entonces prioritariamente a los etíopes.

En 1977 Etiopía pasó a ser gobernada por el coronel Mengistu Hailé Mariam, que alineó el país al bloque soviético. Se agudizó entonces un problema con la vecina Eritrea, al nordeste, que en la década de los cincuenta había sido un Estado dentro del imperio etíope, comandada por un movimiento guerrillero que todavía perseguía la emancipación. Los rebeldes de Eritrea no consideraban que la declaración ideológica del coronel Hailé Mariam justificara la interrupción de su lucha, sino justamente lo contrario.

Un segundo conflicto ocurrió al sudeste, con Somalia. En una orquestación combinada con los soviéticos presentes por primera vez en África, Fidel, a petición del presidente etíope, le envió

40.000 soldados e instructores militares para combatir las tropas somalíes que habían ocupado la planicie de Ogaden, en la frontera. Al reivindicar aquella franja territorial, el coronel Hailé Mariam contaba con el apoyo de la etnia etíope habitante de la planicie.

Junto con el gobierno de la República Democrática Popular de Yemen —separada de Etiopía por apenas un estrecho paso del mar Rojo—, Fidel trató de influir en pos de la conclusión de un acuerdo de inviolabilidad de las fronteras entre los países de la región, amparándose en lo prescrito por la OUA, la organización que se proponía sellar la unidad africana. Por su lado, Somalia obtuvo el apoyo de Egipto, Irán y Arabia Saudí, mientras que los soviéticos se situaban, junto con cubanos y yemeníes, del lado de los etíopes.

Se constituía de este modo el cuadro de inestabilidad en Oriente Próximo, pero con la posición tomada por la URSS se aseguró el tránsito por el canal de Suez y el mar Rojo, donde la clave del control era el puerto de Adén, en la costa sur de Yemen. Numerosos batallones y unidades de cubanos cruzaron por allí hasta 1978, en dirección al puerto etíope de Al-de-Assab.

Repitiendo el modelo de conducción de la guerra en Angola, Fidel resultó de nuevo vencedor, sumando otra ventaja: conocía bien a los combatientes adversarios, ya que buena parte de los oficiales militares somalíes habían sido entrenados en Cuba.

Para una fase de prosperidad en los contactos externos, el recién designado canciller de Cuba, Isidoro Malmierca, constituía el perfil adecuado, por su discreción y su «ojo clínico».

Bajo la presidencia de James Carter, se reanudaron en enero de 1977 las conversaciones entre Cuba y Estados Unidos a partir del «nudo» en que se habían estancado.

El periodista Frank Mankiewicz regresaba al espacio de la intermediación y el grupo de autoridades delegadas estaba ahora compuesto por Peter Tarnoff, secretario ejecutivo de gobierno; Robert Pastor, asesor para América Latina del Consejo de Seguridad Nacional, y Wayne Smith, alto funcionario de la inteligencia para Asuntos Cubanos en el Departamento de Estado. Por la parte cubana, José Luis Padrón y José Arbesú, integrantes del Departamento de América del PCC, se unieron a Sánchez Parodi.

No hubo mayores tardanzas para formalizar los primeros acuerdos. Uno versó sobre fronteras marítimas y pesca en aguas consideradas de preferencia económica de los estadounidenses; otro, sobre la supresión de los vuelos de espionaje —los SR-71— sobre territorio cubano; además de la revocación de la prohibición de viajes de ciudadanos estadounidenses a Cuba y el establecimiento de «oficinas de interés» en ambos países, especie de representación con intercambio de diplomáticos pero sin rango de embajada, con vistas al futuro restablecimiento de la normalidad diplomática, previsto para un futuro no lejano pero aún indefinido. En la hipótesis de que se aflojara el embargo económico, Fidel ya mencionaba posibilidades de inversión en turismo, de producción de níquel, tabaco y otros productos agrícolas, considerando que el azúcar estaba reservado para los países socialistas.

Al anunciarse el permiso para viajar a Cuba se presentaron 50.000 peticiones de visado en la embajada checoslovaca en Washington. En mayo partieron 450 turistas. El tratado de pesca se formalizó durante una visita a La Habana del subsecretario de Estado para Asuntos Latinoamericanos, Terence Todman. En junio llegó un equipo de diez diplomáticos estadounidenses para iniciar el establecimiento de la oficina de representación. Se sucedieron varias entrevistas de Fidel con los medios estadounidenses, reuniones con empresarios y congresistas, y con los senadores demócratas Fredrich Richmond y Richard Nolan. Conforme el trato previo, se entregaron al senador George McGovern, en una nueva visita a Cuba, copias de las investigaciones hasta entonces supersecretas sobre las operaciones de la CIA contra Cuba y el líder cubano, que servirían de base a una nueva comisión que comenzaba a formarse en el Congreso de Estados Unidos sobre asesinatos políticos.

Con las representaciones ya en funcionamiento, hubo cinco encuentros para la negociación de lo que se entendía como ba-

rreras políticas para la normalización diplomática: la íntima relación de Cuba con la URSS, definida por Estados Unidos como
una amenaza a su seguridad; los temas de Angola, Etiopía y Puerto Rico; el incentivo del régimen cubano a la subversión en
América Latina,[6] y la situación de los derechos humanos y los
presos políticos en Cuba. En la lista planteada, la representación
de Estados Unidos solo evitó volver a introducir la cuestión de
la indemnización a las empresas estadounidenses nacionalizadas,
cuyo valor se calculaba en 2.500 millones de dólares. Fidel, por
su parte, ordenó dejar en libertad a diez estadounidenses que se
encontraban presos en el país, dos por tráfico de drogas de Colombia y otros por delitos de infiltración y espionaje, pero insistió
en que el programa de relaciones exteriores de Cuba era una
cuestión de la soberanía del Estado: «[...] Nos piden, como condición previa, que retiremos nuestras tropas de África, mientras
que en nuestro propio territorio, en la base de Guantánamo, ¡tenemos miles de soldados estadounidenses contra nuestra voluntad![7] [...] ¿No hay tropas estadounidenses en Japón, en Okinawa,
en Corea y en Taiwan? ¿Bases estadounidenses en Turquía, Grecia y toda Europa? ¡Nosotros no estamos en ningún lugar contra la voluntad del pueblo local!».[8]

A pesar de los obstáculos, la negociación iba cobrando forma, cuando estalló un nuevo conflicto. En medio de la renovación de los enfrentamientos en Angola, la comunidad de los
habitantes de Katanga —zona fronteriza entre Zaire,[9] Angola y
Zambia— había intensificado su movimiento nómada, con la
intención de aproximarse al MPLA y los cubanos. En determinado momento había ya 200.000 katangueños en Angola, que
ocupaban una considerable franja territorial. El presidente Carter, atendiendo a las quejas del país amigo, Zaire, declaró que
Fidel podría haber evitado la invasión, pues había 2.000 soldados cubanos apostados en la frontera, pero el cubano negó con
vehemencia tal responsabilidad, explicando que los cubanos no
tenían poderes para impedirlo. Se sabía, sin embargo, que las tropas de Mobutu, el presidente de Zaire, habían actuado en masacres y muertes de miembros de las dos etnias de la región.

Ante la inminencia de la invasión, Fidel consideró adecuado

abordar el asunto con el gobierno estadounidense, a través de la nueva «oficina de intereses». De inmediato se divulgó el acontecimiento, en el que se le implicaba como corresponsable. «En la administración estadounidense hay gente que trata de urdir el incidente para justificar la intervención en África. Y el responsable es Zbigniew Brzezinski [secretario de Defensa]», declaró Fidel.[10] Según su interpretación, se pretendía crear un incidente para sembrar cizaña en el diálogo entre Cuba y Estados Unidos.

En el fondo Fidel sabía que Carter estaba confundido a causa del otro *front* de su gobierno. Cyrus Vance, el secretario de Estado, compartía la línea del entendimiento, pero la política identificada con el secretario de Defensa, Brzezinski, era la que poseía la hegemonía en el Consejo de Seguridad Nacional. El mandatario demócrata, acosado internamente, lanzaba críticas a la situación de los derechos humanos en Cuba. Fidel replicaba delatando la «buena vecindad» de Estados Unidos con los regímenes de Chile, Nicaragua, Brasil, Zaire y Sudáfrica, donde las violaciones en esa materia incluían torturas y asesinatos políticos, inexistentes en Cuba.

De cualquier modo, el 20 de noviembre de 1978, como una derivación de las negociaciones, tuvo lugar en La Habana la primera reunión de Fidel con un grupo de la comunidad de cubanos en el exilio. Entre ellos se contaba Max Lesnick, su amigo de la juventud, que fue hospedado en una casa para visitas especiales. El reencuentro de ambos ocurrió en el palacio, y mantuvieron una conversación privada de varias horas, tras la cual Lesnick se convertiría en un privilegiado consultor de Fidel para asuntos cubano-estadounidenses.

En virtud de acuerdos con representantes de la comunidad, se definía un programa de reunificación entre familiares y fueron puestos en libertad casi tres mil presos políticos en Cuba. En cuanto a algunos elementos —como Húber Mattos, el ex comandante del Ejército Rebelde detenido en 1969, cuya pena terminaría en breve—, Fidel decidió hacerles cumplir la totalidad de sus respectivas condenas judiciales.

Un último *impasse* en el diálogo entre Cuba y Estados Unidos aconteció en la segunda mitad de 1979,[11] cuando la presidencia de Carter entraba en su etapa final. Las discrepancias en el bloque de poder estadounidense ya se evidenciaban, a causa de otro incidente relacionado con Cuba: la presencia de aviones Mig y de una brigada soviética en el país. «No niego que existe personal soviético en nuestro país. Digo que es exactamente el mismo que hace diecisiete años... Lo que ustedes llaman brigada nosotros lo llamamos Centro de Instrucción número 12... Y si yo me rebajara a dar una explicación acerca del carácter de nuestras instalaciones militares, ¡estaría cuestionando el derecho de Cuba de adoptar las medidas defensivas que estime pertinentes!»[12]

La referida instalación, creada antes de la Crisis de los Misiles, utilizada para observaciones y espionaje, y desprovista de armas nucleares o estratégicas, era una vieja conocida de la CIA, pero fue resucitada como una nueva «fuerza de combate rusa» que amenazaba a Estados Unidos.[13] Fidel definió el acontecimiento como una «microcrisis de octubre» [de los misiles], cuando al mismo tiempo surgían indicios de nuevos acuerdos de Estados Unidos con la Organización del Tratado del Atlántico Norte (OTAN) y el aumento de sus tropas en diversos puntos. Fidel denunciaba el hecho también como una tentativa de sabotear la VI Reunión de los No Alineados en La Habana.

La distensión se desmoronaba. Por decisión estadounidense, se paralizaban los tratados SALT II. El asesor Robert Pastor, del Consejo de Seguridad Nacional, uno de los interlocutores de la cuestión cubana, expresaba a su mentor, Zbigniew Brzezinski: «Ya que nos embarcamos en un nuevo período anticastrista, permítame al menos señalar que la premisa de que Cuba es una marioneta soviética es falsa».[14]

UN CIUDADANO DEL MUNDO

Mientras en Estados Unidos se difundía la noticia de que había una tropa de la URSS estacionada en Cuba, Fidel actuaba como anfitrión en la VI Reunión de los Países No Alineados, tras haber sido elegido presidente.

Entre los jefes de Estado participantes, el mariscal Tito, de Yugoslavia, fue objeto de honores especiales y recibió abundantes y excelentes cigarros, así como el secretario general de las Naciones Unidas, Kurt Waldheim. Llegaban también a La Habana el mozambiqueño Samora Machel, el general panameño Omar Torrijos y el primer ministro Maurice Bishop, de Granada. En total eran 94 delegaciones, de Estados o movimientos de emancipación, empeñadas en cambiar el orden de las relaciones internacionales. Fidel definió el tono general:

> Los imperialistas yanquis y sus viejos y nuevos aliados —me refiero al gobierno chino— no deseaban esta conferencia en Cuba. Elaboraron la repugnante intriga de que Cuba convertiría el movimiento en un instrumento de la política soviética. Sabemos de sobra que el gobierno de Estados Unidos obtuvo copia del proyecto del documento final elaborado por Cuba y realizó una febril ofensiva diplomática para tratar de modificarlo.[1]

Con todo, el propio terreno de los no alineados no se hallaba exento de antagonismos, ya manifiestos en dos regiones. Una, Afganistán, estaba dispuesta a una guerra civil y era escenario de una guerra fría desde el asesinato del embajador estadounidense en Kabul, la capital, en febrero de 1979. La CIA fomentaba la oposición en Pakistán, cerca de la frontera, contra el gobierno de orientación comunista. Fidel, a pesar de su posición prosoviética, propició el encuentro entre afganos y paquistaníes durante la reunión, aunque sin éxito.

Asimismo se revelaban visiones discordantes entre los no alineados en relación con el mapa político asiático. En Camboya se enfrentaban los que estaban a favor de los chinos y los que se situaban a favor de los vietnamitas. Pol Pot, el hombre fuerte del Jemer Rojo, que gobernaba el país, se había unido a China e invadió Vietnam. En represalia, a comienzos de 1979 fuerzas vietnamitas, aliadas a disidentes de Pol Pot, tomaron Phnom Penh, la capital camboyana. La tensión en la antigua Indochina se explicaba en gran medida por los movimientos de los chinos, que buscaban la hegemonía en el continente.

La propuesta de Fidel de que los asientos de la delegación de Camboya permanecieran vacíos en señal de protesta no fue aprobada por la mayoría de los participantes de la reunión. Se había hecho notorio, a lo largo de todo el año, el retorno por parte de Fidel a la crítica a China, que había invadido Vietnam y se había vuelto contra Japón y Occidente, firmando una alianza con Estados Unidos en Asia.

Los racistas de Sudáfrica y los israelíes sionistas también fueron reprobados por Fidel, que en cambio aplaudió la Revolución Popular Islámica del ayatolá Jomeini, iniciada en enero, pues el fundamentalismo iraní significaba una barrera para la penetración estadounidense.

En su función de presidente de los no alineados, el 10 de octubre Fidel se encontraba camino de Nueva York, para el vigésimo cuarto período de sesiones de la Asamblea General de la Organización de las Naciones Unidas (ONU). Pocos instantes después de despegar el avión, se levantó de su asiento, se aproximó a los periodistas estadounidenses que le acompañaban durante el viaje y se sentó sobre el brazo de una butaca. Le preguntaron por las recientes maniobras militares en la base de Guantánamo. «Muy interesantes… Están arruinando a los contribuyentes estadounidenses…», respondió.

Se reiteró el tema de la deuda de Cuba con Estados Unidos, a causa de las nacionalizaciones, a lo que repuso con ironía: «Una vez la *National Geographic* me hizo una foto en La Habana y pagó con un cheque de cien dólares que no se pudo cobrar. Entonces, en Estados Unidos, aparte de todas las otras deudas, me deben esos cien dólares…». Le preguntaron también sobre las amenazas contra su vida. «Nadie muere antes de tiempo. Simplemente no sabemos la fecha», contestó. Cuando insistieron en saber si su traje contaba con algún tipo de protección, si usaba chaleco antibalas, se desabotonó la chaqueta, mostró el pecho y respondió: «Mi chaleco es moral; fue lo que me protegió siempre. Además, vivo en una tierra calurosa…».[2]

Ya en Nueva York, se entregó a la protección de la policía montada estadounidense, a pie y apostada ante la puerta de la sede de la ONU. Exiliados cubanos y latinos agitaban carteles con leyendas opuestas: *Welcome, Fidel* y *Go away from Cuba*, en un clima de histeria. Su discurso del 12 de octubre, calificado de acontecimiento trascendental en las Naciones Unidas, era la quintaesencia de las reivindicaciones del Tercer Mundo:

> … ¿Por qué unos pueblos tienen que andar descalzos, para que otros viajen en lujosos automóviles? Hablo en nombre de los niños que en el mundo no tienen ni un pedazo de pan… en nombre de los enfermos que no tienen medicamentos. Hablo en nombre de aquellos a quienes se negó el derecho a la vida y a la dignidad humana… ¿Cuál es su destino? ¿Morir de hambre? ¿Ser eternamente pobres? ¿Para qué sirve, entonces, la civilización? ¿Para qué sirve la conciencia del hombre? ¿Para qué sirven las Naciones Unidas? ¡Basta ya de palabras! Faltan actos. ¡Basta de abstracciones!

Basándose en los índices de la FAO presentó los puntos críticos del mundo subdesarrollado. El proteccionismo, los monopolios, el control tecnológico y las formas de financiación externa de los países ricos eran los responsables de la portentosa deuda de los países pobres. Predicó la moratoria total por un «nuevo orden económico internacional»:

La deuda externa de los países en desarrollo alcanzó la cifra de 335.000 millones de dólares… La de los países de menor desarrollo relativo y en situación desventajosa es insoportable. No tiene solución; debe ser perdonada… Que se cree un nuevo sistema monetario internacional que impida las fluctuaciones desastrosas de las monedas que prevalecen en la economía internacional, en particular el dólar estadounidense… ¡Basta de hablar de un nuevo orden económico internacional especulativo que nadie entiende!

Al final propuso una ecuación alternativa a la de las grandes potencias: paz con desarrollo, para todos.

No vine aquí como profeta de la revolución. No vine a pedir o desear que el mundo se convulsione violentamente. Pero no se puede hablar de paz en nombre de decenas de millones de seres humanos que mueren cada año de hambre o de enfermedades que pueden ser curables en todo el mundo. No se puede hablar de paz en nombre de 900 millones de analfabetos. […] Adiós a las armas. Consagrémonos civilizadamente a los problemas más angustiosos de nuestra era: esto es la responsabilidad y el deber más sagrado de todos los estadistas del mundo. ¡Esta es, además, la premisa indispensable de la supervivencia humana!

La política de beligerancia circulaba por el Caribe. El descubrimiento de la brigada soviética había sido el pretexto para una ofensiva de Estados Unidos en el área «bajo influencia cubana». No solo los sandinistas llegaban al poder en Nicaragua; el Movimiento Nueva Joya, encabezado por Maurice Bishop, constituía un gobierno revolucionario y popular en Granada. En El Salvador se formaba un bloque de sectores populares, unido a Farabundo Martí —el frente guerrillero— contra la junta cívico-militar que había ocupado el gobierno en octubre de 1979, como forma indirecta de intervención estadounidense. Estados Unidos buscaba articular los ejércitos de Guatemala, Honduras e incluso el Pacto Andino para componer una «fuerza de paz» centroamericana destinada a contener la subversión.

En cuanto a los sandinistas, Fidel les aconsejaba prudencia y tacto, pues en aquella coyuntura sería arduo hacer prosperar una revolución recién nacida. «Tal vez no me crean —agregó—, pero pienso que deberían realizar elecciones...»[3] Al año siguiente el Frente Sandinista instauró el régimen pluripartidario con economía mixta. Aplicó una reforma agraria e incentivó a los medianos empresarios y agricultores para evitar conflictos con el gobierno de Ronald Reagan. Al examinar in situ la experiencia sandinista Fidel expresó, esperanzado: «Y aquí no podrá ocurrir un golpe de Estado como en Chile, porque el pueblo tiene el poder y las armas...».

En El Salvador, el asesinato del arzobispo Óscar Romero, en abril de 1980, despertó la conciencia de diversas organizaciones de todo el mundo con referencia a la guerra civil que se extendía por el país. Estados Unidos ya hablaba claramente de intervenir, ante la inminencia de la caída de la junta gubernamental salvadoreña.

Se decía que Fidel suministraba armamento a los rebeldes salvadoreños, aunque en verdad eran provistos por Nicaragua, contra la cual también se construía un detallado expediente. Alexander Haig, el secretario de Estado del presidente Reagan, facilitó a la CIA —entonces bajo la dirección de William Casey— 19,9 millones de dólares para la financiación de las actividades de los «contras» dentro de Nicaragua, partiendo de la vecina Honduras.

Néstor Sánchez, oficial de la CIA y subsecretario de Defensa, coordinó las operaciones militares en el territorio y cercanías, al mando local del coronel estadounidense Oliver North. Impedir la proliferación de regímenes como el de Cuba era la premisa del Acta del Consejo de Seguridad Nacional de Estados Unidos, en abril de 1982. El Documento de Santa Fe, elaborado por el Consejo para la Seguridad Interamericana, estipulaba que Cuba debía someterse a Estados Unidos o ser desestabilizada, bloqueada o invadida, de resultar necesario. El número de cubanos que colaboraban con el Ejército Sandinista para combatir a los «contras» llegó a 4.000, incluidos voluntarios para tareas de educación primaria y salud.

En marzo de 1982 el dirigente nicaragüense Daniel Ortega y Fidel Castro solicitaban medidas del Consejo de Seguridad de la ONU, dada la amenaza de una invasión militar estadounidense. En menos de un mes Estados Unidos vetó la resolución del Consejo en cuanto a abstenerse del uso de la fuerza, abierta o encubierta, contra cualquier país de América Central o del Caribe. La región se convertía en una especie de Oriente Próximo occidental, un foco de conflicto internacional. La necesidad de defensa del régimen sandinista, que recibía ayuda de la URSS y de países socialistas, acabaría por producir un frente común latinoamericano, con participación de europeos. Los presidentes López Portillo, de México, y François Mitterrand, de Francia, exigían con urgencia a los organismos internacionales una ayuda de un mínimo de 20.000 millones de dólares para la supervivencia de los extenuados países centroamericanos en los siguientes cinco años. Sereno, Fidel apoyaba la búsqueda de «soluciones políticas» para la región.

Se formó el Grupo de Contadora, con Venezuela, Colombia, Panamá y México, para poner en marcha acuerdos. Se presentó a Nicaragua un programa de seis puntos, entre ellos un pacto de no agresión con Honduras y la cancelación del envío de armas a El Salvador, con exclusión de cualquier concesión unilateral a Estados Unidos. Nicaragua aceptó y Fidel, por su parte, se dispuso a iniciar la retirada de todas las tropas y los asesores cubanos de América Central, tan pronto como se cristalizara la negociación. En cuanto a la idea del grupo de realizar elecciones en El Salvador, como medio de resolver el conflicto, el líder cubano opinó que era preciso respetar la posición de los combatientes empeñados en una feroz contienda interna, los cuales no confiarían en un proceso electoral que sería conducido por el régimen.

El gobierno del presidente Reagan desdeñaba las propuestas y enviaba buques de guerra a las costas nicaragüenses en el Pacífico y el Atlántico. Contra esa postura y elogiando a Fidel, se unieron el presidente Mitterrand, los líderes socialdemócratas Willy Brandt (Alemania) y Olof Palme (Suecia). La causa centroamericana surgía como factor de aproximación entre Fidel, la socialdemocracia y los partidos comunistas europeos. Hacia finales de la década de los setenta el estadista cubano, más inclinado a la diversidad, se sentía cómodo como un ciudadano del mundo. Encontró afinidades con Enrico Berlinguer y Santiago Carrillo, secretarios generales de los PC italiano y español, respectivamente, y en especial con Felipe González, del Partido Socialista Obrero Español (PSOE), organización que se convirtió en la fuerza predominante en España en las elecciones de 1982.

Sin embargo, no se encontraba una solución efectiva para Nicaragua. Daniel Ortega y Henry Kissinger, que había sido convocado para presidir una comisión de diplomáticos por parte de Estados Unidos, mantuvieron conversaciones, pero la escalada militar estadounidense continuó hasta 1984, cuando se celebraron elecciones en el país y salieron victoriosos los sandinistas. En aquel momento Nicaragua sufría graves problemas económicos.

Siempre en la región centroamericana, la relación entre Fidel y el general panameño Manuel Antonio Noriega generaba en los medios públicos insinuaciones de tramas en común. Noriega, el comandante de la Guardia Nacional, era el hombre fuerte en Panamá desde la muerte de Omar Torrijos (1981) en un sospechoso accidente aéreo. Pronto afirmaron que Noriega era un agente doble de Cuba y que Fidel era el mediador entre el panameño y traficantes de drogas en Colombia. La dudosa y la polémica figura del general acabaría acusada de tener vínculos formales con el tráfico y otros delitos.

Fidel argumentaba que, en el fondo, las acusaciones formaban parte de una campaña contra la Guardia Nacional y Noriega, que defendía a los sandinistas y el Tratado Torrijos–Carter, por el que Estados Unidos se había comprometido a entregar el canal de Panamá a los panameños en el año 2000. Para Fidel, eran evidentes las intenciones golpistas del gobierno de Reagan en Panamá.[4]

Además de la situación explosiva en el Caribe, la gestión de Fidel como presidente de los no alineados abundó en enfrentamientos. En el conflicto entre turcos y chipriotas se inclinaba hacia las reivindicaciones de soberanía de la isla de Chipre, de acuerdo con los postulados de Mákarios, el líder que Estados Unidos consideraba el «Castro del Mediterráneo». En la guerra abierta entre Irán e Irak, Fidel envió a su canciller, Malmierca, como emisario a Teherán y Bagdad, para lograr un acuerdo entre el gobierno de la revolución islámica instaurado por el ayatolá Jomeini y Saddam Hussein. Acogiendo una propuesta de Yasir Arafat, el líder de la Organización de Liberación de Palestina (OLP), se formó una comisión con representantes de Asia y África, con los cuales el líder cubano se reunió para intentar poner fin a un nuevo conflicto en Oriente Próximo. Junto a los palestinos, condenó los acuerdos de Camp David, como un instrumento del sionismo y los intereses estadounidenses en la región. En 1982, cuando Líbano fue invadido, rechazó firmemente el expansionismo israelí sobre los territorios árabes.

El apoyo de Fidel a la entrada en Afganistán de tropas soviéticas, en diciembre de 1979, había reforzado sobremanera su alineamiento con la URSS. Tras sucesivos complots, y con el aval del grupo de militares afganos que tenían el poder, la intervención se justificó como una forma de garantizar la continuidad del régimen progresista.

La posición de Fidel coincidió con la de dirigentes comunistas europeos, como el francés George Marchais (secretario general del Partido Comunista Francés, PCF), con quien Fidel firmó un comunicado que explicaba la invasión soviética como una respuesta al persistente incentivo de la CIA a los grupos opositores en la frontera con Pakistán. La guerra fría se intensificaba en Europa al fin de la década, con la instalación de 572 proyectiles nucleares de alcance medio en bases de la Organización del Tratado del Atlántico Norte (OTAN) —además de las escuadras movilizadas hacia el Índico y el golfo Pérsico—, lo que provocó la desaprobación de las izquierdas europeas. No obstante, la postura prosoviética de Fidel no solo atizó las divergencias en el movimiento que presidía, sino que contribuyó a ahogar la aspiración de que Cuba ingresara como miembro permanente en el Consejo de Seguridad de la ONU.

En África austral, Fidel apoyaría a los rebeldes al *apartheid*. Protestó contra la intromisión, durante las elecciones de 1980, de tropas sudafricanas en Zimbabue, sin respetar los acuerdos firmados con Gran Bretaña. Preguntado con frecuencia por la permanencia de militares cubanos en Angola, respondía que se proce-

Con el Che y jefes rebeldes, 1959.

En la «caravana de la victoria», 1959.

*Con Ahmed Sukarno, presidente de Indonesia, 1959
En el centro: el canciller
Raúl Roa.*

Multitud en la plaza de la Revolución, 1959.

*Momento raro: fumando en
pipa, de regreso a la Sierra
Maestra, 1959.*

Pronunciando un discurso en la ONU, 1960.

En la Asamblea de la ONU, 1960. A su derecha el canciller Raúl Roa y Antonio Núñez Jiménez.

Con campesinos, 1959.

Con Malcolm X, en el hotel Theresa.

Con Nikita Kruschev, en el hotel Theresa.

Invasión de la bahía de Cochinos, 1961.

Durante la invasión de la bahía de Cochinos, 1961.

Después de la invasión de la bahía de Cochinos, 1961.

En un discruso por televisión para explicar los sabotajes contra el país, 1962.

Manejando equipamiento bélico, 1962.

Con Raúl y el Che, durante el ciclón Flora, *1963.*

Incentivando el deporte.

Leyendo la carta de despedida del Che Guevara, en el acto de fundación del PCC, 1965.

En 1966.

Con el Che.

Fidel y el Che.

El Che, la foto que recorrió el mundo.

Con su gran amigo Salvador Allende, presidente de Chile, 1971.

Participando en la zafra azucarera, 1970.

Con el coronel Gaddafi, de Libia.

Con Yasir Arafat, de Palestina.

Con Leónidas Breznev, de la URSS.

En Katowice, Polonia, con el uniforme de gala de los mineros

Recibiendo el título de doctor honoris causa de la Universidad Carlos, Polonia, fundada en 1340.

Abrazando a moscovitas en la calle,

Con Nicolae Ceaucescu, primer ministro de Rumanía.

Jugando al baloncesto en Bulgaria.

En la IV flota en Rostok, RDA.

Jugando al ping-pong en la FMJD, en Budapest.

Con el líder angoleño Agostinho Neto, 1976.

Con Olof Palme, primer ministro de Suecia.

Con Daniel Ortega, presidente de Nicaragua, 1976.

Con el mariscal Tito, presidente de Yugoslavia.

En el Monumento a los defensores de Moscú, hasta donde llegaron los nazis en la Segunda Guerra Mundial.

Con el secretario general de la ONU, Kurt Waldheim, 1979.

Con Indira Gandhi, primera ministra de India.

Con Mercedes y Gabo (Ga-
briel García Márquez), 1983.

En España, con el rey Juan
Carlos y el presidente Felipe
González.

Con François Mitterrand, presidente de   *Con el primer ministro soviético Mijaíl Gorbachov.*
Francia, en París.

Recibiendo al Papa en La Habana, 1998.

Con Nelson Mandela.

Con el niño Elián González.

En su despacho en el palacio de la Revolución, en La Habana.

dería a retirarlos de forma paulatina, a medida que los sudafricanos abandonaran Namibia y cesaran las agresiones.

En 1984 se reunieron sudafricanos, angoleños y cubanos, con
la mediación de Estados Unidos, para iniciar negociaciones. En
tal ocasión se determinó hacer efectiva la resolución 435/78 del
Consejo de Seguridad de la ONU para la independencia de
Namibia y la garantía de respeto a sus fronteras.

En otro ámbito, de crítica al orden económico internacional
vigente,[5] Fidel había promovido en La Habana una reunión del
Grupo de los 77 —los países subdesarrollados participantes en la
ONU—, dos meses después de su discurso en la Asamblea General de la organización. El objetivo de la reunión era trazar planes de desarrollo para presentar a las naciones más ricas, en la
tentativa de lograr el abstracto «diálogo norte-sur». El lugar previsto para el encuentro con los representantes de los países ricos
era Cancún (México), pero Estados Unidos insistía en vetar la
presencia de Cuba. Fidel se comunicó entonces con el presidente
mexicano López Portillo, que no participaría, para que facilitara
el entendimiento.

El comandante se mostraba más flexible, aunque se mantenía
firme y coherente, casi visceral, en cuanto a ciertos principios
político-ideológicos. Pronto patrocinaría un foro de economistas
de todo el mundo en Cuba, para discutir tesis sobre el desarrollo,
durante el cual admitió que era imposible prescindir de las empresas multinacionales en ese proceso, puesto que eran las dueñas
de la tecnología, de los mercados y de los recursos financieros. «La
política de fuerzas no tiene perspectiva. Más eficaz es una política inteligente, diplomática y de colaboración económica… Trato
de defenderme del chovinismo, porque es enemigo del internacionalismo. Respeto las corrientes del marxismo, porque no es un
dogma ni una receta que aplicar…», afirmó.

En correspondencia, gobiernos aliados de Estados Unidos
comenzaban a articularse con la posición de Cuba en organismos económicos internacionales, como fue el caso de Brasil en
la Geplacea, de los países productores de azúcar.

En La Habana, Fidel incentivó actos y encuentros entre artistas e intelectuales latinoamericanos de diversas tendencias pero

con un punto en común: la aversión a la dominación política e ideológica.

En marzo de 1983, en Nueva Delhi, India, transfería la presidencia de los no alineados a la primera ministra Indira Gandhi.

44

EXILIO Y BLOQUEO: LOS MARIELITOS

Las vicisitudes animaban y perseguían la proyección de Fidel como estadista. En el exterior, además de la acusación de dictador, recaían sobre él todas las referentes al paradigma de la autoridad. Por su parte, a fin de desmentir esas impresiones no ahorraba oportunidades para tratar de explicar el sistema de representación política de su país, que, con tantas instancias, resultaba incomprensible a primera vista. «¡Esto no es una monarquía ni un caudillismo! ¡Tenemos un partido y una dirección colectiva!», argüía defendiéndose de los ataques a su régimen, tildado de antidemocrático.

Fidel ya no soportaba siquiera la mención a su especial carisma, elogiado por quienes le admiraban, pues le parecía una confirmación de su poder personal. Aun así, en Cuba, le gustara o no, los de su generación, y en particular los más jóvenes que crecían con los auspicios de un estado generoso y paternal, veían en él al líder guerrero que se transformaba en un símbolo del siglo, con el cual erigían una patria vencedora.

Fidel sufrió una enorme conmoción con la muerte de Celia Sánchez, en 1980. Si ha habido alguien que le haya comprendido por completo, fue ella. Aceptaba las tensiones de su personalidad y las necesidades de su ser original, como la de la compañía de Lala o de las otras mujeres de su vida, pasajeras. La intensa relación que con ella había construido Fidel en la vida cotidiana se desvaneció de repente, lo que le debilitó en pleno ascenso en la arena internacional.

Pero el vínculo entre Fidel y Celia tenía, en verdad, una faz irregular. La imagen pura y heroica que ambos debían preservar en tanto espejos de la Revolución les había impuesto la sublimación e invadido el afecto, volviéndolo incompleto con el paso de los años. En Fidel, la carencia de un amor común se satisfaría en Lala, el secreto. No porque fuera o se hubiera convertido en un hombre dudoso, ya que habitaba entero cada uno de sus mundos. Para Celia, en cambio, no hubo atajo; se dedicaba íntegramente a él —o, mejor, a la Revolución—, sufriendo feliz.

Con la ausencia de Celia, varios personajes asumieron partes de su papel. El médico José Miyar, conocido por el apodo de Chomy, pasó a ejercer de jefe de gabinete de Fidel, mientras que la secretaría personal, de la que se ocupaba Celia, comenzó a ser compartida por miembros del llamado Grupo de Apoyo al comandante en jefe, en su mayoría jóvenes.[1] Como su ayudante principal seguía el comandante Jesús Montané, fundador, al igual que él, del Movimiento 26 de Julio (M-26).

Una de las prioridades de los quehaceres del gabinete es la de mantener a Fidel puntualmente informado, para alimentar su natural visión de amplio alcance político. Él recibe a diario una síntesis de las noticias de las agencias de prensa y de las principales publicaciones internacionales, confeccionada como un boletín-guía, separado por áreas de su interés. El trabajo de preparación de ese boletín, además de exigir especialización, implica una gran perspicacia sobre la personalidad de Fidel. Es, por lo tanto, prerrogativa del selecto equipo de la secretaría personal, por la cual transitan muchos informes confidenciales, algunos procedentes de Seguridad del Estado, o investigaciones de circulación interna que se someten a una suerte de limpieza de redacción antes de ser dirigidas a Fidel. Si este decide hacer anotaciones en el boletín, cambiar textos o, eventualmente, redactar fichas para un discurso, emplea la tradicional máquina de escribir o lo hace a mano, ya que su lado conservador aún no le permite sentirse cómodo con un ordenador e internet.

Al iniciarse la década de los ochenta, una pesada hostilidad reincidía en las relaciones entre Cuba y Estados Unidos. Apenas los sondeos señalaron la holgada victoria del republicano Ronald Reagan sobre el presidente Jimmy Carter, que intentaba la reelección, Fidel estableció milicias de combate en todo el país. Seguro del apoyo del pueblo, declaró que en caso de invasión «las tropas enemigas pueden entrar, pero no encontrarán salida, como las de Napoleón en la vieja Rusia...».

Confirmada la elección de Reagan, miles de cubanos convergieron en la sede de la oficina de intereses estadounidenses en La Habana, llenando la avenida del Malecón de punta a punta. La multitud, estimada en un millón y medio de personas, protestaba contra la intensificación de los desembarcos de hombres y pertrechos militares en la zona de Guantánamo, la reanudación de los vuelos de espionaje SR-71, y reclamaba el respeto a la soberanía de los países centroamericanos.

Mientras tanto, internamente había muchos no convencidos del régimen, deseosos de una sociedad liberal y consumista, como la de Estados Unidos, sin las limitaciones del socialismo y los esquemas soviéticos. En los últimos años venía produciéndose un aumento de las salidas ilegales del país, nunca firmemente reprimidas por las autoridades e incentivadas por la buena acogida que se daba a los cubanos en Florida. De vez en cuando el éxodo iba acompañado de accidentes o ahogamientos en el mar, con gran publicidad, o de secuestros y robos de medios de transporte, como aviones y barcos.

De repente, en marzo de 1980, grupos de cubanos corrieron a las embajadas de Venezuela y Perú para entrar a la fuerza a fin de conseguir la emisión de visados. A continuación se comunicó la muerte de un policía que custodiaba la embajada peruana. Como los grupos eran alojados en las sedes diplomáticas sin grandes obstáculos, en nombre del derecho de asilo, Cuba se vio presionada a conceder las autorizaciones de salida. En el exterior se afirmaba que la Revolución era la causa del éxodo, a lo que Fidel argumentaba que la mayor motivación era la pobreza a que había sido condenada América Latina, y daba como ejemplo la oleada de exiliados de Haití, donde no se conocían conflictos políticos o militares.

Fidel llegó a la conclusión de que Venezuela y Perú estaban en connivencia con las autoridades estadounidenses. Por otro lado, admitía que el problema del exilio representaba, de hecho, un *handicap* en favor de su adversario, Estados Unidos, y decidió invertir la situación. Primero avisó a los gobiernos de las representaciones diplomáticas invadidas que, por su parte, nada le costaría liberar un puerto, como había hecho con el de Camarioca en la década de los sesenta, y que ya no podría ofrecer protección a los que no colaboraban con su propia salvaguarda. Agregó que una actitud condescendiente incitaría a nuevas violaciones, más aún cuando se sabía que los visados se otorgaban a los que empleaban la violencia pero no a quienes los solicitaban en la debida forma. En los días siguientes a la emisión de la orden de retirar la vigilancia de las sedes diplomáticas afluyeron más de 3.000 personas, de La Habana y otras ciudades, al patio y las inmediaciones de la embajada de Perú.

El gobierno cubano instaló cerca de allí un puesto de la Cruz Roja, con alimentos, servicios médicos y de higiene. La aglomeración aumentó a 10.000 personas, un número que pudo calcularse por las raciones de comida entregadas.

Al darse cuenta de la cantidad de *lumpens* e individuos anormales que había entre los concurrentes, los representantes de los respectivos gobiernos comenzaron a cortar la entrada. Perú estimaba que había recibido unos mil; España, alrededor de quinientos, y Estados Unidos, hasta dos mil, aunque ninguna cifra fuera oficial. Acampados en medio de la confusión, a la espera de su turno, algunos ya renunciaban a solicitar asilo.

Sin vislumbrar un desenlace del caso a corto o medio plazo, Fidel decidió liberar el puerto de Mariel y retirar toda restricción a los que quisieran emigrar. Propiciaba así un éxodo pacífico, para espanto del presidente Carter al final de su mandato. El 21 de abril, muchas embarcaciones de Florida llegaron al puerto cubano, listas para llevar a los que desearan irse, por cuenta del floreciente negocio del traslado ilegal. Fidel comentó: «Ahora se llevan a los antisociales. En aquellos primeros años abrieron las puertas a los técnicos, intelectuales, ingenieros, profesores y médicos... Lamentablemente, no podemos ofrecerles la reunificación de las familias aquí, pues el país vive una batalla por su desarrollo...».

Se creaba un puente marítimo Mariel-Florida, por donde pasarían alrededor de 125.000 personas. El 26 de abril, el gobierno estadounidense informaba de la decisión de discriminar las entradas de los refugiados, mediante una selección, y apelaba a sectores dominantes en Miami para que no hicieran gala del éxodo, pues estaban «haciendo el juego a Fidel Castro».

Entre el 4 y el 15 de mayo llegaron 8.427 embarcaciones, que llevaban en conjunto una buena parte del *lumpen* cubano y otra porción, menor, de personas con antecedentes policiales por delitos comunes y políticos. El flujo de los llamados «marielitos» ya era calificado de intolerable por las autoridades estadounidenses, que ordenaron la suspensión de los viajes. En mayo hubo maniobras militares estadounidenses en el Caribe, coincidiendo con una reunión de los países del Pacto Andino —dos de ellos coprotagonistas del incidente diplomático— para la formación de la «fuerza de paz» con el fin de combatir la insurgencia en América Central.

Se concebía paralelamente la nueva estrategia para Cuba, con la creación de la Fundación Nacional Cubano-Americana (FNCA), promovida por Richard Allen (asesor de Seguridad Nacional de Estados Unidos). Dirigida por el cubano José Mas Canosa, la FNCA tenía por objetivo constituir un *lobby* en el Congreso e influir en órganos de la opinión pública con una inflamada retórica sobre Cuba. La iniciativa enfrió el comienzo de la discusión bilateral sobre el tema migratorio.

El asunto solo llegó a resolverse en 1984, con un acuerdo al que contribuyó en gran medida el llamado problema de los cubanos «excluibles» (indeseables o excluidos) en territorio estadounidense. Eran unos tres mil ex marielitos que habían cometido delitos en Estados Unidos, por necesidad o por vicio, muchos de los cuales habían sido detenidos. Las autoridades estadounidenses solicitaban su repatriación desde mayo de 1983, pero Fidel se

resistía, exigiendo el redimensionamiento de toda la cuestión
migratoria antes de tomar cualquier medida. Al fin iba alcanzando
una cierta situación ventajosa en la cuestión migratoria con Estados Unidos, ya que deseaba el final de las salidas ilegales, su
manipulación política y sus implicaciones ideológicas. Formalmente había concedido el derecho de emigración a todos los
ciudadanos cubanos, aunque en la práctica persistían las trabas. En
julio y agosto hubo encuentros entre representantes de los dos
gobiernos, en medio de la «diplomacia de las notas», en que Fidel se quejaba de las emisiones radiofónicas de contrapropaganda de Estados Unidos a Cuba, específicamente de la emisora
Radio Martí. El debate concluyó el 13 de diciembre con un
comunicado conjunto:

> Estados Unidos restablecerá la expedición de visados prefe-
> renciales de inmigrante a ciudadanos cubanos residentes en
> Cuba… en especial a familiares inmediatos de ciudadanos esta-
> dounidenses y de cubanos con residencia permanente en Esta-
> dos Unidos… padres, cónyuges e hijos solteros menores de
> 21 años… y también otros que cumplieron pena por crímenes
> contra la Seguridad del Estado […] que se califiquen conforme
> las leyes estadounidenses […], haciendo el máximo aprovecha-
> miento de un número de hasta 20.000 inmigrantes por año…
> Cuba, por su parte, aceptará la devolución de aquellos ciuda-
> danos cubanos que llegaron a Estados Unidos en 1980, proceden-
> tes del puerto de Mariel, y que fueron declarados inadmisibles
> para permanecer legalmente en Estados Unidos…

Transcurridos 26 años, se alcanzaba un acuerdo satisfactorio
sobre emigración.

Para América Central no había tregua. Maurice Bishop, el primer ministro de Granada, había denunciado públicamente planes de eliminación «de todos los líderes progresistas centroamericanos y caribeños».[2] En 1983 la isla de Granada, un Estado de
las Pequeñas Antillas, estaba a punto de causar un nuevo estruen-
do en la región y provocar divisiones en varios países.

Cuando Bishop realizó una escala en Cuba, proveniente de Hungría y Checoslovaquia, para mantener una conversación con Fidel, no se refirió a la existencia de fricciones políticas en su país, pero lo cierto es que desde hacía un tiempo crecía un serio conflicto en la dirección y el seno del partido gobernante de Granada, el Movimiento Nueva Joya, de orientación comunista. Días después, la embajada cubana en Granada informaba de las divisiones. A continuación el propio Bishop comunicó al líder cubano la gravedad de algunas disensiones, acentuadas durante su ausencia. En pocas horas sus opositores consiguieron el apoyo de la mayoría del partido y de sectores del Ejército de Seguridad y le destituyeron, tras lo cual decretaron su prisión domiciliaria. Por otra parte, el acontecimiento se presentaba como el advenimiento al poder del grupo de comunistas ortodoxos fieles a Cuba.

El 15 de octubre, Fidel envió a Nueva Joya un mensaje en el que mostraba preocupación por los probables daños al proceso revolucionario y a la imagen del país, y manifestaba su intención de no tomar partido. El *impasse* duró varios días, pero la población apoyaba a Bishop y clamaba por su retorno. El 19, un grupo de activistas anunció una huelga general y ocupó una instalación militar, mientras otros entraban en la residencia de Bishop para liberarle. Por la tarde fue declarado muerto, cuando tropas del ejército dispararon contra amotinados en la zona en que se encontraba el ex mandatario.

Al enterarse del fallecimiento de Bishop y de varios de sus colaboradores, Ronald Reagan determinó adoptar medidas para el país caribeño. Del lado de Fidel, las relaciones con los nuevos dirigentes, aunque provenían de la misma organización que su amigo Bishop, se tornaban frías, en cierto modo tensas. Dos días después, fuerzas estadounidenses llegaban a aguas próximas a la isla de Granada.

Ante el peligro de invasión los granadinos solicitaron la colaboración de Cuba, pero Fidel insinuó dificultades para dársela. No obstante, se encontraban en el país muchos cubanos, que conducían las obras del aeropuerto civil o colaboraban en otros campos, como pesca y salud; contaban solo con armas ligeras, de infantería, que Maurice Bishop les había proporcionado para una eventualidad de defensa. El 22 de octubre, Fidel envió el siguiente mensaje a sus diplomáticos y a los cubanos que se hallaban en misión en Granada:

> En momentos en que se aproximan los buques de guerra estadounidenses… comprendo lo amargo que es para ustedes, como para nosotros aquí, arriesgar la vida de los compatriotas. […] No es el nuevo gobierno de Granada lo que debemos tener en mente, sino Cuba, su honor, su pueblo y su moral combativa… Si Estados Unidos interviene, si somos directamente atacados —repito: si nos atacan directamente—, debemos defendernos enérgicamente, como si fuera en Cuba, en la zona de nuestros campamentos y en las áreas de trabajo próximas… Si los yanquis desembarcan en la pista próxima a la universidad para evacuar a sus ciudadanos, no interfieran en absoluto… Los asesores del ejército y del Ministerio del Interior deben continuar allí hasta nueva orden, para recibir información y tratar de influir positivamente en la conducta del ejército y órganos de seguridad… y poner en el primer avión a los niños y personas no indispensables para los servicios y los trabajos esenciales…

Fidel pedía además que se transmitiera a la dirección granadina que los colaboradores cubanos eran muy pocos para que se los considerara un factor de importancia militar; que un envío de refuerzos sería impensable por la situación creada después de la muerte de Bishop y sus aliados, y que no olvidaran que una resistencia sólida y eficaz contra tan potentes invasores resultaría imposible sin la participación popular, que solo se tendría en cuenta cuando se esclarecieran las responsabilidades por los errores y los crímenes. Tratándose de una cuestión entre caribeños, el comandante evitaba cualquier paso que pudiera justificar la invasión de Granada o la guerra con Cuba.

Delegaciones de los doce países de habla inglesa del Caribe y la colonia británica de las Bahamas se reunieron para discutir el apoyo a la intervención militar estadounidense, pero no hubo consenso. Fidel propuso a los granadinos que reaccionaran con gestiones políticas y diplomáticas rápidas, para impedir la intervención, pero esta fue decidida por el presidente Reagan el día 23.

Un mensaje de la embajada cubana en Panamá a La Habana, la noche del 24, señalaba: «[...] Sigue la nota de Noriega al comandante en jefe: Por nuestro intermedio, las autoridades estadounidenses, específicamente el vicepresidente George Bush, afirman no desear el enfrentamiento con las tropas cubanas y ofrecen salida al contingente cubano, con seguridad y todas las pertenencias...».

El amanecer del 25, el ejército y la marina de Estados Unidos atacaban Granada, junto con 300 soldados provenientes de Barbados, Jamaica, Dominica, Antigua, Santa Lucía y San Vicente, como escudo político, en distintos puntos. Horas después un contingente avanzó sobre las instalaciones cubanas y se inició el combate. Los hombres disponían allí de pocas municiones, pero Fidel consideró imposible la evacuación del personal. Por la tarde, a través de la oficina de intereses en Cuba, el gobierno estadounidense lamentó el enfrentamiento, diciendo que había sido producto de la confusión y de la «circunstancia de la presencia de cubanos en lugares próximos al área de operación de las tropas multinacionales».

En Granada había 784 cubanos, entre ellos 636 trabajadores de la construcción y 43 militares. De ese total, 24 murieron. El 2 de noviembre se cercó la embajada de Cuba y se dio un plazo de 24 horas para que todos los cubanos abandonaran el país. Fidel reflexionó sobre las raíces del episodio en Granada: «Los que conspiraron contra Bishop en el seno del partido, del ejército y de seguridad, ¿eran un grupo de extremistas, intoxicados de teoricismo político? Imposible saber si quien clavó el puñal del divisionismo y del enfrentamiento interno lo hizo por cuenta propia o fue instrumentado de alguna forma por la propia CIA, imputando a Bishop la práctica del culto a la personalidad y el error de apartarse de los métodos leninistas...».

Desconfió más por un pequeño dato: la invasión se decidió menos de quince días después de revelarse las discordias internas. Fidel identificaba una vez más la curiosa conexión entre la línea dura del *establishment* y los que asumían, a veces solo en apariencia, posiciones extremistas de izquierda.

EN BUSCA DE FONDOS

Dentro de Cuba, a pesar del modelo soviético adoptado, que parecía indiscutido, la economía socialista seguía presentando problemas. Las limitadas condiciones socioeconómicas, según Fidel, explicaban la reproducción del *lumpen* —personas que vivían en viviendas apretujadas, en situación de promiscuidad—, que originaba comportamientos ilegales, aunque en ningún barrio faltaban escuelas, agua o asistencia médica.

Por todo el país Fidel realizaba una más de sus campañas de proselitismo contra el vicio de la «acomodación» ante las dificultades: «No nos damos cuenta de que tenemos una lucha diaria, incesante, en que la palabra número uno, fundamental, es la exigencia, ¡exigencia! ¡Que se acabe el embuste, el favoritismo, la tolerancia! ¡Que se acabe! ¡Y lo mismo tiene que suceder en la administración del Estado, en los Poderes Populares, en el nivel de las provincias y los municipios! [...]».[1]

Lamentaba la ingenuidad de haber permitido que se creara un régimen de garantías para el delincuente. En la premisa de que el sistema era justo en esencia, se generalizó la idea de que los seres humanos retribuían naturalmente con esfuerzos, hoy mismo o tal vez mañana. Una de las medidas que se tomaron fue la de disminuir la cantidad de empleados públicos trasladándolos a otros sectores productivos. Sin embargo, por mucho que se aplicara la entrega de premios por buena producción o el traslado de obreros que no rendían a otros sectores, los síntomas del estancamiento no cedían.

Sin el aumento del conjunto de la producción, se reiteraban las carencias y los desvíos de fondos. Como agravante, una sucesión de plagas deterioró los cañaverales, casi la totalidad del área tabaquera y la ganadería. De mayo a septiembre de 1981 se extendió por todo el país una epidemia de dengue hemorrágico que afectó a más de 350.000 personas. Otras infecciones, por agentes químicos tóxicos, atacaron varias aldeas. Fidel tuvo indicios de que los incidentes se debían a la «guerra bacteriológica del enemigo», que ya se había empleado durante la guerra de Vietnam, aunque no pudo comprobarlo. Esta vez, el objetivo de ese «enemigo» sería denigrar los progresos en la medicina y las investigaciones científicas que podían librar a Cuba del clásico diagnóstico del subdesarrollo.

El bloqueo era un gran adversario. Una empresa mixta (la Lucaba, de Estados Unidos y México) debió expedir una autorización especial para la exportación de un producto químico, que contenía un componente fabricado en Estados Unidos, para que, a través de la Bayer, pudiera ser vendido con urgencia a Cuba. El malatión debía enviarse en avión y, para Cuba, el precio del transporte por tonelada era 3,5 veces mayor. El propio sistema del Consejo de Asistencia Mutua Económica (CAME), el mercado común socialista, ponía también impedimentos. A fin de obtener en Hungría los aparatos necesarios para fumigación era preciso esperar al otro plan quinquenal, porque en el anterior no se había previsto.

No obstante las dificultades, se insinuaba en Cuba el crecimiento del producto social global, gracias a algunas industrias y al conjunto de las zafras, a partir de la modernización de los ingenios azucareros.

En las resoluciones del II Congreso del Partido Comunista de Cuba (PCC) se mantuvo el acento temático en la formación y el desarrollo técnico-científicos. En el ámbito de la salud se registraba una tasa de mortalidad infantil inferior a la de algunos países desarrollados —18,5 por 1.000 nacidos—, con vacunaciones masivas contra la meningitis, por ejemplo, además de los bajos índices de mortalidad materna y altos en la lucha contra enfermedades infectocontagiosas. Otros avances se producían en el campo químico-farmacéutico, con descubrimientos como el del interferón, destinado al tratamiento de algunos tipos de cáncer y enfermedades virales; la melagenina, derivada de la placenta humana, para la cura del vitíligo; el tratamiento eficaz de la retinosis pigmentaria; la obtención del factor de crecimiento epidérmico y el policosanol (PPG) para problemas cardíacos, además de éxitos reconocidos en trasplantes y vacunas.[2]

En las investigaciones científicas ya era relevante la participación de las mujeres. Fidel, articulando un discurso feminista, abordaba la discriminación como relativamente superada, debido a una política específica para el género y a una mayor libertad sexual; también se observaba una creciente tendencia a las uniones interraciales en el país. «Voy buscando mujeres aquí y allá, luchando contra los prejuicios que todavía subsisten —comentó—. Pero si dejamos la cuestión a las leyes vigentes en el capitalismo, se dedicarán a trabajar en bares, a ser prostitutas o esposas de sus maridos, como antes... cuando una mujer divorciada era condenada al desprecio...»

La URSS restablecía los compromisos con Cuba, con expectativas de aumento del volumen de intercambio comercial en el quinquenio 1981-1985, si bien en la práctica muchos deseos y propuestas no tuvieran resultados.

La decisión de instituir el «mercado libre campesino» como solución, al menos temporal, para reducir la insuficiencia crónica de productos necesarios y para inhibir el «mercado negro» acabó por malograrse. En otro tipo de mercado, el «paralelo», también se vendían caros los productos que eran escasos y necesarios para la población, como el ajo, y otros superfluos pero buscados, como el ron, los cigarrillos, el tabaco y la cerveza, pero en este el abastecimiento era administrado directamente por el Estado.

Fidel criticó el «mercado libre» cuando comenzó a funcionar, en parte contra su voluntad, pues veía en él un foco de disturbios, no de avance, al menos en aquel momento. Más adelante resolvió extinguirlo, con la idea de restablecerlo en un futuro más próspero y sobre otras bases, en que se venderían los excedentes de las cooperativas y granjas estatales, es decir, una parte de la producción que sobrara, no comprometida con el abastecimiento de la «libreta» —la cuota fija de bienes y productos para cada núcleo familiar— y los servicios públicos. Cualquier solución, para funcionar, dependía de un mayor grado de desarrollo, y este de soluciones, con lo que se reanudaba el círculo vicioso. Ampliar el sistema de cooperativas podía ser un generador de riqueza, pero Fidel era partidario de la producción estatal a gran escala, para atender los compromisos de exportación.

En tiempos de carencia, administradores y empleados se dejaban sobornar, formando una red de «socios» que controlaban los lugares en las filas para la adquisición de bienes en los almacenes del Estado, cuando no comenzaban a desviarlos a escondidas, cometiendo robos. Nacían formas de «trabajo por cuenta propia» de forma casi espontánea, como el artesanado de broches para la ropa, porque habían desaparecido de las tiendas.

Como muchas empresas no rentables no se cerraban, ni se despedía a sus trabajadores, el Estado cubría las pérdidas y subsidiaba las actividades. Al problema de la hipertrofia de la función pública se sumaba el abuso en la cesión de descansos y permisos, con administradores corruptos enviciados en la falsificación y la negligencia.

En febrero de 1983 se cerraron algunas empresas deficitarias. Hubo fábricas que quedaron paralizadas por tiempo indeterminado, por no recibir materias primas, y se declaró el «paro» de sus obreros.

Los materiales para industrias, equipamientos y piezas de repuesto, combustible, medicamentos, alimentos y bienes de consumo debían adquirirse en «divisas» (dólares), fuera del área del CAME. Preservar este fin, en un Estado que afrontaba un amplio espectro de gastos, constituía una acrobacia financiera, por lo que cada año se volvían más indispensables los créditos de la URSS.

Con ocasión del Segundo Congreso, Fidel instituyó un secreto Departamento MC (Moneda Convertible), administrado por personal del Ministerio del Interior (MININT), destinado a encontrar medios para obtener productos y bienes necesarios para el país. Su intención, en el fondo, era romper, poco a poco, la dependencia respecto a la URSS y la red del bloqueo. El Panamá del general Noriega serviría como intermediario y base para esas operaciones comerciales, efectuadas con suma prudencia. El 15 de febrero de 1982, se promulgó el decreto ley número 59 «sobre asociaciones económicas entre entidades cubanas y extranjeras», que introdujo el permiso para inversiones foráneas en el país.

Durante una reunión del CAME, realizada en Cuba en octubre de 1984, los soviéticos declararon que ya no podrían continuar responsabilizándose de saldar la deuda que Cuba había contraído con los países occidentales. La gran URSS veía abatirse una catástrofe en su sistema y no poseía instrumentos para frenarla. En Polonia el régimen ya había caído, por contradicciones internas y por el trabajo de la inteligencia del bloque opuesto. El modelo económico se estancaba, para gran temor de la URSS y de Cuba, en diferentes planos. Una medida de urgencia consistió en redistribuir las tareas entre los países socialistas, como una manera de apoyar a la URSS, en una anticipada socialización de los perjuicios.

Fidel, al cerrar la sesión, pronunció el discurso del «pronto socorro». Sin duda, dijo, el mantenimiento de las tasas de crecimiento se encontraba amenazado, porque los gastos para la defensa eran grandes. Pero en su fuero interno sabía que tendría que salir a buscar desesperadamente los medios para curar los daños. Convocó a la población a la guerra económica general, imponiendo restricciones al consumo.

Muy pocos, entre ellos Fidel —y el fallecido Che Guevara en su tiempo—, tenían la noción, en algún rincón de su mente, de un probable derrumbamiento del campo socialista en un futuro, a pesar de los sentenciosos manuales. En la coyuntura en cuestión, al desviarse de las «copias mecanicistas» del sistema de la URSS emergía con fuerza la cara paternalista del Estado, aunque exhaustivamente justificada por Fidel. Pero no se encontraba solución a los problemas. El comandante evocaba, casi por instinto, las palabras de su compañero el Che Guevara, que después de aquellos primeros viajes de observación por el Este europeo le había dicho que los procedimientos de ese sistema no expresaban un proceso comunista.

SÉPTIMA PARTE

COMENZARÍA TODO
OTRA VEZ

Pronunciando un discurso en La Habana

EL DÍA EN QUE EL CAPITALISMO
DESAPAREZCA

Gato difícil de atrapar, Fidel no pretendía, por el momento, seguir cortejando a las Naciones Unidas. En el campo de los organismos internacionales, solo había sentido de hecho un cierto compromiso con la Organización Mundial de la Salud (OMS), que reconocía los méritos del régimen cubano.

La economía no funcionaba. Fidel probaba desde hacía tiempo diversas formas de salvarla, con la única ventaja de operar en una pista de obstáculos ya conocida. Un nuevo ajuste entre los precios del azúcar y el petróleo, entre Cuba y la URSS, a causa de la fuerte caída de ambos en el mercado mundial, no bastó para suavizar el agravamiento de la situación.

Cuba ya debía a más de cien bancos, en su mayoría por préstamos a corto plazo. Fidel no lograba entenderse con los acreedores y solicitaba que no añadieran obstáculos a la disposición de negociar, pero, debido al bloqueo, era inevitable que Estados Unidos intentara impugnar los probables acuerdos. El gobierno de Reagan impidió la renegociación de Cuba con Japón, Inglaterra, Francia, Italia y la República Federal Alemana, con la que el país abría mercados para el níquel; también había instigado prohibiciones a la importación de equipamientos que contuvieran hierro u otros componentes de origen cubano. Las últimas peticiones de refinanciación —un fenómeno reciente, señal de insolvencia— habían sido dirigidas por Cuba al Club de París y también directamente a los gobiernos que lo integraban.

La fuente se secó. Fidel continuaba negando que hubiera

problemas con la comunidad socialista, diciendo que Cuba era inmune a la crisis, pero los créditos comerciales y de inversión que recibía de la URSS constituían una deuda acumulada sobre el continuo desequilibrio de la balanza comercial entre los dos países. ¿Cómo asegurar la provisión de los once millones de toneladas anuales de combustible que se necesitaban? Permanecía en pie, no obstante, el presupuesto básico de Fidel para resolver lo que definía como subdesarrollo y conformar la «sociedad revolucionaria», es decir, la formación educacional del pueblo.

Los problemas internos de su país, sumados a su mirada de humanista, le arrastraban a comprometerse con el mundo e insistir en el tema de una crisis económica universal. Aun así, era preciso garantizar la supervivencia del pueblo. Por lo tanto, se armó de conceptos complementarios a su tesis «por un nuevo orden», cuya simiente se había plantado en 1971, en la reunión mantenida con intelectuales y economistas de la Comisión Económica para América Latina (CEPAL), en Santiago de Chile, y cuyo principal fruto cosechó en 1979 con sus formulaciones en la Organización de las Naciones Unidas (ONU).

Desde un cierto ángulo, al inventar la campaña para la «anulación de la deuda externa», expresando un deseo subversivo, sabía que provocaría la represión de los poderosos. Peligrosa sería una unidad en torno del tema. «No planteamos que un país aislado tome decisiones, sino que convocamos a la acción conjunta de todos los países de América Latina y el Tercer Mundo, para decirles la forma en que se eliminará la deuda», consideraba.

Lógica del argumento: si la deuda era efecto de factores externos, había llegado la hora de invertir la iniciativa de los embates, mediante la simple medida de no entregar el dinero: una mera referencia a las innumerables riquezas sustraídas a las antiguas colonias, instrumento del desarrollo ajeno. Además, conjeturaba Fidel, una fórmula de suspensión de pagos podía desatarse de todos modos, cuando la desesperación de algunas naciones las condujera a ello.

Aun con esa actitud radical, Fidel no consideraba adecuado, por el momento, el proyecto socialista para países subdesarrollados. Políticos que actuaban en un ámbito paralelo al suyo interpretaron que hasta «se atrevía» a propugnar una variante del capitalismo. En contrapartida a la amenaza de la ruina de los bancos, ¿por qué no convertir una parte de los miles de millones —el 30, hasta el 40 por ciento— que se gastaban en la industria armamentista para pagar una deuda tan voraz, que alcanzaba los 360.000 millones de dólares? Para Fidel, accionar las economías en función de ese pago significaba dañar los procesos democráticos que se desarrollaban en la región bajo un orden capitalista, aunque la propia conciencia de la crisis contribuyera a la «apertura». En toda América Latina, las fuerzas armadas se hallaban en retirada del mando de las naciones, como una consecuencia más del proceso de democratización. Acosado por la incomprensión, la furia o la perplejidad de los demás, lo que Fidel proponía era una salida en el ámbito económico, sin revoluciones ni nacionalizaciones.[1] «Voy a correr el riesgo de que me acusen de salvador del capitalismo. Y si tenemos que pagar ese precio para que se prolongue su vida durante más de diez o veinte años, pagaremos con gusto…», expresó.

En la esfera del Sistema Económico Latinoamericano (SELA), una iniciativa de asociación regional, que incluía a Cuba, planteada por el presidente mexicano, Luis Echeverría, se había debatido la idea de una moratoria parcial o total. En 1984 se creó además el Grupo de Cartagena, que no contaba con la totalidad de los países de la región pero había defendido una propuesta similar, dispuesta al diálogo con los grandes acreedores, el Banco Mundial y el Fondo Monetario Internacional (FMI). Eran raros los políticos que osaban defender abiertamente la deuda, incluso por temor a expresar el término «moratoria», lo que Fidel explicaba como una especie de «respeto místico» a los países desarrollados industrializados. No obstante, en beneficio de ellos fluían periódicamente miles de millones de dólares, solo de parte de América Latina. Los canales eran las tasas de intereses y *royalties*, la fuga de divisas y las consiguientes pérdidas en las relaciones de intercambio, que se cristalizaban en artificios de captación de dinero destinado a cubrir el déficit público en Estados Unidos, que en cinco años (1980 a 1985) había alcanzado los 200.000 millones de dólares. En caso de negativa a pagar, por absoluta imposibilidad, al país deudor se le amenazaba con la suspensión de los créditos.

Como recomendación para llenar las arcas, el FMI proponía programas de austeridad financiera y comercial. Por su parte, el Banco Mundial anunciaba la inminente recesión global, la mayor de los últimos cuarenta años, y planteaba la conveniencia de que los grandes encontraran una forma de mejorar sus relaciones con el Tercer Mundo. El 4 de julio, cuando fue convocada a un encuentro con el gobierno estadounidense, la representación latinoamericana oyó nuevos consejos para neutralizar la crisis, como bajar los precios de productos importados, y una promesa de disminución del valor de las tasas de interés.

A mediados de julio Fidel patrocinaba en La Habana la Conferencia de Sindicatos de América Latina y el Caribe, con la presencia de 330 dirigentes, la cual sería un prólogo de su mensaje mayor. Al final del mes declaró abierta la discusión sobre la deuda externa de América y del Caribe, «el nuevo orden internacional y su urgencia». No excluía el derecho a participar en el foro ni siquiera a los generales Alfredo Stroessner y Augusto Pinochet, gobernantes de Paraguay y Chile, respectivamente, pues la conversación propuesta no se refería «solo al padre [Estados Unidos] sino también a sus hijos».[2] A esa gran reunión asistieron 1.200 representantes de fuerzas políticas de diferentes matices del continente y 300 periodistas.

Valiéndose de rigurosos cálculos matemáticos, Fidel defendió la postura de que la deuda era definitivamente «impagable», aun con una significativa reducción de los intereses y el aumento de las exportaciones. La deuda externa, en sus palabras, era «un cáncer que se multiplica» y, si no se extirpaba, América Latina se vería obligada en los diez años siguientes a entregar 400.000 millones de dólares solo por cuenta de los denominados «servicios» (intereses y *royalties* de la deuda). El sentido común señalaba la necesidad de sellar el consenso general sobre su cancelación, antes de que la crisis alcanzara un punto máximo.

Si tratan de imponer el cobro de la deuda y la concienciación del problema ha llegado a las masas, entonces estaremos en la antesala de las revoluciones... Si bloquean, darán cuerda a un colosal movimiento de liberación del Tercer Mundo. Desatarán una solidaridad mayor que la ocurrida cuando el ataque inglés a las islas Malvinas.[3]

Alguien mostró por allí un artículo titulado: «Castro keynesiano». Ni me acordé de que había existido Keynes cuando comencé a meditar sobre el asunto... Entre las dos tesis puede haber una cierta coincidencia, por el hecho de que el aumento del poder adquisitivo de la masa de necesitados impulsará el comercio, las exportaciones y el empleo, pero no se va a salvar el capitalismo. ¡Pues el capitalismo no tiene salvador posible![4]

El fenómeno de la deuda externa, en palabras de Fidel, se había convertido en poco tiempo en un catalizador en todo el mundo y solo restaba establecer la meta de la moratoria, de éxito mucho menos probable. Sin embargo, desde su punto de vista, decidirla era vital para la supervivencia y la condición de independencia de los países,[5] lo que implicaba el principio de unidad, con la adopción de un proyecto contrario al flujo neoliberal. Por otro lado, por la necesidad de combatir una perversa combinación de inflación y recesión, varios países de la zona venían aplicando una estricta receta monetarista, de control de la circulación económica y de reducción de los gastos públicos, de acuerdo con la teoría del economista estadounidense Milton Friedman, formulador de la Escuela de Chicago.

Al final nada cristalizó. En octubre de 1985 los acuerdos del Parlamento Latinoamericano (Parlatino), en Montevideo, establecieron que la «impagable» deuda implicaba «tratamiento colectivo», mientras que el FMI intentaba un atrayente esquema de «conversión de la deuda», un cobro con capitalización, en que algunos bienes de las naciones deudoras pasaban a ser de propiedad extranjera.

De forma simultánea al capítulo de la deuda externa que había lanzado al plano internacional, Fidel no desviaba su atención de los temas que reclamaban una respuesta urgente dentro de la isla. En el III Congreso del Partido Comunista de Cuba (PCC), que se celebró del 4 al 7 de febrero de 1986, se creó el Comité de Control y Revisión,[6] que daría inicio formal al proceso de «rectificación» de las «tendencias negativas». Debía corregir, en suma, los mismos aspectos a que el líder cubano se refería ya antes de importar el Sistema de Dirección y Planificación de la Economía de la URSS, cuando se criticaba a sí mismo y al régimen por un exagerado idealismo. Ahora tomaba tal medida con una carga de grave nostalgia, más de diez años después de haber rectificado las premisas caracterizadas como «guevaristas». En el fondo, Fidel nunca había dejado de acariciar la utopía de un ser humano ideal, como su compañero el Che.

De tal modo, removió la sociedad de arriba abajo. Aconsejó a la prensa de su país que adoptara un espíritu crítico, «que no debe destruir ni castigar». Pidió que cada periodista luchara contra la censura y la autocensura, sin por ello «olvidar su papel de educador».[7] Transformó su propia actuación en un liderazgo de oposición, identificando ineficiencias, violaciones, desperdicio, indolencia, negligencia, búsqueda de privilegios y dinero fácil mediante la especulación y el comercio ilegal, y haciendo proselitismo en todo el país.

«Esta tiene que ser una lucha de abajo hacia arriba y de arriba hacia abajo, contra el parasitismo, esa tendencia a recibir sin corresponder con trabajo a la sociedad. No queremos resolver los problemas con métodos extremistas, ¡pero no podemos adaptarnos a los perjuicios! [...]»,[8] afirmaba Fidel.

«Poder lavar la ropa sucia en público nos da una gran moral. Mejor es limpiar ya los trapos, antes de que nos sepulten de tanto estar guardados. [...] ¡Existe mucho demagogo oportunista, muchos populistas que crean este tremendo caos! [...]. Vicios que creó la Revolución, digámoslo con franqueza... Queríamos vivir en el paraíso y la idea en sí ya parecía suficientemente atractiva...», reconocía.

En el sector de la construcción, Fidel se decidió a terminar las obras cuyos plazos se dilataban al infinito, para lo cual convocó trabajadores a las microbrigadas, constituidas con «excedentes» dispensados con carácter temporal de sus unidades de origen por interrupción en la producción ante la carencia de materias primas, más aquellos que desearan aportar un «plus de trabajo», inspirado en la antigua idea del «trabajo voluntario». El Estado permanecía como el abastecedor de los materiales, además de los salarios, y daba prioridad a las construcciones y las reformas de centros de salud, institutos, guarderías infantiles y fábricas.

Para Fidel, «rectificar» era también perseguir la superación interna, echando mano de todos los medios disponibles para forzar la capacidad productiva y evitar la debacle. Se concluyeron las centrales termoeléctricas y la energía llegó al 90 por ciento de la población. En octubre de 1987 se encontraba listo el centro de estudios aplicados a la energía nuclear, que fue inaugurado por Fidel y Hans Blix, director general de la Organización Internacional de Energía Atómica (OIEA). Fidelito (Fidel Castro Díaz-Balart), ya formado en física, asumió la Secretaría Ejecutiva de la Comisión de Energía Atómica de Cuba.

Al aproximarse el fin de la década la zafra azucarera alcanzaría más de ocho millones de toneladas, lo que remataba la apariencia de milagro.

A mediados de 1986 Fidel resolvió suspender el pago de los intereses de la deuda de Cuba, redujo las importaciones en un 50 por ciento y dictó otras medidas de austeridad. Al año siguiente habló con claridad al pueblo: no sería posible pedir nada más a los países socialistas. No había dinero ni créditos. Y estableció recortes en los salarios de los trabajadores de empresas improductivas. El momento llevaba a la hipótesis de «importar» determinadas experiencias de organización y eficiencia del capitalismo, como expresó: «Al contrario de lo que escribió Marx, la vida nos obligó a usar el camino socialista para llegar al desarrollo, y no el capitalista; ahora tenemos que olvidarlo… El capitalismo impulsó extraordinariamente las fuerzas productivas, hasta que se convirtió en su freno. Además, con él jamás se alcanzará la justicia social…».

Para América Latina en general, Fidel pregonaba: lograr la independencia y después el desarrollo. Sin embargo, casos como el de Nicaragua merecían otro enfoque. El Frente Sandinista había ganado las elecciones por amplia mayoría en noviembre de 1984, pero las condiciones económicas y políticas eran muy delicadas para que se pudiera pensar en la ejecución de un pleno programa socialista. El agravamiento de la crisis económica era la ficha con que Estados Unidos se preparaba para apostar por el fracaso de la experiencia nicaragüense.

Raúl Castro, ministro de las Fuerzas Armadas Revolucionarias (FAR), poco después de que los sandinistas conquistaran el poder, cuando se hacía inminente una intervención en el Caribe, había solicitado a la URSS que declarara que no se toleraría una agresión a Cuba, términos que nos remiten a los antecedentes de la Crisis de los Misiles. Pero la URSS, en esa nueva oportunidad, respondió que no. El episodio quedó enterrado como un secreto del que solo Fidel y Raúl estaban al tanto: la URSS dejó de prestar apoyo militar a Cuba a principios de la década de los ochenta. Moscú y La Habana «cubrieron» con profesionalismo el caso, que internamente fue clasificado con el nombre de Pandora.

Contra Estados Unidos, según las previsiones de Raúl, Cuba podría sostener un conflicto bélico durante «más de cien años» gracias a la presencia en la isla de numerosos francotiradores, visto que las fuerzas terrestres serían decisivas en un enfrentamiento semejante. Una vez que el adversario desembarcara en tierra, la guerra se libraría con disparos de fusil, puesto que la aviación era en parte ineficaz. Las FAR cubanas fabricaban todo tipo de minas y sus soldados se hallaban bien entrenados en emboscadas. Además se habían construido kilómetros de túneles subterráneos, centenares de cuevas laberínticas que cruzaban la isla de punta a punta y desembocaban en estructuras semiurbanas, almacenes y depósitos con comida, pertrechos, medicamentos, tanques, armamentos y municiones. Estudios elaborados por el Pentágono en esa época estimaban que para invadir Cuba harían falta treinta millones de hombres —una cifra imposible— para los seis millones de cubanos en armas, entre tropas y milicias de civiles adiestrados y conocedores del territorio.

En abril de 1985, tras la reelección de Ronald Reagan en Estados Unidos, se decretó el bloqueo a Nicaragua. Por otra parte, el vicepresidente estadounidense, George Bush, junto con Reagan, tendría que hacer frente al año siguiente al escándalo Irán-Contra.

En el transcurso de la década, Fidel, Cuba y América Latina

experimentaban transformaciones. Más allá de la neutralización de los militares de derecha, el crecimiento de las sociedades, que tanto se había anhelado otrora, ahora se veía como un peligro dentro de la portentosa crisis económica. En la candente cuestión centroamericana, que le tocaba bien de cerca, Fidel mantenía el firme apoyo al Grupo de Contadora, que continuaba buscando soluciones políticas para los conflictos regionales.

Con ocasión del encuentro de Esquipulas (el nombre de la ciudad guatemalteca donde tuvieron lugar las reuniones entre los cinco presidentes centroamericanos, en agosto de 1987), Fidel conversó con Daniel Ortega. El tema central fue la realización de nuevas elecciones en Nicaragua, algo que, en su fuero interno, el cubano veía como un riesgo de fragilización ante el adversario —considerando que este mantenía una lucha armada—, pero no se permitió interferir en la definición de los sandinistas de «bajar la guardia».

El plan de paz, denominado Esquipulas II, de Óscar Arias, el presidente de Costa Rica (país que antes había sido conducto para los «contras»), amplió el espectro de las conversaciones. Otros cuatro países —Perú, Uruguay, Brasil y Argentina— se unían a los esfuerzos. Para Fidel, el tratamiento del plan era oblicuo, como si el problema de la región fuera un subproducto del conflicto Este-Oeste; sin embargo, al fin concedió el necesario consenso, con la deposición de las armas y la cancelación de la ayuda a los «contras». Óscar Arias mereció más adelante el Premio Nobel de la Paz, antes incluso de que esta se hubiera consolidado en la zona. El periódico *La Prensa*, de Violeta Chamorro, financiado por estadounidenses, volvió a circular en Nicaragua y los jefes de los «contras» anunciaban la continuación de las hostilidades. En cuanto al vecino El Salvador, Fidel juzgaba remota la probabilidad del fin del enfrentamiento entre los guerrilleros, la extrema derecha y el gobierno demócrata-cristiano.

Volviendo el foco hacia el otro hemisferio, la aproximación cada vez más estrecha entre Cuba y España alentaba expectativas. El vínculo entre Fidel y Felipe González no solo recuperó los lazos históricos, sino que también pavimentó el camino para un mejor entendimiento con la Comunidad Europea. En 1986, el 63 por ciento de los artículos y productos importados por Cuba eran de fabricación española. A pesar de la filiación socialista de González, Fidel sabía que no se proponía cambiar el sistema, al menos de inmediato, porque el país vivía una asombrosa transición, pese al embate de fuerzas políticas internas. A petición del gobierno español Fidel concedió asilo a miembros de ETA, pero tanto él como Felipe tuvieron la elegancia de no opinar sobre asuntos internos, salvo en casos excepcionales.

En una visita sorpresa a Madrid, Fidel, a solicitud del presidente, que se mostraba vacilante en cuanto al ingreso de España en la Organización del Tratado del Atlántico Norte (OTAN), opinó que lo mejor sería que permaneciera como país neutral. Además, en función de los vínculos, España concentraba una porción significativa de exiliados cubanos y se había convertido en una suerte de escurridero natural de la «cuestión cubana». El presidente González sufría presiones para interceder por la liberación de presos políticos en Cuba, como Eloy Gutiérrez Menoyo. Rolando Cubela, al reducirse su pena, fue a residir en España.

La salvación de Cuba consistía en abrir canales contra el bloqueo. No solo una buena cantidad de europeos sino también empresarios latinoamericanos desembarcaban en La Habana con desenvoltura para participar en una feria internacional dedicada a hacer negocios. En noviembre de 1988 el número de empresas comerciales representadas allí sería ya de casi cuatrocientos, procedentes de veintitrés países, lo cual dio por resultado algunos contratos comerciales con Cuba. Fidel se entusiasmaba con la tendencia a la ampliación de las transacciones comerciales.

Al mismo tiempo se profundizaban las relaciones con los grupos y partidos que gestaban la transición hacia la democracia en América. En agosto de 1988 estuvo en Quito (Ecuador), donde consolidó la amistad con el pintor ecuatoriano Oswaldo Guayasamín y formuló los primeros votos por el cambio de siglo: «¡Ojalá el año 2000 encuentre una América Latina más unida![9] Pienso que esta unidad debe ser una de las tareas de la actual generación. No hay novela más real, no hay historia más interesante que contar que nuestra propia vida...».

En diciembre ya estaba en México, para la toma de posesión

de Carlos Salinas de Gortari. En enero de 1989, en Caracas (Venezuela), para la de Carlos Andrés Pérez, siempre centrando la atención de los medios y defendiendo la expresión de un modo de pensar propio, latinoamericano. En la secuencia de contactos promovió encuentros y se presentó como promotor del desarrollo del arte y la industria audiovisual en la región. Cineastas y actores estadounidenses, como Jack Lemmon, Robert de Niro y Oliver Stone, asistieron al Festival del Nuevo Cine Latinoamericano, que se celebró en Cuba.

Obispos, congresistas, empresarios y un coronel aviador de Estados Unidos visitaron el país en el mismo período, lo que coronaba una tendencia discordante con respecto a la posición del *establishment*. Por otra parte, la oficina de intereses de Estados Unidos en Cuba se utilizaba desde hacía un tiempo como un centro de inteligencia, con equipamientos sofisticados destinados al espionaje técnico,[10] según pruebas reunidas por agentes cubanos infiltrados en la CIA en las últimas décadas. A principios de 1987 Fidel resolvió «desclasificar» una gran parte de esos archivos, revelando los casos y los nombres de los agentes.

El líder afirmaba sin rodeos que jamás se legalizaría en Cuba una prensa de oposición que sirviera a Estados Unidos, y opinaba que en otros países la libertad de información era una falacia; lo que en verdad existía eran dueños de vehículos de comunicación que los usaban libremente en defensa de sus propios intereses. En las circunstancias del régimen se introducía una cuestión semántica: ser de la oposición equivalía a aliarse al poderoso enemigo.

ATRACCIÓN FATAL: NARCODÓLARES

Instigando a la reflexión, García Márquez afirmó una vez que Fidel era un ejemplo de «soledad del poder». El comandante, sin embargo, que a cada década menos se pertenecía, manifestó que no se sentía infeliz. Se había resignado, sí, a no ver realizados algunos deseos humanos comunes, como sentarse en el muro de la avenida del Malecón o caminar por una acera del centro habanero. Sin temor a la disciplina, conservaba las amarguras de la condición que oprimía su lado amante del aire libre. No encontraba tiempo para «estar solo» y, por cierto, todavía disfruta en su fuero interno durante las pausas del ser público.

Hacia el final de la década de los ochenta volvían a la arena los temas de los presos políticos y los derechos humanos en la dictadura cubana. Fidel rebatía: «¿Dónde está la libertad de los negros y los chicanos en Estados Unidos? ¿Van a decirme que un millonario y un mendigo tienen los mismos derechos? ¡Cuando no hay igualdad no puede haber libertad; donde no hay igualdad no puede haber democracia! ¡La Independencia, la dignidad, el honor, los derechos y la verdadera libertad se conquistaron con la Revolución!».

En cuanto a los presos de la primera etapa, se decía que habían sido millares y que quedaban aún «algunos batistianos olvidados» por los medios,[1] con algunas excepciones. Uno de ellos era Armando Valladares, ex policía de Batista, detenido por participar en sabotajes contra el régimen. Valladares fue después «fabricado» como un intelectual disidente y ascendido a jefe de la delegación estadounidense para la 44.ª sesión de la Comisión de los Derechos Humanos de la Organización de las Naciones Unidas (ONU), en febrero de 1988. Fue entonces cuando acusó al régimen de Castro de infligir torturas físicas a prisioneros.

Fidel instó a que una representación visitara las prisiones de su país, sin ninguna objeción. La Comisión de Derechos Humanos aceptó la invitación y los delegados fueron recibidos por el comandante en septiembre. Se entrevistó a presos, funcionarios de seguridad e individuos de diversas posiciones. El informe de la comisión concluyó que en Cuba no había torturados, desaparecidos ni «escuadrones de la muerte», y que el trato en las penitenciarías era humano. En cuanto a los detenidos por delitos contrarrevolucionarios, que habían actuado contra el régimen, no había 10.000, conforme afirmó Valladares. En 1987 el número era de 458, y al año siguiente, menor a 100. En verdad, el total de presos alcanzaba los 20.000, la gran mayoría encarcelados por delitos comunes; recibían educación, se les pagaba por los trabajos que realizaban y sus familiares recibían ayuda del Estado. Fidel manifestó:

> Si aquí alguien quiere tirar una bomba, hacer terrorismo o sabotajes, si es un espía al servicio de Estados Unidos, ¿no podemos condenarlo? ¿Por qué no? En España se condena a los de ETA que luchan contra el Estado. En Italia fueron las Brigadas Rojas. En Inglaterra, los irlandeses contra el dominio británico... En Cuba jamás se vio a la fuerza pública disolver una manifestación con gas lacrimógeno, golpes, perros feroces y chorros de agua...

En lo demás, el bloque socialista iba con pies de plomo. Mijaíl Gorbachov, que había llegado al poder soviético en marzo de 1985, planeaba reformas internas, la reconciliación con Occidente y la autodeterminación de los pueblos que integraban la URSS y el Este europeo.

La primera vez que se encontró con Fidel fue en Moscú, durante el XXVII Congreso del Partido Comunista de la Unión

Soviética (PCUS), el 2 de enero de 1986. En esa ocasión, los dos países acordaron «elevar la eficiencia de la cooperación mutua hasta el año 2000». El líder cubano desconfió: Gorbachov defendía la suspensión de todas las pruebas nucleares y la reducción del 50 por ciento del armamento estratégico, para facilitar el diálogo con Reagan. Desde su posición, manifestó reservas y planteó el derecho natural de los países a la independencia de sus medios defensivos. En abril de 1987 Gorbachov llegaría a proponer a Estados Unidos la destrucción total de los misiles de alcance medio situados en Europa oriental, estadounidenses o soviéticos, en lo que fue resueltamente respaldado por el gobierno británico. Con la primera ministra Margaret Thatcher, el líder soviético pactó una amplia colaboración en varios campos, con lo que se inauguró una comunicación fluida y directa entre el Kremlin y Downing Street.

En octubre, durante las conmemoraciones del aniversario de la Revolución rusa, Fidel expuso a los soviéticos el problema de los siguientes Juegos Olímpicos, que se realizarían en Seúl. Dijo que no se podía dejar en una «situación difícil» a los norcoreanos y, por lo tanto, debía repetirse la posición socialista del bloque, que no se había presentado a los juegos anteriores, en Los Ángeles.

Fidel ya había tomado la iniciativa de dirigirse formalmente al Comité Olímpico, para reivindicar la división del acontecimiento entre las dos Coreas. Sin embargo, nadie se hizo eco de su propuesta. Con excepción de los norcoreanos, todos los socialistas viajaron a Seúl, incluida Cuba, cuya ausencia solo interesaba si no era postura aislada.

En otra reunión con representantes de los países del mercado común socialista, Fidel habló de la «rectificación» que se llevaba a cabo en Cuba y les aconsejó frenar aquellos esquemas que amenazaban con hacerlos caer en el caos absoluto. Pero se entusiasmó al oír de Gorbachov la intención de realizar en la URSS una *perestroika*, una reestructuración que, por lo que entendía, se asemejaba a lo que se llevaba a cabo en Cuba. El líder soviético expuso la necesidad de abandonar «estereotipos ideológicos» que obstaculizaban la plena revelación del socialismo y desmantelar la idea del «terror militar soviético» alimentada por el mundo. Al plantearse una suerte de retorno a la «coexistencia pacífica», Fidel propuso la cuestión de cómo pensaba la URSS configurar el ansiado equilibrio entre los dos sistemas sociales antagónicos, con un mundo desigual, de subdesarrollo intolerable, en que se perpetraban «guerras sucias» contra Nicaragua, Angola y Mozambique, y donde subsistían la calamidad del *apartheid* y la tragedia de los palestinos. Los oyentes no hicieron comentarios. Al salir de allí, fue él quien tuvo el cuidado de callar sobre los problemas que afligían al bloque.

Después de demoradas negociaciones, Gorbachov y Reagan firmaron el acuerdo en que se contemplaba poner fin a los cohetes de pequeño y medio alcance. Al final de 1988 el dirigente soviético ya acumulaba los cargos de secretario general del PCUS y de presidente del Sóviet Supremo; para el diálogo con Estados Unidos contaba con un nuevo mandatario, George Bush.

La *perestroika* y la *glasnost* (transparencia) ganaban espacios cautivos en los medios y provocaban la revisión del pensamiento de intelectuales y políticos que preveían, asustados, la desaparición del socialismo. Con cierto disgusto o alivio, algunos afirmaban que Fidel no era un seguidor de Gorbachov, el paladín de las drásticas reformas.

Para despejar el clima de animosidad, el dirigente soviético viajó a Cuba en abril de 1989. Tras la firma de nuevos convenios, Fidel le trató con generosidad, sin ahorrar elogios.

Al dirigirse a los cubanos el soviético aclaró: «¡Nuestra solidaridad con vosotros, queridos compañeros, no está sujeta a fluctuaciones coyunturales! Y esto se refiere en particular a los vínculos económicos. Tienen que ser más dinámicos, más eficientes, y aportar mayor rendimiento a nuestros países…».[2]

En esa fase Fidel veía que los críticos ya no culpaban a Cuba de ser un satélite de la URSS y que, por el contrario, deseaban que así fuera; pero recordaba que su país estaba en otra latitud, «a 90 millas de Miami», y tenía problemas particulares.

También en el sistema chino se vivían cambios, una apertura económica con represión política, que se observó mejor después de los disturbios de junio de 1988 en la plaza de Tiananmen, Pekín. Fidel, que había renovado su simpatía por los chinos, dijo que no quería ser cómplice de sus detractores y tampoco su juez, pero que ellos habían logrado el milagro: con solo 100 millones de hectáreas de tierra, que sufrían inundaciones colosales, alimentaban a 1.143 millones de habitantes. Y agregó: «Jamás pensé que los chinos habían renunciado a sus objetivos socialistas, a pesar de la apertura a Occidente...».

De todos modos, Cuba mantenía el papel de elemento subversivo en el naciente orden internacional, muy distinto del anhelado por Fidel, lo cual le exigía una doble cautela: «No podemos cometer errores que nos debiliten ideológicamente... Y debemos decir, de una vez por todas, que seguiremos con un único partido, de la misma forma que Martí no necesitó más de uno para conducir la lucha por la independencia en el siglo pasado...».

En los últimos días de 1988 se hallaba perturbado por el más grave caso de corrupción en las entrañas del Estado desde el albor de la Revolución: «el caso Ochoa-De la Guardia», como se lo conoció. Hasta entonces no se había hecho visible, pero no eran pocos los que algo sabían. Las piezas del caso, reveladas paso a paso, encajaban en un tablero de poderes corruptos, en un momento que no podía ser más delicado, a causa de las crisis interna y externa, por lo cual asestaron un serio golpe a la Revolución. Ya en 1987 Fidel había lidiado en su gabinete con casos de altos funcionarios y militares de carrera que habían adquirido bienes de modo irregular y otros que habían secuestrado aviones para abandonar el país.

El general de división Arnaldo Ochoa Sánchez, de cuarenta y nueve años, era uno de los oficiales más condecorados y queridos de Cuba. Desde 1983 se encontraba constantemente fuera del país, salvo durante cortos lapsos, desempeñando misiones militares en Etiopía, Nicaragua y Angola. Deseoso de reunir capital, dio su primera señal de desvío a mediados de 1986. Su ayudante, el capitán Jorge Martínez Valdés, en viaje de trabajo a Panamá, se encontró con el italoestadounidense Frank Morfa, que le aconsejó que participara en operaciones de blanqueo de dinero. Ochoa, al enterarse, aprobó la idea, aunque no sabía cómo llevarla a cabo, pero instruyó al ayudante para que prosiguiera con los contactos. A principios de 1987 apareció el colombiano Fabel Pareja, que deseaba establecer comunicación directa con el superior del capitán para poder concertar el negocio. Enseguida le ofreció un pasaporte colombiano. Pareja trabajaba para Pablo Escobar, el jefe del cartel de Medellín.

Al enterarse de la existencia de un esquema de operaciones con drogas a partir del departamento MC (Moneda Convertible) del MININT —destinado a captar divisas y adquirir productos, piezas y equipamientos en el exterior, escapando al bloqueo—, el general Ochoa pensó en ofrecer su colaboración.

Tony de la Guardia, el coronel que dirigía el departamento MC, llevaba sus negocios con cautela. Ocupaba ese privilegiado puesto desde 1982, tras la aprobación de la ley número 50, que autorizaba asociaciones con empresas extranjeras. Había conquistado el aprecio y la simpatía de Fidel en 1961, cuando le conoció en unas regatas.

Oficiales del MININT, entre ellos el coronel De la Guardia, y un grupo de la corporación CIMEX (entidad cubano-panameña que servía al MC) mantenían un estilo de vida burgués. A mediados de la década de los ochenta, Fidel se enteró de actividades y fiestas que organizaban, además de clínicas, restaurantes y clubes de asistencia exclusiva, y les hizo llegar una advertencia: «No toleraré aprovechados. Que esto no se repita». Solicitó que los establecimientos fueran entregados a la administración del Poder Popular. Como gozaban de la facultad de importar aparatos telefónicos, grabadoras, televisores en color y otros bienes de consumo occidentales, incluidos yates, el grupo disfrutaba de tales privilegios o bien los regalaba a sus protegidos.

Las actividades del departamento MC incluían relaciones con extranjeros que disponían de medios navales y aéreos y poseían autoridad para coordinar la guardia costera y servicios parecidos. El primer vínculo entre el coronel y los narcotraficantes se tendió en Panamá, a través de su funcionario Miguel Ruiz Poo y un primo de este, también cubano (Reinaldo Ruiz), casado con una colombiana. A comienzos de 1987 acordaron que un avión procedente de Colombia aterrizaría en Cuba con cajas de orde-

nadores IBM repletos de cocaína. Lanchas llegadas de Miami
recogerían la droga embalada en cajas de cigarros cubanos. La
operación, realizada en abril, proporcionó al grupo 320.000 dólares. En mayo otro avión aterrizaba en la base militar de la playa de Varadero con el mismo objetivo. Aquel año, se llevaron a
cabo cinco operaciones exitosas y una que falló porque el avión
no llegó a la base.

Para Ochoa y su ayudante aquellos meses transcurrieron sin
novedades, hasta que en noviembre de 1987, en un viaje de servicio, alguien, en nombre del colombiano Pareja, entregó al capitán
el pasaporte prometido, a nombre de Fidel Buitrago Martínez.
Entretanto, con el avance de la guerra en el sur de Angola, el ministro de las Fuerzas Armadas Revolucionarias (FAR), Raúl Castro, delegaba en el general Ochoa la responsabilidad integral al
frente de las tropas cubanas en aquel país, hacia donde partiría de
inmediato, sin abandonar la idea del negocio del tráfico.

En la segunda quincena de abril de 1988, Ochoa envió a su
ayudante de Angola a La Habana para una reunión con el coronel
Tony de la Guardia y representantes de Pablo Escobar, que via-
jarían al país como turistas. El capitán Martínez llevaba consigo
un mensaje de Patricio de la Guardia, que también se hallaba de
misión en Angola, para su hermano gemelo Tony, en que le pedía «el máximo de buena voluntad» con quien representaba a su
gran amigo Ochoa. En el encuentro se firmó un pacto, en que
cabía la participación de algunos mexicanos.

El general planeaba crear una compañía panameña para conducir las operaciones y abrir camino para el blanqueo de dinero en Cuba. Ya poseía una cuenta en Panamá, abierta a nombre
del capitán Martínez. Parte del dinero allí depositado era propiedad de Nicaragua (161.000 dólares confiados en 1987 a Ochoa
por el Ejército Sandinista para una compra de armas que nunca
se efectuó); otra parte pertenecía a Cuba.[3]

La relación de los gemelos De la Guardia sustentaba el vínculo
con Ochoa. Martínez, como emisario, viajaría al exterior ampara-
do por trámites regulares. En mayo de 1988 partió a Medellín
(Colombia) a fin de negociar directamente con Pablo Escobar
como representante del gobierno cubano. Este accedió a pagar

1.200 dólares por kilo de cocaína, como recompensa por la cooperación de Cuba.

Tras una primera operación por mar que no llegó a realizarse, Martínez y los representantes de Escobar decidieron intentar el transporte por aire, y De la Guardia aceptó darle cobertura como si se tratara de encomiendas de tabaco. Sin embargo, ocurrió un nuevo imprevisto, ya que la carga que se lanzó desde una aeronave fue capturada. Cuando Escobar protestó, el personal de Tony declaró ignorar el hecho. En diciembre de 1988, en Angola, Ochoa fue informado de un serio problema: el jefe Escobar planeaba enviar un hombre a Cuba para quejarse a las autoridades, en la suposición de que las operaciones estaban aprobadas por el más alto nivel del gobierno.

El 20 de abril de 1989 entraron en escena dos mexicanos que querían hasta dos toneladas de cocaína por mes. Tony de la Guardia y Ochoa conversaron sobre el reparto de los beneficios. Una semana después, el capitán Martínez viajaba para entrevistarse con un mensajero de Escobar y comunicarle el pedido de los mexicanos, así como la posibilidad de utilizar un corredor aéreo, debidamente pagado. Ochoa y su ayudante no tendrían éxito en ninguno de los planes de tráfico en que se involucraron, al contrario de Tony, cuyo equipo supo mantener el otro lado bien «compartimentado» con respecto a sus propias operaciones, casi todas exitosas.

El grupo de De la Guardia había organizado un sistema profesional de apoyo, como si desarrollara actividades normales del MC. Desde enero de 1987 hasta la segunda quincena de abril de 1989 consiguieron realizar quince operaciones. Sintiéndose dueño de la zona, acometió la etapa final, en que adoptó el método de «bombardear» la mercancía: la cocaína, empaquetada y protegida, era lanzada al mar al norte de Varadero y, para evitar que la detectara la policía estadounidense, era «clavada» (enterrada en algún islote o sumergida a poca profundidad). Simultáneamente Ochoa solicitaba un adelanto o préstamo de 100.000 dólares a De la Guardia, de los que recibió la mitad, depositados en la cuenta de Panamá. En 1989, el saldo de la cuenta panameña de Ochoa era de 200.000 dólares, contando el resto de una suma que le habían entregado los angoleños para la adquisición de equipamientos de comunicación. De Angola, Ochoa había enviado armamento al Ejército Sandinista, lo que se entendía como una compensación por el negocio anterior paralizado. De aquellos 161.000 dólares de los sandinistas el general había utilizado solo una pequeña parte.

A esas alturas aumentaban las sospechas sobre tales actividades. Por agentes infiltrados en las redes de la mafia y del exilio cubano la inteligencia estadounidense estaba al tanto de que, desde el primer semestre de 1987 y de modo irregular, aviones con drogas procedentes de Colombia realizaban aterrizajes en la base de Varadero, con la complicidad de la Seguridad del país. En 1988 circularon comentarios de narcotraficantes que afirmaban haber hecho operaciones con Cuba y enseguida llegaron las noticias a Estados Unidos, en relatos que incluían menciones a Varadero y Raúl Castro. Aunque pudieran interpretarse como parte de la tradicional propaganda anticastrista, que en tiempos recientes comprendía el tema de las drogas por las relaciones con el general panameño Noriega, algunos detalles de los hechos despertaron la suspicacia de Fidel, que puso en acción la inteligencia cubana.

Iniciada la investigación, esta se centró en el control del tráfico aéreo y naval en Varadero. Pronto el grupo de De la Guardia intentó ponerse a salvo, desmontando esquemas y tratando de borrar sus huellas, lo que explica la baja intensidad de las operaciones en 1988. Por su lado, los federales estadounidenses ya contaban con dos nombres de oficiales cubanos, aunque aún los mantenían en secreto —Tony de la Guardia y Miguel Ruiz Poo, su subordinado—, más grabaciones de conversaciones mantenidas en Panamá entre uno de sus agentes y Ruiz Poo.

El 6 de marzo de 1989, un despacho de la agencia de noticias UPI reseñaba: «Dos narcotraficantes se han declarado culpables de transportar más de una tonelada de cocaína a través de Cuba, con la supuesta ayuda de militares y funcionarios de ese país, según ha informado hoy la oficina de la fiscalía federal de Miami. El grupo fue infiltrado por agentes secretos que se hicieron pasar por compradores y consiguieron grabar los encuentros en audio y vídeo…».

Para Fidel era «un desarme moral». Convocó a José Abrantes, el ministro del Interior, para realizar una investigación de fondo. Finalmente, un informe detectó que «a partir del 16 de marzo de 1989 las señales de radio reiteraban la frecuencia del "Gordo", en red a partir de Miami y en embarcaciones que circulaban por el noroeste de La Habana, cerca de las costas», lo que comenzaría a ser objeto de atención prioritaria. A mediados de abril Fidel quiso saber el nombre de los funcionarios implicados. Pronto se descubrieron contactos radiofónicos entre la provincia de Matanzas, donde se sitúa Varadero, y Florida, relacionados con el suministro de drogas, más un posible punto de intercambio de mensajes, el despacho de Amado Padrón, el asistente del coronel De la Guardia. El 27, en una reunión del comando del MININT, en que participaba Tony de la Guardia, se resolvía la captura de algunas de las lanchas. El mismo día, a propósito de los envíos mediante el MC, un oficial de la contrainteligencia interrogó a Tony sobre las comunicaciones del departamento, pero él respondió con habilidad suficiente para aplacar las sospechas.

Durante esa misma etapa, Raúl Castro y el sector de contrainteligencia militar se dedicaban a investigar ciertos comportamientos del general Ochoa, lo que exigía retrasar su designación como jefe de la División del Ejército Occidental, según se había anunciado a su regreso de Angola. Raúl esperaba que todo se resolviera con una conversación franca, pero en los encuentros con Ochoa percibió simulaciones y evasivas. «Ochoa ya no era el joven soldado rebelde de la columna de Camilo, el internacionalista que luchaba en las montañas de Venezuela, el jefe de nuestras tropas en Etiopía...», declaró Raúl.

Las investigaciones revelaban pruebas de un tema sensible: comercio y enriquecimiento ilícitos por contrabando de marfil y diamantes desde Angola. No quedaba más alternativa que arrestarle, lo que ocurrió el 14 de junio. Raúl comunicó la decisión a la sociedad cubana, aunque tratando de encontrar motivos para los desvíos del general, como el grave abatimiento ante las dificultades económicas del país, más el desastre por sus sucesivas misiones en el exterior.

Otros detenidos serían los gemelos Patricio y Tony de la

Guardia, por colaborar con Ochoa en el contrabando y otras violaciones, como normas de entrada y salida del país. Más adelante surgirían datos que confirmaban su implicación con el narcotráfico.

El 25 de julio se inició el juicio del Tribunal de Honor de las FAR contra el general Ochoa, acusado de prácticas inmorales y corruptas; se recomendó ponerle a disposición de un tribunal militar especial, para que se le juzgara por traición a la patria. El 30 de junio se comenzó el juicio de la causa 1, Conexión Cubana, por participación en el tráfico de drogas, marfil y diamantes, y enriquecimiento personal y grupal ilícito. El tribunal militar especial estaba integrado por los generales de división Ramón Espinosa Martín, de las FAR (presidente), Julio Casas Regueiro, también de las FAR, y Fabián Escalante Font, del MININT (jueces). Actuaban, como representante del Ministerio de Justicia, el general de brigada Juan Escalona Reguera y nueve oficiales como defensores de los catorce acusados. Durante el proceso, Ochoa alegó que con el negocio que había concebido podría aliviar los problemas del país y del ejército, que Cuba era demasiado honesta, pues desperdiciaba oportunidades como la del blanqueo de dinero. Se confirmaba también, según sus declaraciones, que el grupo de Tony había ayudado a traficar vía Cuba seis toneladas de cocaína, por las cuales recibió aproximadamente 3,4 millones de dólares, más pagos pendientes debido a la interrupción de las operaciones. El dinero apareció en maletas y escondites, en casas de amigos y familiares. En posesión del coronel De la Guardia se encontraron 174.446 dólares.

El 4 de julio, el fiscal (general de brigada Juan Escalona) solicitó la pena de muerte para siete de los catorce oficiales de las FAR y del MININT y treinta años de prisión para Patricio de la Guardia. En la sentencia del tribunal militar especial, ratificada por el Tribunal Supremo Popular, se redujo el número de condenas a la pena capital. Consultado el Comité Central del Partido Comunista de Cuba (PCC), diez miembros se pronunciaron contra el fusilamiento. Fidel decidió a favor, junto con todo el Consejo de Estado:

Tuvimos que dejar todo de lado para dedicarnos al grupo de la *dolce vita*. ¿Quién podrá volver a creer en la Revolución si realmente no se aplican, por faltas tan graves, las penas más severas que establecen las leyes del país? ¿Cómo podemos garantizar la disciplina en nuestras fuerzas armadas y en el Ministerio del Interior, si un jefe de un ejército de decenas de miles de hombres en combate se da el lujo de reservar tiempo para tales actividades, como alguien que se siente por encima de la ley, de la moral, del país? ¿Quién volvería a hablar de rectificación?

Algunos sectores de la sociedad y el Estado juzgaron exagerada la sentencia. Fidel recibió mensajes de personalidades del exterior para pedirle que reconsiderara la decisión. Sobre el juicio Ochoa-De la Guardia, los medios de comunicación opinaban que el telón de fondo era la crisis de la Revolución y las grietas en el poder en Cuba, y que los reos en cuestión estaban sirviendo como «chivos expiatorios». Otros llegaron a afirmar que era la hora final de Castro, pues se había derribado el pilar de los militares, como un efecto en cadena de la ruina del socialismo. Otros grupos de opinión, en cambio, entendían la actitud como la clara demostración al mundo de que había principios innegociables para Fidel y la Revolución; o bien que, en ese contexto, predominaban las razones de Estado.

El informe de la contrainteligencia del MININT que había detectado el esquema MC superaría los límites de su objetivo. A partir de él surgieron máculas en toda la estructura del «Ministerio», como se llamaba al MININT entre el pueblo, por su grado de relevancia en el Estado y penetración en la sociedad. Un gran número de sus integrantes, si no estaba involucrado en actividades ilícitas, se «tapaba los ojos» o «lavaba las manos», incluido el ministro Abrantes, también involucrado en el narcotráfico. Cuando este caso estaba a punto de estallar, Abrantes fue informado de su destitución. El 28 de junio fue designado para su cargo de ministro del Interior el general Abelardo Colomé Ibarra (Furry), de las FAR.

«Destruyeron moralmente el Ministerio del Interior y es preciso reconstruirlo. Su dirección tiene la responsabilidad… por su insensibilidad frente a la conducta de algunos de esos señores

que todo el mundo sabía que eran unos potentados que gastaban, ostentaban y vivían de manera diferente de los demás», justificó Fidel.

Poco a poco oficiales del Ministerio de las Fuerzas Armadas
(MINFAR) asumieron las jefaturas de diversos departamentos del
MININT. Abrantes fue enviado a prisión y se dio inicio a la causa
número 2, que redundaría en una verdadera indagación del
«Ministerio». El tribunal militar especial condujo el proceso contra el general de división José Abrantes y otros seis altos oficiales del MININT por «abuso de cargo, negligencia y uso indebi-
do de recursos financieros y materiales». El ex ministro admitió
haber autorizado operaciones financieras al margen del Estado,
indolencia en la transmisión de información a la alta dirección
del país y la existencia de una reserva millonaria en divisas, ma-
nejada de modo oculto e ilegal, para la adquisición de bienes para
el organismo y usufructo de particulares.

En colaboración con la corporación CIMEX y otras empresas del país que negociaban en dólares, las reservas podían mo-
vilizarse con rapidez a partir del Banco del Estado. En ese sistema «paralelo», casi corporativo, participaban funcionarios del
MININT, de la Aduana General de la República, de una empresa comercial creada por el ministro y del MC, a través del cual
se habían entablado relaciones con empresas extranjeras, sobre
todo en Angola, Ghana y Panamá. Tales actividades ilegales eran
juzgadas legítimas en función de la deformación del sistema, en
particular el MC creado para burlar el bloqueo.

A pesar de los rumores que corrían dentro y fuera del país,
los reos de las causas de 1989 no tenían preparado un programa
para sustituir el poder. Pero el Estado que los castigó así podría
haberlo percibido, dada la magnitud de la conspiración. En aquellas circunstancias, cabía suponer que, si no se extirpaba de raíz,
la red formada podría convertirse en una base de maniobras para
intereses contrarios al régimen.

LA URSS, EL PADRE FRACASADO

El plan del general Ochoa apenas comenzaba mientras Cuba desempeñaba un papel destacado en los procesos políticos de África y América Central. La diferencia radicaba en que en la región sudafricana se encontraba distante la posibilidad de una explosión social como la centroamericana, según reflexionaba Fidel, aunque no descartaba la probabilidad de una prolongación de la lucha en ambas zonas.

A lo largo de 1988, Cuba, con la intención de mitigar el desastre económico de Nicaragua, le donaba artículos, alimentos y 90.000 toneladas de combustible por año; pero ya Daniel Ortega expresaba la firme decisión de negociar el fin del enfrentamiento. El Congreso estadounidense, no obstante, aprobó una ayuda a los «contras» por valor de 30 millones de dólares, lo que favoreció sobremanera a la candidata de la oposición para la presidencia de Nicaragua, Violeta Chamorro, en 1989. En cuanto a la guerrilla salvadoreña, continuaba en combate, sin definición.

Por la guerra en Angola, en diez años, se calculaba que habían pasado más de 200.000 cubanos. Junto con los países de la Línea del Frente —Botsuana, Tanzania, Mozambique, Zambia y Zimbabue—, el Movimiento Popular para la Liberación de Angola (MPLA) presentaba una fórmula para terminar las hostilidades, previendo tres años para la retirada de las tropas del sur (el mayor contingente), el centro y el norte. Los sudafricanos la rechazaron y exigieron la inmediata salida de los cubanos como condición previa a la aplicación de la resolución 435 de la Organización de las Naciones Unidas (ONU), sobre la independencia de Namibia.[1] A finales de enero de 1986, en una reunión tripartita (soviético-angoleño-cubana), se elaboró la pauta que Gorbachov debería exponer a Estados Unidos —país que también había participado en la iniciativa de paz en África—, en una tentativa de superar la barrera levantada por los sudafricanos. Fidel, por su parte, reducía de forma gradual su personal militar en territorio angoleño. Hasta 1983, año en que la situación económica angoleña declinó, Cuba había recibido 20 millones de dólares anuales por la colaboración civil y técnica de los grupos allá enviados, pero nada por la colaboración militar.

A finales de 1987, con el aumento de las tensiones, partió hacia Angola una nueva misión militar. En enero de 1988, a causa de los crecientes ataques sudafricanos, Fidel resolvió reforzar la aviación de aquel país con sus mejores pilotos y envió grupos especiales del Ministerio del Interior (MININT) para el control de la zona de la central termoeléctrica y como medio de desviar la presión sudafricana sobre Cuito Cuanavale, al este. Era imprescindible reforzar las líneas, ya que había una serie de brigadas angoleñas que dependían de un puente constantemente atacado por la artillería adversaria, de largo alcance. El 14 de febrero se produjo el gran ataque sudafricano, ya previsto, cuyas tropas podrían haber llegado hasta el puente y aniquilado las brigadas angoleñas, hecho que pudo evitarse por el fuerte contraataque de una compañía de tanques.

Aún tardó en llegar el refuerzo ordenado, pero por fortuna la fuerza aérea cubana ya asumía un papel decisivo. A partir de ese momento todos los ataques enemigos fracasaron. Los contingentes que se aproximaban caían bajo el fuego de la artillería, en los campos minados y bajo el ataque de los Mig-23 en sus vuelos rasantes. Sin que se alterara el asedio principal del enemigo sobre Cuito Cuanavale, Fidel daría orden de avanzar rumbo al sur el 6 de marzo, mientras el general Ochoa dedicaba más atención a sus negocios, disimulados en medio de la circulación de los pertrechos para la guerra.

En junio las tropas cubanas se encontraban próximas a la

última línea de la frontera. Fidel había decidido construir un aeropuerto en Cahama, con refugios para aviones de combate; envió regimientos completos de cohetes antiaéreos y otros equipamientos. En cuanto a Sudáfrica, el progresivo desgaste militar, las presiones internacionales y la movilización interna contra el *apartheid* la obligaron a iniciar negociaciones diplomáticas con el gobierno del MPLA, entonces presidido por José Eduardo dos Santos. Efectuadas las primeras conversaciones de paz fuera de las fronteras entre los contendientes, la inteligencia cubana descubrió el plan de otro fuerte ataque aéreo sudafricano, que ocurriría el 26 de junio, sobre fuerzas cubanas en desplazamiento. Al día siguiente Fidel ordenó el bombardeo aéreo sobre campamentos e instalaciones sudafricanas. En los meses sucesivos tuvieron lugar combates conjuntos con la SWAPO y los angoleños, en los que participaron alrededor de 40.000 soldados cubanos. Cada día eran más los heridos y los muertos, tanto de un lado como de otro. El ejército sudafricano, bien preparado, contaba con mejor armamento, además de bombas nucleares en su reserva estratégica, pero Fidel, concentrando el máximo de su atención en la estrategia de la guerra, habría de conseguir imponer su superioridad militar, en especial en la aviación.

Las negociaciones prosiguieron en Londres, luego en El Cairo y Nueva York, en julio. Por la parte cubana, Carlos Aldana se había convertido en jefe de la delegación,[2] en sustitución de Jorge Risquet. A partir del 22 de agosto se inició una nueva ronda cuatripartita —Angola, Cuba, Sudáfrica y Estados Unidos, como país mediador— en Ginebra. En octubre tuvo lugar otro encuentro en Nueva York, en el que la discusión se congeló, debido a las inaceptables exigencias de los sudafricanos, que pretendían de los angoleños la definición de un calendario para la deposición de las armas, sin ninguna garantía clara de no infligirles más agresiones. Los cubanos estaban dispuestos a la total retirada, en términos flexibles, mediante una solución global que incluyera el fin de toda provocación al gobierno angoleño.

Todo quedó en suspenso. Fidel no temía, por el momento, un nuevo ataque enemigo. Dio instrucciones de mantener las baterías antiaéreas preparadas para una emergencia, pero también de desviar cierta cantidad de personal de los destacamentos avanzados, en parte por la dificultad de abastecimiento. En diciembre se concluyeron los acuerdos, que establecían el inicio del proceso de la independencia de Namibia garantizado por la ONU. El total de bajas cubanas sumaba 2.016 combatientes.

Junto con el sabor de la victoria llegó el golpe institucional. En la prensa estadounidense se acumulaban las denuncias sobre la implicación de autoridades cubanas con traficantes. Como eran fluidos los contactos entre los dos gobiernos en las negociaciones de paz, Fidel pidió que los representantes del Departamento de Estado se pronunciaran sobre la cuestión, pero estos afirmaron que el tema no era de su incumbencia, sino de la Secretaría de Justicia.

Como ya se ha dicho, una base importante era Panamá, cuyo hombre fuerte, el general Manuel Antonio Noriega, fue destituido, en febrero de 1988, de la jefatura de las Fuerzas de Defensa por un complot. En marzo y abril Estados Unidos planeaba secuestrarle, para lo que envió a casi 2.000 soldados adicionales a la zona del canal. Noriega denunció la existencia de un plan de desestabilización con el fin de impedir el cumplimiento del Tratado Torrijos-Carter. En ese momento, Cuba y Fidel eran señalados como cómplices del gran traficante de drogas Noriega.

Fidel, en su defensa, destacó el combate al tráfico de estupefacientes que se libraba en Cuba y la cantidad de capturas efectuadas por la policía cubana. De 1970 a 1988 se había arrestado a 375 narcotraficantes —108 estadounidenses y 267 de otras nacionalidades—, todos ellos juzgados y condenados a penas elevadas, además de la captura de embarcaciones y aeronaves que transportaban drogas y penetraban en los límites territoriales cubanos. Hacía estas declaraciones mientras se iniciaba la última fase de las exitosas operaciones del grupo del coronel Tony de la Guardia.

En mayo de 1989, cuando se prenunciaba en Panamá el triunfo del candidato torrijista a la presidencia, ocurrieron violentos enfrentamientos y se anularon las elecciones. George Bush mantuvo en vigencia las sanciones económicas a Panamá y anunció el envío de otros 2.000 soldados, que se sumarían a los

10.000 que se hallaban acantonados en sus bases. Ya Noriega descartaba toda negociación entre las fuerzas de defensa y la oposición.

En octubre falló la intentona de un grupo de oficiales contrarios a Noriega. El gobierno de Bush amenazó con intervenir en el país si se revelaban los secretos del plan, es decir, el apoyo que el gobierno estadounidense había dado al grupo a cambio de la entrega de Noriega. A finales de diciembre se realizaba la invasión de Panamá, con bombardeos simultáneos y las consecuentes muertes, en la mayor operación militar de Estados Unidos desde la guerra de Vietnam.

El general Noriega era la presa codiciada. Sin embargo, se ocultaba en lugares no identificados, debido a sucesivas amenazas de secuestro. Se decía que se encontraba protegido en la residencia del embajador de Cuba, Lázaro Mora, pero en realidad se refugiaban allí solo sus familiares directos.[3] Soldados estadounidenses estacionaron vehículos de combate frente a la casa del embajador y se apostaron en las azoteas de los edificios vecinos, con órdenes de intensificar una «guerra psicológica» hasta el total agotamiento.

Fidel escribió al secretario general de la ONU, Javier Pérez de Cuéllar, y al presidente del Consejo de Seguridad, Enrique Peñalosa, para exigir la condena al acto, cuyo objetivo era «la reconquista del canal de Panamá»,[4] y la concesión de garantías a la embajada cubana, por las provocaciones de Estados Unidos a sus funcionarios diplomáticos. Al salir de casa los diplomáticos cubanos fueron detenidos e interrogados por militares estadounidenses; entre ellos, el propio embajador. El lugar se mantuvo varios días bajo intenso cerco y en el punto de mira de poderosas armas, lo mismo que la sede de la Nunciatura Apostólica —otro «probable» escondite de Noriega, según se rumoreó—, hacia donde de hecho se trasladó el 24 de diciembre. En enero de 1990 Noriega fue capturado por agentes de la DEA, la policía estadounidense dedicada a la lucha antidroga.

En el curso del proceso instruido contra Noriega en Miami, representantes de la justicia estadounidense impidieron, a través de hábiles medios, que salieran a la luz pública ciertos aspectos del caso, como los vínculos de agentes de la CIA y del Departamento de Estado con los narcotraficantes y el cartel de Medellín, para la financiación de los «contras» nicaragüenses. Aun así se confirmó la antigua relación de Noriega con la DEA y la CIA, que no le había perdonado el hecho de que se hubiera negado a participar en operaciones antisandinistas.

Hacia finales de 1989, en La Habana, Fidel vivió otro fuerte impacto, esta vez proveniente del continente europeo: la caída del muro de Berlín. Se derribó, de hecho, la medianoche del 9 de noviembre; este acontecimiento aceleró la disolución de todo un sistema y sus ideas, al tiempo que renovaba la vocación intervencionista de su principal opositor, Estados Unidos.

Hasta entonces Fidel se cuidaba de no dañar las relaciones con la URSS, pues habría sido «una ingratitud, un oportunismo y una estupidez», según expresó. El 26 de julio, bajo una lluvia persistente, había dicho a una multitud cobijada bajo una amplia cubierta de paraguas, callada y circunspecta: «¡Imaginen ustedes lo que ocurrirá al mundo si desaparece la comunidad socialista! En esa hipótesis, que no creo posible, las potencias imperialistas se lanzarían como fieras sobre el Tercer Mundo…».

Dos días antes de la caída del muro, afirmó que Cuba se encontraba en las vísperas de un «período especial», concebido para una eventualidad de guerra o de bloqueo total al país: «En el momento que vivimos… no sabemos qué consecuencias pueden tener los fenómenos que hoy vemos en muchos países del campo socialista, qué incidencia directa tendrán en nuestros planes… Tal vez un día tengamos que aplicar los conceptos de la guerra de todo el pueblo para la supervivencia de la Revolución y del país… eso que llamamos «período especial», porque nadie sabe qué tipo de problemas, en el orden práctico, pueden sobrevenir…».[5]

Una vez derribado el muro, exhortó al país a la resistencia: «… Porque si mañana o cualquier día nos despertáramos con la noticia de que se ha originado una gran contienda civil en la URSS, o incluso nos despertáramos con la noticia de que la URSS se desintegró (lo que esperamos no ocurrá jamás), ¡aun en esas circunstancias Cuba y la Revolución cubana seguirían resistiendo!».

La política de Gorbachov había acelerado la caída del socialismo, que ya se hallaba en proceso en los países del Este europeo, uno tras otro, como una secuencia irremediable y con el resurgimiento de nacionalidades y etnias. Para adaptarse mejor al sistema occidental capitalista, se organizó una cordial recepción a emisarios del Fondo Monetario Internacional (FMI) y de la Organización del Tratado del Atlántico Norte (OTAN).

Pronto se extinguiría el Consejo de Asistencia Mutua Económica (CAME). Llegaban a la isla publicaciones soviéticas que exigían la ruptura de los lazos, así como el fin de toda ayuda a Nicaragua o El Salvador. Fidel ordenó que las hicieran «desaparecer de circulación».

Cuba, antes un atrayente aliado, se había convertido en una carga para los soviéticos, aunque esto no tomaba a Fidel por sorpresa. Hacía tiempo que avisaba con insistencia que las dificultades serían cada vez mayores: «Es preciso sacrificar todo lo que no sea esencial. No se trata de sobrevivir, sino de continuar desarrollándose».

El turbulento año de 1989 obligaba a paralizar sectores de la vida del país, pero se concluían o se adelantaban más de dos mil obras, incluidas las de los siguientes Juegos Panamericanos, que se celebrarían en La Habana, mientras Fidel alertaba al pueblo sobre las inminentes, severas y diversas restricciones, sobre todo de materias primas, alimentos y combustibles. Pronto Cuba perdería, de hecho, el 75 por ciento de sus importaciones y más del 95 por ciento del mercado externo para sus productos. De los trece millones de toneladas de petróleo que recibía cada año, la cifra descendió abruptamente a tres millones. Dejaron de llegar fertilizantes, herbicidas, alimento para animales, madera, medicamentos, tejidos y una gama de productos que abarcaban todo el funcionamiento de la economía, sin mencionar lo previsto en los convenios militares con la URSS. Tal situación de estrangulamiento evidenciaba la disolución de las relaciones casi filiales, que Fidel todavía intentaba negar cuando le preguntaban al respecto: «Nuestra política no es la de buscar nuevos proveedores, porque para eso tendríamos que resolver el problema de la financiación. Pensamos en mantener los vínculos. Romperlos no dependerá de nosotros…».[6]

El fin de la URSS fue el resultado del proceso de reformas llevadas a cabo por Gorbachov, al tiempo que coronaba el término de la guerra fría. En verdad, concluyó después de una tentativa de golpe de los sectores más resistentes del Partido Comunista de la Unión Soviética (PCUS), el 19 de agosto de 1991. Pronto el partido fue disuelto y los símbolos de la Revolución rusa, ultrajados, lo que llevó a la separación de otras repúblicas. Boris Yeltsin, el presidente de Rusia, que había llamado a la desobediencia civil y se había establecido en el Parlamento rodeado de barricadas durante el frustrado golpe, ascendió como figura política.

«¿Quién iba a decir que la URSS y el campo socialista serían liquidados sin que se disparara un solo tiro? ¡Fue un fenómeno de suicidio, de autodestrucción! —comentó Fidel—. Murió por la complicidad interna, por no haber sido capaz de defenderse, por la falta de visión de dirigentes y políticos.»[7]

El 14 de septiembre de 1991 Fidel fue informado de la decisión de las autoridades rusas de retirar su contingente militar estacionado en Cuba, después de negociaciones con Estados Unidos. Era la denominada Brigada de Instrucción (de infantería motorizada), que se había convertido en el Centro de Estudios número 12. Fidel se enfadó al ver que se repetía la forma «desleal» del epílogo de la Crisis de los Misiles: «Estaríamos dispuestos a aceptar la retirada simultánea de nuestro país del personal militar soviético, si hiciera lo mismo el personal militar estadounidense… y si fuera parte de un acuerdo internacional garantizado ante las Naciones Unidas».

Un año después, continuaban las conversaciones con respecto al contingente. Fidel solicitaba, como un punto fundamental para negociar con Estados Unidos, la retirada de la base de Guantánamo, pero Rusia se negaba a vincular ambas cuestiones.

En la URSS, entretanto, como la pequeña propiedad no podía abastecer la demanda, se produjo una colectivización obligatoria del campo, que causó profundos choques, al contrario que en el caso de Cuba.

En la capital cubana poco quedaría de la antigua amistad con los soviéticos, salvo la gran torre de la embajada en la Quinta Avenida, de inspiración estalinista y prepotencia disonante con el resto de la arquitectura habanera. Sin embargo, por ofrecimiento de Fidel, casi 50.000 niños víctimas del accidente de la central nuclear de Chernóbil irían a Cuba para recibir asistencia médica gratuita.

En una época de desilusiones, Fidel habría de enfrentarse a una nueva mácula en la cúpula del poder. Esta vez se trataba de Carlos Aldana, cuya proyección política había cobrado fuerza cuando se le asignaron las negociaciones de paz con los sudafricanos. Con su discurso moderno y bien articulado, y su fuerte personalidad, sobresalió luego al ocupar un espacio crucial en la jefatura de los departamentos Ideológico y de Relaciones Internacionales del Comité Central del Partido Comunista de Cuba (PCC), que necesitaban una figura hábil para el nuevo diálogo con el mundo. Entre bastidores se rumoreaba que Aldana era «el tercer» —o quizá el segundo— hombre del gobierno después del «barbudo».

Cubierto por el manto de la amistad de Fidel y Raúl, Aldana manipuló por cuenta propia una red de «dependientes», extendida por varios departamentos de la administración, creando un esquema de poder paralelo. En años anteriores se había valido del coronel Tony de la Guardia y del propio ministro Abrantes —los acusados en los procesos de 1989— para acceder a las vías especiales de captación de recursos y productos para Cuba burlando el bloqueo.

Aldana incrementó la corrupción a partir de su gabinete, mediante la relación con el gerente general de Audiovisuales Caribbean S.A., una empresa cubana que representaba a firmas internacionales, principalmente a Sony de Japón, e instituciones del país. Acusado de enriquecimiento ilícito, con valores depositados en una cuenta en el extranjero, fue relevado de sus funciones en septiembre de 1992, cuando se encontraron también tarjetas de crédito de su propiedad para uso internacional.

49

EL PÉNDULO DE FIDEL

Deshecho el bloque socialista, Fidel sería puesto a prueba más que cualquier otro jefe de Estado, lo que aumentaba su voluntad de dar la vuelta al juego. Al final, ¿qué sería de Cuba? Y él, ¿hasta cuándo permanecería en el poder?

Preparado para un bombardeo de preguntas y reclamaciones, en un verdadero maratón de reuniones y agasajos, Fidel aterrizó en Brasilia, la capital brasileña, en marzo de 1990, para la toma de posesión del presidente Fernando Collor de Mello.

Muchas de las preguntas que le hicieron los periodistas aludían a su condición de dictador encastillado que no se sometía a la prueba de las urnas. Fidel trató de explicar que en los primeros años no había habido elecciones porque esa etapa se caracterizaba por el asentamiento de la Revolución y reiteró que, en el tipo de parlamentarismo establecido después por la Constitución cubana, él podía ser reelegido —como lo fue— jefe de Estado, del gobierno y del Partido con cada renovación periódica de la Asamblea Nacional o del Comité Central del Partido Comunista de Cuba (PCC). En cuanto a la idea fundamental de que era un dictador, rodeado todavía de un halo de héroe legendario, dijo: «El pueblo me puso allí y un revolucionario no deserta… La culpa no es mía, sino de los yanquis. Intentaron matarme durante treinta años y no pudieron. Durante treinta años trataron de aniquilar la Revolución, y no pudieron… Pero yo sería el primero, en el exacto instante en que me diera cuenta de que me volví inútil y perjudicial, en pedirles, en exigirles, la liberación de mis responsabilidades…».

Socios de tribulaciones comunes, se iba formando en aquella fase, según presentía Fidel, una especie de club de presidentes y ex gobernantes latinoamericanos recién salidos del poder o recién llegados al mando, o que pronto lo abandonarían. Nunca se habían reunido con un propósito definido, aunque se hubiera intentado cinco años antes, con ocasión de la Conferencia sobre la Deuda Externa, que acabó por ser negociada por separado con Estados Unidos y los organismos financieros. En la visión del líder cubano, ciertos problemas de que tanto se quejaban jamás se resolverían sin una estrategia colectiva: «Se reúnen unos grupos y excluyen a los demás. Hacen el Grupo de Cartagena, el Grupo de los Ocho, y nadie se atreve a decir: "Vamos a reunirnos todos"... A lo largo de décadas, de siglos, creamos el hábito de la sumisión... No supimos atrevernos. Hablamos de integración y unidad, pero estamos lejos de alcanzar esos objetivos. Tenemos hoy una necesidad histórica de que nos comprendan y nos ayuden. No queremos ser los nuevos indios...».[1]

Del presidente español, Felipe González, y del de Venezuela, Carlos Andrés Pérez, Fidel recibió una recomendación, que le hicieron llegar después de conversaciones con autoridades estadounidenses: que abandonara su «estrategia de resistencia». Estados Unidos estaba dispuesto a suministrar ayuda a Cuba, siempre que antes la isla redujera su aparato militar, implantara una economía de mercado y realizara elecciones libres, como habían hecho recientemente Europa oriental, Nicaragua y Panamá. El cubano lamentó no poder aceptar, dado que del otro lado la estrategia había sido siempre —y era todavía— de agresión o de asfixia económica. Agregó que la primera se había aflojado unos años atrás, porque el precio a pagar —el número de muertos en una guerra con Cuba— los frenaba. «No existen fórmulas intermedias: o se resiste o se hacen concesiones —aseveró—. Si hubiéramos cedido una sola vez a las exigencias imperialistas, la Revolución cubana no existiría...»

Mientras tanto, como refuerzo de la doble estrategia de Estados Unidos, volvía a atacar la contrapropaganda. En abril

de 1991 un equipo técnico de universitarios conseguía cortar la
señal de las primeras transmisiones de TV Martí originadas en
Estados Unidos para Cuba, aunque nuevas tentativas de neutralizar las emisiones de Radio Martí, que se habían iniciado en
1985, no tuvieron éxito. En julio grupos de cubanos entraban en las
embajadas de Checoslovaquia y España para solicitar asilo. El
primer grupo fue reunido por un diplomático checo. En cuanto a Madrid, anunció que acogería a los refugiados y reforzaría la
seguridad de su embajada para evitar una avalancha, pero Fidel no
transigió: «Es sabido que nadie que penetre a la fuerza en una
embajada recibirá autorización para salir del país. Nada tenemos
contra España ni contra el pueblo español, nada incluso contra el
gobierno, pero para nosotros existen puntos inaceptables...».

El episodio estuvo a punto de hacer estremecer las cordiales
relaciones entre ambos países, pero la representación española
decidió respetar los acuerdos migratorios.

Ese mismo mes, gracias a los estímulos de Fidel en el ámbito diplomático, se celebraba la I Cumbre Iberoamericana en la
ciudad mexicana de Guadalajara, con la presencia de 23 jefes de
Estado y de gobierno. Para el primer encuentro de la comunidad de naciones, México y España habían desempeñado su papel en un arreglo con Fidel, que no solo quería sino que en aquel
momento necesitaba un estrechamiento de las relaciones con sus
«socios naturales». Como prueba de ello, se manifestó dispuesto
a ofrecerles un trato de preferencia para asociaciones e inversiones en su país,[2] así como a firmar el Tratado de Tlatelolco (de no
proliferación de armas nucleares en América Latina), no bien
fuera suscrito por todos los países de la zona:

> Nos opusimos por mucho tiempo, porque habría sido una
> renuncia unilateral en relación con las grandes potencias. Una
> parte de América Latina tampoco lo aceptaba, pero ahora la si-
> tuación es nueva: desapareció la URSS y nos quedamos solos;
> desaparece también el bloqueo general de los países latinoame-
> ricanos contra Cuba y evolucionan las relaciones diplomáticas o
> consulares con la mayoría de ellos. Además, nos hemos entera-
> do de la decisión de Brasil y Argentina de sumarse al Tratado...[3]

Como era la unidad el motivo inspirador del encuentro, también procuró aclarar una incógnita que flotaba en el aire, aunque no manifiesta: si la socialista Cuba podría, o debería, integrarse a un conjunto de países capitalistas. El anfitrión, el presidente mexicano Carlos Salinas de Gortari, no tardó en plantear que, a pesar del Tratado de Libre Comercio que se negociaría entre su país, Canadá y Estados Unidos, cada nación era soberana para tratar con las demás. En aquel encuentro se evidenciaba la tendencia reciente a las asociaciones parciales entre países, en pactos regionales, como el que también se esbozaba en la parte sudamericana, con Brasil, Argentina, Paraguay y Uruguay. Tal inclinación animó aún más a Fidel a declararse en favor de una integración total, «no solo económica sino también política»,[4] para la cual no veía como un obstáculo la condición de ser socialista, sino que, por el contrario, consideraba que esta la «favorecía por naturaleza». El impedimento radicaba en algo mucho más antiguo: la relación con Estados Unidos:

> Ilusiones. Siempre un nuevo canto de sirenas. La Alianza para el Progreso, el Plan Baker, el Plan Brady y la última de las fantasías, la Iniciativa para las Américas… Mientras tanto, una unidad imprescindible brilló siempre por su ausencia. Un continente balcanizado no podrá sobrevivir. Las políticas de las grandes potencias económicas y de los organismos financieros internacionales bajo su control no trajeron el desarrollo, sino la pobreza a más de 250 millones de personas… La región realizó una transferencia de recursos al exterior por valor de 224.000 millones de dólares en apenas ocho años. La deuda externa sigue siendo de más de 400.000 millones…

Un proyecto reciente, la Iniciativa para las Américas, perseguía vincular los países del área con el mercado estadounidense mediante acuerdos bilaterales. Sin embargo, al tiempo que predicaba una total apertura comercial, Estados Unidos reforzaba el proteccionismo contra la entrada de productos latinoamericanos, y los gobernantes de los países en cuestión se quejaban de sus cargas y problemas, defendiendo principios de justicia social y redistribución de la riqueza. Fidel propuso entonces una postura elemental de defensa:[5] América Latina se veía imposibilitada de hacer concesiones comerciales a causa de la diferencia en los niveles de desarrollo.

Sin embargo, circunscritos a la doctrina del neoliberalismo, a la que en general se referían como una situación inevitable, los latinoamericanos abrazaban la tesis de la soberanía limitada. El péndulo de la historia se inclinaba irreversiblemente hacia un lado, como señaló a Fidel el peruano Alan García.

En 1992 asistió a la II Cumbre en Madrid, donde insistió en la solidaridad. Luego paseó por Sevilla, viajó a Galicia y estuvo presente en la inauguración de los XXV Juegos Olímpicos en Barcelona. A continuación compareció en la ECO-92, en Río de Janeiro, Brasil. Considerado uno de los pioneros en abordar el tema de la ecología en tensión con el progreso, como ya lo había demostrado en 1979 en la Organización de las Naciones Unidas (ONU), en el encuentro en Río fue el principal orador:

> Las sociedades de consumo envenenaron mares y ríos, contaminaron el aire, debilitaron y perforaron la capa de ozono, saturaron la atmósfera de gases que alteran las condiciones climáticas… Los bosques han desaparecido, los desiertos se extienden, millones de toneladas de tierra fértil van a parar al mar cada año… Numerosas especies se extinguen…
>
> […] Que se aplique un orden económico internacional más justo. Que se utilice toda la ciencia necesaria para el desarrollo sin contaminación. Que se pague la deuda ecológica, no la deuda externa. Que desaparezca el hambre, no el hombre… Cuando las supuestas amenazas del comunismo desaparecieron y ya no quedan pretextos para guerras frías, carreras armamentistas y gastos militares, ¿qué impide dedicar de inmediato esos recursos a promover el desarrollo del Tercer Mundo y combatir la amenaza de destrucción ecológica del planeta? […][6]

En la platea, George Bush aplaudió educadamente.

De regreso en Brasil para la III Cumbre, en julio de 1993, Fidel pidió solidaridad «para la Cuba que lucha» y defendió la ampliación del número de miembros del Consejo de Seguridad de la ONU, con una mayor participación proporcional de América Latina, el Caribe, África y Asia, sobre la base de que no se podía permitir que las Naciones Unidas se consolidaran como el instrumento de hegemonía mundial de Estados Unidos.

Dentro de sus límites territoriales, más que nunca su presencia demostraba liderazgo, con las redes en las manos frente a la espiral de caída progresiva de la economía. En un «período especial», la hipótesis de una impracticable reversión de la crisis se convertía en la principal preocupación de Fidel, empeorada por los ciclones periódicos que asolaban el país, de diez millones de habitantes.

A partir de 1990 se inició una serie de medidas, leyes y decretos referentes a la redistribución de productos, combustible, electricidad y transporte, tanto para el sector estatal como para particulares, en una realidad de restricciones y carestía. Obras fundamentales —refinerías, fábricas, centrales termoeléctricas y la central nuclear— debieron paralizarse. Con una grave falta de papel, los impresos administrativos, de prensa y literatura se redujeron al máximo. Lo único a lo que Fidel no renunció fue a la continuidad de los programas en el campo de las ciencias.

Entre los objetivos concebidos para tratar de frenar la crisis, en una primera fase, destacaban el programa alimentario, el impulso al turismo y la ampliación de los mercados de exportación. El país tendría que comercializar sus productos —como el azúcar y el níquel— a los precios del mercado mundial, mucho más reducidos, incluida la URSS. En ese panorama, mantener los precios internos, el pleno empleo y reducir el exceso de moneda circulante eran los otros problemas que requerían solución.

Se hablaba de una «opción cero». Como respuesta, las organizaciones de jóvenes, la Federación de Estudiantes Universitarios (FEU) y la Unión de Jóvenes Comunistas (UJC), movilizaron a sus miles de militantes para apoyar la Revolución y a su conductor. Roberto Robaina y Felipe Pérez Roque serían las figuras ascendentes de ese masivo movimiento de estudiantes, que llevó a Fidel a afirmar: «¡Somos un país en que, definitivamente, el pueblo puede decir: el Estado soy yo!».[7]

Se instituyó la bicicleta como medio general de locomoción,

para lo que se distribuyeron centenas de esos vehículos, de fabricación china y algunas soviéticas. Era una novedad social, que determinó una política especial y urgente de aprendizaje y adaptación al tránsito, aplicada en el momento en que el precio del petróleo podía elevarse todavía más debido a la amenaza de enfrentamiento en el golfo Pérsico.

Cuba formaba al fin parte del Consejo de Seguridad de la ONU. El 7 de agosto de 1990, Fidel envió un mensaje a los gobernantes de los países árabes para explicar el motivo de la abstención de su país en la votación sobre el proyecto de resolución de bloqueo económico total a Irak, que había invadido Kuwait. Concebido por Estados Unidos, el proyecto significaba un aval para una escalada bélica, pero no por ello anulaba la inconveniencia de la acción iraquí —señalaba el líder cubano—, puesto que daría lugar a que el gobierno estadounidense promoviera una coalición política y militar de países árabes. Y así ocurrió.

Más adelante el general Colin Powell (comandante de las tropas estadounidenses y jefe del Estado Mayor del ejército), que se hizo famoso en la guerra del Golfo, declaró la necesidad de destruir a Fidel, así como a Kim Il Sung, de Corea del Norte, después del blanco fundamental, Saddam Hussein. Militares de su equipo expondrían, en 1992, al Congreso de Estados Unidos el esbozo de un plan de «intervención humanitaria» en Cuba, pues se observaba la posibilidad de una explosión social en el país, con emigración violenta y desordenada, sobre todo con destino a la base naval de Guantánamo. Exageraban, sin duda alentados por el fin de la guerra fría, pero su punto de vista no era del todo errado. Una parte de la base se había convertido en los últimos tiempos en refugio de haitianos, o servía, en su totalidad, como escenario de supuestas provocaciones de algunos cubanos. Casi un siglo después de su creación, se calculaba que abrigaba a casi 7.000 soldados y 35 funcionarios cubanos en tareas de salud y comercio. Si en el pasado la base había llegado a funcionar como un centro de operaciones e «infiltración» contra el régimen cubano, ahora era, en opinión de una mayoría, apenas un símbolo de agresión.

Aparte del malestar con Estados Unidos, la prioridad fundamental para Fidel era asegurar que hubiera alimentos para la
población de su país. Si la oferta había constituido siempre un
problema serio, ahora se tornaba definitivamente crónico. El
«mercado libre campesino», abolido por ser un vehículo de corrupción, había sido otra de las copias del modelo soviético. Con
la escasez creció el «mercado negro», que a su vez generaba el
desvío de recursos de los establecimientos estatales, en muchos
casos tolerado aunque contaminara el ideal de la igualdad.

Lo más arduo era «socializar los daños». Mediante el programa alimentario, Fidel exhortaba al pueblo a contribuir con su
cuota de trabajo a la agricultura e incentivaba el autoabasteci-
miento de empresas estatales y cooperativas. En las ciudades se
cultivaban huertas en terrenos no utilizados y se criaban animales
en patios y jardines, para consumo o venta. En un plano más
general, el comandante proponía la remodelación del sistema
político-económico para adaptarlo al período de desaparición de
la comunidad socialista. La apertura a la inversión extranjera, en
producciones conjuntas o acuerdos de comercialización con el
Estado, habría de ser la más destacada de las posiciones tomadas
por el IV Congreso del PCC, en octubre de 1991. La Asamblea
Nacional aprobó esta y otras reformas en julio de 1992.

De las áreas abiertas a la inversión de capital extranjero se
excluyeron solo los sectores de educación, salud y fuerzas armadas, aunque se admitió su participación en el sistema empresa-
rial de los militares. En otro ámbito, al incentivarse las empresas
mixtas el sector del turismo internacional fue el mayor benefi-
ciado, aun cuando ello significara privar de servicios hoteleros a
los cubanos.

En la cuestión religiosa, continuó el proceso iniciado a finales de 1985, con ocasión de un encuentro entre Fidel y representantes de diversas iglesias de Cuba, en el marco del diálogo
con religiosos estadounidenses y de América Latina, en particular con los adeptos a la Teología de la Liberación. Otras resoluciones se referían al estímulo a las asociaciones entre agricultores independientes —con la institución de las cooperativas
de producción agropecuaria (CPA) y las de crédito y servicio

(CCS)—, pese a las antiguas resistencias de Fidel hacia las formas cooperativas. En la agricultura se retornaría pronto a la tracción animal, con yuntas de bueyes y transporte de la cosecha en carretas y mulas, en virtud de la falta de combustible para hacer funcionar los vehículos.

Se decidió, además, introducir cambios en el sistema electoral. A partir de aquel momento no solo se elegirían de forma directa los representantes municipales (de «circunscripción»), sino también los representantes de las Asambleas Provinciales y los 500 diputados de la Asamblea Nacional. En cuanto a la presentación de los candidatos, en la primera instancia se efectuaba igualmente de forma directa, solo con la participación de las organizaciones populares de base. Se concedía al PCC un papel de «fuerza dirigente superior», sin interferencia alguna en la ejecución de las diversas políticas. Se completaba así la división entre el Estado y el Partido en el régimen cubano.

El «voto de dignidad» habría de ser el lema de Fidel en las elecciones para representantes y diputados de diciembre de 1992, cuando votó el 97,2 por ciento de los electores, es decir, más de 7,8 millones de ciudadanos. En los meses anteriores habían surgido programas que instaban a la anulación del voto, patrocinados por grupos de exiliados y transmitidos a Cuba, como la organización Plataforma Democrática Cubana, encabezada por el escritor Carlos Alberto Montaner.

En esa Cuba sin niños abandonados ni mendigos, cerca de los hoteles aparecían pequeños que pedían chicles o muchachas que ensayaban el retorno a la prostitución. En 1992 la situación era aún peor. A comienzos de ese año, en enero, un grupo atacó una base náutica con el objeto de secuestrar un barco y partir hacia Estados Unidos, y en el intento asesinó a tres soldados. Se intensificaron los apagones y la moneda se desvalorizó sobremanera; un dólar llegó a valer 150 pesos. El exceso de dinero circulante alcanzaba el punto máximo, pero el gobierno prefería no liberar los precios ni aplicar una política de ajuste, por la deficiencia de la oferta.

Tanto en las ciudades como en el campo se reproducían las burlas a las normas y los grupos de enriquecidos. En las instituciones financieras internacionales el gobierno no podía buscar ni un centavo. El esfuerzo por racionar recursos acabó por obligar a la reducción del personal militar. De las representaciones en el exterior se retiraban agregados militares, en parte porque había acabado la época de las misiones internacionalistas. En actos de solidaridad llegaban a Cuba donaciones de materiales y alimentos de parte de gobiernos y organizaciones amigas. La «caravana de la amistad» de los Pastores por la Paz, como el reverendo estadounidense Lucius Walker, fue recibida por Fidel en 1992 y 1993, tras haber recorrido varias ciudades con un cargamento de toneladas de comida y medicamentos, y vivido una serie de disputas con las autoridades federales estadounidenses. A mediados del año el Congreso de Estados Unidos aprobó una ley que otorgaba al presidente (George Bush) el derecho a aplicar sanciones económicas a los países que mantuvieran relaciones comerciales con Cuba. Se llamó Ley de Torricelli, el apellido del diputado que la propuso.

A pesar de las reformas, con la pérdida de incentivo de los trabajadores para ganar los pesos que nada compraban, la productividad continuaba cayendo. En la segunda mitad de 1993 se aprobó otra serie de medidas radicales. Primero, la descriminalización —o legalización— de la posesión y el uso de dólares estadounidenses o cualquier otra moneda convertible. «El propósito es, entre otros, evitar una gran persecución policial —explicó Fidel—. Nuestra policía no puede dedicarse a perseguir cuantas divisas entran en el país por la vía del turismo, porque en ese caso no tendremos turismo. ¿Quién lo diría? Nosotros, tan doctrinarios, que combatimos el capital extranjero, lo vemos ahora como una necesidad imperiosa…»[8]

Tanto antes como después de decidida, la «despenalización» desencadenó las más variadas posiciones. Una parte de la población opinaba que el dólar debía ser cambiado por una «divisa convertible», válida para circular dentro del país; otros defendían una especie de «certificado» para compras en determinadas tiendas de artículos importados, especiales para extranjeros, y el permiso del uso del dólar solo en una suerte de «mercado paralelo». Para hacer frente a esa nueva masa monetaria, que también llegaba a las manos de los cubanos a través de los turistas, el Estado —no sin provocar una nueva polémica— montó una red de tiendas y servicios en régimen de puerto franco.

La afluencia de dólares, en especial provenientes de Estados Unidos, confirió a sus beneficiarios una posición económica desigual, al garantizarles el acceso a las tiendas de productos importados, antes exclusivos para diplomáticos y extranjeros. Muchos cubanos optaron por abandonar cargos de relevancia social —como profesores y técnicos calificados— para buscar una ocupación en el turismo, donde había buenas oportunidades para quienes dominaban idiomas extranjeros. Al introducirse agentes capitalistas en el sistema, surgieron inevitablemente las distinciones socioeconómicas.

De tal modo, se estableció en la economía un sistema monetario dual que permitió, hasta cierto punto, reducir la escasez y la recesión económica. De forma concomitante, una nueva serie de representaciones de empresas de todo el mundo, incluso de Estados Unidos, visitaba Cuba para explorar posibilidades de negocios. Hacia finales de 1993 se consolidaban 99 asociaciones económicas con capital extranjero, entre producciones conjuntas y empresas mixtas, de las cuales 21 se dedicaban al turismo; además de 413 empresas extranjeras, provenientes de 40 países, representadas en Cuba a través de entidades nacionales u oficinas independientes.

En el campo se crearon unidades básicas de producción cooperativizada (UBPC), en las que el Estado continuaba suministrando los créditos y los medios de producción, pero los obreros agrícolas pasaban a ser dueños de la producción y usufructuarios de la tierra, y recibían parcelas para la explotación familiar. La misma disposición se aplicó a los productores de tabaco, café y cacao. Los resultados en la producción, sin embargo, no habrían de corresponder a las intenciones, ya que el rendimiento siguió siendo bajo, e insuficiente la fuerza de trabajo.

Otra medida consistió en ampliar el «trabajo por cuenta propia», sobre todo en el sector terciario. Se legalizaron las empresas autónomas y familiares, en busca de posibilidades de empleo y oferta adicional a la población, con normas especiales. En 1995, según datos oficiales, había ya 208.000 «cuentapropistas».

La crisis y las reformas fueron profundas en la primera mitad de la década de 1990. Al llamar al consumo y modificar valores y gustos de la población cubana, el aumento de las relaciones con extranjeros que venían del mundo capitalista era un mal indispensable. En sintonía con la nueva fase, ascendía una nueva generación al poder, dándole una nueva cara. En 1992 Carlos Lage, otro ex dirigente estudiantil y ayudante de Fidel, fue designado secretario del Comité Ejecutivo del Consejo de Ministros y vicepresidente del Consejo de Estado, con atribuciones similares a las de un primer ministro.

PATRIA O MUERTE: LOS BALSEROS

El drama de Cuba con la apertura económica motivó a los cubanos que se hallaban en el exilio. Algunos se manifestaban cansados de su condición de «rehenes» del conflicto entre Estados Unidos y Cuba y deseaban el fin del bloqueo y del «limbo jurídico» a que habían sido condenados.

Después de establecer contactos con diplomáticos cubanos, un grupo de más de 200 cubanos exiliados, pertenecientes a distintas tendencias, regresó a La Habana para participar en un encuentro, denominado «La nación y la emigración», que se realizó en abril de 1994. En su transcurso se alcanzaron acuerdos que incluían la posibilidad de «repatriación» de los exiliados y una mayor flexibilidad para los plazos y las condiciones de las visitas al país. En cuanto a la reivindicación de que los envíos de dinero a familiares pudieran servir de capital inicial para empresas y negocios, las autoridades aclararon que en ese campo se daba prioridad al capital extranjero, en producciones destinadas a la exportación, y que no pensaban deliberar sobre cambios sensibles en la estructura socioeconómica.

El grupo reclamó también el derecho a participar en la vida de la nación a través de las instituciones vigentes o de partidos que pudieran fundarse. Fidel, que fue a saludarlos, expresó satisfacción por el hecho de que hubieran ido a Cuba, sin dejarse intimidar por las presiones de las vertientes opuestas a la reunión, pero eludió comentar la cuestión del pluripartidismo. Una de las justificaciones para mantener un partido único —aclaró en otra oportunidad— radicaba en que cualquier intento de organización política en Cuba fuera de los marcos oficiales evidenciaba inevitablemente vínculos con elementos de Estados Unidos.

Entre las personas con quienes conversó en privado estaba Eloy Gutiérrez Menoyo, que le expuso su plan de oposición y solicitó que se le permitiera abrir oficinas de su movimiento, Cambio Cubano, que adoptaba una línea moderada, de cambios en el régimen pero con Fidel en el poder. De entre los amigos de la juventud, participó Max Lesnick, con quien ya había reanudado relaciones y a quien preguntó por Alfredo (Chino) Esquivel, extrañado por su ausencia.

Poco después Esquivel volvió al país y Fidel, llevado por la nostalgia y la alegría, le homenajeó con una de las dos latas de caviar que quedaban de un obsequio de la URSS y una botella de vino argentino que le había enviado Carlos Menem, a quien él correspondía con cigarros. Chino se había jubilado; Fidel, al enterarse de que cobraba una pensión de 3.000 dólares, comentó que viviría como un potentado en Cuba.

No obstante, una parte de los «nuevos ricos» cubanos tenía el destino marcado. A principios de 1994 la Asamblea Nacional aprobó una legislación de control según la cual se confiscarían todos los bienes de los que se habían enriquecido por medios ilícitos. También se establecería un programa de saneamiento, que estipulaba el aumento de los precios de productos no esenciales y la eliminación de servicios gratuitos de enseñanza, en especial en niveles superiores y de ampliación, con lo cual se restringía el ingreso en las universidades.

«¿Quién enterrará a los muertos en este país? ¿Quién limpiará las calles? Nuestro problema, ahora, puede ser la cantidad de trabajadores intelectuales contra tan pocos manuales. Si todo el mundo es universitario, entonces el barrendero tendrá que ganar más que el profesional universitario», alegó Fidel.[1]

Se cerraba un ciclo de decisiones que estremecían los principios socialistas y los mandamientos de igualdad, bajo la batuta de Fidel. Pronto se planteó el tema más polémico, que desde hacía diez años rondaba como hipótesis: el establecimiento de impuestos, en un pueblo acostumbrado a un Estado proveedor.

El comandante propuso que toda renta, incluidos los salarios, fuera susceptible de imposición. Se trataba, en esencia, de contener la acción espontánea del mercado.

Para provocar la retracción del «mercado negro» y al mismo tiempo estimular la oferta, sugirió una nueva modalidad de «mercado agropecuario», que se instauró en octubre. En la práctica, eran mercados para la venta de excedentes de hortalizas, frutas y productos de granja, a los que podían concurrir varias categorías de campesinado.

Mientras algunos exiliados soñaban con el regreso, muchos cubanos residentes en la isla se veían obligados al éxodo, por insatisfacción y falta de expectativas. El movimiento, intrínseco a la historia del país, volvía a aumentar, ayudado por barcos pagados en Florida que llegaban a las playas cubanas para recogerlos. En 1991 fueron 2.203 los fugitivos; en 1992, 2.557; en 1993, 3.656. En pleno aire, sobre el Caribe, volvieron los secuestros de aviones.[2] De enero a julio de 1994 se rescatarían 4.731 fugitivos en las aguas del estrecho de Florida.

El episodio del secuestro de un viejo remolcador de madera encendió la mecha del éxodo en masa. Apto solo para la navegación de corta distancia en aguas interiores, el remolcador partió sobrecargado del puerto de La Habana la noche del 13 de julio, hacia un inevitable naufragio en el mar revuelto del estrecho. La secuencia de las escenas revelaba la polarización de las posturas de los cubanos ante la crisis que a todos afectaba. De las 63 personas que iban a bordo, solo 31 pudieron ser rescatadas con vida. En los días siguientes, hubo más secuestros de lanchas que fueron recogidas por la guardia costera estadounidense.

Si las penurias inducían a la fuga, también embotaban el ánimo e infundían miedo. El 5 de agosto, el día en que entraba en vigor la ley de los impuestos, un grupo intentó apoderarse de una lancha, con lo que provocó manifestaciones de violencia en la zona del puerto. La policía pidió ayuda a los núcleos del Partido Comunista de Cuba (PCC) y del Poder Popular para reprimir el movimiento, que cobraba dimensiones incontrolables.[3] En las primeras horas de la tarde, en las inmediaciones del puerto, en los barrios del centro y La Habana Vieja, estallaba un motín, con el enfrentamiento entre grupos conformistas y rebeldes a la coyuntura.

Fidel acudió de inmediato a la escena y se sumergió en la aglomeración, flanqueado por su escolta, a la que había dado orden expresa de no disparar en ninguna circunstancia. En cuestión de minutos al darse cuenta los manifestantes de su presencia, se acallaron las protestas. Después el comandante atribuyó un grado de responsabilidad del hecho al estímulo a la inmigración ilegal por parte de los gobiernos estadounidenses:

«Cuanto más difíciles son las condiciones económicas, más se incrementan estos fenómenos… Si Estados Unidos no toma medidas rápidas y eficientes para cesar el estímulo a las salidas ilegales, nos sentiremos en el deber de dar instrucciones a nuestros guardas de frontera para que no obstaculicen a ninguna embarcación que desee partir…», dijo en la misma oportunidad.

Los hechos adquirirían una dimensión política que ponía a Estados Unidos en un callejón sin salida, semejante al del éxodo de Mariel. Según el acuerdo de inmigración con Estados Unidos de 1984, debían concederse 160.000 visados para cubanos en un período de 10 años, puesto que se habían estipulado 20.000 anuales. Solo se habían librado 11.222 en total, en razón de que el trato quedó suspendido en 1986 y 1987 a causa del establecimiento de Radio Martí. El año en cuestión, 1994, se habían entregado 544 visados hasta el 22 de julio.

Crecía de forma alarmante la cantidad de lanchas o balsas, muchas improvisadas o construidas de manera artesanal, que trataban de cruzar el Caribe, así como los secuestros de embarcaciones, con saldo de muertes. Y todo ello era presentado por los medios como un espectáculo. Fidel procuraba atraer hacia su propio escenario la discusión del tema migratorio, lo que le permitiría plantear la cuestión del bloqueo.

El 11 de agosto, la cifra de balseros ya llegaba a 5.435; en su mayoría eran jóvenes en edad de trabajar, sin posibilidades en Cuba. Ese mismo día, la Casa Blanca afirmaba, con tono de represalia, que cualquier cubano que abandonara el país, por el motivo que fuere, podría adquirir la ciudadanía estadounidense. El periódico *The New York Times*, adoptando otra línea de pensamiento, observó que Estados Unidos se encontraba paralizado ante un dilema del que era autor.

Ocho días después, ante el flujo de balsas que llegaban a las costas estadounidenses, el presidente Clinton resolvía no admitir más entradas ilegales, con lo que cerraba toda posibilidad de asilo político automático. Los rescatados en alta mar deberían ser recogidos y llevados a la base de Guantánamo por la guardia costera, para reunirse con los 15.000 refugiados haitianos que allí se encontraban. Sensible a la presión directa del sector más conservador del exilio, que se negaba al diálogo con Fidel, dictó también la prohibición de enviar dólares a Cuba, impuso restricciones al tráfico aéreo entre ambos países y aprobó las transmisiones radiofónicas contra la Revolución, que servían como mecanismo de persuasión para el éxodo. Hasta ese día, se calculaba que 33.000 cubanos se habían dirigido a Florida en la oleada de los balseros.

El 9 de septiembre se llegó a un nuevo acuerdo migratorio en Nueva York. Estados Unidos se comprometía, una vez más, a extender 20.000 visados anuales a Cuba, que por su parte tomaría medidas para detener a los refugiados. Los miles que se encontraban en la base naval solo recibieron promesas de solución. Guantánamo estaba a punto de convertirse en un campo permanente de refugiados, lo que costaría a Estados Unidos millones de dólares en manutención.

Una noche, los soldados de la base descuidaron la vigilancia y unos 700 refugiados consiguieron escapar, atravesando campos minados en dirección al país. Se registraron accidentes, con saldo de muertos y heridos. La administración estadounidense ofreció una solución en 1995: liberaban a todos los que allí se hallaban, y estos podrían iniciar los trámites legales para ingresar en Estados Unidos si así lo deseaban.

Con la mirada puesta en el resto del mundo, Fidel observaba la circunstancia especial del despegue económico de los «tigres asiáticos» —sobre todo Taiwan, Singapur y Corea del Sur— y profundizaba en una larga y densa reflexión sobre los fenómenos del neoliberalismo y la globalización. Los asiáticos, que con gran disponibilidad de capital y de mercados habían alcanzado un rápido y pujante desarrollo con alto nivel técnico, constituían los ejemplos que las grandes instituciones financieras recomendaban seguir, aunque omitían el hecho de que eran regímenes fuertes de orientación proteccionista. Fidel conjeturaba: «¿Cómo podría Haití imitar el ejemplo de Taiwan? ¿Y los países de África? A Somalia fueron a llevar alimentos a punta de cañón... La población del planeta crece a un ritmo de aproximadamente 100 millones de habitantes por año... El capitalismo está condenado al crecimiento o a devorarse a sí mismo, porque parar significaría una catástrofe para Estados Unidos, Japón y Europa. Para que unos se desarrollen, otros tienen que dejar de crecer...».[4] «Para los países pobres y pequeños se trata de saber cómo vamos a sobrevivir en las próximas décadas, qué será de nuestra existencia como naciones.»[5]

Los países del Caribe no podían prescindir de la integración. La tentativa se esbozó el 5 de mayo de 1994 en Barbados, en la Conferencia de los Pequeños Estados Insulares, en la cual participó Fidel. Pero sería en Cartagena, en la IV Cumbre Iberoamericana, donde se formaría la Asociación de Estados del Caribe, integrada por 25 países, incluidos los centroamericanos, más Colombia y Venezuela. En una reunión posterior habría de propugnarse la formación de un fondo de desarrollo para los países miembros.

En esa ocasión, un grupo de terroristas proyectaba disparar contra Fidel, cuando estuviera recorriendo la ciudad en compañía de su amigo Gabriel García Márquez, que residía en Cartagena. Los ejecutores, vinculados con la Fundación Cubano-Americana, estaban encabezados por el exiliado cubano Luis Posada Carriles, uno de los autores de un sabotaje a un avión en Barbados en 1976, y quien habría de planear un nuevo atentado el 17 de noviembre de 2000, en la ciudad de Panamá, en la Cumbre Iberoamericana. El hecho fue denunciado por Fidel, y Posada Carriles, que portaba un documento de identidad falso y pasaporte salvadoreño, fue detenido en la capital panameña.

Otra cuestión surgida en esa oportunidad, aunque de menor

repercusión, fue la convocatoria a una cumbre en Miami, promovida por Clinton para el final del año. Desde luego, un encuentro en Miami encerraba la intención de dividir y neutralizar los acuerdos entre los latinoamericanos. Fidel, ausente de la lista de invitados, comentó con ironía que habría sido más inteligente por parte de Estados Unidos haber convocado la reunión en un país de la región: «Cobardía, mediocridad y miseria política se reflejan en la exclusión de Cuba. Sin embargo, no nos oponemos a la reunión… Lo que no se acepta es que Estados Unidos pretenda convertirse en modelo y juez supremo de los ordenamientos políticos latinoamericanos…».[6]

Con Cuba era otra la circunstancia. El presidente Bill Clinton reconsideraba la situación de China, convirtiéndola en la nación más favorecida en el comercio con Estados Unidos; se abrió a Vietnam y firmó acuerdos con Corea del Norte. Asia, en pleno ascenso, ocupaba también la mente de Fidel, que, como inductor de reformas, deseaba comprender mejor el proceso en esa región y asimilar experiencias. Por otra parte, los chinos mostraban empeño en colaborar con Cuba en aquella etapa de dificultades. «Hace muchos años que los chinos introducen cambios, pero no han destruido su historia, ni al Partido, ni al Estado… y avanzan a una velocidad extraordinaria, como también comienzan a hacer los vietnamitas…», analizó el comandante.

Cuando promediaba su mandato, la preocupación por la futura influencia electoral de Florida, donde no había obtenido mayoría de votos para la presidencia, llevó a Clinton a condescender con el *lobby* de la línea dura del exilio cubano. Carlos Menem, el presidente de Argentina, criticó allí el régimen de Fidel, pero este prefirió guardar silencio, sin duda por su extensa relación con los peronistas. Además, en la esfera personal los dos se entendían.

En diciembre, vestido otra vez de uniforme (no con la guayabera con que había asombrado en Cartagena), Fidel llegó a Ciudad de México para la toma de posesión de Ernesto Zedillo, en el momento en que estallaba la crisis financiera mexicana, que precipitó la caída del mercado de acciones. El hecho ponía en tela de juicio el modelo de liberalización impuesto por el Fondo Monetario Internacional (FMI), con la repercusión del «efecto tequila» en otras economías regionales, lo que contribuía a confirmar las conjeturas del líder cubano.

En coincidencia con la Cumbre de Miami llegó a Cuba, para visitar a Fidel, el coronel venezolano Hugo Chávez, líder del Movimiento Bolivariano Revolucionario (MBR), recién liberado de prisión. Chávez había encabezado, más de dos años antes, una rebelión militar inspirada en las ideas de Simón Bolívar, el general libertador de la mitad norte del subcontinente a principios del siglo XIX. Fidel, que le recibió el 13 de diciembre, declaró sus afinidades con la ideología del grupo, que remitía a otros movimientos militares de contenido nacionalista en la región, expresados en las figuras de Omar Torrijos (Panamá), Juan Velasco Alvarado (Perú) y Francisco Caamaño (República Dominicana). El coronel Chávez dijo que planeaba presentarse a la presidencia formando un frente nacional, y que si le elegían convocaría una asamblea nacional constituyente. El apoyo popular a Chávez en Venezuela era creciente. Fidel le aconsejó que fuera discreto en cuanto a su simpatía por Cuba, porque podría perjudicarle en sus objetivos. «El destino de los liderazgos que se encariñan con Cuba no es de los más promisorios», admitió.

A principios de 1995 el eje de la desavenencia entre Cuba y Estados Unidos parecía invertirse con rapidez, mostrando una doble estrategia. El subsecretario de Estado estadounidense, Peter Tarnoff, conversó secretamente con Ricardo Alarcón, el presidente de la Asamblea Nacional de Cuba —y el mayor especialista en el tema—, en Toronto, con el objeto de explorar posibilidades para aflojar las tensiones. Delegaciones de ejecutivos estadounidenses visitaron Cuba y más de cien firmaron cartas de intención con el gobierno cubano, con vistas a hacer negocios en cuanto la Casa Blanca lo autorizara. Ese mismo año, salió también el permiso para inversión de capitales por parte de cubanos en el exilio.

Por otro lado, Richard Nuccio, responsable de Asuntos Cubanos del Departamento de Estado, se mostraba activo, mediante diversos canales, en los contactos con intelectuales cubanos y las organizaciones no gubernamentales (ONG) establecidas en Cuba. Como telón de fondo, un estudio efectuado por el Pentágono —coordinado por un oficial de inteligencia, el cubanoestadounidense Néstor Sánchez, en colaboración con especialistas rusos— concluía que el mejor camino para salir del *impasse* consistía en alentar una liberalización gradual en Cuba, favoreciendo una «transición leve». El estudio sostenía que la adopción, por el país de Fidel, de una variante de los modelos chino y vietnamita —de apertura económica con partido único— significaría el comienzo, y que las ONG de Cuba, además de representar una base independiente de recursos, insinuaban la separación entre intereses de la sociedad civil y el Estado.

La permanencia de Fidel Castro en el gobierno se consideraba incluso conveniente para Estados Unidos, ya que bajo su dirección el país experimentaría cambios graduales, más seguros y pacíficos, con el apoyo de las fuerzas armadas cubanas, en pos de una economía más capitalista. Las autoridades estadounidenses reconocían que no había transición posible en Cuba que pudiera prescindir de Fidel, con lo que se aproximaban a las líneas moderadas del exilio presentes en el encuentro de 1994 y desdeñaban los esquemas tradicionales del anticastrismo y sus aliados en el *establishment*.

Fidel, al enterarse del proyecto, dedujo con astucia: «Esta concepción implica penetrar y tratar de debilitar, mediante los intercambios y la concesión de favores a sectores que consideran permeables (sociólogos, filósofos, historiadores y otros académicos), deslumbrándolos con sus instituciones millonarias y altas tecnologías…».

Un año después de la conmoción de los balseros, se observaban varias incursiones de embarcaciones y avionetas en el espacio marítimo y aéreo de Cuba. En una de ellas se arrojaron miles de panfletos sobre la capital cubana. Fidel siguió el episodio con «sangre fría», pero advirtió que la paciencia de Cuba tenía un límite. El Departamento de Estado estadounidense informó después de que había iniciado una investigación acerca de las actividades del grupo Hermanos al Rescate, los responsables de las incursiones.

En julio de 1995 se presentó al Congreso de Estados Unidos el proyecto de la Ley Helms-Burton —una versión corregida y aumentada de la Ley Torricelli—, patrocinado por el senador Jesse Helms y el congresista Daniel Burton. Canadá y la Unión Europea protestaron contra la naturaleza extraterritorial del proyecto. No era de extrañar la posición canadiense, considerando que la aproximación con Cuba se amparaba en la relación entre Fidel y Pierre Trudeau, ex primer ministro y figura eminente del Partido Liberal de Canadá, que no había roto relaciones con Cuba y siempre había rechazado el bloqueo. México, que formaba parte del ALCA (Acuerdo de Libre Comercio de América del Norte), y casi todos los países latinoamericanos condenaron también el proyecto.

El presidente Clinton lo vetó. En octubre revocó las restricciones de viajes de estadounidenses a Cuba (en especial de académicos, artistas y representantes de organismos) y autorizó a las agencias de noticias a abrir oficinas en el país, aunque luego solo la CNN recibiría permiso del gobierno cubano para establecer una representación.

Alternando en su vestimenta el uniforme de gala con el traje a medida, Fidel viajó en marzo a Copenhague para la Conferencia Mundial para el Desarrollo, donde reincidió en la crítica al neoliberalismo:

> Si los yanquis fueran capaces de aceptar un consejo de un adversario leal, yo les diría: desembolsen y ayuden, colaboren y apoyen, que será la única seguridad para Estados Unidos… Donde falta humanidad no puede haber derechos humanos. El neoliberalismo, doctrina de moda impuesta al mundo de hoy, sacrifica impiadosamente, en los países subdesarrollados, los gastos para salud, educación, cultura, deportes, previsión social, viviendas, agua potable y otras necesidades elementales. El crecimiento incontenido de las drogas, la xenofobia y la violencia muestran su decadencia moral… ¡Que se repartan mejor las riquezas del mundo entre las naciones y dentro de ellas![7]

Después prosiguió viaje a París, atendiendo a una invitación de Federico Mayor, el director general de la UNESCO. Se encontró con François Mitterrand, que acababa de dejar el poder por razones de salud, y empresarios franceses. Estuvo en Borgoña, llevado por Gerard Bourgoin, y pasó por Chablis, una ciudad de origen medieval, donde le eligieron miembro de la Hermandad de los Pilares de Chablis y sus habitantes le obsequiaron con una copa de plata. Al sur del país, en Champigny, visitó a George Marchais, ex secretario del Partido Comunista Francés (PCF).

En la V Cumbre Iberoamericana, celebrada en Bariloche (Argentina) en 1995, el grupo de países latinoamericanos expresó una condena formal al embargo estadounidense a Cuba. Por otro lado, se afirmaba que Carlos Menem, el anfitrión del encuentro, se había comprometido en una suerte de alianza estratégica fuera de la Organización del Tratado del Atlántico Norte (OTAN). «El objetivo es la división entre los países latinoamericanos, evitar en lo posible la integración económica independiente, sabotear el Mercosur»,[8] dijo Fidel.

A continuación viajó a Colombia, a la XI Reunión de los No Alineados, y luego a Nueva York, para el 50 aniversario de la ONU. Como de costumbre, no se le invitó a las recepciones, pero insistió en su mensaje: «¿Hasta cuándo habrá que esperar para que se haga realidad la democratización de las Naciones Unidas y la verdadera cooperación internacional?».[9]

A finales de año viajó a China, después a Vietnam y Japón. En China tuvo una estancia placentera, durante la cual visitó la Gran Muralla, la bolsa de valores —la primera de un país socialista—, zonas agrícolas y diversos lugares del interior, además de firmar varios acuerdos.

En el palacio de la Reunificación, en la ciudad de Ho Chi Minh, Vietnam, vio emocionantes y gratas imágenes de 22 años antes, cuando conquistó la victoria el Frente de Liberación Nacional, conocido como Vietcong. En Japón, el 12 de diciembre, se reunió con la representación de la Conferencia Económica Japón-Cuba.

Ya de regreso en su tierra, se dedicó a reelaborar un análisis sobre las diferencias: China y Vietnam acumulaban riquezas provenientes de sus exportaciones y aspiraban a la autosuficiencia agrícola e industrial. No era el caso de Cuba, y mucho menos el de otros países de una región que Fidel —casi el único— todavía llamaba Tercer Mundo.

MORIRÉ CON LAS BOTAS PUESTAS

Si dispone de tiempo, es probable que Fidel entre en la cocina del palacio de gobierno para opinar sobre recetas y artes culinarias, o se dirija al refectorio anexo para almorzar con los trabajadores, obedeciendo al instinto cultivado en la infancia en la hacienda de Birán, época del cocinero García y los compatriotas de don Ángel, los gallegos inmigrantes.

Por naturaleza, Fidel es glotón, si bien sabe imponerse el sentido de autocontrol que le inculcaron los jesuitas. Langosta asada, bacalao dorado en olla de hierro, un buen bistec de ternera y *pilaf* a la griega son algunos de sus platos preferidos, aunque en la vida cotidiana disfruta con más frecuencia de pescados, mariscos o cordero a la plancha, acompañados de ensaladas diversas, en parte por recomendación de su médico, Eugenio Sellman, un personaje misterioso que aparece invariablemente a su lado, dentro o fuera del país.

José Vela Gómez (Pepe) es un anciano afable, de buena memoria para sus ochenta y ocho años, que, aunque ya jubilado, todavía actúa en la coordinación del Departamento de Gastronomía del palacio. Fidel no quiso dejarle inactivo, una actitud que en general muestra para con los funcionarios de los equipos que le rodean; Pepe Vela comenzó a atenderle en 1961.[1]

Los menús para invitados suelen estar compuestos por comida francesa, rusa, española o criolla (cubana), con entrantes fríos de langosta o gambas, cócteles de ostras y postres con dulces de elaboración propia, aunque en ocasiones procuran adaptarse a los gustos o costumbres de los invitados. Pepe cuenta que él y Fidel, en una breve conversación en el comedor de diario del palacio, hablando sobre la vejez y el paso de los años, decidieron que iban a «morir con las botas puestas», haciendo frente a todos los problemas de una sociedad en cambio.

En la década de los noventa crecía la tendencia de los habitantes de las provincias del interior a tratar de radicarse en La Habana para encontrar un trabajo ventajoso que incluyera el manejo de divisas, con lo que se agravaron la situación de la vivienda y los servicios públicos. Las actividades vinculadas con capital extranjero contaban con incentivos a la mano de obra, donación de ropas, calzado, artículos de higiene, limpieza y alimentación, puesto que no se autorizaban los pagos de salario en dólares. Mientras tanto, declarado abierto en teoría el acceso a la moneda extranjera o a los «pesos convertibles», que significaban poder de compra, los más jóvenes —de ambos sexos— se veían tentados a la prostitución. De manera informal se instituía una «economía de permuta», con compra y alquiler de habitaciones, pisos y hasta fracciones de casas.

La producción azucarera, la base de las exportaciones, descendía a 3,3 millones de toneladas, la más baja de todo el período de la Revolución. Las UBPC azucareras no eran rentables, debido a que no se cumplían las normas de trabajo o al uso irracional de los recursos, es decir, a la baja vinculación de los trabajadores a su actividad. Para detener la acelerada caída se otorgaron incentivos en bienes de consumo y fue preciso recurrir a préstamos del exterior, con intereses un 30 por ciento superiores a los del mercado financiero, ya que Cuba no contaba con crédito internacional ni una gran institución bancaria que la respaldara. Dos años después Fidel accedería a realizar una gran reestructuración del sector azucarero, con aumento de la autonomía de las UBPC y financiación de capital extranjero, como la canadiense, para intentar frenar la tendencia al estancamiento de la capacidad de los ingenios.

Fidel se atormentaba con la aparición de diferencias sociales, mientras se dedicaba a la angustiosa tarea cotidiana de administrar la escasez. Las reformas decididas componían una experiencia sin fisonomía definida, no orientadas por un proyecto, ya que se aplicaban en una crisis móvil y contra la corriente dominante en la economía mundial. Era imperioso que las nuevas organizaciones asociadas con extranjeros, vinculadas al sector externo, comenzaran a rendir. Entre el pueblo, los que no entendían de economía se mostraban perplejos o asustados con la sucesión de leyes y medidas, y acusaban al poder de producir el caos mientras el gobierno centraba su ataque en una parte de los productores «cuentapropistas» o de los «francotiradores del mercado», como llegó a llamarlos Fidel, pues adquirían dólares de manera furtiva, con lo que desorganizaban la economía. Así, junto a los enriquecidos surgía una categoría nueva de «subempleados» —dedicados a trabajos informales—, además de un 7 por ciento de desempleados en el país. Uno de esos autónomos podía ganar en un día lo que un profesor o un médico percibía del Estado por todo un mes de trabajo.

La inseguridad y la incredulidad en que el sistema pudiera funcionar llevaban a la gente a buscar alguna salvación personal. Como medio de hacer frente a los problemas, en enero de 1996 se lanzó la hipótesis de un «impuesto de escala progresiva», cuyas tasas corresponderían a porcentajes de los montos ganados por el individuo o la unidad productora. Sin embargo, con los niveles de evasión y de infradeclaración al fisco, pronto se hizo imposible efectuar los cálculos y los cobros, aun con el aumento de inspectores. Se determinaron entonces tasas fijas para los autónomos legales (registrados), así como una ofensiva del aparato policial para volver a imponer el orden. Más de siete mil prostitutas, llegadas de ciudades del interior, fueron expulsadas del balneario de Varadero, y se procesó a centenares de personas que alquilaban casas o habitaciones para actividades ilegales. Por otro lado, como formas de ocupación, el gobierno incentivó la organización de ferias de artesanos y el comercio ambulante en determinados lugares de las ciudades más frecuentadas por turistas.

La gran sorpresa, en esa situación, fue que en el curso de 1996 se observó un proceso de recuperación económica, con un cre-

cimiento del 2,5 por ciento del producto interior bruto (PIB).
También la política de saneamiento monetario dio resultados; de
los más de 150 pesos que había llegado a valer un dólar, la relación decrecía a 35 por uno. Fidel advertía, no obstante, que la
recuperación no se reflejaba en el plano del consumo.

Entre 1995 y 1997, 200 asociaciones entre el Estado cubano
y empresas de 40 países darían como resultado un ingreso de más
de 1.500 millones de dólares.[2] España llevaba la delantera en las
participaciones en el turismo, y Canadá y Francia, entre otros, en
los sectores de energía, telecomunicaciones y petróleo. El número
podía ser mayor, pero en la práctica no era fácil obtener licen-
cias para operar, dado que debían pasar por rigurosos exámenes
o se realizaban los trámites con «ritmo socialista». A causa de tales
retrasos, ciertas compañías, en operación o no, acababan por ofrecer comisiones a los miembros de las empresas estatales, algunos
de los cuales se dejaban sobornar.

El aparente aflojamiento de las tensiones entre Estados Unidos
y Cuba atizaba el ímpetu de los grupos radicales en el exilio
—como ya había sucedido antaño—, enfurecidos con el reciente
estudio del Pentágono que afirmaba que «Cuba ya no representa
un peligro para la seguridad de Estados Unidos; no es, en sí, una
amenaza militar». Al respecto, Fidel comentó: «Debería ser igual,
¿no? Me pregunto por qué ellos tienen derecho a hacerse esa
pregunta y nosotros no. Y la respuesta que encuentro es que
parten de la hipótesis de que podrían usar su gran poder contra
nuestro país... Pero nosotros somos, en todo caso, un peligro
moral —y real, si nos atacaran aquí, dentro nuestro territorio—,
aunque no tengamos el poderío militar de Estados Unidos...».

En los primeros días de 1996 retornaron las incursiones de
aeronaves piratas por los cielos de Cuba, procedentes de Florida. Fidel advirtió del riesgo de un incidente si esos vuelos no eran
debidamente impedidos, mientras viajaba a París para asistir al
entierro de su amigo el ex presidente de Francia, Francois Mitterrand, fallecido el 8 de enero de ese año.

En la segunda semana del mes uno de los aviones lanzó

material de propaganda sobre barrios de La Habana, al tiempo que un grupo de activistas disidentes era detenido por haber anunciado una concentración pública. La tarde del 24 de enero, dos de los cuatro Cessna que habían despegado de la base de Opalocka (Florida) fueron derribados al penetrar en el espacio aéreo de Cuba. Perecieron sus cuatro tripulantes, que pertenecían a la organización Hermanos al Rescate, dedicada al traslado de cubanos a Florida, con una flota de cinco aviones, pilotos y un presupuesto de 1.200.000 dólares, gracias a sus relaciones con la Fundación Nacional Cubano-Americana (FNCA), el gran *lobby* del exilio cubano.

Horas antes de derribar esos Cessna había tenido lugar la invasión de tres aeronaves del mismo tipo en otra zona del país. Fueron advertidas y se solicitó su registro a la central de tráfico estadounidense, que respondió que ignoraba los datos. Luego se notificó que a partir del mediodía se realizarían vuelos al norte del puerto de Mariel. Poco después de las tres de la tarde la vigilancia cubana aún intentaba convencer a los Cessna de que se alejaran, pero cuando dos de ellos penetraron en el espacio aéreo se dio orden de que los Mig los abatieran.

En una nota oficial del día 25, Cuba declaraba que los Cessna habían entrado en el límite territorial de las 12 millas náuticas, entre 7 y 8 millas al norte de la playa de Baracoa. Un informe de la Casa Blanca lo confirmaba, pero otros miembros del gobierno sostuvieron lo contrario. El hecho y su gran repercusión envalentonaron a la organización del exilio anticastrista, con sus aliados en el Congreso —en su mayoría republicanos—, para exigir al presidente Clinton una intervención militar. En Cuba el régimen llamaba a la resistencia, rememorando la victoria en la bahía de Cochinos. Estados Unidos pidió una reunión del Consejo de Seguridad a la Organización de las Naciones Unidas (ONU) para discutir el ataque de la fuerza aérea cubana, y al final se recomendó a la Organización de la Aviación Civil Internacional (OACI) que formara una comisión para investigar el incidente.

Hasta el episodio de las avionetas, Clinton se había opuesto a la Ley Helms-Burton, que instaba a impedir el ingreso de Cuba en organizaciones internacionales, no concederle préstamos por parte de los institutos multilaterales de financiación ni extender visados a personas o representantes de compañías que se hubieran establecido en la isla; además, sancionaba el derecho de cualquier ciudadano, nativo o naturalizado, a demandar en los tribunales estadounidenses un resarcimiento de un valor mínimo de 50.000 dólares a cualquier persona o entidad beneficiada por alguna de las casi 6.000 propiedades de estadounidenses confiscadas al inicio de la Revolución (valoradas, en general, en alrededor de 1.000 millones de dólares).

No tardaron en surgir amenazas contra empresas o individuos que hicieran negocios en Cuba. La Unión Europea, capitaneada al principio en gran parte por los intereses de España, se manifestó vehementemente contraria a la ley y propuso plantear la cuestión ante la Organización Mundial del Comercio (OMC), por considerarla un atentado al principio del libre comercio. Sin embargo, con José María Aznar, político de centro-derecha que había sido elegido presidente del Gobierno español, el apoyo explícito pasó a verse condicionado a una apertura política en Cuba. El ministro de Asuntos Exteriores español, Abel Matutes, confirmó públicamente la nueva política, así como otros representantes del gobierno, que expresaron la necesidad de buscar una «transición democrática» para Cuba. Esta tendencia fue seguida por la mayoría de los países de la Unión Europea, que mientras tanto, en teoría, continuaba desaprobando las medidas coercitivas. «Seguiremos pobres con gran dignidad. No importa cuánto dure el período especial», replicó Fidel, que agregó que la reivindicación de Aznar, «un aliado de la extrema derecha del exilio», estaba fuera de lugar, pues Cuba ya había realizado las reformas políticas y económicas que le correspondían. El 30 de octubre retiró su beneplácito al embajador de España, José Coderch Planas, que en declaraciones a la prensa había manifestado que consideraba una obligación recibir a disidentes cubanos en la sede diplomática, algo que, según Cuba, constituía una violación a la Convención de Viena.

En una rara decisión, en agosto la Organización de los Estados Americanos (OEA) votó por unanimidad una resolución que condenaba la Ley Helms-Burton. Tras su paso por el Congreso de Estados Unidos, Clinton la firmó, aunque suspendió el punto que proponía que los ciudadanos estadounidenses recurrieran a las vías legales contra Cuba. Obsérvese que, considerando las normas del derecho internacional, tampoco se podía alegar la inconstitucionalidad de las nacionalizaciones.

En el informe de la OACI, concluido a mediados de junio de 1996, se afirmaba que los Cessna se habían derribado en aguas internacionales. El gobierno cubano apeló, alegando que sus testimonios y documentos no se habían examinado. El conflicto coyuntural con Estados Unidos ya se encaminaba hacia un acuerdo: Clinton se comprometía a tomar medidas contra los aviones de matrícula estadounidense que entraran en el espacio aéreo cubano sin autorización, al tiempo que asumía actitudes que satisfacían al *lobby* cubano-estadounidense, con vistas a aumentar sus votos en Florida para un segundo mandato. En cuanto a Fidel, prefería que Clinton fuera reelegido, antes que enfrentarse a la animosidad de los republicanos.

Una vez garantizado su nuevo período presidencial, Clinton redactó la introducción al Plan de Apoyo para una Transición Democrática en Cuba, en enero de 1997. En el documento, de 24 páginas, elaborado por la Agencia para el Desarrollo Internacional, se recomendaba que las instituciones financieras y los organismos internacionales aportaran de 4.000 a 8.000 millones de dólares para inversiones en «una Cuba posrevolucionaria». No imponía para ello la salida de Fidel del poder, pero tanto la ayuda económica como la renegociación del acuerdo sobre la base naval de Guantánamo dependerían del avance del régimen hacia el pluralismo político, la adecuación a las indicaciones del Fondo Monetario Internacional (FMI), la liberación de presos políticos y otras condiciones. Sobre el tema observó el líder cubano:

Mire... Nosotros no discutimos si en Europa hay monarquías o repúblicas, conservadores o socialdemócratas en el poder, defensores o adversarios de una idílica tercera vía; giros hacia la izquierda, el centro o la derecha; apologistas o detractores del llamado «estado de bienestar» con el que se intenta paliar el incurable mal del desempleo. Ni siquiera estamos en la obligación de mezclarnos con lo que hacen los cabezas rapadas de las tendencias neonazis que resurgen...[3]

Por otro lado, en Cuba existía un embrión de oposición. Así pues, ¿no había llegado el momento de instaurar el pluralismo? Fidel respondió: «No vemos por qué cooperar con la estrategia de Estados Unidos... No comprendo la diferencia que puede haber entre [...] la disidencia externa y la interna. Son exactamente la misma cosa. Ambas tienen el mismo origen y la misma dirección. Ambas son instrumento de la política de Estados Unidos contra Cuba, ambas son proimperialistas, antisocialistas y anexionistas».

Desde el episodio de los Cessna se delineó una confluencia de líneas opuestas, en el bloqueo y en la comunidad de exiliados. Internamente, Fidel había comenzado a tomar medidas de refuerzo institucional, con táctica discreción. Durante una reunión del Comité Central del Partido Comunista de Cuba (PCC), en 1996, hablaron Raúl Castro y Carlos Lage, pero él guardó silencio y se limitó a aplaudir.

En un extenso informe, Raúl hizo una solemne defensa del sistema y prometió liquidar la incipiente variante de la *glasnost* en medios de prensa, producción artística e intelectual y en núcleos ligados al partido, si bien, por otro lado, admitió que ciertas premisas comunistas, como la del igualitarismo, la pureza ética, el pleno empleo y el Estado proveedor, se encontraban lesionadas. «Es decisivo evitar que nos desunan y nos hundan... La eficiencia de la economía forma parte de la batalla ideológica... El enemigo no oculta su propósito de utilizar una parte de las llamadas organizaciones no gubernamentales (ONG)...», argumentó Raúl.

Poniendo como ejemplo lo ocurrido en la URSS, cuando a finales de la década de los ochenta había miles de clubes y asociaciones, hizo una crítica de las ONG. Antes consideradas de utilidad, pues incorporaban recursos y propiciaban contactos, resultaban ahora sospechosas, por perseguir intereses distintos de los del Estado. Así, censuró algunos centros de producción intelectual y cultural que, creados para asesorar al Partido, habían adoptado mecanismos de funcionamiento de las ONG, como el Centro de Estudios de América (CEA) y el Centro de Estudios Europeos (CEE).

Paralelamente a las ondulaciones del gobierno de Clinton con relación a Cuba, la línea dura del exilio se mantenía ofensiva. En el transcurso de 1997, en junio y septiembre, sufrieron atentados algunos hoteles de la capital habanera, en uno de los cuales murió un turista italiano. El objetivo era desarticular el sector que proporcionaba grandes recursos al país. El autor, un salvadoreño reclutado por una red vinculada con la FNCA, había entrado en el país como turista.

Otro atentado, contra la vida de Fidel, se preparó poco antes de la VII Cumbre Iberoamericana, que debía celebrarse en la isla Margarita (Venezuela) ese mismo año, pero policías federales estadounidenses capturaron en Puerto Rico el yate, las armas y los tripulantes, también relacionados con la FNCA. Poco después, en noviembre, murió el máximo dirigente de dicha fundación, Jorge Mas Canosa, dueño de empresas de comunicación y construcción civil en Estados Unidos. Entre los expertos en la cuestión Cuba-Estados Unidos se preveía el creciente predominio de las alas moderadas del exilio, además de un vacío en el *lobby* institucional.

Jugando con los micrófonos, con voz pausada, Fidel tranquilizó los ánimos al final del XVII Congreso de la Central de Trabajadores de Cuba (CTC), dirigiéndose en particular a los representantes de la mayoría trabajadora y llamando a la toma de conciencia en torno a los intereses de la nación.

Pocas palabras y notable abatimiento. En el palacio de gobierno patrocinó un gran acto contra la corrupción. Se convocó al conjunto de altos funcionarios de las empresas e instituciones del Estado para que suscribieran un Código de Ética de los Cuadros del Estado Cubano, que reglamentaba la conducta que debían seguir.

La reserva del comandante, por rara e insólita, daba lugar a una serie de conjeturas sobre su estado de salud. No aparecía en público desde el 9 de agosto —en el cierre el congreso sindical— y no pronunciaba discursos desde el 4 de abril. Crecían los comentarios de que se hallaba gravemente enfermo, de cáncer, enfisema pulmonar o mal de Parkinson, que le quedaban pocos meses de vida y pensaba en el suicidio.

Ya evidente el fracaso de la política de bloqueo, no faltaba quienes esperaban una «solución biológica» para la Revolución. A finales de 1997 una emisora de Miami, que se oía en Cuba, anunció «la muerte de Castro» y de inmediato se interpretó que aludía a Fidel. Dos horas después se sabría que el muerto era un ciudadano común, René Orley Castro Sánchez.

Entre la desconfianza y los artificios anticastristas, la verdad es que el líder cubano había estado realmente enfermo, afectado de diverticulitis. Además del tratamiento farmacológico necesitaba reposo y una dieta carente de grasas y abundante en fibras, según las recomendaciones del doctor Sellman.

LOBOS, RENOS Y CORDEROS

Frente a la embajada cubana en Santiago de Chile se arrojaron octavillas en que se pedía el fin del dictador Castro, pero Eduardo Frei, el presidente del país anfitrión de la VI Cumbre Iberoamericana, celebrada en noviembre de 1996, había defendido el derecho a su presencia. Se observaba el rostro de un Fidel grave y reservado, incluso fuera de su país, aun cuando no renunciara a la palabra: «¡Van apoderándose de los centros de producción de bienes y servicios más estratégicos, mientras nuestra cultura es despedazada! ¿Qué quedará de nuestra independencia? ¿Qué posibilidad habrá de alcanzar una verdadera "gobernabilidad democrática", el tema de este encuentro?».[1]

Así había sido también en junio, cuando participó en Estambul en la Hábitat II, conferencia internacional sobre los asentamientos humanos. En noviembre viajó a Europa para el Encuentro Mundial sobre Alimentación promovido por la FAO, ocasión en que estuvo en el Vaticano para encontrarse con el papa Juan Pablo II. En los foros del mundo Fidel continuaba defendiendo, de forma cada vez más solitaria, las mismas causas de los pobres y el Tercer Mundo, expresión en desuso pero que para la Revolución cubana se preservaba como réplica a los rumbos que querían imponerle.

En julio le habían pedido que intercediera en el caso del secuestro del arquitecto Juan Gaviria (hermano del ex presidente colombiano César Gaviria) a fin de que los guerrilleros le liberaran y desistieran de presionar para obtener la renuncia del pre-

sidente, Ernesto Samper, que trataba de protegerse de escánda-
los que le involucraban en el narcotráfico. Casi un año después,
Alberto Fujimori, presidente de Perú, fue a La Habana para consultar a Fidel: quería saber si podría acoger al comando del
Movimiento Revolucionario Tupac Amaru, que había tomado la
embajada japonesa en Lima cuando se encontraban allí decenas
de autoridades; el cubano respondió que accedería a la petición,
siempre que así lo deseara también el gobierno japonés. En enero
de 1999 se reunió con Andrés Pastrana, el presidente colombiano, y Hugo Chávez, recién elegido para la presidencia de Venezuela, para discutir la situación de enfrentamiento en Colombia.
Meses después, en La Habana, Pastrana intentaba llegar a un
entendimiento con representantes de uno de los grupos guerrilleros, el Ejército de Liberación Nacional (ELN).

   Bajo la avalancha de la crisis económica internacional, pero
ostentando el mérito de dirigir un país que ocupaba uno de los
primeros lugares en lo relativo a educación y salud, durante la VII
Cumbre, en la isla de Margarita, Fidel fue menos atacado por los
eufóricos del neoliberalismo por su negativa a promover la apertura total en Cuba.

   En 1998 y 1999 participó en las Cumbres de Oporto (Portugal) y La Habana, respectivamente. Con la incomodidad de
tener que elaborar «discursos-telegrama», como los definió, en
1998 participó en las reuniones de la Organización Mundial de
la Salud (OMS) y de la Organización Mundial del Comercio
(OMC). Asistió a esta última para discutir un acuerdo multilateral de inversiones, en pie de igualdad —una vez neutralizada parcialmente la amenaza de la aplicación de la Ley Helms-Burton
en Europa—, y observó la consagración de fórmulas cada vez
más alejadas de las necesidades de la mayoría de los pueblos.

   ¿Qué producciones industriales se nos reservará? ¿Solo aquellas de baja tecnología y elevado consumo de trabajo humano, y
   las altamente contaminantes? ¿Se pretende acaso convertir a gran
   parte del Tercer Mundo en una inmensa zona franca, sin impuestos? [...] ¿Por qué la más poderosa potencia económica del
   mundo obstruye el ingreso en la OMC de China? [...] ¿Por qué
   no se menciona el injusto intercambio desigual? ¿Por qué no se

habla ya del peso insoportable de la deuda externa? ¿De qué
vamos a vivir? [...] ¡Los países en desarrollo no podemos permitir
que nos dividan!²

Contó con la compañía de Nelson Mandela, el presidente de
Sudáfrica, compañero de tribulaciones desde hacía tiempo, que
también asistía a las sesiones de la OMC.

En La Habana promovió Economía 98, un debate con
la Asociación de Economistas de América Latina y el Caribe
(AEALC) sobre la crisis globalizada, en el que se plantearon cuestiones como: si estallaba una gran crisis, ¿sería la última? ¿El sistema podría responder? ¿Cuál era el camino más racional: los
acuerdos regionales o los multilaterales? En la discusión se hizo
evidente la gran impotencia, teórica y práctica, ante los dictámenes de los grandes organismos económicos internacionales. En
otro plano, Fidel reelaboraba sus propias ideas con respecto al
ascenso y la caída de los denominados «tigres asiáticos», «unidos
al fenómeno de miles de millones de dólares que transitan cada
día por el mundo, como en un enorme casino». El comandante
se disponía a acabar con la fatalidad del descalabro económico,
«una especie de Frankenstein incontrolable», «una bomba atómica», el campo ideal para los lobos de la especulación que, «como
en los bosques árticos, saltan sobre los renos que se atrasan en el
galope». Se sentía vigoroso en el argumento, como el cordero de
la fábula de La Fontaine. De la crisis de México a la rusa y la
asiática, el desastre se precipitó sobre América Latina.

«Todos pueden arruinarse en cuestión de horas. Un día que-
brará el propio banco del FMI, porque no alcanzarán los millones para hacer frente a todas las crisis, millones que ni siquiera
las resuelven, y nada se hace para prevenirlas. El mundo necesita
métodos de administración y exige la globalización del pensamiento político y económico», afirmó.

En la reunión del Grupo de los 77, celebrada en abril de 2000
en La Habana, abogó por la cancelación de la deuda externa de
los países menos desarrollados y la supresión del FMI, «incapaz
de asegurar la estabilidad de la economía mundial». Solicitó a los
países exportadores de petróleo la concesión de precios preferen-

ciales a los más atrasados del grupo. Alertó también sobre el peligro de la «yugoslavización» de Rusia, ahogada en problemas, y rindió un anticipado homenaje a la próxima conmemoración de los 150 años de la redacción del *Manifiesto comunista*: «Marx fue el primero en concebir el mundo globalizado, como consecuencia de una capacidad de producción de bienes que lograra satisfacer las necesidades materiales y espirituales de todos los seres humanos. Era el prefacio para un mundo socialista...».

La globalización era irreversible, pero no el neoliberalismo, señaló Fidel, consolidando las convicciones de los pensadores revolucionarios, que ni siquiera imaginaron que el progreso a cualquier precio pudiera provocar el deterioro ambiental, o que los recursos naturales alcanzarían el límite. Muy al estilo del joven Marx que aún habitaba en él, afirmó: «El sistema capitalista marcha hacia la propia destrucción, como otras sociedades de clase a lo largo de la historia. Es una ley y un proceso que se aceleran.

»[...] Y si quieren hablar de educación y salud, de un mundo humano y justo, verdaderamente democrático, ¡que simplemente renuncien a sus sistemas!».[3]

Como una secuela inevitable de ese mundo globalizado y unipolar, desaparecerían los Estados nacionales, dentro de un escenario de «desintegraciones, reintegraciones, guerras económicas, feroces competencias por los escasos recursos».

«El *apartheid* del mundo... Millones de seres desprovistos de los elementales derechos humanos, vida, salud, educación, agua potable, alimentos, vivienda, empleo, esperanzas... Al paso que vamos, con la ceguera, la superficialidad y la irresponsabilidad de las llamadas clases políticas, pronto no nos quedará ni el aire...», vaticinó.

¿El fin de la historia? Una filosofía de fin de siglo. En septiembre de 2000, Fidel asistió a la Cúpula del Milenio en la Organización de las Naciones Unidas (ONU), un foro para trazar los rumbos del futuro. Aprovechó para acusar a la institución de ser obsoleta y carente de credibilidad, por no cumplir durante décadas con su más importante función: mantener la paz y la seguridad para la humanidad. Mejor sería «terminar con el teatro», concluyó. En el momento de los saludos, estrechó la mano de Bill Clinton, en promisoria cordialidad.

El gesto no podía ser casual. Unos meses antes había concluido el caso del niño Elián, que había tenido amplia repercusión internacional. El pequeño había partido de Cuba acompañado por su madre, el 22 de noviembre de 1999, en una embarcación rumbo a Florida. Una patrulla cubana la abordó y trató de persuadir a los ocupantes de que no prosiguieran el viaje, sin éxito. Pronto acaeció el desenlace: la madre murió ahogada y el niño, al igual que varios adultos, quedó a la deriva en el mar, aferrado a un neumático. Al cabo de varios días Elián fue rescatado por la vigilancia de la frontera de Florida y acogido por parientes maternos, residentes en Miami, los cuales solicitaron y obtuvieron de inmediato la custodia temporal, sin la anuencia del padre, que había permanecido en La Habana.

Marchas y concentraciones por el regreso del niño Elián se sucedieron en la capital cubana, mientras en Florida, a pesar de las recomendaciones del Departamento de Justicia con respecto a que Elián debía ser entregado al padre, los abogados de los parientes —miembros de la Fundación Nacional Cubano-Americana (FNCA) y de la sección local del FBI, cuyo jefe era hermano del letrado que había atendido a uno de los participantes en el plan de atentado contra Fidel en la isla Margarita— conseguían retrasar indefinidamente el juicio. Días antes de la audiencia surgió un escándalo: acusaron de espionaje a un funcionario de la sección de intereses cubanos en Estados Unidos, acusación que involucraba también a otras autoridades relacionadas con el caso.

Fidel evitaba pronunciarse e incluso asistir a la «tribuna abierta» que se había montado en la plaza situada frente a la representación estadounidense en La Habana. «Ya no hace falta que yo hable…», comentó entre los íntimos.

El 22 de abril de 2000, en una operación de policías federales estadounidenses, Elián fue sacado de la casa en que se encontraba. Fidel se sorprendió al enterarse, aunque recordaba que el gobierno de Estados Unidos procuraba actuar dentro del marco de la justicia. Entonces opinó: «El problema general, sin embargo, no está solucionado. Mientras la Ley del Ajuste Cubano no se anule, podrán ocurrir otros casos... Si ofrecieran al resto de América Latina y el Caribe los mismos incentivos para la inmigración, hoy Estados Unidos estaría ocupado por gente de todas partes. Lo mismo ocurriría con Europa, que se llenaría de habitantes del norte y del sur del Sáhara...».

La crisis que había asolado Cuba, con el posterior ensayo de recuperación económica, llevó a Fidel a centrar su atención en el campo de la ideología y los valores. Muchos cubanos buscaron una guía moral en las religiones, como los ritos africanos, el espiritismo y el catolicismo. El propio comandante resolvió promover el estímulo a la fe, al anunciar la visita del papa Juan Pablo II a Cuba a principios de 1998, con lo que dinamizó más aún el diálogo del régimen con el exterior.

En cumplimiento de un acuerdo previo, se puso en libertad a 106 prisioneros cubanos, integrantes de una lista de 270 personas entregada a Fidel el 22 de enero por el cardenal y secretario de Estado del Vaticano, Angelo Sodano, en nombre del Papa. Quedaron pendientes de decisión varios casos, de participantes en atentados, infiltraciones y sabotajes, como el del salvadoreño que había colocado bombas en hoteles de La Habana, que fue condenado a muerte y fusilado en febrero de 1999.

En cuanto a la visita del Papa, algunos pensaron que se trataba de una estrategia oculta de Fidel, mientras que otros presagiaban el fin del régimen. El comandante replicó: «El Papa no puede ser considerado el ángel exterminador de socialismos, comunismos y revoluciones. Es un permanente crítico de la globalización neoliberal, un implacable adversario del neoliberalismo. Y nos alegramos mucho de eso».

El 21 de enero, Fidel caminó hasta la escalerilla del avión para recibirle. Luego, en un breve discurso que pronunció en un estrado erigido en el aeropuerto, evocó los primeros tiempos de la Iglesia y la asoció con la Revolución:

Somos un pueblo que se niega a someterse al imperio de la más poderosa potencia económica, política y militar de la historia, mucho más que la antigua Roma. Como aquellos cristianos atrozmente calumniados para justificar crímenes, nosotros, tan calumniados como ellos, preferimos mil veces la muerte a renunciar a nuestras convicciones.

[...] ¿Qué podemos ofrecerle en Cuba, Santidad? Un pueblo con menos desigualdades, menos ciudadanos sin amparo... un pueblo instruido al que usted puede hablar con toda la libertad que desee... No habrá ningún país más preparado para comprender su feliz idea: que la distribución equitativa de las riquezas y la solidaridad entre los hombres y los pueblos deben ser globalizadas... ¡Bienvenido a Cuba!

El Papa respondió: «... Acompaño con la oración mis mejores votos para que esta tierra pueda ofrecer a todos una atmósfera de libertad, confianza recíproca, justicia social y paz duradera. Que Cuba se abra al mundo y que el mundo se abra a Cuba».

Cubrieron el encuentro 166 cadenas de televisión y más de 3.500 periodistas extranjeros. Entre las aglomeraciones no se veían soldados ni policías armados, según refirieron varios observadores. En persona o a través de los medios de comunicación centenares de millones de personas siguieron la visita del Papa a Cuba, sin manifestaciones contra el régimen, sin ningún tipo de represión. Solo se asistió a momentos de paz y armonía, en que Fidel, sentado en primera fila, era un anfitrión digno y respetuoso.

En sus discursos, Juan Pablo II abordó algunos preceptos de la Iglesia, como la condena al aborto y al divorcio, que en Cuba son libres. El único incidente entre la jerarquía eclesiástica y el gobierno cubano estuvo causado por la posición expresada por el arzobispo de Santiago de Cuba, Pedro Meurice Estiù en sus palabras introductorias. Cerca de Raúl Castro, criticó el marxismo-leninismo y a «los cubanos que confunden la patria con un partido, la cultura con una ideología». El Papa percibió el malestar y, al leer el texto de su homilía, cuyas copias ya se habían distribuido, omitió con habilidad el término «derechos humanos» y una frase del general Antonio Maceo, héroe de la Independencia de Cuba —«Quien no ama a Dios no ama a la patria»— para no acentuar la polarización.

Poco después quien habría de polemizar sería Fidel, pero en

el ámbito interno, con los responsables de películas y libros que explotaban el desaliento y los problemas sociales cubanos, y ganaban con ello honores en el exterior. Parte de los intelectuales se quejó de síntomas de una nueva «caza de brujas». En la Unión Nacional de Escritores y Artistas de Cuba (UNEAC), que representaba a todo el colectivo, muchos trataron de neutralizar la situación negando toda amenaza de retroceso al «realismo socialista». Fidel fue a la sede del organismo para conversar y expresó que lo deseable era buscar el «socialismo real», con una producción cultural de identidad, no condicionada por las necesidades del mercado. Sus interlocutores, sin rechazar esta tesis, sostenían que la realidad obligaba a una creatividad competitiva, como en los países capitalistas, y más aún en tiempos de globalización.

En el año 2000 Fidel se dedicaría de forma prioritaria a la reestructuración de la política cultural. La «tribuna abierta» instaurada durante el caso Elián se volvió permanente. El comandante promovió la diversificación de todas las formas de creación, desde las escuelas hasta las calles y los centros especializados, como requisito básico para una «globalización cuantitativa», sin patrones uniformes, sin vulgarización de la cultura. Su mirada se fijaba en los jóvenes; por esa lente podía verse a sí mismo varias décadas atrás. También él había sido un significativo fruto de una generación.

> Nuestra juventud necesita una educación abarcadora, una profunda cultura política, ni dogmática ni sectaria. José Martí dijo: «Ser culto para ser libre», y hay que agregar: «Sin cultura no hay libertad posible».
>
> [...] El orden económico y la globalización neoliberal están indefensos y huérfanos de ética e ideas. En ese campo se decidirá la lucha principal del nuevo tiempo.
>
> [...] ... porque el propio desarrollo humano, de la ciencia y de la técnica, convirtió el mundo en una aldea donde no caben fronteras...
>
> [...] Tengo la esperanza de que mucha gente comprenderá o llegará a descubrir por sí misma que podemos salvar la especie humana. Marx criticó a los utópicos. Me siento entre los criticados con motivo, ¿sí o no?

Líder de estrategia mediante contextos reales, Fidel ya había puesto a cierta distancia —aunque al alcance de la mano— su naturaleza idealista. Hacia el fin del milenio, concluido el siglo, se había convencido de la imposibilidad de un socialismo inmaculado. Ante las desigualdades, la tarea consistía en hallar el modo de neutralizarlas.

53

¿UN LÍDER INSUSTITUIBLE?

Su tendencia al silencio había coincidido con la llegada «oficial» de los setenta años de Fidel, en 1996. Cuando se presentó en la provincia de Las Villas, donde el pueblo celebraba el fin de la construcción de una carretera, su figura plácida, la mirada baja y el semblante cansado inducían a creer que el enérgico estadista había envejecido. Sentado en un pequeño palco montado sobre un campo, se entretenía observando hablar a la gente, tamborileando con las uñas, fuertes y puntiagudas, de una mano contra las de la otra, mesándose de vez en cuando la barba. Sin embargo, cuando llegó el momento de su discurso se levantó con resolución, recobrada la vivacidad. Después, durante el encuentro con los miles de niños y adolescentes que se reunieron para felicitarle por su cumpleaños, confesó: «No es fácil adaptarse mentalmente a la idea de la vejez. Tendemos a contemplar lo que quedó atrás, y se entiende que la vida tiene un límite…».

La proximidad de la gente siempre le agradaba. Destino o castigo era la lucha del gabinete, comentó. Últimamente huía lo más posible de las reuniones ejecutivas y asistía apenas a las fundamentales. Como se hallaban bien distribuidas las responsabilidades de gobierno, solo era necesario continuar preparando futuros cuadros de dirección. Fidel ya podía «hasta tomar vacaciones» si así lo deseaba, emprender largos viajes, «el eterno, tal vez», con lo que daba cuerda a rumores y sospechas.

Ver al comandante en el umbral de los setenta replanteaba la gran incógnita sobre la supervivencia de una Cuba revolucionaria tras su desaparición. ¿Sobrevendría la aterradora frustración, el inmenso vacío, un desmoronamiento social, la inestabilidad del poder? En los bastidores de la diplomacia se comentaba un diagnóstico: se había iniciado la «sucesión de Fidel». Con la escena política abierta a sus más próximos colaboradores, se cumplía un inestable «baile de las sillas» entre su hermano Raúl y las figuras jóvenes ascendentes: Carlos Lage, Abel Prieto, Felipe Pérez Roque, e incluso el presidente de la Asamblea Nacional, Ricardo Alarcón. Con respecto a los rumores sobre su mal estado de salud, el líder puntualizaba: «Quédense tranquilos. Solo vengo reconquistando mi libertad, poco a poco».

Habría podido «ausentarse para escribir sus memorias», algo que «por cierto no ocurrirá», según afirmó. A pesar de haber sido un contumaz conspirador, Fidel saca al fin sus secretos a la luz, en el momento y de la manera que ha juzgado adecuados, en este libro, afirmando que nada importante queda por revelar. En verdad, siendo un eterno rebelde, reacio a los encuadramientos, ni siquiera el liderazgo, la condición de estadista y su equipo de escoltas le han impedido disfrutar de la vida por completo, si bien su intimidad ha sido solo una serie de fugaces intervalos. La curva de la vejez le obliga a cuidarse, pero en lo cotidiano, si no hay compromisos que cumplir, permanece todavía noches enteras en su despacho, leyendo o trabajando, o practica sus ejercicios, y solo se acuesta de madrugada. De lo contrario conversa con algún visitante de la isla, entre copas de vino, hasta que despunta el sol.

En octubre de 1997, durante el V Congreso del Partido Comunista de Cuba (PCC), Fidel inquietó a los presentes con su insistencia en destacar a Raúl como su gran sustituto, de acuerdo con uno de sus primeros pronunciamientos al respecto, realizado en 1959. El hermano es el jefe organizado y experimentado, no tan «duro» como aparenta —aunque se rodee de hombres de ese tipo, todos combatientes «históricos»— y compone el vértice principal de un triángulo que se completa con Carlos Lage (hoy un maduro dirigente, práctico, modesto y circunspecto) en el área de economía y con Ricardo Alarcón, más teórico y discursivo, en el área política. Fidel dejó claro que la posibilidad de una sustitución sería algo que correspondería de-

cidir al PCC y la Asamblea Nacional en el momento oportuno.
Al respecto del tema de la sustitución, ironizó el comandante con
algunos íntimos: «Cuiden más de Raúl. Si yo fuera el imperialismo, no estaría tratando de liquidar a Fidel...».

Pero ya se habían incorporado en la práctica medidas destinadas a evitar el riesgo de una doble pérdida. En lo que concierne
a Fidel, la contrainteligencia cubana llegó a contar 637 tentativas de asesinato, entre proyectos y operaciones desarrolladas y
abortadas, hasta 1997.

«Si he aprendido una lección en todos estos años en que tuve
que desafiar la muerte, muchas veces desarmado, es que el enemigo respeta a los que no le temen, a los que lo desafían», reflexionó.

Principal figura de la «generación del centenario» del nacimiento de José Martí, a semejanza del patrono libertador, en su
vida Fidel ha conjugado el pensamiento, la palabra y la acción.
Reúne los extremos del ideal y la práctica, reflexiona para actuar,
pero decide con ímpetu, sin estudiada determinación.

Cuando asaltó el cuartel Moncada no tenía perspectivas. Al
ser enviado a la cárcel vislumbraba la muerte segura. Tras desembarcar del *Granma*, atascado en un pantano, era un náufrago. El
espíritu de la subversión le impulsaba, pero jamás se negaba a la
disciplina. Con audacia y arrojo se internó en la Sierra Maestra y
venció en una guerra imposible contra un ejército de 80.000 hombres. La hazaña le valió el apodo de El Caballo, pero fue con el
vigor de la mente como aplicó principios, controló resultados y
reelaboró la experiencia. Si influyó el azar, no fue el factor pre-
ponderante.

Martí, Bolívar o San Martín, Frei Caneca o Tiradentes, libertadores latinoamericanos, todos fueron derrotados antes de llegar a ver acabada su obra. Salvo Fidel. La frustrada Independencia de Cuba se completó con él, casi un siglo después. Como el
general dominicano Máximo Gómez, practicó las formas de
combate irregular en determinadas condiciones geográficas.
Como el general Antonio Maceo, deseó autonomía al comando
militar de la Sierra, dejando en segundo plano la cuestión civil.
Cuando se negó a tratar con el poder durante la Junta de Libe-

ración (diciembre de 1957), fue el héroe Maceo quien le indicó el camino. Como un maestro, conjugó propuestas y situó a
cada grupo en su lugar. El triunfo le lanzó a la atención del
mundo: «Fidel era entonces el cohete disparado al espacio que...
o llegaría a su destino o perecería en el intento».[1]

Hizo historia en el ejercicio del poder; intimidó a los opositores o los hizo vacilar, ganando simpatías por encima de las diferencias. Como otros fundadores de revoluciones, adquirió una
enorme autoridad, deslumbrante, avasalladora, que le convirtió en
un mito viviente, el último del milenio. Un mito, a la vez, reforzado por la natural asociación con el acontecimiento histórico
que lo hizo nacer, «la revolución de Castro», y hábilmente utilizado por la contrapropaganda.

Por su parte, desde el principio procuró combatir el «culto a
la personalidad» y el abuso de poder. Fidel era el Estado y no lo era.
En cierta oportunidad el Consejo de Estado pensó en condeco-
rarle como «héroe de Cuba», a lo que se resistió con obstinación,
puesto que habría parecido «una autocondecoración». Mientras
ocupara cargos, declaró, jamás podría recibir un homenaje semejante, en acatamiento a la idea de la dirección colectiva, heredada
desde la fundación del Movimiento 26 de Julio.[2] Se mantiene
como jefe de Estado postulado y elegido, en primera instancia,
como diputado por el municipio oriental de Santiago de Cuba.
«¿Quién soy yo? Un político en el mejor sentido de la palabra»,
aseveró.

Con relación a su mayor adversario, Estados Unidos, el bloqueo acabaría por convertirse en el mayor culpable de las amarguras de Cuba, absolviéndola de sus propios errores de política
económica. Resolver el tema sería complejo, así como situar una
relativa acomodación del conflicto cubano-estadounidense en un
margen de tiempo previsible. Fidel opinó: «Ni me alegra ni me
entristece; lo tomo con serenidad. La regularización no es para
nosotros algo desesperadamente necesario. Normalizar las relaciones no depende de nosotros, repito».

Temas como las relaciones entre familiares separados se solu-
cionaron poco a poco, a través de visitas o de envío de recursos.
Algunos legisladores estadounidenses abogaron por la liberación

de la venta de fármacos, equipamientos médicos y alimentos para
Cuba, con el aval de la Cámara de Comercio. En octubre
de 1999 Fidel recibió por primera vez en La Habana al gobernador de un estado de Estados Unidos, George Ryan, de Illinois.
Se movilizaron grupos en pos de la concesión de una «ayuda humanitaria» al país, pero el cubano rechazó la propuesta, por considerarla «cínica». Hasta se calzó un par de zapatillas de deporte
de fabricación cubana y encabezó una marcha por las calles de
la capital «en repudio a las migajas».

«¡Que nos traten igual que a China, Vietnam y otros países!
¿Por qué quieren imponernos criterios? Nos obligan a consta-
tar: caballeros, ¿quiénes son los principales defensores del socialismo en Cuba? Ellos mismos.»

En la quietud del avanzar de la edad, prefiere dedicarse a la
reflexión, para reavivar la Revolución y encontrar el camino que
conduzca a un estadio superior de conciencia política.

«¿Pueden seguir imponiéndose al mundo patrones de consumo? ¿No podríamos inculcar un poco más de ansia de cultura y
riqueza espiritual? ¿Sin esquemas, dogmas o palabras de orden?»

Fidel no pensaba sobrevivir mucho tiempo cuando asumió la
rebeldía de su juventud. Hoy siente nostalgia de aquel niño que
escalaba sierras y cruzaba ríos, pero escruta el futuro, como en la
cumbre del pico Turquino. Ha dejado de ser el audaz dueño de
la verdad, pues conoce la contención de quien ha visto desmo-
ronarse grandes expectativas. Ha aprendido la paciencia y afirma
que comenzaría todo de nuevo, con la meta de un atleta olímpico, soñando «combatir hasta el último día, como un soldado
raso».

«En la montaña se sufre más de sed cuando la cantimplora está
vacía. Adquirí el hábito de no tomar agua hasta poder reabaste-
cerla...»

APÉNDICE I

FRENTES DE GUERRA

Diciembre de 1956 – Diciembre de 1958

FRENTE	COMPOSICIÓN	AL MANDO DE
Primer Frente *«José Martí»*	Col. 1 «José Martí»	Cte. en jefe Fidel Castro
	Col. 4 «Desalojo campesino» (hasta mayo de 1958)	Cte. Ernesto (Che) Guevara
	Col. 7 «Regimiento Caracas»	Cte. Crescencio Pérez

Marzo – Diciembre de 1958

Segundo Frente Oriental «Frank País»	Col. 6 «Juan M. Ameijeiras»	Cte. Efigenio Ameijeiras Cte. Raúl Castro
	Col. 16 «Enrique Hart»	Cte. Carlos Iglesias
	Col. 17 «Abel Santamaría»	Cte. Antonio E. Lussón
	Col. 18 «Ñico López»	Cte. Félix Pena
	Col. 19 «José Tey»	Cte. Belarmino Castilla
	Col. 20 «Gustavo Fraga»	Cte. Demetrio Montseny

FRENTE	COMPOSICIÓN	AL MANDO DE
Tercer Frente	Col. 3 «Santiago de Cuba»	Cte. Juan Almeida
Oriental		
«Mario Muñoz»	Col. 9 « Antonio Guiteras»	Cte. Húber Mattos
Cte. Juan Almeida		
	Col. 10 «R. Ramos Latour»	Cte. René de los Santos

Octubre – Diciembre de 1958

Cuarto Frente	Col. 32	Cte. Delio Gómez
Oriental	«José E. Echeverría»	
«Simón Bolívar»		
Cte. Delio Gómez	Col. 12 «Simón Bolívar»	Cte. Eduardo Sardiñas
	Col. 14 «J. M. Márquez»	Cap. Osvaldo Lara
	Col. 31 «Benito Juárez»	Cap. Luis Pérez
Frente	Col. 11 «Cándido	Cte. J. Vega
Camagüey	González»	
Cte. V. Mora (T)	Col. 13 «Ignacio	Cte. V. Mora
	Agramonte»	
Frente Norte	Col. 2 «Antonio Maceo»	Cte. Camilo Cienfuegos
de Las Villas	Destacamento «Máximo	
Cte. Camilo	Gómez»	Cte. Félix Torres
Cienfuegos	Grupo «Marcelo Salado»	Cap. V. Paneque
Frente Centro y Sur	Col. 8 «Ciro Redondo»	Cte. Ernesto (Che) Guevara
de Las Villas	Dest. «D. R.-13-M»	Cte. Faure Chomón
Cte. Ernesto		
(Che) Guevara	Col. «M-26-7»	Cte. Víctor Bordón
	Col. «II F.N.E.»	Cte. E. Gutiérrez (T)

FRENTE	COMPOSICIÓN	AL MANDO DE

Mayo – Diciembre de 1958

La Habana- *Matanzas* *(frente en formación)*	Col. «Enrique Hart» Grupo «M-26-7» Grupo «P.S.P.» Col. «Ángel Ameijeiras»	
Frente Pinar del Río *Cte. Dermidio* *Escalona*	Col. 1 Col. 2 «Ciro Redondo» Col. 3 «Hnos. Saiz» Col. 4 Grupo «D.R.-13-M» Grupo « M-26-7»	Cte. Dermidio Escalona Cap. Rogelio Payret Cap. José Argibay Cap. Pedro García Cap. Raúl Fornel Cap. Roberto Amarán

APÉNDICE II

CRONOLOGÍA DE LA GUERRILLA
(Noviembre de 1956 a diciembre de 1958)

1956

25 de noviembre
De madrugada sale de Tuxpán, México, el yate *Granma*, con 82 expedicionarios a bordo.

30 de noviembre
El *Granma* llega al sur de la isla de Pinos. Se inicia una rebelión en Santiago de Cuba y otras localidades, organizada y dirigida por Frank País.

2 de diciembre
Al amanecer el yate *Granma* llega a las costas cubanas, a un lugar conocido como Los Cayuelos, cercano a la playa Las Coloradas, en la provincia de Oriente.

5 de diciembre
Después de atravesar pantanos y bosques los expedicionarios acampan en un lugar llamado Alegría de Pío. Son sorprendidos por las fuerzas del ejército de Batista. La mayoría de los combatientes se dispersan en distintas direcciones.

8 al 16 de diciembre
Son apresados y/o asesinados varios combatientes en la región.

16 de diciembre
Fidel Castro, Faustino Pérez y Universo Sánchez consiguen cruzar el cerco del ejército y llegan a la hacienda Cinco Palmas, en Purial de Vicana.

17 de diciembre
Se les une el expedicionario Calixto Morales.

18 de diciembre
Se incorporan al grupo de Fidel: Raúl Castro, Ciro Redondo Frías, René Rodríguez Cruz, Efigenio Ameijeiras Delgado y Armando Rodríguez Moya.

20 de diciembre
Llegan al mismo punto: Juan Almeida, Ernesto (Che) Guevara, Ramiro Valdés Menéndez, Camilo Cienfuegos, Reinaldo Benítez Nápoles, Francisco González y Rafael Chao.

25 de diciembre
Los quince expedicionarios, más cinco campesinos locales, salen de la hacienda Cinco Palmas, en Purial de Vicana.

1957

17 de enero
Combate de La Plata, primera acción victoriosa de los rebeldes.

22 de enero
Combate en Llanos del Infierno.

30 de enero
Bombardeo de la aviación militar en la zona del pico Caracas, lo que provoca la dispersión de las fuerzas rebeldes.

9 de febrero
Nueva dispersión en el Alto de Espinosa.

17 de febrero
Reunión de la Dirección Nacional del M-26-7 en la zona de Jíbaro y entrevista a Fidel del periodista Herbert Matthews, del *New York Times*.

1 de marzo
Nueva dispersión y aislamiento del grupo guerrillero.

15 de marzo
El primer refuerzo enviado por Frank País sale del campamento que Celia Sánchez organizó en un cañaveral próximo a Manzanillo, en dirección a la Sierra Maestra, y llega a Derecha de la Caridad de Mota el día 24.

28 de abril
El destacamento guerrillero avanza más hacia el este y sube por primera vez al pico Turquino.

28 de mayo
Combate de Uvero.

24 de junio
Fidel y los guerrilleros suben nuevamente al pico Turquino.

30 de junio
Después de bajar cerca de las costas de Ocujal, vuelven a escalar el Turquino.

17 de julio
En Llanos del Infierno, Fidel nombra jefe a Ernesto (Che) Guevara y posteriormente lo designa comandante de la columna 4.

27 de julio
Combate en la Central Estrada Palma.

31 de julio
Ataque al cuartel de Bueycito por fuerzas de la columna 4.

20 de agosto
La columna 4 ataca al ejército de Batista en la desembocadura del río Palma Mocha y se retira hacia el pico Turquino.

29 de agosto
Combate de Hombrito. Participan fuerzas de la columna 4.

17 de septiembre
Primer combate de Pino del Agua. Intervienen la columna 4 y un pelotón de la columna 1 (de Fidel).

8 de noviembre
Combate en Mareón, cerca de Pilón.

20 de noviembre
Fuerzas de la columna 1 combaten en San Lorenzo, Gabiro y Mota.

29 de noviembre
Combate de Malverde.

4 de diciembre
Enfrentamiento en la zona de Hombrito. Intervienen fuerzas de la columna 4.

8 de diciembre
Enfrentamiento en Alto de Conrado. Participa la columna 4.

24 de diciembre
Combate de Chapala, zona de Calicito. Participa la columna 1.

1958 - Primer Frente
(Columna 1, comandada por Fidel Castro)

16 de febrero
Segundo combate de Pino del Agua, por fuerzas combinadas de las columnas 1 y 4.

1 de marzo
Por determinación de Fidel, salen de Pata de la Mesa la columna 6, al mando de Raúl Castro, para organizar el Segundo Frente, y la columna 3, al mando de Juan Almeida, para constituir el Tercer Frente.

3 de marzo
Ataque de la columna 1 a la Central Estrada Palma.

1 abril
Camilo Cienfuegos asume el mando del territorio de la llanura del Cauto, desde Bayamo hasta Victoria de las Tunas. Posteriormente es nombrado comandante.

17 de abril
Combate en la Central San Ramón, en Campechuela, al mando de Fidel.

24 de mayo
Combate en Las Cuchillas de Bayamo, dirigido por Camilo Cienfuegos.

25 de mayo
Combate de Las Mercedes. Comienza la ofensiva adversaria.

28 de mayo
Combate en Las Minas de Buey Arriba. Lucha la columna 4.

29 de mayo
Combate en El Macío, cerca de Buey Arriba.

19 de junio
Inicio oficial de la gran ofensiva denominada «Fin de Fidel». Combate en Alto de la Caridad, cerca de Palma Mocha. Combate en La Manteca-Santo Domingo, a orillas del Yara. Combate en Los Isleños y El Mango, en el río Jibacoa.

28 de junio
Comienza la primera batalla de Santo Domingo.

30 de junio
Termina la primera batalla de Santo Domingo.

5 de julio
Combate de El Naranjal, cerca del río La Plata.

8 de julio
Combate en el Alto de Meriño.

11 de julio
Comienza la batalla de El Jigüe.

21 de julio
Termina la batalla de El Jigüe.

25 de julio
En Las Vegas de Jibacoa son entregados a la Cruz Roja más de 150 soldados prisioneros. Se inicia la segunda batalla de Santo Domingo.

29 de julio
Combate en Las Vegas de Jibacoa.

30 de julio
Combate en El Jobal de Arroyón.

31 de julio
Se inicia la batalla de Las Mercedes.

6 de agosto
EL ejército se retira de Las Mercedes al finalizar la batalla. Termina la ofensiva.

9 y 13 de agosto
Entrega de soldados prisioneros a la Cruz Roja.

21 de agosto
Sale de El Salto, a orillas del río Yara, la columna 2, al mando de Camilo Cienfuegos, con rumbo al extremo oeste del país (Pinar del Río).

28 de agosto
La columna 9 parte para unirse al Tercer Frente.

30 de agosto
Sale para unirse al Tercer Frente la columna 10, al mando de René de los Santos.

31 de agosto
Sale de Jíbaro hacia Las Villas la columna 8, al mando de Ernesto (Che) Guevara.

8 de septiembre
La columna 11 parte de Las Vegas de Jibacoa con el objetivo de abrir el Frente Guerrillero de Camagüey.

25 de octubre
Al mando de Delio Gómez Ochoa, la columna 32 sale de La Plata para constituir el Cuarto Frente.

3 de noviembre
Ataque al aeropuerto de Manzanillo.

13 de noviembre
Instrucciones de Fidel para la ofensiva rebelde final.

19 de noviembre
Fidel y Juan Almeida se reúnen en el puente Monjarás. Se inicia la batalla de Guisa, con fuerzas combinadas del Primer y el Segundo Frentes.

30 de noviembre
Termina la batalla de Guisa y el ejército de Batista abandona el pueblo.

2 de diciembre
Fidel establece su comando en La Rinconada.

4 de diciembre
Combate en Arroyo Blanco, Palma Soriano.

10 de diciembre
Comienza el combate en Maffo, que se prolonga 21 días. Intervienen fuerzas del Tercer Frente, todas al mando de Fidel.

18 de diciembre
Combate en Baire. Reunión de Fidel y Raúl Castro en La Rinconada.

19 de diciembre
Combate en San José del Retiro, Jiguaní.

27 de diciembre
Termina, al cabo de cinco días, el combate de Palma Soriano. Participan fuerzas del Segundo y el Tercer Frentes.

31 de diciembre
Queda cortada toda comunicación terrestre entre Santiago de Cuba y el resto de la isla.

1 de enero de 1959
Fidel llama a la huelga general y se reúne en El Escandel con altos oficiales del gobierno, para la rendición incondicional de la ciudad de Santiago de Cuba.

1958 - Segundo Frente
(Columna 6, comandada por Raúl Castro)

11 de marzo
Después de atravesar la carretera Central, la columna 6 llega a la zona de Piloto en Medio, cercana a Pinares de Mayarí, donde se funda oficialmente el Segundo Frente.

31 de marzo
Combate en Moa.

4 de abril
Combate en Caimanera.

9 de abril
Ataque al cuartel de Imías.

28 de abril
Combate en Ramón de las Yaguas.

23 de mayo
Combate en Moa.

28 de mayo
Combate en La Lima, al norte de Guantánamo.

29 de mayo
Ataque a las minas de Ocujal.

4 de junio
Combate en La Zanja.

27 de junio
Captura de 29 *marines* estadounidenses, cerca de Caimanera, para evitar el envío de armas a Batista desde la base naval.

1 de julio
Ataque a la Central Ermita.

1 de septiembre
Ataque al cuartel de policía de San Luis.

12 de septiembre
Ataque al cuartel de Cueto.

10 de octubre
Combate en Levisa.

20 de octubre
Las fuerzas rebeldes ocupan la central productora de níquel de Nicaro. El ejército enemigo incendia el pueblo de Levisa.

1 de noviembre
Durante semanas se combate en La Maya, Songo, Cuneira, Soledad, Baltony, Alto Cedro, Borjita, Socorro, San Luis, Marcané y Minas de Ocujal.

19 de noviembre
Se inician los combates en Sagua de Tánamo y Mayarí.

7 de diciembre
Fin del combate en La Maya.

9 de diciembre
Termina el combate en San Luis, comienza en Paraná.

19 de diciembre
Fin del enfrentamiento en Caimanera.

23 de diciembre
Termina el combate en Cueto.

24 de diciembre
Sagua de Tánamo se rinde a las fuerzas de la columna 19.

29 de diciembre
Fuerzas de las columnas 14, 16 y 17 rodean la ciudad de Holguín.

30 de diciembre
Combate de Guanina.

31 de diciembre
Victoria en Mayarí. Se establece el cerco a Guantánamo, bloqueando la ciudad.

1958 - Tercer Frente
(Columna 3, comandada por Juan Almeida)

5 de enero
Combaten grupos guerrilleros en Dos Palmas.

7 de enero
Enfrentamiento en Cruce de los Baños.

5 de febrero
Combate en Guineo, Alto de la Babosa.

25 de febrero
Combate en las minas de Charco Redondo.

6 de marzo
Se constituye oficialmente el Tercer Frente en la zona de Puerto Arturo. Cerca de San Lorenzo de Céspedes se unen los guerrilleros que operan en esa zona.

13 de marzo
Ataque a la refinería de petróleo en Santiago de Cuba.

4 de abril
Ataque al cuartel de Aguacate.

5 de abril
Combate en Dos Palmas.

10 de abril
Combate en El Cobre, que termina al día siguiente.

15 de abril
Durante cinco días, combate en Charco Mono.

30 de mayo
Combate en Ramón de Guaninao.

2 de junio
Combate en Mina Grande, El Cobre.

4 de junio
Combate en Tres Pechos.

11 de junio
Combates en La Pimienta y Palma Soriano.

14 de junio
Combates en La Trinchera y Manacas, cerca de El Cobre.

7 de julio
Ataque a Dos Palmas.

22 de agosto
Combate en El Cristo.

29 de agosto
Ataque a Cacao, zona de Matías.

31 de agosto
Combate en la localidad de Dos Palmas.

24 de septiembre
Combate en Puerto de Moya, carretera Central.

27 de septiembre
Combate en Paraná.

16 de octubre
Tres días de combate en Puerto Pelado.

27 de octubre
Combate en El Caney.

31 de octubre
Combate en Malverde, cerca de Santiago de Cuba.

1 de noviembre
Ataque a El Cristo.

13 de noviembre
Ataque al cuartel de El Cobre.

19 de noviembre
Fuerzas combinadas del Primer y el Tercer Frentes inician la batalla de Guisa.

22 de noviembre
Combate en Puerto de Moya.

23 de noviembre
Ataque a Dos Palmas.

5 de diciembre
Los rebeldes secuestran dos goletas cerca de Santiago de Cuba.

12 de diciembre
Cinco días de combate en La Aduana, cerca de Palma Soriano. Los rebeldes atacan el aeródromo de la Central Palma.

14 de diciembre
Combate en Puerto de Moya. En las proximidades de El Cobre, atacan una gran tropa que pasa por la carretera.

25 de diciembre
Se rinde el cuartel de El Cobre.

31 de diciembre
Cierran el cerco sobre Santiago de Cuba. Al día siguiente se rinden las tropas regulares de la ciudad.

1958 - Cuarto Frente
(Comandado por Delio Gómez Ochoa)

9 de octubre
Enfrentamiento en Arroyo del Muerto.

10 de octubre
La columna 12, al mando de Eduardo (Lalo) Sardiñas, sale para integrarse al Cuarto Frente.

21 de octubre
Combate en la represa de Holguín y en Aguas Claras.

22 de octubre
Encuentro en Jobabo.

25 de octubre
En la zona del Cuarto Frente se juntan la columna 32, al mando de Delio Gómez Ochoa, y la 14, al mando de Orlando Lara.

30 de octubre
Combate en el acueducto de Gibara.

1 de noviembre
Ataque a la ciudad de Victoria de las Tunas. Enfrentamiento en Buenaventura.

2 de noviembre
Combate en Güiros.

4 de noviembre
Ataque a la Central Velazco.

7 de noviembre
Combate en San Agustín de Aguarás.

17 de noviembre
Ataque a la ciudad de Puerto Padre.

25 de noviembre
Combate en Guanábana.

27 de noviembre
Ataque a la Central Chaparra.

29 de noviembre
Combate en la localidad de San Andrés.

15 de diciembre
Combate en Buenaventura.

16 de diciembre
Ataque a los cuarteles de Bartle y Manatí.

23 de diciembre
Combate en la ciudad de Puerto Padre.

28 de diciembre
Se inicia el sitio a la ciudad de Holguín. Fuerzas combinadas del Cuarto
y el Segundo Frentes entran en San Germán.

30 de diciembre
Fuerzas de las columnas 12 y 13 controlan Jobabo.

31 de diciembre
Asalto a la ciudad de Victoria de las Tunas.

1958 - Frente Camagüey
(Columnas 11 y 13, comandadas por Vega y Mora)

20 de febrero
Combate en Las Nuevas.

25 de marzo
Se incorpora el capitán Orlando Lara con fuerzas de la columna 13.

1 de abril
Asalto al cuartel del pueblo Mir.

9 de abril
Ataque a la central eléctrica de la ciudad de Camagüey. Ataque a la
central eléctrica en Vicente, Ciego de Ávila. Ataque a San Clemente.

22 de abril
Ataque al tren en Las Gordas y enfrentamiento en Berrocal.

12 de mayo
Asalto al pueblo de Camalote.

9 de septiembre
Combate de la columna 8 (Che Guevara) en La Federal.

13 de septiembre
Combate de la columna 2 (Camilo Cienfuegos) en La Malograda.

14 de septiembre
Combate de la columna 8 en Cuatro Compañeros.

22 de septiembre
La columna 11 llega a la provincia de Camagüey.

23 de septiembre
Enfrentamiento en Corojito de Vialla.

26 de septiembre
Combate en Pino 4.

27 de septiembre
Emboscada del ejército a la columna 11 en Pino 3.

30 de septiembre
Asalto a un tren cerca de la Central Francisco.

22 de octubre
Incendio en el ayuntamiento de Cuatro Caminos.

29 de octubre
Asalto a un tren cerca de la Central Francisco.

30 de octubre
Llegan más combatientes de la columna 13 a la provincia de Camagüey.

1 de noviembre
Rendición del cuartel de Lombillo.

2 de noviembre
Asalto al pueblo de Algarrobo.

3 de noviembre
Enfrentamiento en Jagua 3.

5 de noviembre
Enfrentamiento de la columna 11 en Amarillas.

17 de noviembre
Se capturan equipos de radio enemiga, cerca de la Central Francisco.

22 de noviembre
Combate en la Central Najasa.

27 de noviembre
Ataque al cuartel del pueblo Marroquí.

11 de diciembre
Ataque al aeropuerto de la Central Francisco.

14 de diciembre
Combate en San Manuel de Junco.

17 de diciembre
Asalto al cuartel de Punta Alegre.

20 de diciembre
Combate en el kilómetro 6 de la carretera Camagüey-Florida.

21 de diciembre
Asalto al tren de Holguín-Guáimaro.

22 de diciembre
Ataque al cuartel de Tamarindo.

28 de diciembre
Liberación de la Central Jobabo.

1958 - Frente Centro y Sur de Las Villas
(Columna 8, comandada por el Che Guevara)

16 de octubre
Llega a Alto de Obispo, zona central de Las Villas, la columna 8, al mando de Ernesto Che Guevara.

21 de octubre
Combate de Cabaiguán por fuerzas del Directorio Revolucionario.

26 de octubre
Combate en Güinía de Miranda.

12 de noviembre
Combate en Banao.

21 de noviembre
Combate en Caracusey.

28 de noviembre
El ejército inicia su última ofensiva contra el campamento de Pedrero.

1 de diciembre
Se firma el Pacto del Pedrero entre el Movimiento Revolucionario 26 de Julio y el Directorio Revolucionario. Días más tarde, el Partido Socialista Popular se adhiere al acuerdo. Los rebeldes destruyen el puente Falcón en la carretera Central. Se inicia el combate de Fomento y comienza la campaña de Las Villas, con fuerzas del M-26-7 y el D.R.-13-M., al mando general del Che Guevara.

21 de diciembre
Combate en Cabaiguán y Guayos.

22 de diciembre
Combate en Manicaragua.

23 de diciembre
Combate en Sancti Spiritus.

24 de diciembre
Combate en Placetas.

25 de diciembre
Combate en Remedios y en Caibarién.

29 de diciembre

Se inicia la batalla de Santa Clara.

31 de diciembre

La ciudad de Trinidad es controlada por fuerzas del D.R.-13-M. y se rinde la ciudad de Santa Clara.

1958 - Frente Norte de Las Villas
(Columna 2, comandada por Camilo Cienfuegos)

7 de octubre

La columna 2, al mando de Camilo Cienfuegos, llega a la zona norte de Las Villas.

15 de octubre

Combate en Monte Alicante.

22 de octubre

Combate en Yigre.

27 de octubre

Combate en Gambao, Remedios.

31 de octubre

Combate en Venegas.

24 de noviembre

Combate en Zulueta.

5 de diciembre

Combate en la central eléctrica de Iguará.

15 de diciembre

Combate en Iguará.

18 de diciembre

Combate en Meneses, que dura dos días.

19 de diciembre

Combate en Mayajigua.

20 de diciembre

Combate en Yaguajay.

21 de diciembre

Combate en Zulueta.

31 de diciembre

Se rinde el cuartel y se controla Yaguajay.

1958 - Frente La Habana-Matanzas
(en formación)

Mayo
Se organizan los grupos guerrilleros.

17 de junio
Desembarco de armas cerca de La Rayonera de Matanzas.

Septiembre
Aterriza un avión con armas en Vía Blanca.

1 de noviembre
Asalto al cuartel de la Guardia Rural de Agramonte.

2 de noviembre
Asalto y toma de la Central Triunfo, en Limonar.

8 de noviembre
El capitán José Garcerán de Valls desembarca en Varadero.

17 de diciembre
Destrucción del tren *Minguino*, cerca de Los Arabos. Enfrentamiento en el puente San Agustín, Ceiba Mocha. Muere el capitán De Valls. Asalto y toma de la Central Dos Rosas.

27 de diciembre
Asalto y toma de la Central Zorrilla, en Los Arabos.

28 de diciembre
Encuentro en el pueblo Martí.

31 de diciembre
Ataque a San Miguel de los Baños.

1958 – Frente Pinar del Río
(Comandado por Dermidio Escalona)

12 de abril
Enfrentamiento en la sierra de Pinalillo.

14 de abril
Desembarca, en La Coloma, una expedición a bordo de *El Corojo*, procedente de Cancún, México.

25 de abril
Enfrentamiento en las márgenes del río Los Palacios.

20 de junio
Combate en la hacienda La Güira, en Consolación del Sur.

9 de agosto
Ataque a San Andrés de Caiguanabo.

17 de agosto
Enfrentamiento en San Cristóbal.

19 de agosto
Combate en Seboruco, Los Palacios.

21 de agosto
Enfrentamiento en Sierra de los Condenados, San Cristóbal.

3 de octubre
Desembarco de armas procedentes de Miami, en Bahía Honda.

11 de octubre
Ataque al cuartel de Las Pozas.

18 de octubre
Enfrentamiento en Ensenada, San Juan y Martínez.

9 de noviembre
Enfrentamiento en la ladera de Peñas Blancas.

17 de noviembre
Ataque a vehículos militares a seis kilómetros de Cabañas.

18 de noviembre
Ataque a un autobús y a una patrulla en la ladera La Vigía, Bahía Honda.

19 de noviembre
Enfrentamiento en la hacienda San Claudio, Bahía Honda.

29 de noviembre
Emboscada en la ladera El Rubí, Cayajabos.

10 de diciembre
Enfrentamiento en la ladera El Toro, barrio Limones, Los Palacios.

19 de diciembre
Enfrentamiento en la hacienda Margarita, Las Pozas.

28 de diciembre
Enfrentamiento en Pan de Guajaibón.

29 de diciembre
Ataque al pueblo Sumidero.

30 de diciembre
Enfrentamiento en la sierra de Cacarajícara, Bahía Honda.

NOTAS

Capítulo 1. Don Ángel, un gallego criollo

1. Término de origen africano, que adquirió en Cuba el significado de insurrecto contra el dominio español; relativo a «mambo», una danza de América Central. El Ejército Libertador cubano era llamado «ejército mambí», y sus soldados «mambises».

2. María Antonia, Petra, Gonzalo y la menor, Juana.

3. Entrevista a Ramón Castro.

4. Declaración de Emma Castro, en *Genealogía de la familia Castro Ruz*, investigación de Tania Fraga Castro, en proceso.

5. El cubano José Raúl Capablanca (1888-1942) fue campeón nacional a los doce años y campeón mundial de ajedrez desde 1921 hasta 1927.

6. Fidel y Angelita Castro, su hermana, oyeron esta versión del padre, don Ángel.

7. Entrevista a Alejandro Ruz González.

8. Entrevista a Ramón Castro.

9. Registro Civil de Mayarí, provincia de Oriente, Cuba; acta n.º 77, libro duplicado n.º 7, sección «Matrimonios», pp. 195 a 198. En el texto, Ángel Castro aparece con la profesión de «contratista».

10. Especie de árbol ulmáceo.

11. Entrevista a Alejandro Ruz González.

12. Declaración de Emma Castro sobre recuerdos de su padre, relatados en la galería de la hacienda poco antes de su muerte, en *Genealogía de la familia Castro Ruz*, ref. cit.

13. Es curioso señalar que Castro, del latín *castru*, fue la denominación de varias ciudades, desde principios de la Edad Media, y significa «castillo fortificado». Las derivaciones del término, como «castrense», se refieren a la categoría o los campamentos militares.

14. Declaración de Belita (Isabel Ruz González), en *Genealogía de la familia Castro Ruz*, ref. cit.

15. Entrevista a Juan Socarrás, campesino de Birán.

Capítulo 2. Bajo las riendas de Lina

1. Entrevista a Angelita Castro Ruz.
2. *Idem.*
3. Entrevista a Ramón Castro Ruz.

Capítulo 3. Titín es Fidel

1. Archivo Fidel Castro, Oficina de Asuntos Históricos del Consejo de Estado de la República de Cuba, ítems 114/115, registro n.º 3: copia original de la partida de bautismo, libro 42, folio 153, n.º 1.219, de la Santa Iglesia Catedral de la Ciudad y Arzobispado de Santiago de Cuba, provincia de Oriente; es copia original del primer certificado del juzgado municipal de Cueto, provincia de Oriente, registro n.º 4, folio 258, tomo n.º 10, 11 de enero de 1938.
2. Archivo Fidel Castro, ref. cit., ítems 114/115: copia original de registro n.º 8, folio 129, tomo 14, del mismo juzgado, 10 de mayo de 1941.
3. Archivo Fidel Castro, ref. cit.: copia original del Registro de Inscripción de Matrimonio n.º 309 del municipio de Cueto, a las 10 horas del 26 de abril de 1943.
4. Archivo Fidel Castro, ítems 114/115: copia original del registro n.º 10, folio 279, tomo 16, del mismo juzgado, 11 de diciembre de 1943. Términos: «Fidel Alejandro Castro Ruz, en Cueto, provincia de Oriente, a las 10 horas del día 11 de diciembre de 1943, [...] se procede a inscribir el nacimiento de un niño, ocurrido a las 12 horas del día 13 de agosto de 1926, en Birán. Es hijo de Ángel Castro Argiz y de Lina Ruz González [...] al inscrito se le puso el nombre de Fidel Alejandro».
5. Sin anestesia. Entrevista a Angelita Castro.
6. Entrevista a Ramón Castro.
7. Relato particular de Vitorio Vidale, secretario del Buró del Caribe en la Internacional Comunista, al historiador cubano José Tabares del Real. La sección caribeña era una entre varias subordinadas al Komintern, el organismo creado en la reunión de la Tercera Internacional en 1919, en Moscú, para centralizar el movimiento y los partidos comunistas del mundo con el fin de darles apoyo, consolidar el Estado ruso y preservar la paz con el mundo capitalista.
8. Castro, Fidel, declaraciones, Archivo Fidel Castro, ref. cit.
9. La residencia de los abuelos quedaba en un *chucho*, término que designaba un centro de corte y distribución de caña, dentro de la plantación.
10. Entrevista a Ramón Castro.
11. Castro, Fidel, declaraciones, ref. cit.
12. Entrevista a Angelita Castro.

13. Castro, Fidel, declaraciones, ref. cit.
14. Castro, Fidel, declaraciones, Archivo del Centro de Estudios de Historia Militar de las Fuerzas Armadas Revolucionarias (FAR), Cuba.
15. Entrevista a Ramón Castro.
16. Departamento de Estado, Estados Unidos, Relaciones Exteriores, v. 5, 1933: «The American Republics». Los presos eran, entre otros, Jorge A. Vivó (secretario general del PCC), Joaquín Ordoqui (dirigente de la CNOC sindical), Severo Aguirre y Aníbal Escalante.
17. Entrevista a Angelita Castro.
18. Castro, Fidel, declaraciones, ref. cit.
19. *Idem*.
20. Entrevistas a Ramón y Angelita Castro.

Para toda la reconstrucción del ambiente en que se crió Fidel, consideramos también las declaraciones de Ana Rosa Soto Ruz, prima de Fidel, y Benito Rizo, otro trabajador de Birán en la época.

Capítulo 4. Niño travieso de cuellecito bordado

1. Castro, Fidel, declaraciones, ref. cit.
2. Entrevista a Ramón Castro.
3. Entrevista a Angelita Castro.
4. Datos aportados por Emma Castro Ruz, que los relató a la hermana Angelita.
5. Santa Iglesia Catedral, Santiago de Cuba, 2 de junio de 1935.
6. En el béisbol, corresponde a la posición del lanzador de la pelota hacia el bateador.
7. Véase: *Brauderismo en Cuba. Un estudio sobre una etapa del movimiento comunista*, tesis doctoral de Paula Ortiz, de la Facultad de Filosofía e Historia de la Universidad de La Habana. Además: Acta de la Reunión de la Unión Revolucionaria (UR), 20 de mayo de 1935, Archivo del Instituto de Historia de Cuba.
8. Castro Ruz, Fidel, discurso en el Aula Magna de la Universidad de La Habana, septiembre de 1995.
9. Pacto germano-soviético.
10. Castro Ruz, Fidel, «Un grano de maíz», entrevista con el comandante nicaragüense Tomás Borge.

Para las referencias a la coyuntura, considérense además el análisis y los comentarios de Lionel Soto, Jorge Risquet y José Tabares del Real, en entrevistas con la autora.

Capítulo 5. Las primeras conquistas

1. Castro, Fidel, entrevista con el periodista italiano Gianni Mina, en *Um encontro com Fidel*.

2. El majá es una culebra no venenosa de la isla de Cuba que alcanza hasta dos metros de largo.

3. Conversación de Fidel con elementos populares en Santiago, sin fecha, Archivo Fidel Castro, ref. cit.

4. Castro, Fidel, entrevista con los académicos estadounidenses Mervin Dymally y Jeffrey Elliot, 29 de marzo de 1985.

5. Castro, Fidel, en el IV Congreso de la FELAP, 7 de julio de 1985.

6. Para el análisis del pensamiento comunista en esta coyuntura se consultaron las siguientes fuentes: pronunciamiento de Blas Roca (secretario general de Partido Comunista de Cuba) del 14 de abril de 1936, en una reunión del Buró Político; declaración de la IV Asamblea Plenaria del CC del PC de Cuba, el 26 y 27 de noviembre de 1937, en que se afirma que Batista se preparaba «para asumir el control absoluto del poder» y era el «obstáculo fundamental de la revolución cubana». Además, informe presentado por Aníbal Escalante a la IX Asamblea Plenaria del CC del PC de Cuba, a partir de un análisis de las etapas de la Revolución china; informe de la X Asamblea Plenaria del CC del PC de Cuba, en julio de 1938, y la carta del intelectual Pablo de la Torriente Brau a Raúl Roa.

7. Informe presentado por Blas Roca, 14-15 de enero de 1939, en la III Asamblea Nacional del Partido Comunista de Cuba. Entrevista a Blas Roca, periódico *Hoy*, 11 de diciembre de 1938.

8. Programa de Salvación Nacional propuesto al ejecutivo elegido en 1940, redactado por Aníbal Escalante y Blas Roca; Ordoqui, Joaquín, *Memorias*, Archivo del Instituto de Historia de Cuba.

9. Pronunciamiento público de Eduardo Chibás, 14 de mayo de 1939.

10. Conviene observar que, después de 1940 y la Coalición Socialista Popular que dio lugar a la candidatura de Batista, el Partido Comunista de Cuba, por una disposición reglamentaria, pasó a denominarse Partido Socialista Popular (PSP).

11. Declaración de Ana Rosa Soto, prima de Fidel.

12. Entrevista a Ramón Castro.

Capítulo 6. Mensaje a mister Roosevelt

1. Fidel Ángel Castro Díaz-Balart.

2. Entrevista a Alfredo (Chino) Esquivel.

3. Documento del Archivo Fidel Castro, año 1940.

4. Región de Mayarí, bahía de Nipe, provincia de Oriente.

5. Entrevista a José Heribaldo (Bebo) Gómez Reyes.

6. Entrevista a Enrique Ovares.

7. Entrevista a Antonio Medina Fernández.

8. Programa de PRC(A), Archivo de la Biblioteca Nacional, Cuba.

9. Civeira, Francisca López, «El autenticismo», tesis doctoral en historia, Universidad de La Habana.

Capítulo 7. El rey de la curva

1. Revista *Ecos de Belén*, publicación periódica escolar, junio de 1945.

2. *Idem*, junio de 1945.

3. Entrevista a Ramón Castro.

4. Fichero, Archivo Fidel Castro, ref. cit.

5. Entrevista a Fernández Varela.

6. Revista *Ecos de Belén*, junio de 1943.

7. Entrevista a Fernández Varela.

8. Castro, Fidel, en una reunión con representantes religiosos en Jamaica, 20 de octubre de 1977.

Capítulo 8. Del podio a la tribuna

1. Revista *Ecos de Belén*, publicación periódica escolar, junio de 1945.

2. El título de Fidel Castro fue registrado en el Instituto público de Segunda Enseñanza en la carpeta 761, n.º 2.720 y en el Ministerio de Educación en la carpeta 291, n.º 44.682. Fuente: Archivo Fidel Castro, registro n.º 15, estante A1.2, caja 2, ficha 6, ref. cit.

3. Revista *Ecos de Belén*, junio de 1945.

4. Expediente n.º 1.308 de la Universidad de La Habana; registro n.º 16, estante A1.2, caja 2, carpeta 7, Archivo Fidel Castro, ref. cit.

5. Ficha n.º 7.697, Archivo Fidel Castro, ref. cit; registro n.º 17, estante A1.2, caja 2, carpeta 8.

6. Entrevista a Alfredo Esquivel.

7. Registro n.º 18, estante A1.2, caja 2, carpeta 9. En la ficha de Fidel constan los siguientes datos: «19 años, cabello castaño, ojos pardos, 161 libras de peso, 6 pies de altura, soltero, natural de Mayarí», con fecha 5 de noviembre de 1945. Recibió el carnet n.º 909.

8. Registro n.º 19, estante A1.2, caja 2, carpeta 10, Archivo Fidel Castro, ref. cit.

9. Castro, Fidel, discurso en el Aula Magna de la Universidad de La Habana, septiembre de 1995.

10. Entrevista a Antonio Medina Hernández.

11. Entrevista a Bilito Castellanos.

12. *Idem.*

13. *Idem.*

14. Revista *El Mundo*, 16 de noviembre de 1946. La Unión Internacional de los Estudiantes (UIE) había establecido la fecha del 17 de noviembre como la del Día Internacional de los Estudiantes.

15. Término originario de El Bonche, un grupo que tuvo a la universidad aterrorizada en 1940.

16. Periódico *Información*, 28 de noviembre de 1946.

17. Periódico *Avance Criollo*, 28 de noviembre de 1946. *El Mundo* destacó el nombre «Fidel Castro», con una breve reseña de su discurso.

18. Declaración de Francisco Benavides Santos, Archivo Fidel Castro, ref. cit.

Capítulo 9. El don Quijote cubano

1. Entrevista a Alfredo Guevara.

2. Entrevista a Bilito Castellanos.

3. Fichero, Archivo Fidel Castro, ref. cit.

4. Periódicos *Prensa Libre* y *El Mundo*, 17 de enero de 1947.

5. Declaración de Francisco Benavides, Archivo Fidel Castro, ref. cit.

6. Castro, Fidel, declaraciones, Archivo Fidel Castro, ref. cit.

7. Entrevista a Bilito Castellanos.

8. Castro, Fidel, entrevista con Gloria Gaitán, en «El desorden nacional», revista *América*, Bogotá, 1961.

9. Entrevista a Max Lesnick.

10. Castro, Fidel, artículo para la revista *Bohemia*, escrito en el exilio de México, 1955.

11. Entrevista a Alfredo (Chino) Esquivel.

12. Entrevista a Alfredo Guevara.

13. Entrevista a Lionel Soto.

14. Entrevista a Alfredo Esquivel.

15. Periódico *Prensa Libre*, 15 de julio de 1947.

16. Periódico *Información*, 17 de julio de 1947.

17. Entrevista a Enrique Ovares.

18. Revista *Bohemia* y periódico *El Mundo*, 20 de julio de 1947.

19. Registro n.º 28, estante A1.2, caja 2, carpeta 19, Archivo Fidel Castro, ref. cit.

20. Entrevista a Alfredo Guevara.

21. Entrevista a Faure Chomón.

Capítulo 10. En las aguas de un tiburón

1. Registro n.° 89, Archivo Fidel Castro, ref. cit.
2. Revista *Bohemia*, 5 de octubre de 1947.
3. Registro n.° 30, estante A1.2, caja 2, carpeta 21, Archivo Fidel Castro, ref. cit.
4. Carta de Fidel a su amigo Enrique Cotrera, 27 de agosto de 1947, Archivo Fidel Castro, ref. cit.
5. Periódico *El Mundo*, 1 de octubre de 1947.
6. Testimonio de Lalo, el farero, Archivo Fidel Castro, ref. cit. Véase también Isidrón del Valle, Aldo, «Lalo, el guardafaro de Cayo Saetía, un hombre de palabra», en *Antes del Moncada*.
7. Entrevista a Alfredo Esquivel.
8. Castro, Fidel, declaraciones, ref. cit.
9. Entrevista a Alfredo Guevara.
10. Se llamaba Campana de Demajagua, nombre de la hacienda de Carlos Manuel de Céspedes, el criollo que proclamó la Independencia de Cuba.
11. Rojas, Marta, «Combate de Fidel por la reivindicación de la Campana», en VV.AA., *Antes del Moncada* (véase bibliografía).
12. Periódico *Hoy*, 13 de febrero de 1948.
13. Periódico *Información*, 13 de febrero de 1948.
14. Registro n.° 34, estante A1.3, caja 3, carpeta 1, Archivo Fidel Castro, ref. cit.
15. Entrevista a Alfredo Guevara.
16. Revista *Bohemia*, 29 de febrero de 1948.
17. Periódico *Alerta*, 26 de febrero de 1948.
18. El 2 de noviembre de 1949, la revista *Bohemia* publicó documentos secretos del MSR en los que Fidel figuraba como un condenado a muerte.
19. Entrevista a Alfredo Guevara.

Capítulo 11. Convulsión en Bogotá

1. Registro n.° 33, estante A1.2, caja 2, carpeta 24, Archivo Fidel Castro, ref. cit.
2. Periódico *Miami Herald*, 9 de abril de 1988, entrevista a Santiago Touriño (en 1948 era uno de los dirigentes de la facultad de derecho en la FEU).
3. Entrevista a Enrique Ovares.
4. Fichero, Archivo Fidel Castro, ref. cit.
5. Periódico *Miami Herald*, ref. cit.
6. Declaración de Álvaro Menéndez, poeta y periodista panameño. Véase también la revista *Pensamiento Crítico*, La Habana, agosto de 1969.

7. Revista *Mundo Gráfico*, Panamá, 3 de abril de 1948.

8. Registro n.º 38, estante A1.3, caja 3, carpeta 3, documento fechado el 3 de abril de 1948. Archivo Fidel Castro, ref. cit.

9. Expediente relativo a las actividades de Fidel Alejandro Castro Ruz, 40-50, Buró de Investigaciones, La Habana, Cuba.

10. Entrevista a Enrique Ovares.

11. Entrevista a Alfredo Guevara.

12. Castro, Fidel, declaraciones, Centro de Estudios de Historia Militar de las FAR, Cuba.

13. Publicación *América Libre*, Bogotá, mayo de 1961. Entrevista de Fidel Castro con Gloria Gaitán, hija del líder colombiano.

14. Conte Agüero, Luis, Chibás, La Habana, 1959.

15. Registro n.º 16, estante A1.2, caja 2, carpeta 7; expediente de Fidel en la Universidad de La Habana, 4 de mayo de 1948, Archivo Fidel Castro, ref. cit.

16. Registro n.º 34, estante A1.3, caja 3, carpeta 1; expediente relativo a las actividades de Fidel controladas por la policía, Archivo Fidel Castro, ref. cit.

17. Entrevista a Max Lesnick.

Capítulo 12. ¿Cara o cruz?

1. Castro, Fidel, alocución en el programa de televisión *Universidad Popular*, diciembre de 1961.

2. Fecha conmemorativa de la muerte de Rafael Trejo, estudiante asesinado por las fuerzas de represión en 1933.

3. Entrevista a Max Lesnick.

4. *Idem*.

5. *Idem*.

6. Entrevista a Alfredo Esquivel.

7. Registro n.º 16, estante A1.2, caja 2, expediente de Fidel Castro, Archivo Fidel Castro, ref. cit.

8. Periódico *Diario de Cuba*, 12 de octubre de 1948, Santiago de Cuba.

9. Registro n.º 16, estante A1.2, caja 2, carpeta 7, Archivo Fidel Castro, ref. cit.

10. Entrevista a Alfredo Guevara.

11. Revista *Bohemia*, sección «En Cuba», enero de 1949.

12. Entrevista a Lionel Soto.

13. Revista *Bohemia*, 7 de mayo de 1950.

14. Registro n.º 49, estante A1.3, caja 3, carpeta 7, Archivo Fidel Castro, ref. cit.

15. La solicitud fue hecha por el cónsul colombiano Lácidez Moreno Blanco, el 27 de marzo de 1950.

Capítulo 13. Doctor en leyes, padre de familia y candidato

1. Constan como bibliografía de la monografía de Fidel: «MONTELLA, Gay de, *Legislación comercial española*; VECENTE A., GELLA, *Introducción al derecho mercantil comparado*; BENITO, Lorenzo, *Derecho mercantil*; BUSTAMANTE, A. S. de, *Manual de Derecho internacional privado*; ZAYDÍN, Ramón, *Conferencias de clases*; ALEMÁN, Ricardo M., *La letra de cambio*... [y] ... *Código de comercio anotado*; SUPINO, *Derecho mercantil*; PASTOR, *El código de comercio en la jurisprudencia*».

2. Expediente del alumno Fidel Alejandro Castro Ruz en la Universidad de La Habana, Archivo Fidel Castro, ref. cit.

3. Testimonio de Jorge Aspiazo, Archivo Fidel Castro, ref. cit.

4. Testimonio de Enrique Benavides, Archivo Fidel Castro, ref. cit.

5. Testimonio de Jorge Aspiazo, Archivo Fidel Castro, ref. cit.

6. Testimonio de Enrique Benavides, Archivo Fidel Castro, ref. cit.

7. Testimonio de Benito Besada, Archivo Fidel Castro, ref. cit.

8. Acta de la Asamblea Nacional Ortodoxa, documento del Archivo Fidel Castro, ref. cit., enero de 1950.

9. Entrevista a Alfredo Esquivel.

10. La cédula electoral de Fidel Castro fue expedida el 31 de enero de 1950, con el número 1.089.721, barrio 3, municipio 3, provincia 3. En la inscripción, Fidel aparecía como residente en la calle Gervasio, número 530, barrio Dragones, municipio de La Habana.

11. Entrevista a José Vicente Llanusa.

12. Periódico *Alerta*, 21 de febrero de 1951.

13. Entrevista a José Tabares del Real.

14. Declaración de Gabriel Palau, ref. cit.

15. *La Escoba*, quincenario de divulgación ortodoxa, 15 de noviembre de 1951.

16. Entrevista a Antonio Medina Fernández.

17. Entrevista a Jesús Soto.

18. Declaración de René Rodríguez, Archivo Fidel Castro, ref. cit.

Capítulo 14. El golpe del sun-sun

1. Testimonio de Pedro Trigo, Archivo Fidel Castro, ref. cit., y *Moncada, antecedentes y preparativos*, tomo 1, 3ª. ed., La Habana, 1985.

2. Castro, Fidel, entrevista a la revista mexicana *Política*, 1967.

3. Entrevista a Raúl Chibás.

4. *Idem.*

5. Entrevista al general José Quevedo.

6. *Idem.*

7. El Vignier y G. Alonso, *La corrupción política y la administrativa en Cuba, 1944-1952*, La Habana, 1973.

8. Entrevista al general José Quevedo.

9. Revista *Bohemia*, 23 de marzo de 1952.

10. Castro, Fidel, «Un lunes como cualquier otro», artículo sobre el golpe de Batista.

11. Mencía, Mario, *Tiempos precursores* (véase bibliografía).

12. Testimonio de René Rodríguez, Archivo Fidel Castro, ref. cit.

13. *Manifiesto de la ortodoxia al pueblo de Cuba*, marzo de 1952.

14. Castro, Fidel, *Revolución no, ¡cuartelazo!*, marzo de 1952.

15. Castro, Fidel, «Al Tribunal de Urgencia», Archivo Fidel Castro, ref. cit.; periódico *El Mundo*, 25 de marzo de 1952; Castro, Fidel, *Moncada, antecedentes y preparativos*, La Habana, 1974, FAR.

16. «Carta de Montreal», revista *Bohemia*, 7 de junio de 1953.

17. Castro, Fidel, entrevista en la revista mexicana *Política*, 1967.

18. Entrevista a Max Lesnick.

19. Conversaciones con Jesús Montané.

20. Santamaría, Haydée, *Esa es la maleta*, Fragmentos, Sección de Historia de la Dirección Política Central de las FAR, Cuba.

Capítulo 15. Poco dinero y muchos secretos

1. Revista *Bohemia*, 23 de junio de 1952.

2. Entrevista a Alfredo Guevara.

3. Conversación con combatientes del Moncada, *Resumen Semanal*, programa de la televisión cubana, 26 de junio de 1973.

4. Revista *Fundamentos*, enero de 1952.

5. Entrevista a Faure Chomón.

6. Entrevista a Ernesto Tizol Aguilera, revista *Bohemia*, 20 de julio de 1973.

7. Entrevista a Ramón Castro.

Capítulo 16. Efecto sorpresa

1. Entrevista a Alfredo Guevara.

2. Entrevista a Jesús Soto.

3. Espín Guillois, Vilma, «Homenaje a Frank País», 30 de julio de 1997.

4. Entrevista a Armando Hart.

5. Arias, Santiago Cardoso, «Presencia de Fidel en la hacienda Acana», en VV.AA., *Antes del Moncada* (véase bibliografía).

6. Registro n.º 34, estante A1.3, caja 3, carpeta 1, Archivo Fidel Castro, ref. cit.

7. Castro, Raúl, pronunciamiento, 26 de julio de 1961.

8. Testimonio de Pedro Miret, revista *Verde Olivo*, 29 de julio de 1962.

9. Declaración de Teodulio Mitchell, Archivo Fidel Castro, ref. cit.

10. El ABC Radical fue uno de los grupos de acción durante la revolución del treinta y tres.

11. Castro, Fidel, discurso, 26 de julio de 1963.

12. Datos de la partida de nacimiento: Fidel Ángel Castro Díaz-Balart, nacido el primero de septiembre de 1949, folio 285, tomo 48, Sección de Nacimientos del registro Civil, n.º 3.

13. Entrevista a Alfredo Esquivel.

14. *Idem.*

15. Castro, Fidel, carta a Luis Conte Agüero, 12 de diciembre de 1953.

16. Castro, Fidel, *Manifiesto a la Nación*, 1953, Archivo Fidel Castro, cuaderno 28, hoja 106/1.620.

Capítulo 17. La providencia de los tenientes

1. Declaración de Pedro Sarría Tartabull, Centro de Estudios de Historia Militar de las FAR.

2. Entrevista a Bilito Castellanos.

3. *Idem.*

4. Entrevista a Max Lesnick.

5. Entrevista a Alfredo Esquivel.

6. Entrevista a Ramón Castro.

7. Entrevista a Bilito Castellanos.

8. Castro, Fidel, «Mientes, Chaviano», revista *Bohemia*, 29 de mayo de 1955.

9. Rojas, Marta, «Gerardo Poll Cabrera, el primer testimonio de *La Historia me absolverá*», 1983.

10. Declaración de Luis Orlando Rodríguez, Archivo Fidel Castro, ref. cit.

Capítulo 18. Cárcel, cartas y lecturas

1. Castro, Fidel, carta a Natty Revuelta, 18 de diciembre de 1953.

2. Se refiere a uno de los participantes del asalto al Moncada, muerto en acción.

3. Castro, Fidel, carta a Natty Revuelta, 22 de diciembre de 1953.

4. *Idem*, 18 de diciembre de 1953.

5. *Idem*, 7 de noviembre de 1953.

6. Castro, Fidel, carta a Luis Conte Agüero, 12 de diciembre de 1953.

7. Castro, Fidel, carta a Natty Revuelta, 18 de diciembre de 1953.

8. El himno del 26 de Julio es una composición de Agustín Díaz Cartaya, combatiente de la célula de Marianao. Fidel, cuando supo que la estaba componiendo, le pidió que creara una canción épica. La letra fue aumentada en la prisión de Boniato.

9. Castro, Fidel, carta a Natty Revuelta, 11 de abril de 1954.

10. *Idem*, 12 de abril de 1954.

11. Declaración de Adriana González, funcionaria del juzgado, Archivo Fidel Castro, ref. cit.

12. Castro, Fidel, carta a Melba Hernández, 17 de abril de 1954.

13. Declaración de Waldo Medina, Archivo Fidel Castro, ref. cit.

14. Castro, Fidel, carta a Mirta Díaz-Balart, 12 de mayo de 1954.

15. Castro, Fidel, carta a Luis Conte Agüero, 12 de junio de 1954.

16. Castro, Fidel, carta a Luis Conte Agüero, 19 de junio de 1954.

17. Castro, Fidel, carta a M. (Melba Hernández), 12 de mayo de 1954.

18. Castro, Fidel, carta a M. y H. (Melba y Haydée), 18 de junio de 1954.

19. Castro, Fidel, carta a M. y H. (Melba y Haydée), 19 de junio de 1954.

20. «Con los presos políticos», de Raúl Martín Sánchez, revista *Bohemia*, 9 de julio de 1954.

21. Castro, Fidel, carta a Mirta Díaz-Balart, 17 de julio de 1954.

22. Castro, Fidel, carta a Luis Conte Agüero, 17 de julio de 1954.

23. Carta de María Lidia a Fidel, 19 de julio de 1954.

24. Castro, Fidel, carta a Luis Conte Agüero, 31 de julio de 1954.

25. Castro, Fidel, carta a Luis Conte Agüero, sin fecha (probablemente de los primeros días de julio de 1954).

26. Revista *Bohemia*, sección «En Cuba», de Enrique de la Osa, agosto de 1954.

Capítulo 19. Amnistía por un duelo

1. Castro, Fidel, carta a María Lidia, 29 de noviembre de 1954.

2. Castro, Fidel, carta a Ñico López, 1 de enero de 1955.

3. Referencia al general Antonio Maceo, de la Independencia.

4. Castro, Fidel, carta a Luis Conte Agüero, 19 de marzo de 1955.

5. Entrevista a Jorge Risquet.

6. Eduardo Rodríguez Alemán, José Suárez Blanco, Jesús Montané Oropesa, Ernesto Tizol Aguilera, Óscar Alcalde Valls, Fidel Labrador, Abelardo Arias Crespo, Pedro Miret, Ciro Redondo García y Gustavo Arcos.

7. Ramiro Valdés Menéndez, René Bedia Morales, Gabriel Gil Alfonso, José Ponce Díaz, Israel Tápanes Vento, Rosendo Menéndez, Andrés García Díaz, Reinaldo Benítez, Eduardo Montano Benítez, Julio Díaz González y Francisco González.

8. Periódico *Diario Nacional*, 17 de mayo de 1955.

9. Entrevista a Max Lesnick.

10. *Idem.*

11. Entrevista a Armando Hart.

12. Reportaje de Agustín Alles Soberón, 22 de mayo de 1955.

13. La reunión tuvo lugar en la calle Factoría, casa número 62, en La Habana Vieja.

14. Castro, Fidel, en el acto de condecoración a Raúl Castro como héroe de la República de Cuba, marzo de 1998.

Capítulo 20. México, Texas y Nueva York

1. A ese respecto, investigaciones de Heberto Norman y Otto Hernández, historiadores de la Oficina de Asuntos Históricos del Consejo de Estado de la República de Cuba.

2. Castro, Fidel, carta al Médico, 14 de julio de 1955.

3. Castro, Fidel, carta a la Doctora, 24 de julio de 1955.

4. Referencia a los cadetes, menores de dieciocho años, que lucharon contra la invasión estadounidense en septiembre de 1847.

5. Castro, Fidel, carta a las «hermanas», 2 de agosto de 1955.

6. *Idem.*

7. Archivo Fidel Castro, cuaderno 38, hoja 186, ítem 1.047.

8. Castro, Fidel, mensaje al Congreso de Militantes Ortodoxos, 15 de agosto de 1955.

9. Castro, Fidel, carta a la Doctora, escrita por Montané en nombre de Fidel, 4 de octubre de 1955.

10. Agustín Alles, con el fotógrafo Osvaldo Salas.

11. Castro, Fidel, discurso en Palm Garden, 30 de octubre de 1955, Archivo Fidel Castro, ref. cit.

Capítulo 21. Mejor solo que mal acompañado

1. Castro, Fidel, carta a la dirección del Movimiento en La Habana, Cayo Hueso, 4 de diciembre de 1955.

2. Castro, Fidel, convocatoria en el teatro Flagger, 16 de noviembre de 1955.

3. Castro, Fidel, palabras en el teatro Flagger, 20 de noviembre de 1955.

4. Castro, Fidel, carta a los responsables del Club del 26 de Julio en Nueva York, México, 13 de diciembre de 1955.

5. Castro, Fidel, Manifiesto n.º 2, manuscrito de siete páginas, ítem 246, cuaderno 44, Archivo Fidel Castro, ref. cit.

6. Testimonio de Amalia Solórzano, esposa de Lázaro Cárdenas, Archivo Fidel Castro, ref. cít.

7. Entrevista a Max Lesnick.

8. Castro, Fidel, carta a la dirección del Movimiento, Cayo Hueso, 4 de diciembre de 1955.

9. Entrevista a Max Lesnick.

10. Periódico *El País*, 3 de enero de 1956.

11. Castro, Fidel, «Frente a todos», escrito el 25 de diciembre de 1955 y publicado en *Bohemia* el 8 de enero de 1956.

12. Castro, Fidel, «La Patria y la Revolución en peligro», 28 de octubre de 1956. Artículo enviado a *Bohemia* y no publicado por cierre de edición.

13. Castro, Fidel, «La condena que nos piden», revista *Bohemia*, 11 de marzo de 1956.

14. Castro, Fidel, «El Movimiento 26 de Julio», 19 de marzo de 1956.

15. Entrevista al general José Quevedo.

16. Conversaciones con Vilma Espín de Castro.

17. Conversaciones con Manuel Piñeiro.

18. Castro, Fidel, discurso, 13 de marzo de 1966.

Capítulo 22. Juegos de ajedrez

1. Castro, Fidel, «Basta ya de mentiras», escrito en la prisión de México y publicado parcialmente en la revista *Bohemia* el 15 de julio de 1956.

2. Revista *Sucesos*, entrevista a Fidel Castro, 10 de septiembre de 1966.

3. Castro, Fidel, «Basta ya de mentiras», revista *Bohemia*, 15 de julio de 1956.

4. Cuaderno 50, ítems 297-301, julio de 1956, Archivo Fidel Castro, ref. cit.

5. *Idem*.

6. Guillois, Vilma Espín, homenaje en el 40 aniversario de la muerte de Frank País, 30 de julio de 1997.

7. Entrevista a Faure Chomón.

8. Cuaderno 50, Archivo Fidel Castro, ref. cit.

9. Componían el grupo Faure Chomón Mediavilla, Fructuoso Rodríguez, Joe Westbrook y Juan Pedro Carbó Serviá.

10. Entrevista a Faure Chomón.

11. La duda estriba en declaraciones contradictorias de Prío y Fidel, respectivamente, sobre el episodio.

12. Características del yate *Granma*, según el contrato: eslora: 75 pies; peso bruto: 21 toneladas; tara: 17 toneladas; velocidad: 5 millas.

13. Castro, Fidel, revista *Sucesos* (México), 10 de septiembre de 1966.

Capítulo 23. Maratón para un naufragio

1. Participaron en el intento, en junio de 1956: Juan Pedro Carbó Serviá, Machadito, Fructuoso Rodríguez, Rolando Cubela y Ramón Guin. Después del triunfo de la Revolución, los dos últimos formarían parte de una conspiración para eliminar a Fidel Castro.

2. Entrevista a Faure Chomón.

3. Su nombre era Herminio Díaz García. Varios años después, vinculado a la mafia y siendo guardaespaldas del *capo* Santos Trafficante, intentaría infiltrarse en Cuba; tras desembarcar cerca del monte Barreo, en el litoral de la provincia de La Habana, fue abatido allí mismo por la policía del régimen. A este respecto, véase *ZR, o rifle que matou Kennedy*.

4. Entrevista a Faure Chomón.

5. Entrevista a Lionel Soto.

6. El Buró Político del PSP estaba compuesto por Juan Marinello, Blas Roca, Carlos Rafael Rodríguez, Severo Aguirre, Manolo Luzardo, Flavio Bravo, Lázaro Peña, Aníbal y César Escalante.

7. Conversaciones con Jesús Montané.

8. John Mapples Spiritto, un agente de la CIA, rondaba el grupo y confesó su plan de matar a Fidel cuando fue detenido en Cuba en 1962.

9. Castro, Fidel, discurso, 15 de marzo de 1997.

10. Cuaderno 51, hoja 303, ítem 1.065, Archivo Fidel Castro, ref. cit.

11. Relato de Roberto Roque, Archivo Fidel Castro, ref. cit.

12. Relatos de Celia Sánchez, Lalo Vázquez y César Suárez, Archivo Fidel Castro, ref. cit.

13. Entrevista a Faure Chomón.

14. Relato de Calixto García, ref. cit.

15. UPI, 30 de noviembre de 1956.

16. *Diario de la Guerra I*, Oficina de Publicaciones del Consejo de Estado de la República de Cuba, La Habana, 1991.

17. Expresión de Ernesto (Che) Guevara.

Capítulo 24. Debut de la guerrilla

1. *Diario de la Guerra I*, diciembre de 1956-febrero de 1957, Oficina de Publicaciones, ref. cit.; UPI, 6 y 7 de diciembre de 1956.

2. Ciro Redondo, Efigenio Ameijeiras, René Rodríguez y Armando Rodríguez.

3. Camilo Cienfuegos, Ramiro Valdés, Francisco González, Reinaldo Benítez y Rafael Chao.

4. Declaración de Ana Rosa Soto, prima de Fidel, Archivo Fidel Castro, ref. cit.

5. Guevara, Ernesto, «Proyecciones sociales del Ejército Rebelde», en *Obras completas* (véase bibliografía).

6. Castro, Raúl, *Diario de la Guerra*, diciembre de 1956-febrero de 1957, Oficina de Asuntos Históricos del Consejo de Estado, 1986.

7. *Diario de la Guerra*, ref. cit.

8. Entrevista a Juan Almeida.

9. Los dos hijos de Eutimio Guerra son hoy oficiales de las Fuerzas Armadas Revolucionarias (FAR).

10. Testimonio de Manuel Fajardo, Archivo Fidel Castro, ref. cit.

11. Matthews, Herbert, entrevista a Fidel Castro, 17 de febrero de 1957; *The New York Times*, 24 al 26 de febrero de 1957, reproducida en la revista *Bohemia*, 3 de marzo de 1957.

12. *Idem*.

13. Castro, Fidel, *Manifiesto de la Sierra Maestra o Proclama de Santiago y de la Sierra Maestra*, 20 de febrero de 1957, Archivo Fidel Castro, ref. cit.

14. Guevara, Ernesto, «Proyecciones sociales del Ejército Rebelde», ref. cit.

Capítulo 25. Dos comandantes valen más que cuatro

1. En esta unidad participaban José Azzeff, Pedro Martínez Brito, Joe Westbrook, Otto Hernández y Fructuoso Rodríguez.

2. Jefes de la operación: Carlos Gutiérrez Menoyo y Menelao Mora. Participantes: Faure Chomón, Juan Pedro Carbó Serviá y José Machado (Machadito), entre otros.

3. Rodríguez, Fructuoso, carta a Rolando Cubela, en García Olivera, Julio, *Asalto a Radio Reloj*.

4. Sentencia número 4 del Tribunal Supremo de Justicia, La Habana, 1964.

5. Castro, Fidel, carta a Vicente Cubillas, 15 de octubre de 1955.

6. Declaración del general Abelardo Colomé (Furry), que en la época integraba el contingente recién llegado, en Báez, Luis, *Secretos de generales* (véase bibliografía).

7. Eran Victor Buehlman, Mike Gravey y Chuck Ryan.

8. Castro, Fidel, en entrevista a la CBS, 23 de abril de 1957. La transmisión tuvo lugar el 16 de mayo de 1957.

9. *Diario de Pitín*, un combatiente, Archivo Fidel Castro, ref. cit.

10. Hart Dávalos, Armando, *Aldabonazo*.

11. *Diario de Nano*, un combatiente, Archivo Fidel Castro, ref. cit.

12. Entrevista a Juan Almeida.

13. Carta de Frank País a Fidel, 5 de julio de 1957.

14. *Idem*.

15. Carta de Frank País a Fidel, 11 de julio de 1957.
16. «Cuestiones de unidad», informe de Luis Buch al Che Guevara.
17. Carta de Frank País a Fidel, 17 de julio de 1957.
18. *Manifiesto al pueblo de Cuba*, 12 de julio de 1957, Archivo Fidel Castro, cuaderno 55, ítems 326/329.
19. Nota de Frank País a Fidel, 12 de julio de 1957.
20. Carta de Frank País a Fidel, 20 de julio de 1957.
21. Rabe, Stephen G., «Eisenhower and Latin America: the foreign policy of anticommunism», Universidad de Carolina del Norte, 1988.
22. Castro, Fidel, mensaje a Frank País, 11 de julio de 1957.
23. Conversaciones con Manuel Piñeiro.
24. Declaración del doctor Julio Martínez Páez, Archivo Fidel Castro, ref. cit.
25. Periódico *El País* y Radio Progreso, 1 de agosto de 1957.
26. Los conceptos de «llano» y «sierra», en el movimiento cubano, se retrotraen a la oposición entre «llanura» y «montaña» de la fase más radical de la Revolución francesa, cuando se instituyó la Primera República (1793). En ella representaban no solo la localización de los asientos en la Asamblea, sino también las posiciones ideológicas de determinados grupos.
27. Entrevista a Emilio Aragonés.
28. Entrevista a Ángel Fernández Villa (Fernando u Horacio), delegado de Propaganda del M-26-7 en La Habana.
29. Entrevista a Armando Hart.
30. Pérez, Faustino, *Respuesta a la tesis: el movimiento obrero en la etapa insurreccional*, archivo personal del autor.
31. Entrevista a Ángel Fernández Villa.
32. St. George, Andrew, revista *Look*, 4 de febrero de 1958.

Capítulo 26. La unidad de los americanos

1. Maristany era la figura que había acompañado a Prío en el encuentro con Fidel en 1956.
2. Tuñón estaba exiliado por haber participado en conspiraciones. Fuente: entrevista al general José Quevedo.
3. Entrevista a Raúl Chibás.
4. Castro, Fidel, carta a Mario Llerena, 30 de octubre de 1957.
5. Entrevista a Armando Hart.
6. Entrevista a Ramón Sánchez Parodi.
7. Entrevista a Armando Hart.
8. Informe de Luis Buch y Armando Hart al Che Guevara, noviembre de 1957.

Capítulo 27. Espejismos del llano

1. Entre ellos, Rolando Cubela, Julio García Olivera, Tony Santiago, Pepín Naranjo y Enrique Rodríguez Loeches.

2. Escambray es el nombre de la sierra de la región central.

3. Menoyo se había afiliado al Directorio Revolucionario después de la muerte de su hermano Carlos, uno de los principales coordinadores del asalto al palacio presidencial. A causa de ello ascendió al puesto de jefe de acción, con la responsabilidad de crear el frente. Fuente: Escalante Font, Fabián (véase bibliografía).

4. Entrevista a Faure Chomón.

5. Escalante Font, Fabián, ref. cit.

6. Homer Bigart.

7. Mensaje de Fidel al Che Guevara, 16 de febrero de 1958, Archivo Fidel Castro, ref. cit.

8. Del Valle sería el segundo médico en unirse a la guerrilla, precisamente en la columna del Che Guevara. Años después ocupó el cargo de ministro del Interior.

9. Pérez, Faustino, carta al rector de la Universidad de La Habana, doctor Fernando Rojas, 21 de noviembre de 1983.

10. Pérez, Faustino, discurso en el vigésimo quinto aniversario de la Huelga de Abril, Sagua la Grande, 1983.

11. Manifiesto de los 22 Puntos, 12 de marzo de 1958, Archivo Fidel Castro, ref. cit.

12. Entrevista a Ángel Fernández Villa. A partir de la segunda mitad de 1957 hubo una secuencia de acciones urbanas, como la «Noche de las 1.000 bombas», detonadas de forma simultánea en varios puntos de la capital; la explosión de tanques de refinería; la ejecución de soldados de la tiranía, y el sabotaje al tendido eléctrico, que dejó La Habana tres días sin luz.

13. Fangio fue secuestrado para impedir que participara en una gran carrera promovida por Batista: el II Gran Premio de Cuba. Al final sería entregado, sereno e ileso, a las autoridades diplomáticas de su país, poco más de 24 horas después. No solo el incidente, sino también su contexto —la situación de Cuba— se difundieron por los medios de comunicación de todo el mundo, según habían calculado quienes idearon el secuestro.

14. En «La rebelión de la juventud», revista *Elite*, La Habana, 13 de abril de 1958.

15. Entrevista a Faure Chomón.

16. Entrevista a Lionel Soto.

17. Conversaciones con Jesús Montané Oropesa. A este respecto, véase también: Soto, Lionel, *La revolución del 33* (véase bibliografía).

18. Entrevista a Tony Pérez.

19. Pérez, Faustino, *El movimiento obrero en la etapa insurreccional*, archivo personal del autor.

20. Conocida como la expedición de El Corojo.

21. Entrevista a Alfredo Guevara.

22. *Idem*.

23. Es preciso mencionar que Léster Rodríguez, el primer delegado bélico, había sido sustituido por Bebo Hidalgo después del Pacto de Miami.

24. Carta-informe de Raúl Castro a Fidel Castro, 20 de abril de 1958.

25. El núcleo dirigente de Santiago estaba compuesto por Daniel (René Ramos Latour), Zoilo (Marcelo Fernández), Débora (Vilma Espín) y David Salvador.

26. Grabación. Movimiento 26 de Julio, documentos. Reunión de dirigentes para tratar lo sucedido en la huelga de abril. Participantes: Faustino Pérez, Octavio Louit Cabrera, Arnol Rodríguez, Luis Buch, Marcelo Fernández, Ángel Fernández Villa y Héctor Ravelo.

27. Conversaciones con Arnol Rodríguez.

28. Radio Rebelde estaba dirigida por Luis Orlando Rodríguez (el ex propietario del periódico *La Calle*, donde había escrito Fidel).

29. Carta del Che Guevara a Pupo (miembro del M-26 en el oriente), 8 de enero de 1958.

Capítulo 28. Operación FF (Fin de Fidel)

1. Carta de Fidel al Comité del Exilio, cuaderno 82, ítems 541-555, Archivo Fidel Castro, ref. cit.

2. Guevara, Ernesto, «Una reunión decisiva», en *Obras completas* (véase bibliografía).

3. Entrevista a Luis Buch.

4. Carta de Faustino Pérez a Armando Hart, 3 de octubre de 1958.

5. Parte del 26 de Julio, identificada con la Resistencia Cívica y los católicos, se opuso a lo que calificó de influencia comunista en el movimiento revolucionario, mostrando con tal actitud lo que de hecho deseaba: la vuelta al régimen anterior al golpe de Batista. Véase también: Pérez, Faustino, «Carta a compañeros en el exilio», 13 de abril de 1958.

6. Buch, Luis, *Más allá de los códigos* (véase bibliografía).

7. Entrevista a Tony Pérez.

8. Daniel (René Ramos Latour) fue destituido de la coordinación del M-26 en el llano; Faustino fue trasladado a la sierra, donde realizaría tareas administrativas, y David Salvador fue sustituido por Antonio Torres.

9. Castro, Fidel, entrevista con Enrique Meneses, *Le Figaro-Paris-Match*, marzo de 1958.

10. El grupo de médicos incluía, además de Martínez Páez, a René Vallejo, Bernabé Ordaz y Manuel Fajardo.

11. Castro, Fidel, en *La Palabra*, programa radiofónico, enero de 1959.

12. Castro, Fidel, mensaje a Celia, 5 de junio de 1958.

13. Castro, Fidel, «Instrucciones de la Comandancia General a los comandantes de columnas», mensajes, junio de 1958.

14. La red secreta de «escucha» en la que operaba Rosita Casán (presa y torturada el 18 de julio de 1958) prestó valiosos servicios de información, que contribuyeron a descubrir la traición de José Morán Losilla (el Gallego Morán, ex expedicionario del *Granma* que pasó a trabajar para el ejército), identificar al delator de Frank País y preservar la vida de Armando Hart, detenido y torturado en Oriente el 11 de enero de 1958.

15. Castro, Fidel, «La batalla de El Jigüe», manuscrito, 24 de julio de 1958, Archivo Fidel Castro, ref. cit.

16. Castro, Fidel, carta a Quevedo, 19 de julio de 1958.

17. Entrevista al general José Quevedo.

Capítulo 29. Demasiado tarde para cazar al oso

1. El comando de Raúl, dividido en seis columnas, llegó a controlar un territorio de 15.000 kilómetros, donde había ricos yacimientos minerales —níquel, hierro, cromo y cobalto—, explotados por empresas estadounidenses, y dieciocho de los principales ingenios azucareros. Se constituía en una república propia, con departamentos de justicia, construcción y comunicaciones, finanzas, propaganda, educación y salud. Organizó el campesinado de la región y contuvo los focos de bandolerismo que allí fermentaban, por obra del Cuerpo de Inteligencia Rebelde.

2. Barnet, Richard J., *Intervention & revolution: the United States in the Third World*, Nueva York, 1972.

3. Lyman Kirkpatrick. En el mismo momento, en Caracas, Luis Buch, en su calidad de representante del Movimiento 26 de Julio, iniciaba negociaciones con Bill Patterson, de la embajada de Estados Unidos, sobre la «transición» en Cuba. Acordaron, en primera instancia, la retirada de los *marines* del acueducto de Yateritas el 31 de julio, dejando la administración del lugar al Ejército Rebelde.

4. David Atlee Phillips se había establecido en La Habana como director de una agencia de relaciones públicas. Al respecto, véase *ZR, o rifle que matou Kennedy*, de esta autora.

5. Entrevista a Armando Hart.

6. «Caracas, 18 de agosto de 1958, 9 horas. Entrevista con un funcionario del Ministerio de Defensa de Estados Unidos… Comenzó una sucinta explicación de los postulados democráticos sustentados por el M-26-7…

se llamó la atención sobre el apoyo moral y material que la misión militar estadounidense brinda a Batista... [...] Dijimos que nosotros no permitíamos, ni permitiríamos, en ningún momento, ni ayuda ni intervención a nuestro favor, ya que solamente exigimos de su gobierno la más absoluta neutralidad en nuestros problemas internos... [...] Pregunta [del inspector]: Si estimábamos que la caída de Batista se daría a partir del ejército regular. Respuesta: El ejército, ante el descalabro que sufrió en la ofensiva, llegaría a su total descomposición. Batista procuraría una salida mediante una junta militar... El Movimiento 26 de Julio había trazado una línea irremisible de no aceptar jamás una junta militar... Pregunta: ¿Todas las fuerzas revolucionarias que combaten a Batista están unidas? Respuesta: Acaba de constituirse el Frente Cívico Revolucionario (FCR). Pregunta: ¿El doctor Carlos Prío Socarrás participa en él? Respuesta: Sí. Pregunta: ¿Qué piensa el Movimiento con relación al comunismo? Respuesta: Consideramos que el Partido Comunista es débil. Solamente tuvo fuerza en el régimen anterior a Batista...»

7. El Departamento de Estado también contestó las preguntas del 26 de Julio. Las formuló Buch y, el 12 de septiembre, llegaron las respuestas, de las que se informó a Fidel por mensajes cifrados. El gobierno estadounidense mencionó un probable y breve golpe militar. Estimaba que la junta militar que se formara tendría que entregar el poder a los revolucionarios en 48 o 72 horas. En el caso de que el juez Manuel Urrutia, a quien los rebeldes proponían como presidente del gobierno provisional, asumiera el cargo, cumpliendo con los requisitos de mantenimiento del orden y de reconocimiento de los compromisos internacionales, afirmaba que sería prontamente reconocido por Estados Unidos. El texto enviado a Buch mencionaba además un encuentro entre el embajador estadounidense en Cuba, Earl Smith, y Batista, en el que este admitía haber perdido el control sobre el territorio nacional.

8. Castro, Fidel, alocución por Radio Rebelde, agosto de 1958.

9. Castro, Raúl, «Sobre la estrategia militar del Ejército Rebelde», julio de 1996.

10. Entre ellos había siete oficiales, como los capitanes Paz y Cuevas y Daniel (René Ramos Latour).

11. Bajo la coordinación del doctor José Miró Cardona, eminencia de la Orden de los Abogados y de la Resistencia Cívica, otros firmantes eran: Enrique Rodríguez Loeches (Directorio Revolucionario, DR), David Salvador (Unidad Obrera), Justo Carrillo Hernández (Grupo Montecristi) y Carlos Prío (Organización Auténtica, OA); Lincoln Rondón (partido Demócrata), José Puente y Omar Fernández (FEU), capitán Gabino Rodríguez Villaverde, ex oficial del ejército, y Ángel María Santos Buch (Resistencia Cívica).

12. Además de lo expuesto sobre Carlos Prío y su relación con la CIA, el grupo Montecristi, que se había vinculado con oficiales de las fuerzas armadas, también tuvo conexiones con la agencia. La afirmación consta en el Informe Taylor, redactado por el general estadounidense del mismo nombre

y concluido en junio de 1961, al referirse a la coyuntura anterior al triunfo de la Revolución cubana.

13. Entrevista a Antonio Llibre.

14. Castro, Fidel, entrevista con el argentino Jorge Ricardo Masetti, mayo de 1958, Archivo Fidel Castro, ref. cit.

15. Al Segundo Frente se habían unido los dirigentes comunistas Jorge Risquet, Severo Aguirre, Luis Más Martín y Juan Escalona Reguera, entre otros. Al Che Guevara se uniría Armando Acosta.

16. Entrevista a Antonio Llibre.

17. Integrada por 160 rebeldes, el 22 de septiembre la columna había penetrado en la provincia. Su capitán, Jaime Vega Saturnino, acusado de haber cometido un error, fue después sometido a un consejo de guerra.

18. Entrevista a Faure Chomón.

19. Los comandantes eran Faure Chomón, Tony Santiago y Rolando Cubela.

20. Entrevista a Eloy Gutiérrez Menoyo.

21. Castro, Fidel, mensaje a Faustino Pérez, 9 de septiembre de 1958.

22. Para los ingenios se prescribió una tasa de quince centavos por costal de azúcar producido, y los que operaban con colonos debían saldar el total y después descontar a los productores cinco centavos por costal en la zafra siguiente. Hasta el fin de la guerra pagarían impuestos a la ACTL: Ingenio San Germán, Cía. Azucarera Fidelidad S. A. Holguín, Cía. Azucarera Alta Gracia, Baltony Belona Sugar Company y Borjitas, y Cía. Azucarera América S. A.

23. Dueños de cafetales y ganaderos que poseyeran más de 100 reses. Si el propietario realizaba una donación al Movimiento, esta se deducía de los impuestos.

24. Castro, Fidel, orden militar, 13 de septiembre de 1958.

25. El texto fue redactado en común con el abogado Humberto Sorí Marín, el auditor rebelde.

26. El límite había sido establecido por la Constitución cubana de 1940.

27. Al mando de Dermidio Escalona.

28. Entrevista a Antonio Llibre.

29. Entre sus integrantes figuraban Lola Feria, Edemys Tamayo, tenientes Teté Puebla e Isabel Rielo, la jefa.

30. Castro, Fidel, mensaje a Magaly Montané, 12 de octubre de 1958.

31. Comandante Félix Torres. Fuente: Cienfuegos, Camilo, *Diario de campaña*, 9 de octubre de 1958.

Capítulo 30. Militares, ¿para qué?

1. El Ejército Rebelde había emitido el 10 de octubre la Ley n.º 2 de la Sierra, que estipulaba una pena de 30 años de prisión a todo aquel que

participara como candidato en la «farsa electoral». Con un perfil poco significativo de candidatos, entre ellos algunos del PSP, el día de la votación, el 3 de noviembre, se eligió para la presidencia a Rivero Agüero, con un 20 por ciento de concurrencia a las urnas.

2. El otro que los acompañaba era el cubano Enio Leyva, un colaborador del 26 de Julio.

3. Todavía al mando de Félix Torres.

4. Entrevista a Faure Chomón.

5. *Idem.*

6. Pesaba 7 toneladas y se componía de: 100.000 balas 30,06; 150 fusiles Garand; 10 ametralladores de trípode calibre 30 con sus artefactos; 20 fusiles ametralladores Browning; 100 granadas de mano, muchos equipamientos y un fusil FAL para Fidel, regalo de Venezuela.

7. FONU fue la denominación propuesta por los comunistas, para apagar los rastros del cuadro anterior, donde la tendencia anticomunista de la FON estaba representada por el dirigente David Salvador.

8. Suárez de la Paz, Echemendía, relato particular, archivo del M-26-7, diciembre de 1958.

9. Mensaje en código enviado a Fidel por el M-26-7, La Habana, 22 de diciembre de 1958.

10. Mensaje de Fidel al M-26-7 en La Habana, 22 de diciembre de 1958.

11. Campañat, mientras era agente doble, había servido de enlace entre el Movimiento y el ejército. Había actuado en el Buró de Represión de Actividades Comunistas (BRAC) y contaba con un pase de la embajada estadounidense.

12. Llada, Pardo, testimonio, Archivo Fidel Castro, ref. cit.

13. Manolo Peñábaz.

14. Yolanda de Ruiz.

15. En la prisión se encontraban importantes elementos de la oposición, como Jesús Montané y Armando Hart, del 26 de Julio, y Lionel Soto, de la Juventud Comunista, además de los oficiales militares Ramón Barquín, Enrique Borbonet y José Ramón Fernández.

16. Quintín Pino Machado y Mario Hidalgo.

Capítulo 31. Como Robespierre, Danton y Marat

1. Castro, Fidel, discurso, 8 de enero de 1959.

2. *Idem.*

3. Castro, Fidel, entrevista de prensa colectiva, 10 de enero de 1959.

4. Estado (Relaciones Exteriores): Roberto Agramonte; Hacienda: Raúl Chibás; Justicia: Ángel Fernández; Salud: Julio Martínez Páez; Comer-

cio: Raúl Cepero Bonilla; Trabajo: Manuel Fernández; Presidencia (Secretaría): Luis Buch; Obras Públicas: Manuel Ray Rivero; Recuperación (de Bienes Malversados): Faustino Pérez; Ejército: coronel Rego Rubido; Marina:
Gaspar Bruch; Fuerza Aérea: Pedro Luis Díaz Lanz; Policía: Efigenio Ameijeiras;
Tribunal Supremo: Emilio Menéndez; fiscal de la Corte (procurador general):
Felipe L. Luaces; delegado general del presidente ante los organismos armados: Fidel Castro Ruz. El ministro del Ejército (coronel Rego Rubido) tenía el puesto de comandante militar de Santiago y se había unido al Ejército
Rebelde al conocer la trama del golpe militar.

5.   Emma Castro se casaría con un ingeniero naval mexicano, Víctor
Lomeli.

6.   Castro, Fidel, discurso en el palacio de los Deportes, 22 de enero
de 1959.

7.   Castro, Fidel, charla en el Lions de La Habana, 13 de enero de 1959.

8.   Por el Tratado de Asistencia de 1934, la Enmienda Platt había quedado abolida y se había fijado un nuevo acuerdo para el alquiler de la base
de Caimanera (o naval de Guantánamo) por 4.000 dólares, contrato que solo
podría ser rescindido por ambas partes o por disposición del arrendatario,
Estados Unidos.

9.   Entre las primeras intervenciones figuraron: un *trust* de fabricación
de cerillas, el consorcio petrolero RECA, la Compañía Cubana de Aviación,
el aeropuerto de Rancho Boyeros, 14 ingenios azucareros, las empresas de
transporte Ómnibus Aliados y Ómnibus Metropolitanos y la Cuban Telephone
Company.

10.   Del 11 de febrero de 1958, antes de la formación de la «corte marcial» para responsables de crímenes y torturas, con poderes para decretar la
pena de muerte.

11.   Castro, Fidel, pronunciamiento ante la tumba de Eduardo Chibás,
16 de enero de 1959.

12.   Jesús Sosa Blanco.

13.   Castro, Fidel, discurso en el palacio de los Deportes, 22 de enero
de 1959.

14.   Fuente: Entrevista a Antonio Llibre. Extraoficialmente, en el nuevo
orden que se hallaba en elaboración en aquellos días, el Ejército Rebelde ya
se organizaba en jefaturas, entre ellas las de Ramiro Valdés Menéndez, G-2
(inteligencia militar); Belarmino Castilla, G-1 (personal); Antonio E. Lussón,
G-3 (operaciones); Sergio del Valle, G-4 (logística); William Gálvez, G-5. Enyo
Leyva fue designado jefe de seguridad de Fidel.

15.   Castro, Fidel, «Memoria de Venezuela», 13 de marzo de 1967.

16.   Tesis del PSP, Archivo del PSP, enero de 1959.

17.   Entrevista a Faure Chomón.

18.   Castro, Fidel, entrevista en el hotel La Habana Riviera, 22 de enero de 1959.

19. Entrevistas a Jorge Risquet y José Antonio Tabares del Real.

20. Entrevistas a Lionel Soto y Alfredo Guevara.

21. Prominente abogado, bien relacionado con el Departamento de Estado y ciertos magnates del petróleo estadounidenses, Miró Cardona mantenía una relación personal con Fidel desde los tiempos en que era su profesor en la Universidad de La Habana. Su dimisión se debió a disputas con Urrutia. A continuación sería enviado a España como embajador y posteriormente a Estados Unidos, propuesto por Fidel en mayo de 1960.

22. Castro, Fidel, programa de televisión *Ante la prensa*, 19 de febrero de 1959.

23. Castro, Fidel, entrevista, 20 de febrero de 1959.

24. Entrevista a Lionel Soto.

25. Castro, Fidel, entrevista, 6 de marzo de 1959.

Capítulo 32. ¿Qué revolución es esta?

1. Castro, Fidel, entrevista en Nueva York, 23 de abril de 1959.

2. Castro, Fidel, entrevista con directores de prensa estadounidense, 17 de abril de 1959.

3. Castro, Fidel, en la Explanada Municipal de Montevideo, 5 de mayo de 1959.

4. Castro, Fidel, entrevista en el programa de televisión *Ante la prensa*, 9 de mayo de 1959.

5. Castro, Fidel, en *Ante la prensa*, 21 de mayo de 1959.

6. En general, esa dimensión correspondía a las plantaciones de caña de azúcar que utilizaban fuerza de trabajo asalariada, que habían sido nacionalizadas y se habían mantenido como grandes unidades de producción («granjas del pueblo») estatales.

7. Conversaciones con Manuel Piñeiro.

8. *Idem.*

9. El coronel Gamal Abdel Nasser organizó el movimiento de los oficiales que derrocaron la monarquía egipcia en 1952. Consiguió el control del territorio, sustituyó y unificó los partidos políticos y destruyó el poder de los latifundistas. Al nacionalizar el canal de Suez, en 1956, Inglaterra, junto con Francia e Israel, invadió Egipto, pero se retiró debido a la presión internacional. Tras la proclamación de la República, Nasser presidió el país desde 1954 hasta 1970.

10. Libia (1951); Sudán, Túnez y Marruecos (1956); Ghana (1957).

11. En esta coyuntura se fundó el Partido Social Cristiano, liderado por José Ignacio Rasco, profesor de la Universidad Católica de Villanueva y ex compañero de Fidel en el colegio Belén.

12. Padula Jr., Alfred A., *The fall of the bourgeoisie: Cuba, 1959-1961*, tesis doctoral, Universidad de Nuevo México, 1974.

13. Carlos Prío, Manuel Antonio de Varona y Aureliano Sánchez Arango.

14. El Movimiento de Recuperación Revolucionaria (MRR) contaba con una base en la Asociación Católica Universitaria (ACU). El Movimiento Revolucionario del Pueblo (MRP) se apoyaba en la Juventud Obrera Católica (JOC) y otros sectores disidentes. También estaba el DRE (versión capciosa del extinto Directorio), procedente de la Juventud Estudiantil Católica (JEC) y el MDC. En el MRP participaría Raúl Chibás, que partió al exilio el 10 de agosto de 1960.

Capítulo 33. Se rompe el acuerdo de Yalta

1. En un juicio público realizado en diciembre, Húber Mattos fue condenado a veinte años de prisión.

2. Entrevista a José Rebellón.

3. La relación entre la llamada «derecha» del 26 de Julio y los militantes católicos se había consolidado a partir de los preparativos de la fracasada huelga de abril de 1958.

4. Castro, Raúl, palabras en el X Congreso Nacional Obrero, 18 de noviembre de 1959.

5. Castro, Fidel, palabras en el X Congreso Nacional Obrero, 18 de noviembre de 1959.

6. Conrado Béquer, de los azucareros, fue elegido presidente, teniendo como vicepresidentes a Conrado Rodríguez, del Segundo Frente de Escambray, y el oriental y comunista Juan Taquechel. Como secretario del ejecutivo quedó David Salvador.

7. Entrevista a Emilio Aragonés.

8. Castro, Fidel, cierre del 24 Congreso Nacional de la CTC, 15 de septiembre de 1959.

9. Ministerio de Relaciones Exteriores (MINREX) de Cuba, nota diplomática, 18 de noviembre de 1959.

10. CIA, «The Caribbean Republics, national intelligence estimate 80-54», 24 de agosto de 1954, archivos de la CIA, FOIA.

11. La Conferencia de Yalta se celebró en febrero de 1945, precedida por la de Teherán, en diciembre de 1943, al esbozarse la victoria de los Aliados. Las principales decisiones tomadas en Yalta fueron: el desmembramiento de Alemania, el reconocimiento del gobierno yugoslavo bajo la jefatura del mariscal Tito y del gobierno polaco prosoviético, la definición de las fronteras de Polonia, la supervisión de los países que habían sido satélites del Eje, la división de Corea en dos zonas (Norte, con la URSS, y Sur, con Estados Unidos) y la sustracción de Indochina a Francia para entregarla a China. La URSS debía además ayudar a concluir la guerra con Japón, y recibiría como

compensación algunos territorios de Asia. Las Américas eran, desde luego, las zonas de interés de Estados Unidos.

12. En 1955 Nasser fue uno de los organizadores y líderes de la Conferencia de Bandung, donde surgió el movimiento «neutralista» afroasiático, precursor del Movimiento de los Países No Alineados. En esa ocasión, veintinueve países afroasiáticos condenaron el colonialismo, la discriminación racial y el armamento atómico. La reunión en Bandung fue resultado del encuentro, en agosto de 1954, de los líderes Pandit Nehru (India), Mohamed Alí (Pakistán), Bandaranaike (Ceilán), Sastroamiyojo (Indonesia) y U Nu (Myanmar, actual Birmania).

13. Hemingway, premio Nobel de 1954, se suicidó el 2 de julio de 1961 en Idaho, con su rifle de caza. En su testamento dejaba esa propiedad al gobierno de Cuba, para que la utilizaran como desearan.

14. Las Milicias Nacionales Revolucionarias (MNR) se crearon el 26 de octubre de 1959.

15. Informe del Comité Especial del Senado de Estados Unidos: «Investigación del Senado de Estados Unidos sobre planes para la eliminación física de dirigentes políticos extranjeros», conocido como Informe Church, coordinado por el senador Frank Church, 1975.

16. *Idem.*

17. Informe del general Maxwell Taylor, Comisión de Estudios sobre Cuba, Estados Unidos, 1961.

18. Informe sobre planes de atentado contra Fidel Castro, 23 de mayo de 1967, del inspector general de la CIA (J. S. Earman), a petición del director de la CIA (Richard Helms). El documento fue enviado al archivo secreto y se desclasificó en 1994, con fragmentos censurados. De acuerdo con las investigaciones cubanas, el proyecto se trazaba desde 1959. Un estadounidense (Allen Robert Mayer), introducido ilegalmente en el territorio para atentar contra la vida de Fidel, fue detenido por la policía el 2 de febrero de 1959. Al mes siguiente, el 26 de marzo, se descubrió otro plan de asesinato, uno de cuyos mentores era Rolando Masferrer, antiguo antagonista de Fidel desde la época de la universidad.

19. *New York Times*, 7 de marzo de 1967. Al parecer la fuente principal de los autores fue el mafioso John Roselli, o su abogado, Edward Morgan.

Capítulo 34. La mirada de Simone

1. Beauvoir, Simone de, «Sur Fidel», Archivo Fidel Castro, ref. cit.

2. VII Reunión de Cancilleres de la OEA, Costa Rica, 29 de agosto de 1960.

3. El nombre de Schreider aparece constantemente censurado en el texto del inspector general de la CIA. Véase también, sobre el atentado: Wise,

David, y Thomas Ross, *The invisible government*, Random House, Nueva York, 1964.

4. Sekou Touré luchaba por la unidad africana contra el tribalismo. Fue uno de los propulsores de la idea de los «Estados Unidos de África», en la conferencia de los pueblos africanos celebrada en Accra, capital de Ghana, a finales de 1958. También era aliado del líder Patrice Lumumba, del Congo, y de los chinos. En su país, Touré fue el organizador del movimiento sindical, que agrupaba a 700.000 trabajadores en un país de apenas 2,5 millones de habitantes.

5. Informe Church, Congreso de Estados Unidos, 1975, ref. cit.

6. Entrevista a Jorge (Papito) Serguera.

7. Informe del inspector general de la CIA, ref. cit.

8. *Idem*.

9. House Select Committee on Assassinations (HSCA), prueba JFK F-602. Investigador: Gaetón Fonzi. Parcialmente publicado en *Washington Post*, por Georges Crile III, 16 de mayo de 1976.

10. Archivos de la Comisión Warren, testimonio desclasificado del periodista británico John Wilson (también retenido en el establecimiento de Triscornia, en el mismo período que Santos Trafficante). Wilson testimonió que Trafficante recibió, en tal ocasión, la visita de Jack Ruby (el asesino de Lee H. Oswald).

11. HSCA, prueba JFK F-410, «Statement of the Cuban Government».

12. Informe del inspector general de la CIA, ref. cit.

13. Los integrantes del Frente Revolucionario Democrático (FRD) eran el ex senador Manuel Antonio de Varona, Manuel Artime (jefe del MRR), Justo Carrillo, Aureliano Sánchez Arango y José Ignacio Rivero. En marzo, tras conflictos internos, a partir de la FRD se formó el Consejo Revolucionario Cubano (CRC), presidido por José Miró Cardona (ex primer ministro de Cuba), que acogía inicialmente a Manuel Ray Rivero (jefe de la organización MRP y ex ministro de Obras Públicas).

14. Entrevista a Alfredo Guevara.

15. Entrevista a Eloy Gutiérrez Menoyo.

16. Entrevista a Fernández Varela.

17. Entrevista a Max Lesnick.

Capítulo 35. La invasión fallida

1. Conversaciones con Manuel Piñeiro.

2. Castro, Fidel, palabras en la graduación de los alumnos del centro de inseminación artificial, 12 de diciembre de 1961.

3. Castro, Fidel, graduación de alumnas de las escuelas de corte y confección, 11 de diciembre de 1961.

4. Castro, Fidel, discurso, 26 de julio de 1961, El Caney de las Mercedes, Santiago de Cuba.

5. La independencia argelina se formalizó el 27 de junio de 1961.

6. El tirador sería el cubano Antonio Veciana Blanc, después fundador del grupo Alpha 66.

7. Castro, Fidel, sesiones plenarias estudiantiles, 21 de octubre de 1961.

8. Ernesto (Che) Guevara, Emilio Aragonés y Osmani Cienfuegos.

9. Se fundaron también la Asociación de Jóvenes Rebeldes (AJR), que englobaba a los universitarios; la Unión de los Pioneros de Cuba (UPC), de niños y adolescentes, y la Asociación Nacional de Pequeños Agricultores.

10. Carlos Rafael Rodríguez, Aníbal y César Escalante, Ramiro Valdés, Flavio Bravo, Joaquín Ordoqui, Lázaro Peña, Manuel Luzardo y Severo Aguirre.

11. Castro, Fidel, palabras a los intelectuales, 30 de junio de 1961.

12. Participaban en la Operación Mangosta el Departamento de Estado, las secretarías de Comercio y de Defensa, el Pentágono, la CIA y la USIA (U. S. Information Agency), entre otros.

13. Documentos de la Operación Mangosta, desclasificados por el Grupo de Revisión de Registros de Asesinatos (GRRA), 18 de noviembre de 1997.

14. El embargo total sobre el comercio entre Estados Unidos y Cuba fue implantado por la Orden Ejecutiva Presidencial número 3.447, del 7 de febrero de 1962, válida «hasta que Cuba devuelva el 50 por ciento de las propiedades estadounidenses nacionalizadas a partir del 11 de enero de 1959, o abone una compensación equivalente al 50 por ciento del valor de las propiedades afectadas».

Capítulo 36. La estabilidad imposible

1. Declaración prestada por Frank Sturgis al Comité de Asesinatos de la Cámara, Estados Unidos, 1978.

2. Entrevista a Lionel Soto.

3. Conversaciones con Manuel Piñeiro.

4. Entrevista a Bilito Castellanos.

5. José Abrantes, Raúl Curvelo, Armando Hart, Haydée Santamaría, Faure Chomón, Osmani Cienfuegos, Juan Almeida y Sergio del Valle.

6. Alexéiev, Alexandre, artículo escrito para ser publicado el 12 y 18 de noviembre de 1988, archivo del escritor y embajador cubano Carlos Lechuga.

7. Entrevista a Emilio Aragonés.

8. Kennedy, John F., conferencia de prensa, 31 de agosto de 1962, John F. Kennedy Library (JFKL).

9. Declaraciones de Kruschev, agencia Tass, 12 de septiembre de 1962.

10. Castro, Fidel, aniversario de los CDR, 28 de septiembre de 1962.

11. El 3 de julio de 1962, después de casi siete años de guerra, Argelia se declaró independiente. El 26 de septiembre, Ben Bella fue nombrado primer ministro por la Asamblea Nacional.

12. John F. Kennedy Library (JFKL), Archivo Central, caja 41.

13. Castro, Fidel, mensaje a Kruschev, 26 de octubre de 1962.

14. *Idem*, 27 de octubre de 1962.

15. Castro, Fidel, entrevista con María Schriver, NBC, Estados Unidos, 24 de febrero de 1988.

Capítulo 37. Víctima de un hechizo

1. Entrevista a Jorge (Papito) Serguera.

2. *Idem*.

3. Entre ellos, Osvaldo Barreto y Pedro Lugo, que se encontraban en Argelia.

4. Conversaciones con Manuel Piñeiro.

5. *Idem*.

6. Declaraciones de Ulisses Estrada, Víctor Dreke y Darío Urra, agentes de Piñeiro en el Departamento «Liberación», MININT, Archivo de las FAR.

7. Abelardo Colomé Ibarra (Furry), hoy ministro del Interior y general del Cuerpo del Ejército, y José María Martínez Tamayo (Papi), con pasaporte argelino, en 1962.

8. El grupo estaba dirigido por Alain Elías. Entre los integrantes figuraban Javier Heraud y Abraham Lamas.

9. Los hermanos bolivianos Peredo y Rodolfo Saldaña.

10. Del MIR, el dirigente Luis de la Puente Uceda murió en noviembre de 1965, y Guillermo Lobatón, en enero de 1966. En 1965 fue detenido Héctor Béjar, del ELN, y destruida la columna que dirigía.

11. Informe de Flavio Bravo a Raúl Castro, Argel, 21 de octubre de 1963.

12. Castro, Fidel, graduación de los alumnos de las Escuelas de Auxiliares de Administración, 2 de octubre de 1963.

13. Castro, Fidel, en la recepción en la embajada de Canadá, UPI, 2 de julio de 1964.

14. Castro, Fidel, *Un día con Castro*, reportaje de la televisión francesa, julio de 1964.

15. Otras conferencias extraordinarias de los jefes del ejército del continente se realizarían en esa etapa en la base de Panamá, en la escuela de oficiales de West Point y en Buenos Aires, para tratar el tema. La tercera tuvo lugar a finales de octubre de 1967, después de la muerte del Che Guevara en Bolivia.

16. Castro, Fidel, Consejo del Plan de Enseñanza Tecnológica de Suelos, Fertilizantes y Ganado, 18 de diciembre de 1966.

17. Castro, Fidel, V Plenario Nacional de la Federación de Mujeres Cubanas, 9 de diciembre de 1966.

18. Hughes (INR) a la Secretaría de Estado, «"Che" Guevara's African venture», 19 de abril de 1965, pp. 1 y 2, NSFCF: Cuba, caja 20, LBJL.

19. Conversaciones con Manuel Piñeiro.

20. Entrevista a Jorge Serguera.

Capítulo 38. Catarsis y fisuras

1. Gutiérrez Menoyo sería liberado 20 años más tarde, en 1985, a petición del presidente español Felipe González. Nueve años después volvería a conversar con Fidel en La Habana, como presidente del grupo Cambio Cubano, defensor de una negociación pacífica con el régimen.

2. Declaración de Marquito, juicio oral de la causa número 72, 1964.

3. Entrevista a Alfredo Guevara.

4. Sentencia número 4, 1964, Tribunal Supremo de Justicia de Cuba.

5. CIA, Directorio de Inteligencia, informes semanales, «The situation in the Congo», 10 de marzo de 1965, 31 de marzo de 1965, 4 y 14 de abril de 1965; CIA, Oficina de Inteligencia en Curso, «Tanzanian support for the Congo rebels», 7 de abril de 1965.

6. Risquet Valdés, Jorge, *El segundo frente del «Che» en tierra congoleña. Historia de la columna 2.*

7. Castro, Fidel, palabras a los delegados del IX Festival de la Juventud y de los Estudiantes, celebrado en Argel, 26 de junio de 1965.

8. Castro, Raúl, pronunciamiento en el vigésimo aniversario de las misiones en Congo Brazzaville (República Popular del Congo) y Congo Leopoldville (República de Zaire), 7 de noviembre de 1985.

9. Conversaciones con Manuel Piñeiro.

10. Castro, Fidel, mensaje a Jorge Risquet, 1 de julio de 1966.

11. Mensaje de Rafael (Óscar Fernández Padilla) a Tatú (Che Guevara), Archivo del CC del PCC, 4 de noviembre de 1965; Guevara, Ernesto, «Pasajes de la guerra revolucionaria (Congo)», 1965.

12. Villegas, Harry (Pombo), «Con el arma de la autoridad moral», revista *Tricontinental*, julio de 1997.

13. Castro, Fidel, palabras en Santiago de Chile, 3 de diciembre de 1971.

14. Memorándum del gobierno de Estados Unidos al gobierno de Cuba, a través de la embajada de Suiza, 6 de noviembre de 1965.

15. Castro, Fidel, palabras al ser condecorado con la Orden Amílcar Cabral de la República de Cabo Verde, por el presidente Antonio Manuel Mascarenhas, 14 de abril de 1988.

16. «Policy planning memorandum N.° I», Departamento de Estado de Estados Unidos, 2 de diciembre de 1971, FOIA, 1982/0426.

17. Castro, Fidel, *Respuesta al gobierno chino*, 5 de febrero de 1966.
18. Castro, Fidel, discurso, 13 de marzo de 1966.

Capítulo 39. El fénix y el cóndor

1. Informe del inspector general de la CIA, 1967, ref. cit. Véase también Informe de la Comisión Church, 1975, ref. cit.

2. El superagente era Davis Atlee Phillips. El contacto fue preparado por Carlos Tepedino (agente AM-WHIP), un amigo de Cubela, ex dueño de una joyería en el hotel Hilton de La Habana.

3. HSCA (Comité de Asesinatos de la Cámara de Estados Unidos), prueba JFK F-603, 1978.

4. Los acusados eran Rolando Cubela Secades, Ramón Guín Díaz, J. L. González Gallarreta, Alberto Blanco Romáriz, Juan Alsina Navarro, Guillermo Cunill Álvarez y Ángel Herrero Véliz.

5. Castro, Fidel, carta al fiscal Jorge Serguera, sobre la causa número 108, Tribunal Revolucionario número 1, relativa al juicio celebrado del 7 al 9 de marzo de 1966.

6. Acuerdo del Buró Político, PCC, abril de 1966.

7. El cadáver de Julio Iribarren Borges fue encontrado a 24 kilómetros de Caracas, con tres balas en la espalda.

8. Castro, Fidel, discurso, 13 de marzo de 1967.

9. Reportaje de Murray Sale, *London Times*, 10 de abril de 1967.

10. Castro, Fidel, cierre del Congreso de OLAS, 10 de agosto de 1967.

11. Castro, Fidel, pronunciamiento, 24 de julio de 1968.

12. Castro, Raúl, Informe de la Comisión de las Fuerzas Armadas y de Seguridad del Estado sobre las actividades del grupo fraccional, 29 de enero de 1968.

13. Castro, Fidel, discurso sobre los acontecimientos de Praga, 23 de agosto de 1968.

14. Castro, Fidel, III Congreso de la ANAP, 18 de mayo de 1967.

Capítulo 40. La conquista del león marino

1. A petición del primer gobierno de Carlos Menem en Argentina, una parte de ese dinero permanece retenida en Cuba.

2. Informe sobre actividades de inteligencia, Comisión Church, Congreso de Estados Unidos, 1975.

3. *Idem.*

4. Castro, Fidel, clausura del Primer Congreso Nacional de Educación y Cultura, 30 de abril de 1971.

5. Entrevista a Jorge Risquet y Relaciones Guinea-Cuba, Instituto Superior de Relaciones Internacionales, La Habana, Cuba & Sec. State, «Focus on Portuguese Guinea», 16 de agosto de 1963, caja WH-1, JFKL.

Capítulo 41. Los vuelos ciegos del comandante

1. Schorr, Daniel, *Oliver Stone's Nixon: the book of the film*, Hyperion, Nueva York, 1995.

2. Kornbluh, Peter, y James G. Blight, *Dialogue with Castro: a hidden history*, 1994.

3. Entrevista a Ramón Sánchez Parodi.

4. Departamento de Estado de Estados Unidos: «Memorandum of conversation on Cuba policy: tactics before and after San José», 9 de junio de 1975.

5. Castro, Fidel, entrevista a Mankiewicz y Jones, 1974.

6. *National Security Decision Memorandum*, «Termination of US restrictions on third country trading with Cuba», 19 de agosto de 1975.

7. «Normalizing relations with Cuba», informe del subsecretario de Estado Rogers, marzo de 1975.

8. Barbados, Trinidad y Tobago, Jamaica y Guyana (inglesa) habían normalizado sus relaciones con Cuba desde 1972.

9. Castro, Fidel, discurso en el entierro de las víctimas del crimen de Barbados, 15 de octubre de 1976.

10. *Idem.*

11. Freddy Lugo y Hernán Ricardo.

12. Orlando Bosch (jefe de la CORU) y Luis Posada Carriles (ex inspector policial en la época de Fulgencio Batista y entonces inspector del DISIP, la policía secreta de Venezuela).

13. Compuesto por el Frente de Liberación Nacional de Cuba (FLNC), Acción Cubana, Movimiento Nacionalista Cubano, Brigada 2506 y F-14, entre otros.

14. Archivo do MINFAR, «Realización de la Operación Amílcar Cabral», 1974, CID-FAR.

15. Conversaciones con Manuel Piñeiro.

16. Castro, Fidel, discurso, decimoquinto aniversario de Girón, 19 de abril de 1976.

Capítulo 42. La cara oculta: Nicaragua

1. Entrevista a Humberto Pérez.

2. Entrevista a Tomás Borge.

3. *Idem.*

4. Comunicado conjunto de Michael Manley y Fidel Castro, visita de Fidel a Jamaica, octubre de 1977.

5. Después de la independencia de Mozambique, la lucha de las guerrillas se intensificó en la región y el régimen de Ian Smith, primer ministro de Rodesia, bombardeó Zambia y Mozambique. Conjuntamente con Angola, Botsuana y Tanzania, esos países constituirían el grupo Línea del Frente para luchar contra el racismo. Los grupos activistas africanos se unirían en un Frente Patriótico, copresidido por Joshua Nkomo y Robert Mugabe (otro dirigente africano de orientación marxista que llegaría a presidente de Zimbabue en las elecciones celebradas en 1980, después de los acuerdos con Londres y con la población blanca de la antigua Rodesia).

6. Entrevista a José Arbesú.

7. Castro, Fidel, entrevista con el periodista brasileño Fernando Morais, 1976.

8. Castro, Fidel, entrevista con los periodistas estadounidenses R. Valariani (NBC), Rabel (CBS) y Barbara Walters (ABC), 16 de junio de 1978, copia del Archivo del CC del PCC.

9. República Democrática del Congo.

10. Castro, Fidel, entrevista con los periodistas estadounidenses R. Valariani (NBC), Rabel (CBS) y Bárbara Walters (ABC), ref. cit.

11. Entrevista a José Arbesú.

12. Castro, Fidel, entrevista con Dan Rather, CBS, 30 de septiembre de 1979.

13. Castro, Fidel, entrevista con periodistas estadounidenses y corresponsales extranjeros, 28 de septiembre de 1979.

14. Pastor a Brzezinski, Casa Blanca, caja CO-21, Biblioteca Jimmy Carter, 21 de septiembre de 1979.

Capítulo 43. Un ciudadano del mundo

1. Castro, Fidel, apertura de la VI Reunión de los No Alineados, La Habana, 3 de septiembre de 1979.

2. Castro, Fidel, entrevista con los periodistas Jou Alpert y Karen Ranuci durante el vuelo a Nueva York, 10 de octubre de 1979.

3. Entrevista a Tomás Borge.

4. Castro, Fidel, entrevista con María Schriver, NBC, 24 de febrero de 1988.

5. Castro, Fidel, II Congreso de Economistas del Tercer Mundo, 26 de abril de 1981.

Capítulo 44. Exilio y bloqueo: los marielitos

1. Entre ellos, los ex dirigentes de organizaciones estudiantiles Carlos Lage D'Ávila y Felipe Pérez Roque, actualmente secretario del Consejo de Ministros y ministro de Relaciones Exteriores, respectivamente.

2. Como ejemplos, el atentado al líder de la oposición Walter Rodney en Guinea, el golpe militar en Jamaica, la tentativa de invasión de Surinam, sabotajes con explosivos en Granada y planes contra la vida de los dirigentes del Movimiento Nueva Joya.

Capítulo 45. En busca de fondos

1. Castro, Fidel, primer período de sesiones de la Asamblea Nacional del Poder Popular, 5 de julio de 1979.

2. En el campo del control de enfermedades, Cuba obtendría importantes éxitos contra las hepatitis B y aguda, la esclerosis múltiple, el dengue hemorrágico y la meningitis meningocócica tipo B. Al acabar la década de los ochenta quedaron erradicados la tuberculosis, la poliomielitis, la difteria, el tétanos, el sarampión, el tifus y la rubéola.

Capítulo 46. El día en que el capitalismo desaparezca

1. Castro, Fidel, entrevista al periódico mexicano *Excelsior*, 21 de marzo de 1985.

2. Castro, Fidel, entrevista colectiva con periodistas, 4 de agosto de 1985.

3. Castro, Fidel, IV Congreso de la FELAP, 7 de julio de 1985.

4. Castro, Fidel, cierre del Encuentro sobre la Deuda, La Habana, 4 de agosto de 1985.

5. Castro, Fidel, entrevista al periódico *El Día*, México, 8 de junio de 1985.

6. Para coordinar dicho comité se designó al comandante Juan Almeida Bosque.

7. Castro, Fidel, Congreso de Periodistas de Cuba, 26 de octubre de 1986.

8. Castro, Fidel, pronunciamiento, 19 de abril de 1986.

9. Castro, Fidel, en visita a Quito, Ecuador, 13 de agosto de 1988.

10. Castro, Fidel, entrevistas al periódico *The Washington Post* (periodistas: Leonard Downie, Jimmie Hoagland y Karen de Young), 30 de enero de 1985. También: Nota de Fidel Castro a Curtis W. Kamman, jefe de la oficina de intereses de Estados Unidos en Cuba, 29 de enero de 1987.

Capítulo 47. Atracción fatal: narcodólares

1. Castro, Fidel, debate con juristas, 17 de septiembre de 1987.
2. Gorbachov, Mijaíl, discurso en La Habana, 3 de abril de 1989.
3. Ochoa, Arnaldo Sánchez, en declaración ante el tribunal militar, junio de 1989.

Capítulo 48. La URSS, el padre fracasado

1. El 16 de diciembre de 1968, la ONU había afirmado el derecho de Namibia a la autodeterminación. Como a continuación dominaron el país los alemanes, los ingleses y los sudafricanos, con lo que quedaron canceladas las posibilidades de una lucha política, la SWAPO pasó a dirigir la lucha armada.
2. Estaba integrada por el general de División de las FAR Ulisses Rosales del Toro, el vicecanciller Ricardo Alarcón, Rodolfo Puentes Ferro (Departamento África del PCC), José Arbesú Fraga (Departamento América del PCC) y el coronel Eduardo Morejón Estévez.
3. Entrevista a Lázaro Mora.
4. Castro, Fidel, cartas al secretario general de la ONU y al Consejo de Seguridad de la ONU, 21 de diciembre de 1989.
5. Castro, Fidel, inauguración de un combinado de materiales para la construcción, San Miguel de Padrón, La Habana, 7 de noviembre de 1989.
6. Castro, Fidel, en Cozumel, México, 23 de octubre de 1991.
7. Castro, Fidel, discurso, 19 de abril de 1992.

Capítulo 49. El péndulo de Fidel

1. Castro, Fidel, en la entrega del Premio Estado de São Paulo al etnólogo Orlando Villas Boas, Brasil, 17 de marzo de 1991.
2. Castro, Fidel, en un encuentro con los presidentes de México, Venezuela y Colombia, México, 22 de octubre de 1991.
3. Castro, Fidel, entrevista con Mario Vázquez Raña, publicada en *El Sol*, México, 19 de enero de 1995.
4. Castro, Fidel, en la I Cumbre Iberoamericana, Guadalajara, México, 18 de julio de 1991.
5. Castro, Fidel, entrevista con la periodista mexicana Beatriz Pagés Rebollar, 9 de mayo de 1991.
6. Castro, Fidel, en la ECO-92, Río de Janeiro, 12 de junio de 1992.
7. Castro, Fidel, en el IV Congreso de la FEU, noviembre de 1990.
8. Castro, Fidel, discurso, 26 de julio de 1993.

Capítulo 50. Patria o muerte: los balseros

1. Castro, Fidel, entrevista con Mario Vázquez Raña, publicada en *El Sol*, México, 19 de enero de 1995.

2. La nota diplomática 723, del MINREX al gobierno de Estados Unidos, del 29 de junio de 1994, protestaba contra la impunidad del secuestrador cubano de un AN-24, en un vuelo La Habana-Nassau.

3. Entrevista a Jorge Lezcano.

4. Castro, Fidel, en el IV Encuentro Latinoamericano y del Caribe, enero de 1994.

5. Castro, Fidel, en la Conferencia de los Pequeños Estados Insulares, Bridgetown, Barbados, 5 de mayo de 1994.

6. Castro, Fidel, en la IV Cumbre, Cartagena, Colombia, 14 de junio de 1994.

7. Castro, Fidel, en la Conferencia Mundial para el Desarrollo, Copenhague, marzo de 1995.

8. Castro, Fidel, en la V Cumbre, San Carlos de Bariloche, Argentina, 16 de octubre de 1995.

9. Castro, Fidel, en el 50 aniversario de la ONU, Nueva York, 22 de octubre de 1995.

Capítulo 51. Moriré con las botas puestas

1. Entrevista a José Vela Gómez.

2. Lage D'Ávila, Carlos (vicepresidente del Consejo de Estado y secretario del Comité Ejecutivo del Consejo de Ministros de Cuba), pronunciamiento en el Foro Económico Mundial, Davos, Suiza, enero de 1997.

3. Castro, Fidel, entrevista con Federico Mayor, ex director de la UNESCO, marzo de 2000.

Capítulo 52. Lobos, renos y corderos

1. Castro, Fidel, en la VI Cumbre, Santiago de Chile, 10 de noviembre de 1996.

2. Castro, Fidel, con ocasión de la reunión de la OMC, Ginebra, 19 de mayo de 1998.

3. Castro, Fidel, en el II Encuentro Mundial de Educación Especial, 20 de junio de 1998.

Capítulo 53. ¿Un líder insustituible?

    1. Entrevista a Max Lesnick.
    2. Castro, Fidel, en la condecoración a Raúl Castro y Juan Almeida como héroes de la República de Cuba, marzo de 1998.

BIBLIOGRAFÍA Y FUENTES

El volumen documental de esta bibliografía se extrajo, en primer lugar, de fichas y carpetas reservadas y confidenciales del Archivo Fidel Castro, de la Oficina de Asuntos Históricos del Consejo de Estado de la República de Cuba. También se realizaron consultas en el Archivo del Comité Central del Partido Comunista de Cuba y en el Archivo del Ministerio de Relaciones Exteriores de Cuba (MINREX).

Discursos
Fueron leídos, analizados y fichados todos los discursos de Fidel Castro, desde sus años de juventud.

Libros

Abanbegyan, Abel, *Inside Perestroika*, New York Monthly Press, Nueva York, 1990.

Acevedo, Enrique, *Guajiro*, Editorial Capitán San Luis, La Habana, 1997.

Al-Chalabi, F. J., *OPEC and the international oil industry* [s. ed.], 1980.

—, *OPEC at the crossroads* [s. ed.], 1989.

Alape, Arturo, *El Bogotazo: memorias del olvido*, Casa de las Américas, La Habana, 1983.

Aldana, Carlos, *Sobre las conductas contrarrevolucionarias y las actividades delictivas*, Editora Política, La Habana, 1992.

Alfonso, Carmen R., *100 preguntas y respuestas sobre Cuba*, Editorial Pablo de la Torriente, La Habana, 1989.

Almeida Bosque, Juan, *Presidio, exilio y desembarco. Trilogía*, Editorial de Ciencias Sociales, La Habana, 1988.

Álvarez Tábio, Pedro y Hernández, Otto, *El combate de Uvero*, Editorial Gente Nueva, La Habana, 1980.

Ameijeiras Delgado, Efigenio, *Más allá de nosotros*, Editorial Oriente, Santiago de Cuba, 1984.

Anderson, Jon Lee, *«Che» Guevara*, Editorial Objetiva, Río de Janeiro, 1997.

Anuario de Estudios Cubanos, *La República neocolonial*, Editorial de Ciencias Sociales, La Habana, 1979.

Arboleya, Jesús, *Havana-Miami, the US-Cuba migration conflict*, Ocean Press, Melbourne, 1996.

Bachiller y Morales, Antonio, *José Martí: el avisador hispanoamericano*, en *Martí. Obras Completas*, Editorial de Ciencias Sociales, La Habana, 1975.

Báez, Luis, *Camino a la victoria*, Casa de las Américas, La Habana, 1975.

—, *Memoria inédita. Conversaciones con Juan Marinello*, Editorial SI-MAR, La Habana, 1995.

—, *Secreto de generales*, Editorial SI-MAR, La Habana, 1996.

Benjamin, Jules Robert, *The United States and Cuba*, University of Pittsburgh Press, Pittsburgh, 1974.

Beschloss, Michael R., *Taking charge: the Johnson White House tapes, 1963-1964*, Simon & Schuster, Nueva York, 1997.

—, *The crisis years. Kennedy and Krushov 1960-1963*, Harper Collins Publishers, Inc., Nueva York, 1990.

Betto, Frei, *Fidel y la religión*, Publicaciones del Consejo de Estado, La Habana, 1985.

Blanco, Katiuska, *Después de lo increíble*, Casa Editora Abril, La Habana, 1994.

Bonachea, Ramón L., *Revolutionary struggle 1947-1959, selected works of Fidel Castro*, Cambridge (Mass.), Cambridge, 1972.

Bonsal, Phillip W., *Cuba, Castro and the United States*, University of Pittsburgh Press, Pittsburgh, 1971.

Borge, Tomás, *La paciente impaciencia*, Casa de las Américas, La Habana, 1989.

Brzezinski, Zbigniew, *Power and principle*, Farrar, Straus & Giroux, Washington, 1983.

Buch, Luis, *Más allá de los códigos*, Editorial de Ciencias Sociales, La Habana, 1995.

Cantón Navarro, José, *Cuba. El desafío del yugo y la estrella*, Editorial SI-MAR, La Habana, 1997.

Cardosa Arias, Santiago, *«Presencia de Fidel en la Finca Acana, Matanzas»*, en *Cuba, historia y economía*, compendio, Editorial de Ciencias Sociales, La Habana, 1983.

Cardoso, Ciro Flammarion y Brignoli, Héctor Pérez, *Os métodos da história*, Edições Graal, Río de Janeiro, 1979.

Casa de las Américas, *La sierra y el llano*, La Habana, 1969.

Castañeda, Jorge G., *«Che» Guevara, a vida em vermelho*, Companhia das Letras, São Paulo, 1997.

Castro Ruz, Fidel, *Can Cuba survive?*, una entrevista de Beatriz Pagés con Fidel Castro, Ocean Press, Melbourne, 1992.

—, *«Che» na lembrança de Fidel*, Casa Jorge Editorial, Niterói, 1997.

—, «El Movimiento 26 de Julio», en *La Revolución Cubana 1953-1980*, Ediciones La Habana, La Habana, 1983.

—, *El pensamiento de Fidel Castro. Selección temática*, enero de 1959 a abril de 1961, Editora Política, La Habana, 1983.

—, entrevista de Beatriz Bíssio, *Fidel, o futuro do socialismo*, Editora Terceiro Mundo, Río de Janeiro, 1990.

—, entrevista de la revista *Siempre*, Publicaciones del Consejo de Estado, La Habana, 1991.

—, entrevista con el diputado Mervin Dymally y el académico Jeffrey Elliot de Estados Unidos, Publicaciones del Consejo de Estado, 1985.

—, entrevista de la agencia de noticias EFE, Editora Política, La Habana, 1985.

—, *Face to face with Fidel Castro*, conversación con Tomás Borge, Ocean Press, Melbourne, 1993.

—, *Informe del Comité Central del Partido Comunista de Cuba al Primer Congreso*, Editora Política, La Habana, 1975.

—, *Informe del Comité Central del Partido Comunista de Cuba al Segundo Congreso*, Editora Política, La Habana, 1981.

—, *Informe del Comité Central del Partido Comunista de Cuba al Tercer Congreso*, Editora Política, La Habana, 1986.

—, *Informe del Comité Central del Partido Comunista de Cuba al Cuarto Congreso*, Editora Política, La Habana, 1991.

—, «Informe económico sobre Cuba», en *La Revolución en marcha*, colección, Sección Divulgación de la Dirección de Cultura del Ejército Rebelde, 1959.

—, *La Historia me absolverá*, edición anotada, Publicaciones del Consejo de Estado, La Habana, 1993.

—, *Me hice revolucionario*, Publicaciones del Consejo de Estado, La Habana, 1995.

—, *Por el camino correcto. Compilación de textos 1986-1989*, Editora Política, La Habana, 1989.

—, «Relato crítico del PPC», en *Moncada, antecedentes y preparativos*, Editora Política, La Habana, 1980.

—, *Selección de textos 1959-1991: la integración latinoamericana*, Editora Política, La Habana, 1992.

—, *The right to dignity. Castro, Fidel, and the Non-Aligned Movement*, Ocean Press, Melbourne, 1989.

—, *Tomorrow is too late* (en la reunión de 1992 en Río sobre el medio ambiente), Ocean Press, Melbourne, 1993.

—, *Un encuentro con Fidel: entrevista de Gianni Mina*, Publicaciones del Consejo de Estado, La Habana, 1988.

—, *War and crisis in the Americas. Speeches 1984-1985*, Pathfinder Press, Nueva York, 1985.

Carrillo, Justo, *Cuba 1933*, Institute of Interamerican Studies, University of Miami, Miami, 1983.

Centro de Estudios de Historia de las FAR, *De Tuxpán a La Plata*, Editora Política, La Habana, 1985.

Centro de Estudios de Historia Militar, *Historia de Cuba*, MINFAR, Editora Política, La Habana, 1980.

—, *Moncada: motor de la Revolución*, Colección Revolucionaria 1953-1955, Editora Política, La Habana, 1983.

Centro de Estudios sobre América, *Pensar al «Che»*, Editorial José Martí, La Habana, 1989.

Centro de Información para la Prensa, *Período especial*, Publicaciones CIP, La Habana, 1996.

Chomón, Faure, *El asalto al palacio Presidencial*, Editorial de Ciencias Sociales, La Habana, 1969.

Cirules, Enrique, *El imperio de La Habana*, Casa de las Américas, La Habana, 1993.

—, *Juan Almeida, um autor*, Edições Mandacaru, São Paulo, 1988.

Conte Agüero, Luis, *Cartas del presidio*, Editorial Lex, La Habana, 1959.

Crenshaw, Charles A., Hansen, Jens, y Shaw, Gary, *JFK conspiracy of silence*, Penguin Group, Nueva York, 1992.

De Armas, Ramón, Torres Cuevas, Eduardo, y Cairo Ballester, Ana, *Historia de la Universidad de La Habana, 1930/1978*, Universidad de La Habana, La Habana, 1994.

Debray, Régis, *Revolution in the Revolution?*, Monthly Review Press, Nueva York, 1967.

Domenech, Silvia M., *Cuba: economía en período especial*, Editora Política, La Habana, 1996.

Domínguez, Marlen, *José Martí en los documentos de la Revolución*, Editorial Pablo de la Torriente, La Habana, 1991.

Dubois, Jules, *Fidel Castro: rebel liberator or dictator?*, Bobbs-Merrill, Indianápolis, 1959.

Escalante Font, Fabián, *Playa Girón: la gran conjura*, Editorial Capitán San Luis, La Habana, 1991.

—, *The secret war. CIA covert operations against Cuba 1959-1962*, Ocean Press, Melbourne, 1995.

Feltrinelli, Giangiacomo, *Fidel Castro: diez años de guerra y de revolución*, Editore Feltrinelli, Milán, 1964.

Fernández, Alina, *Alina, memorias de la hija rebelde de Fidel Castro*, Plaza & Janés Editores, Barcelona, 1997.

Forner, Philip S., *Historia de Cuba y sus relaciones con Estados Unidos*, Editorial de Ciencias Sociales, La Habana, 1973.

Franqui, Carlos, *Diary of the Cuban Revolution*, Viking Press, Nueva York, 1980. [Hay tras. cast.: *Diario de la Revolución cubana*, Ediciones Rufino Torres, Barcelona, 1976.]

Furiati, Claudia, *Confissões de um reatamento - a história secreta do reatamento das relações entre Brasil e Cuba*, Niterói Livros, 1999.

—, *ZR rifle, the plot to kill Kennedy and Castro opens secret files*, Ocean Press, Melbourne, 1994.

Fonzi, Gaetón, *La última conspiración. Caso Kennedy*, material del Servicio Secreto Cubano.

García Oliveras, Julio, *José Antonio Echeverría*, Editora Abril, La Habana, 1988.

Garrison, Jim, *JFK: na trilha dos assassinos*, Relume Dumará, Río de Janeiro, 1992.

Gómez Ochoa, Delio, *La victoria de los caídos*, Editora Alfa & Omega, Santo Domingo, 1998.

Grau Imperatori, Ángela, *El sueño irrealizable del tío Sam*, Casa Editora Abril, La Habana, 1997.

Guerra, Ramiro, *Manual de historia de Cuba*, Editorial Pueblo y Educación, La Habana, 1988.

Guevara, Ernesto (Che), *Escritos y discursos*, Editorial de Ciencias Sociales, La Habana, 1977.

— y Castro, Raúl, *La conquista de la esperanza*, Casa Editora Abril, La Habana, 1996.

—, *Pasajes de la guerra revolucionaria*, Ediciones Unión, La Habana, 1997.

Gunter, Neuberger, y Opperskalski, Michael, *La CIA en Centroamérica y el Caribe*, Editorial José Martí, La Habana, 1985.

Harnecker, Marta, *Del Moncada a la victoria. La estrategia política de Fidel*, Editorial Nuestro Tiempo S.A., La Habana, 1986.

—, *Fraguando el porvenir*, Editorial Cien, Madrid, 1997.

—, *La izquierda en el umbral del siglo XXI*, Editorial Cien, Madrid, 1998.

Hart Dávalos, Armando, *Cambiar las reglas del juego*, Editorial Letras Cubanas, La Habana, 1986.

Hinckle, Warner, y Turner, William, *Deadly secrets the CIA. Mafia war against Castro and the assassination of JFK*, Harper & Row Publishers, Nueva York, 1994.

Huberman, Leo, y Sweezy, Paul M., *Cuba: anatomy of a revolution*, Monthly Review Press, Nueva York, 1960.

Instituto Superior de Relaciones Internacionales, *De Eisenhower a Reagan. La política de Estados Unidos contra la Revolución cubana*, Editorial de Ciencias Sociales, La Habana, 1987.

Kalfon, Pierre, *Ernesto Guevara, una leyenda de nuestro siglo*, Plaza & Janés Editores, Barcelona, 1997.

Kutler, Stanley I., *The wars of Watergate*, Alfred A. Knopf, Nueva York, 1990.

Lane, Mark, *Kennedy, o crime e a farsa*, Paz e Terra, Río de Janeiro, 1992.

Lazo Pérez, Mario, *Recuerdos del Moncada*, Editora Política, La Habana, 1987.

Le Riverend Brisone, Julio, *Breve historia de Cuba*, Editorial de Ciencias Sociales, La Habana, 1995.

— *et al.*, *Historia de Cuba*, Editorial Pueblo y Educación, La Habana, 1975.

—, *La República, dependencia y revolución*, Editora Universitaria, La Habana, 1966.

Leal Spengler, Eusebio, *Breves apuntes de la historia de Cuba*, Editorial Palacio de las Convenciones, La Habana, 1987.

Lechuga, Carlos, *En el ojo de la tormenta*, Ediciones SI-MAR, La Habana, 1995.

Lenin, Vladimir I., *Los partidos políticos en Rusia*, en *Lenin. Obras completas*, Editorial Progreso, Moscú, 1981.

León Cotayo, Nicanor, *¿Se quiebra la esperanza?*, Editora Política, La Habana, 1994.

López Civeira, Francisca, *Historia de las relaciones de Estados Unidos con Cuba*, Ministerio de Educación Superior, Selección de Lecturas, La Habana, 1985.

Martí, José, *Obras completas*, Editora Política, La Habana, 1976.

Martin, Lionel, *El joven Fidel: Los orígenes de su ideología comunista*, Ediciones Grijalbo S.A., Barcelona, 1982.

Martínez Victores, Ricardo, 7RR: la historia de Radio Rebelde – Testimonio, Editorial Ciencias Sociales, La Habana, 1970.

May, Ernest R., y Zelikow, Philip D., The Kennedy tapes: inside the White House during de Cuban Missile Crisis, The Belknap Press, Harvard University Press, 1997.

Mealy, Rosemary, Fidel & Malcolm X: lembranças de um encontro, Casa Jorge Editorial, Niterói, 1995.

Mencía, Mario, La prisión fecunda, Editora Política, La Habana, 1980.

—, El grito del Moncada, Editora Política, La Habana, 1986.

—, Tiempos precursores, Editorial Ciencias Sociales, La Habana, 1986.

Merle, Robert, Premier combat de Fidel Castro, Robert Laffont, París, 1965.

Ministerio de Educación Superior, La Revolución Cubana, 1953-1980, selección de lecturas, Editora ENPES, La Habana, 1990.

—, Recopilación. Historia de Cuba, Curso de Superación para Maestros, Editora ENPES, La Habana, 1990.

Ministerio de las Fuerzas Armadas Revolucionarias, The US-Cuba conflict, equipo de autores de las MINFAR, Editora Política, La Habana, 1994.

Miranda, Olga, Cuba/USA, nacionalizaciones y bloqueo, Editorial de Ciencias Sociales, La Habana, 1996.

Montaner, Carlos Alberto, Fidel Castro y la Revolución cubana, Plaza & Janés Editores, Barcelona, 1984.

Morais, Fernando, A ilha, Editora Alfa-Omega, São Paulo, 1985.

Muñiz, Mirta, Elecciones en Cuba, ¿farsa o democracia?, Ocean Press, Melbourne, 1993.

Nealy, Rosemari, Fidel & Malcolm X, Casa Jorge Editorial, Niterói, 1995.

Nixon, Richard M., Memoirs, Grosset & Dunlap, Nueva York, 1978.

Núñez Jiménez, Antonio, En marcha con Fidel, Editorial Letras Cubanas, La Habana, 1982.

Oficina de Publicaciones del Consejo de Estado, Diario de la guerra. Diciembre de 1956 a febrero 1957, La Habana, 1991.

Osakabe, Haquira, Argumentação e discurso político, Kairos Livraria e Editora, São Paulo, 1979.

Peña, Jacinto E., Celia en la clandestinidad, Oficina de Asuntos Históricos del Consejo de Estado, La Habana, 1980.

Phillips, David A., The night watch, Atheneum, Nueva York, 1977.

Pichardo, Hortensia, Documento para la historia de Cuba, Editorial de Ciencias Sociales, La Habana, 1973.

Pillas, Jean-Marc, Nuestros agentes en La Habana, Editora Record, La Habana, 1995.

Quevedo Pérez, José, *El último semestre*, Ediciones Unión, La Habana, 1982.

—, *La batalla del Jigüe*, Editorial Letras Cubanas, La Habana, 1979.

—, *Vale la pena recordar*, Imprenta de las FAR, La Habana, 1993.

Reyes Fernández, Eusebio, *Un corazón de oro cargado de dinamita. Ensayo biográfico sobre José Antonio Echeverría*, Editora Política, La Habana, 1989.

Ricoeur, Paul, *Interpretação e ideologias*, Editora Francisco Alves, Río de Janeiro, 1983.

Riera, Mario, *Cuba política (1899-1955)*, Ediciones Habana, La Habana, 1955.

—, *Cuba republicana (1899-1958)*, Universidad de Miami, Miami, 1974.

Risquet Valdés, Jorge, *El segundo frente del «Che» en el Congo*, Casa Editora Abril, La Habana, 2000.

Rivele, Stephen, *Kennedy, la conspiración de la mafia*, Serie Reporter, Ediciones B.S.A., Barcelona, 1988.

Rodríguez, Carlos Rafael, *A propósito del empleo en Cuba*, en Letra con Filo, Editorial de Ciencias Sociales, La Habana, 1983.

—, *Cuba en el tránsito al socialismo*, en Letra con Filo, Editorial de Ciencias Sociales, La Habana, 1984.

—, *Palabras en los setenta*, en Letra con Filo, Editorial de Ciencias Sociales, La Habana, 1984.

Rodríguez, José Luis, y Moreno, George Carriazo, *Erradicación de la pobreza en Cuba*, Editorial de Ciencias Sociales, La Habana, 1987.

Rodríguez Loeche, Enrique, *Rumbo al Escambray*, Sección de Impresoras, Capitolio Nacional de Cuba, La Habana, 1960.

Rodríguez Morejón, Gerardo, *Fidel Castro*, P. Fernández y Cía., La Habana, 1959.

Roig de Leuchsenring, Emilio, *Cuba no debe su independencia a los Estados Unidos*, Editorial La Tertulia, La Habana, 1950.

—, *Tradición antiimperialista de nuestra historia*, Cuadernos de Historia Habanera, La Habana, 1962.

Rojas, Marta, *La generación del Centenario en el Moncada*, Ediciones Revolucionarias, La Habana, 1965.

— y Más, Sara, *Y el hermano nos cuesta la vida. Semblanza biográfica*, Casa Editora Abril, La Habana, 1998.

Rosete Silva, Hilaro, *Palabra húmeda. El «Che» Guevara en voz de los suyos*, Ediciones Abril, La Habana, 1998.

Scott, Peter Dale, Hoch, Paul L., y Russell, Stetler, *The assassinations*, Random House, Nueva York, 1976.

Secret 1967 CIA inspector general's report on plots to assassinate Fidel Castro, CIA targets Fidel, Ocean Press, Melbourne, 1996.

Selsdon, Esther, *The life and times of Fidel Castro*, Parragon Books, Nueva York, 1994.

Serguera Riverí, Jorge, *Caminos del «Che»*, Plaza y Valdés S. A. de C.V., México, 1997.

Sirkys, Alfredo, *Os carbonarios*, Global Editora e Distribuidora Ltda., São Paulo, 1983.

Smith, Earl E., *El cuarto piso*, Editorial Corripio, Santo Domingo, 1983.

Smith, Wayne S., *Selected essays on Cuba*, The Wilson Center, Washington, 1984.

Soto, Lionel, *La revolución del 33*, Editorial de Ciencias Sociales, La Habana, 1977.

Suárez Pérez, Eugenio, *De Birán a Cinco Palmas,* compilación, Ediciones Verde Olivo, La Habana, 1997.

Suárez Ramos, Felipa, *U.S. Maine: en la memoria habanera*, Editorial Pablo de la Torriente, La Habana, 1995.

Szulc, Tad, *Fidel: um retrato crítico*, Editora Best Seller, São Paulo, 1986.

Tabares del Real, José A., *Guiteras*, Editorial de Ciencias Sociales, La Habana, 1973.

—, *La Revolución del 30, sus dos últimos años*, Editora Arte y Literatura, La Habana, 1971.

Taber, Robert, *M-26, biography of a Revolution*, Lyle Stuart, Nueva York, 1961.

Tablada Pérez, Carlos, *El pensamiento económico de Ernesto «Che» Guevara*, Casa de las Américas, La Habana, 1987.

Taibo II, Paco Ignacio, *Guevara, también conocido como el «Che»*, Editorial Planeta, Madrid, 1998.

—, Escobra, Froilán, y Guerra, Félix, *El año que estuvimos en ninguna parte: el «Che» Guevara en el Congo*, Editorial Txalaparta, España, 1997.

Tauler López, Arnoldo, *Las ideas no se matan*, Editorial Ciencias Sociales, La Habana, 1998.

Tellería, Evelio, *Los congresos obreros en Cuba*, Dirección Política de las FAR, La Habana, 1972.

Tenório, Carlos Alberto, *O senhor de todas as armas*, Editora Mauad, Río de Janeiro, 1996.

Torrado, Fabio Raimundo, *Fidel Castro: los derechos humanos. Selección temática*, Editora Política, La Habana, 1989.

Urrútia Lleó, Manuel, *Fidel Castro and Company Inc.*, Frederick A. Praeger, Nueva York, 1964.

Varios autores, *Antes del Moncada*, Editorial Pablo de la Torriente, La Habana, 1989.

—, *Historia*, Editorial Pueblo y Educación, La Habana, 1982.

—, *Mártires del Moncada*, Ediciones Revolucionarias, La Habana, 1965.

Villegas, Harry (Pombo), *Pombo, un hombre de la guerrilla del «Che»*, Ediciones Colihue, Editora Política, La Habana, 1996.

Wyden, Peter, *Bay of Pigs*, Simon & Schuster, Nueva York, 1979.

Colecciones/Periódicos y revistas

Bohemia, Cuba, 1950/60/70/80/90

Carteles, Cuba, 1940/1950

Debates Americanos, Cuba, 1990/2000

Diario de La Marina, Cuba, 1940/1950

Ecos de Belén, Cuba, 1940/1950

Gaceta Oficial de la República de Cuba, 1960/1970

Granma, órgano oficial del Partido Comunista de Cuba (PCC), 1965/ 2000

Juventud Rebelde, Cuba, 1980-1990

Obra Revolucionaria, Cuba, 1959/1963

Plenarias Jóvenes Rebeldes, Cuba, 1961/1965

Prensa Libre, Cuba, 1940/1950

Revista Fundamentos, Cuba, 1940/1950

Revista Semestral de Estudios Históricos y Socioculturales, Cuba, 1990/2000

Revolución, órgano del Movimiento 26 de Julio, 1959/1965

The Miami Herald, Estados Unidos, 1980/1990

The New York Times, Estados Unidos, 1960/70/80/90

The Washington Post, Estados Unidos, 1960/70/80/90

Times, Estados Unidos, 1970/80/90

Trabajadores, Cuba, 1990/2000

Apostillas, artículos, informes, extractos, varios

Barnard, F. M., «Pluralism, socialism and political legitimacy», artículo, 1991.

Blanco, Katiuska, «El hijo de don Ángel vuelve...», artículo, La Habana, periódico *Juventud Rebelde*, 23 de agosto de 1996.

Blight, James G., «The shattered crystal ball», apostilla, 1990.

—, *et al.*, *Cuba on the brink: the missile crisis and the Soviet collapse*, extracto de publicación, 1993.

Bonachea, Ramón L., y San Martín, Marta, *The Cuba insurrection, 1952-1959*, extracto de publicación, 1974.

Bourne, Peter G., «Fidel», apostilla, 1986.

Bowker, Mike, y Brown, Robin, *From cold war to collapse*, extracto de publicación, 1992.

Brzezinski, Zbigniew, *The grand failure: the birth and death of communism in the 20th century*, extracto de publicación, 1989.

—, *The Soviet bloc: unity and conflict*, extracto de publicación, 1967.

Cardosa Arias, Santiago, *Siete meses antes del ataque al Moncada*, relato [s. a.].

Castro Ruz, Fidel, entrevista con André Fort, *Journal L'Humanité*, informe del archivo del CC del PCC, 1979.

—, entrevista con Barbara Walthers, ABC-EUA, informe del archivo del CC del PCC, 1975.

—, entrevista con Bill Moyers, CBS-EUA, *ibíd.*, 1979.

—, entrevista con Maria Schreider, NBC-Estados Unidos, grabación en vídeo, 1992.

—, entrevista con los periodistas estadounidenses Saul Landau y Frank Mankievsky, informe del archivo del CC del PCC, 1974.

—, entrevista con Simon Malley, revista *Afrique-Asie*, *ibíd.*, 1983.

—, «Informe del Comité Central del Partido Comunista de Cuba al Quinto Congreso», apostilla, 1996.

Chaffee, Wilbur R. Jr., y Prevost, Gary, *Cuba: a different America*, extracto de publicación, 1988.

Conquest, Robert, *The great terror; Stalin's purge of the thirties*, extracto de publicación, 1973.

Conte Agüero, Luis, *Eduardo Chibás, el adalid de Cuba*, extracto de publicación, 1955.

Cruz Cabrera, Juan Emerico, *La administración Carter frente a la Revolución cubana*, Centro de Estudios sobre Estados Unidos, La Habana, 1983.

Daniels, Robert, *Marxism and communism: essential readings*, extracto de publicación, 1965.

Del Águila, Juan M., *Cuba: dilemmas of a Revolution*, extracto de publicación, 1988.

Díaz, Eduardo, «Las Fuerzas Armadas en los gobiernos auténticos», tesis doctoral en historia, Universidad de La Habana, 1997.

«El hermano de Fidel abre una tienda», en el periódico *El Nacional*, Caracas, Venezuela, 20 de noviembre de 1994.

Fagen, Richard, «The transformation of political culture in Cuba», apostilla, 1969.

Fernández, Abraham R., «El movimiento obrero cubano en la etapa insurreccional», tesis doctoral, Instituto de Ciencias Sociales, Universidad de La Habana, 1992.

Foreign Policy Association, «Problemas de la nueva Cuba», informe, 1934.

Gaddis, John Lewis, «The United States and the end of the cold war», apostilla, 1992.

García Luis, Julio, «Fidel en Birán», relato [s. a.].

—, «Afrenta de «marines» a José Martí y la protesta que anunció futuras batallas» [s. a.].

Geyer, Georgie Anne, Guerrilla prince: the untold story of Fidel Castro, extracto de publicación, 1991.

Glynn, Patrick, Closing Pandora's box, extracto de publicación, 1992.

Gebler, Carlo, «Driving through Cuba», apostilla, 1990.

Gorbachov, Mijaíl, Perestroika: new thinking for our country and the world, extracto de publicación, 1987.

Grabación en casete de la conversación entre Fidel y Gabriel Palau, Santiago de Cuba, 1988.

Harding, Harry, «China's second revolution: reform after Mao», apostilla, 1987.

Hewett, E. A., y Winston, V. H., Milestones in Glasnost and Perestroika, extracto de publicación, 1991.

Ibarra, Jorge, Cuba 1899-1958, Procesos y estructuras sociales, extracto de publicación [s. a.].

—, «José Martí: dirigente político e ideólogo revolucionario», apostilla [s. a.].

Isidrón del Valle, Aldo, artículos, «Viaje al mundo de los recuerdos», «Historia para una foto», «La generación del Centenario y sus primeras acciones», «Lalo, el guardafaro de Cayo Saetía: un hombre de palabra», «Noviembre 1947: Artemisa por primera vez», «¡Yo acuso!, de Fidel Castro», 1980-1990.

Izquierdo Canosa, Raúl, La reconcentración 1896-1897, extracto de publicación [s. a.].

Johns Hopkins, University School of Advanced International Studies, Report on Cuba: findings of the study group on United States-Cuba relations, Westview Press, Boulder-Colo, 1984.

José Raúl Capablanca, publicación del INDER (Instituto Nacional de Deportes), Cuba, 1975.

Journal of Interamerican Studies and World Affairs, julio/agosto 1994, volumen 36, n.º 2, Estados Unidos.

Koakowski, Leszeck, «Main currents of marxism», apostilla, 1978.

«La gesta revolucionaria: acciones y héroes», informe, Consejo de Estado de la República de Cuba.

La neocolonia. Organización y crisis, 1899-1940, Editora Política, La Habana, 1998.

La Feber, Walter, «America, Russia and the cold war, 1945-1984», apostilla, 1985.

Lechuga, Carlos, *Itinerario de una farsa*, extracto de publicación [s. a.].

López Civeira, Francisca, «El PCR(A) y el PRC: ¿continuidad histórica?», artículo, en *Revista de la Universidad de La Habana*, 1993.

Lowenthal, Richard, «Communism: the desintegration of a secular faith», artículo, 1964.

Mankiewicz, Frank, y Jones, Kirby, «With Fidel: a portrait of Castro and Cuba», artículo, 1976.

Martínez Márquez, «Entrevista con Grau», artículo, en revista *Bohemia*, 24 de enero de 1939.

Martínez Páez, Julio, *Médicos en la Sierra Maestra. Apuntes históricos*, ensayo, 1959.

McLellan, David, *Marxism after Marx*, extracto de publicación, 1980.

McManus, Jane, *Getting to know Cuba*, extracto de publicación, 1989.

Miyar Bolío, María Teresa, *La política de Cuba hacia la comunidad cubana en el contexto de las relaciones Cuba-Estados Unidos 1959-1980*, ensayo, Centro de Estudios sobre Estados Unidos (CESEU-UH), La Habana, 1991.

—, y Lobaina Barthelemy, Rosa María, *La revolución y la emigración: lo político y lo humano de un conflicto*, ensayo, Centro de Estudios sobre Estados Unidos (CESEU-UH), La Habana, 1994.

Montané Oropesa, Jesús, «Nuevas experiencias para la lucha», artículo, en *Granma rumbo a la libertad*, Editora Gente Nueva, La Habana, 1983.

Ordoqui, Joaquín, *Memorias*, testimonio, Instituto de Historia de Cuba, La Habana [s. a.].

Ovares, Enrique, *Hechos ocurridos en Bogotá, Colombia, conocidos como el Bogotazo*, documento, Miami, 1998.

Padilla, Heberto, *Self-portrait of the other*, ensayo, 1990.

Pardo Llada, José, «Cómo politiquean los vecinos del Norte», artículo, en revista *Bohemia*, 7 de noviembre de 1948.

Pérez, Louis A. Jr., *Cuba*, extracto de publicación, 1988.

Pérez Hernández, Faustino, *Veinticinco aniversario de la Huelga de Abril*, discurso, Sagua la Grande, 1983.

—, «Yo vine en el *Granma*», testimonio, archivo personal.

Quirk, Robert E., Fidel Castro, ensayo [s. a.].

Relatos del viaje y del desembarco del Granma por participantes: Roberto Roque, Calixto García, René Rodríguez, Faustino Pérez, Pedro L. Sánchez, Pablo Díaz, Ernesto (Che) Guevara de la Serna, Universo Sánchez, Mario Hidalgo, Efigenio Ameijeiras, Raúl Castro, Norberto Collado, Jesús Reyes, Arsenio García, documentos, Consejo de Estado de la República de Cuba.

Relatos de acciones del Directorio Revolucionario, «Dentro del palacio» (Luis Goicochea), «El chequeo de Batista» (Armando Pérez Pintó), «Rescate del camión de Daytona» (Domingo Portela), «Asalto a Radio Reloj» (Julio García Olivera), «Perseguidos y asesinados. El crimen de Humboldt 7» (Enrique Rodríguez Loeches), apostillas, archivo personal.

Relatos del asalto al Moncada y el presidio por participantes: Jesús Montané, Óscar Alcalde, Abelardo Crespo, Haydée Santamaría, Manuel Hernández, Melba Hernández, documentos, Consejo de Estado de la República de Cuba.

Relatos sobre la formación del Movimiento 26 de Julio (M-26-7) por participantes: Ramón Álvarez, Gloria Cuadras, María Antonia Figueroa, Camilo Cienfuegos, Manuel Hernández, documentos, Consejo de Estado de la República de Cuba.

Relatos sobre acciones de apoyo al desembarco del Granma por participantes: Frank País, Celia Sánchez, Vilma Espín y Léster Rodríguez, documentos, Consejo de Estado de la República de Cuba.

Relatos sobre el exilio en México por participantes: María Antonia González, Ernesto (Che) Guevara de la Serna, Alberto Bayo, Arsenio García, Pablo Díaz, Calixto García, Esperanza Olazábal, Universo Sánchez, documentos, Consejo de Estado de la República de Cuba.

Sánchez, Germán, El Moncada: crisis del sistema neocolonial, inicio de la revolución latinoamericana, ensayo, revista Casa de las Américas, La Habana, julio/agosto 1963.

Selección de lecturas de historia de Cuba, Ediciones ENPES, La Habana, 1983.

Schwartz, B. I., Communism and China, extracto de publicación, 1968.

Seton-Watson, Hugh, «The imperialist revolutionaries: trends in world communism in the 1960's and 1970's», apostilla, 1985.

Solomon, Richard, H., «Mao's Revolution and the chinese political culture», apostilla, 1971.

Suchilicki, Jaime, Cuba: from Columbus to Castro, extracto de publicación, 1990.

Thomas, Hugh, *Cuba or the pursuit of freedom*, extracto de publicación, 1971.

U.S. Senate Select Committee on Intelligence Activities, *Alleged assassination plots involving foreign leaders*, Washington DC, Government Printing Office, 1975.

Viajes de Fidel por la amistad y el internacionalismo, relatos y fotos, Editorial Orbe, La Habana, 1980.

Visita de Fidel Castro a la Unión Soviética, en *Viva Cuba*, Ediciones Pravda, Moscú, 1963.

Volkogónov, Dimitri, «Stalin: triumph and tragedy», apostilla, 1991.

Wolhforth, William Curtis, «The elusive balance: power and perceptions during the cold war», apostilla, 1993.

«World summit for social development», informe, International Conference Centre, Copenhague, 1995.

Entrevistas

Familiares de Fidel
Alejandro Ruz González
Ana Rosa Soto
Angelita Castro
Enrique Soto
Mariela Castro
Ramón Castro
Raúl Castro
Tania Fraga Castro
Vilma Espín de Castro

Sobre Birán, su tierra natal
Ángel Fernández Varela, profesor de Fidel en el colegio Belén
Benito Rizo
Cándido Martínez
Carlos Falcón
José Heribaldo Gómez Reyes, empleado del colegio Belén
Juan y Tino Cortiñas
Juan Pedro Batista
Juan Socarrás

Sobre la época universitaria
Alfredo Esquivel

Alfredo Guevara
Antonio Medina Fernández
Baudilio Castellanos
Enrique Ovares
Lionel Soto
Max Lesnick

Sobre fases de la Revolución
Armando y Emir, de la escolta de Fidel
Ángel Fernández Villa
Antonio Llibre
Antonio Pérez Herrero
Armando Hart Dávalos
Arnol Rodríguez
Emilio Aragonés
Eloy Gutiérrez Menoyo
Faure Chomón Mediavilla
Humberto Pérez
Ignacio Domínguez Chambombiant
Isidoro Malmierca
Ismael González y González
Jesús Montané Oropesa
Jesús Soto
Jorge Lezcano Pérez
Jorge Risquet Valdés
Jorge Serguera
José Arbesú
José Antonio Tabares del Real
José Llanusa
José Quevedo
José Rebellón
José Vela Gómez, jefe de cocina del palacio de la Revolución
Juan Almeida Bosque
Julio Martínez Páez
Luis Báez
Luis Buch
Manuel Piñeiro Losada
María Antonia Figueroa
Osvaldo Martínez
Philip Agee

Ramón Sánchez Parodi
Raúl Chibás
Santiago Álvarez, documentalista de Fidel
Sergio Montané
Tomás Borge
Fidel Castro

Consultas
Abel Prieto
Armando Campos
Benigno Iglesias
Carlos Tablada
Elza Montero Maldonado
Estela Bravo
Felipe Pérez Roque
Francisca López Civeira
Francisco Padrón
Gabriel García Márquez
Heberto Norman
Iroel Sánchez
Jorge Ferrera
Jorge Solís
Julio García Espinosa
Katiuska Blanco
Lázaro Mora
Manuel Rodríguez
Marta Harnecker
Marta Rojas
Mirta Muñiz
Natalia Revuelta
Omar González
Otto Hernández
Paula Ortiz
Pedro Álvarez Tabío
Ramón Suárez
Reinaldo Caviac
Rogelio Montenegro
Rogelio Polanco
Sergio Cervantes
William Gálvez

ÍNDICE ONOMÁSTICO

ABC, grupo, 87

Abrantes, José, ministro del Interior, 551, 554, 563

Acción Armada Auténtica (Triple A), 168-169, 175, 196, 250, 302

Acción Democrática (AD) de Venezuela, 121, 384

Acción Libertadora, 229, 240

Acción Revolucionaria Guiteras (ARG), 83, 135, 210

Acción Revolucionaria Oriental (ARO), 172, 240

Acosta, Pablo, 122

Acuerdo de Libre Comercio de América del Norte (ALCA), 585

Acusador, El, periódico, 164

Administración Civil del Territorio Libre (ACTL), 338-339, 342

Agramonte, Ignacio, líder de la independencia, 121

Agramonte, Roberto, profesor de sociología, 148, 154, 156, 360
ministro de Relaciones Exteriores, 375

Agrupación Católica Universitaria (ACU), 106

Aguiar, Raúl de, 149, 157, 183

Aguilera, Pedro Celestino, 170, 217

Alarcón, Ricardo, 379, 583, 607

Albizu Campos, Laurita, 240

Alcalde, Óscar, contable, 173-174, 185

Aldama, Héctor, 247

Aldana, Carlos, 557, 563

Alejandro, tío de Fidel, 39

Alemán, José Manuel, ministro de Educación, 98, 110, 112, 116, 456

Alemán Gutiérrez, José, 456-457

Alerta, periódico, 152, 205

Alexéiev, Alexandre, corresponsal de la agencia Tass, 383, 391-392
como embajador soviético en Cuba, 419, 432

Alianza para el Progreso, programa, 409

Allen, Richard, asesor de Seguridad Nacional estadounidense, 519

Allende, Salvador, senador chileno, 376, 454
como presidente chileno, 473-475
golpe militar contra, 479, 490
Almeida, empleado de ferrocarriles, 60
Almeida, Juan, 200, 213, 242
como comandante de la guerrilla, 267, 273, 277, 283, 285, 296, 316, 321, 328, 336, 341
Alpha 66, organización anticastrista, 402, 423, 443
Altagracia Sugar Company, 41
Álvarez, José, 140-141
Álvarez, Ramón, 218
Amat, Carlos, dirigente del Sindicato de Telefonistas, 330
Amejeiras, Efigenio, viceministro de la FAR, 459
Amejeiras, Gustavo, 219
Anderson, Jack, periodista, 388
Anillo, René, dirigente estudiantil, 219, 252
Arafat, Yasir, líder de la OLP, 512
Aragonés, Emilio, capitán, 378, 411, 419, 422, 447, 467, 471
Aragonés, Totico, 302
Araújo, Cayita, 277
Arbenz, Jacobo, asesinato en Guatemala, 363
Arbesú, José, 501
Archivo Fidel Castro, 50
Arcos, Gustavo, 171, 179-181, 183, 262, 320, 326
Arenas, Valentín, estudiante universitario, 90, 94
Argota Reyes, María Luisa, primera esposa de Ángel Castro, 39, 43-44
Arguedas, Antonio, ministro del Interior boliviano, 464
Arias, Óscar, presidente de Costa Rica, 539
Arismendi, Rodney, secretario general del PC de Uruguay, 433, 440
Aristidio, traidor de la guerrilla, 305
Artime, Manuel, presidente del INRA, 377, 379, 458
Asamblea Nacional de Cuba, 583
Asociación Católica Universitaria, 379
Asociación de Estudiantes de Derecho, 95
Asociación de Ganaderos, 342
Asociación de los Secundaristas de La Habana, 106, 141
Aspiazo, Jorge, abogado socio de Fidel, 141, 173, 182, 213, 219
Astudillo, Augusto Alfonso, 94
Asturias, Miguel Ángel, escritor, 385
Attwood, William, embajador de Estados Unidos, 435
Avance, periódico, 205, 387
Aznar, José María, presidente del Gobierno español, 592

Bahamas Cuban Company, aserradero, 41, 70
Banco Internacional de Reconstrucción y Desarrollo (BIRD), 146, 155
Banco Mundial, 533-534
Banda de los Policarpos, 135

Barba, Álvaro, presidente de la FEU, 156, 166

Barbachano, familia, 320

Barbei, padre, coordinador de educación física del Belén, 84

Barc, Dieguito, 63

Barquín, Ramón, coronel, 239, 251, 302, 346, 350-351, 360

Barreto, Osvaldo, 459

Barrientos, general, 460

Batista, Fulgencio, 20-21, 50, 83, 148, 248, 257, 456, 543
en la Revolución de los Sargentos, 55-56
como presidente, 64-65, 75, 104
golpe de Estado de, 153-154, 157
como jefe del Estado, 158, 160, 196, 200, 215, 233, 238
preparativos de un golpe contra, 163-168
contra la guerrilla, 280, 282, 291-292, 294
y Estados Unidos, 306, 318, 333, 345-346
y la censura, 313, 318
Plan F (Fin de Fidel), 324-332
salida de Cuba con su familia, 349, 355

Batista, Rubén, estudiante, 166, 174

Bayo, Alberto, general de aviación, 222-223, 231, 241-242, 246

Bazán, Josefa, 173

Beauvoir, Simone de, 385, 389-390, 400

Belén, colegio de La Habana, 81-82, 84-91

Ben Barka, Mahdi, líder marroquí, 451-452

Ben Bella, Ahmed, líder del FLN argelino, 396, 408, 423, 429
como presidente de Argelia, 431, 440-441
detenido y derrocado, 446

Ben Narka, líder rebelde de Marruecos, 429

Benavides Santos, Enrique, 141-142

Benítez, Ramón, nombre falso del Che, 461

Benítez, Reinaldo, 179

Berlinguer, Enrico, líder comunista italiano, 511

Bernardo, hermano de La Salle, 71

Besada, Benito, 143

Betancourt, Rómulo, presidente venezolano, 384

Betto, Frei, 33

Biryuzov, mariscal, 420

Bishop, Maurice, primer ministro de Granada, 505, 508, 520, 523

Bismarck, Otto von, príncipe de, 18

Bissell, Richard, agente de la CIA, 398

Blanco Rico, Antonio, coronel, jefe del SIM, 237, 257-258

Blíjov, general soviético, 424

Blix, Hans, director general de la OIEA, 537

Bloque Alemán-Grau-Alcina (BAGA), 110, 116

Bloque Cubano de Prensa, 204

Boan Acosta, Ángel, 233

Bohemia, revista, 205, 212-213, 216, 231, 237, 251, 298

Boitel, Pedro Luis, 379

Bolívar, Simón, 583, 608
Bonsal, Phillip W., embajador de Estados Unidos, 368
Borbonet, Enrique, comandante, 239, 340, 346
Borge, Tomás, 33, 497
Boris, Cristóbal, 70
Boris, Cristobita, amigo de los Castro en La Salle, 70
Borrego, Orlando, ministro de la Industria Azucarera, 472
Bosch, Juan, escritor, 110-111, 121
Bosch, Juan, ex presidente dominicano, 437
Bosch, Orlando, 138, 490
Bourgoin, Gerard, 586
Brandt, Willy, canciller alemán, 510
Bravo, Flavio, 133, 259-260
Breton, André, 385
Breznev, Leónidas, 433
	secretario del PCUS, 439
Brickey, John J., administrador de la United Fruit Co., 136
Brooke, John R., general, 38
Browder, Earl, secretario del PC estadounidense, 76
Brzezinski, Zbigniew, secretario de Defensa estadounidense, 503
Buch, Antonio (Tony), 325
Buch, Luis, 308, 321, 324-325, 327, 334-335
Buitrago Martínez, Fidel, capitán, 548-549
Bumedián, Huari, jefe de las fuerzas armadas argelinas, 429
	golpe militar de, 446, 478
Buró de Investigaciones de la Policía, 175

Buró Represivo de Actividades Comunistas (BRAC), 158
Burton, Daniel, congresista estadounidense, 585
Bush, George:
	vicepresidente estadounidense, 523, 538
	como presidente, 545, 558-559, 568, 573
Bustos, Ciro, 463
Butler, Robert, embajador estadounidense, 146

Caamaño, Francisco, 583
Cabell, Charles, subdirector general de la CIA, 398
Cabral, Amílcar, líder del PAIGC, 441, 476, 491
Cabrales, Mario, 94
Caffiero, Antonio, de la comisión peronista, 122
Calderón, Manuel, general, 111
Calle, La, periódico, 217-218
Callois, Roger, 385
Camacho Aguilera, Julio, 302
Cámara Pérez, Enrique, 213
Cambio Cubano, 577
Campañat, Delfín, 346
Cancio Peña, Javier, 222-223
Cantillo, Eulogio, general, 330, 335
	entrevista con Fidel, 346-348
	asume el mando del ejército, 349-350, 355
Capablanca, capitán, 38
Capote, director del sistema penitenciario, 95
Capote, Juan M., comandante, 206

Carbó Serviá, Juan Pedro, 237, 292

Carbonell, Walterio, 94

Cardenal, Ernesto, padre, 475

Cárdenas, Lázaro, presidente mexicano, 221, 236, 247, 376

Cárdenas, Orlando de, 247

Caridad, Santos de la, camarero del hotel La Habana Libre, 413-414

Carpentier, Alejo, escritor, 51

Carraico Herreras, Miguel, feriante, 142

Carrasco, coronel, 340

Carrillo, Justo, 229, 297

Carrillo, Santiago, 511

Carrión, Benjamín, 385

Carta de México, 251-252

Carta Semanal, publicación del PSP, 196

Carter, James, presidente estadounidense, 488, 491, 500, 503-504, 511, 517-518

Casán, Rosita, operadora, 30

Casanova, oficial de la marina, 95

Casas Regueiro, Julio, general de las FAR, 552

Casey, William, 509

Casillas, Joaquín, teniente coronel, 283

Castelar y Ripoll, Emilio, 144

Castellanos, Baudilio (Bilito), amigo de Fidel, 96, 102, 115, 134-135, 137, 186, 190, 212, 218, 455

Castelo Branco, mariscal, presidente de la dictadura militar de Brasil, 454

Castillo, Demetrio, 41

Castro, Agustina, 22, 83, 214, 255, 361

Castro, Ángel, padre de Fidel, 22, 37-46, 53, 58, 60-61, 71, 74, 76, 80, 96, 107, 136, 145, 184, 191, 211, 587
muerte de (1956), 255-256

Castro, Gonzalo, tío de Fidel, 71

Castro, Manolo, del MSR, 98, 102, 106-108, 119, 123

Castro Argota, María Lidia, medio hermana de Fidel, 39, 43, 120, 156, 174, 204, 210, 218-219, 358, 361

Castro Argota, Pedro Emilio, medio hermano de Fidel, 39, 43, 54, 74-75, 120

Castro Díaz-Balart, Fidel (Fidelito), 138, 153, 163, 167, 182, 203, 219, 234, 255, 261, 339, 358, 371, 416-417, 537

Castro Porta, Carmen, 219

Castro Ruz, Angelita, 22, 47, 49, 56-59, 61-62, 69, 91, 113-114, 184, 191, 196

Castro Ruz, Emma, 22, 62, 78, 93, 210, 214, 219, 255, 361, 436

Castro Ruz, Fidel:
nacimiento, 22, 48-50
y Che Guevara, 24-25, 447-450
discurso La Historia me absolverá, 26, 193-195, 203, 206, 210, 219, 231, 252, 366
en la escuela, 52, 56, 61
con los Feliu, en Santiago, 56-59
en el colegio Hermanos La Salle de Santiago, 62-63, 69-71

y los deportes, 63, 65, 78, 81-82, 84-85, 93, 371

salud de, 72, 596

en el colegio Dolores, 72-73

carta a Roosevelt, 79-80

en el colegio Belén de La Habana, 81-82, 84-91

en la Universidad de La Habana, 92-109, 115

y la campana de Demajagua, 116-118

y el congreso estudiantil representando a la FEU, 122-124

en el Bogotazo, 124-129, 139, 225, 358

matrimonio con Mirta (1948), 136

nacimiento del primer hijo Fidel, 138

doctor en leyes (1950), 140

en la prisión de Santa Clara, 141-142

preparativos para asaltar el cuartel de Moncada, 163-178

asalto al cuartel de Moncada, 178-181

en Sierra Maestra, 181-185

detención, juicio y prisión, 185-208

amnistía (1955) de, 213-214

exilio en México, 219-244

detención en México, 245-249

entrevista con Prío en Estados Unidos, 253-254

y la muerte de su padre (1956), 255-256

viaje en el *Granma*, 262-268

en la guerrilla, 269-282, 291-296, 299-304, 312-315, 318-323

entrevista con Matthews, del *New York Times*, 283-287

manifiestos de la Sierra Maestra, 288-289, 297-298, 307, 309-310, 316-317

como secretario general del M-26 y comandante en jefe de todas las fuerzas y milicias, 325

y las batallas del Plan F (Fin de Fidel), 324-332

y Estados Unidos, 333, 361, 368, 373, 381, 386, 393, 400

en la batalla de Guisa, 341-343

entrevista con el general Cantillo, 347-348

entrada en La Habana, 357-359

como delegado general del presidente Urrutia, 360-361

y la Operación Verdad, 362-363

y la reforma agraria, 371-372, 434-435

y la Unión Soviética, 381, 391-393, 407, 418, 432, 453, 473, 524, 536, 560-562

en la ONU, 382, 394

intentos de asesinar a, 388, 394, 398-400, 409-410, 413-414, 418, 456-459, 474-476

y el Zaire, 395-396

y la invasión fallida de la bahía de los Cochinos, 403-405, 409

vida privada de, 415-417

y el bloqueo económico estadounidense, 418, 427, 455, 483-487, 525, 535, 570, 584, 594-596 y la Crisis de los Misiles nucleares soviéticos, 420-426, 432

viajes a la Unión Soviética (1963), 432-433; (1964), 438

seguridad de, 442

y la presencia cubana en los movimientos revolucionarios de África, 440-441, 445-448

y los exiliados cubanos hacia Estados Unidos, 450-451, 519-520, 573-574, 576-580, 591, 601-602

última conversación con el Che, 461

acusado de secuestro, 462

y la muerte del Che, 464-465

y la Primavera de Praga, 467

y Salvador Allende, 473-475

acuerdos económicos, 477-478, 503

y los derechos humanos, 482, 484

y la Operación Cóndor, 489

y los narcotraficantes, 502, 542-554

y la muerte de Celia, 515-516

y la globalización, 600

y la visita del Papa, 602-603

Castro Ruz, Juana, 22, 71, 93, 214, 361

exilio en Estados Unidos, 397, 436

Castro Ruz, Ramón, 22, 47, 49, 54, 56-58, 61, 79, 91, 136, 191, 255, 275, 347

en el colegio La Salle, 63, 69

como concejal de Mayarí, 130

Castro Ruz, Raúl, 22, 24, 53, 58, 60, 69, 71, 78, 80, 91-92, 139, 145, 166, 171, 175, 177, 180-181, 184, 186, 202, 213, 217-218, 224, 247, 255, 259, 263

en prisión, 173, 210-211

como jefe del pelotón en la guerrilla, 267, 269, 272, 276, 285, 314, 316, 319, 321, 333, 341

después de la toma de poder, 365, 368, 372

como ministro de las Fuerzas Armadas Revolucionarias (FAR), 378, 381, 400, 411, 420-421, 432, 441, 461, 466, 538, 548, 550-551, 563, 594, 603, 607-608

Castro Sánchez, René Orley, 596

Casuso, Teresa (Teté), escritora cubana, 246

CCS (cooperativas de crédito y servicio), 572

Ceaucescu, Nicolae, presidente rumano, 477

Ceiba, Grupo de La, 148, 150-151, 159, 175

Central de los Trabajadores de Cuba (CTC), 75, 131, 322, 345, 595

X Congreso Nacional de la, 380-381

Céspedes, Carlos Manuel de, héroe de la Independencia, 116, 121, 277

Chamorro, Violeta, presidenta de Nicaragua, 539, 555

Chanderlo, argelino, 395

Chase Manhattan Bank, 394

Chaves de Armas, Mario, 213

Chávez, Hugo, coronel venezolano, 583, 598

Chenard, Fernando, 150, 174

Chibás, Eduardo R., senador, 51-52, 64, 75, 103, 106-107, 116, 124, 130, 134, 144, 146-147, 149, 153, 157, 198, 227, 238

Chibás, Raúl, 154, 156, 159, 287, 289, 297, 306, 338, 347, 360

Chino Chang, líder de bandoleros, 304-305

Chomón Mediavilla, Faure, dirigente del DR, 169, 252, 308, 311-313, 318, 344, 356, 359, 443

Church, Frank, senador, 486

Churchill, Winston, primer ministro británico, 384

CIA (Agencia Central de Inteligencia), 20, 158, 260, 312, 343-344, 374, 387, 396-398, 401, 404, 409, 428, 431, 435, 441, 456-458, 463-464, 466, 474, 479, 481, 485-489, 492, 501, 504, 506, 509, 512, 523, 541, 550

Cienfuegos, Camilo, teniente, 24, 295, 304, 314-315, 321, 328, 336-338, 341, 344-345, 348-351, 379

entrada en La Habana, 357-358

muerte de, 379-380

Cienfuegos, Osmani, 379, 421

Clinton, Bill, presidente estadounidense, 580, 582, 585, 591, 593, 595, 601

Club de Cazadores del Cerro, 169

Cocteau, Jean, cineasta y poeta, 385

Coderch Planas, José, embajador español, 592

Código Penal Rebelde, 339

Cohiba, fábrica de cigarros, 29

Collado, Norberto, 263

Collor de Mello, Fernando, presidente de Brasil, 564

Colomé Ibarra, Abelardo (Furry), ministro del Interior, 553

Colorado, jefe de grupo armado, 83

Comando de Organizaciones Revolucionarias Reunidas (CORU), 490

Comecon, 478

Comellas, Guillermo, 135

Comisión de Orientación Revolucionaria, 412

Comisión Económica para América Latina (CEPAL), 532

Comité de Defensa de los Derechos Democráticos, 145

Comité de Familiares de los Presos Políticos, 206

Comité de Lucha contra la Carestía de la Vida, 146

Comité de Moralización Cristiana, 319

Comité Pro Amnistía, 213

Comité Pro Democracia Dominicana, 103, 110

Comité 30 de Septiembre, 137-138, 145, 165

Comités de Defensa de la Revolución (CDR), 397, 443

Compañía Lechera de Cuba, 151

Conde, Antonio del, El Cuate, 242, 247, 255, 263

Confederación Nacional Obrera de Cuba (CNOC), 541

Conferencia de Teherán, 76
Conferencia de Yalta, 383
Conferencia Tricontinental en La Habana (1966), 451-452, 454
Congreso Estudiantil de América Latina, Primer, 122
Congreso Unitario Martí, 169
Consejo de Asistencia Mutua Económica (CAME), 525, 527-528, 561
Consejo de Seguridad Nacional de Estados Unidos, 368, 387
Consejo Nacional de Cultura (CNC), 412
Conte Agüero, Luis, periodista, 130, 177, 198-199, 207-208, 212, 221, 376, 387
Cooke, William, peronista, 430
Corrales, Manolo, 119
Cortés, Orlando, 213
Cotrera, Enrique, amigo de Fidel, 111
Cowley, Fermín, coronel, 305
CPA (cooperativas de producción agropecuarias), 571
Crespo, Abelardo, 179, 183, 192, 195, 269
Cruz Caso, Alberto, 400
Cruz Roja Internacional, 332, 336
Cuadras, Gloria, 189, 218
Cuba Company, 38
Cuban Telephone Company (CTC), 367
Cubano Libre, El, tabloide de la guerrilla, 300
Cubela, Rolando, segundo jefe del DR, 258, 356-357, 379, 456-459, 540
Cuervo Castillo, Teobaldo, oficial, 302

Cumbres Iberoamericanas, 581, 595, 597-598
Cunha, Vasco Leitão da, embajador brasileño, 356, 391, 444
Cunhal, Álvaro, secretario general del PCP, 494
Curvelo, Raúl, jefe de la Fuerza Aérea, 421

Danger Armiñán, Emiliana, profesora, 72
Daniel, Jean, periodista francés, 435-436, 457-458
Darías, Haydée, 94
DEA, policía antidroga estadounidense, 559-560
Debray, Régis, 459-460, 463
Revolución en la revolución, 459
Deisy, novia de Fidel, 76
Delio, profesor, 121
Deutschmann, David, 33
Diablo, teniente de la policía universitaria, 105
Diario de La Marina, 84, 90, 172, 204, 387
Diario de las Américas, 94
Díaz, Epifanio, 284
Díaz, Julito, 170
Díaz, Pablo, 267
Díaz, Salvador, capitán de contrainteligencia, 154
Díaz Cartaya, Agustín, 213
Díaz Lanz, Pedro, piloto, 320, 328, 343-344, 374-375, 379
Díaz Tamayo, Martín, general, 185, 335
Díaz-Balart, Rafael, cuñado de Fidel, 114, 136, 153, 157, 175

como subsecretario de Gobierno, 182, 204, 207-209

Díaz-Balart y Gutierres, Mirta, 114, 137, 153, 163, 181, 204, 207, 261, 339, 361
  boda con Fidel (1948), 136
  divorcio, 209, 219, 416

Diderot, Denis, 92

DINA, policía secreta de Pinochet, 490

Directorio Estudiantil contra la Prórroga de Poderes, la Reelección y la Imposición de Candidatos, 103

Directorio Obrero Revolucionario, 307

Directorio Revolucionario (DR), 236-237, 251-252, 254, 257, 264, 267, 287, 291, 307, 312, 320, 337, 443

Dobrinin, A., embajador soviético en Washington, 422

Dolores, colegio de Santiago, 72-73, 79-80, 92

Don, Arturo, 94

Donovan, James, abogado, 409

Dorticós Torrado, Osvaldo, director del Colegio Nacional de Abogados, 376, 406, 411, 444, 496

Dostoievski, Fiodor, 201

Douglas, catedrático, 72

Dreke, Víctor, 445

Dubcek, Alexander, presidente checoslovaco, 467

Dulles, Allen, director de la CIA, 306, 368-369, 398

Duvalier, dictadura haitiana, 19

Eagleburger, Lawrence, jefe de gabinete de Kissinger, 483, 485

Earman, J. S., inspector general de la CIA, 388

Echeverría, José Antonio, presidente de la FEU, 215-216, 219, 236-237, 251, 257, 264, 291-293

Echeverría, Luis, presidente de México, 494, 498, 533

Edwards, Sheffield, agente de la CIA, 398

Eguren, Alicia, peronista, 430

Eisenhower, Dwight D., presidente estadounidense, 299, 306, 334, 368-369, 382, 386, 393, 493

Ejército de Liberación Nacional (ELN) de Perú, 431

Ejército Guerrillero de los Pobres, 430

Elián, caso del niño, 601, 604

Elizabeth Therèse, madre superiora de la Mercy Academy, 93

Elmuza, Félix, 267

Engels, Friedrich, 133

Erickson, propietario del *Granma*, 255

Escalante, Aníbal, secretario general de la ORI, 412, 418-419, 465

Escalante Font, Fabián, 552

Escalona Reguera, Juan, general, 552

Escobar, Pablo, jefe del cartel de Medellín, 547-549

Escuelas de Instrucción Revolucionaria (EIR), 393

Esmérida, campesina de Birán, 57, 59

Espín, Vilma, 270, 285, 287, 324, 347, 365
 esposa de Raúl Castro, 407, 416, 461
Espinosa Martín, Ramón, general de las FAR, 552
Esquipulas II, plan de paz, 539
Esquivel, Alfredo (Chino), 93-94, 105, 114, 117, 122, 135-136, 144, 181-182, 209, 577
Esso, refinerías de la, 393
Estrada, Ulises, emisario en Tanzania, 461
Estrada Palma, Tomás, embajador cubano en Nueva York, 38
ETA, organización terrorista, 540, 543
Export-Import Bank, 125

Falcón, Carlos, amigo de Fidel, 53
Fangio, Juan Manuel, 317
FAO, de las Naciones Unidas, 472, 477, 507, 597
Farabundo Martí, frente guerrillero de El Salvador, 508, 546
FBI, 260, 294, 355, 458, 490, 601
Federación Americana del Trabajo, 131
Federación de Estudiantes de Panamá, 123
Federación de Estudiantes Universitarios (FEU), 21, 51, 93, 102, 106, 117-118, 121, 123, 132, 134, 139, 171, 215, 236, 252, 258, 293, 307, 379, 456, 569
Federación de las Mujeres Cubanas (FMC), 407

Federación Nacional de Trabajadores Azucareros (FNTA), 345
Feliu, Emerenciana (Belén), 57-59, 61-64
Feliu, Eufrasia (Eufrasita), profesora, 52, 56-58, 60-61
Feliu, Néstor, 56-57, 59, 61
Fernández, Conchita, 210, 298, 360
Fernández, Eufemio, pistolero, 107, 118-119
Fernández, hermano, director del colegio La Salle de Santiago, 69
Fernández, Joaquín, jefe de estación, 60
Fernández, José Ramón, oficial, 350-351, 360
Fernández, Marcelo (Zoilo), 166, 323-324
Fernández Carral, Óscar, sargento de la policía universitaria, 131
Fernández León, Florentino, 169
Fernández Varela, Ángel, maestro laico del Belén, 85-86, 90, 402
Ferrer, Nilda, 192
Fidalgo, escultor, 220
Figueres, José, ex presidente de Costa Rica, 320, 369
Figueroa, María Antonia, 192, 218, 246, 297
First National Bank of Boston, 394
First National City Bank of New York, 394
Fleitas, Gildo, amigo de Fidel, 87, 96, 148-151, 176
Flynn, Errol, actor, 347
Fondo Monetario Internacional (FMI), 533-535, 561, 583, 593, 599

Ford, Gerald, presidente estadounidense, 486-488, 493

Franco, Francisco, general, 66, 223, 252, 405

Franqui, Carlos, periodista, 328

Frei, Eduardo, presidente chileno, 454, 473, 597

Frei Caneca, libertador, 608

Frente Armado de Liberación Nacional (FALN), de Venezuela, 429, 462

Frente Cívico de Mujeres Martianas (FCMM), 166, 219, 226

Frente de Escambray y del Directorio Revolucionario, 338, 345

Frente de Liberación de Mozambique (FRELIMO), 446, 491

Frente de Liberación Nacional (FLN) de Argelia, 390, 396

Frente de Liberación Nacional (FLN) de Vietnam, 437

Frente Estudiantil Nacional (FEN), 319

Frente Nacional de Liberación de Angola (FNLA), 487, 492

Frente Obrero Nacional (FON), 303, 319, 325

Frente Obrero Nacional Unido (FONU), 345

Frente Patriótico de Zimbabue, 499

Frente Sandinista (FSLN), 497-498, 509, 537, 550

Freud, Sigmund: *Obras completas*, 201

Friedman, Milton, economista, 535

Fuentes, Justo, vicepresidente de la FEU, 117, 119, 138

Fuerzas Armadas Revolucionarias (FAR), 378, 386, 403, 418, 432, 445, 496, 538, 548, 552

Fujimori, Alberto, presidente peruano, 598

Fullbright, William, senador, 482

Fundación Nacional Cubano-Americana (FNCA), 519, 591, 595, 601

Furtado, Celso: *El capitalismo global*, 17

Gadaffi, Muamar al, coronel, líder libio, 478, 499

Gadea, Hilda, 225, 245-246

Gagarin, Yuri, cosmonauta, 433

Gaitán, Jorge Eliecer, líder izquierdista colombiano, 124-125, 129

Gali, Butros, intelectual egipcio, 429

Gallegos, Rómulo, presidente de Venezuela, 123

Gálvez, William, capitán, 344

Gandhi, Indira, primera ministra india, 514

Garayta, Rogelio, 94

García, Alan, presidente peruano, 568

García, Calixto, 212, 248, 251

García, cocinero gallego de los Castro, 66, 77, 83, 587

García, Guillermo, campesino, 264, 275-276

García, Néstor, secretario cubano en la ONU, 484-485, 488

García, padre, en el colegio Dolores, 74

García Agüero, periodista, 138

García Bárcenas, Rafael, 171-172, 205-206, 216, 240

García Buchaca, Edith, 412, 444

García Incháustegui, Mario, 120

García Inclán, Guido, comentarista de radio, 219

García Márquez, Gabriel, 31, 542, 581
como reportero, 364

García Peláez, Raúl, coordinador provincial del M-26, 264

García Tuñón, Jorge, capitán, 154, 158, 307

Gardner, Arthur, embajador estadounidense, 299

Gaulle, Charles de, general, 390

Gaviria, César, presidente de Colombia, 597

Gaviria, Juan, arquitecto, 597

Giancana, Sam Momo, mafioso, 398

Gisper, juez, 119

Godoy Loret de Mola, Gastón, ministro de Justicia, 208

Gómez, Arturo, 94

Gómez, César, 267

Gómez, dictador de Venezuela, 19

Gómez, Máximo, general dominicano, 112, 121, 357, 608

Gómez García, Raúl, El ciudadano, 164, 178

Gómez Reyes, Bebo, ayudante de enfermero en el Belén, 82, 87, 96, 148

Gómez Reyes, Manuel, ayudante de cocina en el Belén, 82, 87, 96, 148, 175

Gómez Reyes, Óscar, sirviente en el Belén, 82, 96, 148

Gómez Reyes, Virginio, cocinero en el Belén, 82, 86-87, 96, 148, 175

Gomulka, Wladyslaw, líder polaco, 477

González, Cándido, 267

González, Carlos, 179

González, Dominga, abuela materna de Fidel, 40, 44, 52

González, Felipe:
secretario general del PSOE, 494
presidente del gobierno, 511, 539-540, 565

González, María Antonia, 220-222, 240, 254

González, Virgilio, 481

González Cartas, Jesús, 83

Gorbachov, Mijaíl, secretario general del PCUS, 543-545, 556, 561-562

Gramerey Sugar Refinery, 38

Granma, yate, 26-27, 254-255, 261-268, 270, 279, 308

Grau San Martín, Ramón, 212
líder de la Revolución de los Sargentos, 55
líder del Partido Auténtico, 64, 83, 87
como presidente, 95, 98, 103, 112, 116-117, 134, 155

Grupo Especial de Instrucción (GEI), 432

Guardia, Patricio de la, 548, 551-552

Guardia, Tony de la, coronel, 546-555, 558, 563

Guayasamín, Oswaldo, 540

Guerra, Eutimio, guía de la guerrilla, 278-283

Guevara, Alfredo, 24, 101, 106-
  109, 117-118, 120, 125, 129,
  132, 139, 166, 171, 175, 181,
  308, 320, 365
Guevara, Ernesto Che, 24-25,
  223-225, 241-243, 245-246,
  248, 263, 265, 434, 495, 497,
  528, 536
  detención en México, 246,
  248-249, 251
  como responsable médico de
    la expedición, 267, 269,
    272-273, 299
  en la guerrilla, 276, 281-282,
    289-290, 294
  como comandante de la gue-
    rrilla, 300-301, 308, 310-
    311, 313-314, 323-324, 327,
    329, 336-338, 344-346, 348-
    350, 357
  como coordinador de la «de-
    puración» de los cuadros
    militares, 362, 365, 368
  y la reforma agraria, 372, 375
  y las relaciones con movimien-
    tos de izquierda, 373-375,
    430
  como ministro de Industria,
    406, 411, 422, 438
  y los movimientos revolucio-
    narios de África, 440, 446-
    448
  carta de renuncia a Fidel, 447-
    450, 452
  Pasajes de la guerra revolucionaria,
    450
  última conversación con Fidel,
    461
  en la lucha guerrillera bolivia-
    na, 462-464

muerte de, 464, 467
Guillén, Nicolás, escritor, 51, 412
Guitart, Renato, 174, 176, 179
Guiteras, Antonio, secretario de
  gobierno, Guerra y Marina,
  51-52, 55, 64, 260
Gutiérrez, Alfonso, ingeniero me-
  xicano, 227, 234, 261, 263
Gutiérrez Barrios, capitán, 248
Gutiérrez Menoyo, Eloy, 312, 338,
  344, 401, 577
  detención de (1965), 443
  liberación de, 540
Guzmán, padre jesuita, 346-347

Habana Campo, grupo armado,
  159
Haig, Alexander, 509
Hailé Mariam, Mengistu, coronel,
  499-500
Hank, Carlos, 240
Hart Dávalos, Armando, 24, 216-
  217, 287, 303, 306, 308-309, 351
Harvey, William, coordinador del
  programa ZR Rifle, 413
Hassan II, rey de Marruecos, 431-
  432
Helms, Jesse, 585
Helms, Richard, director de la
  CIA, 474
Hemingway, Ernest, 385
Hermanos al Rescate, 584, 591
Hermida Antorcha, Ramón, mi-
  nistro de Gobierno, 206, 208-
  209
Hernández, Isidro, 117
Hernández, Melba, abogada, 160,
  168, 172, 176-177, 188, 190-
  191, 203, 205-206, 210, 217,

227, 230-231, 244, 251, 259, 261, 263
Hevia, Carlos, ingeniero, 41, 148
Hevia, juez, 132
Hilbert, Alcides, cónsul de Haití, 62-64
Hitler, Adolf, 64, 98
Hoffman, Wendell, cineasta, 293
Hoy, periódico del PSP cubano, 75, 89, 138, 443
Hugo, Victor, 199
Hunt, Howard, 481
Huoap, Armando, 267
Hussein, Saddam, líder de Irak, 512, 570

Ibárruri, Dolores, la Pasionaria, presidenta del PC español, 433
Idígoras Fuentes, Miguel, dictador en Guatemala, 363, 405
Iglesias, Aracelio, líder sindical, 118
Iglesias Mónica, de la comisión peronista, 122
Indio Azul, emisora oficial del M-26 en México, 326
Infante, Enzo, 324
Instituto Nacional de Ahorro y Vivienda, 366
Instituto Nacional de Reforma Agraria (INRA), 372, 379
Internacional Comunista, Tercera, 51, 64, 76

Jacquier, Pierre, delegado de la Cruz Roja Internacional, 332
Jiménez, Graciela, 223
Jiménez, Eva, militante ortodoxa, 157, 223

Johnson, Lyndon B., presidente de Estados Unidos, 436-437, 466, 493
Jomeini, ayatolá, 506, 512
Jones, Kirby, 483, 487
Josefa, empleada de Ángel Castro, 45
Joven Cuba, organización armada, 64
Juan Pablo II, papa, 597, 602-603
Juarbe, Juan, puertorriqueño, 222, 240
Jueves Negro, día de la caída de la Bolsa de Nueva York, 52
Junta Central de Planeamiento (Juceplan), 406
Juventud Auténtica, 118
Juventud Comunista, 131, 139, 319
Juventud Obrera Católica (JOC), 319
Juventud Ortodoxa, 119, 131, 135, 159, 218, 226, 236
Juventud Socialista, 106, 133

Kabila, Laurent, líder congoleño, 441, 445-446
Kadar, János, régimen húngaro de, 22
Kennedy, John F., presidente de Estados Unidos, 30, 401, 405, 408-410, 412, 435, 457-458, 474, 493
crisis de los misiles soviéticos, 420, 422, 423-428
y el bloqueo de Cuba, 424
asesinato en Dallas, 436
Kennedy, Robert, senador, 483
Kerensky, Aleksandr F., 365

Keynes, John Maynard, 535
KGB, 420, 465
Kid Vanegas, Ansacio, profesional de lucha libre, 220
Kim Il Sung, líder de Corea del Norte, 570
King, J. C., coronel, 387
Kirkpatrick, Lyman, 334
Kissinger, Henry, secretario de Estado, 477, 483-487, 493, 511
Kolle, Jorge, segundo secretario del PCB, 462
Komintern, 52
Kosiguin, Alexei, primer ministro soviético, 439
Kruschev, Nikita, secretario general del PCUS, 240, 318, 383, 393, 395-396, 410-411, 419-420, 422-426, 433, 439
Kubitschek, Juscelino, presidente brasileño, 21, 370-371

Laborde, María, amante de Fidel, 219
    Jorge Ángel, hijo de Fidel, 416-417
Labrador, Fidel, 180, 183, 192
Laferté, teniente, 340
Lage, Carlos, 575, 594, 607
Lalo, farero del islote Saetía, 113
Lamar, estudiante, 103
Lamarca, capitán, 471
Landau, Saúl, 483
Larrazábal, Wolfgang, contraalmirante venezolano, 325, 345, 364
Lasser, Curt, de Columbia Features, 386
Lavalle Fuentes, juez, 247

Lebrija, Rafael, abogado, 231, 247
Lechuga, Carlos, jefe de la misión cubana en la ONU, 435
Legión del Caribe, 374
Lemmon, Jack, 541
Lemus Mendoza, Bernardo, guatemalteco, 173
Lenin, Vladimir Ilich Ulianov, 133, 168
Leoncito (Antonio León), chófer de Fidel, 371
Lesnik, Max, 131, 134-136, 159, 164, 181, 215, 217, 236-237, 376, 402, 503, 577
Letelier, Orlando, ex ministro chileno, 490
Ley Agraria de la Sierra (1958), 339
Ley de Ajuste Cubano, 451
Ley Helms-Burton, 598
Liga de los Comunistas Yugoslavos, 454
Llanes Pelletier, Jesús, teniente, 187-189, 191
Llanusa, José, secretario de Organización del M-26, 325, 335, 355
Llibre, capitán, 339
Llorente, padre Armando, 28, 88, 91
Lollobrigida, Gina, 494
López, Antonio (Ñico), 24, 148, 151, 165, 176, 212, 217-219, 224, 227, 242, 267, 324
López, Elsa, 94
López Blanco, Marino, ministro de Hacienda, 208
López Portillo, José, presidente mexicano, 498, 510, 513
Lord, Winston, 483

Lorenz, María, amante de Fidel, 417-418

Lorié, Ricardo (Luis Pérez), 320-321

Lotería, beneficios de la, 366-367

Lott, Henrique Teixeira, general, ministro de Guerra brasileño, 371, 391

Louis, Joe, campeón de boxeo, 386

Luaces, Felipe, 94

Lumumba, Patrice, dirigente del Congo, 396, 441

Maceo, Antonio, general, líder de la independencia, 121, 357, 603, 608-609

Machado, Gerardo, general y presidente, 20, 26, 51-53, 55, 87, 104, 252

Machado, José, 292

Machel, Samora, líder del Frelimo, 491, 505

Maheu, Robert, ex agente del FBI, 398

Makarios, arzobispo chipriota, 511

Malinovski, ministro de Defensa ruso, 422

Malmierca, Isidoro, 500, 511

Mandela, Nelson, 599

Manicatos, Los (Manos Duras), 94-95, 103

Manifiesto del Moncada, 167, 176, 178, 187

Mankiewicz, Frank, periodista, 483-484, 500

Manley, Michael, primer ministro jamaicano, 494, 498-499

Manzanillo, jefe de grupo armado, 83

Mañach, Jorge, periodista, 216

Mao Zedong, 411-412, 453, 477

Marchais, Georges, secretario general del PCF, 494, 512, 586

Marcos, Imelda, presidenta de Filipinas, 494

Marighella, Carlos, 471

Marín, Federico, presidente de la facultad de derecho, 103, 105

Marinello, Juan, secretario general del PC cubano, 75, 90-91

Maristany Sánchez, Carlos, 253, 307

Márquez, Juan Manuel, 231, 234-235, 240, 247, 249, 253, 263, 267, 269, 273

Marquito, véase Rodríguez, Marcos

Marrero, Pedro, 174

Marshall, Frank, ex ministro del Ejército costarricense, 320

Marshall, George, secretario de Estado estadounidense, 123, 125

Martí, José, 83, 94, 98, 133, 165, 169, 198, 225, 231, 260, 294, 357, 475, 604, 608

Martín Pérez, 166

Martín Sánchez, Raúl, reportero, 206

Martínez, Raúl, 167, 170, 176, 205

Martínez, Rolando, el Musculito, 105, 481

Martínez Junco, Carlos, estudiante asesinado, 116

Martínez Páez, Julio, médico, 299

Martínez Tamayo (Papi), José María, 445

Martínez Tinguao, Juan, 148
Martínez Valdés, Jorge, capitán, 546
Martínez Villena, Rubén, 51-53
Marx, Karl, 407, 537, 600, 604
   El 18 brumario de Luis Bonaparte, 17, 199
   El capital, 201
   Manifiesto comunista, 133, 600
Mas Canosa, Jorge, líder de la FNCA, 519, 595
Masengo, Idelfonso, líder congoleño, 441
Masetti, Jorge Ricardo, periodista argentino, 364, 408, 430-431, 460, 463
Masferrer, Rolando, 83, 102, 112, 114, 118-119, 131, 135, 138, 158, 296
Massemba-Debat, Alphonse, jefe del gobierno del Congo francés, 441, 447
Matthews, Herbert, redactor del *New York Times*, 284-286
Mattos, Húber, comandante, 321, 377-379, 503
Matutes, Abel, ministro de Asuntos Exteriores español, 592
Mayor Zaragoza, Federico, director general de la UNESCO, 585
Mazorra, familia de Santiago, 71-73
Mazorra, Riset, compañera de Angelita, 72
McCann Sugar Refinery, 38
McGovern, George, senador, 481, 485, 501
McKinley, presidente estadounidense, 38
Medina, Waldo, doctor, 203

Mejías, Irma, estudiante, 195
Melba, *véase* Hernández, Melba
Mella, Julio Antonio, líder comunista y presidente de la FEU, 51, 94, 107, 166
Mendigutía, adinerado cliente de Prío, 150-151
Menem, Carlos, presidente argentino, 577, 582, 586
Menéndez, Jesús, líder sindical, 118
Meneses, Laura, peruana, 222
Mercy Academy, de La Habana, 93
Mestre Martínez, Armando, 213
Meurice Estiù, Pedro, arzobispo, 603
Mikoyán, Anastas, viceprimer ministro soviético, 392
Milián, Luis Bonito, 217
Miná, Gianni, 33
Miranda Sugar State, 41
Mirassou, Pedro, 119
Miret, Pedro, 165-166, 169, 171, 179, 181, 183, 217, 229, 231, 239, 242, 260, 308, 320-321
   como ministro de Agricultura, 375
Miró Cardona, José, profesor de la academia militar, 204
   como primer ministro, 365
Mitchell, Teodulio, 176
Mitterrand, François, presidente francés, 510, 585, 590
Miyar, José (Chomy), jefe de gabinete de Fidel, 516
Mobutu, general, presidente del Congo, 450, 502
Molinary, Diego, embajador argentino, 122

Molotov-Ribbentrop, pacto, 64

Monje, Mario, secretario general del PC de Bolivia, 433, 461-462

Montanals, Pedro, feriante, 142

Montané, Jesús, 160, 164, 169, 179, 186, 195, 214, 217, 227, 230, 240, 259, 267, 340
comandante, 32, 516

Montané, Sergio, 340

Montaner, Carlos Alberto, escritor, 572

Montoneros, organización armada argentina, 471

Mora, Lázaro, embajador de Cuba, 559

Morales, Calixto, 242

Mordaza, decreto, 145

Moreno, Carlos, 122

Morgan, William Alexander, agente de la CIA, 312

Movimiento 26 de Julio (M-26), 218, 225, 227-229, 231-233, 235-236, 238-239, 244, 247-248, 251, 258, 260, 276-278, 287, 291, 301, 303, 306, 309, 314, 320, 322, 324, 343-344, 509, 516

Movimiento Bolivariano Revolucionario (MBR), 483

Movimiento Continental Indoamericano, 223

Movimiento de Izquierda Revolucionaria (MIR), de Cuba, 384, 430

Movimiento de Izquierda Revolucionaria (MIR) de Perú, 431

Movimiento de los Países No Alineados, 385, 396, 441, 478

Movimiento de Recuperación Auténtica, 196

Movimiento de Recuperación Revolucionaria (MRR), 377

Movimiento Estudiantil Acción Caribe, 106

Movimiento Nacional Revolucionario (MNR), 171-172, 206, 216, 240

Movimiento Popular para la Liberación de Angola (MPLA), 441, 446-447, 477, 487, 490-492

Movimiento Radical Revolucionario (MRR), 216

Movimiento Revolucionario 8 de Octubre (MR-8), 471

Movimiento Revolucionario del Pueblo (MRP), 377

Movimiento Revolucionario Tupac Amaru, 598

Movimiento Socialista Revolucionario (MSR), 95, 98, 102

Mujal, Eusebio, dirigente sindical, 131, 322

Mulele, líder congoleño, 441

Mundo, El, periódico, 205, 212

Mundo Gráfico, revista, 123

Muñoz, Mario, médico, 169, 176

Muñoz Marín, Luis, líder de Puerto Rico, 405

Nabuco, José y Maria do Carmo, 371

Napoleón, 517

Nápoles, Gilberto, informante del ejército, 294

Nasser, Abdel, líder egipcio, 21, 374, 385, 395, 411, 429

Nehru, Pandit, primer ministro indio, 21, 374, 385, 395, 411

Neruda, Pablo, poeta, 385

Neto, Agostinho, presidente del MPLA, 441, 487, 491, 493

New York Times, 283, 286, 293, 313

Nicaro Nickel Company, 113

Nininha, esposa del embajador brasileño, 391

Niro, Robert de, actor, 541

Nixon, Richard:
vicepresidente estadounidense, 306, 369, 373
como presidente, 474, 477, 481-482, 486, 493

N'Khrumah, presidente de Ghana, 395

Nkomo, Joshua, 499

Nolan, Richard, senador, 501

Noriega, Luis Carlos, líder estudiantil panameño, 123

Noriega, Manuel Antonio, general panameño, 511, 523, 527, 550, 558-559

North, Oliver, coronel, 509

Nuccio, Richard, 583

Nuestro Tiempo, revista, 444

Nuiry, Juan, dirigente estudiantil, 219

Nujoma, Sam, 499

Núñez, Pastorita, 219

Núñez Jiménez, Antonio, geógrafo marxista, 365

Nyerere, Julios, líder de Tanzania, 395

O'Connell, James, agente de la CIA, 398

Ochoa, Emilio (Millo), 148, 159

Ochoa Sánchez, Arnaldo, general, 546-553, 555-556

Ojeda, Fabricio, líder de la Junta Patriótica venezolana, 325, 384

Onda Hispano Cubana, 322

Operación Mangosta, 413, 422-423, 428

Operación Panamericana (OPA), 370

Operación Pluto, 401

Operación Segunda Sombra, 430

Operación Sindicato del Juego, 413

Ordaz, estudiante universitario, 94

Orden de los Abogados de Cuba, 142, 182

Ordoqui, Joaquín, 444-445

Orfila, matanza de, 111, 114, 118

Organización Auténtica (OA), 205, 302, 307

Organización de Estados Americanos (OEA), 307, 370, 393, 483, 485-486, 490, 592
IX Conferencia de Cancilleres de la, 122, 129
expulsión de Cuba, 413
represalias contra Cuba, 436

Organización de la Aviación Civil Internacional (OACI), 591, 593

Organización de las Naciones Unidas (ONU), 307, 382, 394, 421, 453, 472, 487, 506-507, 510, 512-513, 531-532, 543, 556, 558-559, 562, 568-570, 591, 600
Consejo de Seguridad de la, 400

Organización de Liberación de Palestina (OLP), 512

Organización del Pueblo del Sud-
oeste Africano (SWAPO),
499
Organización del Tratado del At-
lántico Norte (OTAN), 383,
409, 504, 512, 540, 561, 586
Organización Internacional de
Energía Atómica (OIEA), 537
Organización Latinoamericana de
Solidaridad (OLAS), 24, 466,
471
Organización Mundial de Co-
mercio (OMC), 592, 598-599
Organización Mundial de la Salud
(OMS), 479, 531, 598
Organizaciones Revolucionarias
Integradas (ORI), 411
Orlando Rodríguez, Luis, perio-
dista, 195, 217, 255
Orta, Juan, presidente del club de
Miami, 234, 399, 457
Ortega, Daniel, presidente de Ni-
caragua, 497, 509, 511, 539,
555
Ortega, Humberto, 497
Ortega, Luis, director de El Pueblo,
181
Ortiz, Fernando, 91
Ortiz, Gabriela, confitera mexica-
na, 236, 246
Osorio, Chicho, 279-280
Oswald. Lee, 474
Otorga, Miguel, 41
Oufkir, general, ministro del Inte-
rior marroquí, 452
Ovares, Enrique, 82, 108, 117,
122, 125-126, 129, 135, 137,
401

Pacto de Caracas (1958), 336, 345
Pacto de Miami (o Junta de Libe-
ración Cubana), 307, 311-312,
318, 336
Pacto de Montreal, 205
Pacto de Pedreiro (1958), 345
Pacto de Varsovia, 22, 240, 439
Padrón, Amado, 551
Padrón, José Luis, 501
Pagliere, Jorge, decano de los abo-
gados, 189
País, El, periódico, 204
País, Frank, 172, 218, 239-240, 250,
258, 263, 265, 270, 277, 287,
293, 296, 298, 300-301, 303
País, Josué, 296
Palacio Blanco, Manuel, 212
Palau, Gabrielito, amigo de Fidel,
61, 63, 147
Palme, Olof, líder socialista sueco,
494, 510
Pardo Llada, periodista, 130, 137,
144, 159, 212
Pareja, Fabel, 547-548
Partido Africano para la Indepen-
dencia de Guinea y Cabo Ver-
de (PAIGC), 441, 446, 452-
453, 476, 491
Partido Auténtico, 64, 74-75, 83,
116, 130, 289
Partido Comunista de Alemania, 64
Partido Comunista de Bolivia (PCB),
431, 460-461
Partido Comunista de Brasil (PCB),
494
Partido Comunista de Corea, 471
Partido Comunista de Cuba (PCC),
27, 28, 51-52, 55, 64, 129, 168,
188, 430, 444, 448, 453, 459,
465-467, 495-496, 501, 525,

535, 552, 563-564, 571-572, 578, 594, 607-608
y el gobierno de Batista, 75, 106
Partido Comunista de España (PCE), 511
Partido Comunista de Estados Unidos, 64, 405
Partido Comunista de Francia (PCF), 494, 512, 586
Partido Comunista de Italia (PCI), 511
Partido Comunista de la Unión Soviética (PCUS), 383, 439, 465, 543-545, 562
XX Congreso del, 240
Partido Comunista de Portugal (PCP), 494
Partido Comunista Mexicano, 51
Partido de la Acción Unificadora (PAU), 148, 153
Partido del Pueblo Cubano (PPC-Ortodoxo), 107, 144, 148, 159, 164, 173, 216, 237, 307
Partido Demócrata, 307
Partido Demócrata de Estados Unidos, 481, 488
Partido Liberal de Canadá, 585
Partido Ortodoxo, 130, 134, 156, 238, 287, 289
Partido Republicano de Estados Unidos, 482, 487
Partido Revolucionario Dominicano (PRD), 110, 112
Partido Socialista Obrero Español (PSOE), 494, 511
Partido Socialista Popular (PSP), 27, 130, 133, 259-260, 303, 318, 336, 344, 364-365, 378, 392, 406, 411

Partido Único de la Revolución Socialista de Cuba (PURSC), 381, 411, 419, 420, 445
Pastor, Robert, 500, 504
Pastora, Edén, comandante, 498
Pastrana, Andrés, presidente de Colombia, 598
Patterson, Bill, embajador estadounidense, 334
Pawley, William, 318
Paz Estenssoro, Víctor, presidente boliviano, 224, 460
Pazos, Felipe, 284, 297, 307-308
presidente del Banco Nacional de Cuba, 369
Pazos, Javier, 284-285
Pearson, Drew, periodista, 388
Pelayo, Aída, ortodoxa, 166
Pelón, camarero gallego, 82
Peña, Lázaro, líder sindical, 248, 259
Peñalosa, Enrique, presidente del Consejo de Seguridad, 559
Pérez, Carlos Andrés, presidente de Venezuela, 490, 498, 541, 565
Pérez, Crescencio, campesino, 263-264, 276, 278, 282, 315, 327
Pérez, Elda, 160
Pérez, Genovevo, comandante, 111
Pérez, Ignacio, campesino, 276
Pérez, Julián, productor rural, 326
Pérez, Primitivo, 276
Pérez, Ramón (Mongo), 276-278
Pérez, Raúl, 231
Pérez Borroto Marrero, capitán, 143
Pérez Chaumont, comandante, 187
Pérez de Cuéllar, Javier, secretario general de la ONU, 559

Pérez Díaz, Roger, teniente, jefe de Seguridad Pública, 206, 214

Pérez Font, Pedro, 221, 264

Pérez Hernández, Faustino, 216-217, 242, 253, 263, 267, 272-273, 277, 287, 296, 302, 306, 316, 318, 323

Pérez Jiménez, Marcos, dictador de Venezuela, 313, 317, 364, 384

Pérez Roque, Felipe, 569, 607

Pérez Rosabal, Ángel, campesino, 269, 271

Pérez Serrantes, monseñor, arzobispo de Santiago de Cuba, 183, 317

Pérez Troque, Felipe, ministro de Relaciones Exteriores, 30

Perón, Juan Domingo, presidente de Argentina, 121-122, 172

Phillips, David Atlee, oficial de la CIA, 402, 410

Phillips, Ruby Hart, corresponsal del New York Times, 284

Pichirilo, timonel dominicano del Granma, 263, 276

Piedra, Carlos M., magistrado del Tribunal Supremo, 349

Piloto, cabo, 184-185

Pino, Alfonso del, 118

Pino, Ondina, emisaria de Fidel, 227

Pino, Onelio, 227, 267

Pino, Orquídea, 227, 231, 234, 247, 261

Pino, Rafael del, 118, 122, 126, 128, 234, 253, 260, 401

Pino Santos, Fidel, diputado y socio de Ángel Castro, 42, 48, 62, 74, 130, 136

Pinochet, Augusto, general chileno, 490, 534

Piñeiro, Manuel (Barba Roja):
  jefe de inteligencia, 24, 34, 299
  jefe de la plaza militar de Santiago, 372-373
  viceministro del Interior, 408, 430-431, 445, 459, 461, 464, 472
  ministro de Relaciones Exteriores, 483

Pistolita, cabo de la guardia del presidio, 200

Plataforma Democrática Cubana, 572

Platt, Enmienda, 38, 51, 65

Plejanov, Georgij V., 18

Poder Popular, 578

Podgorny, Nicolai, presidente del Presidium soviético, 439

Pogés, Pedro, feriante, 142

Poll Cabrera, Gerardo, 192, 195

Ponce, José, 183

Poo, doctor, 234

Posada Carriles, Luis, 581

Pot, Pol, líder camboyano, 506

Powell, Colin, comandante de las tropas estadounidenses, 570

Poza Abisambra, Felipe, 124

Prensa Latina, agencia de noticias, 364

Prensa Libre, periódico, 205, 212, 233, 387

Prestes, Luis Carlos, 494

Preston, ingenio, centro fabril azucarero, 91, 97

Prieto, Abel, 607

Prío Socarrás, Carlos, 205, 226, 233, 249, 253-254, 307, 311, 334, 344

ministro de Trabajo, 131, 134
presidente, 138, 146, 150-152, 155
destitución por el golpe de Estado, 156-157
Programa de Acción Encubierta contra el Régimen de Castro, 387
Proyecto Andino, 430-431, 450
Puebla, Teté, 304
Pueblo, diario, 95, 138
Pulpo de la Electricidad, compañía estadounidense, 134

Quadros, Jânio, candidato a la presidencia de Brasil, 391
Quevedo, José, comandante, 330-332, 340, 347

Radio Progreso, 348
Radio Rebelde, 323, 326, 329, 332-333, 335, 337, 339, 341, 349
Radio Reloj, 322
Radio Swan, emisora contrarrevolucionaria en Florida, 402
Ramírez León, Ricardo, guatemalteco, 173
Ramos, Juan, 82
Ramos Latour, René (Daniel), 308, 311, 324
Rasco, Juan Ignacio, estudiante universitario, 90, 94
Rashidov, Sharaf R., especialista soviético, 419
Reagan, Ronald, presidente de Estados Unidos, 487, 489, 509-511, 517, 521-522, 531, 538, 544-545

Rebellón, José, 379
Remedios, Carlos, compañero de equipo en el Belén, 82
Remedios, Jorge, 82
Rescate, organización contrarrevolucionaria, 400, 413
Resende, Rafael, abogado socio de Fidel, 141, 173, 213
Resistencia Cívica, 287, 297, 316-317, 319
Revolución de los Sargentos (1933), 55
Revolución, periódico del Movimiento 26 de Julio, 412
Revuelta, Natalia (Natty), 165, 176, 189, 197-198, 202, 209, 219
Alina, hija de Fidel y, 416-417
Rey, Manolo, ministro de Obras Públicas, 377
Reyes, Jesús (Chuchú), 240, 247, 263, 267
Reyes, Simón, sindicalista boliviano, 462
Richmond, Friedrich, 501
Riera, Santiago, cabo de la marina de guerra, 266-267
Río Chaviano, Alberto del, coronel, 182, 187, 190, 346
Risquet, Jorge, emisario en la Unión Soviética, 24, 439, 446, 557
Rivera, Erasmo, 246
Roa, Raúl, ministro de Relaciones Exteriores, 375, 400
Robaina, Roberto, 569
Roca, Blas, secretario general del PC cubano, 64, 284, 393, 411
Rockefeller, Nelson, subsecretario

de Estado para América Latina, 156

Rodríguez, Carlos Rafael, 75, 109, 133, 303, 337, 406

Rodríguez, Fructuoso, 219, 292

Rodríguez, Juan, ex general, 110-112

Rodríguez, Léster, 166, 169, 171, 181, 205, 218, 307-309, 320

Rodríguez, Marcos (Marquito), delator, 292-293, 443-444

Rodríguez, René, 149, 156, 284, 326

Rodríguez Loeches, Enrique, 264

Rodríguez Peralta, Pedro, capitán, 453

Rogers, Williams, 485, 488

Roig, Emilio, 91

Romero, Óscar, arzobispo de El Salvador, 509

Roosevelt, Franklin Delano, presidente estadounidense, 55, 65, 76, 79-80, 384

Roosevelt, Theodore, presidente estadounidense, 39

Roque, Roberto, piloto del *Granma*, 267-268

Rosa Blanca, grupo batistiano, 387

Rosell Levya, coronel, 346

Roselli, John, líder de la mafia, 398, 400, 413

Rosi, Francesco, cineasta, 465

Rothman, Norman, mafioso, 458

Rousseau, Jean-Jacques, 92

Ruiz, Fabio, jefe de la policía de La Habana, 95

Ruiz, Reinaldo, 547

Ruiz del Viso, Hortencia, 94

Ruiz Leiro, presidente del FEU, 107-108

Ruiz Poo, Miguel, 547, 550

Ruz, Pancho, don, abuelo materno de Fidel, 39-41, 43, 54, 145

Ruz González, Lina, madre de Fidel, 22, 40, 43, 48, 50, 53, 58, 91, 136, 184-185, 191, 211, 255-256, 275, 277, 347, 372

Ryan, George, gobernador de Illinois, 610

Saeta, publicación del comité 30 de Septiembre, 145

Saint George, Andrew, periodista, 294

Salabarría, Mario, líder del MSR y jefe de policía, 83, 95, 102, 104, 107-108, 111, 118-119

Salas Cañizares, teniente, jefe de policía, 157, 251

Salgueiro, padre, profesor del colegio Dolores, 73

Salinas de Gortari, Carlos, presidente mexicano, 541, 567

Salón de los Mártires de la FEU, espacio de adiestramiento militar, 165, 169, 171

Salvador, David, dirigente del M-26, 319, 325, 380

Samper, Ernesto, presidente colombiano, 598

San Martín, José de, 608

San Román, Dionisio, teniente, 302

San Román, Roland, comerciante, 177

Sánchez, Celia, activista de Manzanillo, 239, 259, 270, 276-277, 287, 293, 295, 298, 304, 324, 326-327

como jefa de gabinete de Fidel, 360, 371, 384, 415, 464
muerte de, 515-516
Sánchez, Néstor, oficial de la CIA, 509, 584
Sánchez, Osvaldo, 259
Sánchez, Pepín, 219
Sánchez, Universo, guardaespaldas de Fidel, 245, 262, 273, 282
Sánchez Arango, Aureliano, ministro de Educación, 147, 159, 168
Sánchez García, Alfonso, mexicano, 240
Sánchez Mosquera, teniente, 280, 300, 330
Sánchez Parodi, Ramón, funcionario de inteligencia, 467, 483-485, 501
Sandino, Augusto, 497
Sanjenís, Sergio, 322
Santacoloma, Boris Luis, 188
Santamaría, Abel, 160, 164, 167-168, 169, 174, 177, 180, 188
Santamaría, Aldo, 264
Santamaría, Haydée, 160, 173, 176-177, 188, 203-204, 217, 287, 324, 328, 343, 355
Santana, Ricardo, 181
Santiago, Tony, dirigente de la Juventud Auténtica, 118
Santos, José Eduardo dos, 557
Santos, René de los, 349
Saraiva, Otelo, general, 494
Sardiñas, Lalo, capitán, 340
Sarría, Pedro, teniente, 185-187, 191
Sartre, Jean-Paul, 385, 389-391
Schneider, René, general chileno, 473-474

Schreider, Joseph, supervisor de la CIA, 394
Selles, Conrado, 210-211
Sellman, Eugenio, doctor, 587, 596
Serguera, Jorge, (Papito), embajador en África, 429, 431, 447, 459
Servicio de Inteligencia Militar (SIM), 145, 154, 156, 164, 189, 201, 209, 237, 257
Servicio Secreto de Cuba, 30
Shell, refinerías de la, 393
Sierra, Manuel Justo, 231
Siles Zuazo, Hernán, presidente boliviano, 224
Silva Henríquez, cardenal, 475
Sistema Económico Latinoamericano (SELA), 533
Smith Comas, José, jefe del pelotón de vanguardia, 267
Smith, Earl E., embajador estadounidense, 299, 306, 334, 345, 350, 357
Smith, Wayne, 500
Socarrás, Juan, campesino, 278
Sociedad de los Amigos de la República, 204, 251
Sociedad Interamericana de Prensa (SIP) en Nueva York, 307, 368
Sodano, Angelo, secretario de Estado del Vaticano, 602
Solís, Piedad, 263
Somarriba, teniente, de la guerrilla de Nicaragua, 373
Somoza, Anastasio, dictador nicaragüense, 363, 497
Somoza, familia de Nicaragua, 19
Somoza, Luis, dictador de Nicaragua, 405

Sorí-Marín, Humberto, ministro de Agricultura, 375, 377, 401
Sosa, Elpidio, 174, 176
Sosa, Isidro, 94, 118
Soto, Dalia (Lala), 515-516
hijos de Fidel y, 416
Soto, Lionel, 106, 117, 132, 139, 145, 365, 393
Sotús, Jorge, ex capitán en Sierra Maestra, 306, 308, 311, 401
Soumaliot, Gastón, jefe del Consejo Supremo de la Revolución del Congo, 441, 448
Sparkman, John, senador, 482
Spiritto, John Maples, 312
Sroulevich, Nei, 31
Stalin, Josif Vissarionovic Dzugasvili, 64-65, 76, 384, 411
Stone, Oliver, cineasta, 541
Stroessner, Alfredo, general, 19, 534
Strom, doctor estadounidense, 47
Sturgis, Frank, agente de la CIA, 343, 374-375, 379
Suárez, José (Pepe), 159, 179, 185, 217, 231, 267
Sukarno, Ahmed, líder de Indonesia, 21, 374, 411
Suñol, Eddy, cirujano plástico, 461
Szulc, Tad: Fidel: un retrato crítico, 33

Taber, Robert, periodista, 293
Taboada, Aramís, 103, 122, 181, 219
Tambo, Oliver, líder de Zimbabue, 499
Tápanes, Israel, 179
Tapias, Sebastián, estudiante panameño, 123

Tarnoff, Peter, 500, 583
Tassende, José Luis, amigo de Fidel, 86, 96, 150, 170
Taylor, Maxwell, general estadounidense, 408-409
Taylor, Robert, periodista, 382
Telephone Company, 173
Testa, José, comerciante, 177
Texaco, 393
Thant, U, secretario general de la ONU, 427
Thatcher, Margaret, primera ministra británica, 544
Tinguao, Juan M., 164
Tiradentes, Joaquim José da Silva Xavier, revolucionario brasileño, 608
Tito, Josip Broz, mariscal, 21, 374, 385, 395, 494, 505
Tizol, Ernesto, 170, 173-174, 176
Todman, Terence, 501
Tomás de Aquino, santo, 88
Torre, Cándido de la, 249, 320
Torres Romero, Adolfo, 149
Torriente, Cosme de la, 234
Torrijos Herrera, Omar, presidente de Panamá, 494, 498, 505, 511, 583
Touré, Sekou, líder de Guinea, 395, 429, 476
Trafficante, Santos, capo mafioso, 398-399, 457-458
Tratado Permanente entre Cuba y Estados Unidos, 51
Tribunal Ejecutor Revolucionario, 135
Trigo, Pedro, 150, 167, 176
Triple A, véase Acción Armada Auténtica
Tro, Emilio, director de la Acade-

mia de Policía, 83, 95, 104-105, 107, 111, 119

Trotski, León, 65, 412

Trudeau, Pierre, primer ministro canadiense, 494, 585

Trujillo, Rafael Leónidas, presidente dominicano, 19, 26, 110, 112, 123, 158, 238, 251, 363, 369, 374

Truman, Harry, presidente estadounidense, 112, 124, 136

Truslow, Francis Adams, banquero, 146

Tshombe, Moisés, líder congoleño, 441

Tupamaros, organización armada de Uruguay, 471

UBPC (unidades básicas de producción cooperativizada), 574, 588

UNESCO, 585

Unidad Popular de Chile, 473, 476

Unión de Jóvenes Comunistas (UJC), 569

Unión Insurreccional Revolucionaria (UIR), 95, 103-105, 111, 119, 132, 135, 173

Unión Internacional de Estudiantes (UIE), 108

Unión Nacional de Escritores y Artistas de Cuba (UNEAC), 412, 604

Unión Nacional de Estudiantes (UNE), 371

Unión Nacional para la Independencia Total de Angola (UNITA), 487, 492

Unión Radio, 218

Unión Sindical Obrera colombiana, 124

United Fruit Company, 19, 39, 41, 46, 48, 76, 373

United Fruit Sugar Company, 38

Universidad de La Habana, 21, 52, 92, 236, 350, 356, 444

Uría, general, jefe de la Policía Nacional, 141

Urrutia Lleó, Manuel, juez, 309-310, 336, 345-346, 350, 358-359, 361, 402
    como presidente de Cuba, 365-366, 375-376

Valdés, Andrés, 183

Valdés, Ramiro, 179, 245, 327, 365, 421

Valdés Daussa, Ramiro, 107

Valladares, Armando, ex policía de Batista, 542-543

Valladares, Ricardo, 164

Valle, Armando del, 183

Valle, Sergio del, doctor, 315

Vance, Cyrus, secretario de Estado de Estados Unidos, 503

Vanguardia Popular Revolucionaria (VPR) de Brasil, 471

Varona, Manuel Antonio de, ex senador, 311, 336, 399-400

Vega, Tato, guía del ejército, 272

Vegas León, 240

Vela Gómez, José (Pepe), 587-588

Velasco Albarado, Juan, 476, 583

Velazco, Julio, 287

Venereo, Evaristo, ex teniente de la policía universitaria, 244, 246

Ventura, coronel, 443-444
Verdaguer, Roberto, piloto, 320-321
Vergara, Alejandro, diplomático español, 413
Viaux, Roberto, general chileno, 473-474
Viera Linares, José, viceministro de Relaciones Exteriores, 483
Vilar, César, dirigente del PCC, 188
Vo Nguyen Giap, comandante de las fuerzas armadas de Vietnam, 494
Voz del Aire, La, emisora de radio, 151

Waldheim, Kurt, secretario general de la ONU, 43
Walker, Lucius, reverendo estadounidense, 573
Watson, Robert, presidente de la Cámara de Comercio estadounidense, 386

Welles, Benjamin Summer, embajador estadounidense, 55
Westbrook, Joe, 292, 444
Wiecha, Robert, vicecónsul estadounidense, 296, 306
Winston, Henry, líder del PC estadounidense, 405
Wollan, Park, cónsul estadounidense, 296
Wright, Herb, de Phillips Morris Inc., 386

Yamamoto, Satsuo, cineasta, 465
Yeltsin, Boris, presidente ruso, 562

Zedillo, Ernesto, presidente mexicano, 582
Zirgado Ross, Nicolás (Zafiro), agente secreto de la CIA, 488-489
Zola, Émile: *Yo acuso*, 143

Fidel Castro de Claudia Furiati
Se imprimió en los talleres
de Grupo Gráfico Editorial, S.A. de C.V.,
con domicilio en Calle B No. 8,
Parque Industrial Puebla 2000,
C.P. 72220, Puebla, Pue.,
el mes de agosto de 2006.
El tiraje fue de 8,000 ejemplares.